Kurt Eisner als
Revolutionär und Ankläger
des deutschen Militarismus

edition pace | Band 31

Regal: Pazifisten & Antimilitaristen
aus jüdischen Familien 7

Herausgegeben von Peter Bürger

In Kooperation mit dem
Lebenshaus Schwäbische Alb

Kurt Eisner als Revolutionär und Ankläger des deutschen Militarismus

Ein Lesebuch – eingeleitet
durch die Darstellung des
Weggefährten Felix Fechenbach

edition pace

Diese Buchausgabe
folgt der schon erschienenen
Digitalversion des Online-Regals
www.schalom-bibliothek.org

Illustrationsfundus:
Kurt Eisner Kulturstiftung | München

© 2025

Kurt Eisner / Felix Fechenbach

KURT EISNER ALS REVOLUTIONÄR UND
ANKLÄGER DES DEUTSCHEN MILITARISMUS

Ein Lesebuch – eingeleitet durch die Darstellung
des Weggefährten Felix Fechenbach

edition pace (Gründungsreihe) Band 31
Regal: Pazifisten & Antimilitaristen aus jüdischen Familien | 7

Herausgegeben & bearbeitet von Peter Bürger

Fotographie Kurt Eisners auf dem Umschlag:
Robert Sennecke, 22.11.1918 | commons.wikimedia.org

Verlag: BoD · Books on Demand GmbH, In de Tarpen 42,
22848 Norderstedt, bod@bod.de | Druck: Libri Plureos GmbH,
Friedensallee 273, 22763 Hamburg

ISBN: 978-3-7693-6836-9

Inhalt

Zu diesem Band

Zur ‚Wirkungsgeschichte' des am 21. Februar 1919 ermordeten Linkspazifisten Kurt Eisner (1867-1919) gehören – abgesehen von Versuchen einer Vereinnahmung durch unredliche Parteichronisten – gezähmte Erinnerungen, in denen der erste Ministerpräsident Bayerns als weltferner ‚Dichterprophet' aufs Podium gehoben wird, sowie nachhaltige geschichtspolitische Attacken. Auch nach mehr als fünfzig Millionen weiteren Todesopfern in einem *zweiten* Weltkrieg kam es den im öffentlichen Raum maßgeblichen Meinungsproduzenten nicht in den Sinn, dass allein die antimilitaristische und pazifistische Minderheit in deutschen Landen seit dem 19. Jahrhundert einen *realistischen* – d. h. den wirklichen Weltverhältnissen entsprechenden – Standort eingenommen hatte. Noch 1959 wurden in der ‚Neuen Deutschen Biographie' Eisners *„Menschheitsbeglückungsträume"* und sein *„starrer Glaube an Deutschlands Kriegsschuld"* beklagt; die Mehrheitssozialisten (MSPD) hätten ihn 1918 nur „allzu vorsichtig bekämpft".[1] So schreiben Leute, die sich von den Leichenbergen der Geschichte nicht erschüttern lassen und obendrein jene – Eisner feindselig gesonnene – SPD-Linie kanonisieren wollen, die den Münchener Munitionsarbeiterstreik vom 31. Januar 1918 sowie auch die bayerische November-Revolution 1918 zum Sturz der Urheber des ‚Menschenschlachthauses 1914-1918' hatte verhindern wollen. – Als zurechnungsfähig galt und gilt nur eine Politik, die unverdrossen der irrationalen militärischen Heilslehre folgt.

In unserem Editionsregal *„Pazifisten & Antimilitaristen aus jüdischen Familien"* werden wir in Kürze eine sehr umfangreiche Sammlung von Eisners ‚Texten wider die deutsche Kriegstüchtigkeit' aus der Zeit bis 1918 herausbringen. Der vorliegende Band ist hingegen vornehmlich dem *Revolutionär* gewidmet, der danach trachtet, das *System* der Kriegerkaste zu überwinden – im Rahmen eines ganz und gar unglaublichen, weithin gewaltfreien Umsturzgeschehens. In folgenden vier Abteilungen versammelt das Lesebuch Texte von Kurt Eisner und mehreren Zeitgenossen:

I. DER REVOLUTIONÄR KURT EISNER (1929) | Diese einleitende Gesamtdarstellung stammt aus der Feder des Weggefährten Felix Fechenbach (1894-1933), der zu Beginn des Jahres 1918 auf Seiten der Jugend am linkspazifistischen Protest in München beteiligt war und im Zuge der

---

[1] Anton RITTHALER: ‚*Eisner, Kurt*'. In: Neue Deutsche Biographie, Band 4. Berlin: Duncker & Humblot 1959, S. 422 f.

Revolution als Sekretär des Ministerpräsidenten gewirkt hat. Fechenbach, in der Weimarer Republik zuerst als ‚Vaterlandsverräter' politisch verfolgt und dann 1933 von den deutschen Faschisten ermordet, gehört selbst zu jenen Menschen, an die wir im Rahmen der „Schalom-Bibliothek" erinnern wollen. Über seinen Lebensweg und sein Schrifttum klärt uns das ‚Westfälische Literaturlexikon' auf (→ S. 443-450).

II. KOMMUNISMUS DES GEISTES: 1903 – 1918 | Manche wollen Kurt Eisner als Schöngeist betrachten, der – wahlweise als Revisionist, Reformist oder Linksliberaler – erst sehr spät und nur halbherzig eine Umwälzung der bestehenden Verhältnisse angestrebt habe. Die Lektüre der Texte in dieser Abteilung mag mithelfen, einem solchen Missverständnis entgegenzutreten. Das vermeintlich ‚Schöngeistige' – der Rückgriff auf die ‚bürgerliche Kultur' – ist subversiv: „Indem die Bourgeoisie ihre Klassiker feiert, übt sie Verrat an ihnen, sie bricht ihnen das Rückgrat ihres Wollens und entseelt ihr heiligstes Streben. So werden sie zu schönrednerischen Spießgesellen der heutigen Bourgeoisie erniedrigt, gut genug, um eine Sache scheinbar schmückend zu verteidigen, die zu bekämpfen doch ihre Lebensaufgabe gewesen ist" (→ S. 84). – Zudem: Eisners Entlarvung der sozialen Wirklichkeit des Kaiserreichs im Rahmen seiner politischen Publizistik imponiert … noch immer (→ S. 183-201).

III. DIE NEUE ZEIT | Die unter dieser Überschrift dargebotenen Aufrufe und Reden Eisners 1917 – 1919 ergänzen als „Quellenanhang" das von Felix Fechenbach vorgelegte Lebensbild des Revolutionärs. Sie beziehen sich auf die Revolutionsmonate in Bayern; nachzulesen sind ebenfalls die in Bern Anfang Februar 1919 vorgetragenen Anklagen an die Adresse der deutschen Kriegsertüchtiger (zu denen auch die ab 1914 systemtreu agierenden Mehrheitssozialisten gehörten).

IV. ZEITGENOSSEN ÜBER KURT EISNER: 1919 – 1929 | In der letzten Abteilung sind mit Gustav Landauer, Kurt Tucholsky, Theodor Lessing und Ernst Toller vier weitere Autoren vertreten, die selbst den Attacken antipazifistischer Judenfeinde ausgesetzt waren. – Besondere Aufmerksamkeit verdient zudem eine Gedenkrede *Heinrich Manns* vom 16. März 1919 (→ S. 403-407): Die Sachwalter der „wurzellosen Ideologie der Macht" („Machtschwindler") fürchten jenen „Menschentyp, der ihnen entgegengesetzt" ist, „der auf sittliche Tatsachen" baut „und die Kenntnis der Menschen für die erste Voraussetzung der Politik" hält. *„Der erste wahrhaft geistige Mensch an der Spitze eines deutschen Staates erschien Jenen, die über die zusammengebrochene Macht nicht hinwegkamen, als Fremdling und als schlecht."* Deshalb also musste Kurt Eisner – so oder so – beseitigt werden. | pb

I.
Der Revolutionär Kurt Eisner

Aus persönlichen Erlebnissen | 1929[1]

Felix Fechenbach

1. VOM SOZIALREFORMER ZUM REVOLUTIONÄREN SOZIALISTEN

Ich habe Kurt Eisner erst während seiner Münchener Jahre persönlich kennen gelernt, und die Zeit, die ich mit ihm verbringen durfte, gehört zu meiner erhebendsten und erlebnisreichsten. Ob ich einen seiner fein durchdachten Vorträge in Versammlungen der sozialistischen Jugend, in Veranstaltungen des Bildungsausschusses der Partei und der Gewerkschaften, oder in den Diskussionsabenden hörte, ob ich nach Versammlungen gemeinsam mit anderen Freunden mit ihm im Gespräch zusammen war, es war immer etwas ganz Besonderes, einen Abend mit Kurt Eisner verbringen zu können. Und dann später der offene Kampf gegen den Krieg, der Munitionsarbeiterstreik, die Tage der revolutionären Erhebung im November 1918! Da wurde die Idee wirklich, daß zwischen Gedanken und Tat kein Widerspruch und kein Zeitraum stehen dürfe. Das war es dann auch, was mich ihm politisch und persönlich so nahe brachte: Das Abstreifen der Lebensangst, das Wegwerfen der Sorge um die Existenz, die leidenschaftliche Hingabe an die Idee, die große, reine, opfernde Leidenschaft, von der Kurt Eisner erfüllt war, die er bei anderen gesucht und in ihnen entflammt hat. Nie vorher hatte ich das alles so stark gefühlt, wie in der letzten Versammlung, in der Kurt Eisner während des Munitionsarbeiterstreiks im Januar 1918 sprach, wenig Stunden vor seiner Verhaftung.

Als Kurt Eisner damals für achteinhalb Monate in Untersuchungshaft kam, machte er nicht das erste Mal mit der düsteren Welt hinter Gittern Bekanntschaft. Schon 21 Jahre vorher hatte ihn

---

[1] Textquelle | Felix FECHENBACH: Der Revolutionär Kurt Eisner. Aus persönlichen Erlebnissen. Berlin: J. H. W. Dietz Nachf. G.m.b.H. 1929. [65 Seiten]

die preußische Justiz neun Monate ins Plötzenseer Gefängnis geschickt. Der Anlaß war seine 1897 in der Berliner „Kritik" erschienene Neujahrsbetrachtung „Ein undiplomatischer Neujahrsempfang". Eisner war seit 1893 politischer Redakteur in Marburg an der Lahn an der von dem späteren sozialdemokratischen Reichstagsabgeordneten Paul *Bader* neugegründeten „Hessischen Landeszeitung". Dieses sozialreformerisch – demokratische Blatt führte einen erbitterten Kampf gegen den antisemitischen Reichstagsabgeordneten Böckel und warb um die Seele der Kleinbauern, denen es klarzumachen suchte, daß ihr Geschick nicht mit dem damals neugegründeten „Bund der Landwirte" verknüpft werden dürfe, daß sie vielmehr natürliche Bundesgenossen der Industriearbeiter seien. Der Wirkungskreis in Marburg war Eisner zu eng. Er schrieb deshalb als Politischer Essayist viel für angesehene Berliner Zeitschriften, besonders für die „Kritik". Das war auch aus wirtschaftlichen Gründen notwendig; sein Redakteurgehalt war sehr niedrig. Ein Teil seiner Aufsätze aus jener Zeit erschien später als Buch zusammengefaßt unter dem Titel *„Taggeist"*.

Kurt Eisner kam aus dem Bürgertum. Eine Ironie der Weltgeschichte ist es, daß dieser leidenschaftliche Kämpfer gegen Junkertum und Militarismus, dieser glühende Hasser des Ewig-„Preußischen" im alten Untertanenstaat, geboren wurde – am 14. Mai 1867 – als der Sohn des jüdischen Militäreffekten-Fabrikanten Emmanuel Eisner in Berlin, der Hoflieferant mehrerer Majestäten war. Kurt Eisners Großvater war Gutspächter bei Hussinecz in Böhmen, dem Geburtsort des tschechischen Rebellen und Reformators Johannes *Hus*.

Der Sohn des Militäreffekten-Fabrikanten Unter den Linden hatte als Junge schon ein starkes Gefühl für soziale Ungerechtigkeiten. Im Norden Berlins durchstreifte er die Proletarierviertel, lernte dort die Not derer kennen, die im Schatten leben, und fühlte sich als Sohn vermögender Eltern mitschuldig an dem Elend der Besitzlosen. Der Sohn des Hoflieferanten mußte natürlich in eine vornehme Schule gehen. Er besuchte das Askanische Gymnasium, in dem viele Beamten- und Offizierssöhne Berlins erzogen wurden. Weil aber in einer solchen Schule nur die approbierte, staatserhaltende Gesinnung geduldet werden konnte, bekam Kurt Eisner gar bald Konflikte, die ihre Wurzel in seiner Gesinnung hatten und dazu führten, daß die Professoren seine Auffassung über religiöse Fragen zu unterdrücken suchten. Ostern 1886 bestand er die Reifeprüfung und ging zur Universität, um acht Semester Philosophie und Germanistik zu studieren. Seiner ganzen Wesensart waren die Unsitten studentischen Verbindungslebens zuwider; er blieb den saufenden und raufenden Verbindungen fern.

Als Kurt Eisner mit seiner Doktorarbeit über Achim von Arnim beschäftigt war, wurde er plötzlich in die Journalistik weggeholt. Er wußte wohl, welch steinigen Weg er gewählt hatte. Aber er wollte das Wissen, das er sich erwerben durfte, denen weitergeben, die weniger glücklich waren, denen durch soziale und materielle Not und durch das Bildungsprivileg der Besitzenden der Weg zum Wissen versperrt war. Zuerst arbeitete er im Korrespondenzbureau Herold, das später von der Telegraphen-Union übernommen wurde. Aber Eisner, der nie eine Zeile gegen seine bessere Überzeugung schrieb, verließ 1889, als ihm ein politischer Gesinnungszwang zugemutet wurde, seine Stellung und kam als Nachtredakteur zur *Frankfurter Zeitung*. Damals erschien seine erste Schrift. Sie behandelte kritisch-polemisch die Philosophie *Friedrich Nietzsches* und war eine der ersten bedeutenden Schriften überhaupt, die in Deutschland diesem Philosophen gewidmet waren. Eisner heiratete als Fünfundzwanzigjähriger in Eberswalde bei Berlin und lebte dort einige Zeit als freier Schriftsteller. Im Sommer 1893 ging er als Redakteur nach Marburg. Dort wurde er Schüler des Neukantianers Hermann *Cohen*, und er war bald mit ihm befreundet. Cohen hätte es gerne gesehen, wenn Eisner an der Marburger Universität Dozent geworden wäre. Diese Absicht wurde, soweit sie überhaupt bei Eisner auf Gegenliebe stieß, durch seinen Majestätsbeleidigungsprozeß durchkreuzt. Aber Eisners geistige Entwicklung bekam hier entscheidende Prägung. Sein Denken blieb immer stark von Kant beeinflußt.

Eisner stellte das Sittengesetz Kants in seiner fruchtbarsten Formulierung vor Augen: „Handle so, daß du die Menschheit, sowohl in deiner Person als in der Person eines jeden anderen, jederzeit zugleich als Zweck, niemals bloß als Mittel brauchst", und er fügte die für seine revolutionäre Denkweise so charakteristische Bemerkung hinzu: „Man prüfe jenen Satz an den wirtschaftlich bedingten Klassenkämpfen der Geschichte. Hat nicht stets jede revolutionäre Klasse in irgendeiner Formel jenes sittliche Programm als Recht und Ziel ihrer Empörung auf ihre Fahne geschrieben?"

Die preußischen Behörden waren schon lange auf den scharfen Kritiker aufmerksam geworden, der einen so glänzenden Stil schrieb und die Waffe beißender Satire meisterhaft zu handhaben wußte. Seine Neujahrsbetrachtung 1897 war dem Staatsanwalt willkommener Anlaß, ihm das „Handwerk zu legen". Haussuchungen in der Redaktion der „Kritik" enthüllten Eisners Pseudonym (er schrieb unter den Decknamen „Sperans" und „Tat-Twan"), und der gegen ihn eingeleitete Majestätsbeleidigungsprozeß endete nach der üblichen staatsrettenden Auslegung der Paragraphen mit Eisners Verurteilung zu neun Monaten Gefängnis.

In seiner Marburger Zeit hatte sich Kurt Eisner allmählich vom sozialreformerischen Demokraten zum Sozialisten entwickelt. Seine politischen Essays hatten auch führende Sozialdemokraten auf den rücksichtslosen Kritiker und geistvollen Publizisten aufmerksam gemacht, dessen Name ihnen aber erst durch seinen Majestätsbeleidigungsprozeß bekannt wurde. Nach Ablauf seiner Gefängniszeit im Jahre 1898 wurde Kurt Eisner von Wilhelm *Liebknecht* als politischer Redakteur an den „*Vorwärts*" geholt. Bis zum Jahre 1905 war Kurt Eisner als Redakteur am „Vorwärts" tätig, und diese Jahre gehören zur glänzendsten Zeit des sozialdemokratischen Zentralorgans. Man hat Kurt Eisner damals wegen seines Eintretens für systematische, parlamentarische Reformarbeit einen „Revisionisten" genannt, der er aber in Wirklichkeit nie war. Seine *ethische* Begründung des Sozialismus trug dazu bei, daß man ihn später in die Rubrik „weltfremder Literaten und Phantasten" einreihte. Hätte er sich damit begnügt, ein feinsinniger Stilist zu sein und glänzende Leitartikel zu schreiben, so würde er sich das Wohlwollen und die Anerkennung auch all derer erhalten haben, die ihn, als er während des Krieges und in den Revolutionsmonaten andere politische Wege ging als sie, einen „Phantasten" nannten. Eisners Haltung in entscheidenden politischen Fragen hat oft genug gezeigt, daß er sich als der Weitblickendere und Wirklichkeitsnähere erwies, weil er stets das zu erreichende *Ziel* klar im Auge behielt, nicht trotz, sondern infolge seiner stark ethisch orientierten Politik. Er war eine so scharf geprägte Persönlichkeit, daß er nicht recht in die hergebrachten Schablonen paßte, und deshalb zuweilen ein unbequemer Außenseiter sein konnte. Im Herbst 1905 kam es zu dem bekannten „Vorwärts"-Konflikt, der Kurt Eisner veranlaßte, sich mit zwei seiner

Kollegen, die entlassen werden sollten, solidarisch zu erklären. Er kündigte mit ihnen seine Tätigkeit auf und hatte jetzt, als freier Schriftsteller, Muße zu umfangreicheren Arbeiten.

Schon während seiner „Vorwärts"-Zeit hatte er an sozialistischen Zeitschriften mitgearbeitet und für die Partei eine Anzahl Agitationsbroschüren geschrieben. Aber auch zwei größere Schriften waren damals entstanden: Die Biographie *Wilhelm Liebknecht, sein Leben und Wirken"* (1900), die zum Besten gehört, was die sozialistische Literatur an biographischen Schriften aufzuweisen hat, und *Der Geheimbund des Zaren"*. Dies ist eine ausführliche, dokumentarische Schilderung des Königsberger Hochverratsprozesses vom Jahre 1904, worin die Zusammenarbeit des preußischen und des zaristischen Spitzeldienstes enthüllt wird. In den Jahren 1906 und 1907 waren kurz hintereinander noch erschienen: *Der Sultan des Weltkriegs"*, *Feste der Festlosen"* und *Das Ende des Reichs"*.

Feste der Festlosen" nennt Kurt Eisner im Untertitel „Ein Hausbuch weltlicher Predigtschwänke". Es sind gesammelte Aufsätze aus den Jahren 1899–1905, die vorher in Tageszeitungen und Zeitschriften erschienen waren. Sie gehören bis heute in der Schönheit ihrer Sprache zum Vortrefflichsten der sozialistischen Publizistik. *Das Ende des Reichs"*, dieses umfangreiche, historische Quellenwerk, zeichnet Deutschland und Preußen im Zeitalter der französischen Revolution, es räumt mit alten Geschichtslügen auf und schildert das wirkliche soziale und wirtschaftliche Preußen dieser Zeit an der Hand eines sehr wertvollen Tatsachenmaterials. Es ist die Geschichte einer verhinderten Revolution, erstickt von der Feudal-Tyrannei Altpreußens.

Seine Schrift über die Marokko-Krisis von 1905 *Der Sultan des Weltkrieges"*, oder besser, die weltpolitischen Ereignisse, die ihn zur Abfassung dieser Broschüre veranlaßten, waren für die Folge schicksalhaft entscheidend für Kurt Eisner. Am 30. Mai 1905 war der Reichstag in Ferien geschickt worden. Bald darauf bekam Kurt Eisner von französischen Parteifreunden einen angstvoll beschwörenden Brief, der ihm blitzartig klar machte, warum Bülow dem Reichstag Sommerschlaf verordnet hatte: der Kanzler wollte ungestört mit dem Weltkrieg spielen. Eisner ergriff sofort die Initiative. Um dem politischen Willen der Sozialdemokratie Ausdruck zu geben, luden die Berliner Parteigenossen Jean Jaurès zu einer Versammlung ein.

Jaurès sagte sofort zu. Aber Bülows Ausweisungsdrohung sperrte ihm die Grenze. So konnte Jaurès Rede den Massen nur durch ihre Veröffentlichung im „Vorwärts" vermittelt werden.

Kurt Eisner bemühte sich, die Gleichgültigkeit der deutschen Öffentlichkeit gegen die auswärtige Politik zu überwinden. Es war vergebliches Bemühen. Inzwischen hatte er auch den „Vorwärts" als Tribüne verloren. Es ist bezeichnend, daß das französische Gelbbuch, das alle Dokumente über den Marokkohandel enthielt, bei keinem Abgeordneten und auch nicht in der Staatsbibliothek zu finden war. Es beweist Eisners politischen Weitblick, daß er keine Mühe scheute, durch die Hilfe der französischen Genossen sich dieses unerläßliche Hilfsmittel zur klaren Erkenntnis der Lage zu beschaffen.

Seit jenen unheildrohenden Wochen der Marokko-Krise stand es für ihn fest, daß der Weltkrieg sich wie ein unentrinnbares Verhängnis heranwälze. Er schrieb die Geschichte der Marokko-Krisis, „Der Sultan des Weltkrieges". Die Broschüre erschien mit dem Untertitel „Ein marokkanisches Sittenbild deutscher Diplomatenpolitik". Geradezu prophetischen Blick beweist er in der Beurteilung der deutschen Weltpolitik, in der er „den Schrecken mit dem Unsinn geparkt" sieht. Dieser Politik sagt er voraus, daß sie in einer verheerenden Katastrophe enden werde, und rücksichtslos geißelt er das frivole Spiel der deutschen Diplomatie mit dem Feuer des Weltkriegs. Diese Schrift war wohl, in der neueren Zeit der deutschen Sozialdemokratie, die erste Broschüre, die sich mit konkreten Vorgängen der auswärtigen Politik beschäftigte. Jaurès interessierte sich für die Arbeit. In Deutschland blieb sie fast unbeachtet. Zehn Jahre später, im Weltkrieg, begann man, die Schrift zu lesen. Im Dezember 1918 erlebte sie ihre zweite Auflage.

Mit dem gedruckten Wort allein begnügte sich Eisner nicht. Die innere Verpflichtung, die Öffentlichkeit aufzurütteln und vor dem drohenden Verhängnis zu warnen, trieb ihn, seine Scheu vor öffentlichem Auftreten zu überwinden. So begann er, im 40. Lebensjahr, in Versammlungen zu sprechen.

Als Kurt Eisner 1907 die Leitung der „Fränkischen Tagespost" in Nürnberg übernahm, ging er in zäher Konsequenz daran, das Blatt zu einem Organ weltpolitischer Aufklärung zu machen. Später, im Jahre 1918, erzählte er darüber, daß das eine Weile ganz gut gegangen sei, bis es eines Tages in der Presse-Kommission eine freundschaftliche Auseinandersetzung gab. Man betonte, daß die Zeitung doch ein deutsches, bayerisches und vor allem ein Nürnberger Blatt sei, und man bemängelte die immer wiederkehrenden Artikel über auswärtige Politik. Eisner versprach keine Änderung, erklärte vielmehr, daß er so fortfahren werde. Bald darauf kam die bosnische Annektions-Krisis. Das Gespenst des Weltkriegs war drohend nahe. In der Presse-Kommission erlebte Eisner dann eine Überraschung. Es erhob sich ein Genosse und stattete ihm den einmütigen Dank der Parteigenossen ab. Man habe eingesehen, daß die frühere Kritik an seiner Redaktionsführung falsch gewesen sei, er habe einen weiteren Blick bewiesen, als sie selbst gehabt hätten. Aber die Katastrophe wurde noch einmal verhindert, das Interesse an der auswärtigen Politik erlosch wieder. Eisner setzte seine Aufklärungsarbeit unbeirrt fort, auch dann noch, als die Angriffe gegen ihn in Spott umschlugen. Auf dem Leipziger Parteitag 1909 wurde ein von Paul Lensch inspiriertes Ulkblatt verbreitet, worin die „Nürnberger diplomatische Weltpolitikasterei und Kriegsprophetie" verspottet wurde. Aber die Geschichte gab dem prophetischen Mahner, dem leidenschaftlichen Warner Recht.

Im Jahre 1910 siedelte Kurt Eisner nach *München* über. Von seiner ersten Frau hatte er sich inzwischen getrennt, und seine Weggenossin und Arbeitsgefährtin war von nun ab Else *Belli*, die Tochter des alten Genossen J. Belli, der schon unterm Sozialistengesetz, besonders durch Organisierung des Schmuggeldienstes der „Roten Feldpost", der Partei in aufopfernder Weise gedient hatte. Kurt Eisner war jetzt wieder freier Schriftsteller. Bis zum Kriegsausbruch behandelte er als Beauftragter des Landesvorstandes der bayerischen Sozialdemokratie die parlamentarische Politik in der Presse. Er wurde Hauptmitarbeiter der „Münchener Post". Daneben hatte er noch das Theater-Referat, das er meisterlich ausübte, und gab eine Korrespondenz „Arbeiter-Feuilleton" heraus, die fast von der gesamten sozialdemokratischen Presse verwendet wurde, und deren literarische Qualität bis heute von keiner parteigenössischen Feuilleton-Korrespondenz wieder erreicht worden ist. Von den feinsinnigen Theaterkritiken aus jener Zeit sind einige in seinen gesammelten Schriften veröffentlicht worden. Kurz nach Kriegsausbruch mußte Kurt Eisner seine politische Mitarbeit an der „Münchener Post" einstellen, blieb aber ihr Theater-Rezensent.

Kurt Eisner | 1867-1919
(Reproduktion: Kurt Eisner Kulturstiftung)

Kurt Eisner stand nun dem verheerenden Krieg, den er seit 1905 hatte kommen sehen, unmittelbar gegenüber. Er, der stets alles politische Geschehen an den Grundsätzen sittlicher Weltanschauung maß, konnte sich nicht mit der fessellos tobenden Barbarei abfinden. Den Charakter dieses Krieges erkennen, war für ihn gleichbedeutend mit Kampf gegen den Krieg, Kampf gegen die Kriegslüge und gegen die Zensur, die die Wahrheit erwürgte. Das brachte seiner Familie wirtschaftliche Not und Hunger und ihm selbst im Januar 1918 Gefängnis. Erst im Oktober 1918 wurde er aus der Untersuchungshaft entlassen und nahm den Kampf wieder auf. Die parlamentarisierte Monarchie genügte ihm nicht, es ging um Entscheidendes: um Demokratie und Republik. Das morsche Gebäude des alten Staates brach beim ersten Ansturm zusammen. Kurt Eisner übernahm das Ministerpräsidium des Volksstaates Bayern, führte den Kampf weiter gegen die Schuldigen des kaiserlichen Deutschland, knüpfte die ersten Verbindungen zum Wiedererstehen der sozialistischen Internationale, suchte die Arbeiterräte unentbehrlich zu machen für eine lebendige Demokratie und rang verzweifelt gegen eine Flut von Lüge und Verleumdung, die die Schuldigen der Weltkatastrophe reinzuwaschen suchte. Er fiel in diesem Kampf für die geschichtliche Wahrheit, gemeuchelt von der Lüge, die dem Mörder Graf *Arco-Valley* die Hand führte.

2. EISNER BEIM AUSBRUCH DES WELTKRIEGES

Seit der Marokko-Krisis von 1905 lebte in Kurt Eisner die Überzeugung, daß die unheilvolle Weltpolitik der deutschen Diplomatie auf eine kriegerische Auseinandersetzung von europäischen Ausmaßen hinsteuere. Es war der deutsche, imperialistische Eroberungskrieg, vor dem er die Öffentlichkeit Jahre hindurch vergeblich gewarnt hat.

Als sich im Herbst 1912 der bayerische Landtag anschickte, seine Tagung zu beschließen, wurde er plötzlich durch die Vorlage eines Kriegszustandgesetzes überrascht. Als Grund für diesen eiligen gesetzgeberischen Akt wurde in vertraulichen Besprechungen vom Kriegsministerium mitgeteilt, man habe mit einem Überfall durch Rußland zu rechnen. Das Kriegszustandgesetz solle vor allem

Handhaben gegen die ausländische Spionage bieten, man denke nicht daran, das Gesetz zur Einschränkung der Presse- und Versammlungsfreiheit zu benutzen. Die Informationen aus dem bayerischen Kriegsministerium über einen bevorstehenden russischen Überfall wurden fortgesetzt, man teilte sogar vertraulich Einzelheiten über einen russischen Aufmarschplan mit. Von diesen Informationen erfuhr Kurt Eisner stets durch den Chefredakteur der „Münchener Post". Daß der Zarismus auf dem Balkan imperialistische Pläne verfolge, war bekannt, und daß er, in einem Konflikt mit Oesterreich Deutschland, den Bundesgenossen der Habsburger Monarchie, zum Gegner hätte, war ebenso selbstverständlich, wie der daraus folgende Weltkrieg. So begann Kurt Eisner von 1912 ab die Dinge zu sehen. Der Gedanke an den bevorstehenden russischen Überfall trat bei ihm immer mehr in den Vordergrund. Die Absicht eines deutschen Eroberungskrieges schien ihm durchkreuzt durch eine aggressive Politik des zaristischen Imperialismus. Von dieser weltpolitischen Annahme ausgehend, schrieb Eisner im Frühjahr 1913 für die linksliberale Zeitschrift „März" einen Aufsatz *Ein Militärprogramm der Linken*", worin er für die Propagierung einer sozialdemokratischen Militärreform im Sinne des Jaurès'schen Buches „Die neue Armee" eintrat. Durch ein positives Militärprogramm der Sozialdemokratie wollte er eine Umstellung der Parteigruppierung im Reichstag erreichen. Er machte die Zustimmung der Sozialdemokraten zur Militärvorlage von demokratischen Heeresreformen und von der Aufbringung der Kosten durch Besitzsteuern abhängig. Außenpolitisch sollte das eine Warnung an Rußland sein, daß man nicht auf die Opposition oder Passivität der deutschen Arbeiterschaft im Falle eines von Rußland provozierten Kriegs rechnen dürfe.

Inzwischen nahmen die Ereignisse ihren Lauf. Das Attentat von Serajewo brachte den Stein ins Rollen. Die Kriegserklärung Oesterreichs kam. In München stürmte der nationalistische Mob das Café Fahrig und schlug dort alles kurz und klein. Die Kriegshysterie erreichte ihren Höhepunkt. Fremdländisch aussehende Passanten wurden in den Straßen als „Spione" verfolgt und verprügelt.

Am 26. Juli – es war ein Sonntag – gab die „Münchener Post" ein Extrablatt heraus, das den Aufruf des Parteivorstandes gegen die österreichische Kriegshetze bekanntgab. Das Blatt wurde von

Kriegsbegeisterten in den Straßenkot getreten, von anderen mit schmähenden Randbemerkungen versehen und mit Drohbriefen an die „Münchener Post" geschickt. Für den 27. Juli war von der sozialdemokratischen Partei eine öffentliche Versammlung vorgesehen, die ursprünglich kulturpolitischen Charakter tragen sollte. Der Zwang der sich überstürzenden Ereignisse machte es zur Selbstverständlichkeit, daß aus dieser Versammlung eine Kundgebung gegen den drohenden Krieg werden mußte. Als Kurt Eisner, der für den Abend als Redner bestimmt war, am Vormittag des 27. Juli in die Redaktion kam, beriet man gerade über die gespannte Situation. Die Lage sei gefährlich, ebenso die Stimmung gegen die Sozialdemokraten, man sei seines Lebens nicht sicher. Einer der führenden Genossen machte den Vorschlag, Eisner solle „krank" werden, so daß die Versammlung nicht stattfinden könne. Kurt Eisner lehnte diese Zumutung energisch ab und erklärte, gerade unter diesen Umständen würde er noch als Halbtoter reden. Am Abend war das Versammlungslokal, der „Kindl-Keller", überfüllt. Die Versammlung wurde zu einer gewaltigen Protestkundgebung gegen das drohend heranziehende Verhängnis. Kurt Eisners Rede war vor allem gegen den Zarismus gerichtet. In der Annahme, daß wir vor einem russischen Angriffskrieg stünden, beschwor er die Westmächte, den Zarismus in seinem Verbrechen nicht zu unterstützen. „Wir wollen alle gerne sterben", rief Eisner in den Saal, „wenn es für eine große Sache geschieht. Aber in einem Krieg sehen wir diese große Sache nicht. Der Krieg ist, wie er auch ausgehen mag, ein Unheil, er zerstört Sieger und Besiegte, vor allem ein europäischer Krieg von heute ..."

Auf der Straße bildeten sich erregt debattierende Gruppen: Soll man noch eine Straßen-Demonstration machen? Die älteren Genossen rieten ab. Die Stimmung in der Stadt sei erregt, es käme sicher zu Zusammenstößen. Trotzdem bildete sich ein Zug; die Jugend-Sektion der sozialdemokratischen Partei an der Spitze. Aber von der vieltausendköpfigen Versammlung schlossen sich kaum hundert Genossen an, und ehe wir 300 Meter zurückgelegt hatten, war unser Demonstrationshäuflein von einer Schutzmannskette aufgelöst worden.

Am Nachmittag des 28. Juli kam Adolf *Müller*, der Führer der sozialdemokratischen Landtagsfraktion, in erregtester Stimmung zu Kurt Eisner und teilte ihm mit, daß wir *unmittelbar vor der deutschen*

Mobilmachung stünden, sie würde Mittwoch oder Donnerstag, unter allen Umständen vor Ablauf der Woche erfolgen. Die Nachricht stamme aus dem bayerischen Kriegsministerium. Eisner erkundigte sich, ob nicht noch Umstände eintreten könnten, die die Mobilmachung aufheben oder aufschieben könnten. Darauf Adolf Müller: *„Es ist entschieden!"* Diese Nachricht gab Eisner (mit Wissen Müllers) noch am gleichen Tag telephonisch an den Parteivorstand der Sozialdemokratischen Partei und an die Chemnitzer „Volksstimme", deren Chefredakteur damals Ernst *Heilmann* war. Im Parteivorstand war die Verblüffung beim Empfang des Telephonats so groß, daß die Äußerung fiel, Eisner sei wohl verrückt geworden. Heilmann gab, nachdem er, ungläubig, sich wiederholt telephonisch vergewissert hatte, ob die Nachricht stimme, die Meldung noch am gleichen Abend als Extrablatt heraus, und zwar in folgendem Wortlaut:

Wie wir aus absolut sicherer Quelle erfahren, steht das Eingreifen Rußlands in den österreichisch-serbischen Konflikt unmittelbar bevor. Deutschlands Antwort wird die sofortige Kriegserklärung sein. Die Mobilmachung in Deutschland erfolgt wahrscheinlich schon morgen, *ohne allen Zweifel noch im Laufe dieser Woche.*

Immer noch von der Voraussetzung ausgehend, daß Deutschland von Rußland überfallen sei, schrieb Eisner am nächsten Tage an Heilmann, um über Chemnitz auf die Reichstagsfraktion einzuwirken, daß sie die Kriegskredite bewilligen solle. Kurt Eisner war und blieb ein *überzeugter Anhänger des Grundsatzes der Vaterlandsverteidigung* im Falle eines *Verteidigungskrieges,* den er zunächst für Deutschland als gegeben sah. Auch in diesem Falle verlangte er eine unabhängige Haltung der Partei, die es ausschloß, daß man ins Schlepptau der herrschenden Kriegspolitik gerate. Er war aber in Übereinstimmung mit den internationalen Beschlüssen für Kampf mit allen Mitteln gegen die Regierung, die den Krieg verschuldet. Jean Jaurès' politischer Gesamtauffassung stand Eisner näher, als irgend einem anderen Führer der sozialistischen Internationale; und er bekannte sich zu Jaurès' Amsterdamer These, worin dieser das Kriterium genannt hatte, wie die Kriegsschuld festzustellen sei. Sie laste auf *der* Regierung, die eine schiedsgerichtliche Untersuchung des Konflikts zurückweise oder sonst verhindere. Daß mit dieser Schuld die deutsche Regierung belastet sei, wurde nicht lange nach Kriegsausbruch Eisners Überzeugung.

Schon das deutsche Weißbuch vom 3. August 1914 erregte seinen Argwohn. Bald stand es *für ihn* fest, daß der Weltkrieg als westliches Problem nur die Fortsetzung der deutschen Marokko-Politik, war. Dann wurde ihm das vom deutschen Weißbuch unterschlagene Zaren-Telegramm an den Kaiser vom 29. Juli bekannt. In diesem Telegramm hatte der Zar empfohlen, *das österreichisch-serbische Problem der Haager Konferenz vorzulegen.* Jede neue Tatsache, die Eisner nun bekannt wurde, wirkte auf feine Überzeugung ein, daß die Partei seit 1912 über die russischen Absichten irregeführt worden und daß Deutschland von niemandem überfallen worden sei. Die antirussischen Informationen des bayerischen Kriegsministeriums mochten wohl nur die Absicht verfolgen, für den kommenden Krieg die Parole „Gegen den Zarismus!" vorzubereiten. Auch die Mitteilung des bayerischen Kriegsministeriums vom 28. Juli 1914, daß noch im Laufe der Woche mobilisiert werde, erschien ihm jetzt in einem neuen Lichte. In ihr sah er nun die *schlüssige Widerlegung* der regierungsoffiziellen Behauptung, die deutsche Mobilmachung sei erst durch die russische vom 31. Juli veranlaßt worden. Der militärische Beschluß, unter allen Umständen bis zum 1. August zu mobilisieren, stand nach seiner Überzeugung in Berlin schon am Beginn der kritischen Woche fest. Was im Laufe dieser Woche noch von Berliner Zivil-Staatsmännern getan wurde, betrachtete er lediglich als politische Inszenierung des militärisch beschlossenen Krieges, die durch die Überraschung des sofortigen Eingreifens Englands und die italienische Haltung besonders schwierig geworden war.

Im Herbst 1914 hatte sich Kurt Eisner um Zulassung zum Kriegsberichterstatterdienst bei der aktiven 6. bayerischen Armee bemüht. Er wollte den Krieg aus eigener Anschauung, in seiner wahren Gestalt sehen, und nur schreiben, was er gesehen. Diese Absicht scheiterte in Berlin. Daß seine Zulassung als Kriegsberichterstatter durch Eingreifen des Parteivorstandes verhindert wurde, hat Eisner selbst nie erfahren.

Kurt Eisner vertiefte sich nun in das Studium des Krieges. Er schrieb eine völkerrechtliche Abhandlung, die im Dezemberheft 1914 des „Neuen Merkur" erschien. Darin bekämpfte er – mit Rücksicht auf die Zensur unter theoretischer Verkleidung – wohl als erster Deutscher in Deutschland die deutsche Kriegsführung. Er zog die Konsequenzen aus seiner gewonnenen Überzeugung vom wahren Charakter des Krieges, stellte seine Feuilleton-Korrespondenz ganz auf den Aufklärungskampf gegen die deutsche Kriegspolitik ein, ohne jede Rücksicht auf die Zensur und auf die Abnehmer seiner Korrespondenz, die sie, einer nach dem anderen, abbestellten. Das bedeutete für ihn das Abschneiden seiner wirtschaftlichen Existenz. Trotzdem: er blieb dabei, nur seinem Gewissen zu folgen und offen zu reden. Seine politische Mitarbeit an der „Münchener Post" wurde nach Kriegsausbruch plötzlich abgelehnt. Er blieb dort nur noch Theater-Rezensent. Wiederholte spätere Versuche, mit seinen oppositionellen Anschauungen zu Wort zu kommen, scheiterten. Die Beziehungen zur Chemnitzer „Volksstimme", für die er vor dem Kriege viel geschrieben hatte, dauerten noch bis zum Frühjahr 1915. In seiner Korrespondenz „Arbeiter-Feuilleton" deckte Eisner im Juli 1916 den Schwindel auf über die angeblich am 2. August 1914 auf die Bahnstrecke bei Nürnberg abgeworfenen französischen Fliegerbomben. Dieser französische Flieger und seine Bomben waren ein reines Phantasiegebilde. Trotzdem hatte Bethmann diesen garnicht existierenden Flieger in seiner Reichstagsrede vom 4. August 1914 der französischen Regierung als Kriegshandlung vorgehalten, ja selbst die deutsche Kriegserklärung an Frankreich, die am 3. August überreicht worden war, ist unter anderem mit diesem erfundenen Fliegerangriff begründet worden. Eisner forderte wegen der geschichtlichen Bedeutung dieser Tatsache volle Aufklärung. Der Karlsruher „Volksfreund", der diesen Artikel am 21. Juli 1916 übernommen hatte, bekam daraufhin von der Zensur eine Verwarnung und die Androhung, unter Vorzensur gestellt zu werden. Bald darauf bestellte er Eisners Korrespondenz ab.

Die Zensur machte es Eisner mehr und mehr unmöglich, in Zeitungen und Zeitschriften zu Worte zu kommen. Unter anderem schrieb er im Sommer 1915 für das wissenschaftliche Organ der Partei, „Die Neue Zeit", einen Aufsatz über die Frage der *Kriegskreditbewilligung*, worin er die These vertrat:

Der Krieg ist einmal da, die Soldaten, die hinausgegangen sind, führen für ihre Person, auch wenn es sich um den brutalsten

Eroberungskrieg der Regierenden handelt, draußen einen Verteidigungskrieg, in dem sie, um sich ihrer Haut zu wehren, Waffen brauchen; deshalb müßte und könnte man in der gleichen Zeit die Kriegskredite bewilligen, in der man die Kriegspolitik der Regierung auf das leidenschaftlichste und rücksichtsloseste bekämpft. Wird aber die Kreditabstimmung – und das ist sie im Laufe des Krieges immer mehr geworden – zu einem Symbol des Kampfes gegen die Regierung und das System, so wird die demonstrative Ablehnung der Kredite erste und selbstverständlichste Pflicht.

Dieser Aufsatz verfiel von der ersten bis zur letzten Zeile der Zensur. Mit den meisten anderen Artikeln, die er dann noch über den Krieg und die Kriegspolitik für Tageszeitungen schrieb, erging es ihm nicht besser. So kam er allmählich in eine schwere finanzielle Bedrängnis. Ende 1916 ging ich eines Abends nach einem Vortrag Kurt Eisners im Gewerkschaftshaus mit einigen Freunden und Eisner aus dem Versammlungslokal. Wir gerieten in eine äußerst interessante Diskussion, und einer machte den Vorschlag, in einem Café in der Nähe die Unterhaltung fortzusetzen. Kurt Eisner wollte aber nach Hause. Nach langem Zureden gestand er uns endlich verlegen, daß er die 25 Pfg. zu einer Tasse Kaffee nicht habe. Da kam es uns zum erstenmal zum Bewußtsein: Eisner leidet Not. Aber nie war ein Wort der Klage über seine Lippen gekommen. Die Not, die ihn persönlich traf, nahm er schweigend hin. Er wußte, sie war die notwendige Folge davon, daß er auch während des Krieges keinem anderen Gesetz als dem seines Gewissens folgte.

Die Gegensätze in der sozialdemokratischen Partei über die Fragen der Kriegspolitik spitzten sich zu; Kurt Eisner geriet in immer schärfere Opposition zur offiziellen Parteiführung. In der Diskussion über einen Kriegsparteitag, der zur Klärung des Parteizwistes angeregt worden war, wandte sich die übrige Opposition *gegen* die Abhaltung eines Parteitages, weil Belagerungszustand und Zensur die Opposition tausendfach benachteiligten und eine wirksame Aufklärung der Parteimassen unmöglich machten. Kurt Eisner trat im „Vorwärts" (20. Juli 1916) *für* die Abhaltung eines Kriegs-Parteitages ein:

Unsere elementare Aufgabe ist es, dem Proletariat den raschesten und stärksten Einfluß auf die Kriegspolitik zu gewinnen. Parteiklarheit und Parteieinheit finden sich von selbst wieder, wenn wir ein sozialistisches und demokratisches Aktions-Programm (das aber nicht nur Programm bleiben darf sondern unmittelbar auszuführen ist) für die gegenwärtige Weltkrisis aufstellen und ungesäumt mit seiner Verwirklichung beginnen ... Das tragisch stählende Wort eines französischen Offiziers: „Wir sind heute alle nur Tote auf Urlaub, muß für die Parteitags-Delegierten in dem Sinne beherrschend sein, daß sie ohne Menschenfurcht aussprechen, was ist, und bekennen, was sie zu tun gedenken ...

Zu dem Parteitag kam es nicht. Die politischen Meinungsverschiedenheiten mußten in den einzelnen Ortsgruppen der Partei ausgefochten werden.

3. Die Opposition organisiert sich um Eisner

In München bestand seit Februar 1914 innerhalb der Partei eine Jugend-Sektion für 18–23 jährige, eine Bewegung mit starkem geistigen und jugendpolitischen Eigenleben. Die Parteileitung, die „Sonderbestrebungen" witterte, legte der jungen Bewegung bald Zügel an, indem sie ihr drei erwachsene Genossen als Leiter aufzwang. Das Erlebnis des Weltkrieges und die Gegensätze innerhalb der Partei spiegelten sich in den Diskussionen dieser Jugendgruppe lebhaft wider. Die Opposition der Jugend, die ursprünglich rein jugendpolitischen Charakter trug, wurde verstärkt durch den Kampfwillen gegen die Barbarei des Krieges und *gegen die Kriegspolitik der Partei*. Die Münchener Parteileitung schloß darauf 1916 die über 21jährigen, damit auch mich, mit vielen anderen Gründungsmitgliedern aus der Jugend-Sektion aus. Schon im Jahre 1915 hatten wir Kurt Eisner wiederholt als Redner für die Jugend-Sektion gewonnen. Die Notwendigkeit des Sozialismus bejahte er nicht nur nach der wissenschaftlichen Methode von Karl Marx; ihm war Sozialismus vor allem auch *ethische* Notwendigkeit, deshalb betonte er stärker als andere das *willensmäßige* und *sittliche Ideal als bewegende Kraft in der gesellschaftlichen Entwicklung*. Diese *ethische Fundierung des Sozialismus*, die dem Empfinden der Jugend näher war als die mechanisch-öko-nomische Begründung, vermittelte er uns in seinem Vortrag *„Der politische Wille in der Weltgeschichte"*. Innerlich selbst jung, hatte Kurt Eisner ein feines Verständnis für die Wesensart der Jugend, die ihm mit offenem Herzen und uneingeschränktem Vertrauen entgegen-kam. Die Weihnachtsfeier 1915 gestaltete er uns zu einem starken Erlebnis, das uns Fest und Kampf zugleich war.

Immer enger schlossen sich die jungen Gemüter an Kurt Eisner an. Als dann in der Generalversammlung der Partei im Juni 1916 nach einer heftigen Auseinandersetzung die Bewegung der Jugend-sektion endgültig in eine sozialdemokratische Jugendpflege umge-wandelt worden war, trat ich mit einigen Freunden an Kurt Eisner heran, mit der Bitte, besondere regelmäßige Diskussionsabende für uns zu veranstalten. Eisner, der in dem Ringen der Jugend um neue Wege immer auf unserer Seite stand, willigte ein. Er verlangte aber, daß auch die erwachsenen oppositionellen Genossen an diesen Abenden teilnehmen sollten. Es kam noch wiederholt zu eingehen-den Besprechungen über die Ausgestaltung der Abende, die Perso-nen wurden ausgewählt, die zur Teilnahme aufgefordert werden sollten, und erst am 7. *Dezember* 1916 erging die erste Einladung zu einem *politischen Diskussionsabend*. Er fand im Nebenzimmer einer kleinen Gastwirtschaft statt und war von 25 Personen besucht. Die Mehrzahl davon waren ehemalige Mitglieder der sozialdemokrati-schen Jugend-Sektion. Vom Januar 1917 ab fanden diese Abende re-gelmäßig jeden Montag statt. Der Kreis der Teilnehmer erweiterte sich, stieg bald auf 50 und 100. Die Besucher der Diskussionsabende waren in der *Hauptsache Arbeiter, Angestellte und Soldaten und eine kleine Zahl Intellektueller*. Auch Frauen und Mädchen gehörten zu den regelmäßigen Besuchern der Abende. Eine kleine Gemeinde, entschlossen, den *Sozialismus als Religion des Proletariats* auch in die-ser Zeit der Lüge und der Gewalt hochzuhalten. Am ersten Abend hatte Kurt Eisner einen Rückblick gegeben über die Entwicklung der Partei und über die kriegspolitische Situation. Rasch fand man sich an den folgenden Abenden zusammen in regen Debatten über Fra-gen des Krieges und des Sozialismus. Kurt Eisner hatte die geistige Leitung. In der Partei machte man sich anfangs lustig über den „Dis-kussionsklub", in dessen Zusammenkünften es keinen Vorsitzen-den, keine Glocke, keine Wortmeldungen gab. Man diskutierte frei und ungezwungen, und nie sah ich regeres geistiges Leben in Versammlungen, als in diesen Zusammenkünften. Sie überwandten die Lüge der Presse, schufen eine neue Methode der Verständigung. Kurt Eisner lehrte uns richtig lesen, zeigte, was in Zeitungsartikeln, Regierungskundgebungen und anderen Dokumenten zwischen den Zeilen und Worten stand und was nicht gesagt worden war. Der politische Sinn wurde geschärft. Kurt Eisners politische Beziehungen ermöglichten es, daß wir im Diskussionsabend fast jede Woche von wichtigen politischen Vorgängen oder von Publikationen im Auslande erfuhren, die in der deutschen Presse unterschlagen wurden. Zu allen praktisch-politischen Tagesfragen wurde Stellung genommen. Wir lernten dort u. a. den *Mühlon-Brief* kennen, die *Lichnowsky-Denkschrift*, Auszüge aus *Grellings „J'accuse"* und aus dem *belgischen Graubuch*, und erkannten an der Hand von Dokumenten die Abhängigkeit der Regierung von den Alldeutschen.

Im Februar 1917 bekam Kurt Eisner vom Münchener Generalkommando eine Anordnung zugestellt, worin ihm die Veröffentlichung einer von ihm verfaßten Artikelreihe *„Die Mobilmachung als Kriegsursache und anderes"* untersagt wurde, weil die darin gemachten Ausführungen angeblich geeignet seien, „die Interessen der Landesverteidigung zu gefährden". Die verbotenen Artikel und der Brief, den Eisner dem Generalkommando als Antwort auf den Zensur-Eingriff schrieb, wurden im Diskussionsabend eingehend erörtert. In seinem Brief bezeichnete er die Anordnung des General-Kommandos als unvereinbar mit der Berufsehre des Schriftstellers:

Der Schriftsteller hat die Aufgabe, die Wahrheit gewissenhaft zu suchen, und, wenn er sie gefunden hat, zum Nutzen der Allgemeinheit zu bekennen und zu verbreiten. Das ist die Zivildienstpflicht des Schriftstellers, die zu den allerwichtigsten Pflichten und unveräußerlichen Rechten der heutigen Gesellschaft gehört. Es wäre verächtliche Feigheit, zumal in Zeiten dieser Weltkatastrophe, die mühsam und mit peinlicher Vorsicht erarbeitete Überzeugung zu verschweigen. Die Wahrheit ist das höchste aller nationalen Güter. Ein Staat, ein Volk, ein System, in dem die Wahrheit unterdrückt wird, oder sich nicht hervorwagt, ist wert, so rasch und so endgültig wie möglich zugrunde zu gehen …
Ich lehne jede Belehrung über die Art, wie ich meinen Patriotis-

mus zu betätigen suche, ab, das habe ich allein zu verantworten und zu entscheiden. Die wenigen Verantwortlichen dieses Krieges sind nicht Deutschland, die paar Schuldigen des Weltverderbens nicht das Vaterland. Wenn ich also gegen die für den Krieg verantwortliche Regierung und deren Kriegspolitik, die nach meiner Überzeugung das deutsche Volk in den Abgrund führt, kämpfe, wenn ich darum die geschichtliche Wahrheit über den Krieg feststelle, wenn ich dahin strebe, daß andere Männer die Führung übernehmen, die fähig sind, einen für Deutschland, Europa und die Menschheit förderlichen Frieden zu schließen, weil sie für die Entfesselung des Krieges nicht verantwortlich sind; wenn ich schließlich meiner sozialdemokratischen Überzeugung treu geblieben bin, daß es die Aufgabe und die Fähigkeit des *Proletariats* sei (nach den Umständen dieses Krieges also in erster Linie des *deutschen Proletariats*) als der internationalen Klasse, *jedem* Vaterland und jedem Volk zum Heil des Weltfriedens zu wirken, so tue ich damit nicht nur, was mein gutes Recht ist, sondern ich diene auf die allerernsteste Weise meinem Vaterlands, indem ich an der Hebung seiner moralischen Wehrhaftigkeit mithelfe, für seine Geltung in der Gesellschaft der Völker arbeite und durch Aufklärung über seine Existenzbedingungen um seine Sicherung und Rettung ringe.

Über die Frage des Krieges gab es in den Diskussionsabenden nur eine Meinung, und die zeitigte die Erkenntnis, daß das Proletariat die Regierung stürzen, die politische Macht erobern und selbst Frieden schließen müsse. Diese Gedanken wurden in aller Offenheit diskutiert, und der Wille zu ihrer Verwirklichung erstarkte.

Als im April 1917 in Gotha der *Gründungs-Parteitag der Unabhängigen Sozialdemokratischen Partei* stattfand, wurde Kurt Eisner von der Münchener Opposition delegiert. Die Reisekosten brachten wir durch Sammlung auf. Eisner hatte vergeblich versucht, die Einheit der Partei zu erhalten. Nach seiner Rückkehr von Gotha kam es auch in München zur Gründung einer Ortsgruppe der USP[D]. Es war nur *eine kleine Schar*, die sich in München der neuen Partei anschloß. Die Diskussionsabende blieben bestehen, unabhängig von der Partei. Die Mitgliederversammlungen der USP. und die Diskussionsabende blieben von der Polizei unbehelligt. Als wir aber im August

1917 mit einer öffentlichen Versammlung hervortreten wollten, wurde das durch ein Verbot des bayerischen Kriegsministeriums verhindert. Polizei sperrte den Saalzugang. Trotzdem setzten sich 70 oder 80 Versammlungsbesucher im Vorgarten an die Tische. Die übrigen waren, da der Saal gesperrt war, wieder umgekehrt. Kurt Eisner begann mit einer Ansprache, wurde aber von einem Polizeikommissar am Weiterreden verhindert. Dem Ortsvorsitzenden der USP., *Winter* sen., erging es bei einem, zweiten Versuch nicht besser. Es wurden revolutionäre Lieder gesungen, Hochrufe auf Friedrich Adler, Rosa Luxemburg und Karl Liebknecht ausgebracht. Ich selbst war in Uniform anwesend. Die Polizei erstattete an das Generalkommando Meldung, unter anderem auch über die Beteiligung *eines Unteroffiziers vom Infanterie-Leibregiment mit rotem Muttermal auf dem rechten Handrücken*, konnte aber meinen Namen nicht ermitteln. Erst nach dem Munitionsarbeiterstreik wurde im Februar 1918 durch das verräterische Muttermal meine Identität festgestellt.

Die Diskussionsabende fanden auch weiterhin regelmäßig statt. Allmählich wuchs die Teilnehmerzahl auf weit *über* 100. Eine Kontrolle der Teilnehmer erfolgte nicht. Die Wahrheit durfte jeder hören. Die ständige, bewußte politische Aufklärung und Schulung schlug Wurzel. Man diskutierte nicht nur; die gewonnenen Erkenntnisse wurden auch in den Betrieben und Kasernen propagiert, von Mund zu Mund und durch illegale Flugblätter. Bittere Vorwürfe erhob Eisner gegen diejenigen, „die vor lauter Angst um ihr bißchen Leben, um ihre soziale Existenz, vor lauter Angst vor dem Morgen und vor dem Heute, ihre Zukunft aufgeben". Und immer lebendiger wurde die Idee im Diskussionsabend, daß zwischen Gedanken und Tat kein Widerspruch und kein Zeitraum stehen dürfe.

4. DER MUNITIONSARBEITER-STREIK

Die Hauptaufgabe der Eisnerschen Diskussionsabende war die Erziehung der Teilnehmer zum selbständigen politischen Denken und Urteilen, namentlich zur Emanzipation von dem Lügenschwall der Tagespresse. An den meisten dieser Abende konnte ich selbst teilnehmen.

Nach meiner Verwundung und Erkrankung an der Westfront

war ich im Mai 1915 wieder nach München zurückgekommen. Wegen meines Gesundheitszustandes blieb ich dann auch in der Folge garnisonverwendungsfähig und tat militärischen Bureaudienst. Ich bekam die Möglichkeit, außerhalb der Kaserne zu wohnen und konnte jeden Abend nach Dienstschluß Zivilkluft anziehen. Das erleichterte meine Tätigkeit in der sozialistischen Jugendbewegung und in der Partei wesentlich.

Seit die Diskussionsabende bestanden, waren auch meine persönlichen Beziehungen zu Kurt Eisner engere geworden. Ich kam öfter zu ihm in seine Tanneneinsamkeit nach Großhadern. Er wohnte dort unweit vom Waldfriedhof in einer Gartenkolonie vor München in einem kleinen Häuschen. Oft traf ich ihn, an seinem Kriegsarchiv arbeitend, vergraben zwischen Büchern, Zeitschriften und Zeitungen, die auf seinem Schreibtisch rund um ihn herum aufgetürmt waren. Im Grunde seines Wesens war Eisner eine *Gelehrtennatur, reich an Wissen und Ideen.* Zuweilen erzählte er mir auch von seinen Plänen zu größeren philosophischen, literarischen und geschichtlichen Arbeiten. Er wollte eine sozialistische Literaturgeschichte schreiben, die für ihn ein ideelles Lebensbedürfnis war und ein Gegengewicht sein sollte zur Kleinarbeit der Tagespolitik und zur journalistischen Tätigkeit. Eine „Geschichte des Adels" hatte er begonnen, und er arbeitete an der Fortsetzung seines *„Ende des Reichs".* Seit Jahren schrieb er auch an einem Werk über Fichte, das schon weit gediehen war. Fichte war für Eisner der „Philosoph des sozialen Enthusiasmus" und seine Philosophie „Lebensbedingung aller revolutionärer Kämpfer: der absolute Glaube an den endlichen Sieg der Freiheit, an ihre Erfüllung im irdischen Jenseits". Der Engels'sche Satz: „Die deutsche Arbeiterbewegung ist die Erbin der klassischen deutschen Philosophie" war Kurt Eisner mehr als Lippenbekenntnis. Die nur liberalen Folgerungen, die Kant aus seinem Sittengesetz zog, übersetzte er ins Sozialistische, weil er davon überzeugt war, daß auf der heutigen Stufe der wirtschaftlich-politischen Entwicklung Kants Ethik sich nur im Sozialismus zu verwirklichen vermag. So sah er zwischen Kant und Marx einen untrennbaren Zusammenhang. Sozialismus war ihm nicht nur ökonomisch-soziale, sondern vor allem ethische Notwendigkeit. *Auch der Krieg war ihm ethisches Problem geworden.* Und wie ihn vor dem Kriege der Zwang, durch Tagesjournalistik den Unterhalt zu erwerben, von seinen wissenschaftlichen Arbeiten immer wieder abzog, so nahm ihn nun das Studium der Kriegsprobleme, der leidenschaftliche Kampf gegen den Krieg ganz gefangen, so daß auch jetzt diese Arbeiten nicht vollendet wurden.

Wenn ich ihn besuchte, allein oder mit Freunden, dann saßen wir im Garten unter Tannen, oder bei unfreundlichem Wetter in der kleinen Parterrestube des Häuschens bei einer Tasse Tee. Das Gespräch war bald beim Krieg und seinen Problemen, mochte es begonnen haben, wo immer es wollte. Eisners Geistigkeit war bestimmt von drei großen Namen: Kant, Marx und Beethoven. Wenn er von Beethoven sprach, in dem er den höchsten Gipfel der deutschen Kunst sah, betonte er stets das Revolutionäre in der Musik Beethovens. In der neunten Sinfonie hörte Eisner die Menschheit tönen und singen. Er faßte sie so auf: Das gewaltige Sittengesetz kämpft in ihr, das die revolutionäre Mission der Menschheit zur Pflicht macht, die nicht eher sich erledigt, bis die Freiheit aller erreicht ist. So ist die Neunte ihm Revolution und Erfüllung zugleich. Richard Wagner war ihm die Pest.

In München hatte Eisner persönlich viel Widerliches und Gemeines zu ertragen. Die Motive seines Handelns wurden in niedrigster Weise verdächtigt, man zog Persönliches in den politischen Kampf. Kam die Rede daraus, dann pflegte er zu sagen: „Wenn die Welt nur gemein wäre, dann ginge es noch; dann könnte man ihr noch einreden, daß die Gemeinheit nicht glücklich macht. Aber leider ist sie auch so dumm, daß sie nicht begreift, was man ihr beweist." Dann bekamen seine sonst so lebhaften und gütigen Augen hinter dem immer ein wenig schiefsitzenden Zwicker etwas Müdes im Ausdruck.

Der Herbst 1917 kam. Die russische Revolution hatte auch in Deutschland die Massen aufgewühlt. Als Eisner im Dezember zu politischen Freunden nach Berlin kam, sprach man auch über die Möglichkeit eines Massenstreiks. Dabei wurde ihm gesagt, vor ein paar Wochen wäre die Arbeiterschaft einer Massenaktion für den Frieden nicht abgeneigt gewesen; nachdem aber jetzt die Friedensverhandlungen von Brest-Litowsk eingeleitet seien, habe das Gefühl Platz gegriffen, daß ohnehin ein allgemeiner Frieden in Aussicht stehe, ein Streik zu seiner Herbeiführung also nicht mehr nötig sei. Eisner, der schon als „Vorwärts"-Redakteur für den Massenstreik als politischen Notwehrakt im Befreiungskampf der Arbeiterklasse eingetreten war, widersprach. In den Massen bestehe ein starkes Bedürfnis nach einem organisierten Vorstoß; es sei die Schuld der Führer, wenn sie nicht das nötige Vertrauen hätten und die Aktion deshalb unterblieben sei.

Das Verhalten der deutschen Friedensunterhändler in Brest-Litowsk veränderte die Situation grundlegend. Mitte Januar wurde Eisner wieder nach Berlin berufen. Es war jetzt klar: im Osten sollte ein annexionistischer Gewaltfriede erzwungen, im Westen der Eroberungskrieg fortgeführt werden. Der inzwischen ausgebrochene *österreichische Massenstreik* hatte auch im deutschen Proletariat starken Widerhall gefunden. *Der Anstoß zur Aktion kam aus den Betrieben.* Man forderte den Politischen Massenstreik. Die Reichstagsfraktion der USP. gab nach und man einigte sich auf einen dreitägigen Demonstrationsstreik. Als Eisner am 19. Januar nach München fuhr, war der Streik in Berlin schon beschlossen, der Tag des Streikbeginns stand aber noch nicht fest. Von Berlin aus hatte Eisner einen Brief voll trüber Ahnungen an seine Frau geschrieben:

… Es bedrängte mich eine trübe Ahnung, als ob sich mein Schicksal bald vollenden könne. Ich weiß, daß ich durch Gefahren wandere, die ich deutlich sehe und gegen die ich doch blind sein will. Aber ich kann nicht anders. Ich könnte niemals mehr frei atmen, wenn ich nicht jetzt das täte, was ich für meine Pflicht halte. Dieser persönlichen Verantwortung und Verpflichtung kann ich nicht mehr ausweichen – um meiner Seele willen. Aber ich gestehe, ich bringe damit ein schweres Opfer. Niemals war ich so innig und freudig ins Leben verflochten, wie in diesen Jahren: Ich hänge an Dir, an den Kindern, an der vielen Arbeit, die noch nicht getan, an den Gedanken, die in mir noch keimen, an dem Häuschen in der Stille, an den Büchern. Dennoch muß ich mit all dem spielen. Ich sehe klar das Licht in der Finsternis, zu dem ich wandern muß. Ich kann nicht los davon. Aber dieser Weg wird mir nicht leicht, gerade jetzt nicht, wo ich mich in der Blüte der Kraft unvollendet fühle …

Wenige Tage nach seiner Abreise aus Berlin bekam Eisner nach München Nachricht, daß am 28. Januar 1918 der Streik beginne. In

Berlin war er verschiedentlich darauf hingewiesen worden, daß in der Rüstungsindustrie aus Mangel an Kohlen und Rohstoffen erhebliche Betriebseinschränkungen, zum Teil bis zu 50 Prozent, eingetreten waren. Man befürchtete deshalb, daß die Arbeiter unter diesen Umständen kaum geneigt wären, die Betriebe zu verlassen, da sie dann mit längerer Arbeitslosigkeit zu rechnen hätten.

In München fand am Sonntag, *den 27. Januar, eine Mitgliederversammlung der USP. im Kollosseum statt*, in der Eisner über die Vorgänge in Brest-Litowsk sprach. Gleich zu Beginn erklärte der überwachende Polizeibeamte die Versammlung zu einer öffentlichen. Eisner wußte auch, daß seine Rede von Polizeibeamten mitgeschrieben werde. Er sprach trotzdem, oder gerade deshalb, ohne jede Zurückhaltung, weil er stets die Meinung vertrat, daß das Aussprechen der Wahrheit der erste Schritt zur Revolution ist. Er ging aus von den Verhandlungen in Brest-Litowsk, berührte den österreichischen Streik und teilte mit, daß sich die Berliner Arbeiter entschlossen hätten, vom 28. Januar ab in den Streik zu treten, und zwar zur Durchsetzung folgender Forderungen: 1. Sofortiger allgemeiner Frieden unter Wahrung des Selbstbestimmungsrechts der Völker ohne Annexionen und Kontributionen. 2. Vollständiges Presse- und Koalitionsrecht, sowie Versammlungsfreiheit. 3. Aufhebung des Belagerungszustandes. 4. Entmilitarisierung der Betriebe und Aufhebung des Hilfsdienstgesetzes. 5. Freilassung und Aufhebung des Zuchthausurteils gegen Liebknecht, sowie Freilassung sämtlicher politischer Gefangener und Verurteilter. Besonderes Gewicht legte Eisner auf die Freilassung Liebknechts, weil er darin ein Symbol der politischen Macht der Arbeiterschaft sah. Die Rede klang aus in die Aufforderung, für den Streik in den Betrieben zu werben.

Die Firma Krupp hatte während des Krieges in München die Bayerischen Geschützwerke errichtet und damit *Industrieproletariat von Rhein und Ruhr* nach dem etwas geruhsam-kleinbürgerlichen *München* verpflanzt. In der Versammlung im Kolosseum waren Vertrauensleute der Kruppwerke anwesend und luden Eisner, den USP.-Vorsitzenden *Winter* sen. und eine der aktivsten Genossinnen, die russische Revolutionärin von 1905, Frau Sonja Lerch, in ihre Betriebsversammlung ein, die am nächsten Tag in der Schwabinger Brauerei stattfand.

In dieser von der SPD. einberufenen Versammlung sprach der sozialdemokratische Reichstagsabgeordnete und spätere Präsident der bayerischen Nationalversammlung, Franz *Schmitt*, über die „Übergangswirtschaft". Die von mehreren Tausenden besuchte, überfüllte Versammlung änderte die Tagesordnung auf das Thema „Die politische Lage" und beschloß, Eisner als Korreferenten [sic] zu hören. Sobald Eisner den Berliner Streik erwähnte, wurde er von stürmischem Beifall unterbrochen. Er erörterte hauptsächlich Zweck und Bedeutung des Streiks. Die Gegner der Bewegung waren offensichtlich in verschwindender Minderheit. Zu einer Beschlußfassung kam es wegen Überschreitung der Polizeistunde nicht mehr. Erst am nächsten Tage fand eine Versammlung der Vertrauensmänner der Krupp-Arbeiter statt, die beschloß, am Donnerstag, den 31. Januar, morgens beim Schichtwechsel, in den Streik zu treten. Eisner und die übrigen Münchener Führer der USP. vertraten den Grundsatz, die Arbeiter sollten, um den Widerspruch zwischen Massenwillen und Parteiführung auszuschalten, ihre Angelegenheiten selbst lenken; die sogenannten Berufspolitiker hätten ihnen nur beratend zur Seite zu stehen. Deshalb wurde auch der Arbeiter-Ausschuß der Kruppwerke mit der Leitung des Streiks betraut. *Bis zum Januarstreik hatte die USP. in München keine direkte organisatorische Fühlung mit den Betrieben,* wenn auch vereinzelte Krupp-Arbeiter zuweilen Besucher der Diskussionsabende waren. Die Belegschaften anderer Kriegsbetriebe, der Rapp-Motorenwerk, der Bayerischen Flugzeugwerke wurden mit fortgerissen; weitere kleinere Betriebe schlossen sich der Bewegung an. Die Buchdrucker beschlossen eine Sympathiekundgebung.

Vor den Kruppwerken verteilten wir am Morgen des 31. Januar während des Schichtwechsels Flugblätter, die zur Teilnahme am Streik aufforderten. Fast der gesamte Betrieb schloß sich uns an und zog zur Versammlung in die Schwabinger Brauerei. Unsere Flugblätter waren illegal hergestellt worden. Das Geld dazu konnte nur mühsam aufgebracht und in kleinen Raten bezahlt werden. Die USP. war damals in München ein kleines Häuflein ohne Geld, ohne Presse, denn das Geld, das Eisner nach Behauptungen in Presse und Flugblättern von der Entente erhalten haben sollte, hatte niemand gesehen. Unser hauptsächlichstes Propagandamittel war die „mündliche Zeitung". Aber wir hatten etwas anderes, wirksameres.

Eisner hatte es verstanden, seine Anhänger mit dem Ethos des Kampfes zu erfüllen, das ihn selbst beseelte: Daß man bereit sein müsse, für die Idee sich selbst zu opfern, wenn man wirken wolle.

In der Streikversammlung der Krupp-Arbeiter, die noch am Vormittag stattfand, sprach Eisner. Zu der geplanten Straßen-Demonstration erklärte er, daß man die Genehmigung der Behörden dazu nicht einhole. Die Regierung existiere heute für uns nicht. Sie habe bei Schaffung des Kriegszustandgesetzes zugesichert, daß durch sein Inkrafttreten Presse- und Versammlungsfreiheit nicht angetastet würden. Diese Zusicherung habe die Regierung gebrochen. Die Arbeiter sollten jetzt aus eigener Machtvollkommenheit das verletzte Recht wieder herstellen, das sei die Voraussetzung für alles weitere. Ein gewaltiger Entrüstungssturm brach los, als Eisner die eingehenden Instruktionen bekanntgab, die in den letzten Tagen von einer militärischen Behörde für den Fall eines Zusammenstoßes zwischen streikenden Arbeitern und Militär herausgegeben worden waren. Danach sollte eine dreimalige Aufforderung an die Menge gerichtet werden, auseinanderzugehen, und dann *sofort scharf geschossen werden*. Man könne nach dieser Instruktion glauben, daß man jetzt mitten im Kriege wieder zu der alten Losung zurückgekehrt sei, daß der Soldat die Aufgabe habe, auf Vater und Mutter zu schießen. Eisner sagte zum Schluß seiner Rede unter größter Bewegung, er könne sich nicht vorstellen, daß ein ehrenhafter Offizier das Kommando gebe, auf friedlich demonstrierende Arbeiter zu schießen, noch weniger, daß ein solches Kommando ausgeführt werde. Bei einem Zusammenstoß müsse einer von uns vor die Soldaten treten und ihnen das Ziel unseres Streiks darlegen. Er habe keinen Zweifel, daß sie sich dann unserem Zuge anschließen werden. Sollte trotzdem das Undenkbare und Ungeheuerliche geschehen, und auf den Zug geschossen werden, dann wüßten wir wenigstens, wofür wir fallen – für den Frieden – während so viele Hunderttausende gefallen seien für einen Zweck, den sie nicht wollten – für den Krieg. Die Versammlung, die in steigender Erregung unter dem starken Eindruck dieser Rede stand, stimmte darauf für den Straßenumzug. Dann wurde noch diese Kundgebung beschlossen:

Die streikenden Arbeiter Münchens, voran die Krupp-Werke, entbieten ihre brüderlichen Grüße den belgischen, französischen, englischen, russischen, italienischen, amerikanischen, serbischen Arbeitern. Wir fühlen uns mit Euch eins in dem feierlichen Entschlusse, dem Kriege des Wahnsinns und der Wahnsinnigen sofort ein Ende zu bereiten. Wir wollen uns nicht mehr morden. Vereint Euch mit uns, den Völkerfrieden zu erzwingen, der im Aufbau einer neuen Welt allen Menschen Freiheit und Glück sichert. Wir deutschen Arbeiter werden unsere Herrschenden, die Verantwortlichen des Weltkrieges, zur Rechenschaft ziehen. Der Kampf um den Frieden hat begonnen. Proletarier aller Länder, vereinigt Euch!

Wir fordern von der bayerischen Regierung, sofort durch Vermittlung des neutralen Auslandes diese Kundgebung der Münchener Arbeiter ins gesamte feindliche Ausland telegraphisch zu übermitteln.

Im Auftrag: Kurt Eisner.

Am Vormittag des gleichen Tages hatten noch andere Betriebsversammlungen stattgefunden. Ich selbst hatte in einer dieser kleineren Versammlungen gesprochen. Um 1 Uhr mittags begann der Straßenumzug der streikenden Arbeiter. In ruhiger und ernster Stimmung marschierten sie. Es wurde nicht gesungen, kaum gesprochen. Sie trugen keine Fahnen, keine Plakate. An Fabriken, Kasernen, Lazaretten ging es vorbei. Zurufe hallten zu den dichtbesetzten Fenstern hinauf: „Kommt mit! Wir wollen den Frieden!" Auf den Straßen war viel Polizei, man sah militärische Motorrad-Meldefahrer, da und dort auch einen Offizier zu Pferde, aber sonst kein Militär. Zu Zusammenstößen kam es nicht. Der Zug ging nach dem Innern der Stadt. Der Saal, worin man sich wieder versammeln wollte, war bereits von den Arbeitern der bayerischen Motorenwerke besetzt. Redner war der Führer der Münchener SPD., Erhard *Auer*. Die Demonstration zog darauf nach einem anderen, ganz in der Nähe liegenden Saal, wo Fritz *Schröder* zu den Streikenden sprach. Kurt Eisner wurde von einem Arbeiter der Motorenwerke aufgefordert, in ihre Betriebsversammlung, in den Matthäser, zu kommen. Es kam dann in dieser Versammlung zu einer leidenschaftlichen Auseinandersetzung zwischen den SPD.-Rednern *Auer* und *Timm* einerseits und *Eisner* andererseits, wobei Auer einen scharfen persönlichen

Ton anschlug. Eisner warb für die Beteiligung am Streik, und die Versammlung, die einberufen worden war, ein Votum gegen den Streik abzugeben, endigte mit einem Beschluß, am Streik teilzunehmen, nachdem vorher noch der Arbeiterausschuß des Betriebs, der sich gegen den Streik ausgesprochen hatte, abgesetzt und ein neuer Arbeiterausschuß gewählt worden war.

Der Saal leerte sich, und die draußen harrenden Arbeiter der Bayerischen Flugzeugwerke kamen herein. Der Vorsitzende erklärte, es finde eine geschlossene Betriebsversammlung statt. Nur Betriebsangehörige könnten im Saal bleiben. Eisner verließ darauf die Versammlung und ging in die ein Stockwerk tiefer liegende Restauration. Nach einiger Zeit kamen Versammlungsteilnehmer zu ihm und erklärten, daß Auer, der doch nicht zum Betrieb gehöre, in der Versammlung spreche; unter diesen Umständen müsse auch Eisner reden dürfen. Erst nach langem wiederholtem Drängen ließ sich Eisner überreden, zu kommen. Ich ging mit ihm. Kaum wurde Eisner am Saaleingang gesehen, da bildete sich in der dichtgedrängten Versammlung eine Gasse, die den Weg zum Podium freimachte. Im Nu war es im Saal bekannt: Kurt Eisner ist da. Auer sprach. Es war eine Polemik gegen Eisner, untermischt mit Konzessionen an die Streikforderungen. Da werden Rufe laut: „Eisner soll sprechen!" Aus einer anderen Ecke des Saales kommt Echo: „Eisner soll sprechen!" Immer lauter werden die Rufe, immer stürmischer verlangt die Versammlung, Eisner zu hören. Schließlich erklärt der Vorsitzende, die Versammlung werde jetzt geschlossen und am anderen Morgen in der Betriebskantine fortgesetzt. Die Versammlungsleitung verläßt den Saal. Die Betriebs-Belegschaft schickt sich an, zu folgen. Ich versuche, Eisner zu bewegen, noch ein paar Worte zu sprechen. Er weigert sich: „Ich dränge mich nicht auf". Eisner muß sprechen, denke ich, sonst faßt die Belegschaft dieses wichtigen Betriebes morgen einen Beschluß gegen den Streik. Aber alles Zureden ist fruchtlos. Eisner will nur sprechen, wenn er dazu aufgefordert wird. Die Arbeiter beginnen schon, den Saal zu verlassen. Da schwinge ich mich, kurz entschlossen, aufs Podium, nehme die Glocke vom Vorstandstisch und gebe ein Zeichen. Es wird sofort still im Saal: „Genossen, die Betriebsversammlung ist geschlossen. Ich eröffne eine neue öffentliche Versammlung mit der Tagesordnung: Die politische Lage im Reich und die Streikbewegung. Als Redner schlage ich Ihnen Kurt

Eisner vor". Die Versammlung gibt ihre Zustimmung kund. Jetzt war Eisner gezwungen, zu sprechen. Ich erteilte ihm das Wort.

Es war Eisners letzte Rede im Januarstreik. Er schilderte den Charakter des Krieges als Eroberungskrieg. Die für die Entstehung des Krieges Verantwortlichen seien nicht in der Lage, Frieden zu schließen. Die Verantwortung für das Kommende laste auf der deutschen Arbeiterschaft. Der Massenstreik sei das Machtmittel des Proletariats, den notwendigen Einfluß auf die künftige Entwicklung zu gewinnen. Man verhindere durch falsche Berichterstattung, daß die Arbeiter der feindlichen Länder durch die deutschen Streikdemonstrationen wieder Vertrauen zu den deutschen Sozialisten gewännen. Die militärische Leitung lasse gerade jetzt wieder Fliegerbomben auf London und Paris abwerfen. Das sei militärisch-strategisch sinnlos, habe aber den Zweck, den Haß der Proletarier in England und Frankreich gegen Deutschland wieder aufzupeitschen, zumal die deutschen Bomben die Gewohnheit hätten, gerade auf die dichtbevölkerten Arbeiterviertel herabzufallen. Deshalb sei die von den Krupp-Arbeitern beschlossene Kundgebung an die Arbeiter der feindlichen Länder von ganz besonderer Wichtigkeit. Der Hauptzweck des Streiks sei die Verhinderung der bevorstehenden Frühjahrsoffensive, die nicht den Sieg bringen könne, nach der vielmehr die Niederlage komme. Es liege deshalb im Interesse Deutschlands, ehe die amerikanischen Truppen im Westen eingesetzt würden, rechtzeitig, vor dem militärischen Zusammenbruch, durch eine proletarische Aktion den Frieden herbeizuführen.

In lautloser Stille lauschte die Versammlung, gebannt von Eisners mitreißender Rednergabe. Eisner stand auf dem Podium, mit knappen Gebärden seiner feinen Hände da und dort einen Satz unterstreichend. Auf seinen schmalen Schultern ein durchgeistigtes Gesicht mit kleinem, schon ins Graue spielenden Spitzbärtchen. Und über den von Enthusiasmus belebten Augen wölbte sich die hohe, fast durchsichtig klare Stirn.

Eisner machte eindringlich darauf aufmerksam, die Streikenden müßten damit rechnen, daß sie ihre Gestellungsbefehle bekämen, wieder in die Schützengräben geschickt würden. Wenn sie sich nicht aus klarster Einsicht, aus innerstem Herzensdrang frei an die Streikbewegung anschließen könnten, dann sollten sie nicht streiken. Denn nur in der ganz freiwilligen Hingabe, die durch keinerlei

Zwang verkümmert werden dürfe, liege der Wert einer idealen Aktion, in der das Proletariat gar nichts für sich selbst wolle, sondern nur für die Gesamtheit des deutschen Volkes, wie für die Gemeinschaft der Menschheit kämpfe.

Als Eisner erschöpft vom Podium stieg, stimmte die Versammlung einmütig für die internationale Kundgebung und für den Streik.

Nach Schluß der Versammlung, in der auch Sonja Lerch noch gesprochen hatte, ging ich mit Eisner und einigen Parteifreunden in ein Café. Kurz vor der Polizeistunde kam ein Genosse und sagte uns, daß das Lokal von Geheimpolizisten beobachtet würde. Als wir gingen, war die letzte Straßenbahn schon abgefahren. Eisner war zu müde, um den zweistündigen Weg zu seiner Wohnung nach diesem kampfreichen Tag zu Fuß zurückzulegen. Auch wollte er während des Streiks im Zentrum der Bewegung bleiben. Er ging in ein nahegelegenes Hotel. Als er dort mit einem Freund beim Tee saß, erschienen im Zimmer Kriminalbeamte. *Eisner wurde verhaftet.* Das Gleiche geschah in dieser Nacht noch mit einer Reihe von anderen Streikführern der USP. Die in den nächsten Tagen von den Streikenden unternommenen Versuche, durch Versammlungen, Straßendemonstrationen und Abordnungen an das Polizeipräsidium die Freilassung der Verhafteten zu erreichen, waren ohne Erfolg. Auch die Absicht, den Streik bis zur Freilassung der Verhafteten fortzusetzen, mißlang. Führer der SPD. gewannen Einfluß auf die Streikleitung und sorgten mit Nachdruck für baldige Beendigung der Bewegung. Am 3. Februar fand die letzte Kundgebung der Streikenden auf der Theresienwiese statt. Am Montag, 4. Februar, wurde überall die Arbeit wieder aufgenommen.

Im Interesse der historischen Wahrheit muß ich feststellen, daß die Behauptung von reaktionärer Seite, die Führer der SPD. hätten diesen Streik gewollt und geführt, nicht richtig ist. *Der Wille zur Aktion kam aus den Betrieben. Die USP. übernahm die Führung der Bewegung,* und erst im weiteren Verlauf gelang es der SPD., Einfluß zu gewinnen und die Streikbewegung zum Stillstand zu bringen.

Für Kurt Eisner lag der Sinn dieses Streiks darin: Anstelle der bevorstehenden Frühjahrsoffensive sollte eine Friedensaktion unternommen werden, ehe durch Eingreifen der amerikanischen Truppen der deutsche Zusammenbruch besiegelt wurde. Es ist ja inzwischen bekannt geworden, daß selbst der damalige bayerische Kronprinz Rupprecht davon überzeugt gewesen ist, daß im Januar 1918 der Frieden „noch billig zu erreichen war". Der angeblich „landesverräterische" Munitionsarbeiterstreik vom Januar/Februar 1918 war also in Wirklichkeit eine wahrhaft nationale Tat im besten Sinne des Wortes, denn er hätte, wenn er erfolgreich gewesen wäre, die nutzlose Hinopferung Hunderttausender verhindert und dem deutschen Volk einen erträglichen Frieden gebracht.

Nach Abschluß des Streiks verließen die noch nicht verhafteten Streikführer der USP., Richard *Kaempfer* und Fritz *Schröder*, München, um im sächsischen und rheinischen Industriegebiet Versammlungen abzuhalten. Sie wurden einige Monate später in Norddeutschland verhaftet und ins Untersuchungsgefängnis München-Stadelheim gebracht. Ich selbst meldete mich am 4. Februar bei meinem Truppenteil. Dort war man inzwischen über eine Beteiligung am Streik informiert worden. Es gab Vernehmungen über Vernehmungen. Als ich beim Generalkommando vor dem Gerichtsoffizier das Protokoll unterschrieb, wurde mein Muttermal auf dem rechten Handrücken sichtbar. Der vernehmende Offizier pfiff leise durch die Zähne: „Haben wir das Bürschchen endlich?" Dann griff er sich einen alten Akt aus dem Schrank: „Wir sind noch nicht fertig miteinander. Wie war das damals, im August 1917, mit der verbotenen USP.-Versammlung? Sie waren doch dabei …?" Das Muttermal war mir zum Verräter geworden. Es wurde nun auch wegen des Besuchs dieser verbotenen Versammlung zusammen mit meiner Beteiligung am Streik ein kriegsgerichtliches Verfahren gegen mich eingeleitet. In Untersuchungshaft kam ich merkwürdigerweise nicht. Aber ich wurde strafversetzt in die kleine Garnison Passau. Dort hat man immer wieder Schrankvisitationen bei mir vorgenommen, auch mein Strohsack wurde aufgeschnitten. Bei meinen Kameraden hatte ich bald den Spitznamen „der rote Korporal". Trotz der vielen Durchsuchungen fand man bei mir niemals verbotene Schriften oder belastende Briefe, die man offenbar suchte. Ich war vorsichtig genug, mir meine Post, Zeitungen und Broschüren unter Deckadresse kommen zu lassen. Was gelesen war, wurde sofort vernichtet. Das kriegsgerichtliche Verfahren gegen mich zog sich bis zum Herbst hin. Erst im Oktober kam ich vor das Kriegsgericht des ersten bayerischen Armeekorps in München.

5. Der Zusammenbruch

Gegen Kurt Eisner und die übrigen verhafteten Streikführer hatte
der Oberreichsanwalt ein Landesverratsverfahren eingeleitet. In seiner mehrtägigen Angeschuldigtenvernehmung hat Eisner ausführ-
lich die Beweggründe seines Handelns dargelegt. Offen und freimü-
tig bekannte er sich zu allem, was er in den Kampftagen gesagt und
getan, und immer wieder nahm er die übrigen Verhafteten gegen
die Beschuldigung des Landesverrats in Schutz. Der Untersuchungsrichter äußerte einmal gesprächsweise dem Verteidiger Eisners gegenüber, er habe es noch nie erlebt, daß die Aussagen der
Beschuldigten so sehr übereinstimmten, wie in diesem Verfahren.
So viele Vernehmungen auch stattfanden: keine Widersprüche waren festzustellen, weder in bezug auf die Ereignisse, noch hinsichtlich der Motive des Streiks. Jeder Beschuldigte stand zu seinem Tun,
keiner sagte etwas gegen einen anderen aus.

Die Frühjahrsoffensive hatte die erhoffte Entscheidung nicht gebracht. Der Sommer kam, und damit Ludendorffs schwarzer Tag,
der 8. August. Die Foch'sche Offensive hatte mit ihrer erdrückenden
Übermacht an diesem Tag den Kriegsausgang endgültig entschieden. Seit dem 8. August wußte die Oberste Heeresleitung, daß der
Krieg für Deutschland verloren war. Ende September kam der Zusammenbruch Bulgariens, im Oktober der Zerfall Oesterreichs, der
den Ententeheeren den Weg nach Deutschland freigab. Die Oberste
Heeresleitung erkannte die ganze Hoffnungslosigkeit der militärischen Lage, forderte das Waffenstillstandsangebot, und *Ludendorff*
drängte auf Schaffung einer parlamentarischen Regierung, um
dadurch dem Waffenstillstands- und Friedensangebot eine günstigere Aufnahme beim Gegner zu sichern. Die parlamentarische Regierung des Prinzen Max von Baden wurde gebildet, der auch zwei
Sozialdemokraten, Bauer und Scheidemann, angehörten. In der
Nacht vom 3. zum 4. Oktober ging die Friedensnote des Kanzlers an
Wilson ab.

Diese Entwicklung spiegelte sich nur matt in der Presse wieder.
Aber man fühlte: es geht dem Ende zu. Die Kriegsmüdigkeit in den
Massen erreichte ihren Höhepunkt. In Passau, wohin ich versetzt
worden war, um eine politische Tätigkeit in München unmöglich zu

machen, wurden Grenzschutzkompagnien zusammengestellt, die dann Stellung an der bayerischen Grenze bezogen.

In dieser Situation wurde eine öffentliche Versammlung angekündigt. Redner war der Redakteur der linksliberalen „Passauer Zeitung", Herr *Matthes*, der gleiche Herr, der später in der rheinischen Separatistenbewegung eine so üble Rolle gespielt hat. Die Versammlung war überfüllt. Die halbe Garnison war mit im Saal. Matthes sprach über die letzten politischen Ereignisse, schilderte den Schritt von der autokratischen Monarchie zur bürgerlich-parlamentarischen Monarchie und rief mit Emphase in den Saal: „Es ist dem Kaiser sehr hoch anzurechnen, daß er diesen Schritt getan hat ..." Ich rufe dazwischen: „Das ist ihm gar nicht hoch anzurechnen!" Der Vorsitzende bittet, keine Störung durch Zwischenrufe zu verursachen. Wer die Meinung des Referenten nicht teile, solle sich in der Diskussion zum Wort melden. Das tat ich dann. Ich bekannte mich zu dem Zwischenruf. Die Parlamentarisierung sei eine Selbstverständlichkeit, sie komme nur viel zu spät, und wir würden uns bald an noch viel weitergehender Selbstverständlichkeiten gewöhnen müssen. Die Umwandlung des Regierungssystems sei uns aus der Not der Zeit kampflos in den Schoß gefallen. Das Volk würde aber auf die Dauer kein Recht und keine Freiheit haben, die nicht erkämpft wären. Dann sprach ich noch gegen die Friedensschlüsse von Brest-Litowsk und Bukarest. Diese beiden Gewaltfrieden würden sich bitter an uns rächen. Die Rede löste in der Versammlung große Erregung aus. Es war das erstemal, daß in dem kleinen Städtchen ein Soldat so sprach.

Am andern Tag hatte ich Kasernenwache. Die Bataillonsordonnanz kam: „Unteroffizier Fechenbach soll sofort zum Herrn Major!" Der Bataillons-Kommandeur ließ ein furchtbares Donnerwetter über mich los. Ob ich die Kriegsartikel nicht kenne? Ob ich nicht wisse, daß ein Soldat sich nicht um Politik zu kümmern habe? Ich berief mich auf das Wort des Obersten Kriegsherrn, daß er keine Parteien mehr kenne. Das ließ der Major nicht gelten, so sei das Kaiserwort nicht aufzufassen. Ich bemerkte nur noch, daß ich es so aufgefaßt hätte. Darauf gab mir der Major Befehl, meine Diskussionsrede niederzuschreiben. Das geschah, und das Bataillon erstattete Tatbericht an das Generalkommando.

In München kam es zur Ausschreibung einer Reichstagswahl.

Der sozialdemokratische Abgeordnete v. *Vollmar* hatte aus Gesundheitsrücksichten sein Reichstagsmandat niedergelegt. Die SPD. stellte Erhard *Auer*, die USP. Kurt *Eisner* als Kandidaten für die Nachwahl auf. Unter dem Druck der politischen Ereignisse wurde Eisner dann am 14. Oktober 1918 aus der Untersuchungshaft entlassen, um sich seinen Wählern vorstellen zu können. Im Untersuchungsgefängnis hatte er nie den Glauben an die Revolution verloren. Eine Eintragung vom 19. Februar in sein Gefängnistagebuch schließt mit dem zuversichtlichen Satz: „… ich werde die Freiheit *erleben* !"

Die Gefängnismonate wurden ihm zu einer Zeit reichen Schaffens. Unter anderem entstand da die *„Götterprüfung"*, eine weltgeschichtliche Posse in fünf Akten. Diese scharfe Satire auf die Monarchie war schon 1898 im Strafgefängnis Plötzensee begonnen und wurde zwanzig Jahre später im Untersuchungsgefängnis „Am Neudeck" in München vollendet. *Zwei Einakter*, die Eisner dort schrieb, sind noch unveröffentlicht. In der Untersuchungshaft schloß er auch seine *„Gesammelten Schriften"* ab, die dann 1919 in zwei Bänden erschienen. Es ist eine Sammlung von Unveröffentlichem und schon Gedrucktem. Einen *„Toten auf Urlaub"* nennt er sich selbst im Vorwort. „Ein Toter – des Spruches harrend, der ihn begräbt – sammelt in letzten Stunden Bruchstücke seines Wollens und Denkens, Kämpfens und Träumens … Urlaubserinnerungen!"

Am 22. Oktober wurden die übrigen Führer des Munitionsarbeiterstreiks aus der Untersuchungshaft entlassen, bis auf drei, deren Freilassung erst am 3. November erzwungen werden konnte. In der letzten Oktoberwoche, in einer Zeit also, da der militärische Zusammenbruch auch in der Öffentlichkeit schon in seinem vollen Umfange bekannt war, fand *mein Prozeß vor dem Kriegsgericht in München* statt. Ich war beschuldigt, am Munitionsarbeitersteik (Januar/Februar 1918), im August 1917 an einer durch die Militärbehörde verbotenen Versammlung teilgenommen, mich dabei an politischen Umtrieben beteiligt und das Kriegsministerium verhöhnt zu haben. Die Passauer Versammlungsrede wurde von der Anklage gar nicht erwähnt. Nur in der Beweisaufnahme hat man eine kurze Frage darüber an mich gerichtet.

Am Tage vor der Verhandlung hatte ich noch eine ausführliche Unterredung über den Prozeß mit Kurt Eisner; ich ließ mich von ihm beraten, weil es das erstemal in meinem Leben war, daß ich wegen eines politischen Delikts vor Gericht kam. Eisner riet mir wegen der verbotenen Versammlung, das Verbot für rechtsungültig zu erklären und mich dabei auf die Zusicherungen der bayerischen Regierung zu berufen, die bei Schaffung des Kriegszustandgesetzes im Jahre 1912 im Landtag ausdrücklich erklärt habe, daß durch das Gesetz die Meinungs- und Versammlungsfreiheit nicht beschränkt werden solle. Daran hielt ich mich dann auch und wurde in diesem Punkt freigesprochen. Über die Verteidigungsart in bezug auf den Munitionsarbeiterstreik gab es von vornherein keine Zweifel für mich. In der Verhandlung gab ich alles mir zur Last Gelegte zu, so daß der Vorsitzende auf die geladenen Zeugen verzichtete. Wegen der Streikbeteiligung fällte das Gericht ein Urteil, das in seiner Begründung eine Rechtfertigung des Streiks bedeutet. Es hieß in diesem Urteil, *der Angeklagte habe sich nur aus vaterländischen Beweggründen am Streik beteiligt.* Er war der Überzeugung, daß damals der letzte Augenblick gewesen sei, einen für Deutschland erträglichen Frieden zu erreichen. Der Streik sollte nach dem Willen der Streikenden ein ehrliches Friedensangebot erzwingen und so Deutschland und das deutsche Volk vor einer Niederlage und vor einem drückenden Frieden bewahren. Ich wurde deshalb *freigesprochen* und nur wegen unerlaubter Entfernung vom Heer während der Streiktage mit fünf Tagen Mittelarrest bestraft, die ich aber nie absaß. In diesem Urteil spiegelt sich die Meinung des damaligen bayerischen Kronprinzen Rupprecht wider (sie wurde bei Schilderung des Munitionsarbeiterstreiks bereits erwähnt), die im bayerischen Offizierkorps wohl bekannt war, der Öffentlichkeit aber erst Jahre später aus Briefen und Tagebuch-Aufzeichnungen Rupprechts mitgeteilt werden konnte. Ich hielt den Freispruch für eine Folge des militärischen Zusammenbruchs; man wagte keine politischen Verurteilungen mehr, wollte nicht neuen Zündstoff für die Massenstimmung schaffen. *Die Begründung des Freispruchs bleibt unabhängig davon ein beachtenswertes Dokument.*

Nach meinem Freispruch vor dem Kriegsgericht kehrte ich nicht mehr zu meinem Truppenteil zurück. Ich blieb in München und wohnte bei Kurt Eisner. Alles deutete darauf hin, daß der politische Umschwung nur noch eine Frage von Tagen sein konnte.

Kurt Eisner | 1867-1919
(Postkarte des Jahres 1919, Ausschnitt)

6. Revolution

Nach seiner Entlassung aus der Untersuchungshaft nahm Kurt Eisner den Kampf sofort wieder auf, den er im Januar unfreiwillig hatte einstellen müssen. Aber er kämpfte jetzt unter ganz anderen Bedingungen. Der im Januar vorausgesagte militärische Zusammenbruch war inzwischen zur Tatsache geworden. Die Wahlversammlungen der USP., in denen Eisner sprach, wurden zu Propaganda-Versammlungen für die kommende Revolution.

München hat ein rein agrarisches Hinterland. Sollte eine revolutionäre Erhebung, für die die lange Kriegsdauer und der militärische Zusammenbruch die psychologischen Bedingungen geschaffen hatten, nicht von den Bauern erstickt werden, dann konnte sie nicht gegen die Bauern, sie mußte *mit* ihnen durchgeführt werden. Eisner nahm deshalb noch im Oktober die Verbindung mit radikalen *Bauern* auf, vor allem mit dem blinden Bauern Ludwig *Gandorfer* und dessen Bruder, dem Landtagsabgeordneten Karl *Gandorfer*, der Eisner durch eine scharfe Oppositionsrede im Landtag aufgefallen war. Beide Brüder hatten Bauernhöfe in Pfaffenberg in Niederbayern. Der blinde Gandorfer war ein weitgereister Mann mit stärkstem Interesse für das politische Leben, und war seit längerer Zeit Sozialist. Unabhängig von Eisner war in ihm der Gedanke einer großen Volksbewegung gereift. Er hatte Helmi Liebknecht, den Sohn Karl Liebknechts, bei sich aufgenommen, der sich am Gymnasium nicht mehr halten konnte, seit sein Vater wegen seines Kampfes gegen den Krieg ins Zuchthaus gekommen war.

In der Presse wurde bereits unter der Parole „Nationale Verteidigung" der Gedanke eines letzten militärischen Widerstandes erörtert. Es sollte unter Aufgebot des letzten Jünglings und des letzten Greises noch ein Verzweiflungskampf geführt werden. Dafür war weder in den Städten noch auf dem Lande jemand zu haben. Wofür sollte noch gekämpft werden? Das Kriegsglück war mit einer solchen sinnlosen Verzweiflungsaktion nicht mehr zu wenden, und nur für militärisches Prestige waren die Massen nicht mehr zu begeistern. Zu lange war das Volk durch die Zensur im Dunkel gehalten worden. Die jetzt bekannt gewordene Wahrheit über die wirkliche Kriegslage riß aus allen Illusionen und löste eine erregte Massenstimmung aus. Man wollte *„Schluß machen mit dem Schwindel"*, wie in Bayern die allgemeine Redensart über den Krieg hieß. *Diese Stimmung war besonders stark unter den Bauern.* Die bayerischen Bauern waren erbittert über die Zwangswirtschaft und hegten einen wütenden Haß gegen die Berliner Zentralstellen. Zu alledem kam, daß jetzt, nach dem Zerfall Oesterreichs, die Gefahr drohte, daß vom Süden und Osten Entente-Truppen nach Bayern einmarschierten und die Felder und Dörfer der bayerischen Bauern Kriegsgebiet würden. Da war jedes Mittel recht, das den Frieden zu bringen versprach. Die Bauernbündler waren antiklerikal, verbissene Gegner der herrschenden bayerischen Zentrumspartei und der von Dr. *Heim* geführten christlichen Bauernvereine. Für Eisner konnten also nur die *Bauernbündler als seine Verbündeten* auf dem Lande in Frage kommen. Revolutionäre Flugblätter gingen aufs Land und klärten die Bauern über die kritische Situation auf.

Der monarchische Gedanke war in Bayern schon 1913 durch die verfassungswidrige Absetzung des geisteskranken Königs Otto und die Ausrufung des Prinzregenten Ludwig zum König erschüttert worden. Die bayerischen Kleinbürger und Bauern hatten damals darüber geschimpft, daß die Haupttriebfeder zu dieser Königsmacherei wohl das Verlangen nach der erhöhten Zivilliste gewesen sei. Den Namen eines argen Geizkragens ist der letzte Bayernkönig nie losgeworden. Während des Krieges wurde auch viel darüber räsonniert, daß der König die Milch von seinem Mustergut in Leutstetten für teures Geld „an die Preußen verschiebe". Ludwig III., der sich im Laufe des Krieges zu einem schlimmen Annexionisten entwickelt und sogar von der Notwendigkeit einer deutschen Rheinmündung gesprochen hatte, schacherte nun auch noch mit den Hohenzollern um die Angliederung eines Stückes von Elsaß-Lothringen an Bayern, um so seine Hausmacht zu vergrößern. In den Ansprüchen der Wittelsbacher auf den polnischen und belgischen Thron sah man ein Hemmnis für den Frieden. Der Kanzler, Graf *Hertling*, hatte sich gegen die Parlamentarisierung im Reich gesträubt und war auch schon früher als bayerischer Ministerpräsident, wie Ludwig III., der Gefangene der wilhelminischen Kriegspolitik. Die antipreußische Stimmung, die in Bayern seit 1866 systematisch geschürt worden war, wandle sich nun gegen die Wittelsbacher selbst, in denen nur noch die Diener der Hohenzollern gesehen wurden. Man wollte den Frieden, hatte aber kein Vertrauen zur Obersten Heeresleitung, ebensowenig zu den Wittelsbachern, die man für ohnmächtig hielt. Das war *die Münchener Stimmung gegen Ende Oktober 1918, und ähnlich dachten auch die Bauern.* Ganz offen sprach man schon überall von der notwendigen Abdankung des Kaisers.

Von Mitte Oktober ab verhandelte man im Landtag auf Drängen der Sozialdemokraten über Einführung der Verhältniswahl und Übergang zur parlamentarischen Regierungsform auch in Bayern. Am 2. November kam es endlich zur Einigung. Die getroffenen Vereinbarungen wurden noch am gleichen Tage veröffentlicht. Das neue Ministerium, für das auch zwei Sozialdemokraten vorgesehen waren, sollte sich im Laufe der Woche dem Landtag vorstellen und unter Führung des bisherigen Ministerpräsidenten *Dandl* bleiben.

Gegen etwa ausbrechende Unruhen hatte man in Bayern, besonders in München, einen umfangreichen militärischen und polizeilichen Sicherheitsapparat aufgezogen, dessen Vorhandensein bekannt war, auch wenn er bisher noch nicht in Aktion getreten war. Am 3. November wurden Teile dieses Sicherheitsapparates zwar sichtbar, durften aber auf höhere Weisung nicht eingreifen. An diesem Tag – es war ein Sonntag – versammelte sich um 10 Uhr vormittags ein Häuflein von kaum tausend Menschen auf der weitgedehnten Theresienwiese vor der Riesenstatue der Bavaria zu einer Friedenskundgebung der USP. Die Einladungen zu dieser Kundgebung konnten nur mit hektographierten Handzetteln erfolgen. Das Generalkommando hatte den Anschlag von Plakaten verboten, und es war *kein Geld da, Flugblätter drucken zulassen.* Wir waren die halbe Nacht in den Arbeitervierteln herumgelaufen und hatten unsere Einladungszettel an Telegrammtafeln, Mauern und Umzäunungen angeklebt. An einer Reihe von Gastwirtschaften konnten wir sie auch mit Reißnägeln an die Wand heften. Die Polizeidirektion hatte erst nach schwierigen Verhandlungen im letzten Augenblick die Durchführung der Veranstaltung erlaubt. Aber man hatte Bedingungen gestellt. Sehr merkwürdige Bedingungen, die blitzartig die Situation beleuchteten. Die Polizeidirektion forderte von der Versammlungsleitung, daß sie die Soldaten nicht zum Ungehorsam und zur Meuterei auffordere, daß sie keine Demonstration veranstalte und die Republik nicht ausrufe. (!) Es knisterte schon im Gebälk. Kurt Eisner sprach zu den Versammelten. Nach Beendigung seiner Rede mußte er sofort zur Bahn, um nach Pfaffenberg zu dem

Bauernführer Ludwig *Gandorfer* zu fahren, mit dem am Nachmittag die letzten Vereinbarungen für die geplante revolutionäre Erhebung und ihre Unterstützung durch die Bauern getroffen wurden.

Die Versammlungsleitung forderte zu keiner Demonstration auf. Aber nach Schluß der Kundgebung kam spontan aus der Menge der Ruf: „Auf nach Stadelheim!" Dort saßen noch Kaempfer, Schröder und Winkler vom Januarstreik her in Untersuchungshaft. Zweihundert Entschlossene zogen zum Gefängnis, weit außerhalb der Stadt. Polizei zu Fuß und zu Pferd, berittene Gendarmerie und Militär wurden alarmiert und standen im Gefängnishof und in den Gängen des vergitterten Hauses in Bereitschaft. Aber sie traten nicht in Aktion. Die Polizeidirektion wollte Blutvergießen vermeiden und versprach sich vom bevorstehenden Waffenstillstand und von der bayerischen Verfassungsreform, die unmittelbar vor dem Abschluß stand, eine beruhigende Wirkung auf die Volksstimmung.

Vor dem Gefängnis wurde eine Abordnung gewählt, die zur Direktion ging, um die Freilassung der Verhafteten zu fordern. Der Polizeipräsident kam und versuchte vergeblich, die vor dem Gefängnis Harrenden zu beruhigen. Schließlich erschien auch der Oberstaatsanwalt und versprach, beim Reichsgericht, von dem ja die Haftbefehle ausgegangen seien, die Freilassung der Inhaftierten zu empfehlen. Eine Abordnung der Demonstranten fuhr mit dem politischen Referenten der Polizeidirektion zum bayerischen Innenminister Dr. *Brettreich*, um auch mit ihm über die Enthaftung der drei Streikführer zu verhandeln. Inzwischen standen die Demonstranten, die um 12 Uhr nach Stadelheim gekommen waren, immer noch vor dem Gefängnis und hielten bis 7 Uhr abends dort aus. Schließlich erzwangen sie eine Unterredung ihrer Abordnung mit den Gefangenen. Die Freilassung wurde in Aussicht gestellt, sobald vom Reichsgericht, an das sich die Staatsanwaltschaft bereits telephonisch gewandt habe, die entsprechende Weisung eingetroffen sei. Dann zog man zur Stadt. In den Straßen hallten Kampflieder der Arbeiter wider, Friedensrufe erschollen, und der Zug der Demonstranten schwoll an, je näher man dem Stadtinnern kam. Alles, was auf den Straßen war, zog mit, und als die Demonstration vor dem Wittelsbacher Palais – dem Wohnsitz des letzten Bayernkönigs – ankam, war sie zu einer unübersehbaren Menschenmasse angewachsen. Da stieg ich aus der Menge auf das Eisengitter vor dem Königspalast: „Volk von München! Entscheidungsvolle Tage liegen vor uns. Es gilt jetzt, bereit zu sein!" Und dann schilderte ich die politische Situation, erzählte die Vorgänge vor dem Gefängnis, forderte nochmals die Freilassung der politischen Gefangenen und ließ die Anwesenden schwören, die Freilassung zu erzwingen, wenn sie nicht bis zu der am 5. November stattfindenden Versammlung der USP. erfolgt sei. Tausende von Händen reckten sich zum Schwur in die Nacht. Die Rede klang in den Ruf aus: „Es lebe der Friede, es lebe die Freiheit, es lebe die soziale Republik!" Die Polizei hatte auch diese Kundgebung nicht gestört. Aber zur gleichen Stunde, da die Menge vor dem Wittelsbacher Palais stand, waren die drei Gefangenen auf freien Fuß gesetzt worden. Zwei von ihnen, Richard Kaempfer und Fritz Schröder, hatte man vom Gefängnis direkt in die Kaserne gebracht und dort eingekleidet. Sie haben dann in ihren Kompagnien für die nötige politische Aufklärung gesorgt.

Zwei Tage später, am 5. November, war in München die *Erhebung der Kieler Matrosen* bekannt geworden. An diesem Abend sollte eine Wahlversammlung der USP. im Hackerkeller stattfinden. Der Saal erwies sich aber infolge der Vorgänge vom Sonntag und wohl auch wegen der Kieler Ereignisse als viel zu klein für die Masse der Besucher. Man zog deshalb auf die nahe Theresienwiese. Als Eisner, der in der Versammlung sprechen sollte, in den Saal kam, waren auf den Tischen nur noch leere Gläser, die Stühle standen kreuz und quer. Eine Kellnerin gab ihm Aufklärung: „Ja, wissens, dös san zvui gwesen; da sans halt umi ganga auf d' Wiesn". Eisner ging nun auf die Suche nach seiner Wählerversammlung. Die Theresienwiese war stockdunkel. Bei der Bavaria entdeckte er dann eine große dunkle Masse. Es waren an Zwanzigtausend, die im Dunkel auf dem weiten Plan standen. Fritz *Schröder* und der Dichter Bruno *Frank* sprachen. Dann ergriff Eisner das Wort. Es fielen Zurufe, man solle in die Stadt ziehen. Eisner mahnte zur Geduld: „Nur noch kurze Zeit. Aber ich setze meinen Kopf zum Pfande, ehe 48 Stunden verstreichen, steht München auf!" Neue Zurufe: „Zu den Kasernen!" Einzelne forderten Waffen. Eisner warnte eindringlich vor einer unüberlegten Aktion. Er könne auf solche Zwischenrufe nicht reagieren, weil er im Dunkeln nicht sähe, von wem sie ausgingen. „Nicht jetzt", beschwor Eisner die Masse, „nicht in der Nacht wollen wir aufbrechen. Die Sache des Volkes hat nicht das Licht des Tages zu scheuen. Im Strahl der hellen Sonne wird sich das Volk von München erheben!"

Nach dieser Versammlung gab es Beratungen zwischen Polizei und Regierung, ob man Eisner verhaften solle. Man wußte zwar von der allgemeinen Unzufriedenheit, rechnete aber damit, daß Eisner nur einen geringen Anhang habe und täuschte sich vor allem über die *gärende Massenstimmung*, die zur Aktion drängte, und *die von Eisner richtig erkannt* wurde.

Eisner jetzt schon festzunehmen, schien der Regierung unzweckmäßig. Die Polizei rechnete, wie man jetzt aus einer Darstellung des damaligen bayerischen Innenministers weiß, mit einem „Putsch" der USP, den man, gestützt auf den großen Sicherheitsapparat, rasch unterdrücken könnte; ja, die Polizei – wieder nach der gleichen Quelle – *hoffte* sogar auf einen solchen Putsch, um dann mit Hilfe des Militärs die nötigen Verhaftungen vornehmen zu können. So einfach stellten es sich die bayerischen Regierungsmänner vor. Sie waren taub und blind gegen die revolutionäre Massenstimmung, dachten an einen „Putsch", wo es sich um eine gewaltige *Volksbewegung* handelte. Sie glaubten, daß alles nur von ein paar Führern abhänge, in einer Situation, da das alte Staatsgefüge bereits in allen Fugen krachte. Sie saßen auf einem Wrack und merkten es nicht.

Die USP. hatte inzwischen für den 7. November eine Friedenskundgebung auf der Theresienwiese beschlossen und – um die gesamte Münchener Arbeiterschaft dafür zu gewinnen – auf dem Wege über die Gewerkschaften erreicht, daß die Kundgebung gemeinsam von SPD. und USP. veranstaltet wurde. Es mußte jetzt rasch gehandelt werden, denn politische Maulwürfe waren am Werk, die auf eine Loslösung Bayerns vom Reich hinarbeiteten. Einflußreiche, klerikale Kreise standen dahinter. Es waren Flugblätter im Umlauf, die unter geschickter Ausnützung der bereits geschilderten antipreußischen Stimmung einen bayerischen Sonderfrieden forderten. Auch einzelne bayerische Zentrumsblätter bliesen in das gleiche Horn. Die „Bayerische Staatszeitung" vom 2. November nahm gegen „gewisse Kreise" Stellung, die „neuerdings bemüht" sind, „der weiteren ruhigen Entwicklung Schwierigkeiten zu bereiten, indem sie einer *Loslösung Bayerns vom Reiche* das Wort reden …" Dadurch veranlaßt, brachten die Liberalen im Finanzausschuß des bayerischen Landtags eine Resolution ein, daß man nun Deutschland nicht verlassen dürfe, und daß ein Sonderfriede für Bayern unmöglich sei. Der Führer des bayerischen Zentrums, der spätere bayerische Ministerpräsident Dr. *Held*, erklärte, man könne nicht wissen, was die nächste Zeit bringe; *Bayern müsse seine volle Aktionsfreiheit haben*. Man plante offenbar eine *dynastische Separation*. Das geht auch aus einem Aufsatz des klerikalen bayerischen Bauernführers Dr. Heim hervor, den dieser vier Wochen später, am 1. Dezember 1918, im „Bayerischen Kurier" veröffentlichte. Darin machte er offen Propaganda für die Loslösung Bayerns vom Reich und für seinen Anschluß an Oesterreich. Unter diesen Umständen wird es verständlich, daß man bis zum 7. November, ehe Eisner in München die Republik proklamierte, in Berlin mit Sorge die Frage diskutiert hat, ob nicht die erwartete Republikanisierung des Nordens den monarchisch bleibenden Süden vom Reich abtrennen würde. *Es ist das historische und nationale Verdienst Eisners, schon am 7. November in München die Fahne der Republik aufgerichtet und damit die Separationsabsichten der bayerischen Reaktion durchkreuzt zu haben.*

Am 6. November wurde die Bevölkerung durch Plakate für den nächsten Tag zur Friedenskundgebung auf die Theresienwiese gerufen. Es war die erste gemeinsame Aktion von USP. und SPD. seit der Parteispaltung. Am Nachmittag fand im Landtag eine Besprechung der Regierung mit den Abgeordneten statt, die am 8. November Minister der neuen parlamentarischen Regierung werden sollten. Auch Erhard *Auer* war zugezogen worden. Der Innenminister teilte mit, daß die Regierung die Kundgebung zulassen wolle, aber gegen Ordnungsstörungen und Gewalttätigkeiten mit aller Entschiedenheit vorzugehen beabsichtige. Dabei warf er die Frage auf, ob sich nicht eine vorherige Verhaftung Eisners empfehle. Das wurde von allen Seiten als unzweckmäßig abgelehnt. Die getroffenen Sicherheitsmaßnahmen sprach man nochmals durch. Der Kriegsminister erklärte, daß ihm in München genügend zuverlässige Truppen zur Verfügung stünden; außerdem seien aus Schweinfurt noch einige zuverlässige Kompagnien herangezogen worden. Erhard Auer erklärte auf Anfrage, er glaube nicht, daß Eisner den friedlichen Verlauf der geplanten Veranstaltung stören werde. Polizeidirektion, Generalkommando und Stadtkommandantur trafen bis ins Kleinste ihre Maßnahmen zur Aufrechterhaltung der Ordnung: Absperrungen, Truppenbereitstellungen und Schutz bestimmter Gebäude. Es war ein riesenhafter Apparat, der in Bewegung gesetzt worden war, um im entscheidenden Augenblick zu versagen. Zur gleichen Stunde, da die Regierung ihre Sicherheitsmaßnahmen nochmals überprüfte, saßen wir bei Kurt Eisner in der Wohnung, eine kleine Gruppe von noch nicht zehn Freunden, und berieten den Plan für den kommenden Tag.

Um die Mittagsstunde des 7. November fand noch eine Vertrauensmänner-Besprechung der USP. statt, wobei die letzten Parolen ausgegeben wurden. Von 1 Uhr mittags ab standen alle Betriebe still. Die Abendblätter konnten nicht erscheinen. In unübersehbaren Zügen strömten die Massen zwischen 2 und 3 Uhr zur Theresienwiese. Ganz München war auf den Beinen. Rote Fahnen wehten über den Köpfen. Plakate wurden mitgeführt, und mitten unter einer Gruppe Feldgrauer sah man eine große, weiße Tafel mit der Aufschrift: „Es lebe die Revolution!"

Es war keine alltägliche Kundgebung. Auf den Gesichtern lag Spannung. Man wußte: Heute geschieht Entscheidendes. Die Ortskommandantur hatte den größten Teil der Soldaten in den Kasernen zurückgehalten. Sie standen dort in bewaffneter Bereitschaft. Aber manche waren ohne Erlaubnis weggegangen, und vom Feld waren viele Urlauber in München. Und die grauen Uniformen mischten sich unter die Männer im Arbeitskittel. Plötzlich hebt ein Soldat eine wallende rote Fahne hoch über die Köpfe und ruft in die Menge: „Alle Soldaten zu Kurt Eisner!" Der Ruf pflanzt sich fort wie ein Befehl. Die Feldgrauen sammeln sich um die rote Fahne.

Fünfzehn Minuten sollten die Redner sprechen, dann sollte eine Resolution angenommen werden, die den Abschluß des Waffenstillstandes forderte und den von den Alldeutschen propagierten Gedanken der „Nationalen Verteidigung" ablehnte. Auch Forderungen nach Parlamentarisierung des Staatswesens und Demokratisierung der Verwaltung fehlten nicht. Oben an der Bavaria, auf der großen Freitreppe, stand Erhard *Auer*, der Führer der SPD.; dann folgten die anderen Redner am Wiesenhang entlang mit 50 Meter Abstand, und weit unten stand Kurt *Eisner*, der Hauptredner der USP.

Da kommt Bewegung in die Massen. Die Soldaten ziehen hinter einer roten Fahne mitten durch die Menge zu Kurt Eisner. Ein Zeichen wird gegeben. Die Ansprachen beginnen. Die Resolution wird begründet, die ganze Gefahr der augenblicklichen Situation geschildert. Abstimmung: Weit über hunderttausend Hände erheben sich für die Forderungen der Münchener Arbeiter. Dann zieht Auer mit einem Teil der Demonstranten durch die Stadt. An der Spitze des Zuges marschiert ein Musikkorps. Unterwegs schließen sich die Soldaten der Residenzwache dem Zuge an, der überall mit Jubel begrüßt wird. Am Friedensengel folgt noch eine kurze Ansprache des Reichstagsabgeordneten Franz *Schmitt*, der zum Schluß die Versammelten zum ruhigen Nachhausegehen auffordert. Aber dort, wo auf der Wiese die Soldaten standen, war nicht alles so programmäßig verlaufen. Drei Redner sprachen an dieser Stelle. Zuerst Kurt Eisner, kurz und bündig. Es sei jahrelang *geredet* worden, man müsse jetzt *handeln*! Der Bauernführer Ludwig Gandorfer verspricht, daß das Landvolk die Arbeiter nicht im Stiche lassen werde. Dann trete ich vor in Uniform, die rote Fahne in der Hand, erinnere daran, daß die Soldaten in den Kasernen zurückgehalten werden. Und dann: „Soldaten! Auf in die Kasernen! Befreien wir unsere Kameraden! Es lebe die Revolution!"

Das war das Signal. Brausender Jubel setzt ein, und im Sturmschritt gehts zu den Kasernen, voran die rote Fahne. In der Guldeinschule waren Landstürmer untergebracht. Sie standen mit scharfer Munition in Bereitschaft. Das Tor ist verschlossen. Man schlägt Fenster ein. Mit noch einem Soldaten steige ich durchs Fenster. Mit den draußen Wartenden war vereinbart worden, nach fünf Minuten zu stürmen, wenn das Tor nicht geöffnet würde. Im Zimmer des Bataillonskommandanten verhandeln wir wegen Übergabe der Schule. Der Major weigert sich. Die vereinbarten fünf Minuten verstreichen. Draußen fürchtet man für das Schicksal der beiden Kameraden. Das Tor wird gesprengt. Die bewaffnete Bereitschaft geht zu den Stürmenden über. Waffen und Munition werden mitgenommen, und weiter gehts zur großen Kaserne auf dem Marsfeld. Dort standen im Hof Truppen in feldmarschmäßiger Ausrüstung. Sie sollten gegen die „Ordnungsstörer" eingesetzt werden, gingen aber sofort zu uns über, als hätten sie nur darauf gewartet, daß wir kommen. So gings fast in allen Kasernen. Nur in der Türkenkaserne, wohin ein Trupp von Auers Demonstrationszug abgeschwenkt war, versuchte man mit Tränengas einen schwachen Widerstand, der aber schnell gebrochen wurde.

Die Schweinfurter Truppen des Kriegsministers weigerten sich, vorzugehen, und gingen am Abend zu uns über. Die Polizei hatte ihre Sicherheitsanordnungen programmäßig durchgeführt. Als sie die verabredete militärische Hilfe anrief, wurde sie vom Stadtkommandanten verweigert: Da könne man nichts mehr machen, das müsse man sich jetzt austoben lassen.

Beim Kasernensturm wurden Offiziere, soweit sie sich überhaupt sehen ließen, entwaffnet. Nur in Einzelfällen setzte es dabei Prügel. Wer eine Militärmütze trug, wurde gezwungen, die schwarz-weiß-rote Kokarde abzunehmen. Plötzlich kam aus der Masse die Parole: „Auf zum Franzl!" Der Franzl war die Militär-Arrestanstalt. Man wollte die Gefangenen befreien, dann aber gedachte auch so mancher, seine Rechnung mit den Gefangenen-Aufsehern zu begleichen. Der Eingang zur Arrestanstalt wird erstürmt. Ein Feldwebel, den Revolver in der Hand, steht hinter der aufgebrochenen Tür. Er hat einen Schuß abgegeben und wird niedergeschlagen, ohne ernstlich verletzt zu werden. Dann beginnt ein aufgeregtes Suchen nach den Zellenschlüsseln. Sie sind nirgends zu finden. Auch die Aufseher sind spurlos verschwunden. Jetzt müssen die Gewehrkolben als Zellenschlüssel dienen. Schwere Schläge wuchten gegen die Zellentüren und bringen den Häftlingen die Freiheit. Einer von ihnen war an Händen und Füßen in schwere Eisenketten geschlossen. Erst zwei Tage später wurde es offenbar, wo die Aufseher an jenem kritischen Tag waren. Sie hatten richtig vermutet, saß man sie verprügeln wolle und zu ihrer Rettung folgenden Plan durchgeführt: Alle legten ihre Dienstmützen, Leibriemen und Seitengewehre ab, so daß sie sich in nichts von den Militärhäftlingen unterschieden. Der Feldwebel sperrte jeden einzeln in eine Zelle und verschloß sie wieder. Dann waren die Stürmenden gekommen, hatten die Zellen aufgeschlagen, die Häftlinge befreit und damit auch … die Aufseher.

Das Generalkommando hatte im Laufe des Nachmittags bereits die Polizei um Schutz militärischer Gebäude durch Polizeimannschaften gebeten. Das konnte nicht mehr geschehen. Der Landtag beriet ohne Kenntnis von den Vorgängen in der Stadt eine Interpellation über die Kartoffelversorgung und vertagte sich um 6 Uhr abends auf den nächsten Vormittag. Um 7 Uhr mußte der Kriegsminister dem Ministerrat erklären, er sei in München völlig machtlos, es stünde ihm kein einziger Truppenteil mehr zur Verfügung. Er brach sofort auf, um mit einer bei Landsberg am Lech stehenden Preußischen Division den Thron der Wittelsbacher zu retten. Aber auch die preußischen Soldaten verweigerten den Gehorsam.

Am Nachmittag war die bayerische Majestät schon durch einen Radfahrer von einem Spaziergang im Englischen Garten nach der Residenz zurückgeholt worden, die er nur noch durch den Kapellenhof betreten konnte. Alle anderen Eingänge waren bereits gesperrt. Die Königin lag krank zu Bett. Nach Schluß des Ministerrats, gegen 8 Uhr abends, kamen die Minister *Dandl* und *Brettreich* und rieten dem König zur schleunigen Flucht. Hals über Kopf, ohne jede Vorbereitung, flüchtete der letzte Bayernkönig im Auto mit seiner Frau und dem Erbprinzen nach Schloß Wildenwarth in der Nähe des Chiemsees, und später nach Anif bei Salzburg. Keiner von seinen Offizieren und Hofschranzen hatte den Versuch gemacht, unter Einsetzung der eigenen Person dem König den Thron zu retten.

Um 9 Uhr waren alle Kasernen in der Hand der Arbeiter und Soldaten. Kurt Eisner, der mit dem blinden Gandorfer am Arm den Kasernensturm geführt und da und dort eine Ansprache gehalten hatte, zog am späten Abend zum Saal des Matthäserbräu. Dort wurde der Arbeiter- und Soldatenrat gewählt.

Vor dem Matthäser ging es stürmisch zu. Lastautos mit Gewehren und Munition fuhren an. Soldaten und Arbeiter kamen, wurden bewaffnet, zu kleinen Trupps zusammengestellt und marschierten ab zur Besetzung öffentlicher Gebäude. Patrouillenautos wurden ausgerüstet und fuhren mit lautem Geratter über das holprige Pflaster des Hofes auf die Straße. Um 10 Uhr abends waren alle Ministerien, das Generalkommando, Bahnhof, Post- und Telegraphenamt in der Hand der Revolutionäre. Dann marschierte der Arbeiter- und Soldatenrat, begleitet von sechzig Bewaffneten, zum Landtagsgebäude, das ohne Widerstand vom Pförtner übergeben wurde. In aller Eile ist dann, unter Heranziehung weiterer Mannschaften, die Verteidigung des Landtagsgebäudes organisiert worden. Sämtliche Eingänge wurden mit Maschinengewehrposten besetzt, außerdem die Zugangsstraßen gesichert. Inzwischen waren die Mitglieder des Arbeiter- und Soldatenrats in den Sitzungssaal gegangen. Um ½ 11 Uhr abends eröffnete Kurt Eisner die vorläufige konstituierende Versammlung der Arbeiter-, Soldaten- und Bauernräte. Außer Ludwig Gandorfer waren noch einige andere Vertreter des Bauernbundes im Saal. *Eisner* wurde zum ersten, Hans *Unterleitner* zum zweiten Vorsitzenden der Räte gewählt. Dann hielt Eisner eine kurze Ansprache. Er stand auf dem Platz des Landtagspräsidenten, das Gesicht umrahmt von einem leicht ergrauten Vollbart, der ihm während seiner Gefängniszeit gewachsen war. Eisner sprach mit einer Stimme, die von tiefer Bewegung durchzittert war. Er forderte von den Versammelten, die inzwischen auf den Sitzen der Abgeordneten Platz genommen hatten, diesen Saal zu behaupten, bis sich die Verhältnisse so weit gefestigt hätten, daß aus dem provisorischen Rat ein endgültiger Arbeiter-, Soldaten- und Bauernrat werde, der so lange seine Tätigkeit auszuüben habe, bis eine Nationalversammlung, gewählt durch allgemeine, gleiche, direkte und geheime Verhältniswahl, die Herrschaft in Bayern antrete. Als er die schwierige innen- und außenpolitische Situation schilderte, in der der junge Volksstaat ins Leben trat, bezeichnete er die Gründung der Republik als die einzige Möglichkeit, einen Frieden zu gewinnen, der zur Rettung Deutschlands führe.

In dieser Nacht schrieb Eisner den Aufruf, der die Münchener Bevölkerung am anderen Morgen von dem vollzogenen Umschwung in Kenntnis setzte. Darin wird Bayern als Republik proklamiert und unter anderem mitgeteilt, daß unverzüglich eine Volksregierung, die vom Vertrauen der Massen getragen sei, eingesetzt werde; *eine konstituierende Nationalversammlung wird angekündigt* und der Hoffnung Ausdruck gegeben, daß die demokratische und soziale Republik die moralische Kraft habe, für Deutschland einen Frieden zu erwirken, der es vor dem Schlimmsten bewahre. Die Einwohner Münchens werden aufgerufen, mitzuhelfen, daß sich die unvermeidliche Umwälzung rasch, leicht und friedlich vollziehe. Der Aufruf schloß:

> Der Bruderkrieg der Sozialisten ist für Bayern beendet. Auf der revolutionären Grundlage, die jetzt gegeben ist, werden die Arbeitermassen zur Einheit zurückgeführt. Es lebe sie bayerische Republik! Es lebe der Frieden! Es lebe die schaffende Arbeit aller Werktätigen!

Der Aufruf wurde sofort zu den „Münchener Neuesten Nachrichten" gegeben mit der Verpflichtung, ihn in der Morgenausgabe auf der ersten Seite zu bringen. Die Rotationsmaschinen hatten aber bereits ihre Arbeit begonnen. Der Redakteur wußte sich auf eine originelle Art zu helfen. Er ließ die Maschine anhalten, nahm eine Inseratenseite heraus und schob die erste Seite samt dem Zeitungskopf auf die zweite. Aus diese Weise erschien die Zeitung sowohl auf der ersten wie auf der zweiten Seite mit dem Zeitungstitel versehen.

Kurz vor 1 Uhr morgens wurde festgestellt, daß die Polizeidirektion noch nicht in Händen des Arbeiter- und Soldatenrats sei. Durch irgend ein Mißverständnis war diese „Kleinigkeit" übersehen worden. Eisner gab mir den Auftrag, das Versäumte nachzuholen. Als ich ins Polizeigebäude an der Ettstraße kam, wimmelte es auf den Gängen von Schutzleuten. Die Uniform und meine rote Armbinde öffneten mir alle Türen. Man führte mich sofort zum Polizeipräsidenten, bei dem die leitenden Referenten zu einer Besprechung versammelt waren. Dort erklärte ich, daß die Räte die Provisorische Regierungsgewalt übernommen hätten und den Polizeipräsidenten beauftragten, bis zur endgültigen Neuregelung vorläufig den Sicherheitsdienst auch weiterhin zu leiten. Ein Kontrollorgan der Räte würde ihm im Laufe der Nacht noch beigegeben werden. Er müsse aber eine schriftliche Erklärung abgeben, daß er allen Anordnungen der Räte Folge leiste. Der Polizeipräsident bat sich fünf Minuten Bedenkzeit aus. Eine Weile herrschte lautlose Stille im Raum. Die Referenten sahen sich betreten gegenseitig an. Dann hatte sich der Polizeipräsident entschieden und unterschrieb diese Erklärung:

Ich verpflichte mich, bei der Ausübung des Sicherheitsdienstes den Anordnungen und Weisungen des Arbeiter- und Soldatenrates Folge zu leisten. Sofern ich dieser Verpflichtung nicht nachkommen kann, muß ich mir das Recht des Rücktritts vorbehalten.
München, 8. November 1918, morgens 1 Uhr.
K. Polizeipräsident: v. *Beckh*.

So war das Polizeipräsidium ohne jede Gewaltanwendung in die Hände des Arbeiter- und Soldatenrats gekommen. Soldatenrat *Staimer* kam in der gleichen Nacht noch als Kontrollorgan ins Polizeigebäude und wurde am nächsten Tag zum Polizeipräsidenten ernannt.

Auf dem Rückweg vom Polizeipräsidium zum Landtag kam ich am Hotel „Bayerischer Hof" vorbei. Vor dem durch ein Eisengitter gesperrten Hoteleingang stand eine erregte Menge bewaffneter Soldaten neben einem leeren Militär-Lastauto. Man schickte sich eben an, das Hotel zu stürmen. Beim Näherkommen erfuhr ich, es sei von Offizieren aus dem Hotel auf ein vorbeifahrendes Patrouillenauto geschossen worden; Verletzungen habe es nicht gegeben. Jetzt wolle man die Offiziere herausholen. Ich wußte, daß ich ganz im Sinne Kurt Eisners handle, wenn ich alles daransetze, sinnlose Tumulte zu verhindern. Ich stellte mich deshalb als Beauftragter des Arbeiter- und Soldatenrates vor und vereidigte die Bewaffneten auf die Republik. So erzwang ich mir Disziplin und gab Weisung, den Eingang freizugeben und fünf Kameraden zu bestimmen, die mit mir ins Hotel gehen sollten, um die Schießaffäre zu untersuchen. Das geschah ohne Widerspruch, und der Hoteldirektor ließ uns ein. Im Hotel lag der Generalstab eines bayerischen Truppenteils, der zum Grenzschutz bestimmt war. Der Chef des Stabes war Herr von *Seißer*, der spätere Leiter der bayerischen Landespolizei, der zusammen mit *Kahr* und General v. *Lossow* beim Hitler-Putsch im November 1923 eine so merkwürdige Rolle gespielt hat. Mit Seißer hatten wir eine kurze Verhandlung, die damit endigte, daß er ohne jede Gegenwehr in die geforderte Entwaffnung aller Offiziere seines Stabes willigte. Dann gab er uns noch diese schriftliche Erklärung:

Ich erkläre ehrenwörtlich, daß | kein Herr das Hotel bayr. Hof | verläßt, bevor der Soldatenrat weitere | Anweisung gibt. | v. Seißer | Major u. Chef des General-| stabes. [Faksimile]

Die Waffen der Offiziere wurden beschlagnahmt und eine Wache von zehn Mann in das Hotel gelegt. Am anderen Tage wurde die Angelegenheit vom Soldatenrat geprüft und die weitere Tätigkeit des Stabes im „Bayerischen Hof" geregelt. Ob jemand aus dem Hotel geschossen hatte, konnte nicht aufgeklärt werden.

Zur selben Stunde, da sich im Landtag die Räte konstituierten, hatte der verflossene Innenminister *Brettreich* den Abgeordneten *Auer* zu sich gebeten, der in Begleitung des Gewerkschaftssekretärs *Schiefer* um Mitternacht zu ihm kam. Der Minister besprach mit ihnen die neugeschaffene Lage, und Auer konnte mit Recht versichern, daß er die gewaltsame Umwälzung weder gewollt noch gefördert habe. Die vom Minister gewünschte Unterdrückung der revolutionären Erhebung war unmöglich, weil der alten Regierung, wie in der Unterredung festgestellt wurde, keinerlei Machtmittel mehr zur Verfügung standen. Auer erklärte zum Schluß der Unterredung, daß dann die Arbeiterschaft am nächsten Tage selbst Ordnung schaffen werde. Am Morgen des 8. November lasen die Münchener in Zeitungen und an Maueranschlägen: *„Die Dynastie Wittelsbach ist abgesetzt! Bayern ist fortan ein Freistaat!"* Das kam für viele recht überraschend. Selbst manche Abgeordnete merkten den Ernst der Lage erst, als sie um 9 Uhr vormittags zum Landtag kamen und ihnen dort von Bewaffneten der Eintritt verwehrt wurde.

Im Sitzungssaal des Landtags trat am Nachmittag der Provisorische Nationalrat des Volksstaates Bayern zu seiner ersten Sitzung zusammen. Er bestand aus den Mitgliedern des Arbeiter-, Soldaten- und Bauern-Rates, den Fraktionen der sozialdemokratischen Partei und des Bauernbundes aus dem alten Landtag und einigen freisinnigen Abgeordneten, darunter Professor *Quidde*. Im Laufe der folgenden Woche wurden noch Vertreter verschiedener Berufskörperschaften und Organisationen zugezogen. In seiner Eröffnungsrede betonte Eisner, daß es der letzte Augenblick gewesen sei, um durch Schaffung einer Volksregierung zu verhüten, daß das Land in einen Abgrund unrettbarer Wirrnisse geschleudert würde. Auch die Grundlinie seiner künftigen Politik deutete er schon an: durch eine Regierung, deren treibende Kräfte die deutsche Kriegspolitik bekämpft haben, Vertrauen bei den Siegerstaaten zu werben, um so einen milderen Frieden für Deutschland zu erwirken, als wenn noch jenes System herrschen würde, das mitschuldig war am Ausbruch des Krieges. Dem neuen Ministerium, das in dieser Sitzung gewählt wurde, und dessen Präsidium Eisner übernahm, gehörten an: die Sozialdemokraten Johannes *Hoffmann* (Unterricht), *Roßhaupter* (militärische Angelegenheiten), *Auer* (Inneres), *Timm* (Justiz), der unabhängige Sozialdemokrat *Unterleitner* (Soziales) und die beiden bürgerlichen Fachminister *Frauendorfer* (Verkehr) und Professor *Jaffé* (Finanzen).

Am gleichen Tage ging ein Aufruf der Räte, von *Eisner* als Vorsitzenden der Arbeiterräte und Ludwig *Gandorfer* als Vorsitzenden der Bauernräte unterzeichnet, an die Landbevölkerung, die daran erinnert wird, daß sie selbst, unter dem Druck der drohenden Invasion, einen baldigen Frieden mit allen Mitteln verlangt habe. Die Landbevölkerung wird von der vollzogenen Umwälzung in Kenntnis gesetzt und darüber beruhigt, daß der Grenzschutz aufrecht erhalten bleibe, zum Schutz ihres Lebens und Eigentums. Um Hungerkrawalle mit ihren Folgen für die Landbevölkerung zu verhindern, werden die Bauern aufgefordert, die neue Regierung sofort durch rege Lebensmittellieferungen in die Städte zu unterstützen. Ludwig *Gandorfer* fuhr zwei Tage später mit einem Auto nach Niederbayern, um in Versammlungen die Bauern für die Neuordnung der Dinge zu gewinnen und sie vor allem über die Wichtigkeit der Lebensmittelversorgung der Städte aufzuklären. An einer scharfen Kurve bei Schleißheim überschlug sich das Auto und stürzte über die Böschung hinunter. Ludwig Gandorfer war sofort tot. Der Bauernführer aus Niederbayern verlor sein Leben im Dienste des Volkes, für dessen Freiheit zu kämpfen er sich mit der Arbeiterschaft verbunden hatte. Der Tod dieses hellsichtigen Blinden war ein schwerer Verlust für das Neue, das werden sollte. Den Vorsitz im Bauernrat übernahm einige Tage später sein Bruder Karl Gandorfer.

7. Kurt Eisner als Ministerpräsident

Am 9. November verließen die durch die Revolution gestürzten königlichen Minister ihre Amtsräume, die neuen republikanischen Männer übernahmen ihre Ämter. Mit Kurt Eisner ging ich als sein Sekretär ins Ministerium des Äußern, mit dem das Ministerpräsidium verbunden war. Auf den Straßen und Plätzen Münchens standen überall lebhaft debattierende Gruppen, die die neuen Ereignisse besprachen. Die Polizei versah ihren Dienst unter Assistenz bewaffneter Arbeiter, Militärpatrouillen zu Fuß und zu Pferd unterstützten den Sicherheitsdienst. Die Zeitungshändler hatten nie genügend Zeitungen, und große Geschäftshäuser ließen durch Beauftragte die Hofwappen und Inschriften „Hoflieferant" von den Schaufenstern abkratzen. Vom Turm der Frauenkirche wehte die rote Fahne. Plötzlich kommt eine panikartige Erregung unter die Menschen. Maschinengewehre werden in den Straßen zum Bahnhof und in der Ludwig- und Maximilianstraße aufgestellt, Militärautos rattern über das

Pflaster, bringen Mannschaften und Munition. Da und dort krachen Schüsse. Alles rennt in die Nebenstraßen. Man hört aufgeregte Rufe: „Die neue Regierung ist gestürzt!" „Kronprinz Rupprecht ist mit einer Armee im Anmarsch!" (Er war längst von seiner Armee unter den Schutz des spanischen Gesandten geflüchtet.) Andere behaupteten, eine preußische Division marschiere bereits in München ein. Die tollsten Gerüchte gingen um, deren Grundton war: die Gegenrevolution ist im Gang. Die ganze Aufregung war durch unkontrollierbare Gerüchte entstanden. In Wirklichkeit sorgten die Stützen des Throns nur für ihre eigene Sicherheit und dachten gar nicht daran, ihr kostbares Leben für den König zu riskieren. Eisner veranlaßte sofort, daß Beauftragte der Räte durch Ansprachen in den Straßen wieder Beruhigung schaffen. Das Militär wurde zurückgezogen.

Einige Tage später wurde im Vorzimmer Eisners eine Dame vom Hofstaat des letzten Bayernkönigs angemeldet. Man ließ sie eintreten, und ich erfuhr, daß Ludwig III. vor ein paar Tagen München so in aller Eile habe verlassen müssen, daß nicht einmal Zeit gewesen sei, auch nur die allernötigste Leibwäsche mitzunehmen. Die Dame, vermutlich eine Wäschebeschließerin, war nun da, um zu fragen, ob es nicht möglich wäre, für Se. Majestät einige Leibwäsche aus dem Wittelsbacher Palais abzuholen. Ich ging, dem Ministerpräsidenten das wenig königliche Verlangen vorzutragen. Kurt Eisner war kein Unmensch, und der abgesetzte Wittelsbacher durfte sich seine königlichen Unterhosen abholen lassen. Ein in den Diensten der Wittelsbacher ergrauter Ministerialbote hatte das Gespräch mit angehört. Als die Dame das Vorzimmer verlassen hatte, gab der Alte seinem Mitgefühl treuherzig Ausdruck:

„Ja mei, unser Kini der hat an Angst aussteh' müass'n. Dös glaub i scho, daß der a neui Unterhosn braucht…"

Inzwischen hatte auch in Berlin der Arbeiter- und Soldatenrat am 9. November die politische Gewalt ergriffen. Der Kaiser hatte abgedankt, die Republik wurde proklamiert und die Regierung der Volksbeauftragten eingesetzt. Dann kam die Bekanntgabe der harten Waffenstillstandsbedingungen. Kurt Eisner wandte sich in der Nacht vom 10. zum 11. November im Namen der bayerischen Regierung mit einem Appell um Milderung dieser Bedingungen an die

Regierungen der Ententestaaten. Es war ein Appell an das Weltgewissen, wenn Eisner darin sagt, die demokratischen Völker dürften nicht wollen, daß die revolutionäre Schöpfung der deutschen Demokratie durch die Schonungslosigkeit der Sieger vernichtet werde. Jetzt sei die Stunde gekommen, wo durch einen Akt weitausblickender Großmut die Versöhnung der Völker herbeigeführt werden könne. Am 12. November übertrug Eisner die provisorische bayerische Gesandtschaft in Bern dem bekannten Pazifisten Professor Fr. W. *Foerster*, den er wegen seines jahrelangen Kampfes gegen das militaristische und nationalistische Deutschland für besonders geeignet hielt, von Bern aus den Frieden zu fördern. Um zu einem erträglichen Frieden zu kommen, schien Eisner allerdings nötig: völliger Bruch mit den politischen und diplomatischen Methoden der Vergangenheit, Abrechnung mit den Schuldigen der Weltkatastrophe und Bekenntnis in Wort und Tat zu einem neuen Geist der Demokratie, der Menschlichkeit und Völkerversöhnung. In all seinen Reden und Kundgebungen kehrt dies Bekenntnis zu neuem Werden wieder, der Wille zur Ausschaltung aller, die mitschuldig am Weltkrieg sind, und der Appell an das Weltgewissen, den Völkerbund nicht unmöglich zu machen durch zu schwere Bedingungen, die man der jungen deutschen Demokratie auferlegt. Das moralische Element in der Politik beherrschte alle seine Handlungen.

Im Regierungsprogramm gibt Kurt Eisner der Zuversicht Ausdruck, daß der Völkerbund in der gemeinsamen Arbeit der ehemaligen Feinde sich bilden müsse. Die revolutionäre Regierung des Volksstaates Bayern sei zu dem großen Versuch entschlossen, die Umwandlung des alten Elends in die neue Zeit in vollkommener Freiheit und in sittlicher Achtung vor den menschlichen Empfindungen durchzuführen. Damit solle ein Vorbild gegeben werden für die Möglichkeiten einer Politik, die auf dem Vertrauen zu dem Geist der Massen, auf der Einsicht in die Notwendigkeiten und Mittel der Entwicklung, auf der freimütigen Offenheit und Wahrhaftigkeit beruhe. Ferdinand Lassalles Mahnung, daß man in der Politik aussprechen müsse, was ist, beherrsche das Tun der neuen Regierung. Sie wolle in unbeirrbarer Entschlossenheit diesen gänzlich ungewohnten Weg gehen, obwohl sie sich bewußt sei, daß noch niemals eine Regierung in schwierigeren Zeiten ihr Amt übernommen habe, daß wir verhängnisvoll belastet seien mit einem fluchwürdigen Erbe, das mit dem Zusammenbruch des verfallenen Systems nicht zugleich ausgetilgt sei.

Die Vereinigung des Deutschen Reiches mit der deutsch-österreichischen Republik schien Eisner unaufschiebbar. Wenn man das Ziel erreichen wolle: die Vereinigten Staaten von Deutschland, die Oesterreich einschließen, so müsse in nächster Zukunft eine zweckmäßigere Gliederung der deutschen Staaten durchgeführt werden, die ohne jede Vorherrschaft eines einzelnen Staates und ohne Antastung der Freiheit und Selbständigkeit Bayerns auch die notwendigen Maßnahmen vernünftiger Einheit treffe. Dieses Bekenntnis Eisners zur Lösung der nationalen Frage Deutschlands im föderativen Sinne war nicht zuletzt bestimmt durch das Mißtrauen, das er gegenüber den zentralen Regierungsstellen des Reiches hatte, wo immer noch an entscheidenden Posten Vertreter des alten Systems wirkten. Daß dies in erster Linie im Auswärtigen Amt der Fall war, schien ihm besonders verhängnisvoll für die Anbahnung des Friedens, weil nach seiner Meinung die Verhandlungen nur dann im Geiste der Versöhnung geführt werden könnten, wenn die durch die Kriegspolitik des kaiserlichen Deutschland belasteten Personen durch Männer neuen Geistes ersetzt wurden. Neben Dr. *Solf* und anderen, war es vor allem *Erzberger*, dem Eisners Kampf galt. Er kannte Erzbergers maßlose Annexionsdenkschrift vom September 1914, Zeitungsaufsätze aus den Kriegsjahren, in denen Erzberger seine Sehnsucht nach Mitteln äußert, mit denen man ganz London vernichten könne, und andere, in denen er sich gegen Mäßigung im U-Bootkrieg wendet. Eisner hielt ihn deshalb für ungeeignet, als Vorsitzender der Waffenstillstandskommission oder gar bei den Friedensverhandlungen tätig zu sein.

Vor den Friedensverhandlungen mußte eine Atmosphäre des Vertrauens geschaffen werden, das war Eisners feste Überzeugung. Die geeigneten Mittel dazu schienen ihm: Ausschaltung aller durch die Kriegspolitik Belasteten und das freimütige Bekenntnis der Kriegsschuld des alten Systems. Er forderte deshalb am 13. November von Staatsrat *Lößl* im bayerischen Ministerium des Äußern die Berichte des bayerischen Gesandten in Berlin vom Juli und August 1914. Bei dieser Gelegenheit gestand Herr Lößl schlotternd, er habe am 7. November einige Berichte vernichtet, weil er die Befürchtung gehabt habe, sie könnten einzelnen Personen gefährlich werden. Es wurden nun Abschriften von den in der Berliner Gesandtschaft liegenden Kopien durch den von Eisner bestellten neuen bayerischen Gesandten Dr. *Muckle* in Berlin besorgt.

Am 21. November bekam er den Auftrag, bei der Reichsregierung Schritte zu unternehmen, daß die Urkunden über den Ursprung des Krieges umgehend veröffentlicht würden. Zwei Tage später fuhr Eisner nach Berlin zu der am 25. November im Kongreßsaal des Reichskanzlerpalais stattfindenden Konferenz der Ministerpräsidenten der Einzelstaaten. In den Räumen der bayerischen Gesandtschaft hatte er eine Unterredung mit Karl *Liebknecht*, den er zu sich gebeten hatte, um vermittelnd zwischen ihm und dem politischen Wollen der USP.-Volksbeauftragten zu wirken, weil er von einer weiteren Verschärfung der Gegensätze eine Katastrophe befürchtete. Aber dieser Versuch scheiterte, da Liebknecht von seinen Plänen nicht abzubringen war. Unmittelbar nach dieser ergebnislosen Unterredung hatte Eisner eine Besprechung mit Theodor *Wolff*, dem Chefredakteur des „Berliner Tageblatts", über die beabsichtigte Veröffentlichung einiger bayerischer Aktenstücke über den Kriegsursprung, wobei er ihm kurz die Motive seines Handelns skizzierte und ihm die zu veröffentlichenden Berichte übergab.

Die bayerischen Gesandtschaftsberichte hatten Eisner davon überzeugt, daß die österreichische Regierung in jenen verhängnisvollen Julitagen 1914 durch die deutsche Regierung in ihrem Vorgehen gegen Serbien bestärkt worden sei, in der Absicht, dadurch den europäischen Krieg auszulösen. Eisner hatte zur Veröffentlichung ausgewählt: einen Bericht des Herrn v. *Schön* (der den Gesandten Graf *Lerchenfeld* damals vertrat) vom 18. Juli 1914, zwei Fernsprechmeldungen vom 31. Juli und einen Bericht vom 4. August 1914 an den bayerischen Ministerpräsidenten Grafen *Hertling*. Die Berichte, die in gekürzter Form veröffentlicht wurden, erschienen am 23. November in der bayerischen amtlichen Korrespondenz Hoffmann. Die Zeitungen brachten sie erst am 25. November, mit Ausnahme des „Berliner Tageblattes", das sie schon am 24. veröffentlichte. Die Kürzungen veranlaßten Herrn v. Schön, merkwürdigerweise erst nach ¾ Jahren, gegen die Form der Veröffentlichung Protest einzulegen. Später hat sich sogar ein bayerisches Gericht bemüht, die Kürzungen als Fälschungen hinzustellen. Das geschah, obwohl die fortgelassenen bzw. gekürzten Stellen nicht weniger belastend sind, als die veröffentlichten. Die außenpolitische Absicht der Eisner'schen Aktion war: durch rücksichtslose Aufdeckung der geschichtlichen Wahrheit über den Kriegsursprung zu zeigen, daß das deutsche *Volk* nichts zu tun habe mit den Sünden und Verbrechen des untergegangenen Systems, um dadurch bei den Siegerstaaten Vertrauen zu werben für das neue republikanische Deutschland. Innenpolitisch hatte die Veröffentlichung den machtpolitischen Zweck, dem deutschen Volke die Augen zu öffnen über die Sünden des kaiserlichen Deutschland, und so das Volk innerlich loszulösen von der fluchbeladenen Vergangenheit. Die Wirkung der Veröffentlichungen war eine sehr starke. Der „Vorwärts" schrieb im Anschluß daran:

> „Man hat uns gesagt, in Berlin habe man das Wiener Ultimatum an Serbien *nicht* gekannt – Lüge. Berlin habe Wien zur Zurückhaltung ermahnt – Lüge. Berlin hat Wien im Gegenteil aufgeputscht. Kaiser Wilhelm sagte in seiner Proklamation: ‚Mitten im Frieden hat uns der Feind überfallen' – eine bodenlos freche, niederträchtige, schamlose Lüge".

Auf der Ministerpräsidentenkonferenz kam es dann, nachdem Dr. Soff in seinem Referat Eisner wegen der Aktenveröffentlichung apostrophiert hatte, zu einem sehr heftigen Angriff Eisners gegen Solf und Erzberger, die er als kompromittiert bezeichnete durch die Regierungspolitik, die uns in den Abgrund gestürzt habe. Man müsse wünschen, daß beide aus ihren Ämtern scheiden. Ihr Verhalten sei nicht Revolution, sondern Gegenrevolution. Die Entente verlange, mit Männern zu verhandeln, die nicht Ausdruck des alten Systems seien, mit Männern, die zugleich das Vertrauen der Massen genießen. Nur Unbelastete könnten dies Vertrauen finden. Dies sei nicht nur Vorbedingung eines günstigen Friedens, sondern auch Voraussetzung der innern Erneuerung Deutschlands. In seinem leidenschaftlichen Angriff gegen die Führung der auswärtigen Politik durch Solf fand Eisner auf der Konferenz nur Unterstützung bei den Beigeordneten im Auswärtigen Amt Karl *Kautsky* und Eduard *Bernstein*. Erzberger und Solf blieben im Amt, worauf es im weiteren Verlauf des Konflikts, nachdem Eisner nach München zurückgekehrt war, zum Abbruch der Beziehungen der bayerischen Regierung zum Auswärtigen Amt kam. Die Aktion gegen die Belasteten im

Auswärtigen Amt, die von den Münchener Räten und auch vom Berliner Vollzugsrat unterstützt wurde, führte erst im Dezember zu einem Teilerfolg. In München hatte Eisner Herrn Staatsrat von Lößl beurlaubt und im übrigen in seinem Ministerium ein besonderes Bureau eingerichtet, durch das alle Angelegenheiten von politischer Bedeutung gingen, so daß der Einfluß der Beamten des alten Systems ausgeschaltet war.

Die Frage der Nationalversammlung wurde in der Öffentlichkeit und in den Räteparlamenten lebhaft diskutiert. Kurt Eisner wollte die Wahlen auf einen möglichst späten Termin verlegen, um vorher noch eine Reihe von machtpolitischen Tatsachen schaffen zu können. Ihm war die Nationalversammlung nicht *Grundlage*, sondern *Krönung* des neuen Staatsgebäudes. In Bayern drohte diese Frage eine Ministerkrise auszulösen. Schließlich willigte Eisner aber doch darein, daß auch in Bayern die Wahlen zum verfassunggebenden Landtag baldigst ausgeschrieben werden sollten. Eine entsprechende Regierungserklärung gab er am 2. Dezember in der Tagung der bayerischen Soldatenräte ab. Dabei mag auch die Tatsache mitbestimmend gewesen sein, daß sich die Überzeugung durchsetzte, ein Hinausschieben der Wahlen würde außenpolitische Schwierigkeiten schaffen und könnte das gewonnene Vertrauen im Ausland erschüttern.

Kurt Eisner, der mehr als alle anderen jahrelang unter der Willkür von Zensur und Belagerungszustand gelitten hatte, war unbedingter Anhänger der Pressefreiheit und weigerte sich entschieden, gegen die ständig zunehmende Pressehetze gegen ihn und seine Politik etwas zu unternehmen. Er sprach sich zwar in seinen Reden in schärfsten Wendungen gegen die Lügen- und Verleumdungsmethoden gewisser Zeitungen aus, unternahm aber nichts gegen sie. Einmal sagte er diesen Zeitungsmachern: „Viereinhalb Jahre habt Ihr die Zensur geduldet, habt Euch anlügen lassen, und jetzt, wo Ihr die Freiheit habt, da unterstützt Ihr sie nicht, sondern mißbraucht sie". Als in der Presse wahrheitswidrig behauptet wurde, Eisner heiße in Wirklichkeit Kosmanowsky und stamme aus Galizien, erklärte er in einer Notiz nur kurz und bündig, daß er nie anders als Kurt Eisner geheißen habe, in Berlin geboren sei, und daß auch sein Vater und sein Großvater Eisner geheißen hätten. Es kam zuweilen vor, daß Arbeiter und Soldaten andere Auffassungen über Pressefreiheit hatten, und dann konnte es geschehen, daß eine Zeitung des Nachts von revolutionären Arbeitern besetzt wurde. Sobald Eisner von solchen Vorkommnissen, die sich dreimal ereigneten, Kenntnis bekam, eilte er persönlich zur Redaktion, ließ die Besatzung entfernen und sorgte dafür, daß die Zeitung ohne Zensur und sonstige Belästigung erscheinen konnte. Einmal hatten Anhänger des Spartakusbundes den klerikalen „Bayerischen Kurier" besetzt. Der bekannte anarchistische Schriftsteller Erich *Mühsam* hatte die Redaktion übernommen. Ein Teil Manuskripte war schon im Satz. Da kam Eisner und verlangte, daß die Spartakusleute Redaktion und Druckerei zu räumen hätten. Nach einer wenig freundlichen Auseinandersetzung erklärten sie schließlich, der Gewalt zu weichen und zogen ab. Als wir dann in den Maschinensaal kamen und Eisner dort und in der Setzerei anordnete, daß die Zeitung so, wie sie vor der Besetzung umbrochen worden war, fertiggestellt und gedruckt werden sollte, wollten die christlich organisierten Drucker durchaus das Spartakusblatt herausbringen. Der Grund war, die Spartakusleute hatten den Betrieb „sozialisiert", und zwar so: man hatte, um die frommen, christlichen Arbeiter zu gewinnen, sie zu Besitzern des Betriebes erklärt, worauf sie begeistert eingegangen waren. Kurt Eisner machte den Buchdruckern klar, daß alle Anordnungen der Spartakusleute ungültig seien. Da fragte ihn ein biederer, christlicher Buchdrucker treuherzig: „Aba, Herr Ministerpräsident, wos is'n nacha mit da Sozialisierung?" Die christlichen Arbeiter schienen plötzlich radikale Kommunisten geworden zu sein. Die Sozialisierung hatte aber nur ein paar Stunden gedauert.

Eine weit ernstere Gestalt nahm ein anderes Vorkommnis an, das sich in der gleichen Nacht vom 2. zum 3. Dezember ereignete. Nach einer Versammlung zog eine größere Menschenmenge vor die Wohnung des Ministers *Auer*; ein kleinerer Trupp wußte sich auch Eingang zu verschaffen und verlangte von Auer eine schriftliche Rücktrittserklärung, die dieser angesichts der auf ihn gerichteten Waffen auch gab. Eisner kam, als er davon hörte, sofort in Auers Wohnung und veranlaßte, daß Auer weiter im Ministerium blieb. In dieser Nacht fiel die Äußerung Auer's, daß ihm Eisner durch dies Erlebnis menschlich bedeutend näher gekommen sei.

Am 27. und 28. Dezember nahm Eisner an der Konferenz der Regierungen von Bayern, Württemberg, Baden und Hessen in Stutt-

gart teil, auf der sich die süddeutschen Regierungen für die bundes-
staatliche Gestaltung des Reiches aussprachen. Am 28. Dezember
sah man an allen Anschlagtafeln Münchens einen Aufruf zur Schaffung einer Bürgerwehr, die angeblich die bestehende Staatsform gegen jeden Angriff verteidigen wollte. Der Aufruf trug die Unterschriften einer großen Zahl namhafter, rechtsstehender Bürgerlicher. An der Spitze der Unterschriften standen die Namen der sozialdemokratischen Minister *Auer* und *Timm* und die des sozialdemokratischen Staatsrates Dr. v. *Haller*. Diese Bürgerwehr-Angelegen-
heit rückte noch einmal die Ministerkrise in bedrohliche Nähe. Im
provisorischen Nationalrat gab es eine erregte Interpellationsde-
batte. Im Ministerrat renkte Eisner die Sache wieder ein und gab am
30. Dez. im Provisorischen Nationalrat eine Erklärung des Gesamt-
ministeriums ab, wonach der Ministerrat die Gründung der Bürgerwehr ablehnt und bedauert, daß Kabinettsmitglieder unter irrigen
Voraussetzungen den Aufruf unterschrieben haben. Die drei Sozialdemokraten zogen ihre Unterschriften zurück und erklärten, sie
seien bei Abgabe der Unterschrift von dem Gedanken ausgegangen,
daß die Bürgerwehr zur Sicherung der Wahl in Verbindung mit Gewerkschaften und Soldatenrat zu schaffen sei. Es wäre aber jetzt festgestellt, die angeblich erst zu gründende Organisation bestehe
schon seit langem in anderer Form und solle zu Zwecken mißbraucht werden, die auf das schärfste zu verurteilen wären; damit
seien die Voraussetzungen, unter denen die Unterschriften gegeben
wurden, hinfällig geworden. Diese Bürgerwehr-Affäre war das erste
deutlich sichtbare Zeichen steigender gegenrevolutionärer Stimmung gegen Eisner.

Die Berliner Januar-Kämpfe erregten in München Entsetzen.
Kurt Eisner gab in einem Telegramm an die Regierung der Volksbeauftragten diesem Empfinden Ausdruck und schlug als einzige Rettung eine Regierung vor, die alle Richtungen des Sozialismus zu-
sammenfasse. Ähnlich äußerte sich auch der Vollzugsrat der Arbeiterräte Bayerns. Die Nachrichten von den Berliner Kämpfen führten
in München zu Versuchen, die beiden Richtungen des Sozialismus
zu einigen. Diese Versuche scheiterten jedoch.

Die bayerische USP. verfügte nur in Oberfranken über den alten
Organisationsapparat und die Parteipresse, und in München über
eine erst Ende Dezember 1918 gegründete Zeitung. Die Wahlen zum

verfassunggebenden bayerischen Landtag vom 12. Januar hatten für die USP. nur rund 78.000 Stimmen ergeben. Eisner war gewählt, und mit ihm noch zwei oberfränkische Abgeordnete. Seine politischen Gegner drängten jetzt auf baldige Einberufung des Landtags. Die Presseagitation gegen Eisner wuchs. Am 21. Februar sollte der Landtag zusammentreten. Die Frage nach der weiteren Gestaltung der Regierung wurde aktuell. Auer war für Demission des Kabinetts und Neuwahl auf Grund der Mehrheitsverhältnisse im Landtag, in welchem die SPD. ein Drittel der Sitze innehatte. Das bedeutete eine Koalitionsregierung unter Ausschaltung der USP. In der von Eisner geschaffenen provisorischen Verfassung, dem Staatsgrundgesetz, war aber vorgesehen, daß bis zur endgültigen Erledigung des Verfassungsentwurfs durch den Landtag die revolutionäre Regierung die gesetzgebende und vollziehende Gewalt ausübe. Eisner wollte erst nach Annahme der Verfassung die Neuregelung der Regierungsverhältnisse. Würde der Landtag die Verfassung ablehnen, so konnte nach dem Staatsgrundgesetz die Regierung durch einfache Volksabstimmung an die Wähler appellieren. Entschied sich die Volksabstimmung gegen den Landtag, so war er aufzulösen. Bauernbund und Demokraten waren zuletzt geneigt, gemäß dem Staatsgrundgesetz die Regierung Eisner bis zur Verabschiedung der Verfassung im Amte zu belassen. Aber es war zu befürchten, daß die sozialdemokratischen Mitglieder des Kabinetts demissionieren würden.

Man hat Kurt Eisner zuweilen den Vorwurf gemacht, er sei ein Anhänger der Rätediktatur. Diese Beurteilung wird Eisner in keiner Weise gerecht. Er war ein entschiedener Gegner des Bolschewismus und seiner Methoden. Wohl wollte er die Räte erhalten wissen, sie schienen ihm als Kontrollorgane unentbehrlich für die Schaffung einer tätigen Demokratie. Erst seine Ermordung führte zur Ausrufung der Räte-Republik, die, wäre er am Leben geblieben, er verhindert hätte. Kurt Eisner war im Grunde seines Wesens demokratischer Sozialist und ist es geblieben bis zu seinem letzten Atemzug. Er hatte die Fehler der formalen Demokratie, die Schäden des alten Parlamentarismus erkannt und wollte eine neue Form der Demokratie schaffen. Für ihn hieß die Frage nicht: parlamentarische Demokratie oder Rätesystem, er wollte vielmehr durch die Räte den Parlamentarismus und die Demokratie verjüngen und fruchtbar gestalten. Sie sollten eine Ergänzung und Korrektur des Parlamentarismus erstellen, die wahre Demokratie erst schaffen, nicht aber sie ersetzen. Kurt Eisner war sich von Anfang an darüber im klaren, daß die Umwälzung vom November 1918 keine soziale, sondern nur eine politisch-demokratische Revolution sein könne. Er hat sich deshalb auch wiederholt gegen die Sozialisierung ausgesprochen in einer Zeit, da die Produktivkräfte des Landes nahezu erschöpft waren. Man könne einen Trümmerhaufen nicht sozialisieren. Die Wirtschaft könne erst dann in den Besitz der Gesellschaft überführt werden, wenn die Produktivkräfte sich so gewaltig entwickelt haben, daß sie die enge Hülle der kapitalistischen Ordnung sprengen.

8. Eisner auf der Berner Sozialistenkonferenz

Zum 3. Februar 1919 war nach dem Volkshaus in Bern eine internationale sozialistische Konferenz einberufen. Es war die erste internationale Fühlungnahme der Vertreter der sozialistischen Parteien nach dem Kriege. In der großen Kriegsschuld-Debatte kam es dort zu einer leidenschaftlichen Auseinandersetzung mit den Vertretern der deutschen Sozialdemokratie, Hermann *Müller* und Otto *Wels*. Kurt Eisner sprach von der Schuld der Verantwortlichen am Weltkrieg, aber er zeigte auch, daß das viereinhalb Jahre lang belogene deutsche *Volk* frei sei von Schuld. Mit hinreißenden Worten sprach Eisner von den Opfern, die im Kerker und durch Hingabe des Lebens von den Kriegsgegnern in Deutschland gebracht worden waren:

Haben wir nicht das Recht, zu fordern, daß man uns heute zu leben gewährt, uns das Recht auf Freiheit läßt und daß man uns nicht zum Schuldsklaven fremder Kapitalisten erniedrigt? Ich sprach davon, wie man uns angelogen hat. Man hat aber auch Sie, Genossen der anderen Länder, angelogen! Von dem, was im deutschen Volke gärte, seit dem Augenblick, wo in immer weiteren Kreisen klar wurde, welches Spiel man mit uns getrieben hat, erfuhren auch Sie nichts … Es gab für uns alle in den letzten Jahren überhaupt keinen ruhigen Augenblick mehr. Wir waren verstreut hier und dort und konnten nicht mehr zusammenkommen. Aber es gab doch Tausende und Abertausende, die entschlossen waren, lieber zu sterben, als mitschuldig zu werden an der Fortsetzung des Krieges, an der verhängnisvollen Politik des deutschen Systems.

Eisner hatte mit seiner Rede die erste Brücke geschlagen zu den Sozialisten der Siegerstaaten. Der Erfolg zeigte sich bei Behandlung der Frage der Kriegsgefangenen. Eisner brachte eine Resolution ein, die sich *für Erleichterung des Loses der deutschen Kriegsgefangenen einsetzt und ihren baldigen Heimtransport fordert*. Diese Resolution war mit unterzeichnet von dem französischen Sozialisten *Renaudel*. In der deutschen reaktionären Presse aber wurde Eisners Aktion in Bern in das Gegenteil umgelogen. Man behauptete, er habe dort verlangt, die deutschen Gefangenen müßten erst Nordfrankreich wieder aufbauen, ehe sie nach der Heimat zurückkehren dürften. Alle unwahren Behauptungen, die damals über Eisners Auftreten in Bern verbreitet wurden, sind seitdem zum eisernen Bestand der deutschnationalen und völkischen Agitation geworden. Noch im Dezember 1928 kehrten sie in einem Stahlhelm-Flugblatt wieder, fast wörtlich so, wie man sie vor zehn Jahren erfunden hatte. Die betreffende Stelle sei hier wiedergegeben:

Eisner erklärte auf der Konferenz in Bern 1919 u. a.: „… das gesamte deutsche Volk ist schuld am Ausbruch des Krieges; deshalb ist das gesamte Volk vom Jüngling bis zum Greis verpflichtet, Steine zusammenzutragen für das zusammengeschossene Gebiet; auch die Gefangenen haben kein Recht, nach Hause zu verlangen, sondern müssen, und wenn es 50 Jahre dauert, das Los der Gefangenschaft tragen, bis die zerstörten Gebiete wieder aufgebaut sind, denn gerade sie haben mitgeholfen, fremdes Land zu zerstören."

Eisner wurde nach diesem unglaublichen Bekenntnis von den Vertretern der anderen, zum Teil feindlichen Völkern hart zurechtgewiesen; der italienische Vertreter warf ihm ein Aktenpaket ins Gesicht, spuckte ihn an und rief ihm in höchster Erregung zu, daß er ein Schuft und ein Lump sei, der kein Recht habe, im Namen des deutschen Volkes zu sprechen. Der Vertreter Dänemarks wollte Eisner eine Ohrfeige verabreichen; bevor er dazu kam, flüchtete Eisner unter Zurücklassung seines Hutes. Die

Regierung der Schweiz verlangte von Eisner, binnen sechs Stunden die Schweiz zu verlassen, widrigenfalls sie ihn festnehmen lasse; Eisner hat daraufhin im Auto die Schweiz schleunigst verlassen müssen.

Diese ganzen hier geschilderten Szenen sind in der bezahlten Phantasie eines nationalistischen Zeitungsschreibers entstanden. In Wirklichkeit hatte die von Eisner und Renaudel in Bern eingebrachte Resolution folgenden Wortlaut:

Die internationale Konferenz ist tief bewegt durch die materiellen und moralischen Leiden, die die Gefangenen im Laufe dieses Krieges zu erdulden hatten, und wofür die repatriierten (in die Heimat zurückgekehrten. D. Vers.) Gefangenen der Alliierten lebendiges Zeugnis ablegten. Sie ist überzeugt, daß man die traurige Lage derjenigen, die noch immer leiden, sowie ihrer Angehörigen, abkürzen kann und muß. Sie ist der Ansicht, daß die über den Krieg hinaus verlängerte Zwangsarbeit, selbst abgesehen vom moralischen Gesichtspunkt, das ökonomische Gleichgewicht der Arbeit in jedem Lande zu gefährden droht.
Die Konferenz appelliert an das Menschlichkeitsgefühl der alliierten Regierungen und erwartet: 1. daß die kranken und verwundeten Gefangenen sofort heimtransportiert werden, 2. daß Maßnahmen getroffen werden, um die möglichst rasche Repatriierung (Beförderung in die Heimat. D. Verf.) vorzunehmen, sobald die allgemeine Diskussion über die Friedenspräliminarien einsetzt; 3. daß die Gefangenen in Frankreich und England durch eine Kommission des Internationalen Roten Kreuzes, an der auch eine deutsche Delegation teilnimmt, besucht werden; 4. daß eine Hilfskommission, die sich in Omsk befindet, die Erlaubnis erhält, sich neuerdings nach Sibirien zu begeben, um den deutschen und österreichisch-ungarischen Gefangenen Hilfe zu bringen.

Kurt Eisner. Pierre Renaudel.

Kurt Eisner begründete die Resolution. Mit glühender Leidenschaft warb er um die Zustimmung der Vertreter der Sozialisten aus den Ententeländern, und er gewann sie. Die Kriegsgefangenenrede, nach der Eisner von den Delegierten aller vertretenen Nationen langanhaltende, stürmische Ovationen gebracht wurden, soll hier wörtlich wiedergegeben werden:

Die vorliegende Resolution trägt gemeinsam die Unterschrift eines Franzosen und eines Deutschen. Ich hoffe, daß dies auch ein Anfang der neuen Völkerversöhnung ist. Ich erwarte, daß in dieser gemeinsamen Resolution die Kraft steckt, daß das, was wir wünschen, auch unmittelbar ausgeführt wird. Ich protestiere nicht! Um keinen Preis! Sollen wir protestieren? Dürfen wir protestieren? Nein! Das ist zu spät! Dürfen wir uns entrüsten über Zwangsarbeit, wo wir es geschehen ließen, daß Zehntausende, vielleicht Hunderttausende in Zwangsarbeit verschleppt wurden? Daß wir Sitten wieder in den Krieg einführten, die nicht einmal das Mittelalter kannte, die vielleicht seit dem Altertum nicht wieder angewandt worden sind? Wenn ich nicht protestiere, so denke ich daran, wie man in Belgien und Nordfrankreich schonungslos junge Mädchen verschleppt hat, wie man die Bewohner der besetzten Gebiete in verruchter Bosheit zwang, die eigene Industrie zu zerstören. Ich erinnere mich, daß in Nordfrankreich 4200 Kilometer Bahnen zerstört sind, 400 Brücken und 220 Schleusen. Ich stelle mir vor, wie die Franzosen jetzt in ihre Heimat zurückströmen, vor wüsten Trümmerhaufen stehen, und daß es vielleicht an Arbeitskräften fehlt, das Zerstörte aufzubauen. Das sind die Gründe, die mich bewegen, nicht zu protestieren. Aber dennoch und gerade deshalb habe ich das Vertrauen, daß das Los der Gefangenen zu mildern die erste Aufgabe unserer neuen Zeit sei. Ich erwarte, daß das Martyrium der Gefangenen, das jetzt schlimmer ist als je zuvor, weil das Ungewisse die Qualen unendlich vermehrt, bald zu Ende sein wird. Es war kurz nach der bayerischen Revolution, da war es eine unserer ersten Arbeiten, daß wir einen erbärmlichen Gefangenenschinder, einen hohen Offizier, unschädlich machten. Ich vergesse es niemals, wie ich gemeinsam mit französischen Offizieren in ein bei München gelegenes Gefangenenlager ging. Man hatte von Berlin aus den Abtransport organisiert. Aber man vertröstete die Gefangenen nur immer wieder, ohne ihnen zu helfen. Es waren allerdings viele Schwierigkeiten vorhanden wegen Kohlenmangel und weil wir Eisenbahnmaterial abliefern mußten. Und weil von Berlin aus nichts geschah, entschlossen wir uns, von München aus selbständig zu handeln. Die Gefangenen wurden von uns abtransportiert. In diesem Gefangenenlager sah ich entsetzliche Szenen. Wohl 12.000 Gefangene waren es. Ich habe Kasernenstürme in der Revolution mitgemacht und vieles andere. Aber nichts war so schrecklich, wie die furchtbaren Qualen dieser von Ungewißheit hin- und hergetriebenen Gefangenen, die hofften, durch die Revolution nun endlich frei zu werden. Ich hatte den Gefangenen versprochen, daß ich ihnen helfen werde. Und ich danke noch heute den mich begleitenden französischen Offizieren, daß sie meinen Worten Vertrauen verschafften. Denn die Gefangenen wollten ausbrechen. Und das haben wir verhindert, dadurch, daß wir für raschen Abtransport sorgten.

Die Zustände in diesem Lager waren so, daß wir kein Recht haben, uns über die Gefangenenlager in den Ententestaaten zu entrüsten. Wer es gesehen hat, wie in diesen dunklen Holzbaracken, in denen eine furchtbare Seuche, die Grippe, herrschte, die aber nicht viel anders war als die Pest, wer gesehen hat, wie Sterbende neben Gesunden lagen, Tote, Leichname, Särge, der hat wohl ein Gefühl dafür gewonnen, daß unter allen Schrecken dieses Krieges das Los der Kriegsgefangenen das fürchterlichste, die größte Anklage gegen die Menschheit ist.

Aus diesen Empfindungen heraus stelle ich die Forderung, daß man auf die Gefühle der Rache verzichte und die Gefangenen großmütig freigebe. Auch die Angehörigen der Gefangenen zittern um das Los ihrer Brüder und Vater. Nichts regt sie so auf, als die Nachrichten, daß die Gefangenen zur Zwangsarbeit verwendet werden sollten. Das wäre nur eine schwache Vergeltung für das, was wir selbst getan haben. Aber ich möchte meinen, auch Frankreich sollte eines einsehen: daß der Aufbau eines durch den Krieg zerstörten Gebietes nicht in Schande durch Zwangsarbeit vollzogen werden sollte. Wenn in Nordfrankreich Arbeitskräfte fehlen, ist es die ehrenvolle Aufgabe unserer deutschen Entsühnung, wenn wir unsere Arbeiter auffordern, freiwillig mitzuhelfen an dem Aufbau des Landes, zu dessen Zerstörung sie gezwungen waren. Nicht nur Arbeiter sollten es tun, auch unsere studierende Jugend sollte mithelfen am Bau der neuen Zeit im eigentlichen Sinne des Wortes. Ich für mein Teil will diesen Aufruf an die deutschen Arbeiter richten, freiwillig zu kommen und mitzuhelfen. Auch unsere Künstler und Architekten sollten bereit sein, mitzuhelfen, den Grundstein zum neuen Völkerbund zu legen, dadurch, daß sie die von uns angerichteten Zerstörungen durch schaffende Arbeit wieder gutmachen.

Man hat mir vorgeworfen, daß ich so sehr für die französischen Gefangenen gesorgt habe und für die deutschen kein Wort gefunden hätte. Darauf erwiderte ich: Indem ich für die französischen Gefangenen gesorgt habe, habe ich am besten für die deutschen Gefangenen gesorgt.

Zum Schluß einen dringenden Appell an die Entente! Es betrifft die Zustände in den Gefangenenlagern Sibiriens. Ich habe von Augenzeugen Schilderungen von den entsetzlichen Qualen, die diese versprengten, der Kälte und dem Hunger ausgelieferten Gefangenen dort leiden. Es handelt sich wohl um Zehntausende von Gefangenen. Es wäre ein Anfang, daß die Menschheit wieder zusammenwachse, wenn wir diesen armen Kreaturen helfen würden, die abgeschlossen von der Menschheit leben müssen. Helfen Sie diesen armen Menschen, indem Sie unsere Resolution annehmen. Irgendwo sind immer Menschen, die an Menschen denken.

Glauben Sie uns in Deutschland: Das deutsche Volk ist ernstlich entschlossen, im neuen Geiste zu leben. Es ist unschuldig an den Verbrechen der Vergangenheit. Wenn es eine Schuld hat, so die, daß es sich durch die Lüge irreführen ließ. Heute sind wir frei, und weil wir frei sind, können wir die Wahrheit sprechen, und weil wir die Wahrheit sprechen, darum können wir fordern, daß man Menschlichkeit auch gegen uns übe.

(Stürmischer, langanhaltender Beifall bei allen Nationen.)

Zu den wenigen bürgerlichen Zeitungen, die Eisners Wirksamkeit in Bern gerecht wurden, gehört die „Frankfurter Zeitung". Sie schrieb am 13. Februar 1919:

Wer aber in so überaus gehässiger Weise die Arbeit Eisners in Bern entstellt, verdächtigt und herabwürdigt, wie das neuerdings geschehen ist, der hat nicht verstanden, worauf es eigentlich beim Sozialistenkongreß ankam und wodurch das im ganzen für Deutschland wirklich nicht unbefriedigende Ergebnis der Konferenz überhaupt erst ermöglicht worden ist: Herr *Eisner hat sich*, alles in allem genommen, *in Bern um die deutsche Sache verdient gemacht; insbesondere ist die Annahme der sehr erfreulichen Resolution über die Gefangenen auf sein Wirken zurückzuführen.*

Eisners begeisternde Persönlichkeit, der Mut und die Wahrhaftigkeit, die jedes seiner Worte charakterisierten, veranlaßte die Baseler Studentenschaft, ihn um einen Vortrag über „Sozialismus und Jugend" zu bitten. Wie er diesen Vortrag hielt, und wie die den Saal bis auf den letzten Platz füllende Menge in ungeheurer Begeisterung wogte, so daß minutenlang die Rede unterbrochen wurde, wird jedem, der es erlebte, unvergeßlich bleiben.

9. Kurt Eisners Ermordung

Als Eisner nach München zurückkam, war die öffentliche Meinung vergütet durch die unwahre Berichterstattung über sein Auftreten in Bern. Die Hetze gegen ihn hatte ihren Höhepunkt erreicht. Der Wahnsinn der Lüge feierte Orgien. Als Eisner am 13. Februar in einer öffentlichen Versammlung in München über die Berner Konferenz sprach, waren am gleichen Tage von Studenten gedruckte Zettel verteilt worden, auf denen zu lesen war:

> Kommilitonen! Alle Kommilitonen, die im Felde gestanden sind, werden hiermit aufgefordert, vollzählig in der Versammlung von Kurt Eisner, Donnerstag, den 13. Februar, abends 6 Uhr im Deutschen Theater zu erscheinen, um in aller Form Verwahrung einzulegen, daß der derzeitige Ministerpräsident es in Bern gewagt hat, gegen die Freigabe aller unserer kriegsgefangenen Kommilitonen einzutreten. Mach hurtig, Landvogt, deine Uhr ist abgelaufen.   S c h i l l e r. *Wilhelm Tell.*

Das war Aufforderung zum Mord. Nur der Wachsamkeit einiger Anhänger Eisners war es zu danken, daß er nicht schon an diesem Abend ermordet wurde.

Am 19. Februar kam es zu einem reaktionären Putschversuch gegen Eisner unter Führung des Obermatrosen *Lotter*. Der Putsch wurde rasch niedergeschlagen. Am nächsten Tag zog das Räteparlament vom Landtagsgebäude nach dem Deutschen Theater, um dem Landtag Platz zu machen, der am 21. Februar zusammentreten sollte. Da Eisner mit der Demission der sozialdemokratischen Minister rechnen mußte, kam es am 20. Februar zu einem Beschluß des Gesamtkabinetts, daß die Regierung ihre Ämter am anderen Tage dem Landtag zur Verfügung stelle, sich aber bereit erkläre, die Geschäfte fortzuführen bis zur Wahl einer neuen Regierung. Für Eisner gab es nur zweierlei: Eine sozialistische Regierung unter Zuziehung des Bauernbundes, die auf eine starke Minderheit gestützt ist, oder gemeinsame Opposition der beiden sozialistischen Parteien gegen ein rein bürgerliches Kabinett. Er war schon deshalb gegen eine Koalition mit der klerikalen Bayerischen Volkspartei, weil sozialistische Kulturpolitik nur *gegen* diese Partei zu machen sei. Den gleichen Standpunkt vertrat er in bezug auf die Regierungsbildung in der Nationalversammlung des Reiches, in der er für eine Regierung war, die von den beiden sozialistischen Parteien zu bilden gewesen wäre. Er fand für seine politische Auffassung, wie so oft in seinem Leben, nur wenig Zustimmung. In Bayern wollte er seine Opposition auf die kraftvolle Mitarbeit der Arbeiterräte stützen, deren weitere Wirksamkeit durch die Verfassung gesichert werden sollte.

Als Eisner am Vormittag des 21. Februar gegen 10 Uhr vom Ministerium ins Landtagsgebäude ging, um dort den Rücktritt der Regierung zu erklären, baten ihn seine Freunde, er möge nicht über die Straße, sondern durch den „Bayerischen Hof" gehen, dessen rückwärtiger Ausgang gegenüber dem Landtagsgebäude liegt. Eisner weigerte sich entschieden. Minister Unterleitner und ich wiesen nochmals auf die durch die Presse hervorgerufene Haß-Stimmung hin und auf die vielen Drohbriefe, die er in den letzten Tagen bekommen habe. Vergebens. Eisner bestand darauf, den gewohnten Weg über die Straße zum Landtag zu gehen: „Man kann einem Mordanschlag auf die Dauer nicht ausweichen, und man kann mich ja nur einmal totschießen …" Für alle Fälle waren die Zugangsstraßen zum Landtag militärisch abgesperrt worden. Wir gingen zu dreien, rechts der Leiter des Bureaus des Ministerpräsidenten, in der Mitte Eisner, und ich zu seiner Linken. Wir waren eifrig im Gespräch über die weitere politische Entwicklung. Plötzlich krachen hinter uns schnell nacheinander zwei Schüsse, Eisner schwankt einen Augenblick, er will etwas sprechen, aber die Zunge versagt ihm. Dann bricht er lautlos zusammen. Das alles geschah im Bruchteil einer Sekunde. Im selben Augenblick, als die Schüsse krachten, hatte ich mich umgedreht, den Attentäter am Arm gefaßt und zu Boden geschleudert. Er blieb bewußtlos liegen. Ich ließ Eisner ins Ministerium bringen und sofort einen Arzt rufen. In der Zwischenzeit hatte ein herbeigeeilter Soldat mehrere Schüsse auf den Attentäter abgegeben. Der vermeintlich Tote wurde in den Toreingang des Ministeriums gebracht. Als er sich plötzlich bewegte, wollten ihn Matrosen töten, wurden aber daran verhindert. Der Arzt stellte fest, daß die hinter dem Ohr aus allernächster Nähe in das Gehirn eingedrungenen Kugeln den sofortigen Tod Eisners herbeigeführt haben. Wie sich später ergab, hatte sich der Mörder, Graf *Arco-Valley*, vor der Absperrung in einem Hauseingang versteckt und war dann, als Eisner die Straße entlangging, ihm nachgeschlichen.

Die Nachricht von Eisners Ermordung löste eine ungeheure Erregung in München aus, und es kam unmittelbar darauf im Sitzungssaal des Bayerischen Landtags zu den Schüssen des Arbeiters *Lindner*, durch die Minister Auer schwer verletzt, ein Abgeordneter und ein Ministerialbeamter getötet wurden. Graf Arco, der noch am gleichen Tag in ein Krankenhaus kam, wurde nach seiner Wiederherstellung zum Tode verurteilt und vom Ministerium zu lebenslanger Festungshaft begnadigt. Während seiner Haft genoß er die weitgehendsten Vergünstigungen, konnte sich lange Zeit sogar auf dem Gute eines Bekannten aufhalten. Nach fünf Jahren wurde er völlig amnestiert, in Bayern als Nationalheld gefeiert und hat dann einen Direktorposten bei der süddeutschen Lufthansa angetreten.

Mit Kurt Eisner hat die deutsche Arbeiterbewegung eine starke Führerpersönlichkeit von großer Bedeutung verloren. Einer der glänzendsten Schriftsteller, lebte in ihm doch immer ein starkes Drängen zu politischer Aktivität. Sein Leben war Ringen gegen Ungeist und Gewalt, Kampf für Menschlichkeit und Freiheit. Das beherrschende Gesetz seines ganzen Wesens: man muß entschlossen sein, das, was man im Herzen und im Geiste trägt, auch zu verwirklichen, das gab ihm die bezwingende Kraft, die Massen aufhorchen zu lassen, das gab ihm das leidenschaftliche Feuer, sie mitzureißen.

Er glaubte an die Masse, an das Gute im Menschen, und deshalb glaubte die Masse – soweit sie ihn kannte – an ihn, weil es fühlbar war, wenn Eisner sprach: Hier steht einer, der im Innersten erfüllt ist von der Idee, für die er wirkt, der nicht nur Opfer fordert, sondern bereit ist, sich selbst einzusetzen, seine Freiheit, sein Leben. Wie Eisner vor dem Weltkrieg in klarer Erkenntnis der katastrophalen deutschen Außenpolitik leidenschaftlich vor dem Weg zum Abgrund gewarnt hat, so kämpfte er während des Kriegs mit glühender Leidenschaft gegen den Wahnsinn der Zerstörung, des Mordens und der Lüge. Er führte diesen Kampf ohne Rücksicht auf sich selbst, ging für seine Überzeugung während des Krieges ins Gefängnis und durch die Revolution in den Tod.

Kurt Eisner | 1867-1919
(Reproduktion: Kurt Eisner Kulturstiftung)

II.

Kommunismus des Geistes

Ausgewählte Texte Kurt Eisners 1903 – 1918

Revolutionäre Humanität

Zum Gedächtnis Herders
(Dezember 1903)[1]

In den ersten Tagen des 20. Jahrhunderts drängen sich die Gedenktage, da vor einem Jahrhundert die großen Männer des klassischen deutschen Zeitalters starben, die aus der gewaltigen Zeugungskraft des revolutionären Jahrhunderts der Aufklärung Geborenen. Jetzt plätschern durch die Feuilletonspalten der bürgerlichen Presse die pflichtgemäßen Gedenkartikel auf Herder, der in Berlin noch nicht zu den Marmorehren eines Otto des Faulen gelangt ist. Im Februar 1904 folgt der hundertjährige Todestag Kants, den man immerhin schon unter dem Schweife eines friederizianischen Pferdes und als Nebenfigur Friedrich Wilhelms II., des Wasser- und Wundersüchtigen, verewigt hat. Im Mai 1905 wird man gar in einer pomphaften Schillerfeier jubilieren, und Herr Lauff wird sicher zu den Orden- und Titelverleihungen jenes Nationalfestes ein Bühnenweihespiel dichten.

Dieser Aufputz der heutigen Bourgeois-Barbarei mit den toten Göttern aus der Frühzeit des deutschen Bürgertums ist nichts wie ein leerer, heuchlerischer und verlogener Ahnenkult. Die Herder, Kant und Schiller sind nicht nur vor einem Jahrhundert gestorben, sie sind auch ein totes Element in der Bildung der Klasse, deren Kulturberuf sie zu schaffen und zu sichern trachteten. Kein Hauch des

---

[1] Textquelle | Kurt EISNER: *Gesammelte Schriften. Zweiter Band.* Berlin: Paul Cassirer 1919, S. 153-164.

klassischen deutschen Geistes lebt in der heutigen bürgerlichen Gesellschaft. Man ladet die Herren noch als dekorative Tafelgäste zu den öden Schmausereien, man stellt sie zu ewigem Nichtgebrauch in die Bibliotheken, aber man kennt sie nicht und man versteht ihre Sprache nicht mehr. Wie ein Schwarm von Kranichen seien die deutschen Denker und Dichter über das deutsche Bürgertum gezogen, hat Lassalle gesagt. Inzwischen ist man dazu übergegangen, die Kraniche einzulangen, ihnen die Flügel zu stutzen und sie als gezähmte Wundertiere stolz vorzuweisen. Das ist das schlimmste Geschick der Klassiker in dem Zeitalter der kapitalistischen Bourgeoisie. Weil sie immer noch unbequeme Mahner einer uneingelösten Kulturschuld und trotzige Rebellen gegen die heutige Herrschaft sind, so verstümmelt man sie, raubt ihnen ihre reinste Kraft und betrügt sie um ihre Mission, damit sie nicht allzu deutlich ihre innerliche Zusammengehörigkeit mit der Weltanschauung ihrer Erben durch Wahlverwandtschaft, des sozialdemokratischen Proletariats, verraten. Indem die Bourgeoisie ihre Klassiker feiert, übt sie Verrat an ihnen, sie bricht ihnen das Rückgrat ihres Wollens und entseelt ihr heiligstes Streben. So werden sie zu schönrednerischen Spießgesellen der heutigen Bourgeoisie erniedrigt, gut genug, um eine Sache scheinbar schmückend zu verteidigen, die zu bekämpfen doch ihre Lebensaufgabe gewesen ist. Das Feiern der deutschen Klassiker durch das offizielle Deutschland ist Leichenschändung, und es muß darum auch hier die Aufgabe der Sozialdemokratie sein, die geistigen Helden des humanen Liberalismus gegen seine entarteten Renommisten zu verteidigen.

Ganz besonders leicht ist es, *Herder*, das Opfer der Zeitungsartikel dieser Tage, den reaktionären Bedürfnissen der vom Junkertum und dem Klerikalismus regierten Welt anzupassen. Der leidenschaftliche Prophet des revolutionären Humanitätsideals wird dergestalt fähig, als gepriesener Ahn einer Zeit mißbraucht zu werden, deren Ideal der profitable Abscheu vor der Humanitätsduselei ist. Jedes Wort Herders trifft den Geist der herrschenden Klassen der Gegenwart ins Herz, dennoch schmücken sie sich mit Herder-Zitaten. Auch Herder lebte und wirkte in dem erhabenen glückseligen Rausch des achtzehnten Jahrhunderts, der den Himmel auf Erden nahen sah: auch Herder war ein Verkünder und Gläubiger der großen brüderlichen Menschheitsrepublik der Freien und Gleichen.

Aber Graf Bülow wird ihn schwerlich fragen: „Wie denken Sie sich, Herr Pfarrer, Ihren paradiesischen Zukunftsstaat", und er wird nicht spotten: „Jetzt kommt endlich der große Moment, jetzt wird das verschleierte Bild von Sais enthüllt. Ja, Kuchen! Wir haben von Herrn Herder gar nichts gehört als dieselbe bandwurmartige Kritik, und im übrigen über den Zukunftsstaat blauen Dunst." Nein, der deutsche Kanzler wird höchst gebildet für Herders hohe Gedanken schwärmen, obwohl dessen tausendjähriges Reich doch im reinen Äther der Idee sich gründete, während der Sozialismus mit allen Wurzeln im Erdreich des Wirklichen und Gegenwärtigen klammert, wie immer er nach der Sonne wächst.

Solcher Mißbrauch wird dadurch begünstigt, daß Herder schon selbst seine politisch-revolutionären Anschauungen aus Rücksicht auf seine Stellung und die literarische Polizei dicht verhüllen mußte. Er verdunkelte künstlich seinen Stil, schränkte seine Meinungen durch Einwürfe ein, entfernte die unmittelbaren Anspielungen auf seine Zeit. Deshalb sind die Schriften politischer Art, so wie er sie herausgab, blasser, orakelhafter, unbestimmter als sie ursprünglich geplant waren. Das Materielle der Zeit ist aus ihnen getilgt, die Tendenz verflüchtigt. Den *ganzen* Herder kennen wir erst aus der großen historisch-kritischen Ausgabe, die Suphan in den achtziger und neunziger Jahren des vorigen Jahrhunderts herausgab und der das Schicksal beschieden war, spurlos vorüberzugehen. In dieser Ausgabe findet sich der ungedruckte Nachlaß, der in die innere Werkstatt Herders blicken läßt, wir lernen die ursprünglichen Entwürfe kennen, die dann umgearbeitet und teils verkleidet, teils zerstückt wurden. In den unveröffentlichten Niederschriften sind Sprache und Gedanken weit revolutionärer, kräftiger, auf die Zeit losgehend. Das gilt in erster Linie von der Schrift, in der Herder ein Denkmal der französischen Revolution zu setzen gedachte, von den *„Briefen zur Beförderung der Humanität"*. Aber auch das wichtigste politische Kapitel seines Hauptwerkes *„Ideen zur Philosophie der Geschichte der Menschheit"*, das vierte Kapitel des neunten Buches, das von den Regierungsformen handelt, ist wiederholt umgearbeitet worden, ehe es genugsam entsäuert war. Herder selbst schreibt, wie er das Kapitel zu Goethe, „zum Ministerialzensor", gebracht habe, der es „mit der tröstlichen Nachricht" zurückgegeben hätte, „daß füglich kein Wort davon stehen bleiben könnte".

Herder gehört zu den Deutschen, die – wie Kant, Bürger, Klopstock, Fichte – von der französischen Revolution die Erfüllung der eigenen Hoffnungen, die Befreiung aus der kümmerlichen Enge ihres Daseins erwarteten. Wenn er mit liebevoller Andacht und feiner Anpassungskunst als Erster die Poesien der Völker, auch der „wilden" sammelte, so leitete ihn bei diesen Bemühungen nicht bloß und auch nicht zunächst literarische Neigung. Ihm war die Übermittelung der Volksliteraturen ein Beweis für die innerliche Einheit des Menschengeschlechts und für die enthusiastische Möglichkeit ihres Aufstiegs zu dem Völkerbunde der Humanität. Wie Rousseau verherrlichte er die Naturvölker und fluchte dem verheerenden Einfluß der kolonisierenden Europäer. Er führt breit den Gedanken aus, daß „der unmenschlichste Eroberungs-, Bekehrungs-, Mord-, Betrugs- und Raubgeist der Europäer ausging, die ganze Welt zu unterjochen und zu plündern". In diesem Bekenntnis zur Natur und zum Naturrecht grollt der revolutionäre Geist des Jahrhunderts. Schon in den älteren Niederschriften zu den „Ideen" wird das Recht auf Freiheit in schärfster Form gefordert: „daß Ein freier Mensch über den andern, ein Mutterkind über das andere, aus Naturgesetzen Recht und Gewalt habe: dies kann man nicht anders als durch die Faust des einen oder die gutherzige Dummheit des andern erklären, wenn aus ursprünglichen Naturgesetzen Rechenschaft gegeben werden soll". Hier proklamiert er die Freiheit vom Herrscher, vom Staat. Europas Staaten seien von der Kette der Tradition am feinsten und festesten umspannt, so daß sie „beinahe keine freie Ansicht erlauben". Die Staaten sind ihm tote Maschinen, „in denen, wie im Trojanischen Pferde, die Helden der Welt stecken und dafür kämpfen, sich einander gegenseitig stützen und wiewohl sie leblos sind, einander dennoch unsterbliche Dauer erhalten sollen … Aber auch gegen diese Maschinen-Ewigkeit ist die alte Mutter, Zeit, mit ihren Blättern der Vorwelt ein starker Zeuge. Sie werden sich auflösen, wie alles sich aufgelöst hat und tragen die Ursachen ihres Verfalles schon jetzt in ihrem Innern. Glücklich, daß Menschheit und Staat nicht einerlei ist; vielmehr muß jene alle ihre möglichen Formen durchgehen, so daß nach unwiderruflichen Gesetzen der Natur wie auf den ermüdenden Tag die Nacht folgt, sie sich auch nach dem Druck wieder erholet". Und Herder ruft den Menschen an, „in welchem Staat und Stande er sich auch befindet": „unterscheidet den Menschen vom Untertan, vom Staatsmann, vom Despoten. Nur der Grundsatz eines Sklaven ist's, daß *der* Mensch ein Tier sei, der einen Herrn nötig habe: Alle Entschlüsse seiner Seele, jede edle Tätigkeit seines Willens ist sein; und sie ist nicht mehr sein, sobald er eines Herrn bedürfte". Je mehr das Volk zur Vernunft komme, „desto mehr muß sich die Regierung mildern oder zuletzt verschwinden". Mit wildem Hohn schreibt er: „Alle christlichen Regenten nennen sich von Gottes Gnaden … Wir haben uns also mit ihnen auf Gnade und Ungnade dem Schicksal in die Arme geworfen, das durch sie züchtigt und durch sie lohnet. Dies hohe Schicksal gehet seinen Gang fort, und da es die heilsamsten Veränderungen der Welt selten von Thronen herab bewirket: so lasset uns die Arme desselben sein und ausführen, was jene versäumten, nämlich Erzieher der Menschen zu sein und der fortgehenden Kette der Tradition nichts als Edles und Gutes einzuknüpfen. Dies allein ist der Menschheit wert und unsterblich." Er fürchtet, daß er vielen ein Rätsel schreibe; allein die Menschheit in ihren Rechten und Pflichten bleibt ewig jung, sie erneuert sich in ihren Gliedern, sträubt alte Vorurteile ab und lernt, wenn auch wider Willen, Vernunft und Wahrheit."

Schon 1780 hatte Herder in einem Gespräche mit seinem Schweizer Freunde Georg Müller, dem Bruder des Historikers, über den Druck geklagt, unter dem die Menschheit seufze, über Despotismus, Knechtschaft der Gewissen und Geister; „und wie so allenthalben ohne Widerspruch die heiligsten Rechte der Menschen für nichts geachtet und zertreten werden". „Auch in dem aufgeklärten *Preußen* herrscht die größte Sklaverei. Die Menschheit seufzt vergeblich, bis ihr Erretter kommt." „Er ist dem Adel schrecklich feind," berichtet G. Müller, „weil er der Menschengleichheit und allen Grundsätzen des Christentums entgegen und ein Monument der menschlichen Dummheit ist." 1785 hatte Herder in einem Brief über seine Unfreiheit zornige Klage erhoben. „Die Rücksichten auf die Regierungen placken mich – (bei der Ausarbeitung seiner ‚Ideen') – auf unerhörte Weise. Lügen will und kann ich nicht, darum wende und drehe ich mich; und ihr Faden durch die ganze Geschichte bleibt doch, was er ist, für die beeinträchtigte Menschheit."

Bei solchen „Ideen" ist es verständlich, daß Herder in dem Ausbruch der französischen Revolution den Anfang der Verwirklichung des Weltreiches der Humanität sah. Mit Goethe, der die

Revolution mit erstaunten Philisteraugen ansah, kam es damals zum Bruch. Die revolutionären „Familiengesinnungen" des Ehepaares Herder scheinen auf dieses Zerwürfnis nicht ohne Einfluß gewesen zu sein. Den „Vierzehnten Julius", das Nationalfest auf dem Marsfeld 1790, feiert Herder enthusiastisch:

Rings um den hohen Altar
    siehst du die Franken zu Brüdern
Und zu Menschen sich weih'n,
    göttliches, heiliges Fest!

Der Regen, der damals herabströmte, ist ihm die Weihe „zum neuen Geschlecht mit der Taufe der *Menschheit*". Später freilich, als Ludwig XVI. hingerichtet wurde, verlor auch Herder den Kopf. Er glaubte die Humanität von den Franzosen verraten und droht den „Neufranken" mit der Rache des „Königs der Könige".

Im Begeisterungssturm der Revolution aber entwirft Herder seine „Briefe zur Beförderung der Humanität". Der erste Entwurf (1792), der am lebendigsten in die soziale und politische Gegenwart vorgedrungen zu sein scheint, ist bis auf wenige Reste verloren gegangen. Zwischen diesem Manuskripte und den schließlich veröffentlichten, stark abgedämpften Briefen liegen die unveröffentlichten Skizzen, die den Geist des revolutionären Humanitätsideals scharf prägen. Der Zwang der Zensur nötigte ihn zu immer erneuten Milderungen und Verhüllungen. Trotzdem wurden auch die schließlich veröffentlichten Humanitätsbriefe in Wien verboten: „Ich werde aber deshalb keine Briefe zur Beförderung der Bestialität schreiben", erklärte Herder.

In den Humanitätsbriefen entwickelt Herder seine Religion der Humanität. Er nennt sich selbst einen „uralten apostolischen Christ", der „glaube bis zum Aberglauben, eine Gemeine (Gemeinde) der Heiligen auf Erden, d. i. eine Versammlung von Gemütern, die im Innern sowohl als in tätiger Wirkung für und miteinander Eins sind".

Humanität, das Fremdwort, nicht Menschlichkeit, der deutsche Ausdruck, ist das allumfassende Ideal Herders. Er selbst lehnt das Wort „Menschlichkeit" ab, um nicht das Mißverständnis weichlich christlicher Barmherzigkeit zu erwecken, die auch Kant als eine entwürdigende Zumutung für den Menschen bezeichnet hat. „Wir gehören" – schreibt Herder in dem 27. seiner Briefe zur Beförderung der Humanität 1794 – „zur Menschheit. Leider aber hat man in unsrer Sprache dem Wort Mensch und noch mehr dem barmherzigen Wort *Menschlichkeit* so oft eine Nebenbedeutung von Niedrigkeit, Schwäche und falschem Mitleid angehängt ... Kein Vernünftiger billigt es, daß man den Charakter des Geschlechts, zu dem wir gehören, so barbarisch hinabgesetzt hat." Auch von „Menschenliebe" will Herder nichts wissen: „Das schöne Wort Menschenliebe ist so trivial geworden, daß man meistens die Menschen liebt, um keinen unter den Menschen *wirksam* zu lieben." Mit dem Ideal der Humanität aber verpflichtet sich der Weltbürger zum Kampf, zur Auflehnung, zur Niederwerfung aller Mächte der Barbarei. „Humanität ist der Charakter unsres Geschlechts; er ist uns aber nur in Anlagen angeboren und nicht uns eigentlich angebildet worden. Wir bringen ihn nicht fertig auf die Welt mit; auf der Welt aber soll er als das Ziel unsres Bestrebens, die Summe unsrer Übungen, unser sein; denn eine Angelität im Menschen kennen wir nicht, und wenn der Dämon, der uns regiert, kein humaner Dämon ist, werden wir Plagegeister der Menschen. Das Göttliche in unserem Geschlecht ist *also Bildung zur Humanität*; alle großen und guten Menschen, Gesetzgeber, Erfinder, Philosophen, Dichter, Künstler, jeder edle Mensch in seinem Stande, bei der Erziehung seiner Kinder, bei der Beobachtung seiner Pflichten, durch Beispiel, Werk, Institut und Lehre hat dazu mitgeholfen. Humanität ist der Schatz und die Ausbeute aller menschlichen Bemühungen, gleichsam die Kunst unsres Geschlechtes. Die Bildung zu ihr ist ein Werk, das unablässig fortgesetzt werden muß; oder wir sinken, höhere und niedere Stände, zur rohen Tierheit, zur *Brutalität zurück*." (Brief zur Beförderung der Humanität Nr. 27.)

Der Humanität widerspricht jene zerknirschte Anschauung eines falschen Christentums von dem irdischen Jammertal: „Nur dunkle barbarische Zeiten haben den großen Lehnsherren des Bösen, dessen angebornes Werk wir sein, von dem uns Gebräuche, Büßungen und Geschenke zwar nicht wirklich, aber *Gewandsweise* befreien könnten, der Stupidität und Brutalität antichristlich wiedergegeben ... Über der Erde sehen wir von dieser massiven Vorhölle nichts. Wo *Böses* ist, ist die Ursache des Bösen *Unart* unsres Geschlechts, nicht seine Natur und Art … Offenbar sehen wir, daß wir dazu da sind, dieses Reich der Nacht zu zerstören, in dem niemand es für uns tun kann und soll … Es ist Zweck unsres Geschlechts, der Endpunkt unsrer Bestimmung, uns dieser Unart zu entladen. Das ganze Universum treibt, wenn uns die Früchte des Werks nicht locken, nur Nesseln und Dornen. – Was soll alle Verzweiflung aber unter einem nie abzuwerfenden Joch? Wozu der Traum einer von der Wurzel aus unwiederbringlichen Menschheit? Keine Hypothese kann uns wert sein, die unser Geschlecht aus seinem Standort rückt, die es bald an die Stelle der gefallenen Engel stellt, bald unter ihre Vormundschaft und Oberherrschaft erniedrigt. Die gefallenen Engel kennen wir nicht, aber uns kennen wir, und wissen, wann und warum wir gefallen sind? fallen und fallen werden? – Das Dasein jedes Menschen ist mit seinem ganzen Geschlecht verwebet. Sind unsre Begriffe über unsre Bestimmung nicht rein; was soll diese und jene kleine Verbesserung? Sehet ihr nicht, daß dieser Kranke in verpesteter Luft liegt? Rettet ihn aus derselben und er wird von selbst genesen. Beim Radikalübel greift die Wurzeln an; sie tragen den Baum mit Gipfeln und Zweigen. Das Werk ist groß, es soll aber auch so lange fortgesetzt werden, als die Menschheit dauert; es ist das eigenste und einzige, das belohnendste und fröhlichste Geschäft unsres Geschlechts." So verkündet Herder im 123. seiner Briefe zur Beorderung der Humanität (1797) gegenüber dem listigen und perfiden Fatalismus der theologischen Erbsünde die revolutionäre Humanität der Menschheit, die ihr Schicksal mutig in die Hand nimmt und die Knechtschaft überkommener Übel mit der Wurzel ausreißt.

Indessen das sind doch immer nur revolutionäre Andeutungen und Anspielungen, die in die zensurfähige Schrift hinübergerettet sind. In den unveröffentlichen Niederschriften aber greift er mit ungestümer Leidenschaft unmittelbar die Feinde der Humanität an. Er ruft dem *absoluten Herrscher* zu: „Ist's denn in aller Welt Ehre, seinen Namen ewig gemißbraucht und kompromittiert zu sehen? Da ja kein absoluter Landesherr wissen kann, was in seinem Namen geschieht, ja nicht immer, was er selbst unterzeichnet? Welcher ehrliche Mann gibt nun seinen Namen einem Dummkopf oder Bösewicht her, daß er damit schalte? Und deckt nicht der Name des Landesherrn in absoluten Staaten das ganze Labyrinth Seelenloser oder verdorbener Gänge und Unordnung?" *Keine privilegierten Klassen!*

„Nur in werktätiger, gegenseitiger Gemeinschaft lebt und gedeiht das Menschengeschlecht. Alle abgesonderten Glieder sind tote Glieder; wen Geburt oder Stand über die Sphäre der Menschen heben, hat kein Menschenblut mehr … in seinen Adern."

Herder höhnt das Erbrecht des Verdienstes: „Wann, auch nach dem seltensten Verdienst, das große Individuum fortan sich einbildete, daß es auf ewige Zeiten hinab in seiner ganzen Abkunft, samt Dienern, Rossen und Hunden, dieses ehemalige Verdienst repräsentiere, darstelle und in sich vereine, so wäre dies eine seltsame Einbildung. Wir müssen es dem Geist der Zeit danken, daß er diese kranken und kränkelnden Einbildungen mehr und mehr zerstöret, dergestalt zerstöret, daß, solange es in Europa verständige und herzhafte Männer gibt, solche in alter Art und Kunst nie wieder aufkommen werden."

Ja, Herder droht auch mit der *deutschen* Revolution: „Ans Volk, meine Freunde, wollen wir eher mit Bedauern und Wehmut als mit Stolz und Zuversicht denken. Lange Jahrhunderte ist's unerzogen geblieben, getäuscht, gedrückt und vernachlässigt worden; es schläft im Todesschlafe, oder wenn's im Fieber erwachte, wer müßte seine Fieberwut nicht schreckhaft fürchten?"

Er geißelt die *Torheit der Kriege*: „Schuldlose, fleißige Völker werden für die Pflicht und Ehre danken, andre Schuldlose, ruhige, fleißige Völker zu würgen, weil der Regent oder sein Minister verlockt ist, einen neuen Titel, ein Stück Landes zu denen Ländern, die er schon nicht regieren kann, mehr zu erhalten. Es wird Europa abscheulich vorkommen, für einige Familien, die das Regierungsgeschäft der Länder als einen genealogischen Pachtbesitz ansehen, sich zu verbluten oder in Hospitälern oder Kasernen elend zu verwelken."

Und während Herder sich gegen die Intervention Deutschlands zugunsten der gestürzten französischen Herrschaft wendet, – „Meines Wissens ist kein Deutscher ein geborner Franzose, der Verpflichtung und Beruf hätte, für die alte Ehre des Königs der Franzosen auch nur einen Atem zu verlieren" – heischt er die Aufmerksamkeit für die Taten der französischen Revolution: der Adel, so spottet Herder, folgte ja sonst der französischen Mode in Begriffen, Ausdruck, Einrichtung und Kleidern; „warum wollte er jetzt diese aufgeklärteste, geschmackvollste Nation, in der wichtigsten Sache, die sie je unternommen, denn nicht wenigstens anhören und prüfen? Die Konstitution, an der die Nationalversammlung arbeitet, ist ein unaufgelöstes, ein noch nicht vorgekommenes Problem; mögen die, die es auflösen wollen, ihrem Geschäft unterliegen, oder mögen sie es besiegen, der *Kampf, der Sieg, selbst* die Niederlage unter dem verwickeltsten, schwersten Problem der Menschheit, ist für alles, was nicht Tier sein will, doch wohl der Aufmerksamkeit wert?"

Auch gegen den Mißbrauch der Religion eifert er: „Eine Religion, die dem Staate dienen soll, wie es ihm gefällt, wird eine kuppelnde Heuchlerin."

Es ist ein weiter Weg *vorwärts* von der edlen, zur revolutionären Tat bereiten Schwärmerei Herders für das Reich der Humanität bis zu der reifen Kraft der sozialdemokratischen Bewegung des Proletariats. Aber noch weiter ist der Weg *rückwärts*, den die herrschenden Klassen Deutschlands hinter die Gedankenwelt Herderscher Humanität zurückgegangen sind. Die Rebarbarisierung Deutschlands, von der ein letzter Epigone des klassischen Liberalismus, Mommsen, gesprochen hat, ist vollendet.

Kant
(1904)[2]

Dieser Aufsatz erschien Februar 1904 zum hundertsten Todestag Kants im *Vorwärts*. Es war ein Versuch, die Synthese
Marx-Hegel in die Verbindung Marx-Kant aufzulösen. Denn
sachlich gehört Marx zu Kant, in die Reihe der großen Auf-
klärer des 18. Jahrhunderts, wie tief und entscheidend er immer – viel stärker als man gemeinhin annimmt – nicht nur in
der Methode des Denkens, sondern auch in dem ganzen Stil
seiner Geistigkeit von Hegel beeinflußt ist.

I. |

Der gewaltige Lebensstrom der Aufklärung, der, den Aufstieg des
Bürgertums begleitend, in der zweiten Hälfte des 18. Jahrhunderts
von England über Frankreich nach Deutschland braust, flutet in der
französischen Revolution von der Philosophie zur Tat und findet,
zum Ozean sich weitend, in dem Kantischen System seine wissenschaftliche Vertiefung und Vollendung. Die freie Vernunft, die in
Deutschland vor Kant zum spießbürgerlichen Geschwätz einer
nutzlosen Verständigkeit verflachte, wird zur Schöpferin einer in
alle Fernen und Tiefen greifenden Weltanschauung. Die platte
Schulweisheit unter sich lassend, meisterte sie auch die Dinge zwischen Himmel und Erde, nachdem sie den Himmel und die Erde in
universaler Forschung das gesamte zugängliche Einzelwissen erfas-
send und im Denken zusammenfügend aus dem Chaos irrenden
Phantasierens und ideenlosen Nichtsehens der Probleme in das
Licht der strengen, einheitlichen und gesetzmäßigen Wissenschaft
gehoben hatte.

Kant ging in der Naturwissenschaft von Newton, der dem Weltall seine Gesetze fand, in der Wissenschaft der Menschheit und ihrer
Bestimmung in der Gesellschaft von Rousseau, dem Propheten der
französischen Revolution, aus. Natur und Menschheit band er in einem System, das die Kausalität der starr mechanischen Notwendigkeit in der Natur mit der ehernen Notwendigkeit einer Kultur-

---

[2] Textquelle | Kurt EISNER: *Gesammelte Schriften. Zweiter Band*. Berlin: Paul Cassi-
rer 1919, S. 165-186. [Den frühen Auswahltexten fehlt jeder ‚populäre' Zug, pb.]

freiheit vereinigte. Und wenn er nicht alle wissenschaftliche Wahrheit erschöpfte und erschöpfen wollte – Kant zeigte gerade den Aberwitz solchen Beginnens –, so wies er doch den einzig möglichen Weg zur Wissenschaft, die, selbst in ewigem Flusse, niemals vollendet, immer zur Vollendung strebend, in der stolzen Arbeit der Menschengeschlechter aufwärts steigt.

Kants Werk selbst aber wurde in tragischem Geschick nach kurzem Weltwirken – ohne daß die Zeitgenossen es ganz auszuschöpfen vermochten – tief verschüttet. Die im 19. Jahrhundert aufrückende Reaktion begrub ihn. Nicht nur, daß er nicht zum Führer der revolutionären Tat ward – ausgenommen die schwachen Spuren in der sogenannten preußischen Wiedergeburt nach Jena – auch sein Gedankenwerk wurde vergessen oder verstümmelt. Die Reaktion konnte ihn nicht ertragen; so entstellte sie ihn. Und da dieser Denker – nicht ohne die eigne Schuld der Konzessionen an die Unfreiheit seiner Zeit – die herrschenden Wahngedanken durch Umdeutung zu beseitigen liebte, so konnte die Umdeutung zur Quelle von Mißdeutungen werden, die sich bis zum heutigen Tage durch die vulgären Lehrbücher schleppen und ihrerseits die Schriftsteller verführen, die aus solchen abgeleiteten Quellen schöpfen.

Kant hat seine wissenschaftliche Methode, die er die „transzendentale" nannte – die vom Denken zur Naturwelt der Erfahrung „hinausgehende" – in das schlichte Epigramm negativ zusammengefaßt: „Gedanken ohne Inhalt sind leer, Anschauungen ohne Begriffe sind blind." Mit diesem Schlagsatz wies er einmal die Kopfspinnen ab, die aus dem Hirne nach der formalen Logik äußerlich zusammenstimmende Systeme wirrten, leere Phantasien gaukelten, mit dem Vorteil, daß sie die unsägliche Mühe der im Laufe der Jahrtausende gewonnenen wissenschaftlichen Ergebnisse der millionenfältigen Experimente und der geduldigen, vorsichtigen und bescheidenen Beobachtung ersparten. Andererseits verwarf er mit seinem Worte die in dem Chaos zufälliger „Erfahrungen" ohne Leitung taumelnden und willkürlich Fetzen raffenden Vertreter der „reinen Empirie", jenen faulen und flachen Opportunismus des Denkens, der sich von den Dingen treiben läßt, ohne sie systematisch zu beherrschen.

Was nach Kant kam, war ein wildes Spiel solcher Leeren und Blinden: Eine in Nebeln fiebernde Natur- und eine mit „Ideen" prunkende Geschichtsphilosophie; daneben die Verächter der Theorie, die Praktiker, die Regenwürmer gruben und mit diesem Tun sich brüsteten. Es entstand jener konservative Historismus, der die Vergangenheit nur zu dem Zweck aufleben ließ, um zu beweisen, daß man gerade unter diesen oder jenen Königen und Ministern den Höchstgrad menschlicher Vollendung erreicht: Eine epidemische Geistesschwäche, die noch heute von den Verfechtern der herrschenden Ordnung gegen den revolutionären „Rationalismus" ausgespielt wird. So feiert z. B. ein viel gerühmter königlich sächsischer Philosoph unserer Tage gegenüber einer „abstrakten Nützlichkeitstheorie" den „organisch gewordenen, in den Lebensanschauungen und Sitten einer Volksgemeinschaft wurzelnden Staat, der nicht die geringste Bürgschaft für das dort vergeblich erstrebte Wohl der Gesamtheit in der Stetigkeit und Sicherheit seiner Entwicklung erblicken darf". Und diese „organische" Entwicklung, deren Hauptsache die Langsamkeit ist –gipfelt dann in der weisen Vorsehung des angestammten Herrscherhauses, „dessen Träger, durch seine Geburt schon über allem Streit der Parteien und Sonderinteressen erhoben, in seiner Person symbolisch die Gesamtpersönlichkeit des Staates zum Ausdruck bringt und in seinem Streben und Wollen tatsächlich die Zwecke der Gemeinschaft zu seinem eignen Lebenszweck gemacht hat.

Es ist das weltgeschichtliche Verdienst des wissenschaftlichen Sozialismus, es ist das Werk von Karl Marx, daß er gegenüber der leeren Ideologie seiner Zeit und der blinden Empirie wieder in die Bahn der großen klassischen Tradition einlenkt, die allein zur Wissenschaft führt. Wenn Kant seine „Kritiken" eigentlich nur als methodischen Rahmen gedacht hat, in den alle Einzelwissenschaften einzuarbeiten seien, so füllt Marx diesen Rahmen auf dem Gebiete der Geschichte und Ökonomie, Kants geringe Andeutungen dieser Art zugleich weit überholend. Er bannte die ungeheure Mannigfaltigkeit der geschichtlichen Erfahrung in dem Granitbau eines einheitlichen Systems, das nicht „Ideen" zusammenflicht und auch nicht bloße „Tatsachen" aneinander reiht, sondern die im Innersten revolutionäre Gesetzmäßigkeit des wirklichen Geschehens erkennt, deutet und gestaltet. Und glücklicher als der in dem engen Deutschland des 18. Jahrhunderts eingepferchte Denker wurde der Theoretiker der Geschichte und Wirtschaft unmittelbar zum praktischen

Schöpfer einer geschichtlichen Bewegung von einer revolutionären Kraft und weltumspannenden Bedeutung, die ihresgleichen in der Vergangenheit nicht hat. Neben Kant tritt Marx, und der eherne Gleichklang der beiden Namen mag diesem Zusammenhang ein Symbol sein.

* * *

Kants zugleich nüchternes und erhabenes Geschäft ist es, die Kriterien, Bedingungen, Schöpfungsmittel, Grenzen wissenschaftlicher Erkenntnis zu finden. Was ist Wissenschaft? Wie ist Wissenschaft möglich? Die Frage beantwortet er, indem er das ganze Gerüst des menschlichen Denkens aufbaut, so wie es sich in der Geschichte der Wissenschaft andeutet. Er schlichtet den Streit zwischen Denken und Erfahrung, zwischen Geist und Materie, Theorie und Praxis, Vernunft und Sinnlichkeit. An dem Modell der Wissenschaften, die absolute Gewißheit gewähren, prüft er die Leistungsfähigkeit der Vernunft, scheidet er die Gebiete ihrer Betätigung, weist er die Wege, die zur Wahrheit führen. Er taucht in die Urelemente der Erkenntnis und erobert von hier aus die Natur in ihrer Einheit.

Die erkenntniskritische Weisheit Kants war für die Entwicklung der Wissenschaften von unermeßlicher Bedeutung, und ihre Geltung wird erst erschöpft sein, wenn sie als selbstverständlicher Besitz alle Disziplinen durchdrungen hat. Das Erwachen von den Träumereien der spekulativen Naturmystik im 19. Jahrhundert wird durch die Besinnung auf Kant ermöglicht. Kein Mathematiker, der zu den letzten Fragen seiner Wissenschaft vordringt, der Kant nicht zu befragen hätte. Die Mechanik, die gerade jetzt wieder ihrer schweren Probleme bewußt wird, debattiert unausgesetzt mit Kant. Ein Naturforscher wie Helmholtz mühte sich um das Verständnis der „Kritik der reinen Vernunft".

Aber nicht nur im Felde der Mathematik und mathematischen Naturwissenschaft wirkt Kant in solcher Lebendigkeit fort, daß es scheint, als ob er erst am Beginn seiner Mission in der Wissenschaft stünde, sondern auch für den Fortschritt der beschreibenden Naturforschung ist Kant von bisher unerschöpfter Bedeutung. Die moderne Geographie empfängt von ihm entscheidende Anregungen.

Der „Vater" der neueren Physiologie, Johannes Müller, forscht im Geiste Kants. Der Begründer wissenschaftlicher Botanik, Schleiden der mit Schramm zusammen die Zellentheorie entdeckte, ist unmittelbarer Schüler Kants. Schleiden veröffentlichte 1842 seine „Grundzüge der wissenschaftlichen Botanik" und diesem grundlegenden Werk schickt er auf zweihundert Seiten eine noch heute sehr lesenswerte methodische Einleitung voraus, die durchaus auf Kants Erkenntniskritik fußt. Mit ihr scheucht er den „Nebel phantastischer Kinderträume" (Schelling) und die Spekulanten, die „in arroganter Vermessenheit zum Gott aufschwellen wie die Anhänger Hegels". Er verlangt mit Kant die streng kausale mechanisch-chemische Naturerklärung, die durch keine mystische „Lebenskraft" unterbrochen werden darf. Und gegenüber gewissen Rückfällen, die heute wieder gefährlich drohen, sind die Sätze noch recht beachtenswert, die Schleiden damals schrieb: „Seit Aristoteles bis auf die neueste Zeit wagte kein Mann von Wissenschaft, die unbedingte Gültigkeit der … zuletzt durch Kant ausgebildeten Logik als Kathartikon (Reinigungsmittel) der Wahrheit in Abrede zu stellen, selbst die Männer nicht, welche aus Mangel an logischer Ausbildung die schmählichste Verwirrung in der Philosophie anrichteten. Erst in neuerer Zeit hat uns Hegel seine Spielerei mit immer kauderwelschen und geschmacklosen, meist auch sinnlosen Formeln für eine neue, höhere Weisheit in diesem Felde verkaufen wollen in Schule und Kolleg hört man nun zwar, daß es eine solche Gesetzmäßigkeit unsres Geistes gibt, daß die tiefsten Köpfe ihr Leben daran gesetzt, diese Gesetze zu entwickeln und zu begründen, daß es ohne diese Gesetzmäßigkeit keine echte wissenschaftliche Tätigkeit gäbe; aber sowie man an einen andern speziellen Zweig des Wissens kommt, hat man alles wieder vergessen, von Anwendung des Gelernten ist keine Rede. Ja, man hört wohl gar: wozu die trockene Logik, die hat jeder gesunde Kopf von selbst. Kindische Eitelkeit, die sich einbildet, das so vorweg zu haben, an dessen immer weiterer Ausbildung und Begründung seit Jahrtausenden zu arbeiten, die scharfsinnigsten Köpfe, die ausgezeichnetsten Denker nicht verschmäht haben. Hier finde ich gerade den großen Grundfehler in der Bearbeitung unserer Wissenschaft, der alle unsre Bestrebungen so haltungslos und unsicher macht, daß die Systeme kommen und gehen wie Ephemeren (Eintagsfliegen), daß, was heute aufgestellt und bewundert die ganze Wissenschaft ergreift und beherrscht, morgen durch eine einzige tüchtige Beobachtung über den Haufen geworfen wird."

Ganz besonders merkwürdig sind Kants biologische Anregungen. Lange vor Darwin bekennt er sich zur Entwicklungsgeschichte der Natur, die von dem niedersten Wesen zum Menschen sich fortbildet, und klarer, wie Darwin und die Darwinisten, spiegelt er nicht eine angebliche kausalmechanische Erklärung vor – die er prinzipiell und ohne Grenzen fordert –, wo eine der mechanischen Kausalität fremde Zwecksetzung sich einschleicht. Daher denn auch der neueste Geschichtsschreiber des Deszendenzgedankens in einem erst vor kurzem erschienenen Buch der Darstellung der kantischen Formulierung des Entwicklungsgedankens die Bemerkung anfügt, daß „hier ein Standpunkt vertreten ist, der in absehbarer Zeit wieder zahlreiche Vertreter finden dürfte und durch den die Grenzen des Naturerkennens ein für allemal bestimmt umschrieben sind".

Die Erkenntniskritik als Mittel aller wissenschaftlichen Methodik ist das eine unvergängliche Verdienst Kants. Indem er aber die Grundlagen des Denkens in der Erfahrungswissenschaft fand, reinigte er zugleich das Gebiet der Naturerkenntnis von aller übersinnlichen Metaphysik und die Metaphysik von allem Anspruch auf naturwissenschaftlichen Geltungswert. Er zerrieb die religiöse Mythologie zwischen der Naturwissenschaft, aus der sie exiliert wurde, und einer menschlichen Ethik, in der jene keinen Platz hat. Kant ist der Überwinder der metaphysisch-mythologischen Weltanschauung. Das ist seine zweite unsterbliche Tat.

II. |

Mit gelinder Überspannung läßt sich sagen, daß Kant die gigantische Gedankenarbeit seiner Kritik aller wissenschaftlichen Erkenntnis – in elf langen mühseligen Jahren vollkommenen literarischen Verstummens durchdacht, dann, als jäh die Sorge sich erhob, der Tod könnte den Ertrag vor der Geburt ins Grab nehmen, an der Schwelle des Greisenalters hastend in wenigen Monaten niedergeschrieben – daß Kant die Kritik der reinen Vernunft entwarf, nicht sowohl um die Gewißheit und die Bedingungen der Mathematik und der mathematischen Naturwissenschaft zu erklären, sondern um die Waffe zu schmieden, mittels derer die theologische Metaphysik für alle Zeiten aus dem Reich der Wissenschaft verjagt werden möchte. Bis Kant war es das Hauptstück der Philosophen, die Überlieferungen der jüdisch-christlichen Mythe und Mystik mit den äußeren Mitteln leer formaler Wissenschaftlichkeit zu erhärten. Indem Kant nun bewies, daß es in Zeit und Raum keinerlei wissenschaftliche Erkenntnis außerhalb der Erfahrung geben könne, vertrieb er die theologische Metaphysik aus Zeit und Raum, er entkleidete die ersonnenen überirdischen Mächte somit aller Möglichkeit in der Natur der Kausalität durch Eingriffe, in der Menschheit durch Offenbarungen zu wirken, und wandelte sie in bloße Ideen – dafür setzte er auch das so schlimm mißverstandene „Ding an sich" – über die sich nichts beweisen lasse.

Aber damit nicht genug. Von der sittlichen Seite angreifend, zerstörte er auch den Geltungswert der theologischen Ideen als Pfadweiserinnen im Bezirk der Vernunft. Er nahm ihnen nicht nur ihren naturwissenschaftlichen, sondern auch ihren moralischen Kredit. Die „Heteronomie" der Sittlichkeit, d. h. die von einer übermenschlichen Macht offenbarten und diktierten Gebote durchaus ablehnend, verkündete er die Autonomie der Moral, in der die Menschheit, die freie Menschheit aus eigner Vernunft und eignem Recht sich die Gesetze ihres Handelns erfindet und über sich stellt.

So wurden die metaphysischen Gespinste ihrem ganzen Inhalt nach in Nichts aufgelöst. Aber Kant ließ, zum Schaden der klaren Einheit seines Systems, hier und da die leeren Hülsen liegen, mit denen dann bis in unsere Zeit ein nachhaltiger Unfug getrieben worden ist. Dennoch kann über die wirkliche Meinung und Absicht Kants kein Zweifel sein. Nur muß man seine Sprache zu lesen verstehen. Jede unfreie Zeit schafft sich ihren eigentümlichen Stil, in der die lautere Wahrhaftigkeit der Überzeugung mit der durch die Zwangsgebote einer unüberwindlichen Gewalt auferlegten Vorsicht ehrlichen Ausgleich sucht. Kant schrieb unter der Zensur! Wenn er überhaupt zum Worte kommen wollte, mußte er, unbeschadet aller Aufrichtigkeit, gewisse stilistische Kautelen gebrauchen, die in der Folge dann zur Erstickung seiner eigentlichen Meinung gern benutzt wurden. Kant hat zu den größten schöpferischen Ketzern gehört, der vor keiner Konsequenz seines vorwärts stürmenden Denkens zurückbebte. Im vertrauten Kreise pflegte er über Welt und Dinge mit äußerster Rückhaltlosigkeit zu sprechen. Sein Tischfreund Hippel, der Bürgermeister von Königsberg und Verfasser genialischer Einfälle in humoristischer Romanform hat diese Gespräche Kants ohne dessen Wissen aufgezeichnet. Als aber Hippel starb und seine Erben diese Blätter entdeckten, erschraken sie so sehr über die vermessene gottlose Kühnheit dieses Revolutionärs – der trotz seines zurückgezogenen Lebens auch ein geistreicher Weltmann, wie nur irgendein Pariser Enzyklopädist war –, daß sie die Papiere verbrannten, damit wohl die wichtigste Quelle zur Erkenntnis kantischen Wesens zerstörend.

Dennoch hat er auch in seinen Schriften die theologische Metaphysik mit einer Rücksichtslosigkeit bekämpft, die noch heute, wo kein Staatsmann als ein Wöllner und kein Fürst als ein Friedrich Wilhelm II. gelten möchte, dem Autor leicht Unannehmlichkeiten zuziehen könnte. Was Kant mit gellendem Witz und mit dem ergreifenden tiefen Pathos seiner reinen wissenschaftlichen und sittlichen Weltanschauung über den gleichen Unwert aller Kirchen, vom Fetischismus und Schamanendienst bis zum Papstkult was er über die Dogmen, „Statuten und Observanzen" der offenbarten Pfaffenreligionen, über Gebet und Wunder geschrieben, macht ihn nicht nur zum bedeutendsten geistigen Überwinder, sondern auch zum wirksamsten Agitator gegen allen Klerikalismus, in welcher Form er sich immer zeigt.

Hundert Jahre nach seinem Tode aber herrscht der Klerikalismus in seinem Vaterland mächtiger denn je zuvor. Seine Bücher sind von der alleinseligmachenden Kirche noch immer verboten. Und Kant wäre ein Herrscher ohne Land, wenn nicht in der proletarischen Bewegung auch der geistige Befreiungskampf sich zum Siege durchringen würde.

* * *

Die Ethik, durch die Kant der theologischen Metaphysik ihre letzte Zuflucht nahm, ist die dritte Tat seiner Weltwirksamkeit. Noch ist über sie Streit, und es ist hier nicht möglich, die Fragen irgendwie tiefer zu erörtern.

Die Ethik erhebt den Anspruch, nach „Art von Naturgesetzen" einen obersten Grundsatz sittlichen Handelns von unverbrüchlicher Geltung aufzustellen. Er konnte sie deshalb nicht begründen in dem

Chaos menschlicher Psychologie, auch nicht in der schwebenden Unsicherheit individueller Glückseligkeit, sondern nur in der festen Form eines letzten Zweckes, eines Endzieles. Kants Sittengesetz der Freiheit ist eine Richtung gebende Aufgabe der Menschheit, es wurzelt in der Humanitätsidee und es hat in nichts seinen Beweis wie in seiner Möglichkeit und Fruchtbarkeit, zum Menschheitsideal zu weisen. Es ist ein Mißverständnis, wenn man Kant gegenüber der Ewigkeit seines Sittengesetzes auf die ewig in Zeiten und Ländern wandelnden Sitten aufmerksam macht. Das wußte Kant auch, und in seinem Lieblingsstudium, der Geographie, wies er scharfsinnig auf die Zusammenhänge der Sitten und der physischen Bedingungen hin, unter denen die Völker leben. Die Sittenlehre aber, die in ihrer kausalen Abhängigkeit zu durchforschen ist, nannte er Anthropologie, nicht Ethik. Die Ethik tritt als Gesetzgeber auf. Wie die Menschheit Naturgesetze entdeckt, um die Natur zu bändigen und Zu gestalten, so gibt sich die Menschheit für ihr gesellschaftliches Zusammenwirken aus eigner Schöpferkraft eine letzte, oberste Norm. Die Ethik erzeugt das Wert- und Entwicklungsgesetz der Gesellschaft nicht aus blauen Wolkenhöhen und auch nicht aus der sinnlichen Erfahrung, sondern aus der Vernunft, welche die Tiere zu Menschen macht, indem sie ihnen die Fähigkeit verleiht, sich selbst Kulturzwecke zu setzen.

Das Sittengesetz Kants lautet in seiner fruchtbarsten Formulierung: „Handle so, daß du die Menschheit, sowohl in deiner Person als in der Person eines jeden andern, jederzeit zugleich als Zweck, niemals bloß als Mittel brauchst." Dieses Gesetz übersteigt jenen einfachen Moralsatz der Reziprozität, den schon die chinesische Weisheit des Konfutse als goldene Moralregel aufstellte: Handle so, wie du willst, daß man an dir handle. Das ist Moral zum individuellen Privatgebrauch. Kants Satz dagegen legt die Menschheitsidee zum Grunde, er will der Kulturentwicklung der Menschheit die Richtung weisen.

Die Ethik Kants ist nur Gesetz, nur „Form" menschlichen Handelns. Lediglich in dieser Beschränkung liegt die Geltung, das Recht und die Fruchtbarkeit des sittlichen Prinzips. Der lebendige Inhalt, der die Form erfüllt, steht durchaus im Fluß der Geschichte. Und hier weitet sich das Reich der kausalen Erklärung, hier waltet der Mechanismus der Wirtschaft, hier erweist die geschichtsmaterialistische Methode ihre unabweisliche Kraft. Die Ethik der Form besagt nichts weiter: Wenn denn die Menschheit eine Kultur will, wenn sie ein Wertmaß der gesellschaftlichen Organisation braucht, so kann das richtende und sichere Prinzip nur jener Moralgrundsatz sein. Er verbürgt den Aufstieg der Menschheit. Diese Ethik ist also kein Fremdenführer, der moralische Sehenswürdigkeiten erläutert, sie ist auch kein Pfaffe, der ewige Gebote inhaltlich und materiell bestimmt, unwandelbar im Namen Gottes befiehlt; sie ist ein Baumeister; der gleichsam die technischen Vorbedingungen, die Mathematik der Gesellschaft lehrt – das Bauen selbst unterliegt der Kausalität der Geschichte, der Arbeit der Menschheit. Und wäre dies Prinzip, weil sie nur Form ist, auch leer? Man prüfe jenen Satz an den wirtschaftlich bedingten Klassenkämpfen der Geschichte. Hat nicht stets jede revolutionäre Klasse in irgendeiner Formel jenes sittliche Programm als Recht und Ziel ihrer Empörung auf ihre Fahne geschrieben?

Begrenzt und versteht man den systematischen Wert von Kants Ethik so, dann ist sofort der Irrtum jener Kantianer offenbar, die den Philosophen wegen seiner Ethik zum Begründer des Sozialismus machen wollen. Als ewiger Grundsatz aller Sittlichkeit gedacht, kann er logischerweise gar nicht sich in einer bestimmten, zeitlich bedingten Gesellschaftsordnung manifestieren und erschöpfen. Diese Ethik steht über allen konkreten Gesellschaftsordnungen und sie bedingt an sich keine bestimmte Ordnung. Nur muß sich jedes Gemeinschaftswesen, wenn anders es sein Kulturrecht erweisen will, an jenem sittlichen Ideal messen. Und so wahr es ist, daß auf der heutigen Stufe der wirtschaftlich-politischen Entwicklung Kants Ethik nur im Sozialismus sich zu verwirklichen vermag, so fest steht es, daß Kant keine sozialistischen, sondern liberale Folgerungen aus seiner Ethik zog. Er lebte durchaus in der Weltanschauung der französischen Revolution, welche die Weltanschauung des Liberalismus, des freien Spiels der Kräfte war, dessen das Bürgertum bedurfte, um die Fesseln des Feudalismus zu sprengen.

III. |

Die Auffassung, daß Kant in seiner politisch-wirtschaftlichen Theorie nicht über den Liberalismus der französischen Revolution hinausgekommen, scheint mit der Tatsache nicht übereinzustimmen, daß er als Erster an einer bedeutungsvollen Stelle der „Kritik der reinen Vernunft" mit ernster und ehrfürchtiger Begeisterung den als groteske Phantasie verlachten sozialistischen Staat Platos verteidigte. Indessen diese Verherrlichung, die er in einer seiner letzten Schriften wiederholte, gilt offenbar nur dem Gedanken der Möglichkeit eines Idealstaates an sich, ohne daß Kant damit die besondere sozialistische Organisationsform tiefer erfaßt oder anerkannt hätte.

Kant münzte seine Ethik in die Forderungen des Liberalismus, den er in die letzten Konsequenzen verfolgt, dessen Grenzen und Widersprüche sich bereits ihm leise andeuten, ohne daß er sie schon zu überwinden vermag.

Zunächst verlangt Kant unbedingte Freiheit der Meinungsäußerung, was die Beseitigung der Zensur einschließt. Aber er macht eine eigentümliche Einschränkung. Im öffentlichen Gebrauch der Vernunft soll schrankenlose Freiheit herrschen, im Privatgebrauch dagegen sind Vorbehalte notwendig. Unter dem Privatgebrauch der Vernunft versteht er denjenigen, „den er in einem gewissen ihm anvertrauten bürgerlichen Posten oder Amte ... machen darf", und er erläutert diesen Unterschied an einem gegenwärtig recht aktuellen Beispiel: „So würde es sehr verderblich sein, wenn ein Offizier, dem von seinem Oberen etwas anbefohlen wird, im Dienste über die Zweckmäßigkeit oder Nützlichkeit dieses Befehls laut vernünfteln wollte; er muß gehorchen. Es kann ihm aber billigermaßen nicht verwehrt werden, als Gelehrter über die Fehler im Kriegsdienste Anmerkungen zu machen und diese seinem Publikum zur Beurteilung vorzulegen." (Was ist Aufklärung?)

Wie die französischen Revolutionäre erkennt Kant das Eigentum an. Die Gleichheit der Staatsbürger, die er verlangt, „besteht aber ganz wohl mit der größten Ungleichheit, der Menge und den Graden ihres Besitztumes nach, es sei an körperlicher oder Geistesüberlegenheit über andre, oder an Glücksgütern außer ihnen, und den Rechten überhaupt". Aber auf dem Gebiete, wo sich ihm – nach dem damaligen Stand der Wirtschaft – die Ungleichheit des Besitzes als Hemmnis seiner sittlichen Ideale unmittelbar aufdrängt, gegenüber dem Feudalismus, da wirft er doch sofort, wenn auch nur scheinbar beiläufig, die Brandfackel der Frage hinein: „wie es doch mit Recht zugegangen sein mag, daß jemand mehr Land zu eigen bekommen hat, als er mit seinen Händen selbst benutzen konnte, ... und wie es zuging, daß viele Menschen, die sonst insgesamt einen beständigen Besitzstand hätten erwerben können, dadurch dahin gebracht sind, jenem bloß zu dienen, um leben zu können?"

Staatsrechtlich fordert Kant die konstitutionelle Republik: „Die gesetzgebende Gewalt kann nur dem vereinigten Willen des Volkes zukommen." Jedes Glied der gesetzgebenden Gemeinschaft, jeder Staatsbürger hat die „gesetzliche Freiheit, keinem andern Gesetz zu gehorchen, als zu welchem er seine Zustimmung gegeben hat". Er hat ferner das Attribut der „bürgerlichen Gleichheit" und drittens die „bürgerliche Selbständigkeit, seine Existenz und Erhaltung nicht der Willkür eines andern im Volke, sondern seinen eignen Rechten und Kräften als Glied des gemeinen Wesens verdanken zu können". Stimmrecht sollen nur die „selbständigen" Staatsbürger haben. Kant versucht den Begriff der Selbständigkeit an Beispielen zu veranschaulichen. Unselbständige, „passive Bürger" sind „der Geselle bei einem Kaufmann oder bei einem Handwerker; der Dienstbote, der Unmündige, alles Frauenzimmer, und überhaupt jedermann, der nicht nach eignem Betriebe, sondern nach der Verfügung andrer (außer der des Staats) genötigt ist, seine Existenz (Nahrung und Schutz) zu erhalten, entbehrt der bürgerlichen Persönlichkeit". Indem er jedoch sich weiter in diese Begriffsbestimmung vertieft empfindet er den Widerspruch mit der Forderung der Gleichberechtigung aller Staatsbürger und gesteht, es sei „etwas schwer, das Erfordernis zu bestimmen, um auf den Stand eines Menschen, der sein eigner Herr ist, Anspruch machen zu können".

Aber auch die „passiven" Staatsbürger haben das gleiche Recht auf freie Entwicklung. Es darf nicht verhindert werden, „daß diese, wenn ihr Talent, ihr Fleiß und ihr Glück es ihnen möglich macht, sich nicht zu gleichen Umständen zu erheben befugt wären". Kein Vorrecht der Geburt, keine Hörigkeit. Kein Mensch kann durch „rechtliche Tat (weder seine eigne, noch die eines andern) aufhören, Eigner seiner selbst zu sein, und in die Klasse. des Hausviehes eintreten, das man zu allen Diensten braucht, wie man will, und es auch dann ohne seine Einwilligkeit erhält".

Wie Kant im Gebiete der Religion die christliche Barmherzigkeit, die Charitas, als beleidigend für die Würde der Menschheit bezeichnet, so bekämpft er auch allen Patriarchalismus: „Eine Regierung, die auf dem Prinzip des Wohlwollens gegen das Volk als eines Vaters gegen seine Kinder errichtet wäre, das ist eine väterliche Regierung, wo also die Untertanen als unmündige Kinder, die nicht unterscheiden können, was ihnen wahrhaftig nützlich oder schädlich ist, sich bloß passiv zu verhalten genötigt sind, um, wie sie glücklich sein sollen, bloß von dem Vorteile des Staatsoberhaupts, und, daß dieser es auch wolle, bloß von seiner Gültigkeit zu erwarten, ist der größte denkbare Despotismus".

Das Prinzip der Freiheit weitet sich zum Kosmopolismus [sic], der alle Völker im Bunde der Kultur umfängt. So entwirft er seinen Traktat vom ewigen Frieden, indem er übrigens durchaus realistisch sowohl die Bedingungen des Friedenszustandes, wie die zeitlichen Notwendigkeiten von Kriegen untersucht.

Kant blieb im Bann des Liberalismus. Seine Ethik suchte ihre Verwirklichung nur in dem Sprengen von Fesseln. Aber seine Schüler zogen alsbald weitere Folgerungen. 1792 veröffentlichte Hippel seine Schrift *„über die bürgerliche Verbesserung der Weiber"*, in der zum erstenmal die völlige bürgerliche Gleichberechtigung der Frauen bis in die letzten Konsequenzen proklamiert wurde; zugleich zog er die französische Revolution vor Gericht, weil sie zwar der Welt die Freiheit votiert, aber der größeren Hälfte der Menschen diese Freiheit ausdrücklich versagt habe. Im Weiterdenken der Kantschen Lehre wurde Fichte dann zum utopischen Sozialisten.

Kein Deutscher der Zeit hat die Bedeutung der französischen Revolution, deren echter Philosoph er war, tiefer erfaßt als Kant. Er fiel von seiner Begeisterung auch nicht ab, als die Ereignisse sich abspielten, die man als „Greuel" zu bezeichnen pflegt. Auch nachdem die Guillotine die Hinrichtung der alten Gesellschaftsordnung vollzogen, wagte Kant öffentlich die Revolution zu preisen als die „Begebenheit unserer Zeit, welche die moralische Tendenz des Menschengeschlechts beweist". Durch die umstürzenden Befreiungstaten der Revolution stärkte sich sein Glauben an die Möglichkeit und Wirklichkeit einer Menschengemeinschaft der Freien und Gerechten.

Kants Philosophie drang denn auch in das aufgewühlte Frankreich. Im Januar 1796 schreibt Karl Theremin, Bureauchef im Wohlfahrtsausschuß, aus Paris an seinen Bruder in Deutschland, er möchte versuchen, ein „Professorat über Kantische Philosophie" in

Frankreich zustande zu bringen; er weist dabei auf Sieyes Interesse an der Philosophie Kants hin. Im November 1795 hatte schon Kants Vertrauter, Kiesewetter, der ihn namentlich ständig von den Vorgängen an dem Berliner Hofe unterrichtete, nach Königsberg im Hinblick auf die Schrift über den ewigen Frieden geschrieben: „Leid tut es mir, daß diese Schrift nur den Deutschen bekannt werden sollte, es finden sich unter uns noch manche Hindernisse, ich will nicht sagen, die Wahrheit zu erkennen, aber doch sie auszuüben; gewiß würde diese Schrift bei jener großen Nation, die so manche Riesenschritte auf dem Wege der politischen Aufklärung gemacht hat, viel Gutes stiften." Die Schrift wurde darauf tatsächlich übersetzt. Humboldt hielt Vorträge im Pariser Nationalinstitut über die Weltanschauung Kants, allerdings wegen ihres Verständnismangels nicht zur Zufriedenheit des Philosophen.

Bei solchem Enthusiasmus ist es nun ein seltsamer Widerspruch, daß Kant in seinen staatsrechtlichen Schriften scheinbar mit höchstem Nachdruck das Recht auf Revolution verwarf. Wenn man hier zitieren wollte, so würde man die muffige und ängstliche Luft der damaligen Amtsstuben zu verspüren meinen; alles scheint auf die demütige Forderung hinauszulaufen: „Sei untertan der Obrigkeit." Und dennoch, wenn man genauer liest, wenn man die Sprache Kants beherrscht, so mildert sich der Widerspruch, wenn er auch nicht ganz verschwindet. Einmal besteht Kant auf der Gesetzlichkeit, nachdem er die Möglichkeit gesetzlicher Entwicklung durch die freie Republik vorausgesetzt hat. Dann aber bestreitet Kant das Recht der Revolution, in letzter Absicht offenbar deshalb, um auch das Recht der Gegenrevolution verneinen und die Gesetzlichkeit der revolutionären Wirkung behaupten zu können. Denn nachdem er die Revolution aus Prinzip augenscheinlich sehr derb befehdet, fährt er gemütlich fort: „Übrigens, wenn eine Revolution einmal gelungen und eine neue Verfassung gegründet ist, so kann der Unrechtmäßigkeit des Beginnens und der Vollführung derselben den Untertanen von der Verbindlichkeit, der neuen Ordnung der Dinge sich als gute Staatsbürger zu fügen, nicht befreien, und sie können sich nicht weigern, derjenigen Obrigkeit ehrlich zu gehorchen, die jetzt Gewalt hat." Damit ist das Prinzip der Legitimität und der angestammten Monarchie von Grund aus preisgegeben, das in der Folge in der Reaktionszeit der heiligen Allianz die ideologische

Losung der Knechtschaft ward. Kant gibt auch indirekt dem „entthronten Monarchen" den Rat; in den Stand eines Staatsbürgers zurückzutreten, seine und des Staates Ruhe dem Wagstücke vorzuziehen, als Prätendent das Abenteuer der Wiedererlangung der Krone zu wagen. Ebenso, ohne es wieder deutlich auszusprechen, leugnet er das Recht andrer Mächte, sich diesem „verunglückten Oberhaupt zum Besten in ein Staatsbündnis zu vereinigen, bloß um jenes vom Volke begangene Verbrechen nicht ungeahndet noch als Skandal für alle Staaten bestehen zu lassen, mithin in jedem andern Staate durch Revolution zustande gekommene Verfassung in ihre alte mit Gewalt zurückzubringen".

Fichte führte dann alle diese beklommenen und verhüllten Andeutungen des Meisters mit rücksichtsloser Kühnheit aus. Aber auch bei Kant schimmert die Herzensmeinung deutlich genug durch.

Auf seine Zeitgenossen wirkte Kant vornehmlich durch seine Ethik und durch seine Ästhetik, die hier übergangen werden muß. Im Geiste Kants entwirft Schiller den Plan seiner Universalgeschichte, seiner ästhetischen Erziehung des Menschengeschlechts. Durch das Medium Schiller wieder wird Kants chiliastische Weltanschauung Musik in Beethoven und stürmt zum Himmel in dem Schlußchor der neunten Symphonie: Freude, schöner Götterfunken!

Wie tief Kant die Gemüter erschüttert, das zeigen Briefe Fichtes. Er lernt Kants Schriften ganz zufällig kennen. Halb verhungert, in den schlimmsten Nöten seines Daseins, muß er sie lesen, um Unterrichtsstunden geben zu können. Der Zufall wird ihm zum Schicksal: „Ich hatte mich" – schreibt er an seine Braut 1790 – „durch eine Veranlassung, die ein bloßes Ungefähr schien, ganz dem Studium der kantischen Philosophie hingegeben, einer Philosophie, welche die Einbildungskraft, die bei mir immer sehr mächtig war, zähmt, dem Verstande das Übergewicht und dem ganzen Geist eine unbegreifliche Erhebung über alle irdischen Dinge gibt. Ich habe eine andere Moral angenommen, und anstatt mich mit Dingen außer mir zu beschäftigen, mich mehr mit mir selbst beschäftigt. Dies hat mir eine Ruhe gegeben, die ich noch nie empfunden; ich habe bei meiner schwankenden äußeren Lage meine seligsten Tage verlebt." Und an seinen Bruder berichtet er: „Von einem Tage zum andern verlegen um Brot, war ich dennoch damals vielleicht einer der glücklichsten

Menschen auf dem weiten Rund der Erde." – Zur selben Zeit: „Es ist unbegreiflich, welche Achtung für die Menschheit, welche Kraft uns dies System gibt."

Kant wird auch in privaten Wirren Ratgeber und Beichtvater aller Welt. Als ihn das Religionsedikt trifft – das ihn, wie Kant melancholisch spöttelt –in „Staats- und Religionsmaterien" einer „gewissen Handelssperre" unterwarf, forderte ihn der Braunschweiger Schulrat Campe, heute noch bekannt durch seine Robinson-Bearbeitung, auf, zu ihm zu kommen:

„Sehen Sie … sich als den Besitzer alles dessen an, was ich mein nennen darf." Zwar sei auch er, so heißt es in dem Briefe Campes' nicht begütert, aber er sei bedürfnislos, und so habe er „immer noch mehr übrig, als zur Verpflegung eines Weisen nötig ist".

* * *

Der klassische Denker des Liberalismus hat mit dem heutigen Bürgertum nichts mehr gemein. Für das, was sich heute Liberalismus nennt, ist Kant nur ein Medusenschild. Will man die ganze Erniedrigung des bürgerlichen Geistes an einem, freilich unflätigen Beispiel ermessen, so mag man erwähnen, daß der heutige *Inhaber des Lehrstuhls Kants in Königsberg* ein Mann ist, der zwar nicht einmal in die Vorhalle philosophischer Erkenntnis eingedrungen ist, der aber die Barbarei der heutigen herrschenden Klassen hübsch in Paragraphen zu bringen versteht. Kants Humanitätsidee ist ihm tollster Unsinn, und indem er – der Name des Philosophen sei schamhaft verschwiegen – das klassische Humanitätsideal für eine teilbare Materie, wie eine Wurst oder einen Käse hält, widerlegt er es durch die Bemerkung, daß die Menschheitsliebe „praktisch unmöglich" sei, „weil auf die einzelnen Individuen dann nur ein verschwindender Bruchteil von Liebe entfallen würde". Aber die allgemeine Idee der Menschheit sei auch nicht berechtigt und habe als solche gar keinen Wert. Es sei „gar keine moralische Aufgabe, sich … über den Zufall der Geburt einfach hinwegzusetzen. Und Kants Nachfolger kann sich des edlen Gedankens „nicht erwehren, daß, wie viele von denen, die am lautesten die Humanität gegen die Verbrecher predigen, dabei insgeheim von dem Gedanken geleitet werden, daß auch sie möglicherweise von dieser Humanität profitieren könnten, so auch

viele von den Aposteln der allgemeinen Menschenliebe und Brüderlichkeit ein wohlverstandenes *Interesse* daran haben, die kräftige
Geltendmachung nationaler Gesinnung zu bekämpfen, – daher
denn auch die Sozialdemokratie, der Anarchismus und das internationale Manchestertum ihre eifrigsten Anwälte sind[3].

Das ist der Weg der hundert Jahre des herrschenden Geistes, von
Kants Weltbürgertum bis zu dieser nationalen Gesinnung seines
Nachfolgers. Alle lauten Kant-Feiern und alle Versuche, den größten Denker auf den Stand der heute regierenden Verwahrlosung fäl-
schend zu senken, ändern nichts an der Erscheinung, daß der Philosoph des Liberalismus sein Asyl und seine Wirkung nur noch im
sozialistischen Proletariat hat. Die Geschlossenheit einer, den ganzen Menschen und die ganze Menschheit umfassenden, nach Einheit und Gewißheit ringenden Weltanschauung, die unlösliche Ver-
kettung wissenschaftlicher Erkenntnis mit allem politischen Handeln, die prinzipielle Auffassung der Dinge, die Überzeugung von
der Erreichung des Zieles eines Vernunftstaates, die Ethik der Freiheit und Gleichheit, die bei allem idealistischen Schwung, dennoch
fest und besonnen, ohne säuselnde Sentimentalität und wehleidige
Gefühlsschwelgerei auf dem Erdboden erwiesener Tatsachen, kritisch prüfend, steht, das unbeirrbare Weltbürgertum[4], das alles spottet des seichten, opportunistischen, an niedrigsten Einzelinteressen
haftenden, ziel- wie ideallosen und zugleich leer romantisch aufge-
putzten Geistes der bürgerlichen Gesellschaft, das alles sind aber
auch die tiefsten Wesenszüge der internationalen Sozialdemokratie.

---

[3] Anmerkung 1918. Der Mann ist inzwischen gestorben, dessen Teilungsargu-
ment übrigens die Konsequenz hätte, daß der *Patriotismus* um so größerer Unsinn
wird, je größer die Bevölkerung des Staates ist, dieweil dann der auf den einzelnen entfallende Anteil an Vaterlandsliebe immer mehr verdünnt wird.
[4] Anmerkung 1918. „Unbeirrbares Weltbürgertum"! – das klingt wie ein Märchen
aus verwehten Zeiten; denn seitdem ist die deutsche Sozialdemokratie in ihrer
bureaukratischen Hierarchie den Weg des deutschen Liberalismus gegangen.

Sozialdemokratie und Staatsform

Eine öffentliche Diskussion zwischen
Kurt Eisner und Karl Kautsky
(1904)[5]

Die Aufnahme dieser Diskussion, die mir mein Freund Kautsky gestattet hat, geschieht nicht, um alten persönlichen Streit zu beleben – denn heute [1918/1919] besteht zwischen Kautsky und mir in fast allen Fragen der politischen Theorie und Praxis Übereinstimmung – sondern wegen der urkundlichen Bedeutung jener Debatte für die Erkenntnis der Parteientwickelung. Ich stand 1904 in der Partei, als *Vorwärts*-Redakteur, gefährlich isoliert, auf der Seite Jaurès.

I. |

Die deutsche bürgerliche und vor allem die reaktionäre französische Presse hat die Äußerungen Bebels[6] über den plutokratischen Klassencharakter auch der bürgerlichen Republik dahin mißzuverstehen gesucht, daß Bebel oder gar die ganze deutsche Sozialdemokratie die Vorzüge der Monarchie gegenüber der Republik anerkannt habe, ja, zum Apostel der sozialen Monarchie geworden ist.

In der letzten Nummer der *Neuen Zeit* weist Genosse Kautsky diese tendenziösen Mißdeutungen der Bebelschen Bemerkungen schlagend zurück und gelangt dann zu folgenden Betrachtungen:

„Aber die Republik ist uns sympathisch nicht bloß mit Rücksicht auf den mehr oder weniger entfernten Zukunftsstaat der sozialen Republik. Auch als bürgerliche Republik muß sie dem sozialistischen Proletariat wertvoller sein als die Monarchie, so daß es sich für die Republik entscheidet, wo immer es die Wahl zwischen den beiden Staatsformen hat. Denn die bürgerliche Republik ist die Staatsform, in der der Entscheidungskampf zwischen Proletariat und Bourgeoisie am ehesten und besten ausgefochten werden kann. Das wird aber bewirkt dadurch, daß der Klassengegensatz zwischen

---

[5] Textquelle | Kurt EISNER: *Gesammelte Schriften. Erster Band.* Berlin: Paul Cassirer 1919, S. 285-325.
[6] Auf dem Internationalen Sozialistenkongreß in Amsterdam, 1904.

Proletariat und Bourgeoisie in der Republik am schärfsten und klarsten zum Ausdruck kommt.

Wohl steht die Monarchie dem um seine Befreiung ringenden Proletariat notwendigerweise feindselig gegenüber, denn diese Befreiung erheischt die Aufhebung der Klassen, also die Aufhebung der Grundbedingung der Monarchie. Aber diese hat kein Interesse daran, eine andere Klasse zur Alleinherrschaft kommen zu lassen; die Macht der Monarchie ist am größten dort, wo die verschiedenen Klassen sich die Waage halten. Das kann eine monarchische Regierung unter Umständen dazu veranlassen, das Proletariat gegenüber der Bourgeoisie in Schutz zu nehmen. Andererseits kann sich in einer Monarchie die Bourgeoisie unter Umständen durch die Regierung, die nicht direkt ihre Klassenregierung ist, mehr beengt fühlen als durch das Proletariat; sie kann es zur Schwächung der Regierung aufrufen und zu diesem Zwecke stärken.

Endlich findet in einem monarchischen Lande das Proletariat selbst zwischen sich und der Bourgeoisie die Monarchie, als einen von jener verschiedenen Gegner. Dadurch wird seine Aufmerksamkeit geteilt, die Schärfe des Klassengegensatzes vermindert, die Intensität des Klassenkampfes geschwächt.

Ganz anders in einer bürgerlichen Republik unter entwickelter kapitalistischer Produktion. Hier herrscht die Bourgeoisie direkt, hier stehen sich Proletariat und Bourgeoisie unvermittelt gegenüber, hier hat das Proletariat nicht die trennende Wand einer monarchischen Regierung zu übersteigen, will es der Bourgeoisie an den Kragen gehen.

In monarchischen Ländern – und das gilt um so mehr, je absoluter die Monarchie, also am meisten für Rußland – ist das Proletariat oft gezwungen, seine ganze Kraft auf die Bekämpfung der Regierung zu konzentrieren. Gelingt es ihm dort, die Staatsgewalt niederzuwerfen, so steht es nicht am Ende seiner Kämpfe, sondern nur am Beginn einer neuen, intensiveren Phase des Klassenkampfes. Gelingt es ihm dagegen in der bürgerlichen Republik, die bestehende Staatsgewalt zu stürzen, so hat es damit endgültig über die Bourgeoisie gesiegt, ihre politische Expropriation vollzogen und ihre ökonomische Expropriation unabwendbar gemacht.

Deshalb die große Bedeutung, welche schon die bürgerliche Republik für das Proletariat hat. Aber gerade deswegen ist auch in der

Republik das Klassenbewußtsein und der Klassenhaß der Bourgeoisie gegenüber dem Proletariat mehr entwickelt, und ist dort die Bourgeoisie um so skrupelloser in ihrem Klassenkampfe gegen das Proletariat, unbedenklicher in der Wahl ihrer Mittel, sei es brutaler Niederwerfung, sei es heimtückischer Überlistung und Korrumpierung. So hoch uns daher die Republik, auch die bürgerliche, steht, so wichtig sie uns für den Befreiungskampf des Proletariats erscheint, so darf uns das noch nicht blind machen gegen den arbeiterfeindlichen Charakter, den jede bürgerliche Republik und jede Regierung einer bürgerlichen Republik entwickeln muß. Gerade in dieser Erkenntnis unterscheiden wir uns von der bürgerlichen Demokratie, die der Republik eine geheimnisvolle Kraft der Schwächung der Klassengegensätze zuschreibt und wähnt, der republikanischen Bourgeoisie wohne eine weit größere Neigung inne, die Befreiung der Arbeiterklasse zu fördern, als der Monarchie und der monarchistischen Bourgeoisie.

Dieser republikanische Aberglaube gehört aber auch zu den Illusionen, die dank dem Revisionismus selbst in unsere Reihen hier und da Eingang gefunden haben. Da war es sehr am Platze, wenn Bebel demgegenüber wieder unseren Standpunkt darlegte, der den des Republikaners mit dem des proletarischen Klassenkämpfers vereinigt."

Indem Kautsky hier zutreffend darlegt, daß auch die bürgerliche Republik ihren Klassencharakter beibehält, sind doch zugleich seine Darlegungen über den – wie man aus einzelnen Wendungen schließen könnte, nach seiner Meinung – abgestumpften oder doch wenigstens verwischten Klassencharakter in der Monarchie und sein Wort vom republikanischen Aberglauben geeignet, neuer Verkennung Bebelscher und sozialdemokratischer Auffassungen wider die Absicht Vorschub zu leisten.

Es könnte der Anschein entstehen, als ob Bebel tatsächlich der Meinung wäre, daß in der Monarchie die Klassen nicht so unmittelbar und so brutal aufeinanderstoßen, wie in Republiken. Solche Meinung, die natürlich Bebel nicht hat und haben kann, wäre aber eine Konzession an jene grundverlogene „Theorie" dynastischer Hauslehrer des Staatsrechtes, die der Monarchie die geheimnisvolle Wunderkraft des Über-den-Parteien-Stehens und der zwischen den Klassen ausgleichenden Gerechtigkeit zuschreiben. Tatsächlich lehrt die geschichtliche Erfahrung und zeigt die innere Logik der gesellschaftlich-staatlichen Organisationsform, daß keine herrschende Klasse eine mit starker staatsrechtlicher Machtvollkommenheit ausgestattete Monarchie erträgt, die sich ihr nicht mit Haut und Haaren verschreibt. Deshalb gleicht eine Monarchie, sofern sie nicht zur bloßen dekorativen Formalität verflüchtigt ist, sondern mehr oder minder tief im Absolutismus stecken geblieben ist, nicht, in wenn auch noch so bescheidener Form, die Interessen zwischen den beherrschten und den herrschenden Klassen aus, sondern sie sucht lediglich die verschiedenen Interessen zwischen den herrschenden Klassen selbst auszugleichen. Sie muß fortwährend bedacht sein, die diversen „Stützen des Thrones" bei guter Laune zu erhalten, und deshalb muß sie ihnen – auf Kosten der proletarischen Masse – abwechselnd alle erdenklichen Vorteile zuschanzen – Die Notwendigkeit, sich auf die herrschenden Klassen zu stützen und die innerhalb der besitzenden Gesellschaft infolge der wirtschaftlichen Entwickelung vielfach ausbrechenden Gegensätze zu versöhnen, damit sie nicht selbst zwischen den herrschenden Klassen zerrissen wird, zwingt die Monarchie zu immer verstärkten Anstrengungen in der Verleihung wirtschaftlicher und gesellschaftlicher Privilegien.

Auf der anderen Seite werden die herrschenden Klassen im Wettstreit um die Gunst der Krone immer reaktionärer und, indem sie sich der höfischen Natur und der Art der für die dynastischen Bedingungen tauglichsten und stärksten Klasse anzupassen suchen, offenbart sich der Klassencharakter nicht nur in der rohesten, sondern auch oft in der ihren eigenen wirtschaftlichen Interessen zuwiderlaufenden unsinnigsten Form. In keiner Republik ist deshalb der Klassenkampf brutaler und zugleich absurder, wie in dem monarchischen Preußen und in dem monarchischen Sachsen.

Während so auf der einen Seite die absolutistische oder halb absolutistische Monarchie ihre Politik auf den Ausgleich der Interessen der herrschenden Klassen zuungunsten des Proletariats richten muß, fühlen sich andererseits die herrschenden Klassen hinter dem Schutzwall einer starken Monarchie so sicher, daß sie gar keine Notwendigkeit einsehen, sich mit dem Proletariat zu verständigen, es durch Konzessionen zu befriedigen. Und wenn die Monarchie es für gut hält, dem Proletariat für den auf seinem Rücken vermittelten Ausgleich der Interessen der herrschenden Klassen untereinander auch einige Scheinkonzessionen zukommen zu lassen, so widersetzen sich solchen Versuchen die herrschenden Klassen aufs hartnäckigste. So wird schließlich nur so viel „monarchische Sozialreform" gewährt, als die herrschenden Klassen es gestatten. Es gibt deshalb nirgends so rückständig borniert Klassenherrschaft, wie sie das Junkertum und der mit ihm versippte bürgerliche Fabrikfeudalismus wiederum in dem monarchischen Preußen und in dem monarchischen Sachsen ausübt.

Umgekehrt sind in demokratischen Republiken und in den konstitutionellen Scheinmonarchien, wie England, die herrschenden Klassen genötigt, in ihrem inneren Interessenstreit das Proletariat durch Zugeständnisse auf ihre Seite zu locken. Die sozialen Konzessionen in diesen Staaten mögen nicht immer so aufdringlich sichtbar werden, wie die bureaukratisch-selbstgefällige Sozialreform in monarchischen Staaten, aber ihr innerer Wert ist vielfach überlegen. Und vor allen müssen die herrschenden Klassen in der Demokratie durch politische Freiheiten sich die Sympathie und Hilfe der für ihre Herrschaft unentbehrlichen Massen zu gewinnen trachten.

Es widerspricht den Tatsachen und stellt das wirkliche Verhältnis auf den Kopf, daß die reinere und schroffere Form des Klassenkampfes in den Republiken zur Geltung komme. In der bürgerlichen Republik und verwandten Staatsformen versucht man die Arbeiter durch Geschenke zu korrumpieren, in der absolutistischen Monarchie durch Gewalt einzuschüchtern. Der „republikanische Aberglaube" ist sonach eine recht revolutionäre, sehr radikale und in allen Fällen eine unbedingt notwendige Anschauung.

Der beste und einzige Interpret seiner Anschauung ist schließlich Bebel selbst. Gerade vor einem Jahre hat Bebel in seinem Aufsatz über die Vizepräsidentenfrage mit großer Schärfe und durchaus zutreffend gegen die Genossen polemisiert, die nach seiner Meinung sich gegenüber der fundamental wichtigen Staatsform zu gleichgültig verhielten. Er führte in der *Neuen Zeit* vom 5. September 1903 unter der Kapitelüberschrift „Die Staatsform mehr Nebensache für die Sozialdemokratie" aus:

„Wir sollten nicht das Hauptgewicht auf die Staatsform legen und nicht annehmen, daß man durch eine Audienz bei dem Kaiser eine Art Reverenz vor ihm mache. Nicht auf die Staatsform, auf den sozialen Inhalt der Gesellschaft komme es nach unseren eigenen

Grundanschauungen hauptsächlich an, rufen übereinstimmend Vollmar und Göhre. Letzterer widmet diesem Thema in der *Chemnitzer Volksstimme* einen ganzen Leitartikel, aus dem ich die Überzeugung gewann, daß dem Genossen Göhre der Nationalsoziale noch sehr im Nacken sitzt.

Es fällt mir nicht ein, die Staatsform zu überschätzen. Aber sie ist sehr wesentlich. Es gibt allerdings Monarchien, wie zum Beispiel die englische, die ich mancher Republik vorziehe, zum Beispiel den südamerikanischen. Aber auch zwischen den Monarchien ist ein gewaltiger Unterschied. Eine starke Monarchie bedeutet ein schwaches Parlament. Und wenn das Königtum durch Heer und Flotte und Beamtenhierarchie usw. schon stark ist und durch die herrschenden Klassen noch besonders gestützt wird, dann ist es für jede Demokratie eine ganz besondere Gefahr! Daher ist die Monarchie in Preußen die Monarchie par excellence, die es in der ganzen Welt nicht zum zweiten Male gibt. Und der jeweilige preußische Monarch, der zugleich deutscher Kaiser ist, ist auch der systematische Stärker des Junkertums, in dem er seine vornehmste Stütze sieht. Er ist es auch, an dem das Dreiklassen-Wahlsystem mit all seinen Ungleichheiten in Staat und Kommune für die Arbeiterklasse seinen Grund- und Eckstein findet, der alles billigt, was bisher die Sozialdemokratie in Preußen rechtlos gemacht und geschädigt hat … Wäre dagegen Preußen-Deutschland eine Republik und wäre sie noch so blau, so besäßen wir höchst wahrscheinlich das allgemeine, gleiche, direkte und geheime Wahlrecht für alle Vertretungskörper, Diätenzahlung an die Abgeordneten, eine gerechtere Einteilung der Wahlkreise, womöglich das Proportionalwahlsystem, ein viel freieres Vereins- und Versammlungsrecht, eine größere Preßfreiheit, eine vollkommenere Sozialreform, für die dann unsere Macht ganz anders in die Wagschale fiele wie jetzt, ein demokratischer gestaltetes Militärsystem, eine dem Parlament verantwortliche Regierung, kurz, es wäre eine Reihe unserer nächsten Programmforderungen erfüllt, um die wir jetzt noch lange und voraussichtlich sehr schwere Kämpfe zu bestehen und große Opfer zu bringen haben.

Wollen Vollmar und Göhre auch jetzt noch behaupten, daß die Staatsform mehr nebensächlich sei? Was werden die belgischen, französischen, österreichischen, italienischen Genossen denken, wenn sie ihre Ausführungen lesen?"

Man braucht nur an diese Darlegungen zu erinnern, um ein- für allemal der Legende der deutschen und französischen bürgerlichen Presse ein Ende zu machen, die der deutschen Sozialdemokratie monarchische Neigungen, republikanischen Skeptizismus oder auch nur Gleichgültigkeit gegenüber der Staatsform zuschreiben möchte.

Gewiß, es läßt sich denken, daß die Monarchie keine direkte Klassenregierung ist, es läßt sich denken, daß in der Monarchie der Klassenkampf minder rauhe Formen annimmt wie in der Republik; es läßt sich denken, daß in der Monarchie dem Proletariat ein größerer Schutz zuteil wird – und niemand wäre so zufrieden, wenn die Monarchie diese Eigenschaften hätte, wie die deutsche Sozialdemokratie. Aber, nach einem Philosophenwort: Ein gedachter Taler ist kein wirklicher Taler. Die Erfahrung lehrt das Gegenteil. Und Bebel, der vor einem Jahre den monarchistischen Aberglauben der Revisionisten oder doch den der monarchistischen Indifferenz bekämpfte, hat sich besser gegen falsche Interpreten gesichert, als sein heutiger Verteidiger, der vor dem Revisionismus des „republikanischen Aberglaubens" warnt. Beiderlei Aberglauben ist vom Übel – aber einstweilen steckt in dem „republikanischen Aberglauben" noch ein so schweres und unumgängliches Problem, daß es uns gar nicht wichtig genug sein kann.

Im übrigen scheint uns die binnen Jahresfrist so seltsam veränderte Umschreibung revisionistischer Ziele – vom monarchischen zum republikanischen Aberglauben – die Einsicht dafür zu schärfen, ob es der tieferen Erkenntnis und der fruchtbaren Klärung parteigenössischer Streitfragen dient, mit dem Stempel fester „Richtungsworte" allzu eifrig zu arbeiten. [Kurt Eisner]

II. | KARL KAUTSKY

K. E. [Kurt Eisner] bringt im *Vorwärts* vom 30. August eine Polemik gegen meine Ausführungen in der *Neuen Zeit* über die Bedeutung der Republik für den proletarischen Klassenkampf Ich hatte diese Darlegungen im Anschluß an Bebels Äußerungen in Dresden gemacht, K. E. aber glaubt nachweisen zu können, daß ich, statt Bebel zu interpretieren, mich in Widerspruch zu ihm gesetzt habe, der vor einem Jahr in der Neuen Zeit über die Republik ganz anders geurteilt habe, wie ich in meinem letzten Artikel.

Ich muß darauf bemerken, daß ich nicht den Artikel vom vorigen Jahre, sondern die jüngste Rede Bebels zu interpretieren suchte. Will K. E. behaupten, meine Ausführungen ständen im Widerspruch zu dieser Rede?

Ich glaube kaum; dann aber liefe seine ganze Darlegung auf den Versuch hinaus, indirekt einen Widerspruch zwischen dem Bebel von heute und dem vom vorigen Jahre zu konstruieren. Und allerdings, wer nur nach Äußerlichkeiten urteilt, mag leicht auf die Idee kommen, zwischen den beiden Darlegungen bestehe ein Gegensatz. Ganz anders, wenn man näher zusieht.

Es ist ein großer Fehler, der sich aber immer wiederholt und der namentlich bei den Beweisen für angeblich vollzogene Mauserungen der Sozialdemokratie eine bedeutende Rolle spielt, daß man Sätze aus einzelnen polemischen Reden oder Artikeln ohne Rücksicht auf den Zusammenhang, in dem sie stehen, und die Situation, der sie entstammen, gebraucht. Es ist klar, daß man in der Polemik stets diejenigen Seiten hervorhebt, in denen man sich vom Gegner unterscheidet. Wenn ich heute mit einem Anarchisten und morgen mit einem Konservativen polemisiere, werde ich jedesmal ganz andere Argumente gebrauchen, und wer diese ohne weiteres nebeneinanderstellt, kann dann oft Widersprüche konstruieren, wo in Wirklichkeit völlige Einheitlichkeit des Denkens besteht.

So auch hier. Was als Widerspruch zwischen dem Bebel vom September 1903 und dem vom August 1904 erscheinen mag, ist in Wirklichkeit ein Widerspruch zwischen den Genossen, gegen die er seinen Standpunkt zu verfechten hatte – Vollmar und Göhre einerseits, die da meinten, die Staatsform sei ziemlich gleichgültig, und Jaurès, der die Bedeutung der Republik überschätzt. Bebel bekämpft, und mit Recht, die eine Anschauung ebenso, wie die andere. Es ist jedoch klar, daß man nicht beide mit den gleichen Argumenten bekämpfen kann.

Sind aber seine Argumente in dem einen und dem anderen Fall verschieden, so sind sie nicht miteinander unvereinbar; auch mit dem, was ich jetzt in der Neuen Zeit entwickelt habe, ist der Standpunkt, den dort Bebel vor einem Jahre darlegte, sehr wohl zu vereinigen.

Wie Bebel damals, erkläre ich jetzt, daß die Republik für das kämpfende Proletariat von äußerster Wichtigkeit ist, daß es dort seiner Befreiung näher steht als in der Monarchie. Was ich „republikanischen Aberglauben" nenne, ist der Wahn, „der republikanischen Bourgeoisie wohne eine weit größere Neigung inne, die Befreiung der Arbeiterklasse zu fördern, als der Monarchie und der monarchistischen Bourgeoisie".

Man muß scharf unterscheiden zwischen republikanischer Bourgeoisie und republikanischer Staatsform. Die Anerkennung der Wichtigkeit der einen für den Befreiungskampf des Proletariats darf uns nicht blind machen gegen die große Tatsache, daß, gerade weil die Republik diesen Befreiungskampf begünstigt, die Bourgeoisie in der Republik dem Proletariat gegenüber nervöser und skrupelloser verfährt als in der Monarchie – unter sonst gleichen Umständen, das heißt, bei gleicher politischer und ökonomischer Kraft des Proletariats.

In der Republik entwickeln sich bei gleicher ökonomischer Höhe die Klassengegensätze zwischen Bourgeoisie und Proletariat früher und schärfer als in der Monarchie. Nichts ist irriger, als die Behauptung K. E.s:

„Es widerspricht den Tatsachen und stellt das wirkliche Verhältnis auf den Kopf, daß die reinere und schroffere Form des Klassenkampfes in den Republiken zur Geltung komme. In der bürgerlichen Republik und verwandten Staatsformen versucht man die Arbeiter durch Geschenke zu korrumpieren, in der absolutistischen Monarchie durch Gewalt einzuschüchtern."

Ein Blick auf die Geschichte genügt, diese Schablone über den Haufen zu werfen. Es war die französische Republik, die Baboeuf köpfte, die die Blutbäder vom Juni 1848 und Mai 1871 auf dem Gewissen hat. Auf die Praxis der Schweiz, bei jedem erheblichen Streik Militär gegen die Streikenden aufzubieten, hat der *Vorwärts* erst jüngst aufmerksam gemacht. Und einen Kampf, wie er sich seit Monaten in Colorado abspielt, haben wir bei uns noch nie gekannt.

Es war andererseits die Monarchie, die versuchte, die deutschen Arbeiter durch die Geschenke des allgemeinen Wahlrechts und der Arbeiterversicherung zu gewinnen. Und wir haben in Preußen eine Steuergesetzgebung, die hoch über der französischen und amerikanischen steht.

Damit wollen wir natürlich nicht sagen, daß die Monarchie dort, wo sie sich bedroht fühlt, gegen ihre Widersacher weniger brutal vorgeht als die bürgerliche Republik gegen die Arbeiter. Es fällt uns nicht ein, die Unterdrückungsmethoden der Monarchie beschönigen zu wollen. Nur den Glauben an die Arbeiterfreundlichkeit der republikanischen Bourgeoisie wollen wir erschüttern und zeigen, daß mit gleicher Rücksichtslosigkeit, mit der die Monarchie den Republikanern aller Klassen, die republikanische Bourgeoisie dem Proletariat gegenübersteht, daß der Klassenkampf in der Republik daher ein energischerer, der Klassengegensatz ein schrofferer ist als in der Monarchie, wo er vielfach durch den Kampf gegen das monarchische System verschleiert wird. Das bezeichnet keineswegs die Bedeutungslosigkeit, sondern vielmehr die große Bedeutung, welche die Staatsform für den Sozialismus hat.

Wenn aber der angebliche Widerspruch zwischen Bebel und mir oder zwischen dem Bebel, der Vollmar und Göhre kritisiert, und dem, der Jaurès kritisiert, sich in Wirklichkeit in einem Widerspruch zwischen Jaurès und seiner deutschen Gesinnungsgenossen auflöst – beweist das nicht, daß man unter dem Wort „Revisionismus" sehr verschiedene Anschauungen zusammenfaßt, die gar nicht zusammengehören? In der Tat meint K. E. am Schlusse seines Artikels:

„Im übrigen erscheint uns die binnen Jahresfrist so seltsam veränderte Umschreibung revisionistischer Ziele – vom monarchischen zum republikanischen Aberglauben – die Einsicht dafür zu schärfen, ob es der tieferen Erkenntnis und der fruchtbaren Klärung parteigenössischer Streitfragen dient, mit dem Stempel fester ‚Richtungsworte' allzu eifrig zu arbeiten."

Diese „Einsicht" wurde bei mir leider nicht „geschärft", denn ich bin der Meinung, daß auch der Widerspruch zwischen dem „monarchischen und dem republikanischen Aberglauben" – um diese Terminologie beizubehalten – nur ein äußerlicher ist und bei „tieferer Einsicht" sich in eine höhere Einheit auflöst. Vor allem ist der Widerspruch kein zeitlicher, sondern ein räumlicher. Wir haben nicht vor Jahresfrist den „monarchischen Aberglauben" des Revisionismus und heute den republikanischen, sondern wir haben in monarchischen Ländern, so am auffallendsten in Italien und England, den monarchischen, in republikanischen den republikanischen „Aberglauben" des Revisionismus, das heißt, wir finden überall bei ihm den gleichen „Aberglauben", daß mit dem bestehenden Staatswesen sich auskommen lasse. Ja, wi[r] finden, daß der Republikaner

Jaurès selbst seinem „republikanischen Aberglauben" nur für die Republik huldigt, an deren Regierung er Anteil nimmt.

Derselbe Jaurès, der jetzt in seiner *Humanité* die Einigungsaktion damit einleitet, daß er als ihre Vorbedingung verlangt, die sozialistische Partei Frankreichs solle die Ausführungen über die bürgerliche Republik desavouieren, die Guesde in Amsterdam getan, er hat vor Jahresfrist die wärmsten Sympathien für die in Deutschland beantragte Hofgängerei an den Tag gelegt, er hat den König von Italien als Vertreter des italienischen Volkes begrüßt und hat Teil an seiner Tafelrunde genommen – im Gegensatz zu den Republikanern Italiens.

Löst sich also der anscheinende Gegensatz zwischen republikanischem und monarchischem Aberglauben im Revisionismus in die höhere Einheit auf, daß er trachtet, sich mit jeder jeweiligen Regierung abzufinden, so löst sich auf der anderen Seite der anscheinende Gegensatz zwischen der Bekämpfung des monarchischen und des republikanischen Aberglaubens dahin auf, daß wir überall am schärfsten jene bürgerliche Regierung bekämpfen, die uns gerade gegenübersteht, daß wir daher in der bürgerlichen Republik dem republikanischen Aberglauben ebenso zu Leibe gehen müssen, wie in der Monarchie dem monarchischen. Wenn Bebel in Dresden anders sprach als in Amsterdam, so erklärt sich das nicht daraus, daß er binnen Jahresfrist seine Auffassung vom Revisionismus geändert hat, sondern daraus, daß er das eine Mal zur deutschen, das andere Mal in erster Linie zur französischen Sozialdemokratie sprach. Der Gedanke, von dem er ausging, war aber jedesmal derselbe: Kampf gegen jedes bürgerliche Regime, Zerstörung aller Illusionen über die Möglichkeit, durch ein Abkommen mit einer oder der anderen Art bürgerlicher Regierung dem Proletariat größere Kraft zu verleihen.

Ich hätte mir gern diese Erneuerung einer Revisionistendebatte erspart, nach der ich nicht das geringste Verlangen trage. Nachdem K. E. sie aber einmal aufs Tapet gebracht, war es notwendig, jedem möglichen Mißverständnis vorzubeugen.

III. | Kurt Eisner

Kautsky stellt also eine „höhere Einheit" her, welche die von ihm als scheinbar, als äußerlich zugegebenen Widersprüche zwischen der schroffen und unbedingten Verherrlichung der Republik im Vorjahre und der neuerlichen seltsamen Neigung, der Monarchie sogar einige Vorzüge gegenüber der Republik zuzugestehen, auflösen soll.

Eine „Einheit" mag Kautsky zustande gebracht haben, eine „höhere" aber ist sie sicher nicht. Denn wenn die Einheit lediglich darin bestehen soll, daß sowohl der republikanische wie der monarchische Aberglauben vom Übel ist, so wäre das ein sehr mäßiger Ertrag dieser und der Amsterdamer Debatte. Daß die bürgerliche Demokratie keine sozialistische Demokratie ist, bedarf unter Parteigenossen ebensowenig einer Debatte, wie etwa die Weisheit, daß der Kapitalismus kein Sozialismus. Und daß die Monarchie nicht die Vorzüge hat, die etwa Nationalsoziale ihr beimessen, ist doch auch keine lohnende Erörterung für Sozialdemokraten. Es handelt sich vielmehr darum, ob es noch richtig ist, was Bebel vor einem Jahre schrieb, daß „eine Republik und wäre sie noch so blau", das heißt noch so kapitalistisch, aus unzähligen Gründen einer Monarchie von der Art der preußisch-deutschen vorzuziehen und als proletarische Lebensfrage zu erstreben sei. Es handelt sich darum, ob in den demokratischen Republiken, zu denen auch England zu rechnen ist, oder den absolutistischen Monarchien der Klassenkampf schärfer und brutaler ist.

Nun meint Kautsky, im Dienste der „höheren Einheit" des scheinbaren Widerspruches, es sei ja selbstverständlich, daß man in der Polemik je nach dem Gegner die Argumente wähle und wechsle. In der Tat: selbstverständlich. Aber welche Argumente man auch immer vorzieht, das jeweilige Argument selbst muß richtig, eindeutig sein. Ein Argument ist entweder wahr oder falsch, niemals aber kann es im Kampf mit einem Gegner heute wahr, und im Kampf mit dem anderen morgen falsch sein. Würde man nicht nur die Argumente, sondern auch Wert und Inhalt der Argumente wechseln, so lassen sich mit dieser Methode vielleicht Augenblickserfolge in polemischen Schlachten erringen, aber sie wäre auch das Ende einer prinzipiellen und aufrichtigen Aufklärung und der Anfang geistiger Verwirrung und Meinungsvergiftung. Zum Glück wird niemand eine solche Methode anwenden und empfehlen.

Ich habe nun behauptet und nachzuweisen versucht, daß Kautskys jetzige Argumente mit denen Bebels vom Vorjahre nicht zu reimen sind, daß die jetzigen falsch, die damaligen der alten richtigen sozialdemokratischen Tradition entsprechen. Kautsky freilich meint, dann liefe die Polemik eigentlich auf die Behauptung von Widersprüchen zwischen dem Bebel von Dresden und dem Bebel von Amsterdam hinaus; er habe ja nur Bebels Amsterdamer Darlegungen interpretiert.

Ich gebe zu – weil ich das ehrlicher- und offenerweise muß –, daß einzelne Wendungen Bebels in Amsterdam befremdend klangen. Aber jedes Mißverständnis wurde durch die weiteren Ausführungen Bebels ausgeschlossen, in denen er vollständig seine Überzeugungen vom Vorjahre vertrat. Es wäre kleinlich gewesen, jene im Feuer des Geisteskampfes allzu stark geschmiedeten Bemerkungen – nichts begreiflicher als dies – hervorzuzerren, da an der Tendenz des Ganzen kein Zweifel war. Nachdem aber Kautsky gerade jene auffallenden Äußerungen in eine Art festes, wenn auch – ganz gegen Kautskys sonstigen Charakter – sonderbar schillerndes und schwankendes System gebracht hat, fühlte ich aus gewichtigen Gründen, die ich weiter unten erörtern werde, die Pflicht zum Widerspruch.

Ich habe in meinem ersten Artikel den Unterschied zwischen der bürgerlich-republikanischen oder auch nur parlamentarischen Demokratie und der im Absolutismus steckengebliebenen Monarchie dahin präzisiert, daß in der bürgerlichen Demokratie aus ihren eigenen Existenzbedingungen heraus das Proletariat von den verschiedenen Gruppen der herrschenden Klassen weit intensiver umworben werden muß als in der Monarchie, daß daher in ihr der Klassenkampf verschleierter erscheint. In einer Demokratie, in der das allgemeine Wahlrecht für alle Körperschaften Grundbedingung ist, würde natürlich keine Gruppe der herrschenden Gesellschaft auch nur einen Tag an der politischen Macht bleiben, wenn sie nicht auf die Stimmen des Proletariats rechnen könnte. Daher das Interesse am Arbeiterfang! Welches Interesse aber hätte Junkertum und Bourgeoisie in Preußen oder Sachsen mit ihrem Dreiklassen-Wahlrecht, um die Freundschaft der Arbeiter durch Konzessionen zu buhlen? Andererseits ist die Monarchie gerade, sofern sie von starker staatsrechtlicher Machtvollkommenheit ist, der Gefangene dieser borniertesten Klassen, die es nicht dulden können, daß diese Macht gegen sie gerichtet sei.

Ich weiß nicht recht, ob Kautsky die Anschauung nicht auch hat;

aber einzelne Ausführungen über militärische Aufgebote gegen Streiks usw. scheinen meiner Auffassung doch zu widersprechen. Man braucht aber nicht bis zur französischen Revolution, auch nicht bis zur Kommune zurückzuschweifen, um die Tatsache zu erhärten, daß es keine borniertere und grausamere Klassenherrschaft gibt, als in der absolutistischen Monarchie. Das Erfahrungsmaterial der Gegenwart reicht vollständig aus, um den Beweis zu führen.

Es ist immer dasselbe Argument der militärischen Streikbekämpfung und der preußischen Steuer-Gesetzgebung, welche gegen die französische Republik und für die preußische Monarchie angeführt werden. Es ist begreiflich, wenn solche dürftigen Schaustücke in dem französischen Parteistreit von französischen Genossen vorgetragen werden; aber es ist unverständlich, daß man in dem Deutschland des Sozialistengesetzes, der Zuchthausvorlage, der Gesindeordnung, des Kontraktbruchgesetzes, in dem Deutschland von Löbtau und Laurahütte solche Argumente ausspielt. Hat man denn ganz vergessen, daß es der ewige Traum Bismarcks war, in einer blutigen Militärschlacht das deutsche Proletariat niederzuwerfen? Wenn in Deutschland gegen Streiks in der Regel kein Militär aufgeboten wird, so ist das das Verdienst des Polizeistaates und der wunderbaren Disziplin des sozialdemokratischen Proletariats. Die Polizei nimmt so rechtzeitig schon den ersten Demonstranten fest, daß das Militär gar nichts mehr zu tun haben würde. Auf wen sollte das Militär schießen? Es würde höchstens demonstrierende Arbeitgeber und Streikbrecheragenten treffen. Und die Sozialdemokratie hat das deutsche Proletariat dazu erzogen, sich dieser Polizeidisziplin zu unterwerfen und auf Demonstrationen zu verzichten. Wenn in Deutschland ähnlich wie in Chalons demonstriert werden würde, wie viele Jahre Zuchthaus und wie viele Tote würde es dann geben? Es ist keine Eigentümlichkeit der Republik, auf Streikende zu schießen und kein Vorzug der Monarchie, die Soldaten in der Kaserne zu lassen. Nirgends wird soviel Arbeiterblut vergossen wie in der österreichischen Monarchie.

Aber weiter. Hat man denn wirklich ganz vergessen, wieviel Hunderte von Jahren Zuchthaus und Gefängnis deutsche Gerichte über Arbeiter verhängen, die im Kampf um ihre Existenz kaum auch die schärfste Polizeiverordnung nur ein wenig übertreten, wenn sie sie überhaupt übertreten. Hört man von solchen Bluturteilen aus

Frankreich? Im Gegenteil. Man hört vom „guten Richter". Diese blutrünstige französische Bourgeoisie hat ihre Richter so schlecht erzogen, daß sie ihr im Kampf gegen streikende Arbeiter nicht helfen, und diese monarchisch abgeschwächte deutsche Bourgeoisie hat ihre Richter so vorzüglich ausgebildet, daß jede Strafkammer ein Regiment ersetzt. Mit dieser neuesten Legende sollte man also schnell aufhören. Das zweite Schaustück ist die französische Steuergesetzgebung, auch eine ganz neue Entdeckung. Eine Eigentümlichkeit der bürgerlichen Demokratie ist es nicht, sich gegen die direkte Einkommensbesteuerung zu sträuben. Das englische Bürgertum besteuert sich gegenüber dem deutschen in einer geradezu bewunderungswürdigen Weise. Es ist richtig, daß Frankreich eine starke Abneigung gegen die direkte Einkommensteuer hat, aber das ist nicht die Schuld der Republik, auch nicht der demokratischen Bourgeoisie, sondern die Folge der eigentümlichen sozialen Struktur Frankreichs. Ein wesentlich kleinbürgerliches Land, dessen Bürger den Ehrgeiz haben, Rentner zu werden, [diese] haben naturgemäß keine Vorliebe dafür, von ihrer Rente bare Abzüge an den Staat zu entrichten; und gar so schlimm ist die Besteuerung auch nicht.

Man bedenke, daß die Grundsteuer außerordentlich hohe Beträge in Frankreich liefert, während in Preußen die Grundsteuerregulierung auf eine Liebesgabe für die Großgrundbesitzer hinausläuft. Ferner ist zu bedenken, daß Frankreich große Erträge aus der Erbschaftssteuer zieht, jährlich etwa 200 Millionen Franks, in Preußen 15 Millionen Mark. Der Ertrag der französischen Erbschaftssteuer ist also größer als die berühmte preußische Einkommensteuer, die im Jahre 1901 185 Millionen Mark eingebracht hat, genau so viel wie in Frankreich die Grundsteuer ergibt.

Aber, so sagt Kautsky, die deutsche Monarchie versucht, die Arbeiter durch die Arbeiterversicherung zu gewinnen. Auch dieser Hinweis ist eine bedenkliche Revision unsrer bisherigen Anschauung. Bisher pflegten wir zu sagen, daß die ganze Arbeiterschutz-Gesetzgebung nicht so viel wert ist, wie ein freies Koalitionsrecht und eine Verkürzung der Arbeitszeit. Beides haben wir in Preußen und Deutschland nicht, dagegen erfreut sich das französische Proletariat des freien und geschützten Koalitionsrechts, das auch auf die Staatsbetriebe ausgedehnt ist. Die französischen Arbeiter haben zum größten Teil den Zehnstundentag gesetzlich festgelegt erhalten und für die Staatsbetriebe ist der Achtstundentag durchgeführt. Ich meine, Bebel hat recht, daß auch die blaueste Republik in Hinsicht der sozialen Reform unendlich der Monarchie überlegen ist. Was die Monarchie, was der Imperialismus oder Cäsarismus leisten kann, das ist einmal sehr lebendig gezeichnet worden: Die widerspruchsvolle Aufgabe einer solchen Monarchie erkläre die Widersprüche ihrer Regierung: „Das unklare Hin- und Hertappen, das bald diese, bald jene Klasse bald zu gewinnen, bald zu demütigen sucht und alle gleichmäßig gegen sich aufbringt, dessen praktische Unsicherheit einen hochkomischen Kontrast bildet zu dem gebieterischen kategorischen Stil der Regierungsakte …"

Die Monarchie „möchte als der patriarchalische Wohltäter aller Klassen erscheinen. Aber sie kann keiner geben, ohne der andern zu nehmen" … „Von den widersprechenden Forderungen ihrer Situation gejagt, zugleich wie ein Taschenspieler in der Notwendigkeit, durch beständige Überraschung die Augen des Publikums auf sich … gerichtet zu halten …, bringt sie die ganze bürgerliche Wirtschaft in Wirrwarr, tastet alles an, was der Revolution von 1848 unantastbar schien, macht die einen revolutionsgeduldig, die andern revolutionslustig und erzeugt die Anarchie selbst im Namen der Ordnung, während sie zugleich der ganzen Staatsmaschine den Heiligenschein abstreift, sie profaniert, sie zugleich ekelhaft und lächerlich macht."

Das ist ungefähr das Höchste, was die Monarchie, „die keine direkte Klassenherrschaft ist", leisten kann. Karl Marx hat das Bild im 18. Brumaire gezeichnet. Ich ziehe mit Bebel auch die blaueste Republik diesem „Interessenausgleich" vor.

Ich glaube ja nicht, daß für Deutschland es sehr notwendig ist, über das Wesen der Monarchie und der Republik Diskussionen anzustellen. Die Monarchie der deutschen Gegenwart läßt eine Konfusion der Vorstellungen über die Staatsform nicht aufkommen, eine Konfusion, die entweder zu Naumann oder – Friedeberg führen müßte. Was die bürgerliche Presse über unsere monarchistischen Anwandlungen sagen mag, ist gleichgültig. Vereinzelt ist auch ein Parteiblatt aus dem Gleichgewicht geworfen worden, wenn es Bebel in Amsterdam fälschlich dahin verstand (am 14. August):

„Die bürgerliche Republik ist eine unverhüllte Klassenherrschaft der Bourgeoisie; sie würde die Schandzustände, die heute der Berliner Kommunalfreisinn in der Residenz und die Sonnemannokratie in Frankfurt am Main geschaffen hat, zu deutschen Staatseinrichtungen erheben; sie würde in Deutschland ein Ministerium Richter-Sonnemann-Bassermann mit einem Ministerium Richter-Sonnemann-Spahn abwechseln lassen und die beispiellose Niedertracht des deutschen Unternehmertums bei Arbeitskämpfen mit blauen Bohnen und Kartätschen bewaffnen."

Wenn die Dinge allerdings so stehen, wenn das der einzige Fortschritt einer deutschen Republik ist, daß sie zur bisherigen Niedertracht des Unternehmertums noch die blauen Bohnen fügt, dann wäre es ja ein Frevel, auch nur republikanisch zu denken, geschweige eine Republik zu erstreben. Auch Kautskys Kunst der höheren Einheit würde es nicht fertig bringen, diese Wendung mit Bebels Meinung zu vereinigen, daß auch die blaueste Republik unendlich besser sei als die deutsche Monarchie. Solche momentane Verwirrung ist schon deshalb nicht tragisch zu nehmen, weil dasselbe Blatt gleichzeitig sich bereits korrigierte, indem es wieder zu der Erkenntnis der Wahrheit gelangt ist: „Wo die politische Demokratie ausgebildet ist, wie in England, in der Schweiz, auch in Frankreich, ist der Einfluß des Unternehmertums auf die Staatsorgane durch zahlreiche Einrichtungen anderer Art abgeschwächt und durchkreuzt."

Aus einem anderen sehr ernsten Grunde habe ich diese Auseinandersetzung begonnen. Ich halte für die wichtigste Frage der Zukunft des Sozialismus die Bildung einer starken und einheitlichen französischen Sozialdemokratie. Hiervon hängt das nächste Schicksal der proletarischen Bewegung ab. Eine starke, einheitliche deutsche und eine starke einheitliche französische Sozialdemokratie ist unüberwindlich und von unermeßlichem Einfluß auf die Entwickelung der europäischen Verhältnisse.

Um dies Ziel zu erreichen, müßten die Mißverständnisse zwischen der deutschen und der französischen Arbeiterbewegung beseitigt werden. Und um die Mißverständnisse zu beseitigen, ist es notwendig, daß wir im Interesse der französischen Einheit nicht eine individuelle Richtung unterstützen, deren Taktik in jedem Punkte der deutschen Taktik widerspricht und die sich doch mit einem Schein von Recht auf die deutsche Sozialdemokratie berufen kann.

Kautsky gilt, ich weiß nicht, ob mit Recht oder Unrecht, als der

Sachwalter der Guesdisten für Deutschland. Kautskys Darlegungen über Monarchie und Republik stimmen nun zwar nicht überein mit denen Guesdes in Amsterdam, aber gerade in ihrer unsicheren Zwiespältigkeit sind sie geeignet, Guesdes Theorien wieder zu bestärken, und deshalb glaubte ich eine bestimmte und unzweideutige Antwort auf die Frage veranlassen zu sollen.

Guesde sagte in Amsterdam:

„Sie – zu den Jaurèsisten gewandt – haben gar nicht das Gefühl des Klassenkampfes, von dem Sie sprechen, Sie haben ihn niemals praktisch geführt. Man sieht das sehr gut, wenn Sie auf das Gebiet der historischen Entwickelung der Völker abschweifen, auf Ihre ‚Rettung der Republik‘. Nehmen wir einen Augenblick an, daß die Republik durch Ihre Freunde gerettet worden sei, wieso, frage ich Sie, würde die Form der Republik die Befreiung des Proletariats um einen Tag beschleunigen? Bebel sagte Ihnen gestern, daß die republikanische Form das Gebiet sei, auf dem alle Fraktionen der bürgerlichen Klasse sich vereinen, und daß in gewissem Sinne die Monarchie, sofern sie über den Klassen steht, ihr überlegen ist. Er hätte vielleicht auch an das Wort Thiers' erinnern können, das der Ausdruck des Empfindens einer ganzen Klasse ist: ‚Die Republik ist diejenige Regierungsform, welche uns am wenigsten trennt‘. Also selbst wenn Sie die Republik gerettet hätten, so würden sie damit nichts für das Proletariat getan haben. Wenn das Proletariat, um sie zu retten, wenn sie in Gefahr ist, jedesmal seine Forderungen aufgeben muß, dann ist die Republik die schlimmste der Regierungen … Schauen wir uns einmal die Reformen an, mit denen Sie das Proletariat beglückten. Sie rühmen die Verweltlichung der Schule, die Trennung von Staat und Kirche? Nehmen wir an, daß die republikanische Bourgeoisie alles das durchführen würde, so würde dies keine Wirkung haben. Schauen Sie nach Amerika, wo die Kirche vom Staate getrennt ist! Der Unterricht ist trotzdem konfessionell, weil eben keine geistige Befreiung möglich ist vor der völligen Umwandlung der kapitalistischen Gesellschaft. Jaurès hat uns weiter gesagt, daß die Majorität Herrn Combes vielleicht nicht fragen werde, da beginne dann die Komödie des Antiklerikalismus wieder von vorn. Soll ich noch vom Zehnstundengesetz sprechen, von dem Sie sich das Verdienst zuschreiben? Das Gesetz ist mitten in der Reaktion 1892 beschlossen worden, und Sie haben nur die Ausführung um zehn Jahre verzögert. (Zwischenruf: Das stimmt nicht! Vaillant hat das Gegenteil in der Kammer erklärt.) Sie haben angekündigt, daß eine Arbeiter-Invalidenunterstützung in Vorbereitung sei; aber sie gewährt den Arbeitern nur den zehnten Teil dessen, was die Monarchie der Hohenzollern den Arbeitern gewährt hat. (Zwischenruf: Sie wissen, daß das nicht wahr ist.) Und was den Krieg anbetrifft, so haben wir ihn 1877 und 1880 vorausgesehen, Sie aber bereiten ihn vor, indem Sie das Militärbudget bewilligen. (Zwischenruf: Das ist wiederum falsch!) Es ist übrigens nichts Wunderbares, daß Sie so handeln. Ihr Irrtum ist ein fundamentaler. Sie verbinden den Sozialismus mit der Republik und mit der französischen Revolution. Wir aber sagen, daß der Sozialismus das Resultat rein wirtschaftlicher Erscheinungen ist, und diese Grundauffassung steht in unversöhnlichem Gegensatz zu Ihrer Auffassung. Sie machen aus der Republik das erste Kapitel oder das Vorwort des Sozialismus. Wenn das wahr wäre für Frankreich, dann wäre es auch wahr für alle Länder, deshalb bringen wir eben diese Frage vor das Proletariat aller Länder. Glaubt man, daß die Eroberung der Republik die Lebenslage des Proletariats verbessern würde? Aber Ihr habt so wenig sozialistisches Verständnis, daß Ihr annehmt, es gebe in dem historischen Ursprung und in der Augenblickssituation begründete Unterschiede, die dem Gedanken widersprechen, daß es eine einheitliche sozialistische Praxis, eine gleichmäßige internationale Aktion des Sozialismus gebe."

Man braucht diese Bemerkungen nur zu lesen, um sofort zu erkennen, daß die deutsche Sozialdemokratie nichts mit diesen Anschauungen gemein hat. Bebel zieht die blaueste Republik der Monarchie vor, Guesde hält die Staatsform für gänzlich gleichgültig. Ja, wenn die Republik nur gerettet werden könne, wenn die Arbeiter ihre Forderungen aufgeben, dann ist sie ihm die schlechteste Staatsform. Welch unsinnige Hypothese! Die demokratische Republik bleibt die beste bürgerliche Staatsform in jedem Fall, und wenn zu ihrer „Rettung" die Arbeiter ihre Forderungen aufgeben, dann würde nicht die Republik die Schuld tragen, sondern die mangelhafte Aufklärung der Arbeiter oder die schlechte Führung der Sozialdemokratie.

Guesde hält den Kampf gegen den Klerikalismus für wertlos, eine gute Schule könne erst in der sozialistischen Gesellschaft hergestellt werden. Insofern ist das richtig, als unsere Ideale erst mit Vollendung unserer Mission erreicht werden können. Aber hat jemals die deutsche Sozialdemokratie deshalb unterlassen, auch die kleine positive Verbesserungsarbeit des Tages zu leisten? Guesdes Konsequenz ist der völlige Verzicht auf den Parlamentarismus, auf die Beeinflussung des Gesetzgebers, sie ist das Warten auf den einen großen Tag. Mit einem solchen Guesde könnte, wenn er in Deutschland wirkte, die Sozialdemokratie niemals einig werden, er würde sich unter anarchistischen Eingängern verlieren. Kann man es da für möglich halten, daß auf Grundlage dieses Programms eine Einheit in Frankreich zustande kommen kann?

Das ist unmöglich, und deshalb sollten wir im Interesse der französischen Einheit ernst und nachdrücklich gegen derartige Auffassungen Stellung nehmen, anstatt sie scheinbar zu unterstützen. Damit dienen wir der Einheit des französischen Sozialismus, andernfalls wirken wir mit an der Spaltung.

Gerade wenn wir diese guesdistischen Meinungen ablehnen, können wir dann um so fruchtbarer auch die Jaurèsistische Taktik kritisieren. Es ist ja der Fluch jeder Sozialdemokratie, die sich spaltet, daß im Gegensatz der Richtungen jede über sich selbst hinaus entartet. Um diese Bemerkungen nicht ins Ungebührliche auszudehnen, verzichte ich für heute auf eine Auseinandersetzung mit dem Jaurèsismus, dessen schlimmster Fehler mir zu sein scheint, daß er die Block-Politik nicht als der Übel verhältnismäßig geringstes widerstrebend mitmacht, sondern sie überschwenglich als der Güter höchstes preist.

Wir sollten unsere französischen Genossen nicht in ihren Irrungen bestärken, weder die einen noch die anderen. Dann fördern wir unsererseits den Weg zur Einheit, die – wie Bebel in seinem begeisternden Schlußwort zu Amsterdam prophetisch kündete – der größte Glücksfall der internationalen Sozialdemokratie wäre. Ich halte die Dresdener Resolution für ein Manifest der richtigen Taktik, aber es widerspricht dieser Taktik, wenn man – wie Guesde es tut – den Kampf um die Republik, gegen den Klerikalismus für ein Nichts erklärt. Deshalb wollte ich dem möglichen Mißverständnis vorzubeugen suchen, daß die Ausführungen Kautskys wieder im Bruderzwist der französischen Genossen verschärfend und verwirrend benutzt werden könnten.

IV. | KARL KAUTSKY

Daß eine Reihe bürgerlicher Blätter aus Bebels Äußerungen über den republikanischen Aberglauben den Schluß zogen, er wolle für den monarchischen Aberglauben Propaganda machen, war sonderbar genug. Nun fühlt sich aber gar der leitende Kopf unseres Zentralorgans genötigt, die Republik vor mir zu retten, der ich den gleichen Gedankengang wie Bebel entwickelt, und mir die Idee zu unterschieben, ich wollte für die preußische Monarchie gegenüber der französischen Republik eine Lanze einlegen.

Ein wenig mehr Verständnis für den Einfluß, den wir der Staatsform auf den Klassenkampf zuschreiben, hätte ich allerdings an dieser Stelle erwartet, namentlich angesichts meiner wiederholten ausdrücklichen Anerkennung der Wichtigkeit der republikanischen Staatsform für den Befreiungskampf des Proletariats.

Ich sehe jetzt, daß ich zu viel vorausgesetzt, und muß daher, um jedes Mißverständnis auszuschließen, nochmals den Gegenstand eingehender behandeln. Dazu erscheint mir aber der *Vorwärts* nicht geeignet; ich werde mich darüber in der *Neuen Zeit* äußern, und zwar nach dem Bremer Parteitag, wo für diese theoretische Frage in der *Neuen Zeit* mehr Platz und bei den Lesern mehr Interesse vorhanden sein dürfte als jetzt, wo der nahende Parteitag andere Dinge in den Vordergrund drängt.

Aber eines möchte ich nicht bis dahin verschieben.

Ich hatte die Empfindung, Genosse K. E. habe den Streit mit mir ohne jeden ersichtlichen Zweck vom Zaune gebrochen. Er belehrt mich eines Besseren. Eine sittliche Pflicht habe ihn dazu gedrängt im Interesse – der Einigung des französischen Sozialismus. Dieser dienten wir am besten dadurch, daß wir „ernst und nachdrücklich" gegen Jules Guesde Stellung nehmen und ihn entschieden desavouieren, der nur eine „individuelle Richtung" vertritt und dessen „Taktik in jedem Punkte der deutschen widerspricht".

So viel Worte, so viel Unrichtigkeiten.

Guesde sprach in Amsterdam nicht im Namen einer „individuellen Richtung", sondern im Namen der stärksten sozialistischen Organisation Frankreichs. Nichts falscher als die Angabe, die Jaurèsisten bildeten die stärkere Fraktion. Der *Parti socialiste de France* hat seine Mitgliederzahl im letzten Jahre von 15.000 auf 17.000 wachsen sehen, während die Mitgliederzahl der Jaurèsistischen Organisation von 11.000 auf 8000 zurückging. Vor der Öffentlichkeit freilich erscheint die letztere Organisation als die mächtigere, weil ihr die Mehrzahl der sozialistischen Abgeordneten angehört und sie über genügend Geldleute verfügt, um sich den Luxus zweier täglicher Blätter in Paris erlauben zu können, ganz abgesehen davon, daß die bürgerliche Presse ausschließlich von ihr Notiz nimmt und die andere Fraktion totschweigt. Aber als Organisation ist diese weitaus die stärkste.

Mit dieser soll nun die deutsche Sozialdemokratie einen Streit beginnen, mit derselben Leichtigkeit, mit der K. E. seinen Streit mit mir begann – im Interesse der Einigkeit des Proletariats!

Und der gewichtige Grund, der ihm diese „sittliche Pflicht" auferlegt? Seine Deutung der Rede, die Guesde in Amsterdam gehalten hat. Ich sage, seine Deutung, denn ihr Inhalt ist ein anderer als die Deutung besagt.

Vor allem ist der Wortlaut des Berichtes, nach dem K. E. zitiert, keineswegs einwandfrei. Einige der am anstößigsten klingenden Wendungen erinnere ich mich nicht gehört zu haben, obwohl gerade sie hätten auffallen müssen, und auch der Bericht der Rede, den der *Socialiste*, das Zentralorgan des P.S. de F. gibt, enthält diese Wendungen nicht.

Was aber den Inhalt der Rede anbelangt, so muß man zu ihrem Verständnis wissen, daß die Frage, um die es sich damals handelte, nicht etwa die war, ob wir die Republik wollen oder nicht, ob wir die Trennung der Kirche vom Staate wollen oder nicht; das erschien allen als selbstverständlich. Sondern es handelte sich darum, ob die Taten der bürgerlichen Republik für das Proletariat wirklich so immense Erfolge bedeuteten, wie Jaurès behauptete. Wenn man das in Betracht zieht, erhält die Rede einen ganz anderen Sinn, als K. E. ihr gibt.

So läßt z. B. K. E. Guesde sagen:

„Selbst wenn sie die Republik gerettet hätten, so würden sie damit nichts für das Proletariat getan haben. Wenn das Proletariat, um sie zu retten, wenn sie in Gefahr ist, jedesmal seine Forderungen aufgeben muß, dann ist die Republik die schlimmste der Regierungen."

Darauf erwidert K. E. entrüstet:

„Guesde hält die Staatsform für gänzlich gleichgültig, ja, wenn die Republik nur gerettet werden kann, wenn die Arbeiter ihre

Forderungen aufgeben, dann ist sie ihm die schlechteste Staatsform. Welch unsinnige Hypothese! usw."

Nach dem Berichte im *Socialiste* hat Guesde in Wirklichkeit gesagt: „Wenn es wahr wäre, daß Ihr die Republik gerettet habt, was habt Ihr dann durch Rettung der Bourgeoisrepublik zur Befreiung des Proletariats getan? Ihr habt die Idee des wahren Klassenkampfes verdunkelt, der darin besteht, daß dem Block des Proletariats der Block der Bourgeoisie gegenübersteht. Wenn man die Republik so auffaßt, dann wird sie zum schlimmsten Bankerott der Demokratie."

Hier wendet sich Guesde nicht gegen die Republik, erklärt sie nicht für gleichgültig, stellt keine Hypothese auf, sondern er erklärt: Um die Republik zu retten, habt Ihr den Klassenkampf verdunkelt, einen Block mit der Bourgeoisie gebildet, also ein Mittel erwählt, das die Vorteile aufhebt, welche die Republik für das Proletariat haben kann.

War Guesde nicht berechtigt, das zu sagen? Wie darf man daraus schließen, die Republik sei ihm gleichgültig?

Man denke sich einen analogen Fall in Deutschland. Nicht die Republik, wohl aber das allgemeine Wahlrecht ist bei uns gefährdet. Nehmen wir nun an, ein kluger Staatsmann erstünde in unserer Mitte und riete uns, um das Wahlrecht zu retten, sollten wir mit der Regierung Frieden machen, auf jede Opposition verzichten und dem Proletariat raten, von der Verfechtung seiner Forderungen abzustehen. Und nun wendete sich dagegen ein deutscher Guesde und riefe: „Nein, wenn das Wahlrecht nur gerettet werden könnte durch den Verzicht auf unseren Kampf und unsere Forderungen, dann würde der Versuch, es auf diese Weise zu retten, uns mehr schädigen, als der Verlust des Wahlrechtes selbst." Würde dann wohl K. E. mit derselben Logik behaupten, diesem deutschen Guesde sei das Wahlrecht etwas Gleichgültiges, seine Taktik widerspreche in jedem Punkte der deutschen Taktik und es sei unsere sittliche Pflicht, einen Mann, der uns so kompromittiert, entschieden abzuschütteln?

Wie mit der Staatsform, ist es mit der Trennung von Kirche und Staat. Guesde hat nirgends behauptet, daß „das keine Wirkung haben würde", wie K. E. ihn sagen läßt; er hat bloß Jaurès gegenüber, der von der „Befreiung der Gehirne" sprach, darauf hingewiesen, und mit Recht, daß man auch die Wirkungen einer so entschiedenen

Maßregel, wie die Trennung von Kirche und Staat, in der bürgerlichen Gesellschaft nicht überschätzen und nicht erwarten dürfe, daß daraus schon die Entchristianisierung des Volkes hervorginge. In den Vereinigten Staaten sei das Christentum ebenso mächtig wie in Frankreich. Ist das etwa nicht auch richtig?

Was macht K. E. mit flinker Hand daraus?

„Guesde hält den Kampf gegen den Klerikalismus für wertlos, eine gute Schule könne erst in der sozialistischen Gesellschaft hergestellt werden. Insofern ist das richtig, als unsere Ideale erst mit Vollendung unserer Mission erreicht werden können. Aber hat jemals die deutsche Sozialdemokratie deshalb unterlassen, auch die kleine, positive Verbesserungsarbeit des Tages zu leisten? Guesdes Konsequenz ist der völlige Verzicht auf den Parlamentarismus, auf die Beeinflussung des Gesetzgebers, sie ist das Warten auf den einen großen Tag. Mit einem solchen Guesde könnte, wenn er in Deutschland wirkte, die Sozialdemokratie niemals einig werden, er würde sich unter anarchistischen Eingängern verlieren. Kann man es da für möglich halten, daß auf Grundlage dieses Programms eine Einheit in Frankreich zustande kommen wird?"

So wird Jules Guesde feierlich in der Lindenstraße aus der Sozialdemokratie ausgeschlossen, um die Einheit in Frankreich zustande zu bringen. Vergeblich fragt man, welche Worte Guesdes diese große Entrüstung K. E.s rechtfertigen. Sie sollen ein Programm sein, wo sie tatsächlich eine Kritik sind. Wenn aber Genosse K. E. das Programm Guesdes kennen lernen will, braucht er bloß das der sozialistischen Partei Frankreichs von 1903 anzusehen, an dem Guesde mitgearbeitet. Er findet da in 45 Paragraphen eine sehr ins Detail gehende Liste von Forderungen „für die kleine positive Verbesserungsarbeit des Tages", und gleich im 3. Artikel findet er die Forderung: Trennung des Staates von der Kirche, Aufhebung des Kultusbudgets.

Oder will K. E. Guesde lieber nach seinen Taten beurteilen? Nun, Guesde kämpfte für die Republik, als dies in Frankreich noch eine revolutionäre Tat war, nicht ein Kampf um Konservierung der bestehenden Regierung. Die erste seiner vielen Gefängnisstrafen erlitt er unter dem Kaiserreich, 1870, wegen eines Artikels, in dem er die Bevölkerung aufforderte, sie sollte lieber, statt gegen die Deutschen, gegen das Kaiserreich zu Felde ziehen.

Als nach der Niederschlagung der Kommune in der zweiten Hälfte der siebziger Jahre wieder eine Arbeiterbewegung in Frankreich begann, da war Jules Guesde einer der Ersten, der seine ganze Energie und Begabung einsetzte, um Theorie und taktische Prinzipien der deutschen Sozialdemokratie nach Frankreich zu verpflanzen und im Gegensatz zu Anarchismus, Nurgewerkschaftlerei und Putschmacherei eine parlamentarische sozialdemokratische Partei zu begründen. Es waren schwere Kämpfe, die er zu führen hatte, nicht bloß gegen die Bourgeoisie, sondern auch gegen die eben gekennzeichneten Richtungen der französischen Arbeiterbewegung. Die einen wie die anderen hielten ihm gern als vernichtendes Argument den deutschen Charakter seiner Agitation entgegen. Seine Haltung war damals die gleiche wie heute, Marx und Engels haben sie mit Freuden begrüßt – sie wußten freilich wahrscheinlich nicht so gut, wie K. E., welches die Taktik der deutschen Sozialdemokratie sei, und konnten weniger scharf als er einen vollkommenen Sozialdemokraten, für den sie Guesde hielten, von einem „anarchistischen Eingänger" unterscheiden.

Als Guesde endlich ins Parlament kam (1893), da war er unermüdlich im Einbringen von Reformregeln zum Schutze der Arbeiterschaft. Ebenso großen Wert, wie auf diese parlamentarische Reformarbeit, legte er auf die Gewinnung von Majoritäten in den Gemeinden und deren Ausnutzung für die „kleine positive Verbesserungsarbeit". Die besten Leistungen des sogenannten Munizipalsozialismus sind in Frankreich mit dem Namen Guesdes und seiner Partei verknüpft. Endlich hat er die Gewerkschaftsbewegung stets gefördert soviel er konnte.

Wenn diese seine Tätigkeit seit einigen Jahren gehemmt ist, haben wir das nicht einer Veränderung seiner Anschauungen über die Reformarbeit zuzuschreiben, sondern einfach den Wechselfällen des Wahlglückes, das z. B. auch einen Viktor Adler hartnäckig vom Parlament fernhält.

Sollte die Schroffheit und Kürze der Guesdeschen Rede, von Amsterdam wirklich einem Leser ihre Deutung im Sinne von K. E. nahelegen, so muß dies für jeden ausgeschlossen sein, der Guesde und seine Geschichte kennt. Wenn K. E. sie nicht kennt, so ist diese Unkenntnis ein schlechter Grund, einen der verdientesten Parteigenossen vor dem deutschen Proletariat herunterzureißen.

Ist auch Guesde nicht mehr in der Kammer, so steht er doch auf gleichem Boden mit seinen Genossen dort, deren Anschauungen und Taktik er völlig billigt. Da ist nun bemerkenswert die Tatsache, daß derselbe Jaurès, der jetzt die Wirkungen einer Trennung von Kirche und Staat so enorm übertreibt, diese Trennung erst praktisch fördert, seitdem die Regierung sich nicht mehr ablehnend dagegen verhält. Ich habe im vorigen Jahre in einem Artikel der *Neuen Zeit* über „Jaurès Kirchenpolitik" dargelegt, wie zweideutig seine Haltung 1902 war, als es sich in der Kammer darum handelte, die Regierung zur Anerkennung dieser Forderung zu zwingen.

Als im Oktober 1902 in der Kammer der Kulturkampf gegen die Kongregationen verhandelt wurde, suchte die sozialistisch-revolutionäre Gruppe – die Freunde Guesdes – den Kampf zuzuspitzen und brachte eine Resolution ein, welche die Regierung einlud, das Konkordat aufzuheben und die Trennung von Staat und Kirche herbeizuführen. Jaurès aber, weit entfernt, sich dieser Resolution anzuschließen, wußte die Abstimmung über sie zu vereiteln, indem er eine andere einbrachte, die einfach, ohne ein Wort über die Trennung von Staat und Kirche zu enthalten, der Regierung ihr Vertrauen aussprach. Ich habe aber noch nie vernommen, daß K. E. deswegen Jaurès seine Mißbilligung ausgesprochen hätte. Noch mehr. Guesde wird von K. E. aus dem Rahmen der Sozialdemokratie ausgeschlossen, weil er sich über die Wirkungen einer Trennung von Kirche und Staat skeptisch äußert. Was tat aber Millerand? Er stimmte für das Kultusbudget, lieferte der Priesterschaft 40 Millionen Staatsgelder jährlich aus. Das vermochte aber den warmen Sympathien keinen Eintrag zu tun, die Jaurès und K. E. für diesen würdigen Sozialisten empfanden.

Und derselbe K. E., der sich vor Entrüstung nicht fassen kann, weil Guesde meinte, die bürgerliche Republik wäre durch Preisgebung der Forderungen und der Selbständigkeit des Proletariats zu teuer erkauft, er trug es Millerand nicht nach, als dieser dem absoluten Despoten Rußlands die Hand küßte, und ich habe auch nicht mehr gesehen, daß er sich entrüstete, als Jaurès dem König von Italien seine Reverenz erwies. Derartiges hätte Guesde nie zustande gebracht, dazu ist er ein zu guter Republikaner. Er bekämpft das bürgerliche Regiment auch in der Republik, aber er bleibt der unversöhnliche Feind jeglicher Monarchie.

Man kann nach alledem ermessen, wie tief die sittliche Pflicht empfunden war, die K. E. zwang, gerade jetzt wegen einiger, wahrscheinlich nicht richtig berichteten, sicher falsch gedeuteten Worte jede Einigung eines Sozialdemokraten mit Guesde für unmöglich zu erklären. Das Wesen dieser sittlichen Pflicht wird aber noch deutlicher, wenn man erfährt, daß der Ausfall des K. E. gegen Guesde nichts ist als der getreue Abklatsch des Ausfalles, den wenige Tage vorher Jaurès in seiner *Humanité* gemacht.

In Amsterdam hatte Renaudel, ein Angehöriger der Minorität der Jaurèsisten, die in Opposition zu Jaurès steht, erklärt, seine Freunde seien bereit, die Einigung mit der Gegenseite, also Guesde und seinen Freunden, anzustreben. Er gab diese Erklärung ohne jede Einschränkung ab unter dem frischen Eindrucke der Guesdeschen Rede. Vaillant antwortete entgegenkommend in seinem und seiner Partei – also auch in Guesdes Namen. Jaurès hatte den Kongreß schon verlassen, als diese Erklärungen ausgetauscht wurden. Aber nach Paris zurückgekehrt, beeilte er sich, in der *Humanité* zu erklären, nach der Guesdeschen Rede sei eine Einigung unmöglich, solange nicht Guesde von seiner Partei desavouiert werde. Das heißt, indirekt, er lehnt die Einigung ab, die er direkt freilich nicht gut ablehnen konnte. Das ist nicht sehr erfreulich, aber begreiflich, denn für Jaurès steht viel auf dem Spiele, wenn sich die Einigung auf den in Amsterdam geschaffenen Grundlagen vollzieht.

Weniger aber ist es begreiflich, daß nun K. E. in dasselbe Horn stößt und die Jaurèssche Beweisführung für das Zentralorgan der deutschen Sozialdemokratie kopiert, wodurch er dieses zum Werkzeug von Bestrebungen macht, die mühsam angebahnte und schwer durchzuführende Vereinigung der französischen Sozialisten zu durchkreuzen. Das ganze große Ansehen, das der *Vorwärts*, dank der Bedeutung der deutschen Sozialdemokratie, bei den Parteigenossen des Auslandes genießt, wird so von seinem Chefredakteur in den Dienst der Gegner der Einigung gestellt.

Das ist trotz aller sittlichen Pflichten, die er empfindet, die notwendige Folge seines Eingreifens in die französische Einigungsaktion. Es bedeutet eine ganz grundlose, ja geradezu mutwillige Störung des Konsolidierungsprozesses der Sozialdemokratie Frankreichs, wogegen man nicht energisch genug Front machen kann.

Friedenau, den 4. September 1904. K[autsky].

V. | KURT EISNER

Die Leser werden mit Verwunderung bemerkt haben, welchen Gang die Debatte genommen hat. Sie begann mit dem Protest gegen die Kautskysche „Interpretation", daß die Monarchie „keine direkte Klassenregierung" sei – daß aus tiefsinnigen Gründen die Bourgeoisie in demokratischen Republiken einen noch brutaleren Klassenkampf führe als in Monarchien –, sie endigt mit dem liebenswürdigen Hinweise, daß ich die Partei und den *Vorwärts* „kompromittiere". Da ich aber in dieser Kompromittierung beim besten Willen kein neues Argument für die relativ größere sozialpolitische Aufgeklärtheit der Monarchien und für die Verruchtheit der demokratischen Republik anerkennen kann, ist in diesem Punkte jede weitere Erwiderung überflüssig. Kautsky redet nicht mehr von der preußischen Steuergesetzgebung – er wird sich inzwischen überzeugt haben, daß der französische Etat weit antikapitalistischer ist als die preußisch-deutsche Steuerschröpfung – und er erinnert auch nicht mehr an die französischen Streikmetzeleien. Ich bin so optimistisch, anzunehmen, daß er sich von diesen verzweifelten Argumenten hat abbringen lassen.

Dafür unterhält er sich nur noch über Guesdismus und Jaurèsismus. Er erweist mir die Ehre, mich für einen „Jaurèsisten" zu erklären, obwohl ich ausdrücklich meine Gegnerschaft bekannt habe, ja, er schreibt mir einstige Sympathien für Millerand zu, die ich zwar nicht für kompromittierend halten würde – denn warum sollte ich mich nicht aus der Ferne über den Charakter eines mir persönlich unbekannten Mannes irren dürfen? –, aber Kautsky ist doch wohl Leser der *Neuen Zeit*, und er weiß also, daß ich das einzige Mal, wo ich mich über die Frage des Ministerialismus geäußert habe – in Ausführungen, die ich noch heute in jedem Wort aufrecht erhalte –, rein theoretisch argumentiert und ausdrücklich jedes Urteil über den besonderen Fall Millerand abgelehnt habe.

Freilich, wie soll Kautsky noch richtig meine Ausführungen vom Jahre 1901 wiederzugeben imstande sein, wenn er nicht einmal korrekt wiederholt, was ich gestern geschrieben habe. Ich habe mit keiner Silbe die Ausschließung Guesdes aus der Partei verlangt; mir ist es fremd, solche Bannflüche für Beweise zu halten. Ich habe einfach festgestellt, ohne über Guesdes Vergangenheit ein Wort zu sagen, daß Guesde unter dem psychologischen Drucke, den Spaltungen immer bewirken, gegenwärtig Anschauungen vertritt, die mit der deutschen Auffassung nicht übereinstimmen. Ich habe gemeint, daß auf der Grundlage solcher Ansichten sich keine Einheit in Frankreich verwirklichen ließe. Darin hat Jaurès vollkommen recht, der – wie ich glaube, wieder mit Recht – gegen Guesdes Intransigenz sich auf Vaillants Anschauungen beruft. Schließlich hat ja auch die deutsche Delegation in Amsterdam ganz entschieden jenen „Guesdismus" zurückgewiesen, der auf dem merkwürdigen Wege der Übersetzung – „nicht erstreben" wurde in „nicht annehmen" übersetzt – die Dresdener Resolution grundsätzlich zu verschärfen suchte. Mein „Ausschlußantrag" aber beschränkt sich auf die ebenso bescheidene wie dringlich notwendige Mahnung, man solle Guesdes unmögliche Meinungen von gewisser deutscher Seite nicht noch unterstützen, ihn nicht in Äußerungen bestärken, die eine Einheit in Frankreich aussichtslos machen mußten. Die offenbare Tendenz dieser meiner Darlegung war, Guesdes deutsche Freunde selbst müßten ihn dahin beeinflussen, daß er sich den klaren Anschauungen der deutschen Partei nähere, auf deren Basis eine Einigung auch in Frankreich möglich wäre. Guesdes Anschauungen, die er in Amsterdam vortrug, stehen – ohne Übersetzungskünste – nicht auf dem Boden der Dresdener Resolution und der Pariser Resolution Kautskys. Er war tatsächlich ebenso isoliert wie Jaurès.

Es wäre leicht, aus den letzten Jahren reiches Material zusammenzubringen, um zu erhärten, daß Guesde neuerdings nicht die deutsche Taktik vertritt; man denke z. B. an die Frage der Staatsschule, die Guesde ablehnt, weil man dem Bourgeoisiestaate jegliche Herrschaftsmittel verweigern müsse. Solche Unklarheit ist denn auch die Ursache, daß man auf dem letzten Liller Guesdistenkongresse die eigene guesdistische Fraktion arg gescholten hat, weil sie in der Kammer ganz – Jaurèsistisch sei. Daher auch die bedenkliche Erscheinung, daß heute die französischen Scharfmacher, welche die „Kanaille", die in Marseille ausgesperrt ist, zu füsilieren auffordern, dem ehrlichen Guesde, gegenüber dem Geschäftssozialisten Jaurès, die Brüderschaft antragen. Bebel hat in Dresden gesagt, wenn er von den Gegnern gelobt werde, fürchte er immer, eine Dummheit begangen zu haben. Das trifft nicht immer zu, bleibt aber doch eine goldene Regel. Man wende sie nur – unbeschadet aller verständlichen und zu billigenden Kameradschaft – auf den Fall Guesde an!

Noch ein Wort über mein Zitat aus Guesdes Taktikrede. Kautsky, der übrigens meine Kritik der guesdistischen Äußerungen an der entscheidenden Stelle abbricht, bezweifelt den von mir gegebenen Wortlaut. Ich habe allerdings das Verbrechen begangen, wörtlich aus dem Manuskript – des amtlichen Protokolles des Amsterdamer Kongresses zu zitieren. Ich finde aber, daß der Text, wie ihn Kautsky gibt, noch viel kompromittierender für Guesde ist. Danach hätte Guesde in Amsterdam gemeint, wenn man die Republik nur durch einen „Block" mit der Bourgeoisie retten könne (d. h. doch nur mit gewissen Gruppen der Bourgeoisie), so sei diese „Verdunkelung des Klassenkampfes" die ganze Republik nicht wert. Und Kautsky fügt hinzu, wenn wir nur durch solch einen „Block" mit der Bourgeoisie das Wahlrecht in Deutschland retten könnten, so wäre das auch verwerflich. Der Vergleich ist schon deshalb sinnlos, weil es in Deutschland gar keine demokratische Bourgeoisie gibt, die sich auf einen „Block" mit der Sozialdemokratie einlassen würde. Gäbe es aber solche Hilfe, so würde nur der sie zurückweisen, „der dem Wahlrecht keine Träne nachweint".

Aber freilich, Kautsky macht sich das Beweisen leicht. Als Bedingung des „Blockes" setzt er den Verzicht des Proletariats auf seine Forderungen voraus. Warum geht er nicht weiter und nimmt als Bedingung solchen Zusammengehens an, daß sich alle Sozialdemokraten aufhängen sollen; dann ließe sich noch leichter beweisen, daß dann das Wahlrecht für die Sozialdemokraten keinen Wert habe. Ich gestehe, daß ich solche Scherze für kompromittierend halte. Selbstverständlich muß man unter allen Umständen die Republik retten, selbstverständlich muß man mit allen Mitteln das Wahlrecht retten. Solche Verzichtleistungen, wie sie Kautsky an die Wand malt, sind weder jemals in Frankreich vorgekommen, noch sind sie sonst denkbar – nur ein Tollhäusler von Bourgeois könnte solche Verpflichtungen auch nur fordern, weil er ja genau weiß, daß keine Macht der Welt ihre Erfüllung erzwingen könnte.

Um schließlich noch zu dem ernsten Ausgang der Debatte zurückzukehren. Will man den Unterschied zwischen der Sozialpolitik in einer demokratischen Republik und der Monarchie, „die keine direkte Klassenregierung" ist, so braucht man nur an Krimmitschau zu erinnern, wo, obwohl es sich um eine von den Unternehmern provozierte Machtprobe handelte, die Regierung durch alle Organe nicht nur nicht zugunsten der Arbeiter vermittelte, sondern mit gepanzerter Faust jede öffentliche Ausübung des Koalitionsrechtes verhinderte, sogar die Weihnachtsfeier unterdrückte.

Gegenwärtig spielt sich in Marseille ein gewaltiger Konflikt zwischen Arbeitern und Unternehmern ab. Die ganze reaktionäre Presse fordert unablässig zur gewaltsamen Niederschlagung der Hafenarbeiter und Matrosen auf. Im monarchischen Staate der deutschen Sozialreform ist es unseren Genossen auch gelungen, das Koalitionsrecht für die Matrosen der Handelsmarine zu erringen. In diesem „brutalen" Frankreich aber, das sogar ein Koalitionsverbot für Matrosen aus dem Kaiserreich bewahrt hat, verhält sich die Regierung nach der Schilderung eines bürgerlichen Blattes, des *Hamburger Korresp.*, wie folgt:

„Der Präsident der Pariser Handelskammer, der mit unermüdlichem Eifer eine Verständigung zwischen den Reedern und den ausgesperrten und streikenden Hafenarbeitern und Handelsmatrosen herbeizuführen sucht, hat sich nach der Unterredung mit den Vertretern der Reeder und Spediteure überaus entmutigt gezeigt, da alle seine versöhnlichen Bemühungen abgelehnt wurden. Die Reeder verlangen als Grundbedingung für den Eintritt in weitere Unterhandlungen erstens die strenge Durchführung des Dekrets von 1852, das die ein Schiff verlassenden Handelsmatrosen den Deserteuren hinsichtlich der zu verhängenden Strafen gleichstellt. Die Reeder beharren bei dieser Forderung, obwohl der Marineminister Pelletan erklärt hat, daß er sich nie und nimmer dazu verstehen würde, jenes absolut undurchführbare Dekret anzuwenden, wie dies übrigens auch sein direkter Vorgänger im Amte, Herr de Lanessan, auf Grund eines Gutachtens einer Kommission von Admirälen getan hat. Unter den Hafenarbeitern und Matrosen hat die Haltung der Reeder eine sehr gereizte Stimmung verursacht, die bereits in dem Beschlüsse der Hafenarbeiter zutage getreten ist, von der Föderation in Cette zu verlangen, daß diese den allgemeinen Ausstand aller Hafenarbeiter der französischen Mittelmeerhafen des Festlandes und Algeriens anordne, falls den Marseiller Arbeitern nicht sofort die verlangte Genugtuung gewährt wird. Die Ausdehnung der Arbeitseinstellung auf die anderen französischen Häfen des Mittelmeeres würde so schwere wirtschaftliche Folgen nach sich ziehen, daß man denn doch noch auf eine gütliche Beilegung des Konfliktes zählen zu dürfen glaubt. Die Aussichten darauf sind aber sehr gering, zumal die Reeder als zweite Bedingung für eine Verständigung mit den Arbeitern und Matrosen von der Regierung ernstliche Bürgschaften dafür verlangen, daß die zukünftigen Abmachungen von den Arbeitern vollinhaltlich respektiert werden. Derartige Bürgschaften wird die Regierung aber kaum bieten können. Sehr energisch verwahren sich die Reeder gegen das Schreiben des Handelsministers Trouillot, der sie bekanntlich an die in den abgeschlossenen Verträgen enthaltenen Strafbestimmungen erinnerte. Die Reeder glauben in dem Schreiben des Handelsministers einen nicht zu rechtfertigenden Einschüchterungsversuch der Regierung erblicken zu müssen."

Zu bemerken ist dazu, daß trotzdem de Pressensé in Jaurès *Humanité* die Schwäche und Halbheit der Regierung gegenüber den Unternehmern sehr entschieden tadelt.   E[isner].

Kommunismus des Geistes

(Mai 1908)[7]

Die ältere Generation der deutschen Sozialdemokratie hat das geistige Lesen an zwei Männern gelernt, die Inbegriff und Steigerung aller überkommenen Bildung waren: An Lassalle und Karl Marx. Es war eine wenigstens in der deutschen Geschichte durchaus neue Erscheinung, daß die tiefste Wissenschaft selbst sich unmittelbar an die ungelehrten Massen wandte. Alle deutschen Denker vor ihnen sprachen immer zu einer Gemeinde von Auserwählten, und sie waren ängstlich bemüht nachzuweisen, daß sie nicht daran dächten, dem gemeinen Volke zu predigen. Sie lehrten die Menschheit in ihrem Begriff, nicht in ihrer Materie. Der Stil der deutschen Philosophie ist freilich wesentlich bestimmt durch die Zwangsweisungen des Allgemeinen Landrechts, das die Nation in ihrer Gesamtheit von der Bildung ausschloß und den Versuch der Unberufenen, unmittelbar dem Volke gefährliche Geheimnisse zu entschleiern, als Hochverrat ahndete. Immerhin, die Scheidung einer gelehrten Minderheit und einer unwissenden Menge wurzelte tief in dem Bewußtsein der klassischen Denker. Fichte entwarf nach Pestalozzis Vorbild seine kommunistischen Bildungsinseln, auf denen in strenger Abgeschlossenheit von der lebendigen Verwesung einer entarteten Kultur erst einmal die Gesamtheit der Jugend erzogen werden sollte, damit sie dann fähig würden, Bürger eines geschlossenen Handelsstaates zu sein; seine Reden an die deutsche Nation waren nichts wie eine Propädeutik für ein kommunistisches Gemeinwesen, dessen literarische Ausführung den Philosophen die letzten Lebensjahre beschäftigte, ohne daß dieses bisher nur in Bruchstücken bekannt gewordene sozialistische System der letzten Periode bisher vollständig veröffentlicht wäre. Die Meinung war also bestenfalls, daß das Volk, das gemeine Volk, erst durch eine allgemeine Bildungsschule hindurchgehen müßte, ehe es tätiges und gleichberechtigtes Bürgertum werden könnte. Der Unterschied zwischen Esoterikern und Exoterikern war doch noch genau so stark auf weltlichem Gebiet, wie der zwischen Klerikern und Laien im Kirchenstaat. Mit dem Aufwuchs

---

[7] Textquelle | Kurt EISNER: *Gesammelte Schriften. Zweiter Band.* Berlin: Paul Cassirer 1919, S. 15-26.

der proletarischen Bewegung nun schwand dieser Unterschied, der *Tendenz* nach. Die höchste Bildung sollte Gemeingut gerade der tiefsten Masse werden; das Vertrauen zur schaffenden Gleichheit aller menschlichen Vernunft war so groß, daß man überzeugt war, die bloße Zwischenkunft der großen Erzieherin, der menschlichen Not, genüge, um die Geister fähig zu machen, den Ertrag tausendjähriger Gedankenarbeit zu erfassen, und zwar nicht nur im Inhalt des Wissens, sondern auch in der Methode der Forschung.

Dieses kühnste Experiment und dieser, wie es scheint, ausschweifendste Anspruch hatte den ungeheuersten Erfolg, bloße geistige Forderung bestimmte von vornherein die überlegene Würde und den selbstbewußten Stolz der proletarischen Bewegung. In dem weltgeschichtlichen Klassenkampf des Bürgertums mit der Feudalität war die politisch unterdrückte Klasse nicht nur wirtschaftlich herrschend gewesen, sondern sie war auch im Vollbesitz aller Bildung, in Wissen und geistiger Schulung dem Adel weit überlegen. In der proletarischen Bewegung setzte sich das unvergleichlich gewaltigere Unternehmen durch, *begehrte* sich durchzusetzen, daß eine Klasse, die vom Besitz und der Bildung ausgesperrt war, die an technischem Wissen und intellektueller Schulung tief unter der beherrschenden Klasse stand, sofort, anscheinend durch die Aufstellung der idealen Forderung allein, sich weit über die mit allen Hilfsmitteln ausgerüstete Klasse in der *Moralität* der geistigen Verfassung erheben sollte. Das hohe Ziel zeugte durch sich selbst erhöhte Wirklichkeit. Die proletarische Bewegung hatte in der Tat seit ihren Anfängen diese Überlegenheit beibehalten, zu der sie ihre ersten Meister aufriefen; wenn nicht in allen Einzelleistungen, so durchaus in ihrer Gesamtstimmung. Die Grundanschauung von dem möglichen Gemeinbesitz der Bildung ist durch die Entwicklung der sozialdemokratischen Kulturarbeit über jeden Zweifel gestellt worden. So sehr immer auch die Verwirklichung hinter der Forderung zurückbleiben möchte, die ideale Richtung des sozialdemokratisch erzogenen Proletariats weist zu jenen Höhen, die ihm am Ausgang gezeigt waren. Die proletarische Presse hat sich bisher all den aufdringlichen Verführungen entzogen, so volkstümlich ordinär wie die Lokal- und Generalanzeiger zu werden. Wo sich das Proletariat als Kunstgemeinde organisiert hat, wie in den freien Volksbühnen einiger Großstädte, da begehrt es ausschließlich die höchsten Schöpfungen der Weltkünstler. Die Arbeiter sind das beste Publikum für ernste Kunst geworden. Wirkliches politisches Interesse findet man außerhalb ganz enger bürgerlicher Zirkel nur im Proletariat; insbesondere ist der gebildete und der ungebildete Mittelstand politisch tot. Umfangreiche wissenschaftliche Werke schwierigen Inhalts werden außer von Professoren nur noch von Arbeitern gekauft und gelesen. Eine politische und soziale Aufklärungsliteratur strengeren Stils ist in Riesenauflagen im Proletariat verbreitet worden. Wenn einmal ein Wahlrecht nach der politischen Bildung abgestuft werden sollte, das Proletariat brauchte um das Bestehen des Examens nicht besorgt zu sein, wie denn klar ist, daß wirkliches politisches Leben überhaupt nur in der Arbeiterschaft herrscht. Diese durch schwere Tagesarbeit abgerackerten Proletarier setzen sich abends in ihre Stube und lesen von Anfang bis zum Ende ihre oft schwerflüssige Zeitung, sie gehen in politische Versammlungen und beschäftigen sich in wissenschaftlichen Vorträgen und Diskussionsabenden mit den dunklen Problemen der menschlichen Gesellschaft. Von der Partei und Gewerkschaft ist in der Tat so etwas geschaffen worden, wie eine pädagogische Provinz, in der das Proletariat für seine geschichtliche Mission erzogen wird.

Indessen, in demselben Maße, in dem sich der Kommunismus der Bildung aus eigener Kraft der Masse, der Tendenz nach, siegreich durchringt, um so größer werden doch die Schwierigkeiten des Ausgleichs zwischen den idealen Möglichkeiten und den harten Realitäten. Jeder, dem das Glück beschieden ist, im Proletariat zu wirken, wird Stunden haben, in denen ihn der Zwiespalt niederbeugt. Und um die Depression zu überwinden, muß er immer dann ein wenig in die Öde studentischer und gut bürgerlicher Kreise hinabtauchen, um den ganzen Unterschied proletarischer Regsamkeit und bürgerlicher Stumpfheit tröstlich zu verspüren. Aber gerade weil in der Arbeiterschaft die Möglichkeit zur vollkommenen Kulturentfaltung gegeben ist, darum quält die Einsicht in die scheinbar unüberwindlichen Schwierigkeiten, die ihr Schranken setzen.

Die alte Generation der Arbeiterführer gewann die Formen ihrer Weltanschauung, indem sie die großen Ideen und die kühn aufstrebende Logik jener Meister des Sozialismus buchstabierte. Das Material der aktuellen Politik und der Einzelwissenschaften blieb zunächst außerhalb ihres Gesichtsfeldes. Sie gewannen erst den festen

Grundriß ihres Geistes, dann wuchsen sie allmählich in der öffentlichen Betätigung selbst in die Wirklichkeit der lebendigen Dinge hinein. Sie füllten die allgemeinen Formen, die sie beherrschten, stofflich aus. Die Entwicklung der einzelnen hielt gleichen Schritt mit dem Aufstieg der allgemeinen Bewegung aus kleinsten einfachsten Anfängen. Ganz anders heute! Indem die heutige Arbeitergeneration in das öffentliche Leben eintritt, flutet über sie eine unübersehbare Menge von Einzelerscheinungen, die schon als bekannt vorausgesetzt werden. Jede Zeitungsnummer redet in Namen, Begriffen, Tatsachen zunächst eine völlig fremde Sprache. Das ganze Leben in seiner unermeßlichen Mannigfaltigkeit richtet sich vor ihrem Geiste auf einmal auf und heischt, von ihr bewältigt zu werden. In karg bemessenen ermüdeten Stunden, mit den primitivsten Hilfsmitteln, ohne vorher irgendwie ausgerüstet zu sein, soll der junge Arbeiter das ganze Chaos der Probleme im ordnenden Bewußtsein einheitlich bewältigen. Die Gefahr liegt nahe, daß er bei allem hingebenden Eifer dem Anprall erliegt und statt der geistigen Durchdringung sich auf eine äußerliche buchstabenmäßige, unsicher tastende und flüchtig gleitende Aneignung beschränkt. Heutige Zeitungen, Versammlungsreden, auch Broschüren und Bücher, selbst Bildungsvorträge einfachster Art setzen doch immer schon ein Maß von Kenntnissen voraus, die der junge Arbeiter nicht besitzt. Oft macht ein einziges Fremdwort, das er wegen Mangels an sprachlicher Vorbildung nicht genau erfassen kann, ihm unendliche Schwierigkeiten, und das halbe ahnende Verständnis gewöhnt ihn daran, in Worten und Vokabeln, statt in Sachbegriffen, frei nachschaffend, zu argumentieren.

Die Volksschule versagt völlig. Sie gibt ihm schlechterdings nichts für das Leben mit. Ich habe oft in meinen Bildungsvorträgen, die ich auch in entlegenen kleinen Orten halte, Gelegenheit, erschreckt zu beobachten, wie wehrlos die Volksschule die Jugend macht, anstatt sie zu rüsten für die künftigen Aufgaben eines Staatsbürgers. Die Anfüllung der Gehirne mit kirchlichen und geschichtlichen Legenden ist ein Verbrechen an der Schule und den Menschen, die ihr anvertraut sind. Die wenigen Jahre, die die Proletarierkinder in einiger Freiheit ihrer Ausbildung widmen könnten, werden vergeudet. Es kann gar nicht anders sein; eine Schule, die beabsichtigt, die Heiligkeit des Vergangenen den Seelen einzuprägen, muß künftige Krüppel erziehen. Jede fruchtbare Bildung kann immer nur von einem großen Zukunftsziel ausgehen. Die Volksschule will bewußt von der Kultur absperren, weil sie von einem Staate unterhalten wird, dessen herrschende Klassen fürchten, daß eine zu geistiger Begehrlichkeit erzogene Jugend und ein für die Aufnahme aller Bildung gerüstetes Proletariat nicht mehr geneigt ist, sich den kapitalistisch-feudalen Arbeitsbedingungen zu unterwerfen, unter die die große Masse der heutigen Menschheit gebeugt ist. So wird die spätere Selbsterziehung des Proletariats nicht durch die Schule vorbereitet und ermöglicht, sondern im Gegenteil: die Bildungsarbeit muß erst mit der Forträumung des Schulgestrüpps beginnen. Die Volksschule liefert die Kinder an das Leben aus, ohne wissenschaftliche, künstlerische, politisch-soziale Disposition. Das Lehrziel der heutigen Massenschule ist erreicht, wenn der reifende Mensch in Dunkelheit und Unkenntnis über sich gedrillt ist. Die proletarische Bewegung braucht aber Köpfe, die dem Bürgertum nicht nur gewachsen, sondern überlegen sind.

Wie können die Arbeiterorganisationen mit ihren bescheidenen Mitteln diese Aufgabe lösen? Ein ganzes Heer von Wissenschafts- und Kunstbeamten wird besoldet, nur um ein paar tausend Söhne der besitzenden Klassen für die Regierung und Verwaltung, für den Rechts- und Medizinbetrieb, für die Forschung und die Kunst zu erziehen. Der Staat verfügt über eine zahllose Menge von besoldeten Sachverständigen, deren ganze Lebensaufgabe darin besteht, irgendein Teilproblem, eine einzelne Frage des politischen und sozialen Lebens zu bearbeiten. Was die gesamte Staatsmacht für eine winzige Minderheit, nicht einmal allzu reichlich, leistet, sollen die Millionen der Besitzlosen aus eigener Kraft sich selber geben. Ist diese Aufgabe einer wissenschaftlichen, künstlerischen, sittlichen und auch körperlichen Gesamterziehung durch sich selbst überhaupt denkbar, geschweige zu lösen? Ohne die stärksten Erzieher, das harte Leben selbst und den aufs höchste gespannten Willen, wäre die Aufgabe freilich eine leere Utopie. So aber hat sie die moderne Arbeiterschaft in der Tat übernommen, und sie ist rüstig an das Werk gegangen, ohne vor den Hindernissen zurückzuschrecken. Sie weiß, daß sie helle Köpfe braucht. Seit dem Mannheimer Parteitag stehen die Bildungsbestrebungen im Vordergrund des Interesses, und wenn vielleicht die Bewegung selbst äußerlich in den letzten Jahren stiller geworden scheint und weniger in die Ohren wirkend, so ist es eben die geräuschlose und tiefe Arbeit scheinbaren Rastens, die unabhängig von allen lauten Erfolgen des politischen Marktes vorwärtsdringt und Zukunft säet.

Unbeachtet blieb dieses stille Erziehungswerk nicht. Mit dem Kriminalblick des Jahrhunderte hindurch geübten Polizeimeisters hat die preußische Staatsgewalt die Massenbildung seit jeher nicht aus den Augen verloren und stetig beobachtet. In dem mit Hilfe eines entarteten Liberalismus geschaffenen Reichsvereinsgesetzes erkennt man deutlich die Spuren der Befürchtungen. Der Ausschluß der jugendlichen Arbeiter unter 18 Jahren von politischen Versammlungen ist gegen die neuen Jugendbildungsbestrebungen der deutschen Arbeiterschaft gerichtet. Längst sind die maßgebenden Kreise auf die Lücke aufmerksam geworden, die zwischen der wahrhaft preußischen Volksschule und dem Eintritt in den nicht minder wahrhaft preußischen Militärdienst klafft. In dieser Zeit vom 14. bis 18. Lebensjahr rafft sich die stürmisch aufdrängende Kraft die Elemente der künftigen Weltanschauung, die später nicht mehr überwunden wird, wenigstens nicht bei den bereits ins Erwerbsleben gestellten drei Millionen Arbeiter und Arbeiterinnen unter 18 Jahren. Es läßt sich voraussehen, daß die negative Jugendklausel im Reichsvereinsgesetz eine positive Ausfüllung durch irgendeine Form staatlichen obligatorischen Jugendunterrichts finden wird. Daß man zunächst alle möglichen gutgesinnten Jugendvereinigungen gründen wird, um jene Lücke auszufüllen, ist ebenfalls selbstverständlich.

Außerhalb solcher besonderen staatlichen Schwierigkeiten aber ist die ganze deutsche Entwicklung ein schweres Hemmnis für die Durchdringung der gesamten Nation mit dem Kulturbewußtsein, das die geistige und materielle Arbeit der Jahrtausende erobert hat. Kein zivilisierter Staat ist so sehr vom Kommunismus der Bildung, dieser Voraussetzung jeder wirklichen Nation, entfernt, als gerade Deutschland. Die Spannung zwischen der Welt der bürgerlichen Bildung und dem Reich der handarbeitenden Masse hat nicht nachgelassen, sondern zugenommen. In Preußen gibt es nur ganz selten einen Aufstieg aus den Massen zu den Stellen höherer Ausbildung. Der eine Student der Juristerei proletarischer Herkunft, der bestenfalls im Durchschnitt jedes Jahr auf preußischen Universitäten angetroffen wird, ist typisch für die antidemokratische Richtung der deutschen Gesellschaft. Niemals hat die deutsche Literatur Männer hervorgebracht, die so in das unmittelbare staatlich-gesellschaftliche Leben und in alle Breiten und Tiefen des Volkes gewirkt haben, wie die Heroen in anderen Kulturen. Wie eingesperrt in enge Zirkel ist schließlich ein Lessing oder ein Schiller (die übrigens durch den Zwang der Rechtsordnung apolitisch sein mußten) gegen die weltbewegenden Voltaire oder Rousseau. Wo haben wir heute in Deutschland einen *Zola* oder *Anatole France*, einen *Edmondo de Amicis* oder *Björnson*, einen *Tolstoi* oder *Gorki*, einen *Ruskin* oder *Crane*! Wo ist bei uns die *University extension*, die in den angelsächsischen Kulturen blüht, wo die Studenten, die ihr höheres Wissen dermaßen in den Dienst des allgemeinen Unterrichts stellen? Steigt einmal ein Professor zu den Massen bei uns herab, so will er bekehren. Daher das tiefe Mißtrauen gegen alle Volksbeglückerbestrebungen von oben, das in der deutschen Arbeiterschaft häufig herrscht.

Diese nationale Zerreißung wirkt zunächst ungünstig auf die Intellektuellen selbst. Wissenschaft und Kunst werden exklusiv, verschwenden ihre Kraft in den geistig minder begehrlichen privilegierten Klassen und werden schließlich in ihrem innersten Wesen deformiert, indem sie sich einerseits den Weisungen der Staatsgewalt und dem Geschmack des kaufkräftigen Publikums anpassen, sodann aber, ihre innere Unfruchtbarkeit für eine wahrhaft nationale Bildung empfindend, sich in spezialistischen Dünkel verlieren. Losgelöst von dem Mutterboden des Volkstums werden ihre Träger ein Erzeugnis der Familieninzucht und erreichen so auch an persönlicher Fähigkeit bei weitem nicht das mögliche Maß.

In der Rückwirkung auf die Masse der geistig Entbehrenden und Begehrlichen äußert sich diese beklagenswerte Trennung der Intellektuellen von der aufsteigenden Klasse darin, daß es nun auch im deutschen Proletariat an erziehenden Kräften mangelt. Es schwillt zwar das geistige Proletariat an, aber diese Kraft liegt brach, verkümmert und wird nicht nutzbar gemacht für die Kulturbewegung des Proletariats. In den großen Industriezentren kann für die geistigen Bedürfnisse der Arbeiterschaft noch allenfalls gesorgt werden. Sowie man aber von der Heerstraße abbiegt, trifft man überall in Deutschland jene Arbeiterorganisationen, die sich mit unsäglich rührendem Eifer wissenschaftlich und künstlerisch zu bilden suchen und die doch aus der Wirrnis nicht herauskommen, weil es ihnen an jeder Anregung durch eine berufsmäßig geschulte Kraft fehlt. Die große Gemeinde der Freien Volksbühne in Berlin hat wohl die Mittel, die Arbeiterschaft zum Genusse der neunten Symphonie zu sammeln. In Berlin ist eine Arbeiterbildungsschule möglich, gedeihen gewerkschaftliche Fortbildungskurse, ist sogar eine Arbeiterakademie gegründet worden. Ähnliche Bestrebungen sind noch in einigen anderen großen Städten erfolgreich. Aber wer in die Provinz hinausgeht, der hat etwa Gelegenheit einer Märzfeier beizuwohnen, zu der die strebende Arbeiterschaft des Ortes mit großen Opfern – schon die Ersetzung der Kosten der Eisenbahnfahrt verschlingt die mühseligen Beiträge von Monaten – zwar einen bekannteren Festredner aus der Ferne sich hat kommen lassen, wo dann aber eine elende Dorfkapelle zu Ehren der Märzgefallenen den Walzer aus der Lustigen Witwe kratzt und ein erbarmungswürdiger Gesangschor in dem Mindestmaße von Zeit das Höchstmaß von falschen und unreinen Tönen erzielt. Diese Erscheinung verdient keinen Spott, sondern sie enthält die tiefe Tragik der besten Elemente der Nation, die nicht nur ausgeschlossen sind von den materiellen Gütern des Lebens, sondern deren heißer Drang nach geistigem Brot nur mit Steinen befriedigt werden kann. Hier entblößt sich aber auch die schwerste Schuld der deutschen Intellektuellen. In allen Zentren lungern müßig und verdrossen junge Gelehrte, Künstler, Dichter, Maler und Musiker, die ihr Los beklagen, weil sie ins Leere arbeiten. Sie darben materiell und seelisch, da sie im Grunde keine Mission haben. Die Arbeiterschaft aber wendet verhältnismäßig hohe Beträge von ihren niedrigen Löhnen an, um sich die Möglichkeit wissenschaftlicher und künstlerischer Erziehung zu leisten. Die Nachfrage nach Kräften ist groß, das Angebot gering und oft von minderem Wert. Ist ein Ausgleich möglich, wird irgendwo ein Weg sichtbar, der in Deutschland die Intellektuellen der großen nationalen Bildungsaufgabe dienstbar machen könnte.

Es ist wenig Hoffnung. Jene jungen Leute besserer wissenschaftlicher Ausbildung und künstlerischen Talents müßten vor allem sich daran gewöhnen, ohne all die Eitelkeit und den Plunder eines höheren Menschentums als schlichte Arbeiter unter die Arbeiter zu gehen, ohne irgendeinen anderen Ehrgeiz, als von ihren Kräften aus reinem Willen der Allgemeinheit zu leisten, was sie vermögen.

Dennoch scheint es mir nicht ganz ausgeschlossen, daß sich allmählich in den wissenschaftlichen und künstlerischen Bezirken Produzentenorganisationen bilden, für die die Arbeiter dann die Konsumgenossenschaften bilden. Insbesondere ließe sich auf künstlerischem Gebiete eine derartige Organisation schaffen. Eine Gruppe von jungen ehrlich strebenden und leistungsfähigen Künstlern aller Art, die der Arbeiterschaft für all ihre festlichen Veranstaltungen zur Verfügung stände, könnte auch wirtschaftlich ihr Fortkommen als Berater und Mitwirkende der Arbeiterbestrebungen finden. Auf dem künstlerischen Felde wäre das Mißtrauen leichter zu überwinden, als auf dem wissenschaftlicher Aufklärung. Aber auch hier ist eine Annäherung zwischen den Lagern, ein ehrliches Verhältnis gegenseitigen Vertrauens und gegenseitiger Bildung, ein immer dringender werdendes Bedürfnis.

Der Kommunismus der Bildung ist nicht zum wenigsten eine Lebensbedingung der berufsmäßigen Bildner. Das Wesen der Bildung selbst steigt mit ihrer Verallgemeinerung. Sie wird Natur, indem sie Kultur der Gesamtheit durchführt; und vor allem würde die Sozialisierung der Bildung jenen geschichtlichen Fluch von der deutschen Kultur nehmen, der die *geistige* Trainierung in Gegensatz zur Erziehung des *Willens* geleitet hat. *Alle Bildung ist letzten Endes Strategie des Willens.* Das Elend der deutschen Politik, die Ausschaltung der Nation von der Leitung seines eigenen Schicksals, die politische Farblosigkeit und Unreife der deutschen Nation, die kleinbürgerliche Unentschlossenheit und Charakterschwäche eines Volkes, das sich niemals die demokratische Selbstbestimmung erobert hat, beruht in der Wurzel auf der Zerklüftung der allgemeinen Bildung, die nicht nur die Menschen auseinandergerissen hat, sondern auch den Intellekt und den Willen, die Idee von der Tat. Erst der Kommunismus der Bildung wird aus der bloßen, sich selbst genügenden *Literatur* eine Kultur des *Handelns* gestalten.

[Mai 1908.]

Anmerkung 1918. | Hier wurden vor einem Jahrzehnt Entwickelungen angedeutet, die sich heute unter dem Modewort vom tätigen Geist – in aristokratistelnder Benommenheit – literarisch aufdrängen. Die organisierte Bildungsarbeit im deutschen Proletariat wuchs immer mehr in die Breite; auf dem Nürnberger Parteitag 1918 erregte ich als ihr ketzerischer Kritiker den übereinstimmenden Unmut der Delegierten. Ich schlug neue Wege vor, die aber auch – dort wo sie versucht wurden – nicht zum Ziele führten. Das Grundübel steckte in der verdorrten Seele der Organisation. In den letzten Jahren vor dem Kriege entstand – in merkwürdiger Übereinstimmung mit den stürmischen Emanzipationsregungen der bürgerlichen Jugend – auch in der proletarischen Jugend eine neue Geistigkeit, die auf individuelle Willensbildung gerichtet war; das war die verheißungsvolle Bewegung der „Achtzehnjährigen", die aber von den alten Routiniers der Partei und Gewerkschaften mit wachsendem Mißtrauen beobachtet und in ihrer Freiheit mehr und mehr von den Aufsichtsinstanzen beengt wurden. Der Krieg hat diese jungen Arbeiter fortgeschleppt und die gleichgesinnten Mädchen Granaten drehen lassen.

Religion des Sozialismus
(Herbst 1908 | 1919)[8]

Eines Sonntags im Herbst 1908 sollte ich in einer Volksver-
sammlung zu *Abenberg* sprechen, einem abseits gelegenen fränkischen Städtchen, zu den sieben Orten gehörig, die sich um
den Ruhm streiten, die allein echte Stammburg der Hohenzollern zu bergen. Es ist eine katholische Enklave; die fleißigen
und still versonnenen Frauen mühen sich in der überlieferten
Heimkunst der Silberspitzenklöppelei. Es war die erste sozialdemokratische Versammlung im Ort. Ich durfte also nichts vo-
raussetzen und mußte unmittelbar den Zugang zu den unver-
bildet empfänglichen Gemütern finden. Ich hatte angekündigt,
daß ich über „Religion des Sozialismus" sprechen wollte. Aber
schon die Überschrift hatte man nicht verstanden und geglaubt, ich würde über „Religion und Sozialismus" reden, über
die berühmte Privatsache und dergleichen. Ich hatte mir zuvor
vergebens überlegt, wie ich das gewählte Thema ausführen
könnte. Noch als ich im Versammlungssaal stand, und der Vorsitzende sich anschickte, mir das Wort zu geben, hatte ich keinen Plan, nicht einmal den Anfang. Mich bedrückte die Fremd-
heit dieser Hörer. Da, im letzten Augenblick, als ich die andächtig sitzenden Menschen vor mir sah, flogen mir die Gedanken und Worte zu, und ich improvisierte die Ausführungen, die ich hier in einer Jahre später durch den Druck verbrei-
teten Skizze wiedergebe.
Der Vortrag hatte Folgen. Der Pfarrer des Ortes, der zur Versammlung eingeladen, aber nicht erschienen war, predigte vorher und nachher fanatisch in der Kirche gegen mich. Da er
nicht wußte, was ich gesagt, und auch meinte, ich hätte über
die Stellung der Sozialdemokratie zu Religion und Kirche gesprochen, holte er gegen mich vor, was er in den M[ö]nchen-
Gladbacher Agitationsheften[9] gefunden haben mochte. Seine
Gemeinde, soweit sie mich gehört hatte, wurde durch die fort-

---

[8] Textquelle | Kurt EISNER: *Gesammelte Schriften. Zweiter Band.* Berlin: Paul Cassi-
rer 1919, S. 27-38.
[9] [d. h. Materialien des ‚Volksvereins für das Katholische Deutschland', pb.]

gesetzten Angriffe des Geistlichen gegen mich, aufgebracht, weil man erkannte, daß er gegen eine von mir gar nicht gehaltene Rede schimpfend loszog. Und als der Pfarrer schließlich sogar bei einem Begräbnis (eines meiner Hörer) gegen mich predigte, um angesichts des Todes und der ewigen Verdammnis vor dem Verführer zu warnen, kam es zur offenen Empörung der Gläubigen gegen ihren Hirten, die, wenn ich mich recht entsinne, damit endigte, daß man es für geraten hielt, den Heißsporn an einen anderen Ort zu versetzen.

Es gibt Hunderte von Religionen auf der Erde, verschieden in ihren Vorstellungen und Lehren, in ihren Organisationsformen und ihrem Verhältnis zu den staatlichen und gesellschaftlichen Verfassungen. Aber eines ist allen Religionen gemeinsam: ihre letzten Ursprünge verlieren sich im Dunkel der Vorzeit, und auch die Formen, in denen sie sich heute noch betätigen, sind vor vielen Jahrhunderten gebildet worden. Die jüngste unter den großen Weltreligionen, der Islam, ist fast dreizehn Jahrhunderte alt. Seitdem sind wohl neuere Sekten entstanden, auch konfessionelle Abspaltungen, aber eine wirkliche neue, machtübende Religion ist nicht mehr erwachsen. Es scheint mithin, als ob die Menschen und Völker der neuen Zeit die Kraft verloren hätten, aus ihren eigenen gegenwärtigen Lebensbedingungen heraus eine Religion zu gestalten, gleichwie die Baumeister der Gegenwart nicht mehr vermögen, jene Wunderwerke religiöser Kulte zu schaffen, die im Mittelalter errichtet worden sind.

Wie seltsam, daß die heutige Menschheit ihre religiösen Bedürfnisse in geistigen Gebilden befriedigt, die in anderen Ländern, anderen Völkern, anderen Sprachen und von Grund aus anderen politischen, sozialen und kulturellen Verhältnissen sich entfaltet haben! Die Religion verheißt uns, die schwersten Fragen unseres Daseins zu beantworten, unsere tiefsten Sehnsüchte zu befriedigen; die Fragen und die Sehnsüchte wurzeln in unserm heutigen Leben, drängen aus den Zuständen, Gärungen, Nöten unserer heutigen Zeit, aber die Antworten suchen wir in der Weisheit fremder verschollener Jahrtausende, und wir stillen unsern Durst in den Zisternen, die in der Morgendämmerung der Geschichte befruchtender Regen gefüllt hat.

Liegt hier nicht ein unlösliches Geheimnis verborgen? Heißt es nicht in Wahrheit, daß unsere religiösen Triebkräfte erloschen sind, wenn wir uns begnügen mit der Überlieferung von Religionen, die die Völker überwundener Kulturen sich gebildet haben, anstatt daß wir selbst, gleich unseren Vorfahren, die Fähigkeit betätigen, unser Leben von heute in religiöser Einheit zu beseelen?

Dieser Widerspruch wird um so schroffer, wenn wir das Wesen aller alten Religionen uns vergegenwärtigen. In allen alten Religionen, die heute noch herrschen, spiegeln sich deutlich die sozialen und politischen Verhältnisse, die natürlichen und geistigen Lebensbedingungen ihrer Entstehungszeit. Sehen wir von allen einzelnen Religionen ab, so erkennen wir insgemein, daß *sämtliche alten Religionen aus dreifacher Wurzel erwachsen sind: aus der Ohnmacht des Menschen vor der Natur, aus der Wehrlosigkeit des einzelnen gegen die gesellschaftliche Ordnung, in die er hineingeborenworden ist, aus der Furcht der Sterblichen vor dem Tode.*

In seiner Religion setzt sich der Mensch der Vergangenheit zunächst mit den ihn bestimmenden Naturgewalten auseinander. Die Menschen jener Vergangenheit haben keinerlei Naturerkenntnis. Alles ist ihnen wunderbar, rätselhaft, schrecklich. Weil sie die Natur nicht kennen, beherrschen sie sie nicht, und weil sie die Naturkräfte nicht beherrschen, fürchten sie sich vor ihnen. Dem Gewohnten lernen sie schließlich vertrauen, aber jede Unregelmäßigkeit muß ihnen unheimlich, grauenverkündend erscheinen. Religionsforscher haben darauf hingewiesen, wie sehr die Gottesvorstellung des Judentums, aus dem das Christentum entstanden ist, noch durch die ursprüngliche Heimat der Israeliten bestimmt sind, am Fuße eines Vulkans, der in friedlichen Zeiten die Weinberge und Saaten fröhlich gedeihen läßt, aber im Zorn alles Leben ringsum in Glut und Asche zerstört. Der Mensch jener Zeiten freut sich der lebenspendenden Sonne, die vom blauen Himmel herunterstrahlt. Plötzlich ballen sich schwarze Wolken zusammen, ein wirbelnder Sturm bricht wie aus einem unbekannten Lande heulend hervor, ein furchtbares Krachen dröhnt aus dem eben noch so stillen Himmel, und feurige Schlangen laufen zischend über die aufgeregte Welt. Und plötzlich schnellt eine dieser Schlangen herab. Die Hütte, die eben noch gegen die strömenden Himmelsfluten Obdach gewährte, geht in Flammen auf, und Menschen und Tiere, die atmenden, sind auf einmal aus dem Leben geschleudert – Leichname. Wie soll sich dieser Mensch das schreckliche Schauspiel deuten, er weiß nicht, was ein Gewitter ist. Aber sein Denken sucht nach einem Grund der Zerstörung, und so entsteht die Vorstellung von dem strafenden Gott, der ihm ob seiner Sünden zürnt. Zerknirscht betet er und opfert er, um den Zorn des Gewaltigen zu beschwichtigen. Und siehe da, der Himmel heitert sich auf und über dem ganzen Gewölbe spannt sich ein wunderherrliches Farbenspiel, wie ein Zeichen der Erhörung, eine Brücke der Versöhnung. Die Menschheit von heute weiß, was ein Gewitter ist, sie weiß, wie ein Regenbogen entsteht. In jedem naturwissenschaftlichen Laboratorium lassen sich ähnliche Erscheinungen wie Gewitter und Regenbogen künstlich herstellen. Noch mehr, auch die himmlischen Gewitter können wir Menschen zähmen, wie ein Haustier, und wenn noch so sehr der große Geist im Himmel uns zürnen mag, er hat keine Macht mehr über uns, wir bändigen seine Blitze, daß sie keinen Schaden anzurichten vermögen. Wir brauchen bloß auf das Dach einen kupfernen Stab mit einer vergoldeten Spitze zu setzen und kein Gewitter kann uns etwas anhaben. Der Blitzableiter ist stärker als alles Zürnen der Natur. In den Dörfern läutet man wohl auch heute noch die Glocken, wenn ein Gewitter heranzieht, aber die Kirche selbst vertraut man doch nicht dem Schutz des Glockenläutens an, sondern ganz oben findet sich auf dem Turm, vorsichtshalber, ein Blitzableiter.

Wenn den Menschen der Vergangenheit nächtlich unter den vertrauten Sternbildern plötzlich ein blutroter, langgeschwänzter Fremdling erschien, so war für sie das Vertrauen in die gewohnte Ordnung der Natur auf einmal erschüttert. Woher die düstere Erscheinung? Ein Vorzeichen, eine Zuchtrute, die Ankündigung furchtbarer Strafen für die sündige Menschheit. Heute überrascht uns kein Komet. Der Astronom hat seine Schleichwege aufgespürt, und er berechnet seinen Lauf. Und er prophezeit: dieser Komet wird im Jahre 2786 am 12. Juli 1 Uhr 38 Minuten 22 ½ Sekunde[n] nachmittags wieder zum Vorschein kommen, und er ist sicher, daß der Gast sich pünktlich einstellen wird. Jeder Zeitungsleser weiß heute schon Monate voraus, wann ein Komet erscheinen wird. Es gibt keine Überraschung, also auch kein Erschrecken. Wir ängstigen uns auch nicht, wenn die Sonne sich plötzlich beschattet; wir glauben nicht, daß dann ein böser Geist die Sonne verschlingt, denn jeder Schulbube weiß, welch harmlose Erscheinung eine Sonnenfinsternis ist. Meer und Hochgebirg sind keine Schrecken mehr für uns; denn wir beherrschen mit unsern Schiffen die furchtbarsten Stürme und unsere Eisenbahnen klettern zu den höchsten Gipfeln empor. Dieselbe Kraft, die das Gewitter unsern Vorfahren so schrecklich machte, heute in den Dienst menschlicher Arbeit gestellt, ermöglicht uns, über Hunderte von Meilen hinweg zu schreiben, zu sprechen, zu hören, Wasserfälle, Ströme zu verwandeln in Licht und Kraft, die unsere Nächte taghell machen und unsere Maschinen treiben, daß wir heute in einem Tage mehr Güter zu erzeugen vermögen als die frühere Menschheit in einem Jahrhundert. Selbst Ausbrüche von Vulkanen, die auch heute noch Tausende und Hunderttausende von Opfern in wenigen Sekunden zu mähen vermögen, betrachten wir nicht mehr als Strafen für menschliche Versündigung. Wir kennen die natürlichen Ursachen der Erdbeben, und die heutige Menschheit antwortet auf solche furchtbaren Katastrophen nicht mit brünstiger Verzweiflung, sondern sie ruft die Solidarität der Menschheit an, um Hilfe zu spenden, und sie stellt dem Ingenieur die Aufgabe, erdbebensichere Häuser zu konstruieren, damit die stürzenden Trümmer nicht Leben erschlagen.

So hat sich unser Verhältnis zu den Naturgewalten von Grund aus umgeändert. Keine Spur mehr der Anschauung ist uns geblieben, die in jenen alten Religionen die Vorstellungen der Angst und Verzweiflung geformt hat. Wir fürchten die Natur nicht mehr, wir durchdringen ihre Wunder, ihre Kräfte sind der Grundquell all unserer heutigen Kultur. Wir lieben die Natur, wo sie groß und erhaben ist, das stürmische Meer, der einsame Gletscher erfüllt uns mit Andacht und stolzer Verehrung, seit sie wegsam für uns geworden. Wir glauben an die Natur, weil wir sie kennen, wir preisen ihre Kräfte, und wir wissen keine höhere Aufgabe, als ihre Geheimnisse immer tiefer zu ergründen, und die unbeirrbaren Gesetze ihres Wesens der menschlichen Freiheit dienstbar zu machen. Dieses triumphierende Gefühl ist die Religion der heutigen Menschheit, und so erkennen wir, daß sich in Wirklichkeit doch über allen alten Religionen eine neue mächtige Religion gestaltet, die unser heutiges Leben auf der ganzen Erde beherrscht: die Religion des Sozialismus, der aus der Entfaltung der Naturkräfte seine neue herrlich aufsteigende Zuversicht gewinnt.

Wie der Mensch der Vergangenheit das Verhältnis seiner Ohn-

macht zur Natur in düsteren religiösen Schreckvorstellungen um-
deutet, so gibt ihm seine Religion auch die Auskunft über die furchtbaren Ängste seines politisch-gesellschaftlichen Daseins. Diese Religionen sind entstanden und entfaltet in einer Zeit, da die große
Masse der Menschheit aus Sklaven bestand, das heißt aus Rechtlo-
sen, aus Sachen, mit denen ihre Herren und Peiniger treiben durften
was sie wollten. Dieses Dasein war für die große Masse in der Tat
ein Jammertal, aus dem es kein Entrinnen gab. Man hätte ohne die
Religion schließlich am Leben verzweifeln müssen. Warum sind wir
arm und jener reich? Warum müssen wir alle Unbill dulden und jene
dürfen uns quälen, ausbeuten, töten, ganz nach Willkür? Dieser
Wahnsinn der menschlichen Verhältnisse läßt sich nicht lösen. Vielleicht erheben sich einmal die Sklaven in auflodernder Wut gegen
ihre Herren. Aber die Gewalt schlägt sie nieder und es wird schlimmer denn zuvor. Die große Masse der Menschen ist ohnmächtig gegen die Gesellschaftsordnung, in der zu leben sie schuldlos verurteilt worden sind. Aber die menschliche Vernunft empört sich gegen
dies unerträgliche Schicksal; und weil die Körper sich nicht zu wehren vermögen, so suchen die Seelen eine Zuflucht. Das kann doch
unmöglich der Zweck des menschlichen Daseins sein, so jammer-
voll dahinzugehen, die Herzen voll von Sehnsucht nach Glück und
Freude und immer nur gemarterte, mißhandelte hungernde und
frierende Lasttiere der Arbeit! Aus diesem Zwiespalt vernünftigen
Denkens und sinnlos grausamer gesellschaftlicher Zustände entsteht der Flucht- und Zufluchtsgedanke des Jenseits: wenn dann in
diesem Leben es keine Erlösung gibt, so muß nach dem Tode dennoch das wahre Leben der Gerechtigkeit und Freiheit beginnen! Das
war der notwendige Trostgedanke, der die Menschen vor dem Zusammenbruch rettete, und das war die große niemals verächtlich zu
wertende Leistung des Christentums, daß es die Sklaven lehrte, das
Leben zu ertragen. Wir wissen wohl, wie schmählich später die
weltlich-politische Organisation der Kirche diesen frommen, heiligen und heilenden Trostgedanken mißbraucht hat, indem sie ihn
umkehrte und zu einem Werkzeug der Unterdrückung fälschte. Der
Sklave erträumte den Himmel, weil er im Diesseits ohnmächtig war,
sein furchtbares Dasein zu erlösen. Daraus fälschte man die Lehre,
weil der Sklave des Himmels gewiß sein muß, soll er sich hienieden
in alle Gewalt seiner Peiniger geduldig fügen. Dennoch, jener Ge-

danke der Erlösung war in seinem Ursprung selbst Erlösung. Man begreift nun auch, wie die alten Religionen die Jahrhunderte überdauern konnten, denn die soziale Ohnmacht der beherrschten Klassen wie des einzelnen gegenüber der bestehenden Rechtsordnung dauerte bis in die neueste Zeit unverändert, ungemildert. Der leibeigene Bauer, der bis an die Schwelle der Gegenwart die Masse des unterdrückten Volkes darstellte, ist in Deutschland erst im neunzehnten Jahrhundert, in Bayern erst durch die Revolution von 1848 befreit worden. Das Industrieproletariat aber, das seitdem entstanden ist, hat trotz aller seiner sozialen Unterdrückung und Ausraubung doch als Erbteil der großen Menschheitskämpfe wenigstens das Recht der freien Geburt, der Selbstbestimmung erhalten. Der geburtsfreie Proletarier weiß, daß er nicht das wehrlose Opfer einer durch alle Ewigkeit dauernden unentrinnbaren Gesellschaftsordnung ist, sondern er hat erkannt, daß alle menschlichen Ordnungen Menschenwerk und deshalb vergänglich sind. Diese Einsicht gewann er, weil er ja selbst mitwirkte an der Gestaltung der Rechtsverhältnisse.

Nur ein paar Jahrzehnte zurück und es gibt keine politische Betätigung der Masse: kein Wahlrecht, kein Parlament, keine freie Presse, kein Vereinsrecht. Was heute dem Proletariat das mächtigste Werkzeug der Notwehr gegen den Kapitalismus geworden ist, das Koalitionsrecht, war noch in einer nahen Vergangenheit Verbrechen der Meuterei, des Aufruhrs, des Hochverrats; wer sich mit seinen Arbeitsgefährten zur gemeinsamen Selbsthilfe zusammenfand oder gar durch Arbeitseinstellung bessere Lebensbedingungen zu erzwingen versuchte, hatte die schwersten Strafen verwirkt, Peitsche, Folter, Zuchthaus, Schafott.

Jetzt aber ist die Menschheit mündig geworden. Sie hat die Ohnmacht in der Erduldung überkommener politischer und sozialer Verhältnisse überwunden. Wie immer noch unsere Rechte und Freiheiten verkümmert sind, wie immer noch die rohe Gewalt des Staates wie einzelner bevorrechteter Personen die freie Selbstbestimmung der Masse zu lähmen bemüht ist, und aus aufrechten, ihrer Würde und ihrer Aufgaben bewußten Menschen zitternde Untertanen zu demütigen versucht, – wir wissen heute dennoch, daß wir stark genug geworden sind, den Anteil an den Gütern des Lebens, die Rechte und Freiheiten zu besitzen, die wir entschlossen sind uns zu erringen. Wir sind nicht mehr ohnmächtig, wir haben im Gegenteil alle Macht, wenn wir nur *wollen*, wenn wir durch gemeinschaftliches entschlossenes, ehern zusammenhaltendes Handeln die politischen und sozialen Zustände herbeizuführen bereit sind, die unsere Menschenvernunft uns klar und hell zeigt: Brot, Freiheit, Glück für alle, ohne Unterschied auf *dieser* Erde, in *diesem* Leben!

Haben wir so Macht über unser eigenes Schicksal gewonnen, so beflügelt unseren Willen der junge Glaube zur Tat, daß die Menschheit zu erreichen vermag, was uns als Ziel ihres Strebens vorschwebt. Dieser Glaube an die Zukunft ist unsere Religion, die hell, tapfer, freudig dem Leben zugewandt ist und das Leben aller zur reichsten Blüte zu entwickeln strebt. Die Religion des Sozialismus in ihrem Kraftgefühl und ihrer Daseinsbejahung hat die Verzweiflung des Jammertals, die Hoffnungslosigkeit des irdischen Geschicks für immer überwunden.

Aber wenn auch, wie jeder uns zugeben wird, in der Tat diese Religion des Sozialismus für die Rätsel unseres heutigen Daseins die rechte lösende Antwort findet, haben wir dann, so wird man fragen, wirklich den ganzen Sinn des Lebens erfaßt, für vernünftige Menschenzwecke wertvoll gedeutet? Bleibt nicht gerade dann, wenn es uns gelingt, das Dasein der ganzen Menschheit zu all seiner möglichen und denkbaren Herrlichkeit zu entfalten, mit verschärfter Bitternis die quälende Tatsache bestehen, daß dennoch all diese Herrlichkeit für die Menschen *endigen* muß – im Tode. Der natürliche Lebenstrieb jeder Kreatur hat sich in lähmende Todesangst verwandelt. Nicht immer haben die Völker den Tod gefürchtet. Aber besonders seit dem Mittelalter ist es wie eine Geisteskrankheit über die Menschheit gekommen, daß sie sich in schrecklichen Zuckungen vor nichts mehr fürchteten als vor dem Ende. Und keine schwerere Schuld hat kirchliche Machtbegierde auf sich geladen als die Ausbeutung der Todesangst, die Marterung der Gewissen. Dadurch erst sind die Menschen auch seelisch zu Sklaven geworden. Wir haben es nie begriffen, wie einzelne Menschen von Fleisch und Blut, wie wir alle, es vor ihrem Gewissen verantworten konnten, arme gequälte Kreaturen, die schon auf Erden die Hölle hatten, nun noch mit der gesteigerten Hölle nach dem Tode zu ängstigen.

Was wollen wir Menschen denn im tiefsten Grunde? Wollen wir ewig leben? Ewig leben *können*, heißt soviel wie ewig leben *müssen*.

Das aber wäre der Tod, die wahre Hölle alles Lebens. Wenn wir Menschen gezwungen wären, niemals wieder, wie wir ins Leben kamen, so auch aus dem Leben gehen zu können, der Lebens*zwang* wäre das Unerträgliche, das unser Dasein vom ersten Tage an vergiften müßte. Nein, es ist gnädig von der Natur eingerichtet, daß das Leben des einzelnen, wenn es ein Weilchen sich geregt hat, auch wieder in stillem Frieden zu erlöschen vermag.

Verhängnisvoll ist diese Geisteskrankheit für die Entwicklung der Menschheit geworden. Denn indem wir entsetzt und verängstet auf den *natürlichen* Tod starrten, vergaßen wir den Kampf gegen den *künstlichen* Tod, der vor der Zeit die Menschen zerstört, diesen Tod, der der Fluch der Menschengeschichte geworden ist, und den wir, wenn nicht fürchten, so doch hassen und bis zur Ausrottung verfolgen müssen. Herrlich ist es, nach getaner Lebensarbeit, nach Erschöpfung der Glücksspenden des Daseins, wieder davonzugehen. Aber es gibt keine entsetzlichere Vorstellung, als denken zu müssen, daß in Wahrheit nur wenige Menschen ihr Leben leben können. Unübersehbar die Opfer der Schlachtfelder, auf denen in den Jahrhunderten die Jugend verfaulen mußte. Unübersehbar die Zahl der Opfer, denen durch Hunger, Überarbeit, gesundheitsgefährliche Arbeitsverhältnisse das Leben künstlich verkürzt, verkümmert, verkrüppelt worden ist. Und gibt es einen gräßlicheren Gedanken als diese Massenerscheinung, daß Millionen von armen kleinen Menschenkindern, wenn sie kaum das Licht der Sonne erblickt und damit das Recht gewonnen und die Sehnsucht dunkel empfunden haben, daß auch sie nun teilhaben werden an den Strahlen des Lebens, sofort wieder nach wenigen Tagen und Monaten, düsteren Vorwurf in den erlöschenden Augen, sterben müssen, nur weil die Mütter unter der Ungunst ihrer Daseinsverhältnisse nicht genügend an gesunder Nahrung für sie besaßen, weil sie in den engen Wohnhöhlen tödliches Gift einatmen. Diesem *künstlichen* Tod gilt der Kampf der Sozialisten, und unser religiöser Glaube ist es, daß wir einst eine Menschenordnung erreichen werden, in der jeder, der geboren ist, keine Stunde vor dem natürlichen Ende, vor der erlösenden Ruhe vernichtet wird.

In diesem tätigen Glauben wird das Bedürfnis nach Unsterblichkeit in all seiner sehnsüchtigen Tiefe ganz erfüllt. Der einzelne Mensch stirbt, aber die Menschheit lebt. Und daß das Leben dieser

Menschheit sich immer reicher und größer gestalte, das ist der Inbegriff unseres Ringens und Kämpfens. In der Gemeinschaft, der Solidarität der Menschheit wird der Unsterblichkeitsglaube Wahrheit und Wirklichkeit. Was jeder Gutes tut im Dienste der Menschheit, und sei es die bescheidenste Leistung des namenlosen, ärmsten Mannes im fernsten einsamsten Dorfe, das kann niemals untergehen, darin verbürgt sich seine persönliche Unsterblichkeit, das ist die Aussaat seiner unsterblichen Seele in alle Ewigkeit. Zu diesem schöpferischen Unsterblichkeitsglauben steigt die Religion des Sozialismus gipfelan.

Eine Weltfahrt in 50 Kilometern

Sieben Briefe an eine Freundin | Brief V.
(Herbst 1908)[10]

Solidarität aller Menschen ist keine Liebesseligkeit für den inneren Menschen, sie ist der Gesetzgeber allen Rechts auf allen Feldern unserer Betätigung. Sie ist Tat, gestaltende Kraft.

Und wenn Du fünfzig Kilometer vom Dorf in die Stadt fährst, dann entdeckst Du dieses junge Reich der schöpferischen, tragenden, steigernden Solidarität. Durch sie wird die Welt Dir zur großen, freien, bewegten und belebten Heimat, die nichts mehr gemein hat mit der Schollenhaft der alten engen Heimat.

Aber diese Entdeckung wächst Dir nicht entgegen, Du mußt sie Dir erarbeiten wie alles in der Welt, was Wert hat; und schließlich wirst Du nach vieler Mühsal und bitterem Leid nur Spuren finden, entgleitende Spuren, und vielleicht wirst Du als ganzen Ertrag Deines Ringens nur eine Hoffnung, einen Glauben, eine Zuversicht, eine zitternde Überzeugung des Zukünftigen gewinnen. Gleichwohl, die Entdeckungsfahrt, zu der ich Dich einlade, als mutige Gefährtin teilzunehmen, birgt so viel des Großen und des Glücks in sich, daß Du später gar nicht mehr fragen wirst, ob denn all der Aufwand an Denken und Wollen durch die Sache gerechtfertigt und bezahlt würde.

Ehe Du indessen Dich in das *neue* Land hineinfindest, mußt Du Deine Augen üben für die Erkenntnis des *alten* Reiches. Tu keinen Schritt, ohne das, was Du siehst, an Deiner Vernunft zu messen. Nimm keine Handlung, kein Geschehnis hin, ohne nach Grund und Ursache, nach Zweck und Ziel zu fragen. Fast ist es schwieriger für den Menschen, Probleme zu sehen, als sie zu lösen. Alle Dinge dieser Welt müssen Dich anreden, müssen Dich fragen. Du weißt gar nicht, wie neugierig alle diese Dinge sind. Sie wollen von Dir Auskunft über sich selbst. Sie wollen sich von Dir belehren und verändern lassen. Nur das ist Dein, dessen Geist, dessen Seele Dein Werk ist.

---

[10] Textquelle | Kurt EISNER: *Gesammelte Schriften. Zweiter Band.* Berlin: Paul Cassirer 1919, S. 57-60.

Und alle Dinge, wenn Du nur verstehst, sie gesprächig zu machen, erzählen Dir von der großen Sehnsucht nach Solidarität. Du brauchst nicht die Welt zu durchfahren, nicht alle Erdteile abzugrasen, um die Welt Dir zu erschließen. Der Weise, der einst über den Marktplatz des kleinen Städtchens an der russischen Grenze nie hinausgekommen, maß doch in seinem Geist das ganze Universum aus, den Himmel und die Erde, den Sirius und das menschliche Bewußtsein, die Zeiten und die Länder, den Gang der Gestirne und das Kreisen des menschlichen Willens. Eine Fahrt von ein paar Meilen, und alle Gegensätze der heutigen Kultur, die Triebkräfte unserer Wirtschaft und die Zuckungen des Zukünftigen offenbaren sich vor Dir.

Wie wir zwischen Wald und Eisenbahnböschung wandern, fährt durch die Nacht ein hellerleuchteter goldbrauner Zug. Selbst die Schrift, die Speise- und Schlafwagen kenntlich machte, leuchtet zierlich. Durch die hellen, großen Fenster sehen wir im Flug geschäftige Diener eilen mit weißen Handschuhen, ohne des Kohlenstaubs zu achten, der überall eindringt. Auf breitem Polster erhascht unser Blick ein junges, umschlungenes Paar, das müde sich anschickt, für die Nacht sich vorzubereiten. Während sie Hunderte von Meilen durchmessen, sind sie warm geborgen, wie in einer weichen Kammer. Aus der Unendlichkeit der Nacht draußen reichen Millionen von Schicksalen unsichtbar ihre geheimnisvollen Arme in dieses eilende Lichtnest hinein. Einsame Gehöfte, in sanft ansteigenden Tälern gebettete Dörfer, rauchende Städte, die aus glühenden Hochöfen den Himmel zu verbrennen scheinen – all dies bunt und mannigfach treibende Leben öffnet dem Zug wie für einen Augenblick nachschauend und aufmerkend seine Augen, um sie gleich wieder zu schließen. So verlieren sich Zeit und Raum. Die Sonne geht auf. Im Frührot lugt ein kleines Hirtenmädchen, an die Schranke der Dorfstraße gelehnt, nach dem vorüberstampfenden Zug. Es wird immer nur an die Schranke gebannt, die Ferne, die es nie erleben wird, im enteilenden Zug zu ahnen vermögen. Vielleicht hat es von seinem alten Schulmeister schon gehört, daß weit draußen Meere brausen, Schneegipfel in den Himmel wachsen, daß der reiche Mann, der im Norden friert, einen Tag später schon zwischen märchenhaft duftenden Frühlingsblumen zu wandern vermag, daß er schneller in wunderlichen fremden Völkerschaften unterzutauchen ermöglicht, als das dumme Dirnlein deren Schilderungen in Indianergeschichten buchstabierend zu bewältigen vermöchte. Die Weltfahrt in dem goldbraunen Zug unterbricht nicht einmal das Behagen des Hauses. Der Mensch selbst erhält etwas von der Bewegungskraft der im Wechselgesang der Sphären den ewigen Reigen des Unendlichen tanzenden Sterne. Alle Menschen aber sind gleich in diesem Zug. Kein Raum ist anders ausgestattet. Die Gleichheit auf den Gipfeln des Reichtums! Alles was die Verkehrstechnik an Bequemlichkeiten und sinnreicher Erleichterung zu ersinnen vermag, ist in diesem Zug angewandt. Wer in ihm fährt, braucht nicht das Gefühl zu haben, daß das Reisen eine Sünde sei, die bestraft werden muß durch die Marter des Reisens selbst. In den Kursbüchern setzt man ein L vor die Zugnummer – Luxuslüge für die reichen Leute, die immer irgendwo zwischen Ostende und Konstantinopel, zwischen Paris und Petersburg oder gar zwischen Nizza und Peking leben. Und daß diese Glücklichen offenbar gar nicht die Schande der öden Gleichmacherei empfinden, von der man uns doch sagt, daß sie das edelste des Menschentums zerfresse! Sie hausen alle in derselben Wagenklasse, die man die erste nennt.

Wir beide müssen noch ein Weilchen warten, dann steigen auch wir von unserem kleinen Dorfe aus in den Zug. Wie anders ist der gestaltet. Er ist zusammengestoppelt wie aus Fahrzeugen aller Epochen des Eisenbahnzeitalters: enge, dürftige Kästen, holperig und schlecht beleuchtet, auf rauhen Federn stoßend. Unser Zug stolpert langsam wie ein ermüdeter Klepper und auf unseren Holzbänken, in denen der Menschenschweiß von Generationen sich eingenistet zu haben scheint, finden wir keinen Raum und keine Fläche, um unserem Körper Behagen zu schaffen. Wir sind eingezwängt wie in die eiserne Jungfrau, hocken dicht zusammen mit wildfremden Menschen, die mit Körben und Kästen den Raum füllen, schwatzen oder gähnen, im Halbschlaf hindämmern, schnarchen oder rauchen. Nach wenigen Minuten fühlen wir uns schon krank und matt. Wenn wir nur erst zu Hause wären! Freilich unser Zug besteht nicht nur aus diesen Holzkerkern, man hat auch grün und rot gepolsterte Zellen, die zweite und die erste Klasse. Und wenn wir über die südliche Grenze gen Norden fahren würden, hätten wir auch noch das Schauspiel der wimmelnden Tiefe, die vierte Klasse, in der man es schon als eine soziale Wohltat einer erleuchteten Regierung betrachtet, daß sie auf den christlichen Einfall geraten ist, wenigstens für einen Teil der hier zusammengeklumpten Menschheit ein paar Sitzhölzer zur Verfügung zu stellen.

Hörtest Du, wie der Luxuszug Dich befragte, und wie dieser nicht einmal beschleunigte Personenzug mit seinen drei Klassen Dich mit seiner Neugier bestürmte? Du hast eine Weltfahrt durch unser soziales Dasein für die paar Pfennige erlebt, die uns in der dritten Klasse, hinter dem Luxuszug her, vom Lande in die Industriestadt gebracht hat.

Festlicher Kampf

(1. Mai 1911)[11]

Krieg und Kampf – das sind die beiden Gegensätze der menschlichen Gesellschaft, das ist der Weg von der Barbarei zur Kultur. *Krieg ist das Raufen um Vernichtung, Kampf das Ringen um Vollendung.* Die herrschenden Klassen führen Krieg, die unterdrückten, aufwärtsstrebenden kämpfen. In der kapitalistischen Welt herrscht unablässig verwüstender Krieg, durch den für wenige ein satter Friede erkauft werden soll. Die sozialistische Welt will keinen Krieg, um einen trägen Schlaraffenfrieden zu ernten; sie will vielmehr den Frieden, um kämpfen zu können. Nichts Größeres ist den Menschen gegönnt als der Kampf; er ist der heiligste Inhalt des Lebens. Daß dieses Dasein zum heiligen, zum festlichen Kampf werde, ist höchstes Ziel menschlicher Kulturarbeit. Und darum ist das Weltfest des Proletariats, der Maitag, die tiefsinnigste Idee, die jemals verwirklicht war, dieser Gedanke eines Feiertages, der zugleich Fest und Kampf ist. In solcher Vereinigung ist unsere Maifeier, wie mühselig, in echt proletarischem Schicksal sie sich immer vor dem Wirrsal der andrängenden Hemmungen behaupten und durchsetzen mag, dennoch ein Vorklang jenes zukünftigen Lebens, das festlicher Kampf sein wird.

Dieses *Festgefühl* sollten wir in unseren zähen, oft klein und kleinlich scheinenden, bisweilen hoffnungsarm ermattenden Werktagskämpfen niemals vergessen. Wo und wie sich das Proletariat betätigt, ob in der Enge des Dorfes oder der Unrast der Weltstadt ; ob auf dem Acker oder in der Fabrik, ob es seinen Stimmzettel in die Urne wirft, in Versammlungen demonstriert, Flugblätter austrägt, in einer Werkstattberatung noch so winzige Verbesserungen seiner Arbeitsverhältnisse erörtert; ob es genossenschaftlich die Beschaffung von Nahrung und Hausung organisiert, ob es sich in das freie Wort seiner Presse versenkt, mit hingebendem Fleiß um wissenschaftliche Erkenntnisse sich bemüht oder sein Gefühl in künstlerischen Offenbarungen erfüllt – stets umwittert den Proletarier die *Größe seiner weltgeschichtlichen Aufgabe* und, indem er um das Näch-

---

[11] Textquelle | Kurt EISNER: *Gesammelte Schriften. Zweiter Band.* Berlin: Paul Cassirer 1919, S. 92-96.

ste und Bescheidenste kämpft, erhebt er sich zum ahnungsvollen Bürger einer erhabenen Zukunft, die er selbst rüsten hilft. Das helle Mailicht begleitet den aufrechten Proletarier durch alle Tage des Jahres, und in keinem Tun vergißt er die festliche Begeisterung, die er seinem Werk schuldet.

Ludwig Feuerbach hat in einem schönen und kühnen Gleichnis die *Erhabenheit des Alltäglichen* gezeichnet: „Essen und Trinken ist das Mysterium des Abendmahls – Essen und Trinken ist in der Tat an und für sich selbst ein religiöser Akt; soll es wenigstens sein. Denke daher bei jedem Bissen Brot, der dich von der Qual des Hungers erlöst, bei jedem Schluck Wein, der dein Herz erfreut an den Gott, der dir diese wohltätigen Gaben gespendet – an den *Menschen*! Aber vergiß nicht über der Dankbarkeit gegen den Menschen die Dankbarkeit gegen die Natur! Vergiß nicht, daß der Wein das Blut der Pflanze und das Mehl das Fleisch der Pflanze ist, welches dem Wohle deiner Existenz geopfert wird! Vergiß nicht, daß die Pflanze dir das Wesen der Natur versinnbildlicht, die sie selbstlos dir zum Genusse hingibt! … Hunger und Durst zerstören nicht nur die physische, sondern auch die geistige und moralische Kraft des Menschen, sie berauben ihn der Menschheit, des Verstandes, des Bewußtseins. O, wenn du je solchen Mangel, solches Unglück erlebtest, wie würdest du segnen und preisen die natürliche Qualität des Brotes und Weines, die dir wieder deine Menschheit, deinen Verstand gegeben! So braucht man nur den gewöhnlichen gemeinen Lauf der Dinge zu unterbrechen, um dem Gemeinen ungemeine Bedeutung, dem Leben als solchem überhaupt religiöse Bedeutung abzugewinnen."

Unser Maitag ist solche Unterbrechung des gemeinen Laufs der Dinge, um dem Gemeinen ungemeine Bedeutung zu geben. Er lehrt uns die Alltäglichkeit unseres Kampfes *in seiner Größe* erkennen, das Glück des Kämpfens selbst im Innersten empfinden, er bestärkt und befeuert uns in der erhabenen Überzeugung, daß der Klassenkampf des Proletariats die schaffende Vernichtung des Klassenkrieges ist, den die Herrschenden unbarmherzig und sinnlos zu führen verurteilt sind.

Man sollte unsern Kampf nicht mit dem Kriege jener vergleichen. Es ist nichts Gemeinsames zwischen diesen beiden Betätigungen. Kämpfen ist Schaffen, Kriegen ist Zerstören. Es ist nicht das

Ringen moralisch Ebenbürtiger, das zwischen den beiden Lagern brandet. Das sind die Kämpfer des Daseins, die das festliche Schöpferglück noch in dem Augenblick begnadet, da sie im Übermaß der Kraftanspannung zusammenbrechen. Der Denker ist Kämpfer, der die quellende Mannigfaltigkeit der Erscheinungen in klaren einfachen Gedanken zu bändigen sich quält. Der Künstler ist Kämpfer, der das Schicksal der Menschheit in großen Gesichten zu gestalten ringt – bis zur verzehrenden Aufopferung seines Selbst. Wer auf schwankem Fahrzeug hoch über der Erde im weiten Luftmeer, den tödlichen Sturz vor Augen, unerschrocken steuert, wer in die Eisgefilde fernster Einsamkeit vordringt, wer den verderbenden Krankheitserregern im menschlichen Körper, die grauenhaften Geheimnisse ihres Wirkens nachspürt – der weiß, was Kämpfen heißt. Wer mit schwerem Schritte die Scholle bearbeitet, wer glühendes Metall zu zweckmäßig sinnvoller Form unterwirft – sie alle gehören zu dem Maiheere der Kämpfer.

Die *Herrschenden* aber kämpfen nicht, sie führen Krieg, sie zerstören. Sie rasen in allen Ländern und Ströme von Blut fließen. Bald führen sie Rachezüge gegen wildwüchsige Naturvölker und rotten sie im Namen der Zivilisation aus, bald treiben sie zivilisierte Nationen mit Kanonen, Maschinengewehren, Panzerschiffen gegeneinander. Jetzt entfesseln sie unblutige, aber kaum minder grausame Völkerkriege durch Zölle und Sperren, dann toben sie in inneren Fehden: Die Straßen röten sich vom Blut wehrloser Bürger, frecher Übermut sperrt Tausenden Raum und Werkzeuge der Arbeit, Rechte und Freiheiten werden zertreten. Gerichtssäle und Gefängnisse, Arbeitshäuser und Prügelheime, Kasernen, in denen die Leiber entseelt, und Kirchen, in denen die Geister entkörpert werden, das sind ihre Kriegsschauplätze.

Blick in die Fratzen dieser Krieger, wo gewahrt ihr Größe, Begeisterung, oder auch nur ein gutes Gewissen? Sie säen Tod und ernten Verwesung. In all ihrem Glanz, in all ihrer Macht, in all ihrem Reichtum irren sie doch scheu, wie von der Weltacht Gebannte und Verfluchte, unstet durch ihre Zeit, die für sie zum ewigen Grabe wird. *Sie haben nichts, wofür sie kämpfen dürfen.* Sie kennen ja nur Unterdrückung und Erniedrigung. Sie wissen nichts von der Unsterblichkeit des Kämpferglücks, das des endlichen Sieges gewiß ist. Ihr zittert vor euren eigenen Geschossen und Sprengstoffen, vor euren eigenen Klassengenossen und noch mehr vor denen, die ihr beraubt. Wir aber reichen, mit unbewehrten Händen, unbekümmert um alle Schrecken stählerner Waffen und blutiger Gesetze die brüderlichen Hände über alle Grenzen und rufen, ob man uns tausendfach als Hochverräter schmähen und verfolgen mag, alle zu Hilfe, die mit uns bereit sind, in festlichem Kampf ein neues Leben aufzubauen; und fast sind wir weichmütig, euch übermächtige, uns bedrohende Feinde zu bedauern, daß ihr nichts verspüren könnt von der Fülle unserer Sehnsucht, Tapferkeit und Zuversicht.

Der erste Mai ist *unser Fest aus eigenem Recht*. Keine Kirche lockert dem Pöbel die Zügel für kurze Rauschstunden, kein König läßt seinen Untertanen aus Marktbrunnen roten Wein fließen und den Hungernden zu stumpfer Völlerei Ochsen braten. Die Masse, die unser ernstes, verfolgtes und gefährdetes Fest feiert, ist nicht mehr euer geduldiges, armseliges, feiges Volk, dem ihr die Glieder und Gedanken nach Willkür verstümmelt, und das ihr mit huldvollen Vergnüglichkeiten begnadet, nachdem es euch sein Menschentum geopfert hat. Wir wollen *kein Recht, das wir nicht selber erobert, keine Freiheit, die wir nicht selber gefügt, keine Freude, die wir nicht selber gespendet, und auch kein Fest, das wir nicht selber uns gewonnen.*

Dazu erziehen wir dies neue Volk, daß jeder sich selber zu erziehen wisse, daß jeder verstünde, seinem Dasein Wert und Würde zu verleihen, sein Schicksal klug und tapfer zu lenken: jeder einzelne, in sich gereift und gehämmert, ein Kämpfer für sich und doch – ein frei sich fügendes Glied in der Gesamtheit – festlichen Kampf !

Jonathan Swift

(Juli 1911)[12]

Jonathan Swift starb am 19. Oktober 1745, im Alter von 78 Jahren, es scheint: an progressiver Paralyse. Es ergab sich, daß er sein in einem Leben wohltätiger Sparsamkeit, zuletzt wahnwitzigen Geizes erspartes Vermögen von 200.000 Mark zum Bau einer Anstalt für Idioten und Mondsüchtige gestiftet hatte. Das war ernst gemeint. Er selbst fühlte, wie die Zersetzung seines Geistes über ihn hereinbrach. Frühzeitig kränkelnd, schwerhörig, verlor er das Gedächtnis und war die letzten 5 Jahre, die in völligem Stumpfsinn dahinkrochen, nur noch ein verwesender Fleischklumpen. Er wollte ein Asyl für seinesgleichen schaffen; es gab in Irland kein Hospital dieser Art.

Aber die testamentarische Verfügung war doch auch ein grimmiges Urteil über den Erfolg seiner geistigen Arbeit. Wenn Literatur zu wirken vermöchte, wenn sie Hirne umbildete und den Rhythmus des Herzschlags bestimmte, so hätte es nach den Werken dieses klarsten Logikers und rauhesten Moralisten, der Vernunft und Willen zugleich in den unermeßlichen Gebilden einer kosmischen Phantasie künstlerisch zu gestalten vermochte, weder mehr Menschen geben können, die unterhalb des geistigen Lebens hausen, noch solche, die in nächtiger Verstiegenheit vor ferner eisiger Unfruchtbarkeit Andacht treiben: weder Idioten noch Mondsüchtige. Dann wären Swifts Werke tot, aber sein Werk lebte. So aber sind seine Schöpfungen lebendig geblieben, weil sie sich nicht ausgewirkt haben, und wir lesen in ihnen noch heute nach zwei Jahrhunderten unsere Ängste und Qualen, unsern Zorn und Haß, unsere Hoffnung und Sehnsucht.

Den witzigsten Mann, der jemals gelebt, fand Grillparzer in der Vorrede zu Swifts Tonnenmärchen. Auch unter die Humoristen mag er zählen, sofern man unter Humor nicht die Schlafrockart des beschaulichen, gemütvollen Lächelns unter Tränen versteht. Thackeray, sein blasser Nachfahr, sagt von ihm: „Im Humor, in der Ironie und in dem Talent herunterzumachen und zu beschmutzen,

---

[12] Textquelle | Kurt EISNER: *Gesammelte Schriften. Zweiter Band.* Berlin: Paul Cassirer 1919, S. 288-303.

was er haßte, wissen wir uns mit der ganzen Welt eines, wenn wir sagen, daß der Dechant von Saint Patrick keinen Rivalen hat."

Als den „einzigen ironischen Großmeister unter Alten und Neueren" feiert ihn Jean Paul. Übel behandeln ihn die deutschen Unternehmer von Literaturgeschichten. Bei irgendeinem las ich, er sei Dichter „im wahren Sinn des Wortes" nicht gewesen – weil ihn nämlich das Schicksal seines Volkes und der Menschheit mehr packte als der Jammer eines verliebten Idioten, und die irische Wirtschafts- und Finanzpolitik ihm ein würdigerer Stoff der Dichtung schien als die Mondnacht eines träumerischen Jünglings –, auch sei er eine zerstörende Natur gewesen. Hettner schreibt:

„Jonathan Swift war wesentlich Pamphletist, freilich einer der größten und gewaltigsten, die jemals gelebt haben. Alle Eigenschaften, die zu dieser Art der Schriftstellerei gehören, standen ihm im reichsten Maß zu Gebot: Klarheit des Geistes, Kälte des Herzens, Rachsucht, gewissenlose Verleumdung, ein immer schlagfertiger Witz, eine genaue Kenntnis alles Gemeinen und Verwerflichen in der Menschennatur und eine wahrhaft bewundernswürdige Beherrschung der Sprache, besonders in ihren mehr niedrigen und provinziellen Ausdrücken. Die Dinge erscheinen niemals wie sie sind, sondern immer nur wie sie sich in dem verzerrten Hohlspiegel eines genialen, mit Gott und der Welt zerfallenen Sonderlings darstellen."

Ich hätte das Bedürfnis anzunehmen, daß diese armseligen Plattheiten erst in die spätere Auflage von dem Herausgeber Hettners hineingepfuscht sind. Indessen, auch Hettner, wie alle anderen deutschen Literaturprofessoren, erklären ja alle Wandlungen Swifts aus Rachsucht, Enttäuschung, Ehrgeiz; die Tragödie seines Lebens ist nach ihnen, daß er es nicht zum Bischof brachte. Von dem hohen Lied der Menschheitserlösung, dem Weltbrand und der Götterdämmerung des letzten Teiles des Gulliver urteilt Hettner gar:

„Empörende, herzlose Verbitterung, der Grundmangel von Swifts gesamtem Wesen, tritt offen zutage. Wer gut scherzen will, der muß ein warmes Gemüt haben, er muß zeigen, daß er denjenigen, den er verspottet, dennoch von Grund der Seele liebt. Dies warme Gemüt aber fehlt Swift. Sein Lächeln ist nicht, wie bei allen großen Humoristen, das milde und darum wohltuende Lächeln durch Tränen, sondern nur das unheimliche Gelächter schadenfroher Menschenverachtung."

Daß aber Swift auch nicht das warme Gemüt besaß, liebevoll unter Tränen über Krieg und Pest, Hunger und Unterdrückung, Roheit und Niedertracht, Wahnsinn und Syphilis zu lächeln! Und daß er so gar keinen Begriff von der Erhabenheit des Unterschieds zwischen Tories und Whigs, zwischen Papisten, Lutheranern und Calvinisten hatte, sondern über diese Überzeugungen schadenfroh lachte, während er kalten Gemüts den höchst peinlichen Gorgonenschild wider alle Bedränger der gemarterten Kreatur schwang! Swifts kühnste Dichtung, das erhabene Utopien seines Pferdestaates, wird daher von Hettner schlechthin abgelehnt:

„Einzig in der Schilderung der Houyhnhnms ist die innere Wahrscheinlichkeit verletzt. Dies ist wieder ein wichtiger Beweis für die alte bewährte Lehre, daß was unsittlich und unvernünftig, auch immer unkünstlerisch ist. Schon Boileau sagt: ‚Nur in der Wahrheit ist Schönheit'."

Herr Wülcker, der Hofrat der Anglizistik, durfte 1907 drucken lassen:

„Da ihm jedoch seine Freunde den ersehnten Bischofssitz nicht verschaffen konnten, ging er 1710 … zu den Tories über … All seine Lieblosigkeit, sein Menschenhaß, seine Verbitterung treten hier (Gulliver) deutlich hervor: des Humors bar, ist er nur ein herzloser Satiriker."

Von der Rasse packt den Charakter der neueste Urheber einer Weltgeschichte der *Literatur*, Otto Hauser:

„Jonathan Swift war Irländer von Geburt … Doch ist schon hier zu bemerken, daß diese Irländer nur selten Iren oder doch nachweislich mit Iren vermischte Engländer sind, vielmehr gewöhnlich aus rein englischen Familien stammen (wie auch Swift), und daß sich hier nur wieder die durch neuerliche Auslese bedingte Tüchtigkeit der Kolonien zeigt."

In der Tat, allein mit der Rassenbiologie läßt sich noch eine *Weltliteratur*geschichte verfassen; denn nur diese Methode ersetzt das tausend Menschenleben erfordernde Studium der einzupökelnden Werke durch die schnell zu erledigende Erkundigung nach dem Geburtsort des Schriftstellers, seines Vaters und seiner Großtante. Nichts ist sicherer, als daß sich Gullivers Reisen aus dem Umstand erklären, daß Swift in Dublin geboren wurde, aber aus England stammte. Leider scheint die koloniale Auslese doch nicht recht gelungen zu sein; denn auch Hauser urteilt:

„Ein glänzender Geist, dem es nicht vergönnt war, nach seiner ganzen Anlage zu wirken, der sich in Unrast in sich selbst verzehrte."

Äußerst zutreffend scheint ihm der Gulliver „durchtränkt von Bitterkeit".

All das Gerede hat Swift selbst schon vorweggenommen. In seinen Versen auf den Tod des Dr. Swift (veranlaßt durch die Maxime des La Rochefoucault „Im Unglück unserer besten Freunde finden wir immer etwas, das uns nicht mißfällt") läßt er seine Gönner nach seinem Tode reden. Die Liberalen schelten auf den verfluchten Tory, den Abtrünnigen der Freiheit:

„Auch ward er ja zur Strafe drum
Vor seinem Tod erstaunlich dumm."

Er ist der Menschenhasser ohne warmes Gemüt:

„Satiren schrieb er immerzu
Und ließ die Welt niemals in Ruh!
Ohn' Rücksicht flog da Streich um Streich,
Hof, Stadt und Land, das galt ihm gleich …"

„Stets mußte er das Schlimmste weisen:
Pamphlet, Satire, Lügenreisen.
Sein geistlich Kleid, nicht schont er das,
Als Motte saß er drin und fraß."

Wie unbehaglich der Schlußteil des Gulliver:

„Nimmst du den Gulliver zur Hand,
So siehst du in dem letzten Band
Nur Lüg um Lüg in jedem Wort;
Dort ist ihm schier das Herz verdorrt.
Nicht eine Predigt wirst du schaun,
Um fromme Seelen zu erbaun."

Aber das Gelärm übertönt das stolze Schweigen des Toten:

„Mein Wert der Prosa und Gedichte?
Begehrt nicht, daß ich selbst mich richte.
Noch sag, wie die Kritik mich raufte,
Ich weiß nur, daß sie jeder kaufte.
Begabt moralisch tief zu schauen,
Die Welt zu läutern, zu erbauen …
Und was ihm immer mochte glücken,
Muß doch die Welt in allen Stücken
Sein Lob und ihre Schmach erblicken.
Sein klein Vermögen warf er aus
Zum Bau von einem Narrenhaus
Und lehrt damit, daß solcherlei
Für die Nation höchst nötig sei;
Ihr braucht nicht mehr vor ihm zu bangen;
Wird seine Asche Ruh' erlangen?"

Was Swift in Wahrheit der Welt sein wollte, steht in der Inschrift seines Grabsteins, die er selbst bestimmt hat:

„Hier liegt der Leib Jonathan Swifts,
Des Dechanten dieser Kathedrale,
Wo wilder Zorn sein Herz nicht mehr zerreißen kann.
Geh, Wanderer, und wenn du es vermagst,
Ahme den mutigen Mann nach,
Der im Kampf für die Freiheit seinen Mann stand."

Er nannte einmal die Menschen, die er liebte: Sokrates, den Gottes-lästerer und Hochverräter, der den Giftbecher trinken mußte; Brutus, der den Tyrannen mordete; Thomas Morus, den englischen Kanzler, den Kommunisten, der das Schaffot bestieg. Aus diesem Geschlecht stammt Swift.

Swift ist der Kritiker des Zeitalters, das der Revolution von 1688 folgte, ihr Geschöpf, Ankläger und Überwinder. Er erlebt vier Herr-scher, den Oranier, seine Tochter Anna und die ersten beiden George. Die parlamentarische Herrschaft entfaltet ihre Kraft. Die konstitutionelle Aristokratie ringt mit dem Bürgertum um die

Macht. Die Preßfreiheit ist seit der endgültigen Aufhebung der Zensur im Jahr 1693 die Lebensluft des geistigen, die Triebkraft des politischen England. Noch gibt es Rückfälle. Unter der Königin Anna wird politische und religiöse Reaktion versucht; aber sie bringt es niemals zu mehr als zu kleinen ärgerlichen Hemmungen und Belästigungen. Man läßt in England drucken, was ein Jahrhundert später in Deutschland noch mit Galgen und Rad bestraft worden wäre. Die Presse blüht auf. Am Anfang des 18. Jahrhunderts gibt es in London schon 18 politische Zeitungen; 1709 wird die erste täglich erscheinende Zeitung Europas begründet: der *Daily Courant*. Die moralischen Wochenblätter beherrschen die öffentliche Meinung. Der Journalist wird eine politische Macht.

Die puritanische Enge der Cromwellschen Rebellion ist gesprengt. Man will leben. Schon rechnet man in England wirtschaftlich mit großen Ziffern; der Aufstieg zur Weltmacht vollendet sich ungestüm. Die Wissenschaft ringt um die Erkenntnis von Natur und Gesellschaft. Am Anfang der Epoche mißt Newton den Weltraum aus und gibt ihm Gesetze. Die Philosophie entdeckt die Sinne und den gesunden Menschenverstand, die reinliche Tugend, das behagliche Glück und jenen kühlen undogmatischen Deismus, der den lieben Gott als einen unsichtbaren konstitutionellen englischen König für das Reich der Ewigkeit einsetzt, ihn aber nicht mehr durch kirchlich-dogmatische Verfügungen in die weltlichen Gesetze eingreifen läßt. Die Nationalökonomen beobachten sorgfältig und scharfsinnig die wirtschaftlich-sozialen Bedingungen der Gesellschaft; sie bereiten Adam Smiths Werk vor. Das Zeitalter der Aufklärung beginnt, das in der französischen Revolution die Höhe erreicht und in Deutschland zum klassischen Kunstwerk sich immaterialisiert.

Der Typus des öffentlichen Charakters bildet sich aus. Jeder Politiker, jeder Staatsmann ist auf irgendeine Weise auch Schriftsteller, Journalist, Gelehrter. Und jeder Literat ist auch irgendwie Politiker. Walter Scott sagt von Swift, er sei mehr Staatsmann als Dichter gewesen. Der Unterschied ist im Grund aufgehoben. Das Dichten ist keine zünftlerische Spezialität. Swift war Staatsmann, weil er Dichter, und Dichter, weil er Staatsmann war. In ihm veranschaulicht sich die neue gesellschaftliche Geltung der Schriftsteller. Noch kann er von seinem Beruf nicht leben. Die Honorare ernähren ihn nicht, wenn sie überhaupt gezahlt werden. Er braucht ein Amt, deshalb

Verbindungen, Gönner. Die Parteikämpfe sind in persönlichem Betracht wesentlich Kämpfe um einträgliche Stellen. Aber der persönliche Wert gilt, nicht die hündische Demut. Swift fühlt sich in seiner Londoner Zeit, so arm er ist, all den Aristokraten überlegen, mit denen er auf gleichem Fuß verkehrt. Er benutzt sie für seine Zwecke, aber er dient ihnen nicht, sie sind sein Werkzeug. In seinen Tagebuchbriefen für Stella schreibt er einmal:

„Sie müssen wissen, daß es mein Verhängnis ist, am gleichen Tag ein Fürst und ein Lump zu sein. Denn da ich ihn (den Schatzkanzler Harley) um 4 Uhr besuchen sollte, so konnte ich bei keinem Freund eine Einladung zum Essen annehmen. So war ich denn gezwungen, in eine Winkelgarküche zu gehen und für 10 Pence mit Kräuterbier, schlechter Brühe und drei Hammelkoteletten vorlieb zu nehmen; und von dort mußte ich dunstend zum ersten Staatsminister."

In Swifts gesellschaftlicher Stellung ist nichts von Supplikantenelend. Swift steht aufrecht vor den Königen und Adligen. So ist auch der Bezirk seiner Kunst nicht die beschauliche Artistenklause. Sein Sturm und Drang wider die bürgerliche Gesellschaft rast sich nicht in erlebten oder erdichteten Auflehnungen des privaten Lebens auf; sein Hirn glüht der Welt, seine Kunst wälzt die ganze Fülle des politisch-sozialen Daseins. Er ist nicht bloß Wortführer, er ist Tatführer.

Während die Revolution sich in der Macht, im Erwerb und Genuß der herrschenden Klasse sättigt, führt Swift die Revolution über sich selbst hinaus. In ihm sind schon die Dämonen der französischen Revolution und selbst der Chartistenbewegung. Die nüchterne und heuchlerische Verständigkeit der Aufklärung ist ihm fremd. Die Vernunft, deren Herrschaft er proklamiert, ist nicht der Buchhalter eines Kramladens, sie ist prometheischen Ursprungs. Er ist von jenem verzweifelten Menschheitsgrausen besessen, das die großen Befreier vorwärts hetzt, ins Land der Zukunft. Das ist es, was die Beckmesser als Menschenhaß und Bitterkeit merken, die der rechtschaffene Humorist nicht haben dürfe. Das sind die Schwerhörigen für das Glück der Gegenwart, weil sie den Stimmen der Zukunft lauschen; die harten und unbarmherzigen Richter des Bestehenden, weil sie dem Werdenden überfließende Milde hingeben.

Swift war von dem triumphierenden Bewußtsein des freien Englands wohl erfüllt; das Grundgesetz der Freiheit ist die tödliche

Waffe in seinen publizistischen Kämpfen. Aber die neue Freiheit befreit seine Augen ganz, daß sie die Abgründe des wirtschaftlichen, geistigen und sozialen Massenelends zu sehen vermögen. Die englische Weltpolitik plündert in Freiheit die Menschheit aus. Swift hat eine hohe geistliche Pfründe erlangt, er hat keine Not mehr zu leiden, aber er lebt in Irland, das zu den vertriebenen Stuarts gehalten hatte, und das nun von England als Kolonie behandelt und durch ein ebenso raffiniertes wie brutales Aussaugesystem erschöpft wird. In der irischen Politik Englands erkennt er die ganze Unmenschlichkeit des aufsteigenden kapitalistischen Zeitalters. Indem er sich zum leidenschaftlichen unerschrockenen Anwalt Irlands erhebt, wird er zum revolutionären Verteidiger des ganzen Menschengeschlechts.

Gedemütigt und arm ist die Kindheit und Jugend Swifts. Im Haus eines reichen Aristokraten findet er seinen Unterhalt. Er zerwirft sich mit ihm und muß doch wieder seine Zuflucht zu ihm nehmen. Hier nährt er all den Haß des Unterdrückten. Dann geht er nach London und wirft sich in das politische Getriebe, im Lager der Liberalen. Bald ist er ein gefürchteter und bewunderter Schriftsteller. Seine Feder tötet, sein Witz richtet hin. Mit seinem *Märchen von der Tonne*, hat er die verwegenste Satire gegen alles Kirchentum erdacht, die jemals veröffentlicht worden ist. Aber man fühlt, daß dieser in spielender Anmut mähende Hohn mehr trifft als nur den Hader der Papisten, Lutheraner und Calvinisten, er lehnt sich gegen jeden Wahn auf. Swift ist eine Gefahr für alle, die er befehdet; man darf ihn nicht zum Feind haben. Swift weiß, daß ihm niemand traut, weil er bereits jenseits von allen steht; daß ihn aber alle fürchten. Diese Macht nutzt er aus. Für sein persönliches Fortkommen, für seinen Ehrgeiz? Vielleicht auch dafür: Er bedarf der Stellung, um Unabhängigkeit zu erwerben, um Einfluß zu gewinnen. Aber in Wahrheit will er seinem Dämon dienen, der ihn zum Sachwalter des Menschengeschlechts emportreibt. Er hat mit der Feder wechselnden Parteien gedient: Als die Whigs stürzten, ward er der gehaßteste und erfolgreichste Vorkämpfer der Konservativen. Aber er hat bloß die Parteien gewechselt, nicht seine Überzeugung, die von Anbeginn Whigs wie Tories hinter sich ließ. Für seine Gedanken gab es noch keine Partei, darum waren ihm Liberale wie Konservative niemals etwas anderes als Mittel zum Zweck. Er war nun einmal kein deutscher nationaler Professor, der für seine Sache bereit ist in den

Tod (an Altersschwäche) zu gehen. In seinen Tagebüchern an Stella und Briefen versichert er gern, daß er sich an irgendwelchen Halunken durch ein Pamphlet rächen wolle. Das nimmt der Literaturforscher für bare Münze, und es ist doch nur eine burschikose Wendung, gleichwie er tausendfach sein liebstes Mädchen, M D (*My Dear*), auf ganz ähnliche Weise mit polternd zärtlichen Schimpfworten bedenkt. Gewiß, Ehrfurcht hat er für keine der beiden Parteien, weil er von der Ehrfurcht für die eigene Partei seiner großen, einsamen Sache erfüllt ist. Die Konfessionen sind ihm nichts anderes als Parteien, die darüber Kriege führen, ob man Eier am dicken oder dünnen Ende aufbrechen müsse; die politischen Parteien verspottet er unter dem Bild der Leute mit hohen und niederen Stiefelabsätzen. Aber die Aufgaben, die er sich mit seiner journalistischen Tätigkeit stellt, sind aus der Überzeugung erwachsen, daß sie dem gemeinen Wohl dienen. Daher die Unerbittlichkeit des Kampfes; seine Pamphlete sind Feldzüge, die erst mit dem Sieg endigen. Niemals gibt Swift Pardon: Das wäre Verrat an seiner Sache. Die innere Reinheit des Mannes leuchtet schon in den Parteiwirren der Londoner Zeit hindurch. Dann, als er, fast wie ein Verbannter, auf irischem Boden, der angebetete Dechant von Saint Patrick, in den Tuchhändlerbriefen für Irland ficht, wächst er zum Heldentum und zugleich zur Weltkünstlerschaft.

So klar der öffentliche Charakter, so versponnen ist sein persönliches Dasein. Er hat das Geheimnis seines Lebens ins Grab genommen. Die unwissende Neugier hat über das Rätsel dann Romane fabuliert. Man weiß nur, daß durch viele Jahre seines Lebens die gärende Doppelliebe zu zwei Frauen ihn bedrückt hat. Swift ist der erste jener seelischen Bigamisten, die wir dann in der weitern Folge des 18. Jahrhunderts so vielfach antreffen, bis zu Bürger, Goethe und Schiller. Wir kennen auch die bürgerlichen Namen der beiden Frauen, die Swift als Stella und Vanessa unsterblich gemacht hat. In den Tagebuchbriefen, die Swift während seiner Londoner Zeit für Stella Tag um Tag, Stunde um Stunde geschrieben hat, gewinnen wir einen Einblick in diese Beziehungen. Stella ist ihm Kind, Freundin, Kameradin, Geliebte zugleich. Er schwätzt mit ihr wie mit einem Kind und macht sie doch zur ernsten Vertrauten all seines Tuns und Wollens. Er kümmert sich um ihre nichtigen Angelegenheiten, vergißt im Trubel seiner öffentlichen Geschäfte nicht allerlei Aufträge und Besorgungen für sie zu erledigen; und er wird nicht müde in zärtlichster Besorgnis der kleinen, kranken Augen von M D zu gedenken. Sie blieb ihm Freundin und Genossin auch nach den Beziehungen zu Vanessa. Was über die tragischen Konflikte zwischen den beiden Frauen berichtet wird, ist Legende. Auch die seltsame Geschichte, daß er schließlich auf Drängen Stellas mit ihr die Ehe eingegangen, aber nur unter dem strengen Gelöbnis, daß niemals darüber etwas bekannt würde, und daß sie auch nicht wie Mann und Weib miteinander lebten, ist neuerdings als Märchen erwiesen worden. Swift hat weder Stella noch Vanessa geheiratet. Warum es nicht geschah, weiß man nicht. Ebenso kann man über die Natur dieser Beziehungen nur Vermutungen haben. Und daß Vanessa an gebrochenem Herzen gestorben, als das Geheimnis der Ehe ihr bekannt geworden, auch diese Überlieferung ist nichts als ein Roman.

Früher erklärte man das Stellageheimnis damit, daß sie entdeckt hätten, sie wären Geschwister. Heute, da man die medizinischen Deutungen bevorzugt, behauptet man das männliche Unvermögen Swifts. Auch dafür gibt es keinen Beweis. Im Gegenteil, Swift erscheint von kräftiger, gesund natürlicher Sinnlichkeit. Eher könnte man, wenn Swift wirklich an Paralyse gestorben sein sollte, an eine frühere Erkrankung denken, die eine Ehe als gewissenlos erscheinen lassen mußte.

Eine psychologische Deutung seines Verhaltens zu den Frauen aber läßt sich in der Weltauffassung des Mannes finden, wie sie sich schließlich entwickelt hat. Wie ihm vor der Menschheit graut, weil er in den reinen Lüften seines Utopien atmet, weil er der Mitbürger einer ihm bereits wirklich gewordenen zukünftigen Erde ist, so tritt vielfach in seinen Werken auch ein Ekel vor der Frau hervor; er sieht die Unreinheiten ihrer Haut wie durch ein Vergrößerungsglas, ihn peinigt der leibliche Verfall ihrer Formen, ihn widert ihr Geruch an, für den ihm eine gesteigerte Reizbarkeit eignet. Nicht die Schwachheit des Männchens, sondern die Überkraft des Menschen erklärt die tragische Einsamkeit und die quälende Wirrnis seines Daseins.

Es gibt viele Dichtungen der Berufskunst, die über die Jahrhunderte hinaus sprechen, zu allen Völkern und Zeiten, aber es läßt sich kaum ein halbes Dutzend Werke nennen, die auf alle Lebensalter innerhalb des menschlichen Einzeldaseins gleichermaßen wirken, die von der Wiege bis zum Grab Jugend wie Reife zu erfreuen vermögen. Nur wenige Dichter haben Gestalten geschaffen, die zum unverlierbaren Inhalt des Kulturbewußtseins geworden sind, die dem Reich der Geister eine unsterbliche Bevölkerung gezeugt haben. *Robinson* und *Don Quixote* sind von solcher Unsterblichkeit und Allgegenwärtigkeit.

Swift hat in *Gullivers Reisen* das gleiche Wunder künstlerischer Schaffenskraft vollbracht. Die Kinder erfreuen sich heute und immer der Dichtung in ungezählten Bearbeitungen. Der Mann fühlt die zermalmende Macht der Weltsatire. Der Greis, der vor dem Tod zittert, mag sich von seinem Wahn in den Blättern erlösen, in denen die Struldbrugs geschildert werden, die Menschen, die ewig leben und ewig altern. Die Länder, die Gulliver entdeckt hat, sind aus der Geographie unseres Geistes nicht mehr zu tilgen, und die Völker, die er ersann, scheinen uns wirklicher als die Deutschen, Franzosen und Engländer, unter denen wir leben. Die anschaulich visionäre Traumkraft dieser Gebilde ist wie Urzeugung neuen Lebens. Die sinnliche Lebendigkeit der Phantasie ist so groß, daß fast jeder Satz mit Stift und Farbe gezeichnet werden könnte. Selbst in den Namen, die er ersann, rauscht es wie elementare Natur. Hinter der Fratze birgt sich tiefsinnige Symbolik, und der ausgelassene Schalk hat ein klagendes Herz in der wunden Brust, die doch gegen jede weichliche Rührung hart gepanzert ist. So zwingend ist die Logik dieser Narrheiten, daß sie uns selbst mit ihren wechselnden Erscheinungen wandelt. Wir wachsen über alles Maß hinaus, wenn wir die Abenteuer von Liliput erleben, wir schrumpfen zu einem furchtsamen Nichts in den Händen der Riesen. Es kreist uns im schwindelnden Kopf, wenn wir auf der magnetisch lenkbaren Fluginsel der Laputianer unter das Gewimmel der Schiefgehirnten, der Pläneschmiede geraten, und wir fühlen uns selbst wie Gespenster, wenn die Helden der Weltgeschichte schattenhaft vorübergleiten. Im letzten Teil erreicht Swift das Höchste dichterischer Vision. Der mörderische Witz des Einfalls schreitet im leuchtenden Gewand farbig körperhafter Anschauung. Das Land Utopien tut sich auf, die Platonische Republik der edlen – Pferde, die das scheußliche Gesindel der schmutzigen Affen unterworfen und in die Verachtung gescheucht haben: die Yahoos, in denen Gulliver schaudernd die Menschen erkennt. Diese Pferde aber sind die Vollendung der Natur, friedlich leben sie beisammen, gütig, rein; in ihren Seelen ist kein schmutziger Winkel, und in ihrem Herrentum ist kein Hauch von Grausamkeit. So hell und lauter ist ihre Welt, daß sie nicht einmal Worte für die schimpflichen Begriffe haben, die ihrem Wesen fremd sind. Der Houyhnhnm kennt das Wort Lüge nicht, die alles Tun der Yahoos erfüllt, und als Gulliver, der arme Yahoo, der doch, weil er ein wenig mehr Vernunft hat, eine Zeitlang als Gast der Houyhnhnms geduldet wird, das erhabene Reich schlichter Natürlichkeit verlassen muß und nach England zurückkehrt, verzehrt ihn Sehnsucht nach jenem Land der Pferde. Er kann den Anblick der Yahoos nicht mehr ertragen, ihn ekelt vor dem eigenen Weib und den Kindern:

„Als ich mir zu überlegen begann, daß ich durch die Paarung mit einer von der Gattung der Yahoos zum Vater von mehreren Kindern geworden war, befiel mich Scham, Verwirrung und Grauen."

Gleichwohl hat Swift diesen Yahoos sein Leben hingegeben:

„Mich ärgert es nicht im geringsten, wenn ich einen Anwalt, einen Taschendieb, einen Obersten, einen Narren, einen Grafen, einen Spieler, einen Politiker, einen Bordellwirt, einen Arzt, einen Zeugen, einen Bestecher, einen Verräter oder dergleichen sehe: das alles liegt nur in der Natur der Dinge. Doch wenn ich einen Haufen Scheußlichkeit erblicke, verzehrt von Krankheiten an Seele und Leib, und wenn der mit Hochmut behaftet ist, so reißt mir sofort die Geduld … Ich wünsche, die Gesellschaft eines englischen Yahoos auf jede Weise zu etwas nicht ganz Unerträglichem zu machen, und deshalb flehe ich hier alle an, die auch nur eine Spur dieses widersinnigen Lasters besitzen, daß sie sich nicht anmaßen mögen, mir vor die Augen zu kommen."

Um den Geist der Yahoos zu befreien, hat der junge Swift sie in den Witzwirbeln seines *Märchens von der Tonne* gebadet; das ist die Walfischtonne, die man hinwirft, um die Tiere von den Angriffen gegen die Schiffe abzulenken; das Kirchentum, das man den Yahoos hinwirft, um sie von dem Angriff gegen den herrschenden Staat abzuhalten. Für die armen irischen Yahoos hat der alternde Swift jene *Tuchhändlerbriefe* in die Welt gesandt, die für immer das unerreichbare Vorbild politischer Kriegsführung bleiben werden. In diesen irischen Pamphleten kündigt sich zuerst das soziale Gewissen an. Swift ist der Erfinder des Warenboykotts als eines Kampfmittels einer unterdrückten Nation. Für Irland schrieb er jene furchtbarste soziale Satire, die jemals eines Menschen Phantasie ersonnen, jenen bescheidenen Vorschlag, wie man die Kinder der Armen hindern kann, ihren Eltern oder dem Land zur Last zu fallen. In der nüchternen Sprache eines Kochbuchs gibt er das Rezept. Die armen Mütter sollen ihre Kinder ein Jahr lang säugen und mästen und sie dann für die Tafel des gnädigen Herrn verkaufen:

„Ich gebe zu, daß diese Kinder als Nahrungsmittel etwas teuer kommen werden, aber schon deshalb werden sie sich sehr für den Großgrundbesitzer eignen; da die Gutsherren bereits die meisten Eltern gefressen haben, so haben sie offenbar auch den nächsten Anspruch auf die Kinder."

In der Tat, Swift ist kein echter Humorist und kein Dichter im wahren Sinn des Wortes. Ihm fehlt nun einmal das warme Gemüt. Es ist seine Bosheit, daß er überall Yahoos sieht, und es ist sein Menschenhaß, daß er sie gar befreien will.

Die neue Lehre von Bethlehem

(März 1913)[13]

I. |

Im Deutschen Reich treiben alljährlich rund neuntausend Arbeiter die von Professor Ludwig Bernhard (*„Unerwünschte Folgen der deutschen Sozialpolitik"*; Julius Springer, Berlin) schriftstellerisch ausgebeutete Rentenhysterie so weit, daß sie sich nicht schämen, sich für tot zu halten; merkwürdigerweise fördern die Standesämter diesen Wahn und auch die Familienangehörigen bilden sich ein, daß diese neuntausend Rentenhysteriker wirklich tot seien. Bisweilen tritt diese ausschweifendste Form der Rentenhysterie sogar epidemisch auf; man pflegt dann von einer Grubenkatastrophe zu sprechen, und verblendete Menschenfeinde, die für das Gedeihen der deutschen Industrie kein Herz haben, unterstützen wohl gar diese unerwünschten Folgen der deutschen Sozialpolitik, indem sie durch öffentliche Sammlungen dieser bis zum Jüngsten Gericht vorsätzlich und beharrlich aus bloßer Rentensucht fortgesetzten Arbeitsentziehung Vorschub leisten.

Des weiteren greift der Wahn verhängnisvoll um sich, als ob der Mensch all die vielen Glieder und Organe notwendig habe, mit denen ihn die gewissenlos verschwenderische Natur ausgestattet hat. Der Freund Friedrichs II. von Preußen, La Mettrie, gilt heute noch bei allen Edelgesinnten als ein moralisches Ungeheuer, weil er materialistisch das seelenvolle Geschöpf Gottes zur gemeinen Menschmaschine erniedrigt habe. Unser heutiges Industrie-Christentum hat sich inzwischen überzeugt, daß La Mettrie den Menschen viel zu hoch eingeschätzt hat. wenn er ihn für eine immerhin vollkommene Maschine hielt. Heute weiß jeder industrielle Professor der Volkswirtschaft, daß die Menschen vielmehr von Haus aus jenen älteren Uhren gleichen, die man aus der Reparaturwerkstatt des Uhrmachers in zwei Paketen zurückerhielt: das eine barg die nun richtig gehende Uhr, das andere die als überflüssig entfernten Räder. Diese Aufgabe des fürsorglichen Uhrmachers leistet für den Menschen von heute die Industrie und die Landwirtschaft; sie befreit ihn von

[13] Textquelle | Kurt EISNER: *Gesammelte Schriften. Zweiter Band.* Berlin: Paul Cassirer 1919, S. 116-140.

allem, was nicht unbedingt zur Arbeit notwendig ist. Solche Gunst erweist sie aber ungerechterweise gemeinhin nur *den proletarischen Menschen*. Wieder ein Beweis, wie einseitig man heute sich um die lohnarbeitende Klasse sorgt. Ihr schneidet die auslesende Industrie die überflüssigen Glieder ab oder zerquetscht sie; nur bei Proletariern nimmt sie sich die Mühe, unnötige Organe durch Vergiftung und Zersetzung zu beseitigen. Das System, das der amerikanische Ingenieur Taylor für die Vereinfachung der Handgriffe bei der mechanischen Arbeit scharfsinnig ersonnen hat, wirkt automatisch durch die Bedingungen der heutigen Lohnarbeit auch auf die Vereinfachung der menschlichen Körper selbst. Denn außer den Rentenhysterikern, die sich getötet glauben, werden Jahr für Jahr noch 120. – bis 130.000 Menschen im Deutschen Reiche verletzt und verstümmelt, das heißt von einem Teil ihrer überflüssigen Glieder, Organe, Funktionen befreit. Ist es nicht wirklich unerhört, daß diese derart vereinfachten Menschen nun auch noch dafür bezahlt werden, als Rentner leben dürfen!

Ich weiß, daß in guten bürgerlichen Kreisen vor der Geburt eines Kindes keine größere Sorge zu herrschen pflegt als die, ob denn auch der erwartete Sprößling im Vollbesitz gesunder Glieder sein möchte, ob Herz und Hirn in Ordnung, Rückenmark und Nerven gesund seien. Ein Proletarier ist auch von dieser Sorge befreit; denn er weiß, daß es für ihn ziemlich gleichgültig ist, ob er wohlgeboren auf die Welt kommt oder nicht. Denn die Industrie wird doch bald eine verständige Auswahl aus seiner Körperlichkeit treffen. Man glaubt gar nicht, was der proletarische Mensch alles entbehren kann, ohne in seiner Arbeitsfähigkeit beeinträchtigt zu werden. Nur darf man ihm eben nicht einreden, daß ein vereinfachter Zustand eine Verkümmerung wäre, die eine Entschädigung aus öffentlichen Mitteln rechtfertigte. Dann wird der proletarische Mensch faul und zieht es vor, von seinen Renten zu leben.

Das ungefähr ist die Philosophie, die Herr Ludwig Bernhard – er lebt von den erwünschten Folgen seiner Professur in Berlin – auf einhundertsechzehn Seiten entwickelt. Ein preußischer Herrenhäusler, Herr von Burgsdorff, hat allerdings vor ein paar Jahren die Bernhardschen Gedanken noch erheblich kürzer formuliert, als er äußerte, der Arbeiter von heute freue sich, wenn er einen Knacks bekäme, oder als er eine Arbeitslosenversicherung direkt für unmoralisch erklärte, weil das eine Förderung der angeborenen menschlichen Faulheit sei und es außerdem der Bibel widerspräche, jedem Arbeiter ein Abonnement auf die große Staatskrippe bereits in die Wiege zu legen; denn es stünde geschrieben: „Im Schweiße deines Angesichts sollst du dein Brot essen."

Herr Bernhard demoliert in drei Teilen die ganze Sozialpolitik und überhaupt so ziemlich jede öffentliche Einmischung in private Unternehmungen. Er findet zunächst, daß das staatliche Reglementieren bei der Genehmigung und Kontrolle privater Betriebe eine Schwerfälligkeit und schikanöse Umständlichkeit erreicht hat, die für die Konkurrenzkraft der deutschen Industrie gefährlich werde. Insoweit er für die konzessionspflichtigen Betriebe eine Beschleunigung des Verwaltungsverfahrens fordert, wird ihm niemand widersprechen. Wenn er aber behauptet, daß die deutschen Unternehmer durch die Kontrolle der sozialpolitischen Vorschriften unerträglich bedrängt werden, so läuft diese Anklage auf die Beseitigung jeder staatlichen Sozialpolitik hinaus und auf die Rückkehr zum schrankenlosen Manchestertum. Denn ohne staatliche Kontrolle ist natürlich die ganze Schutzgesetzgebung sinnlos. Und daß in Deutschland die Kontrolle nicht zu streng, sondern zu lässig betrieben wird, weiß jeder Kenner der Verhältnisse und offenbart jede gründliche Untersuchung der tatsächlichen Zustände. Die kinderleichte Ausfüllung des einfachsten Kontrollformulars erscheint diesem Professor als eine unerhörte Zumutung an die Leistungsfähigkeit industrieller Verwaltung. Über jeden Pfennig wird genau und unter Aufwand umständlicher Sicherungsmittel Buch geführt, an Leben und Gesundheit der arbeitenden Menschen ein Blatt Papier aufzuwenden, empfindet Herr Bernhard als einen ruinösen Eingriff in die Freiheit des Unternehmertums. Im Jahre 1911 wurde von den revisionspflichtigen Gewerbebetrieben überhaupt nur etwas mehr als die Hälfte kontrolliert. Von den rund 190.000 revidierten Betrieben wurden nur 31.000 mehr als einmal revidiert. Die Kontrolle erstreckte sich zumeist auf die Großbetriebe. Es ist sehr interessant und sehr unerwünscht, daß der Prozentsatz der von der Kontrolle erfaßten Arbeiter in demselben Maße sinkt, als die Schutzbedürftigkeit wächst. Von den männlichen erwachsenen Arbeitern wurden 84,7 Prozent, von den erwachsenen Arbeiterinnen 81,8 Prozent, von den

Jugendlichen über vierzehn Jahre 80,6, von den Kindern unter vierzehn Jahren nur 78,6 Prozent revidiert. Es wurden fast 23.000 Fälle von Vergehen gegen den Jugendschutz festgestellt und über 14.000 Vergehen gegen den Arbeiterinnenschutz. Wenn in 1660 Betrieben Vergehen gegen den Jugendschutz ermittelt, aber nur 1782 Personen bestraft wurden, mit drei bis zehn Mark, und wenn es auf dem Gebiete des Frauenschutzes ebenso war, so beweisen diese Ergebnisse nicht nur, wie notwendig eine verschärfte Kontrolle, sondern auch eine gesteigerte Strenge der Gerichte ist. Herr Bernhard hegt ungefähr die sozialpolitischen Auffassungen der rheinisch-westfälischen Hütten- und Walzwerksberufsgenossenschaft, die in einem Bericht die grauenhafte Zunahme der Unfälle so erklärt: „Der Hauptanteil an der Zunahme der Unfälle ist zweifellos dem Verhalten der Versicherten selbst zuzuschreiben. Schon oben wurde auf die sehr häufig festzustellende Gleichgültigkeit und Unvorsichtigkeit der Arbeiter gegenüber den Betriebsgefahren hingewiesen. Diese bedauerliche Erscheinung mag zum Teil *psychologisch auf das Bestehen der gesetzlichen Unfallversicherung* zurückzuführen sein, die dem Verletzten auch bei grob fahrlässiger Veranlassung des Unfalls volle Entschädigung zugesteht; hier dürfte auch die weit entgegenkommende Rechtsprechung der entscheidenden Behörden nicht ohne Schuld sein." In den vom Deutschen Metallarbeiterverband 1912 veröffentlichten Erhebungen über die Zustände in der Schwereisenindustrie – ein Werk von einer wissenschaftlichen Gewissenhaftigkeit und Gründlichkeit, daß es den Professor Bernhard erröten lehren könnte – wird eine Fülle von Tatsachen angeführt, warum die Arbeiter in die Unfallgefahren getrieben werden. Um zur Arbeitsstelle zu gelangen, müssen die Arbeiter zum Beispiel in den Eisenbahngeleisen geben und sie überschreiten. Es ist zwar auf dem Duisburger Phönix verboten, die Eisenbahngeleise zu überschreiten, solange sie durch Fahrzeuge gesperrt sind, aber die Arbeiter können nicht so lange warten, bis die Geleise frei sind; sie würden zu spät zur Arbeit kommen und bestraft werden. Darum klettern viele Arbeiter über die Wagen oder kriechen unter ihnen weg; dabei ereignen sich dann zahlreiche Unfälle, und keine Behörde rührt einen Finger, um das Werk zu zwingen, gefahrlose Zugänge zur Arbeitsstätte zu schaffen.

Bernhard rühmt besonders, um die Überflüssigkeit staatlicher Aufsicht zu beweisen, die musterhaft umsichtigen Leitungen der privaten Kohlenbergwerke. Ein Fachmann, der frühere Oberberg-kommissar in Graz, Busson, hat unlängst in Brauns *Annalen für Soziale Politik* darauf hingewiesen, daß die grauenhaften Massenopfer, welche die Bergkatastrophen in Preußen fordern, seit langen Jahren in Österreich unbekannt sind; und er führt diesen Unterschied zurück auf die ungenügende theoretische Ausbildung der Bergbeamten und vor allem auch auf die mangelhafte Aufsicht durch die Bergbehörden in Preußen: „Während in Preußen der Revierbeamte allein den Betriebsplan durchsieht und sich eventuell bei einer abzuhaltenden Tagsatzung entscheidet, ob derselbe zu genehmigen ist oder nicht, werden in Österreich die Betriebspläne kommissionell überprüft, das heißt, es findet vor Genehmigung des Betriebsplanes eine eingehende Lokalerhebung auf der betreffenden Grube statt, bei welcher alle für den zukünftigen Betrieb einschlägigen Verhältnisse genauestens erhoben werden. Es mag sein, daß diese Art der Genehmigung von Betriebsplänen dem Werkbesitzer nicht unbedeutende Lasten auferlegt, die Zeit seiner Beamten stark in Anspruch nimmt, und ihm auch Kosten verursacht, allein für die Sicherheit des Betriebes ist diese Art der Durchführung der Überprüfung der Betriebspläne zweifellos sehr gut, weil hier – und dies ist die Hauptsache des bergpolizeilichen Wirkens – vorbeugend gearbeitet wird." Busson weist dann des näheren nach, um wieviel eingehender und gründlicher die behördlichen Inspektionen in Österreich seien als in Preußen. Der Berliner Gelehrte der Volkswirtschaft aber stöhnt das Leid der Schwerindustriellen über die belästigenden Eingriffe des Staats in ihre Unternehmerfreiheit. Und wenn unablässig Tausende von Bergleuten getötet, verkrüppelt, verstümmelt werden – nun, so ist daran nicht die Oberflächlichkeit der Kontrolle und die Leichtfertigkeit der Betriebsleitung schuld, sondern – die Unfallrente. Die Arbeiter wollen es nicht anders.

Das ist das zweite Plagiat des Professors Ludwig Bernhard an der Philosophie der von der schweren Industrie bezahlten Sekretäre. Es ist bisher in der Geschichte der deutschen Universitäten ein unerhörter Fall, daß ein deutscher Professor der Volkswirtschaft in dieser maßlos leichten Art niedrigstes und niederträchtigstes Gesudel von Interessenten als Wissenschaft nachschreibt. Bisher überließ man eine derartige Betriebsamkeit den von den Interessenten besoldeten Kreaturen. Man kennt die Weise, die nun zum erstenmal auch von einem Berliner Lehrstuhl aus erschallt. Die furchtbare Unfall-häufigkeit ist zum großen Teil auf die Sozialversicherung zurückzu-führen, auf die Rentensucht; wegen der in Aussicht stehenden Rente spielt der Arbeiter mit den Betriebsgefahren. Noch schlimmer: wenn er den Burgsdorffschen Knacks weg hat, kultiviert er sorgsam sein kleines Leiden, er wird, wenn nicht Simulant, so doch Neuropath, der nicht geheilt werden will, weil ihm dann die Rente entzogen oder verkümmert wird. Es gibt Leute, die, um zu der bequemen, si-cheren und ergiebigen Rente einer Universitätsprofessur zu kom-men, kein Mittel scheuen. Das ist gewiß eine schwere Anklage gegen die Moral in gewissen Kreisen unserer Intelligenz. Wenn es aber wahr sein sollte, daß Arbeiter, um die paar Bettelpfennige einer Hungerrente zu erlangen, sich ihre gesunden Glieder verstümmeln lassen oder im Kampf um die Rente in schwere Nervenkrankheiten verfallen, gibt es eine furchtbarere Anklage gegen unsere sozialen Zustände und gegen die *Unzulänglichkeit* unserer sozialen Gesetzgebung?

Aller Arbeiterschutz hat die Aufgabe, die Arbeitsfähigkeit der Menschen vorbeugend zu erhalten, und alle Arbeiterversicherung kann nur der einen einfachen Aufgabe dienen, im Falle jeder Ver-minderung und Vernichtung der Arbeitskraft aus öffentlichen Mit-teln wenigstens einen bescheidenen Ersatz durch Gewährung aus-reichender Unterstützungen zu schaffen. Unsere Arbeiterversiche-rung leidet an der Unzulänglichkeit der Leistungen und an der ver-wirrenden sinnlosen Vielgestaltigkeit der Organisation. Es ist schlechterdings unverständlich, daß die Versicherung gegen Beein-trächtigung der Arbeitskraft nach den Ursachen ihrer Zerrüttung gesondert wird. Für die zu leistende soziale Aufgabe ist es bedeu-tungslos, ob der in die Lunge eindringende Steinstaub den Arbeiter zerstört, oder ein Sturz vom Gerüst, erschöpfte Nerven, Alter. Ob die Störung der Arbeitsmöglichkeit durch Krankheit, Unfall, Invali-dität, Alter oder Arbeitslosigkeit herbeigeführt wird, ist für den Ver-sicherungszweck, die Geschädigten und die Gesellschaft unerheb-lich. Die einheitliche Versicherung und Sicherung gegen alle Schä-digungen der Arbeitskraft, ohne den zerrüttenden Kampf um Ent-schädigung und Ersatz, müßte der erste Grundsatz jeder sozialen Gesetzgebung sein, sie würde sich dann auch mit einigen wenigen Paragraphen begnügen können.

Der Professor, der typische allezeit gesicherte Rentenempfänger (in einem Beruf ohne gesundheitliche Schädigungen und ohne körperliche Gefahren), sollte gerade für die soziale Kultur der Rente Verständnis haben. Aber Herr Bernhard gleitet in die feudale Weltansicht der zweierlei Menschenrassen zurück. Auf die Besserbezahlten und angenehme Arbeit Leistenden wirkt die Existenzsicherung befeuernd und schöpferisch. Die Millionen aber, die in ungesichertem trostlosen Dasein harter eintöniger Arbeit, unter steten Gefahren des Hungers, des Siechtums, der Verkrüppelung, der Tötung keuchen, bei denen wirkt auch der bescheidenste Schadenersatz für die von ihnen gebrachten Opfer demoralisierend; die goldene feste Rente adelt die Besten, die kupferne, jeden Tag bedrohte Rente ist eine nationale Gefahr, sie zeugt Faulenzer, Simulanten, Hysteriker, Prozeßhänse.

Dieser Nutznießer einer hohen Staatsrente stützt seine Beweisführung ausschließlich auf die peinliche, weitläufige Diskussion, die von den Ärzten über Unfallneurose und Unfallgesetzhysterie seit Jahren geführt wird. Die ganze reiche Literatur der Fachleute der Versicherungsgesetzgebung ist ihm unbekannt. Das in den Jahresberichten der Arbeitersekretariate aufgespeicherte Material existiert für ihn nicht. Dagegen nimmt das bloße Titelverzeichnis der ärztlichen Streitschriften einen erheblichen Teil des Raumes der Broschüre ein; sie sind beinah in der Vollständigkeit angeführt, wie die üppigen Quellenverzeichnisse der Doktorschriften, die sich vererben, ohne daß jemand die im Titel verschlossenen Schätze wirklich geöffnet hätte. Während Bernhard die für kargen Gehalt unermüdlich dem gemeinen Wohl dienenden ernsten und ruhigen Arbeitersekretäre, die ohne Rücksicht auf Popularität in der Zurückweisung zweifelhafter Rentenansprüche eher rücksichtslos als lässig zu sein pflegen, als eine Art Winkelkonsulenten beschimpft, führt er als strahlende Autorität einen Medizinmann an, – Dr. Biß – , der es einmal durchgesetzt hat, daß eine Rente von 100 Prozent zeitweilig auf 66 ⅔ Prozent herabgesetzt wurde, weil er gutachtlich bezeugt hatte, daß ein durch einen Unfall an schwerem Rückenmarksleiden erkrankter Arbeiter in Wahrheit an hochgradig gesteigerten Begehrlichkeitsvorstellungen leide, die er sich auf der Jagd nach unberechtigten Vermögensvorteilen zugezogen habe. Die gesteigerten Begehrlichkeitsvorstellungen (nicht des Dr. Biß) führten bald zum Abschluß aller menschlichen Begehrlichkeit.

Die Stellung des Arztes in der heutigen Gesellschaft ist so lange unwürdig, als er gezwungen ist, seinen Beruf als Privatgewerbe auszuüben. Es gehört zu den tröstenden Wundern der Unzerstörbarkeit menschlicher Güte, daß trotz solcher erniedrigenden äußeren Umstände gerade Ärzte Vorbilder sozialen Pflichtbewußtseins sind. Aber es gibt auch trübe Erscheinungen: von den Beziehungen zwischen Ärzten und Bädern, chemischen Fabriken, Kurpfuschern bis zur förmlichen Organisation von Schlepperdiensten, durch die begüterte Patienten gewissen Spezialitäten ans Messer geliefert werden. Vor allem sollte dem Arzt nicht gestattet sein, was in keinem andern Berufe geduldet wird. Ein Professor der Medizin darf von privaten Erwerbsgesellschaften Geldgewinne beziehen, den Staatsbeamten ist das sonst verboten. Es ist deshalb nicht einmal merkwürdig, daß wir in dieser ärztlichen Literatur, die Herrn Bernhard so erquicklich scheint, wieder Gestalten begegnen von den Eigenschaften jenes Arztes, der in den wilden Anfangszeiten des englischen Kapitalismus gutachtlich äußerte, er vermöchte in seiner Wissenschaft keinen Grund zu entdecken, warum die Arbeitszeit eines Kindes früher endigen sollte als der Kalendertag.

Die ganze Unfallliteratur der Ärzte hat schon deshalb für den Volkswirtschaftler keine zwingende Bedeutung, weil die Lehrmeinungen dieser Sachverständigen von der Auffassung, daß schlechthin alles Unfallrentenneurose sei, bis zu der Meinung, ein echter Fall dieser Art käme fast niemals vor, alle Abstufungen durchlaufen. Außerdem würde immer nur bewiesen sein, daß die Unsicherheit der Rente, um die ewig aufs neue gekämpft werden muß, nervöse, die Heilung erschwerende und die Simulation begünstigende Wirkungen erzeuge, nicht aber die Rente selbst. Die Rentenfeinde, die um die Finanzen der in den Berufsgenossenschaften vereinigten Unternehmer besorgt sind, erzählen Wunderdinge von der Kraft der Menschen, sich an den Verlust wesentlicher Teile ihres Körpers zu gewöhnen und anzupassen. Die unablässige Änderung der wirtschaftlichen Verhältnisse aber infolge der Rentengesetzgebung wirft ohnehin tief unter einem erträglichen Existenzminimum lebende Menschen jeden Augenblick wieder aus den Einkommen an die sie sich eben mühselig gewöhnt und angepaßt haben; ein unerhört grausames Spiel, das auch die zähesten Nerven heillos zerrütten muß. Es ist ein vollkommener Widerspruch, die Fähigkeit, sich an körperliche Schädigungen zu gewöhnen, über die Maßen hoch zu werten; dann aber noch eine erstaunlichere Fähigkeit anzunehmen, sich unablässig und willkürlich immer aufs neue aus dem eben Gewöhnten wieder reißen zu lassen, ohne gesundheitliche Störung die ewige Gefahr ertragen zu können, daß in wirrer Unruhe elende Daseinsbedingungen noch elender werden könnten.

Bernhard führt wohlweislich aus den ärztlichen Diskussionen nur die abgeleiteten theoretischen Anschauungen über die Unfallneurosen und die Rentenhysterie an. Aber er schildert keinen einzigen Fall aus dem wirklichen Leben, der die Zusammenhänge erst veranschaulicht; er fällt formale Urteile ohne die Aufnahme des Tatbestandes. Und doch würde eine Sammlung gewisser ärztlicher Gutachten, auf die Herabsetzungen und Verweigerungen der Rente begründet wurden, einen wahren modernen Hexenhammer darstellen. Nur zwei Beispiele aus der Praxis! Im Jahre 1888 erlitt eine Taglöhnerin in München einen Unfall dadurch, daß ihr drei Backsteine auf die rechte Hand fielen. Es trat völlige Versteifung der Hand ein. Seit 1894 bezog sie 40 Prozent der Vollrente, monatlich 12,45 Mark. Schon das erste ärztliche Gutachten äußerte, daß es sich um einen Dauerzustand handle. Gleichwohl wurden fortwährend weitere ärztliche Untersuchungen veranlaßt. In jedem Jahr wurden die Untersuchungen wiederholt, immer mit dem gleichen Ergebnis einer vierzigprozentigen Rente. Endlich, 1910, geriet die inzwischen zweiundachtzig Jahre alt gewordene Frau in die Hände eines zuverlässigen Vertrauensarztes der Berufsgenossenschaften. Der stellte Gewöhnung und Anpassung an den Zustand fest, außerdem sämtliche Zeichen des senilen Marasmus und erklärte eine dreißigprozentige Rente für ausreichend. Daraufhin beantragte die Berufsgenossenschaft Minderung der Rente entsprechend dem Gutachten des Arztes. Das Schiedsgericht lehnte den Antrag natürlich ab. In dem Urteil heißt es: „Abgesehen davon, daß schon mit Rücksicht auf das hohe Alter eine Steigerung der Erwerbsfähigkeit ausgeschlossen erscheinen muß, hat Dr. Pettenkofer zu Anfang seines Gutachtens ausgeführt, daß die Verletzte sämtliche Zeichen des senilen Marasmus aufweise. Die Gewöhnung kann aber bei einem aus anderen Gründen gänzlich erwerbsunfähigen Rentenempfänger nicht als

Moment für die anderweite Festsetzung der Renten in Betracht kommen." Eine siebzigjährige Arbeiterin beantragte 1912 die Gewährung der Invalidenrente bei der schlesischen Landesversicherungsanstalt. Das begründete ärztliche Gutachten stellte Altersschwäche fest, Krampfadern, chronischen Magenkatarrh, schweren Rheumatismus, Verkrümmung und Versteifung der meisten Finger, Plattfüße; völlige Erwerbsunfähigkeit. Ein zweites Gutachten erwähnte noch allgemeine Hinfälligkeit und leichte wässerige Stauungen in den Knöchelgelenken. Bei der Verhandlung vor der unteren Verwaltungsbehörde erklärte auch der Vertrauensarzt die Frau für invalide. Nun ging der Vorstand der schlesischen Landesversicherungsanstalt vor die rechte Schmiede. Sie fand einen Arzt, der bezeugte: „Die ... sei eine für ihr Alter ziemlich kräftige Frau, die außer mäßigen Alterserscheinungen nur an durch das Alter bedingten Gelenkveränderungen des rechten Schultergelenks, verschiedener Fingergelenke und der Kniegelenke leide. Die Gelenkveränderungen an den Fingern, welche am schwersten ins Gewicht fallen, beständen aber schon seit zwölf Jahren, der Faustschluß sei beiderseits gut möglich. Die Schultergelenke werden in ihren Bewegungen fast gar nicht beeinträchtigt, und die Kniegelenke nur in mäßigem Grade. Da ferner Bücken ganz gut vor sich gehe, die Hüftgelenke also auch nicht schwer von Rheumatismus befallen seien, sei die Klägerin zu leichten landwirtschaftlichen Arbeiten mit Ruhepausen noch fähig." Darauf wies die Landesversicherungsanstalt den Antrag zurück: keine Invalidität. Berufung an des Oberversicherungsamt. Der Vertrauensarzt bestätigte gleichfalls die Arbeitsfähigkeit der Frau. Die oberste Instanz ermittelte genau die Fähigkeit der Frau, täglich noch 33 $1/3$ Pfennige zu verdienen; der unmoralische Anspruch der siebzigjährigen Frau, sich von der doch auch durch ihre eigenen Beiträge erkauften Invalidenrente zu mästen, wurde also abgewiesen.

Diese Fälle des Lebens, die sich zu dicken Bänden häufen ließen – die Rententragödien drängen sich jedem auf, der überhaupt irgendwelche Kenntnisse von Arbeiterverhältnissen hat – interessieren die Wissenschaft des Herrn Bernhard nicht. Sie beweisen freilich auch eine andere Unbedenklichkeit des Gelehrten. Herr Bernhard grämt sich nämlich auch über die Prozeßsucht der Arbeiter. Aber abgesehen davon, daß die Zahl der Rekurse durch allerlei künstliche Mittel erhöht ist, vergißt er zu erwähnen, daß der Prozentsatz der

Rekurse der Arbeiter seit 1890 beständig zurückgeht, dagegen die Rekurse der Berufsgenossenschaften sich in diesem Zeitraum prozentual verdreifacht haben. Die Prozeßsucht der Versicherten nimmt also ab; begreiflich, da ihre Aussichten auf Erfolg immer ungünstiger werden. Die Rekurse der Versicherungsträger dagegen schwellen an; begreiflich, da sie immer vorteilhaftere Urteile erzielen. Im Jahre 1911 hatte nur noch ein Sechstel der Arbeiterrekurse Erfolg. Dagegen wurde von den Rekursen der Unternehmer mehr als die Hälfte zu deren Gunsten entschieden. Ich selbst wohnte einer Sitzung des Reichsversicherungsamts bei, zu der ein Vertreter der kaiserlichen Werftverwaltung in Kiel eigens nach Berlin gereist war, um die Herabsetzung einer Unfallrente um ein paar Prozent persönlich zu begründen; die Reisekosten und Diäten des Vertreters haben gewiß mehr betragen als die kapitalisierte Rentenersparnis, die bestenfalls erzielt werden konnte. Solche Tatsachen muß Herr Bernhard verschweigen; denn sonst würde selbst er sich nicht getrauen, die Forderung zu erheben, daß zur Einschränkung der Prozeßsucht das kostenpflichtige Verfahren eingeführt würde. Damit wären die Versicherten auf Gnade und Ungnade jedem falschen Urteil ausgeliefert und die Berufsgenossenschaften könnten allein den Rechtsweg beschreiten, um die allgemeine Rentendemoralisation mit Erfolg zu verhindern.

Ein paar eilige Seiten widmet Herr Bernhard schließlich noch dem parteipolitischen Mißbrauch sozialpolitischer Einrichtungen. Darunter versteht er jene kümmerlichen Selbstverwaltungsrechte, die in der deutschen Sozialgesetzgebung den Arbeitern eingeräumt sind: im Gegensatz zur englischen Sozialgesetzgebung, in der die Selbstverwaltung der Arbeiter als selbstverständlich durchgeführt ist. Parteipolitischen Mißbrauch nennt Herr Bernhard es, wenn die Arbeiterpartei sich an den Verwaltungswahlen beteiligt. Da das Parteiprogramm sozialpolitische Forderungen immer mehr voranstellt, ist natürlich auch die Verwaltung der sozialpolitischen Einrichtungen „parteipolitisch" bedeutsam. Aber Herr Bernhard betrachtet es überhaupt als Mißbrauch, daß die Arbeiter die Männer ihres Vertrauens bei den Wahlen bevorzugen. In Deutschland bestimmt der Wille *eines* Mannes die leitenden Beamten des Staates. Die Adelskaste beherrscht noch immer die bestbezahlten Posten der Armee, der Diplomatie und der Verwaltung. Die höhere Bureaukratie und immer mehr auch die Universitätswissenschaft rekrutiert sich aus Nepoten. Über die große Industrie und die Hochfinanz endlich herrschen, nach dem unverdächtigen Zeugnis eines Sprößlings des Elektrokonzerns, allmächtig und ausschließend ein paar hundert Familien. Überall ist der freie Wettbewerb fast ausgeschaltet; die zünftlerische Absperrung verhindert nahezu jeden Aufstieg aus der Tiefe und aus der Masse. Wenn aber die Millionen des Proletariats Männer ihres Vertrauens in ein paar bescheidene Ämter auf dem eigensten Gebiete ihrer Interessen befördern, so wird über Mißbrauch geschrieben, obwohl die Arbeiter in einer nicht genug zu bewundernden Selbstzucht und Selbstlosigkeit bei der Auswahl der Personen in der Regel mit einer fast ängstlichen Sachlichkeit verfahren. Mag Herr Bernhard, der im freien Wettbewerb wissenschaftlicher Würdigkeit Gescheiterte, auch jede Selbstverwaltung in der Arbeiterversicherung als Beeinträchtigung der Kommandogewalt des Staates und des Unternehmertums beklagen, nur soll die Heuchelei nicht so weit getrieben werden, daß in einem Lande engherzigster gegenseitiger Kastenversorgung über die Verwahrlosung jener Bevölkerungsklasse spektakelt werde, in der die gesunde Schätzung und Auslese der Menschen nach Fähigkeit und Charakter, trotz des bösen Beispiels der anderen, immer noch die Regel zu sein pflegt.

Bernhards geistig und moralisch krüppelhafte Gelegenheitsschrift ist die Wahlparole der schweren Industrie, die die Nationalökonomie seit Jahrzehnten belehrt, daß die Wissenschaft endlich umkehren müsse: zum reinen Manchestertum. Keine staatliche Einmischung, keinerlei Sozialpolitik, Einsperrung des Proletariats in wehrlos zu duldende unentrinnbare Lohnarbeit ohne jede Möglichkeit, unmittelbar oder mittelbar auf die Arbeitsbedingungen einzuwirken, das sind die von Herrn Bernhard und seinen Gönnern erwünschten Folgen seiner Propaganda. Die Renten der Arbeitsunfähigen stören die Rentenpfründner der Arbeit.

Gelingt das Werk dieser neuesten Nationalökonomie, so wären auch die Voraussetzungen erfüllt für die Renaissance jener anderen Manchesterlehre von der Harmonie der Interessen, die in gefällig auffälliger Schutzverpackung aus Amerika kommt. Denn nur wenn man entschlossen ist, jede soziale Verantwortung für die Wirkungen der schrankenlosen Ausbeutung abzulenken, kann jenes *Taylorsystem* zur Ausführung gelangen, das jetzt auch bei uns um Anerkennung wirbt. Erst wenn jede Zerstörung der Arbeitskraft und der Gesundheit als Rentenneurose erledigt wird, kann das Taylorn fröhlich beginnen.

II. |

Im Taylorsystem vereinigt sich die fruchtbare Wissenschaft von der höchsten Produktivität der Handarbeit mit der gaukelnden Lehre von der Technik höchster Ausbeutung. Demgemäß gesellen sich in der Person Taylors die Seele des spürenden und regelnden Ingenieurs mit der kalten Leidenschaft eines Propheten des Kapitalismus. Taylor läßt sich also nicht so einfach abtun wie der leichte Berliner Professor der schweren Industrie. Es stecken Probleme in ihm. Man muß den Ingenieur von dem Kapitalisten abspalten. Übrigens mag seine Schrift[14] auch den Sprachpsychologen Vergnügen gewähren; denn wir finden uns hier an der Quelle klingender Wort- und Begriffsbildungen, die nur den einen Zweck verfolgen, das wirkliche Interesse und die tatsächliche Absicht zu verbergen. Taylor ist auch ein findiger Techniker der Terminologie des idealistischen Menschenfreundes, der nach dem Worte des Shawschen Herrn Sartorius handelt: Wenn etwas moralisch ist und außerdem noch ein gutes Geschäft, warum soll man es nicht tun?

Die Technik hat sich seither nur um die Vervollkommnung der Maschine gesorgt. Die Bemühungen Taylors sind seit einem Menschenalter darauf gerichtet, die Technik der menschlichen Hand-, Muskel- und auch Hirnarbeit zu höchster maschineller Leistungsfähigkeit zu entwickeln.

Der Arbeiter führt gemeinhin selbständig die ihm übertragene Leistung aus, nach dem Herkommen, nach „Faustregeln", nach eigenen Erfahrungen und Erfindungen. Taylor belehrt ihn, wie er arbeiten soll und wie er arbeiten muß. In jeder Teilarbeit steckt eine Wissenschaft. Es gibt eine Wissenschaft des Lastentragens, des Schaufelns, des Mauerns, auch der Prüfung von Fahrradkugeln. In jeder Hantierung ist das Gesetz der höchsten Leistung bei geringstem Kraftverbrauch zu entdecken. Es erfordert jahrelang hindurch

---

[14] *Die Grundsätze wissenschaftlicher Betriebsführung* von F. W. Taylor. Deutsche autorisierte Ausgabe von Rudolf Roesler. München und Berlin (R. Oldenbourg) 1913.

betriebene, oft mit großen Geldmitteln unterstützte Beobachtungen, Versuche, Rechnungen, um die Technik jeder einzelnen Arbeit zu ermitteln und die individuelle Ausbildung des Arbeiters zu vollziehen. Wie schwer muß das einzelne Eisenstück sein, wie muß es getragen werden, in welchem Tempo, wann müssen Ruhepausen eingelegt werden und wie lange – damit der größte Nutzeffekt herauskommt? Es ist sehr wesentlich, wie die Schaufel in einen Kohlenhaufen gestoßen, welche Durchschnittslast am zweckmäßigsten auf die Schaufel genommen wird. Aus diesen Beobachtungen, die auch die Methoden der Experimentalpsychologie wie die Leistungen der höheren Mathematik zur Verarbeitung heranziehen, ergeben sich Konstruktionen der tauglichsten, vielspältig anpassungsfähigen Werkzeuge. Keine Bewegung darf überflüssig sein. So gelang es beim Mauern die Handgriffe und Bewegungen, die zur Legung eines Ziegels notwendig sind, von achtzehn auf fünf und sogar auf zwei zu vermindern. Einfache Apparate ermöglichten es dem Arbeiter, ohne jede Körperbewegung stetig einen Stein nach dem andern zu legen.

Das ist *Scientific Management*, aber es ist leider nicht nur das. Handelte es sich nur um solche Feststellungen, wie die Produktivität der Handarbeit bei geringster Kraftaufwendung zum höchsten Grad gesteigert werden könnte, so wäre Taylor ein sozialer Erlöser; denn sein System würde uns dem Ziel nähern, die gesellschaftlich notwendige mechanische Arbeit auf ein Mindestmaß herabzusetzen, das für jeden erträglich ist, aber auch jedem Arbeitsfähigen zugemutet werden müßte, ohne Unterschied.

Aber die technische Vervollkommnung ist nur die leuchtende Schutzhülle des Systems. Der wirkliche Zweck ist, aus jedem Arbeiter die denkbar höchste Leistung herauszupressen, die überhaupt möglich ist. Und damit wird das System zur Kulturgefahr. Der Ingenieur wird Sachwalter des Kapitals und obendrein Politiker, der sich vermißt, die Interessenharmonie zwischen Unternehmern, Arbeitern und Verbrauchern herzustellen.

Taylor verspricht den Unternehmern höhere Profite, gesteigerte Arbeitswilligkeit, Befreiung von den unbequemen Organisationen des proletarischen Klassenkampfes. Er spendet den Arbeitern höhere Löhne und bisweilen kürzere Arbeitszeit, zudem Arbeitsfreude und fröhliche Gesundheit ohne Ermüdung und Erschöpfung. Er führt endlich für die Konsumenten Verbilligung der Waren herbei.

Die Harmonie aller ist vollkommen und unwiderstehlich. Jeder muß in die Harmonie hinein. Und alles dies lediglich durch sein System. Man braucht es nur anzunehmen und der ganze ungeheure Segen quillt automatisch und unerschöpflich. Einmal über das System belehrt, müssen es alle Teile annehmen, ob sie wollen oder nicht. Scientific Management – das sind die neuen Sirenen, deren Gesang niemand trotzen kann. Oder auch: Die feindlichen Vertragsgegner im kapitalistischen Lohnbetrieb werden zu Partnern des Schiebetanzes, in dem jede Bewegung des einen unrettbar die harmonische des andern erzwingt.

Und *Scientific Management* ward zuerst erprobt auf dem Stahlwerk, das sich Bethlehem nennt. Schon dieser Name heiligt die Sache und verpflichtet, allen Menschen Frieden und Wohlgefallen, wenn nicht zu *bringen*, so doch zu *verkünden*. Es ist der neue Ruf der Erlösung von der Qual der Arbeit und der Himmelfahrt zur erhöhten Inbrunst der Profite.

Gemeinhin gilt als die schärfste Methode der Ausbeutung die Akkordarbeit. Taylor verwirft das Locksystem des Stücklohns durchaus. Das ist lediglich organisierte Faulheit. Der Arbeiter entzieht dem Unternehmer vorsätzlich seine Arbeitskraft, weil jede Steigerung seiner Produktion unweigerlich Herabsetzung des Akkordlohns veranlassen würde. Also verabreden sich die Arbeiter, im künstlichen Schweiße ihres Angesichts, so wenig wie möglich zu arbeiten.

Taylor ersetzt das Akkordsystem durch das Pensum. Freilich keine neue Erfindung, denn das Pensum ist der Schrecken der Strafanstalten und Zuchthäuser. Aber das Pensum der Sträflinge ist noch eine bescheidene Anspannung im Vergleich zu dem Taylorpensum. Denn dieses Pensum wird wissenschaftlich ermittelt. Jede Arbeit und jedes Pensum taugt nicht für alle. Folglich bedarf das Taylorsystem zu seiner Vollendung auch der wissenschaftlichen Ausbildung jedes einzelnen Arbeiters zum höchsten Grade der in ihm verborgenen Anlagen. Wie hat man doch die kapitalistische Lohnarbeit bisher verleumdet, als eine Räuberin aller freudig schaffenden Fähigkeiten, die alles Menschentum erstickt! Erlöser Taylor lehrt den Menschen sich selbst erkennen, seine tiefsten Fähigkeiten bis zur letzten Meisterschaft entwickeln. Individuelle Ausbildung – der Staat der Kultur aller ist im Bethlehem Taylors erreicht! Man hat vordem nur nicht gewußt, wie viel individuelle Anlagen es gibt. Nicht nur für Musik und Malerei, für Philosophie und Mathematik, für Schauspiel und Lyrik, in jedem Menschen steckt eine ganz besondere Tüchtigkeit, die entwicklungs-, das heißt ausbeutungsfähig ist. Man braucht sich auch nicht mehr zu quälen und zu bangen, ob das Genie auch sich durchsetze. Die Betriebsleitung ist die Vorsehung für alle, die unfehlbar jedes Genie herausholt. Es gibt zum Beispiel Genies des Tragens von Erzbarren. Sie haben keinen andern Drang und keinen andern Lebenszweck, als soviel Tonnen wie möglich täglich aus einem Haufen auf einen Eisenbahnwagen zu laden. Der Ingenieur mustert die Arbeiter. Mit Adlerblick (er ist auch bereits getaylort!) erkennt er das Erzladegenie – an den schwellenden Muskeln und an dem stupiden Ausdruck. Dieses Genie, Schmidt mit Namen, wird nun beiseite genommen. Es wird ihm eine Steigerung des Lohnes um die Hälfte versprochen, wenn er sich bereit erklärt, genau nach den Weisungen seines Lehrmeisters zu arbeiten: zu gehen, wenn es ihm befohlen wird, zu heben, wenn es ihm befohlen wird, zu verschnaufen, wenn es ihm befohlen wird. Er darf keine Bewegung mehr nach eigenem Kopfe verrichten. Und er muß sich verpflichten, alle in ihm vorrätige Kraft restlos herzugeben. Denn wird er ertappt, daß er künstlich seine Arbeitskraft einschränkt, so wird er unweigerlich entlassen. Jetzt kann das Experiment beginnen. Schmidt hebt und trägt, geht und rastet. Und es gelingt ihm, statt bisher 12 ½ Tonnen 47 ½ Tonnen täglich zu verladen, und statt 1 Dollar 15 – 1 Dollar 85 zu verdienen. Damit ist das Pensum des Lastengenies festgestellt. Das hat nun jeder Arbeiter dieses Fachs täglich zu leisten. Es wird niemand angestellt, der das Pensum nicht zu erledigen vermag, und jeder entlassen, der es nicht bis zu dieser Stufe individueller Entwicklung bringt. Aber das Wichtigste ist nicht zu vergessen, das Menschenfreundliche: Es darf keinerlei Erschöpfung und Ermüdung mit dieser Arbeit verbunden sein! Selbstverständlich, sonst könnte ja das Pensum nicht erfüllt werden. So kann es in Bethlehem trotz solcher ungeheuren Steigerung der Arbeitsleistung keine erschöpften Arbeiter geben; sie sind alle *jenseits* von Bethlehem, irgendwo, *außerhalb* der wissenschaftlichen Trainierung. Es ist klar, daß damit jede Einwirkung der Arbeiter oder gar der Arbeiterorganisationen auf die Arbeitsbedingungen aufhört. Das Pensum wird wie der angemessene Lohn objektiv wissenschaftlich von den Unternehmern und deren Organen festgestellt. Wer das Pensum bewältigen kann und will, darf arbeiten; andere werden nicht geduldet.

Unser Genie der muskulösen Stupidität, Schmidt, trägt also an jedem zehnstündigen Arbeitstag 47.500 Kilogramm Erz vom Stapel zum Waggon, legt täglich 13 Kilometer in 252 Minuten mit und 13 Kilometer ohne Last zurück. Die Verladung jedes etwa einen halben Zentner wiegenden Barren beträgt 0,22 Minuten. Dabei bleibt Schmidt so frisch, daß er vor der Arbeit an seinem durch die Lohnsteigerung ermöglichten Häuschen baut und nach der Arbeit den Bau fortsetzt. Welch ein ausgerechnetes Leben! Unsere bessere Gesellschaft, die sich am Sechstagerennen ergötzt, sollte sich dem nützlichem Sport des getaylorten Schmidt zuwenden und täglich 47.500 Kilogramm Erz verladen.

In gleicher Weise wird für jede Hantierung das Normalpensum ermittelt. Bei den Maurern wird durch solche Verbindung von Wissenschaft und individueller Genieentwicklung die Stundenleistung von 120 auf 350 Ziegel erhöht.

Wie sind die wirtschaftlichen Ergebnisse? Obwohl das Taylorsystem einen gewaltigen Aufwand von Aufsichtspersonen verlangt, werden große Ersparnisse erzielt. Zur Leistung der Schaufelarbeiten wurden auf den Bethlehemwerken nach dem alten System 400 bis 600 Arbeiter gebraucht. Unter der Pensumarbeit waren nur noch 140 notwendig. Die Durchschnittsleistung eines Mannes stieg von 16 auf 59 Tonnen, der Durchschnittslohn von 4,81 Mark auf 7,80 Mark, und die Durchschnittskosten sanken pro Tonne von 0,291 auf 0,138 Mark. Nach der Einführung des Taylorsystems wurden trotz der erhöhten Löhne, trotz der Steigerung der Bureau- und Werkzeugspesen, der Gehälter für Meister, Beamte, Bureauangestellte, Zeitstudienleute, nur am Schaufeln mehr als 300.000 Mark erspart.

Aus der angeführten Rechnung erkennt man, daß die Arbeitsleistung fast vervierfacht ist, der Lohn aber nur um die Hälfte erhöht ist. Damit ist von dem Erfinder selbst, und das ist ja auch der Reiz für den Unternehmer, nachgewiesen, daß dies System eine *unerhörte, ungelohnte Steigerung der Ausbeutung der Arbeitskraft* bedeutet. Mit einem in seiner Art großartigen Humor entzieht sich Taylor der peinlichen Frage, warum denn der Lohn nicht wenigstens in gleicher Weise gesteigert wird wie die Arbeitsleistung. Auch hier gibt die rettende Wissenschaft die gewünschte Antwort. Es hat sich nämlich wissenschaftlich ergeben, daß größere Lohnsteigerungen die Arbeitskraft und die Moral des Arbeiters gefährden. Und Mr. Taylor zieht aus solchen wissenschaftlichen Feststellungen den moralischen Lehrsatz, es sei nicht gut, wenn man zu schnell reich würde. Das bezieht sich aber nur auf die Psyche des Proletariers; denn dem Unternehmer, dem Aktionär, wird umgekehrt das System dadurch empfohlen, daß er noch schneller reich werden kann wie zuvor, wie denn schließlich auch das ganze Volk das Taylorsystem gebieterisch fordern muß, – – die Interessen der Allgemeinheit gehen über die der Arbeiter und der Unternehmer! – weil dadurch die Waren *verbilligt* werden. Von Organisationen und Spekulationen der Kapitalisten zur künstlichen Preissteigerung hat Taylor offenbar noch nie ein Wort gehört. *Wie sollte man auch in Amerika!*

Dem begeisterten deutschen Übersetzer der genannten Schrift ist bei den Taylorbilanzen nicht ganz wohl. Er fühlt dunkel, daß die Marxisten geradezu als Paradigma zur Veranschaulichung kapitalistischer Ausbeutung jene Taylorsche Rechnung verwenden könnten, aus der so klar das Mißverhältnis zwischen Profit- und Lohnsteigerung bei erhöhter Arbeitsleistung hervorgeht. Der Übersetzer hat nicht den gleichmütigen Witz des Originals. Er wagt nicht, das Mißverhältnis dadurch zu rechtfertigen, daß er die wissenschaftliche Entdeckung vorführt, eine mehr als fünfzigprozentige Lohnerhöhung sei für den Arbeiter nicht bekömmlich. Und er ersinnt darum das andere Argument, daß natürlich der Lohn deshalb nicht wie die Leistung gleich steigen könnte, weil die jetzt gezahlten Löhne zu hoch im Verhältnis zur Leistung wären; man dürfe also die jetzigen Sätze nicht zugrunde legen. Es ist selten Gelegenheit, so hübsch zu demonstrieren, wie das Interesse die Logik umnebelt. Denn die Rechtfertigung der stärkeren Ausbeutung durch den Hinweis auf die Überzahlung der heutigen Arbeitsleistung würde, auf die erwähnte Taylorsche Bilanz angewendet, sich so auflösen: Steigerung der Arbeitsleistung 400 Prozent, Erhöhung der Löhne 50 Prozent, Überzahlung der Arbeit vor der Einführung des Taylorsystems 350 Prozent. Der Arbeiter hätte also, ehe Taylor alles wissenschaftlich richtig machte, das Dreieinhalbfache seines Lohns an den Unternehmer herauszahlen müssen; so viel hätte er mehr erhalten, als seine Arbeit verdient hätte …

Würde sich das Taylorsystem durchsetzen, so wären alle bisherigen Bemühungen des Proletariats, durch solidarisches Handeln Einfluß auf die Arbeitsbedingungen zu gewinnen und ein das Menschentum des Arbeiters nicht völlig aussaugendes Normalmaß der Arbeit herbeizuführen, mit einem Schlage vereitelt. Die Arbeiter würden völlig atomisiert und jeder müßte sich willen- und wehrlos den durch die wissenschaftlichen Helfer der Kapitalisten festgesetzten Bedingungen fügen. Wir erfahren wohl, daß Schmidt frisch und munter ist, *solange* er seine 475.00 Kilogramm Erz schleppt. Wir erfahren aber nicht, *wieviel Jahre* er diese Art von Munterkeit aushält. Der zur Maschine erstarrte Mensch wird eben auch nach den normalen Abnutzungsquoten der stählernen Maschinen rasch – amortisiert. Und ist er amortisiert, so wird eine neue Menschmaschine eingestellt, ohne daß sich jemand darum kümmert, was aus den amortisierten Menschen wird. Und dann wird Herr Bernhard, der Berliner Professor, die Aufhebung aller sozialpolitischen Schutz- und Versicherungsmaßnahmen verlangen, weil man doch nicht die Hysterie der Menschen fördern darf, die sich – amortisiert fühlen.

Lehrte uns nicht einmal die Religion von Bethlehem, daß alle Menschen Brüder seien? und gab es nicht auch irgend einmal einen Philosophen, der als den Inbegriff aller menschlichen Sittlichkeit den Satz aufstellte, daß kein Mensch nur als das Werkzeug eines andern gebraucht werden dürfe? Verlorene Träumer, entschwebende Wolkenwanderer! Mr. Taylor nennt auch seine Lehre von Bethlehem mit starkem Nachdruck Philosophie. Er könnte sie auch Religion nennen. Philosophie, Religion und – Wirklichkeit.

Die Neunte
Das Werk der Zeit
(März 1915)[15]

Die nachfolgenden Betrachtungen sollen die organisierten
Arbeiter in den größeren Parteiorten anregen, sich um Auf-
führungen der Neunten Symphonie zu bemühen. Als 1870
Paris belagert wurde, spielte die Große Oper mitten in der
hungernden Millionenstadt Beethovens Symphonien; in den
Logen lauschten verwundete Soldaten, und über alle kamen,
bei des *Deutschen* Beethoven Musik, weihende Augenblicke
des Trostes und des Glückes.

Die Berliner Freie Volksbühne veranstaltete einmal – es ist geraume
Zeit her – einen Beethoven-Abend. Jahre waren vergangen. Da erhielt ich, ein paar Wochen vor Weihnachten, von einer Berliner Arbeiterin einen Brief. Sie erinnerte an jenen ihr unvergeßlichen
Abend; besonders seien ihr auch Worte eine Erinnerung fürs Leben
geblieben, die damals von Beethoven verlesen wurden. Sie bäte
mich, ihr zu sagen, wo sie das finden könne; sie wolle es in Blinden-
schrift abschreiben und es einer blinden Freundin zu Weihnachten
schenken. Der Brief erschütterte mich im tiefsten. Welch reiches Leben in dieser armen Frau, die mit einem Hauch der Seele Beethovens
durchs Leben ging, und von diesem Reichtum einer unglücklichen
Freundin gütig sinnvoll mitzuteilen begehrte! Und welche Unendlichkeit ewig aufrichtender Kraft, die von der großen menschlich-
künstlerischen Persönlichkeit ausströmt und noch in fernen Zeiten
dem verlorensten Leben einen Schimmer beklommenen Glückes zu
spenden vermag!

Es war das Heiligenstädter Testament, das solchen unauslösch-
lichen Eindruck in der Besucherin des Beethoven-Abends hinterlas-
sen hatte; jenes stammelnde Bekenntnis des erst 32jährigen, beinahe
schon tauben Mannes:

„O ihr Menschen, die ihr mich für feindselig, störrisch oder mi-
santhropisch haltet, wie unrecht tut ihr mir, ihr wißt nicht die gehei-

---

[15] Textquelle | Kurt EISNER: *Gesammelte Schriften. Erster Band*. Berlin: Paul Cassirer
1919, S. 69-74.

me Ursache von dem, was euch so scheint, mein Herz und mein Sinn waren von Kindheit an für das zarte Gefühl des Wohlwollens; selbst große Handlungen zu verrichten, dazu war ich immer aufgelegt, aber bedenket nur, daß seit 6 Jahren ein heilloser Zustand mich befallen, durch unvernünftige Ärzte verschlimmert, von Jahr zu Jahr in der Hoffnung gebessert zu werden, betrogen, endlich zu dem Überblick eines dauernden Übels gezwungen, mit einem feurigen, lebhaften Temperamente geboren, selbst empfänglich für die Zerstreuungen der Gesellschaft, mußte ich früh mich absondern, einsam mein Leben zubringen, wollte ich auch zuweilen mich einmal über alles das hinaussetzen, o wie hart wurde ich über die verdoppelte traurige Gefahr meines schlechten Gehöres dann zurückgestoßen, und doch war's mir nicht möglich, den Menschen zu sagen: sprecht lauter, schreit, denn ich bin taub; ach, wie wäre es möglich, daß ich dann die Schwäche eines Sinnes zugeben sollte, der bei mir in einem vollkommneren Grade als bei andern sein sollte, einen Sinn, den ich einst in der größten Vollkommenheit besaß, in einer Vollkommenheit, wie ihn wenige von meinem Fache gewiß haben, noch gehabt haben – o ich kann es nicht; drum verzeiht, wenn ihr mich da zurückweichen sehen werdet, wo ich mich gerne unter euch mischte, doppelt wehe tut mein Unglück, indem ich dabei verkannt werden muß, für mich darf Erholung in menschlicher Gesellschaft, feinere Unterredungen, wechselseitige Ergießungen nicht statthaben, fast nur so viel, als es die höchste Notwendigkeit fordert, darf ich mich in Gesellschaft einlassen, wie ein Verbannter muß ich leben …"

„Gottheit, du siehst herab auf mein Inneres, du kennst es, du weißt, daß Menschenliebe und Neigung zum Wohltun drin hausen. O Menschen, wenn ihr einst dieses leset, so denkt, daß ihr mir Unrecht getan und der Unglückliche, er tröste sich, einen Seinesgleichen zu finden, der, trotz aller Hindernisse der Natur, doch noch alles getan, was in seinem Vermögen stand, um in die Reihe würdiger Künstler und Menschen aufgenommen zu werden."

Wer Beethovens Musik in seiner dunkelsten Tiefe begreifen will, der erfülle sich zuvor mit der Stimmung des Heiligenstädter Testaments. Ein Verbannter des Lebens, ein Ausgestoßener des Glücks hat dem Schicksal diese Kunst abgetrotzt; ein Mensch, der das Herrlichste seines Schaffens nicht mehr sinnlich wahrzunehmen vermochte, der seine Musik nicht mit dem Ohr mehr hörte, sondern geistig schaute, mit dem Herzen fühlte. Erst wer das gemeine Leben ganz verloren, so scheint es, ist berufen, das höhere, reinere, das wahre Leben zu erschaffen, das in der großen Kunst sich abbildet. Und einem solchen Märtyrer künstlerischen Schaffens wird auch jener geheimnisvolle Weltblick zu eigen, der ihn befähigt, in den Eingebungen seines Genies die Visionen der Menschheit, des Erdenschicksals zu gestalten. Das ist das eigentliche Wunder der Ewigkeitskunst. Jede Zeit findet in ihr aufs neue sich offenbart. Ladet euch heute bei Shakespeare zu Gaste, und ihr werdet in jedem Worte Deutung und Lösung finden für all das Furchtbare, Unbegreifliche, was euch heute bedrückt. Und wenn ihr ganz ratlos und verzagt geworden, so rettet euch in die Neunte Symphonie Beethovens, und ihr werdet auf einmal dieser qualvollen Gegenwart euch klar bewußt und findet aus Wirrnis, Pein und Zerstörung den rettenden Ausweg.

Das Ausgestoßensein Beethovens aus der menschlichen Geselligkeit, sein körperliches Leiden, die tragikomische Misere seines häuslichen Eremitendaseins, seine wirtschaftlichen Bedrängnisse, die schrullenhaften Launen des halb verwilderten Sonderlings – all das wird nicht etwa, als Gegensatz des öden, zufälligen Daseins und des idealen Künstlertraumes und Künstlerrausches, Inbegriff seiner Musik. Seine Tongebilde erfüllt nicht das feindliche Verhältnis des Künstlers zu den Bedingungen seines privaten Daseins. In Beethovens Kunst rinnt das Blut der Menschheit. Die Weltgeschichte ringt und brennt in seiner Musik. Alle menschliche Kreatur erscheint als ausgestoßen aus dem verschwenderisch sich darbietenden Erdenglück der Natur, als betrogen um ihre Seligkeit. Aber der Künstler, als barmherzige Gottheit, überwindet für die Menschheit den zerstörenden Gegensatz und führt sie auf die lichten freien Höhen der Zukunft.

Die „Neunte" gehört dem letzten Jahrfünft von Beethovens Leben an, das 1770 aufging und 1827 erlosch; jener Zeit, da er wie in wissender Zwiesprache mit dem Tode, den geheimsten Regungen seiner Seele die klingende Form aus tief versenkter Schöpferkraft in einer von jedem äußeren Einfluß unberührter Ursprünglichkeit reif und reich zu finden wußte: Schöpfungswunder, die man erleben, nie begreifen kann.

Es wäre eine armselige Schulmeisterei, die vier Sätze der Neunten Symphonie im einzelnen auszudeuten, ihre musikalischen Motive, ihre Verschlingung, Veränderung, Steigerung zu sezieren. Man erfülle sich mit der Andacht der Erhabenheit und man wird, wenn nicht das erste Mal alles im Innersten verstehen, doch die Größe fühlen und im Hören selber groß werden. Der erste Satz, der sich wundersam aus dem einfachen, geheimnisvoll raunenden Spiel des Geigenstimmens auftürmt, ist alles wilde Gärung, Kampf, Trotz, Verzweiflung. Der zweite Teil tollt, in grellen Kontrast, in trunkenem Lebensjubel; Betäubung, Selbstvergessenheit. Das ist Beethovens Humor, der über den stürzenden Trümmern der Welt in das Krachen und Toben verwegen hineinlacht und den Untergang mit taumelnden Reigen lebensglühender, zugleich unendlich geistiger und unendlich sinnlicher Spukgesellen bevölkert. Das Leben fordert dennoch sein Recht! Aber das wilde Heer entfesselter Lust braust vorüber. Die große feierliche Stille senkt sich herab; und aus der Einsamkeit singt das Lied unsagbarer Schwermut in die Nacht, die Menschheit erfüllt den unendlichen Raum mit ihrer trauernden Klage und hoffenden Sehnsucht. Das ist der dritte Satz. Der Schlußakt dieses musikalischen Schicksalsdramas der Menschheit läßt zunächst die Stimmungen der drei ersten Teile in chaotischem Ringen noch einmal emportreiben. Als das Entsetzen zu fassungslosem Grauen sich steigert und keine Entwirrung mehr möglich scheint, da ersteht in höchster Not die Menschenstimme als Erlöserin. Sie wehrt den dämonisch rasenden Instrumenten ab: Nicht diese Töne! Und wie aus der Ferne erklingt ganz einfach in Melodie und Rhythmus, Schillers *Lied an die Freude*. Das Volkslied wächst zum Volkerlied empor. Mächtig, unwiderstehlich schreiten die Chöre aufwärts. Das Weltall hallt wieder von den Freudenrufen der erlösten Menschheit. Die Völkerfreiheit und der Völkerfrieden errichtet im Stürmen sein Reich. Diesen Kuß der ganzen Welt!

Als Beethoven über seiner Neunten Symphonie sann, schrieb er in seine Notizhefte das Wort aus Kants Kritik der praktischen Vernunft: „Das moralische Gesetz in uns und der gestirnte Himmel über uns." Dieses doppelte Wesen menschlicher Erhabenheit, die Erkenntnis der unendlichen Natur und der Kampf um die Erlösung der Menschheit zu höchster sozialer Gemeinschaft, wird in der „Neunten" Gefühl, Klang, Wirklichkeit.

Vor einem Jahrzehnt, am 18. März 1905, sprach die Neunte Symphonie zum ersten Mal vor – Arbeitern. Die Berliner Freie Volksbühne hat das geschichtliche Verdienst dieser Tat. Damals war es ein Wagnis. Es gelang; und seitdem wurde wiederholt Proletariern das Fest bereitet. Damals schrieb ich diese Sätze: „War einst für den Weitblickenden die Gründung des kleinsten Arbeitervereins wichtiger als die Schlacht bei Königgrätz, so darf man heute kühnlich sagen: Was bedeutet die Schlacht bei Mukden neben dieser Siegesfanfare des zur Menschheit erwachten Proletariats! Die große Kunst flüchtete einst zu Wort und Ton, um das Leben vergessend ertragen zu können. Das Idealreich der Kunst stand fremd und verabscheuend neben dem Leben, das nichts mit ihr gemein hat. Die Kunst ist nicht mehr Flucht aus und vor dem Leben, sondern das Leben selbst. In dem gewaltigen Klassenkampf des Proletariats glüht der Götterfunke der Freude, der aus der Gesellschaft des Elends und des Zufalls zu dem Kunstwerk der neuen Gesellschaft leuchtet. Wenn die Menschheit, durch den Kampf des proletarischen Sozialismus befreit und gereift, dereinst an dem Welthymnus der Neunten erzogen wird, wenn sie zum Katechismus ihrer Seele wird, dann erst ist Beethovens Kunst zur Heimat zurückgekehrt, aus der sie floh: zum Leben."

Heute scheint die Welt weiter von jenem Ziel abgeirrt denn je. Man braucht etwa nur aus der Biographie Beethovens zu erinnern, daß seine Familie nach Bonn aus der Gegend von – *Löwen* eingewandert ist, um zu erschauern. Der Sinn der Menschheit ist wie verloren, wie verschüttet. Gerade in dieser Zeit aber gewinnt Beethovens Kunst die ganze Quellkraft des Lebens. Lauscht in der Neunten der Mär eures Schicksals und ihr findet euren Glauben, eure Bestimmung, eure Menschheit wieder!

Hus
Ein halbes Jahrtausend nach seinem Feuertod
(Juli 1915)[16]

Ungezählt sind die Menschen, die durch Gewalt ihr Leben verloren. Mit höchstem Ruhm ist die Tapferkeit im Kriege, der Tod in der Schlacht geehrt. Der kollektive und legitime Mut im Dienste einer Gemeinschaft, auf Geheiß einer Obrigkeit wird gefeiert, und wenn die Blutbrunst über die Menschen kommt, wächst gewaltig das Heldentum der Vernichtung. Dennoch, all die Millionen, die so auf dem verschlungenen Wege der menschlichen Entwicklung fielen, sind rasch vergessen. Es bleibt nichts übrig als dürre Jahreszahlen über namenlosen Massengräbern. Blut und Tränen trocknen schnell. Und der Aufschwung der Gefühle, der in Sieg und Untergang berauscht, hinterläßt, nachdem er sein Werk verrichtet, keine Spuren.

So rasch verweht der Ruf ruhmvollen Sterbens. Anders aber erhält sich die Erinnerung an *ehrlosen* Tod, an das Martyrium des Einzelnen, der aus eigenem individuellen Entschluß wider Macht und Gesetz sich opferte, beschimpft, verleumdet, verflucht – um einer *Überzeugung* willen. Die tiefen politischen sozialen Ursachen, aus denen solche Aufrührer der Idee erstanden, schwinden aus dem allgemeinen Bewußtsein und werden zum Gegenstand geschichtlicher Forschung. Gemeingut der Menschheit aber wird das Gedächtnis an den Bekenner, der fiel, weil er die einmal erkannte Wahrheit nicht verraten wollte. Dieser Ruhm steigt durch die Jahrtausende, diese Helden werden niemals vergessen. Es lebt in der Menschheit, zu Zeiten verdunkelt, aber niemals ganz erloschen, dennoch der Glauben, daß das Größte und Fruchtbarste aller menschlichen Leistung, die einzige Gewähr für den Aufstieg der Kultur, die uneingeschränkte Freiheit des Gedankens und die unbeugsame persönliche Tapferkeit des Bekennens ist. Dieser geistige und sittliche Wahrheitsdienst steht über allem Leben; denn er ist die Voraussetzung eines Lebens, das wert ist, gelebt zu werden. Als unklare Ehrfurcht vor dem Gewaltigsten lebt *dieser* Heldenkult triebhaft in jedem gesunden Menschen. Kaum zu ermessen aber wäre es, auf welcher

---

[16] Textquelle | Kurt EISNER: *Gesammelte Schriften. Erster Band*. Berlin: Paul Cassirer 1919, S. 123-130.

Höhe heute die Menschheit stände, wenn der gleiche Todesmut, der als gebotene, gesetzliche Massenerscheinung auf jedem Blatt der Geschichte verzeichnet wird, als individueller Entschluß, im Dienst einer Überzeugung, wider alle herrschende Gewalt, von allen gewagt würde; wenn das Sterben für die selbstgewählte Idee, für die eigene Sache jedem als heilige Pflicht erschiene. Dann erst könnten wir die Märtyrer einer dunklen Vergangenheit, die erhabenen Einzelnen vergessen, deren wir heute mehr denn je bedürfen, um die Seele der Menschheit nicht zu verlieren.

So gedenken wir heute, in bedeutsamer Bewegung, des armen tschechischen Bauernsohns Johann Hus, der am 6. Juli 1415 zu Kostnitz (Konstanz) während desselben Konzils verbrannt wurde, das drei Gegenpäpste absetzte, einen vierten Papst erwählte, eine neue Heilige – Brigitta – schuf, und die Hohenzollern feierlich mit der Mark Brandenburg belehnte.

Klerikale Geschichtsschreiber der Gegenwart, wie Janßen, führen die ganze soziale Revolution des 16. Jahrhunderts auf die Lehre des Johann Hus zurück. Daran ist richtig, daß die geistige Beweisführung der Reformation, mit der die sozialen Kämpfe intellektuell ausgefochten wurden, von Hus übernommen wurde, wie Hus sich selbst an die Lehren des Engländers Wiclif anlehnte. Daß die revolutionäre Bewegung der Zeit in der Maske dogmatischer Ketzereien erschien, war natürlich nur äußerer Schein. Um Dogmen hätte man sich niemals die Köpfe gespalten, wenn hinter ihnen nicht die Lebensfragen kirchlich-weltlicher Macht, weltpolitisch-nationale Konflikte und tiefste soziale Gegensätze verborgen gewesen wären.

Es ist das Zeitalter der Kirchenspaltung, der Gegenpäpste. Das Papsttum wird national zerklüftet: Frankreich, England, Italien, Deutschland ringen um seine Dienste. Das damalige Papsttum selbst ist der unersättliche Steuereinnehmer der christlichen Welt. Er beutet den mittellosen Bürger und den zinsbelasteten Bauern aus. Er nimmt sein Geld und spendet ihm dafür den Ablaß seiner Sünden. Die Kirche ist eine mächtige, wirtschaftliche Organisation, unter deren Ausbeutung die Massen leiden, und die die reifenden Nationalstaaten als Hemmung empfinden. Die Gegnerschaft gegen das Papsttum erstarkte zuerst in England, das den hundertjährigen Krieg mit Frankreich führte und den mit dem Feinde verbündeten, in Avignon sitzenden Papst bekämpfen mußte. Dieser Opposition lieh Wiclif, unter der Duldung und Förderung der Herrschenden Englands, seine ketzerischen Lehren. Er berief sich auf die Heilige Schrift, erkannte nur ihre Gebote an und hob, in schneidender Schärfe, den Gegensatz christlicher Armut mit dem Reichtum und der Pracht des Papstes und der Kirche hervor. Damit griff er den Besitz und das Steuerrecht der Kirche an, zur großen Genugtuung der weltlichen Gewalthaber, die damit Anwartschaft auf die kirchlichen Güter erhielten. Wiclif entwurzelte auch geistig die Autorität der Kirche, durch die Aufstellung des Satzes, dem Hus dann die Prägung gab, „daß ein von Ewigkeit her Verdammter oder ein in Todsünden Lebender keine Rechtsgewalt über Christen haben solle". Das war die fürchterliche Ketzerei, die Hus vor allem den Scheiterhaufen schichtete. Es war auch in der Tat die Anfechtung aller Kirchenmacht. Denn indem er über alle Hierarchie das christliche Sittengesetz stellte in seiner Reinheit und Ursprünglichkeit, hatte kein Papst und kein Bischof, übrigens auch kein König und Herzog mehr Sicherheit und Bestand. Er stand unablässig vor dem Gericht urchristlicher Sittenlehre und mußte jedem Volksprediger weichen, der ihm die Verletzung der christlichen Gebote nachwies. So wurde die öffentliche Meinung, der schlichte Sinn ernsthafter Christenmenschen, die Frömmigkeit der geistig und weltlich Armen, höchste Autorität und Richter über die herrschenden Autoritäten – eine höchst demokratische Anschauung.

Wiclifs Lehren drangen nach Böhmen und bildeten sich dort nach den eigentümlichen wirtschaftlichen, sozialen und nationalen Verhältnissen um. Böhmen war im 14. Jahrhundert das wirtschaftlich entwickeltste Land des deutschen Reiches geworden. Die Silbergruben brachten großen Reichtum, belebten Gewerbe und Wissenschaft, ließen aber auch die sozialen Gegensätze um so schärfer aufeinanderprallen, als sie national gesondert waren. Die Entwicklung des Landes geschah durch deutsche Einwanderer, die bald den hohen Klerus, die Universität – Prag wurde als erste deutsche Universität nach dem Vorbild von Paris gegründet – den adligen Grundbesitz, das städtische Patriziat beherrschten, während die tschechische Urbevölkerung aus den kleinen Leuten der Städte und den im tiefsten Elend schmachtenden ausgebeuteten Bauern bestand. Damit ergab sich, daß die Deutschen rechtgläubig, päpstlich gesinnt waren, während die Tschechen in Papsttum und Kirche den Unterdrücker haßten. Die Krone schwankte und suchte zu vermitteln. Ein Teil des ärmeren Adels, den der Kampf gegen den ungeheuren Besitz lockte, stand zur Opposition. Der Wortführer des ländlichen und städtischen Proletariats aber wurde Hus.

Johann Hus war am 6. Juli 1373 zu Hussinecz in Böhmen geboren, als Sohn geringer Bauern. Seine große Begabung hob ihn empor. Er hungerte sich als mittelloser Prager Student durch. Mit 27 Jahren ist er Professor an der Universität, zugleich einflußreicher Prediger und Beichtvater der Königin. Er ging von Anfang an von den Satzungen der Kirche zu den Lehren des Urchristentums zurück, wie er sie in der Bibel fand. Als er dann mit den Schriften Wiclifs bekannt wurde, bekamen die längst in ihm lebenden Gedanken Richtung und Form. Er schrieb und predigte nun mit wachsender Leidenschaftlichkeit und großem Erfolg gegen Papsttum und Kirche, gegen widerchristlichen Aberglauben, willkürliche Gebräuche, vor allem gegen den Ablaß, der nichts wie eine drückende Besteuerung der Besitzlosen war. Zum ersten tiefgehenden Konflikt kam es über den Machtverhältnissen an der Universität Prag, die damals eine mächtige Organisation war und über 10.000 Studenten aus aller Herren Länder zählte. Sie war in vier Nationen gegliedert, von denen die Tschechen nur eine Stimme hatten. Hus gelang es, beim König durchzusetzen, daß die böhmische Nation die Mehrheit der Stimmen erhielt. Darauf verließen die deutschen Professoren und Studenten – an 5000 Mann – Prag und gründeten 1409 die Universität Leipzig. Hus wurde nun Rektor der Universität. Als er Wiclifsche Schriften übersetzte, wurde er auf Denunziation vor den Erzbischof von Prag, Zbynek von Hasenberg, geladen, der sich aber mit seiner Erklärung begnügte, wenn er aus Übereilung etwas gegen den christlichen Glauben gelehrt haben sollte, so sei er bereit, es zu verbessern. Die Katastrophe führte die Kühnheit herbei, mit der Hus 1411 gegen den Krieg und die Kriegsmittel agitierte. Papst Johann XXIII., dem man den Beinamen des „eingefleischten Teufels" gegeben hat, rief die Christenvölker zum Kreuzzug gegen den König von Neapel auf, der einen der Gegenpäpste unterstützte. Als die päpstlichen Gesandten nach Prag kamen und das Volk zur Entrichtung der Kriegssteuern aufriefen – in der Form des Ablaß – predigte Hus ungestüm dawider und das erregte Volk entriß den Boten des Papstes die Bulle und verbrannte sie, nachdem man sie in höhnendem Umzug durch die Stadt geschleift hatte. Inzwischen war ein neuer Erzbischof nach Prag gekommen, wie es heißt, ein Analphabet, der die Prager Begebenheiten dem Papst denunzierte. Hus wurde in Bann getan, seine ketzerischen Lehren verflucht. Der König konnte ihn nicht mehr schützen. Er verließ Prag, fand Asyl auf den Burgen adliger Gönner, und predigte furchtlos weiter im Volke.

Im Jahre 1414 berief Kaiser Sigismund jenes Konzil nach Konstanz, das drei Jahre lang die kleine Stadt am Bodensee zum Heerlager aller Mächtigen in der Christenheit machte. An hunderttausend Menschen sollten sich dort versammelt haben: Päpste, Fürsten, Kardinäle, Bischöfe, Ritter, Gelehrte, Abenteurer, Handwerker (unter anderen allein 72 Goldschmiede) und Händler aus allen christlichen Ländern, nicht zu vergessen die lieblichen Zierden, von denen der Chronist berichtet: „Über 700 öffentliche Dirnen in den Frauenhäusern und solche, die eigene Häuser gemietet hatten, dazu noch die heimlichen, deren Zahl man gar nicht angeben kann."

Das Konzil wollte nicht nur den Streit der Päpste beenden, sondern auch die Ketzerei ausrotten. Hus wurde nach Konstanz geladen. Kaiser Sigismund gab ihm einen Geleitsbrief. Die Gelehrten streiten sich, ob dieses freie Geleit nur einen einfachen Reisepaß darstellte oder ihm Sicherheit für Freiheit und Leben verbürgen sollte. Jedenfalls war das Konzil der Meinung, daß einem Ketzer [gegenüber] überhaupt keine Verpflichtungen zu halten seien. Am 3. November 1414 kam Hus in Konstanz an. Er wurde von einem Ausschuß verhört, dann für ein halbes Jahr in einem morastigen Kerker begraben. Am 8. Juni 1415 wurde er herausgeholt, damit er sich vor der Gesamtheit des Konzils verantworte. Er verteidigte sich mit aller Glut seiner Überzeugung, in dem Wahn, daß es die Wahrheit gelte, während doch die Interessen von Anbeginn das Urteil entschieden hatten. Hus lehnte jeden Widerruf ab. Das Urteil besagte, „daß, nachdem Johannes Hus als Schüler und hartnäckiger Anhänger Wiclifs diese und andere verwerfliche Artikel als katholisch behauptet und veröffentlicht habe, dieselben aber teils irrig, teils skandalös, fromme Ohren beleidigend, verwegen oder aufrührerisch, teils auch notorisch häretisch seien, alle einzelnen seiner Traktate und Werke verworfen und verdammt und zur öffentlichen Verbrennung verurteilt seien. Hus selbst wurde als wahre[r] und offenkundiger Ketzer und Verführer des Volks befunden. Seine geistlichen Richter rissen ihm das Priestergewand herunter, dann übergaben sie ihn der weltlichen Gerechtigkeit.

Auf Ketzerei stand der Feuertod. Das Urteil wurde sofort vollstreckt. „Hus trug, so erzählt der Konstanzer Bürger Ulrich von Richental in seiner Chronik des Konzils (die unlängst in einer leicht lesbaren Bearbeitung in Vogtländers „Quellenbüchern" erschienen ist), eine weiße Bischofsmütze auf seinem Kopfe, auf der waren zwei Teufel gemalt, und zwischen beiden stand Heresiarcha, das heißt soviel als Erzbischof aller Ketzer. Die von Konstanz führten ihn mit mehr als 1000 gewappneten Männern hinaus. Infolge des großen Gedränges mußte man einen Umweg machen, und es wurden immer mehr der gewappneten Leute, gegen 3000, ohne die unbewaffneten und die Frauen. Auf der Brücke am Geltinger Tor mußte man die Menschen zurückhalten, nur truppweise wurden sie über die Brücke gelassen, weil man fürchtete, daß die Brücke zusammenbräche. Während er hinausgeführt wurde, betete er beständig: Jesu Christe, du Sohn des lebendigen Gottes, erbarme dich meiner. Als er auf das äußere Feld kam und das Feuer, Holz und Stroh bemerkte, fiel er dreimal auf seine Kniee und sprach laut: Jesu Christe, du Sohn des lebendigen Gottes, der du für uns gelitten hast, erbarme dich meiner. Danach fragte man ihn, ob er beichten wolle. Er sprach: gern, obgleich es hier sehr enge ist. Es war ein Priester da, Ulrich Schorand. Dieser ging zu Hus hin und sprach zu ihm: Lieber Herr und Meister, wollt Ihr dem Unglauben und der Ketzerei, um derentwillen ihr leiden müßt, entsagen, so will ich gern eure Beichte hören. Wollt Ihr das aber nicht tun, so wißt Ihr selbst wohl, daß in den geistlichen Vorschriften steht, daß man keinem Ketzer die Beichte hören soll. Da erwiderte Hus: Es ist nicht nötig, ich bin kein Todsünder. Als er darauf anfangen wollte, deutsch zu predigen, wollte das Herzog Ludwig nicht leiden und befahl, ihn zu verbrennen. Da ergriff ihn der Henker und band ihn in seinem Gewand an einen Pfahl. Er stellte ihn auf einen Schemel, legte Holz und Stroh um ihn herum, schüttete etwas Pech hinein und brannte es an. Da begann er gewaltig zu schreien und war bald verbrannt. Es entstand aber der schlimmste Gestank, den man je riechen konnte, denn der Kardinal Pankrazius hatte sein Maultier, nachdem es an Altersschwäche gestorben war, dort begraben lassen. Infolge der Hitze tat sich die Erde auf, so daß der Gestank herauskam. Dann führte man alles, was man von der Asche fand, in den Rhein."

Die Legende fügt hinzu, daß ein Bäuerlein und ein altes Weib herbeigehastet sei, um eine Tracht Holz zu dem Scheiterhaufen beizusteuern Da habe Hus wehmütig gerufen: O sancte simplicitas! Heilige Einfalt!

Es war aber vergebens, die Asche in den Rhein zu streuen, damit nichts von dem Ketzer übrig bliebe. Soll man ihn doch auch deshalb an seinem Geburtstag verbrannt haben, damit symbolisch auch seine Geburt ausgetilgt werde. Von dem Scheiterhaufen waren dennoch Funken über die Lande geflogen; die entzündeten jenen Volkskrieg der Hussiten, einen Bauernaufstand, der von Böhmen aus mit schrecklicher Wildheit verheerend über Deutschland brauste.

Marx-Feier

[Rezension, 1918][17]

Karl Marx. Geschichte seines Lebens, von Franz Mehring.
XII und 344 S. Leipzig 1918. Druck und Verlag der
Leipziger Buchdruckerei Aktiengesellschaft.

I. |

An den Gedenktagen der geistigen Führer, die im klassischen Zeitalter die Befreiung des deutschen Bürgertums kündeten, pflegte die sozialdemokratische Presse zu höhnen, daß die heutige Bourgeoisie, frierend in der armseligen Öde ihres seelischen Daseins einen zugleich frechen und lächerlichen Götzendienst mit den Heroen treibe, von deren Wesen sie keinen Hauch verspürt hätte und die sie erst zu kümmerlichen Zwergfratzen verkrüppeln müßte, um nicht von der wahrhaften Größe erschreckt und erschlagen zu werden. Wir unternahmen es dann, das Bild ihres geistigen Lebens und Wirkens zu entwerfen, und nannten uns stolz ihre Erben.

Jetzt aber kam der Tag, da wir dem Denker unsers eigenen Blutes, dem deutschen kämpfenden Genius des internationalen Proletariats an dem Jahrhunderttage seiner Geburt huldigen konnten und man –wiederholte in läppisch stümpernder Nachahmung jene bürgerlichen Jubiläumsposen: eine sozial-national-liberale Partei, die sich würdeloser und dümmer von der Sozialdemokratie losgelöst hatte, als einst die deutschen Liberalen von der Demokratie, feierte *Karl Marx*, der wahrlich nicht in seinen finstern Stunden sich das Schicksal vermutet hätte, hundert Jahre nach seiner Geburt in Anspruch genommen zu werden von einer Partei seines Heimatlandes, die nach dem Sieg der russischen Revolution, nach dem ersten Versuch, den Großgrundbesitz zu sozialisieren und Marx zu verwirklichen, keine größere Sorge hatte, als durch taktische Gerissenheit sich in dem Lager von Regierungsparteien behaupten zu dürfen, die einen unverhüllt konterrevolutionären Krieg führten. Er hätte sich unter dem Albdruck nicht träumen lassen, daß ihn dereinst Parteiführer als ihren Meister ansprechen würden, die – um mit ihm zu reden

---

17 Textquelle | Kurt EISNER: *Gesammelte Schriften. Erster Band*. Berlin: Paul Cassirer 1919, S. 221-239.

– das Mundstück für all die tapferen Worte sind, die man ruft, wenn man davonläuft, deren ganze Lebenskraft günstigstenfalls in die – gespaltene – Zunge geflüchtet ist. Aber er wurde gefeiert, mit Schriften, Artikeln, Zitaten, Reden, von Leuten, die alle Begriffe der Demokratie und des Sozialismus zu demagogischen Schlagworten erniedrigen, die die Internationalität mißbrauchten: von den Handlungen einzelner, die unter zärtlicher Berufung auf die sozialistische Kameradschaft Sozialisten des feindlichen Auslands für Zwecke der deutschen Kriegsführung zu gewinnen unternahmen, bis zu den allgemeinen parteiamtlichen Kundgebungen internationaler Gesinnung, hinter denen keine ernstliche Absicht steckte, es sei denn die, draußen kriegsgegnerische Taten zu erzeugen, die bei ihnen selbst auch nur als leere Stimmung zu verhüten sie alles aufboten. Diese Marxanbeter haben es zuwege gebracht, daß das bedeutendste Organ der französischen Bourgeoisie im Kampfe gegen eine Marx-Feier in Frankreich, der *Temps*, Marx den perfidesten und gefährlichsten aller Deutschen nennen durfte; denn es sei der erste und glühendste jener Sozialdemokraten gewesen, die „dem Imperialismus jenseits des Rheins auf allen Gebieten gedient, die europäische Umfassung des Militarismus begünstigt haben, indem sie systematisch die revolutionäre Gefahr in allen Ländern hervorriefen, mit denen Deutschland sich eines Tages in Konflikt befinden konnte, während sie sorgfältig dieselbe Gefahr von ihrem eigenen Vaterland fernhielten." Das war zwar der Aberwitz einer in künstlicher Bosheit gesteigerten Unwissenheit, und die Denunziation hat auch die französischen Sozialisten nicht gehindert, ihre Dankbarkeit für den Deutschen Karl Marx zu bekennen, mitten im grauenhaftesten und drohendsten Anprall des Krieges; aber nur die Erniedrigung jener deutschen Partei hat es möglich gemacht, daß derartige Äußerungen nicht im allgemeinen Gelächter sich ducken mußten.

Solche Entwicklung des deutschen Sozialismus ist nicht die Wirkung marxistischer Lehren, sie hat vielmehr nur an den Tag gebracht, daß Marx im deutschen Proletariat, zumal in seinen Führer-Epigonen, nicht wahrhaft lebendig geworden ist. Wir sehen heute klar, daß es wesentlich die Schulung durch eine allmählich sich entseelende ungeheuer aufgedunsene Organisation gewesen ist, deren verhängnisvolle Wirkungen wir jetzt schaudernd erleiden: Eine Partei, die sich revolutionär nennt und doch in ihrer Leitung und Politik

– bei aller betriebsamen Tüchtigkeit, fleißigen Gewissenhaftigkeit und erfolgreichen Geschäftsgewandtheit – ein ängstlich kleinbürgerliches Philistergebilde geworden ist, die jede Tugend haben mag, nur gerade die nicht, die der Inbegriff von Karl Marx ist: heroische Genialität. Indem sich die deutsche Sozialdemokratie jene politische Organisation gab, deren publizistische, finanzielle und wahltechnische Leistungsfähigkeit die Bewunderung der Welt erregte, ward sie unbewußt mehr und mehr eine bis zur Komik getreue Volksausgabe des Staats, in dem sie lebt, nur daß ihr gerade die Kraft fehlte, die dem herrschenden Staat die Macht erhielt: die *militärische Exekutive*. Zudem wurde die Organisation die Laufbahn fähiger Proletarier, in die sie aus dem Elend der körperlichen Lohnarbeit sich retten konnten, die einzige Zuflucht für alle jene unermeßlichen gebundenen Kräfte, für die ein Staatswesen ohne jede demokratische Auslese nicht einmal ausnahmsweise für sich selbst Verwendung hat. Das ist das Geheimnis der äußeren organischen Größe der deutschen Partei, die alle Kräfte des Proletariats für sich verbrauchen konnte, aber diese Gunst schließt auch die Ursache des inneren Verfalls in sich: die kleinbürgerlich gesicherte Existenz wurde unbewußt Ideal, Ziel und Bedingung aller politischen Erwägungen. Es war keine Partei mehr, die – mit geschäftlichen und Existenzrücksichten belastet – Welterschütterungen gewachsen war, und die zusammenbrach in der ersten großen Katastrophe, einem jener Erdbeben, in denen Karl Marx, bei allem menschlichen Entsetzen, doch, trotzig aufatmend, nur die Gelegenheit erblickt hätte, im brausenden Chaos die geschichtliche Mission des Proletariats zu erfüllen.

Und die jene Mission verrieten und zu vernichten trachteten, feierten Karl Marx!

So war es fast eine gnädige Fügung, daß wir *Franz Mehrings Marx-Werk* nicht zu dem Gedenktag, wie geplant, empfangen konnten, sondern daß der beschämende Feierlärm inzwischen vorübergegangen ist. Jetzt dürfen wir, unbeirrt durch äußeren zufälligen Anlaß, uns des *Clara Zetkin* als der „Erbin marxistischen Geistes" gewidmeten Buches freuen, in dem das Leben von Karl Marx in seiner erhabenen Tragik aufersteht, und eine neue größere Generation des deutschen Proletariats nicht nur den sicheren Führer zu den Gedanken und Schriften, den Kämpfen und Taten des Meisters, sondern auch den sicheren Weg zu sich selbst finden wird.

Marx' geistiges Lebenswerk war, die Entdeckung des Menschen, die die Revolution des 18. Jahrhunderts geleistet hat, zu vertiefen, zu erklären, zu festigen, zu realisieren. Er zeigt, wie die Menschen, die Masse der leidenden, besitzlosen Menschen, sich selbst zu entdecken, zu vermenschlichen vermöchten. Er scheucht die Köpfe und die Willen aus der Selbstmystifizierung verworrener und verrucht diktatorischer Begriffe. Freiheit, die ganze Freiheit, die soziale Freiheit wird wissenschaftliche Notwendigkeit. Geschichte ist ihm das Gesamtleben der *wirklichen Menschen* in all ihren in gesetzlicher Einheit erfaßten tatsächlichen Beziehungen und Bedingungen. Wie Marx das Leben der Menschen unter der erstickenden Decke gauklerischer Ideologie hervorgeholt hat, so gilt es heute, sein Werk zu gewinnen, indem wir den Menschen erleben. Diese Aufgabe hat Mehring sich gestellt und in der ruhigen Bewegtheit und erfüllten Klarheit seines Stils vollendet. Sich dieses Lebens tätig ganz bewußt zu werden, das heißt, für das Proletariat aus einem organisierten Automaten zu einem bewußt wollenden lebendigen Organismus werden.

II.

Sternenfern ist die Persönlichkeit des Karl Marx, wie ihn Mehring nacherlebt, den Figuren, die heute behaupten, seines Geistes voll zu sein. Welch unbegreiflich unpraktisches Leben, dem so ganz die kühle Nüchternheit vernünftiger Gesinnungslosigkeit fehlt, in dem sogar die revolutionäre Leidenschaft nicht nur ein wildes Fieber der Pubertät ist – was das erfahrene Alter mit belustigter Herablassung schließlich als muntere Jugendsünde zu entschuldigen bereit ist –, sondern im Gegenteil aus jedem neu reifenden Jahrzehnt stärkere Nahrung und Kraft zieht. Ein Jüngling, von der Natur verschwenderisch ausgestattet mit allen Gaben des Körpers und Geistes, ein Sonntagskind des Märchens. Sorglos, ungehemmt, in glücklichen Familienverhältnissen aufwachsend, darf er mit frei sich dehnender Lunge alle geistige Luft der menschlichen Kulturen einsaugen. Nichts verkümmert seine Entwicklung. Das meistumschwärmte, schönste Mädchen der Stadt, aus vornehmer Familie, wird dem Studenten schon die verheißene Gefährtin seines Daseins. Seit frühen Jahren ist er ein Menschenbezwinger; ihm eignet die Fähigkeit, die Hegel die magische Kraft der Seele nennt. Er hat eine ebenso unbändige Arbeitskraft wie Arbeitslust: er bewältigt im Fluge das Schwerste, sein Kopf blüht von Entwürfen. Er vereint den grübelnden peinlichen Scharfsinn des Forschers mit der künstlerisch formenden Phantasie des Dichters. Er hat den leichten funkelnden Witz, mit dem der Schriftsteller die Kämpfe des Tages behauptet, und die tiefschöpferische Größe des Denkers, der Systeme aufbaut. Alle Türen öffnen sich ihm. Jede Höhe winkt ihm, wie im Fluge erreichbar. Überall zeigen sich ihm die Pfade mühelosen Aufstiegs.

Er aber folgt dem Stern in seiner Brust, jenem Daimonion des Sokrates, das die geheimnisvolle Führung des Genies übernimmt: Er ist für immer Revolutionär, Verkünder der proletarischen Weltbefreiung. So geht er, unbeirrt, keinen Augenblick schwankend, diesen Weg des Martyriums, das er nicht ächzend beklagt, sondern faustisch als Element seiner Größe verarbeitet. Er scheitert in seiner bürgerlichen Existenz. Er wird ins Exil gehetzt. Die Revolution bricht nach einem Frühling der Hoffnung schmählich zusammen. Nun wird ihm die Verbannung das Schicksal seines ganzen Lebens. Keine Not bleibt ihm erspart, keine Hemmung, kein Fluch der kapitalistischen Ordnung. Er gleitet mit seiner Familie bis an den Rand des Pauper-Elends, aus dem es keine Erhebung mehr gibt. Im Hause herrschen Schulden, Hunger, Krankheiten, Tod. Als ein Söhnchen stirbt, fehlt das Geld für seine Bestattung. Er flüchtet sich vor den Gläubigern und dem Pfänder in die umfriedete Stille der öffentlichen Bibliothek, in die er sich vergräbt, die ihm zum Reich der Freiheit wird. Politische Betätigung, nach der sein Herz verlangt? Ein leeres, zänkisches, eitel wahnhaftes Emigrantentreiben umlärmt ihn. Jahrelang muß er sich tatenlos in die Klause seiner Studien zurückziehen.

Er arbeitet alle Tage und Nächte; die Verkürzung der Arbeitszeit, die ihm Anfang und Vorbedingung der Befreiung des Proletariats ist, hat für sein Dasein keine Bedeutung, wie das Geld nicht für den Enthüller des Kapitals. Aber seine Arbeit hat keinen Markt, keinen materiellen, kaum einen ideellen. In seinen vormärzlichen Exilzeiten muß der Schriftsteller ahnungslos Unterkunft in einem Organ suchen, das von einem Spitzel ausgehalten wird; es gehört zur politischen Polizeitechnik, daß man revolutionäre Zeitungen und Zeitschriften gründet oder unterstützt, wenn nicht zu provokatorischen oder ablenkenden Zwecken, so in der Absicht, die Verschwörer gegen Staat und Gesellschaft unter Kontrolle zu haben, sie zu kennen. Eine der genialsten Urkunden politischen Schrifttums, der achtzehnte Brumaire, verdankt nur dem Zufall die Veröffentlichung, daß in Neuyork ein namenloser Proletarier, ein Schneider, seine Ersparnisse für den Druck hergibt.

Während er für ein amerikanisches Blatt frondet, übler behandelt als ein Heimarbeiter, dem die geleistete und geforderte Arbeit häufig nicht abgenommen wird und ertraglos bleibt, muß er Zeit und Stimmung in ärgerlichen politisch–literarischen Fehden verzetteln. Zwar wird seine wirtschaftliche Lage besser, zuletzt sorgenfrei. Aber bis zu seinem Tode hat er niemals eine selbständige Existenz gehabt; aus „eigener Kraft" hat er niemals sich und die Seinen ernähren können. Ohne die Freundschaft von Friedrich Engels, der nicht nur seine Mittel hergab, sondern auch seine besten Jahre dem „hündischen Kommerz" opferte, um diese Mittel für den Freund zu beschaffen, hätte Marx nicht arbeiten können; er wäre mit den Seinen jämmerlich zugrunde gegangen. Aber selbst da sein Einfluß zu wachsen beginnt, da man seine Bedeutung erkennt, welche Mühe hat Marx auch dann noch, auch nur einen Verleger, Drucker für seine Arbeiten zu gewinnen.

Meist in geringen Auflagen erschienen, fanden sie noch weniger Abnehmer. Seine Freunde müssen sich mit rührend aufdringlichem Eifer bemühen, daß seinen Werken irgendein bescheidenes Echo in der Öffentlichkeit werde. Es ist noch nicht gar so lange her, daß einer der berühmtesten deutschen Professoren in seiner Geschichte der Nationalökonomie den Namen Marx nur in den paar Zeilen einer Fußnote erwähnt, in denen seine Wertkritik mit einer nachlässig autoritären Handbewegung als verfehlt abgetan wird. Und heute? Spekulative, kriegsmäßig „marxistische" Windbeuteleien werden in Millionen Zeitungsblättern gefeiert, und ihre Verleger haben nicht Papier und Arbeitskräfte genug, um den Bedarf neuer Auflagen zu befriedigen; und dieser ganze lärmende Erfolg nur deshalb, weil der gerissene Autor sich unter den Schutz von Karl Marx stellt, in dessen ausgeleertes Gehäuse er seine gelenkigen Glieder verbirgt. Freilich diese gescheiteren Nachfolger machen ihre Bücher auch schnell, handlich und bequem fertig. Der arme Marx aber hinterläßt sein Hauptwerk, an das er in unermüdlicher Arbeit, niemals sich selbst genügend, das letzte seiner Kraft hingegeben hat, als ein ungeheures

Fragment; von den vier Büchern des Kapitals ist nur das erste bis zur Vollendung der Reife gediehen.

Ist endlich nicht auch der Politiker, der Kämpfer, der Revolutionär gestrandet? Er ist der Schöpfer der Internationale. Verging sie nicht in widrigem Streit? War es nicht alles in allem doch ein verfehltes Dasein? War es zweckmäßig, in einer stumpfen Welt die starre Aufgabe des Revolutionärs auf sich zu nehmen und von ihr nicht abzulassen?

Man hat seitdem in unsern Tagen die überraschende Entdeckung gemacht, daß revolutionäre Opposition die merkwürdige Eigenschaft besitzt, so lange von der herrschenden Gewalt auszuschließen, bis man sie nicht selbst erobert hat. Für den weltfremden Karl Marx war das noch eine Selbstverständlichkeit. Er wußte, daß die „prinzipienreitende" Negation zwar durchaus nicht die reformerische Arbeit ausschließt, daß man im Gegenteil mit ihr alles erreichen kann, was ihr überhaupt, vor der Umwälzung von Grund aus , erreichbar ist; Marx hat ja für die Möglichkeiten wie für die Schranken der Reform erst die wissenschaftliche Grundlage und Begründung gegeben. Man könnte sogar – ich eigne mir die erschütternd prophetische Kritik der deutschen Partei an, die Jaurès in Amsterdam übte! – auf dem parlamentarischen Boden gefahrlos erheblich weiter gehen, als es bis zum Kriege geschah, sofern nur zugleich der prinzipielle Gegensatz bis zu seinen letzten Folgerungen in dem lebendigen, tätig und ehrlich entschlossenen Willen der „Führer" gesichert ist und die Bewegung und Aktion der Massen ungestüm und unmittelbar zur Entscheidung und Macht drängt. Aber Marx wußte allerdings auch daß man in solch selbstgewählter Rolle auch auf die beglückende Möglichkeit verzichten muß, im Rate der Götter selbst den Drang nach „positiver Arbeit" ehrenvoll und angesehen schäumig zu befriedigen. Heute hat eine Partei, die ihre Abstammung von Marx durch Papiere und neuerdings auch durch zivilrechtliche Gerichtsurteile beweisen kann, eine Lösung für das Problem gefunden, den Konflikt zwischen Opposition und „positiver Arbeit" auszugleichen: man gibt die revolutionäre Überzeugung auf (wenn man auch die alten Papiere sorgfältig und stolz aufbewahrt!), und – siehe da! – nun braucht man nicht mehr abseits zu stehen, sondern kann überall dabei sein und herrlich mithelfen an der positiven Politik, die doch nur den kleinen übersehbaren Schönheitsfehler hat, daß sie gerade das positiv erstrebt, was man negierte, und das negiert, was man positiv erreichen wollte. Die Hauptsache ist gelungen, daß erlaubt wird, dabei zu sein! Man hat denn auch diese wonnereiche realpolitische Taktik des Hans Dampf in allen Gassen (der überall und immer dabei ist) bis zu dem Grade zu steigern verstanden, daß noch Anfang 1917 *das Amtsblatt der Generalkommission der Gewerkschaften* dringend forderte, daß man den Kampf um das preußische Wahlrecht bis nach Beendigung des Kriegs vertage, eine Offenbarung, die augenscheinlich letzthin den Grafen Spee zu seiner unerwarteten Inspiration angeregt hat …

Indem ich versucht habe, das Bild von Karl Marx nachzuzeichnen, wie es *Mehring* in vollkommener Beherrschung und kritischer Durchdringung des Materials geformt hat, erstand in seinem irdischen Schicksal der größte Geist, der bedeutendste politische Kopf des 19. Jahrhunderts, vor dessen universaler Bedeutung all die Staatsmänner, Gelehrten, Feldherren jenes Jahrhunderts, die bei Lebzeiten vergoldet und vergöttert wurden, verblassen und versinken. Ein künftiger Forscher, der die Weltgeschichte des 19. Jahrhunderts schreibt, wird Deutschland das abschließende Epigramm widmen: Es zwang seinen gewaltigsten Genius, in der Verbannung zu leben.

III.

Marx ist die vollendete Einheit von Gedanke und Tat, von Forschung und Handlung. Er ist Kämpfer und Denker, oder vielmehr, er ist Denker, um Kämpfer zu sein. So stellt Mehring mit Recht den Menschen, den revolutionären Kämpfer dem Schriftsteller, Forscher, Entdecker voran. So stark ist der Eindruck der Überfülle dieses Mannes auf den, der sein Wesen und seine Leistung zu ermessen vermag, daß Mehring, obwohl sein Buch ein zuverlässiger, kundiger und kristallen durchsichtiger Kommentar ist für alles, was Marx geschrieben, wie für die Gesamtheit seiner geistigen Entwicklung, dennoch in beinahe verzagter Ehrfurcht darauf verzichtet, auf das Titelblatt zu schreiben:

Die Geschichte seines Lebens *und seiner Schriften*.

Nur die Geschichte seines Lebens kündigt er an, in dem Bewußtsein, daß selbst seine große Fähigkeit, das Wesentliche der Schriften aufzuspüren und lebendig anschaulich zu skizzieren, nicht mehr erreichen könne als bloße Andeutung, nicht eine erschöpfende, die Gedanken in all ihren Verflechtungen, in Ursprung und Weltwirken kritisch analysierende Darstellung.

Damit dies Leben in voller Frische erscheine, hat Mehring alle gelehrten Spuren seiner mühseligen Arbeit vieler Jahre getilgt und so jene edle Volkstümlichkeit erreicht, die jedem redlich Lesenden zugänglich ist, ohne daß die geringsten Zugeständnisse an die träge Bequemlichkeit einer abplattenden Erleichterung gemacht würden. Aber auch der Leser, der in den Urstoff vollständig eindringen möchte, findet in dem Quellenverzeichnis des Anhangs jede mögliche Förderung.

Welche Kunst Mehring in der Zergliederung der wissenschaftlichen Leistungen von Karl Marx entfaltet, mag man in den verhältnismäßig wenigen Seiten bewundern, auf denen es ihm gelingt, den Gedankengang des *„Kapitals"* aufzuzeigen. Für den zweiten und dritten Band wird er hier durch einen Beitrag von Rosa *Luxemburg* unterstützt, die mit leichter Hand in anregendster Form den spröden Stoff meistert. Natürlich können diese Anleitungen zum Lesen nicht das Studium des Werks selbst ersetzen, wohl aber erleichtern. Frau Luxemburg kann zwar die Lösung des vor dem späten Erscheinen des dritten Buches des Kapitals undurchdringlichen Problems der „durchschnittlichen Profitrate" geben, aber es ist undenkbar, auf einer knappen Seite den mühseligen Weg vom Mehrwert zu jener Ausgleichung der Profitrate nachzuschreiten, den Marx gehen mußte, um die letzte Erklärung zu finden, wie es möglich ward, daß sich das kapitalistische System in das dunkle Tyrannenreich mystischer Fetischgewalten verselbständigte, in dem seine Existenzbedingung, die Aneignung unbezahlter Arbeit, der als Marktware gekauften Arbeitskraft völlig ausgelöscht schien. Wenn hier für eine künftige Auflage noch ein Wunsch übrig bleiben möchte, so der, einige Erläuterungen über die angewandte wissenschaftliche Methode der Marxschen Untersuchung (abgesehen von der „Dialektik") hinzuzufügen. Diese Methode ist zwar das klassische Verfahren aller Wissenschaft, wird aber noch immer nicht begriffen und ist der Ausgangspunkt aller gedankenlosen Einwendungen gegen ihre Ergebnisse. Ich meine vor allem die Aufklärung, was die „Gesetze", die – philosophisch gesprochen – *reinen* Gesetze bedeuten, die ihre Wahrheit in der Wirklichkeit der Erscheinungen nicht sowohl durch Bestätigungen wie durch Abweichungen beweisen: „Es ist,“ sagt Marx, „bei der ganzen kapitalistischen Produktion immer nur in einer so verwickelten und annähernden Weise, als nie festzustellender Durchschnitt ewiger Schwankungen, daß sich das allgemeine Gesetz als die beherrschende Tendenz durchsetzt.“

Die Geschichte des Lebens von Karl Marx und die Weltgeschichte seiner Zeit ist untrennbar. Mehring verfolgt die politisch-soziale Gesamtentwicklung der Jahrzehnte, die sein Leben umspannt, die geistigen Strömungen, die auf ihn einwirken, das Emporwachsen und die Konflikte der proletarischen Bewegung. Im Schatten Hegels, im Berliner Vormärz radikaler Eingänger und Sonderlinge, ringt sich gewaltig das geistige Bewußtsein des Jünglings zur ersten Klarheit durch. Das Alter sieht das Erstarken der nationalen sozialistischen Parteien, die nationalen Verfolgungen, das Sozialistengesetz. Von Anbeginn aber bis in die letzten Jahre lugt Marx scharfäugig und sehnsüchtig nach den Anzeichen der Erscheinung aus, die ihn intellektuell und gefühlsmäßig sein Leben lang beherrscht: der Weltrevolution. Zuletzt erhoffte er aus dem russisch-türkischen Krieg von 1878 und aus der erwarteten Niederlage Rußlands dessen sozialen Zusammenbruch und soziale Umwälzung, von wo aus dann der Umschwung in ganz Europa sich fortpflanzen würde.

Die persönlich-literarischen und parteipolitischen Händel, in die Marx eingriff, versteht Mehring nicht nur in ihrer vergessenen, verwickelten Zusammenhängen zu entwirren und in einfachen Linien dem heutigen Leser durchsichtig und interessant zu machen, er steht auch seinem Helden in freier Unbefangenheit gegenüber. Der Historiker hat die Aufgabe, die Kant einmal in der Würdigung seiner Vorgänger dem Philosophen zuweist: Platon besser zu verstehen als dieser sich selbst. So übt Mehring Gerechtigkeit, indem er Männer, die Marx parteipolitisch bekämpfte, gegen Übermaß und Grundlosigkeit des Angriffs verteidigt. Ein Kämpfer, der in rastlos ringender Arbeit Klarheit gewonnen hat, wird notwendig zu Zeiten mit heftigerer Leidenschaft als die Gegner jene Freunde niederzuschlagen suchen, die gerade, weil sie dasselbe Ziel verfolgen oder vorgeben, ihm als die gefährlichsten Schädlinge der Sache erscheinen; denn deren Unklarheiten, Illusionen, Beschränktheiten, Torheiten drohen die gemeinsame Bewegung von innen heraus zu verderben und zu zerstören. Es ist zugleich die schlimme Eigentümlichkeit aller solcher Bruderkämpfe, daß sie selbst den Reinsten und Stärksten gelegentlich herabziehen. Sind diese Fehden aber geschichtlich geworden, so hat der Historiker die Pflicht, über dem Triumph des Siegers nicht das Recht des Besiegten zu vergessen. Mehrings ritterliche Unparteilichkeit, die im Buch des Siegers den von Marx Überwältigten gerechte Würdigung widerfahren läßt, verdient auch dann Anerkennung, wenn die Ergebnisse seiner Forschung nicht immer überzeugen. So bleibt für mich, im Gegensatz zu Mehring, die Politik des letzten Lassalle und noch mehr die Schweitzers auch in ihrer geschichtlichen Bedingtheit heute mehr denn je unannehmbar. Mir scheint ein nicht zu erklärender Widerspruch zwischen dem elften Kapitel des Marxbuches, das die preußische Politik der sechziger Jahre behandelt, und dem vierzehnten zu bestehen, das die Kriegsprobleme von 1870 darstellt. Mehring interpretiert auch die Äußerungen von Marx und Engels in ihrem Briefwechsel zu wohlwollend zugunsten Schweitzers, dessen Fähigkeiten die beiden stets anerkannt, dessen Charakter und Politik sie aber, ohne jede Schwankung, schroff abgelehnt haben. Was sie über die Politik Lassalles dachten, hat Marx in dem jüngst von Kautsky veröffentlichten Brief an Kugelmann endgültig zusammenfassend ausgesprochen. Noch im Jahre 1894 hat Engels den Lassalleanern den sozialistischen Charakter abgesprochen; weil sich in Deutschland die Lassalleaner Sozialdemokraten nannten, hätten Marx und er sich stets als Kommunisten bezeichnet; obwohl die Masse der Parteianhänger Lassalles „mehr und mehr die Notwendigkeit der Vergesellschaftung der Produktionsmittel einsah, blieben die spezifisch lassalleschen Produktionsgenossenschaften mit Staatshilfe doch der einzig öffentlich anerkannte Programmpunkt. Für Marx und mich war es daher rein unmöglich, zur Bezeichnung unsres speziellen Standpunkts einen Ausdruck von solcher Dehnbarkeit zu wählen." Immerhin, man kann heute wenigstens jene Politik Lassalles und seines Nachfolgers begreifen als die Verzweiflungstaktik der Ungeduld von Männern, die in einem industriell noch wenig entwickelten Lande mit einem sehr geringen Anhang aufgeklärter Arbeitermassen die Welt aus den Angeln zu heben suchten, indem sie den damals tatsächlich tiefgehenden Konflikt zwischen der Bourgeoisie und dem Junkertum ausnutzten. In ihrer Politik war doch Überlegung, Energie und die

Möglichkeit unmittelbarer Erfolge. Welch Absturz der sozialdemokratischen Staatsmänner von heute, die, in einem durch die Industrie sozial beherrschten Reiche, verfügend über große organisatorische, parlamentarische, journalistische und finanzielle Mittel in der Wende geschichtlicher Entscheidung das Proletariat in das Lager der Gegner überführten, deren innere Gegensätze nur noch die Oberfläche kratzen während ihre politische Einheit und Richtung seit Jahrzehnten durch den Pakt des feudalen Agrariertums mit der feudalisierten Industrie gegeben ist. Erwägt man diese beispiellos unfähige und verdächtig zersetzende politische Führung, die sich unmäßig weise in ihrer illusionsfreien Realpolitik dünkt und den alten Grundsätzen dabei treu geblieben zu sein behauptet; eine Führung die mit nachtwandlerischer Sicherheit an allen Fenstern entlang gleitet, wo ergiebige Güsse für den zudringlichen Liebhaber bereitstehen, – so ist man heute fast geneigt, gegenüber dieser opportunistischen Irrealpolitik von Tölpeln die alte wirkliche Realpolitik der Lassalleaner zu verteidigen.

IV.

Mit besonderer Aufmerksamkeit wird man in Mehrings Marx-Buch die Seiten über den Krieg 1870/71 lesen. Mehring hat die Auffassung von Marx in vollkommener und umfassender Sachlichkeit geklärt. Man vergleiche mit dieser Zeichnung geschichtlicher Wahrheit, was neue Marxschriften von Autoren sozialistischer Vergangenheit und über diese Angelegenheit zu sagen wissen. In dem mageren, aber deshalb nicht inhaltschweren Heft eines der zynischen Angestellten der Parvus-Wumba wird diese offenbar ganz unwesentliche Episode mit Schweigen übergangen, abgesehen von der bedeutsamen Mitteilung, daß Sedan am 2. September gewesen ist; außerdem wird Marx zitiert, wie er den französischen Freunden riet, die neu entstandene Republik, angesichts des Feindes, nicht durch ein soziale Revolution zu erschüttern. Noch schlimmer steht es um ein Marx-Brevier, das im Vorwärts-Verlag erschienen ist; hier geben die gewählten Zitate scheinbar ein objektives Bild, in Wirklichkeit aber sind sie eine Lappenverkleidung gegenwärtiger regierungs-sozialistischer Kriegspolitik und müssen den Nichtkenner der Materie gründlich in die Irre führen.

Marx begnügt sich nicht mit der aufregenden Enthüllung, daß der Krieg in den kapitalistischen Gegensätzen verursacht sei (er enthüllt es nicht einmal); daß die Herrschenden drüben wie hüben gleich schuldig seien, und daß deshalb das Proletariat jeden Landes die Kriegspolitik der eigenen Schuldigen – zu bekämpfen? nein, – zu unterstützen habe. Marx prüft den geschichtlichen Sachverhalt in allen Einzelheiten und Zusammenhängen. Er verkennt niemals die Bedeutung leitender Persönlichkeiten (in deren Charakteristik er vielmehr seine höchste literarische Kunst bewährt; man lese seine Palmerston-Aufsätze der fünfziger Jahre!). Er nimmt eindeutig Partei – immer bestimmt von seinem obersten Leitgedanken: der proletarischen Revolution. Er hält die Kriegsaufgaben des Proletariats auch nicht damit erledigt, daß es die *Regierungen* in Wort und Schrift ersucht, die Friedenshand auszustrecken – wobei denn darauf zu sehen sei, daß auf keinen Fall die nationale Friedenshand ärmer in die gewohnte, Faustlage zurückkehrt –, sondern er züchtigt im Gegenteil die französischen Friedenshandausstrecker, die Thiers, Jules Favre, Trochu als Verräter an der nationalen Verteidigung, deren Vorkämpfer zu sein sie sich vor der Öffentlichkeit rühmten. Das Sonderbarste aber ist, daß sich in allen Kundgebungen und Äußerungen von Marx über die 1870er Kriegs- und Friedenspolitik (mit einer Ausnahme!) kein einziges *wirtschaftliches* Argument findet; er ahnt nicht, daß es, im Geiste der Marxschen Lehre, die Aufgabe des Proletariats sei, national die durch die gewerkschaftliche Tätigkeit erreichte Lohnhöhe zu verteidigen, oder die Beschaffung von Rohstoffen und handelspolitische Interessen zu schützen oder gar die „höhere Entwicklungsform des Kapitalismus", die in der Verbindung von Finanzkapital und Industrie liegt, zum Siege zu führen, und daß es deshalb die marx-gewollte Sendung des deutschen Proletariats sei, zunächst einmal die rückständige englische Weltherrschaft durch die auf dem Wege zur sozialen Weltrevolution vorgeschrittene Macht Deutschlands zu ersetzen. Aber einmal spricht Marx doch von wirtschaftlichen Interessen, in jenen Sätzen nämlich, da er sich mit dem französischen Großindustriellen Pouyer-Quertier beschäftigt, der als Friedensbote mit Jules Favre zu Bismarck nach Frankfurt wallfahrtete, mit dem festen Entschluß, im Interesse seiner Baumwollspinnerei Schutzzölle gegen – Elsaß-Lothringen bei Bismarck durchzusetzen. Marx nennt ihn einen Mann, „der die Konterrevolution als ein Mittel ansah, um den Arbeitslohn in Rouen herunterzudrücken, und die Abtrennung französischer Provinzen als ein Mittel, den Preis seiner Waren in Frankreich heraufzuschrauben". Welche Verkennung eines Menschen, der offenbar als einziger (Marx inbegriffen!) damals die Gabe besessen hat, über Krieg und Frieden – marxistisch zu denken! Im übrigen, es gibt gegenwärtig keine Marxsche Schrift, die eifriger verdiente gelesen zu werden, als der Bürgerkrieg in Frankreich aus dem Mai 1871.

Mehring würde nicht die Eignung haben, eine Natur wie Karl Marx zu erfassen, wenn er nicht selbst auch die Kraft des Grollens, Zürnens, Hassens hätte. Im Text des Buches führt er freilich keine Fehden gegen Zeitgenossen, die ihm sonst parteigenössisch verbunden sind, nur in ein paar Nebenbemerkungen flackert rasch die Erinnerung alten Unmuts auf. Aber in der Vorrede und den Anmerkungen wetterleuchtet es grell, ein Nachfeuer polemischer Gewitter, die mit der Spannung, aus der sie entstanden, vorübergegangen und vergessen sind. Hier wird der unbefangene und kritische Leser sich genau so zu dem Verfasser verhalten, wie Mehring selbst gegen *Marx* verfährt: er wird sich selbst die Freiheit historischen Schlichtens nehmen, in diesen persönlichen Kämpfen Recht und Unrecht abzuwägen und sich die eigene Meinung über den *Grad* und die *Ausdehnung* des Mehringschen Urteils auch dann vorbehalten, wenn er selbst in dem besonderen Streitfall das Recht auf seiten Mehrings sieht …

Die Welt hat jetzt die erste wissenschaftliche Biographie von Karl Marx. Ein Werk strengster wissenschaftlicher Forschung, ist es aber und soll es sein, ein Buch für das Proletariat. Der heillose Aberglaube, daß Arbeiter mit den Suppenwürfeln dürrer Broschüren abgespeist werden müssen, daß sie vor dicken Büchern eine Scheu haben, wird hoffentlich an dem Buche Mehrings zuschanden werden. Die Arbeiter, die die besten Stunden ihres ganzen Lebens an die sinnlose Arbeit für den Profit des Kapitalisten vergeuden müssen, haben wahrhaftig mehr Anlaß als irgendeine andere Klasse, die karge Zeit ihrer Muße der höchsten geistigen Erhebung hinzugeben. Nur dann haben sie, auch in dem Grauen heutigen Elends, ein lebenswürdiges Dasein, nur dann können sie auch zur Höhe und Reife ihrer geschichtlichen Aufgabe emporwachsen. Die großen Probleme des menschlichen Geistes, der Wissenschaft und Gesellschaft in mageren Bettelsuppen hastig hinunterschlingen wollen, heißt sich mit intellektuellem Nahrungsschwindel aufblähen, ohne einen Gran echter Kraft zu genießen.

Ich weiß nicht, ob an der älteren Generation noch viel zu erziehen ist. Die Stunde wird ja in gar nicht ferner Zukunft kommen, wo sich die „bewährten Führer" nicht genug werden beeilen können, die verlernte Sprache der „internationalen, revolutionären, völkerbefreienden" Sozialdemokratie wieder zu proben. Aber niemand wird das mehr ernst nehmen. Ich wünsche Mehrings Buch[18] vor allem die *junge* Generation (in die ich die jung gebliebene einrechne) als Leser; – die Generation, die sich nicht mehr damit bescheiden wird, in frühem Vereinsdrill schnellfertig und gefügig ihre Jugend bloß für die spätere Einreihung in die verödeten Organisationen der „Erwachsenen" herzugeben, sondern die in ihrem eigenen Rechte lebt, die Sturm und Gärung, Kraft und Begeisterung in sich fühlt, die herrlichen Regungen jener gütigsten und wunderbarsten Naturgewalt: der ewigen Regeneration des Menschen in der Jugend, die es vollbringt, daß – trotz der gesellschaftlichen Zustände – immer wieder Leben da ist, das zum Höchsten langen will.

Karl Marx, dessen Jugendfeuer erst an dem Tage schwand, da sein Leben erlosch, und sein greiser Biograph, dessen Daimonion in ihm die Altarflammen unzermürbter, tapferer und freier Menschlichkeit hütet, sind berufen, diese neue Generation des Proletariats zu hellerem Wesen, größeren Aufgaben, kühneren Wagnissen und reichsten Erfüllungen zu führen.

Denn wir bedürfen der *Genialität der Klasse* !

---

[18] [Mehrings Buch online: www.mlwerke.de/fm/fm03/fm03_000.htm]

III.
Die Neue Zeit

Ausgewählte Aufrufe und Reden Eisners
1917 – 1919

Vorwort von Benno Merkle

zur ersten Edition von Eisners
„November-Texten" 1918[1]

Kurt Eisner ist am 14. Mai 1867 zu Berlin geboren; er besuchte dort
das askanische Gymnasium und verließ es nach bestandener Reifeprüfung Ostern 1886, um 8 Semester Philosophie und Germanistik
zu studieren. Er wandte sich in jungen Jahren der schriftstelleri-
schen Tätigkeit zu; seine erste Schrift – eine der ersten Schriften
überhaupt, die in Deutschland diesem Dichterdenker gewidmet war
– behandelt das Problem „Friedrich Nietzsche". 1892/93 war er an
der Frankfurter Zeitung tätig und lebte dann in Marburg, von wo
aus er als politischer Essayist an verschiedenen Zeitschriften mitwirkte. Einer seiner Artikel führte zu einer politischen Anklage und
brachte ihm eine Gefängnisstrafe von 4 Monaten ein, die er ver-
büßte. November 1847 bis August 1848. Bald nach seiner Enthaftung
forderte ihn Wilh. Liebknecht auf, die politische Redaktion des
„Vorwärts" zu übernehmen. Der bekannte Vorwärtskonflikt im November 1905 – Kurt Eisner erklärte sich solidarisch mit zwei Kollegen, die entlassen werden sollten und kündigte mit ihnen seine Tätigkeit auf – beendigte seine Wirksamkeit am Zentralorgan. Während seiner „Vorwärtszeit" veröffentlichte er verschiedene Bücher
und Broschüren. Seine älteren politischen Aufsätze sind unter dem

---

[1] Textquelle | Kurt EISNER: *Die neue Zeit.* [*Erste Folge*]. Herausgegeben von Benno
Merkle. München: Georg Müller Verlag 1919, S. 1-4. – Aus dieser Sammlung
stammt ein Großteil der nachfolgend dargebotenen Texte Eisners.

Titel „*Taggeist*" erschienen. Als Teilnehmer des bekannten Königs-bergs Hochverratsprozesses wurde er der Historiker dieses Prozesses, der die erste russische Revolution einleitete. Viel verbreitet ist seine *Biographie Wilhelm Liebknechts*. Nach dem Weggang aus dem „Vorwärts" blieb er eine Zeit lang freier Schriftsteller und verfaßte in dieser Zeit sein umfassendes Buch über den Zusammenbruch des alten Deutschen Reiches, in welchem er Ideen geschichtlich dar-stellte, die fortan für ihn auch in seiner Politik bestimmend waren. Er war in Berlin ein eifriger Förderer der Volksbühnenbewegung; seine künstlerisch-literarischen Arbeiten, unter dem Titel: „*Feste der Festlosen*" erschienen, sind auf die geistig-seelische Bildung des deutschen Proletariats nicht ohne Einfluß geblieben.

Kurt Eisner war einer der ersten in der Sozialdemokratie, der sich mit der auswärtigen Politik in ihrem inneren Mechanismus ein-gehend beschäftigte. Eine Frucht dieser Studien war seine anfangs 1906 erschienene Marokkobroschüre „*Der Sultan des Weltkrieges*", in dem die kommende Katastrophe zuerst angekündigt worden ist. Anfangs 1907 ging er nach Nürnberg und leitete dort die „Fränki-sche Tagespost". Seit jener Zeit wirkte er in Bayern und ließ sich dort auch naturalisieren. Seit 1910 lebt er als freier Schriftsteller in Mün-chen. Bis zum Kriegsbeginn behandelte er als Beauftragter des Lan-desvorstandes der bayerischen Sozialdemokratie die parlamentari-sche Politik Bayerns in der Presse. Er wurde der Hauptmitarbeiter der „Münchener Post". Eine von ihm herausgegebene Korrespon-denz „*Arbeiterfeuilleton*" wurde fast von der gesamten sozialdemo-kratischen Presse verwendet. Mit dem Ausbruch des Krieges stellte er seine politische Mitarbeit an der „Münchner Post" ein, deren The-aterkritiker er blieb. In stetigem Kampf mit der Zensur versuchte er seine oppositionelle Haltung gegen den Krieg auch literarisch zu be-tätigen. Fast alles wurde unterdrückt. Umso eifriger bemühte er sich, in den Arbeitermassen politische Aufklärung zu schaffen und aus den von ihm geleiteten Diskussionsabenden erwuchs, geistig vorbereitet, jene revolutionäre Bewegung hervor, die jetzt zum Ziele geführt hat.

Seit Dezember 1917 war er bemüht, durch eine Streikerhebung des deutschen Proletariats den Krieg zum Abschluß zu bringen. Nach dem Zusammenbruch Rußlands schien es ihm möglich, daß das von deutschen Soldaten überflutete Frankreich zum Frieden drängen werde. Brest-Litowsk und die Westoffensive mußten verhindert werden, wenn Deutschland im letzten Augenblick vor der Katastrophe, die schließlich doch kommen mußte, sich retten wollte. In München hatte die Streikerhebung einen stürmischen Erfolg. Eisners und seiner Mitarbeiter Verhaftung führte indessen zum Abbruch der Bewegung vor dem Erfolg, da andere die Führung übernahmen. Seit der Nacht vom 31. Januar auf 1. Februar 1918 saß Eisner in der Untersuchungshaft, aus der er erst nach 8 ½ Monaten befreit wurde, weil er als Reichstagskandidat in München aufgestellt war. Unmittelbar aus dem Gefängnis stürzte er sich in die Wahlbewegung, die in raschem Aufstieg sich zu jener Volksbewegung entfaltete, die für alle Zeiten neue Verhältnisse in Bayern geschaffen hat. In der Untersuchungshaft wurde von ihm eine Sammlung unveröffentlichter und schon gedruckter Schriften abgeschlossen, die demnächst unter dem Titel *„Die Träume des Propheten"* erscheinen werden.

Was Kurt Eisner in jahrelanger erprobter geistiger Arbeit erobert und gewonnen hat, das hat er an dem geschichtlichen 7. November 1918 und in der darauf folgenden Nacht mit einigen Getreuen und mit kühnem Mut in Lauf gesetzt und seitdem zu verwirklichen gesucht.

München, im November 1918.
Dr. *Benno Merkle*.

Die Bolschewiki und
die deutsche Sozialdemokratie
(Dezember 1917 | 1918)[2]

Vorbemerkung.
Die nachfolgenden Betrachtungen wurden von mir im Dezember 1917 verfaßt und einige Abschriften an Freunde verbreitet. Im Februar 1918, während ich im Gefängnis saß, gelangte ein Manuskript auf mir unbekanntem Wege in das Moskauer Blatt Gorkis. Der nicht unterzeichnete Artikel, der fälschlich Eduard Bernstein zugeschrieben wurde, rief in Rußland eine stürmische Diskussion hervor. Ich erfuhr von der Veröffentlichung meiner Arbeit erst durch eine französische Übersetzung, die ich in der *Humanité* fand. K. E.

Die Tätigkeit der Bolschewiki erregt gerade bei den deutschen Sozialdemokraten, die sonst ihren Anschauungen nahestehen, das ernsteste Befremden und die größte Besorgnis. Man befürchtet in ihren neuesten Leistungen eine Gefährdung der Sache des internationalen Proletariats von weltgeschichtlicher katastrophaler Bedeutung. Die deutschen Gesinnungsgenossen der Bolschewiki haben gegenwärtig keine Möglichkeit, ihren früheren russischen Freunden ihre Kritik der Waffenstillstands- und Separatsfriedenspolitik mitzuteilen. Man hat den unabhängigen Sozialisten die Pässe für Stockholm verweigert, die man den Parvus und Scheidemann bereitwilligst gegeben hat. Es scheint auch nicht, als ob die Lenin und Trotzky den Wunsch hätten, über die Stimmung ihrer deutschen Freunde unterrichtet zu werden; wenigstens ist – und sie treiben doch keine Geheimdiplomatie! – nicht bekannt geworden, daß sie bei ihren Verhandlungen mit den deutschen Militärs und Diplomaten die Aufhebung jeder Paßsperre verlangt hatten.

Während man in militärischen Kreisen Deutschlands ganz offen den Erfolg über die Russen daraus erklärt, daß man alles „geschmiert" habe, stehen die deutschen Sozialisten, die aus langjähri-

---

[2] Textquelle | Kurt EISNER: *Die neue Zeit. Zweite Folge.* München/Wien/Zürich: Georg Müller Verlag 1919, S. 47-55.

gen Beziehungen von der persönlichen Ehrenhaftigkeit der Lenin und Trotzki überzeugt sind, vor einem Rätsel. Einige suchen die Lösung des Rätsels darin, daß die Bolschewiki möglicherweise anfänglich zur Beförderung ihrer Agitation aus rein sachlichen Gründen deutsches Geld genommen hätten und nun die Gefangenen dieser Unüberlegtheit sind. Denn, daß sie von der revolutionären Folgerichtigkeit ihrer Politik *überzeugt* sein sollten, das vermag in Deutschland niemand zu glauben.

Die leitenden Bolschewiki kennen Deutschland – das Proletariat wie die herrschenden Klassen – viel zu gut, um nicht zu wissen, daß die einzige *denkbare* rechtfertigende Voraussetzung ihrer Politik in den Tatsachen keine Unterstützung findet: es ist keine Aussicht, daß die russische Resolution vom deutschen Proletariat nachgeahmt wird, am allerwenigsten im Bolschewiki-Grad. Das deutsche Proletariat ist seit dreieinhalb Jahren völlig unaufgeklärt, politisch ganz und gar stumpf. Man denkt an Kriegsgewinne und Lebensmittel und vegetiert in erschöpftem und idealleerem Zustande gleichgültig dahin. Wenn einige anders denken, anderes wollen, so erreichen sie an Zahl noch nicht diejenigen Proletarier, die mit den Nationalisten und Annexionisten sympathisieren. Die Vorsicht war gar nicht nötig, daß die deutsche Zensur, die übrigens jede Kritik der gegenwärtigen deutsch-russischen Verhandlungen unterdrückt, die Verbreitung der Trotzkyschen Aufrufe an die deutschen Soldaten, das deutsche Volk und die Arbeiter-Internationale verboten hat. Sie hätten auch so nicht ansteckend gewirkt. Die Herrschenden Deutschlands dürfen ja nur deshalb, im sicheren Vertrauen auf die geduldige Blindheit des eigenen Volkes, die Exportartikel des Pazifismus und Revolutionarismus mit solcher Energie und Geschicklichkeit fördern; für die Heimat brauchen sie nichts zu fürchten, weder an noch hinter der Front. Das Vorgehen der Bolschewiki hat im Gegenteil noch die erregte Stimmung der kleinen politisch denkenden und aktiv wollenden Gruppen des deutschen Proletariats wieder beruhigt; man wähnt in der allgemeinen Urteilslosigkeit den ersehnten Frieden in der Nähe: was lohnt es sich da, noch gegen die herrschende Gewalt zu kämpfen, wenn diese doch den Frieden will! Und kommt der Frieden wieder nicht, nun so sind die *anderen* daran schuld und das deutsche Volk trabt weiter, gelassen hinter ihrem Hindenburg und Ludendorff her.

Auf der anderen Seite sind die Bolschewiki nicht so unwissend, um nicht ganz klar zu sehen, daß, welche Maskeraden auch immer die deutschen Diplomaten aufführen sollten, die alleinherrschende Militärpartei niemals im Ernst einen demokratischen Völkerfrieden will oder duldet. Man opfert lieber den letzten Mann, ehe man auf jene Eroberungen verzichtet, um deretwillen man in den Krieg ging. Hat doch schon am 4. August 1914 die deutsche Regierung, in ihren Besprechungen mit den Parteiführern des Reichstags (auch mit den *Sozialdemokraten*)[3] für ihr unerläßliches östliches Kriegsziel die Erwerbung mindestens von Kurland und Littauen erklärt! Der deutsche Militarismus verkennt seine Lage nicht. Kehrt er ohne Beute aus dem furchtbaren Abenteuer zurück, so verliert selbst dieses deutsche Volk die Geduld und die Gebieter von heute sind verloren. Für sie handelt es sich in der Tat um alles oder nichts. Wenn vor ein paar Wochen erst der preußische Kriegsminister in einem Geheimerlaß die ultraannexionistische Vaterlandspartei für einen nichtpolitischen Verein erklärte, und deshalb den Eintritt von Militärs erlaubte, d. h. befahl, so beweist dieser kleine Zug, daß die Sprache der unerheblichen deutschen Diplomaten nur die Aufgabe hat, die Gedanken und Absichten der militärischen Diktatur zu verhüllen.

Das alles müssen die Bolschewiki wissen. Und wenn sie gleichwohl sich den Anschein geben, als ob sie – die äußerste Linke des Umsturzes! – mit den Generälen Wilhelms II. in den Grundsätzen übereinstimmten, so können sich die ehrlichen und denkenden deutschen Sozialisten dies Verhalten nicht anders erklären, denn als

---

[3] *Anmerkung.* Die auf Seite 48 [der Textquelle 1919, d. i. an dieser Stelle] aufgestellte Behauptung, daß am 4. August 1914 auch die sozialdemokratischen Führer von der Reichsregierung über deren Annexionsplan unterrichtet worden seien, ist unrichtig. Ich hatte meinen Gewährsmann mißverstanden. Wie das „Mißverständnis" möglich war, ließ sich später nicht mehr aufklären. Richtig ist dagegen, daß mit anderen Parteiführern, so mit dem Grafen Westarp, damals in der Tat über die östlichen Kriegsziele schon verhandelt wurde. – Ich habe die Betrachtungen über „*Die Bolschewiki und die Deutsche Sozialdemokratie*" ebenso wie die gleichzeitig erscheinenden Arbeiten „*Unterdrücktes aus dem Weltkrieg*" unverändert, wie ich sie geschrieben, drucken lassen, als Urkunden jener einsamen verlorenen und dennoch mit leidenschaftlichem Ingrimm zäh fortgesetzten Kämpfe, die in Deutschland während des Weltkrieges unter dem undurchdringlichen Lügenzwang der Diktatur von Militär-Anarchisten und der mit ihnen verkuppelten Presse geführt wurden. *Kurt Eisner.*

ein Spiel mit verteilten Rollen. In der Tat hat man ja von deutscher Seite die Verhandlung mit dem Bruder Bolschewik mit einem zynischen Hohn geführt, den man zu verdecken sich kaum die Mühe nahm. Daß man zunächst eine Waffenruhe vereinbarte, während deren man in aller Bequemlichkeit die Truppen westwärts führen konnte, wurde noch überboten durch die Waffenstillstandsklausel, die die im Gange befindliche Truppenbewegung zum Abschluß zu bringen gestattete.

Damit wurde der *erste* deutsche Zweck der Verhandlungen im Osten erreicht: der Massentransport an die Westfront. Denn nicht den Frieden haben diese Machinationen zum Ziel, sondern die Herbeiführung einer militärischen Entscheidung. Im Januar wird die große Offensive im Westen beginnen, durch die man noch vor der Mitwirkung der Vereinigten Staaten in letzter Stunde zu erreichen hofft, was im September 1914 die Niederlage an der Marne verhinderte: die stürmische Überrennung Frankreichs.

Nicht minder wichtig ist es, daß Deutschland von den Bolschewiki die *zweite* Forderung zugestanden erhalten hat. Unter der Formel der *sofortigen* Wiederherstellung der wirtschaftlichen Beziehungen verbirgt sich das russische Zugeständnis, daß es Deutschland ermöglicht wird, seine sich bedrohlich leerenden Läger an Lebensmitteln und Rohstoffen aus russischen Quellen aufzufüllen. Die Lebensmitteldecke reicht nicht über das Frühjahr hinaus. Die Gefahr war groß, in dieser Not boten sich die Bolschewiki als Retter an.

Endlich erfüllten die Bolschewiki der deutschen Politik eine *dritte* Notwendigkeit: indem die das Ganze des Sozialismus auf einmal verlangenden radikalsten Revolutionäre der Welt mit einer beispiellos kühnen Spekulation auf die Dummheit der Völker erklärten, ihre Friedensgrundsätze stimmten so weit mit denen der Zentralmilitärs überein, daß man eine gemeinsame Grundlage eines allgemeinen demokratischen Friedens gewonnen hätte, liehen sie auch ihre Hilfe jenen deutschen Intrigen, die durch die Komödie der Friedfertigkeit in der Formel eines Friedens ohne Annexionen und Kontributionen die militärische Zersetzung in den friedenssehnsüchtigen Völkern der Entente nicht ohne Erfolg herbeizuführen suchen; die zugleich den untertänigen Kriegswillen des deutschen Volkes gegen die Entente, die keinen Frieden wolle, zu erhalten und zu steigern strebten. Die Bolschewiki stellten diese Übereinstimmung fest, obwohl nur solche russischen Forderungen zugestanden wurden, die entweder völlig unbestimmt sind oder ausschließlich im deutschen Interesse liegen. Unbestimmt und unter dem jesuitischen Vorbehalt, den Hertling von seinem Vorgänger Michaelis nicht erst zu lernen brauchte, „wie ich es auffasse" – den extremsten Annexionisten annehmbar ist der Verzicht auf gewaltsame Aneignung und Beraubung politischer Selbständigkeit. Schließt doch „politische Selbständigkeit" nicht ein militärisches und wirtschaftliches Vasallenverhältnis aus, und hat man doch selbst die Annexion von Elsaß-Lothringen von 1870 bis 1871 nicht als *gewaltsame* Aneignung gelten lassen wollen, da man sich ja im Friedensvertrag „verständigt" habe. Daß Deutschland auf Kriegsentschädigung verzichtet, ist billig, da es ja wesentlich Deutschland ist, das die Verheerungen angerichtet, für die die Entschädigungen verlangt werden. Dagegen hat der Sprecher der Zentralmächte die Kernforderung der Demokratie, das Recht auf Selbstbestimmung, rundweg abgelehnt. Trotzdem gemeinsame Grundlage! Auch bei dieser Gelegenheit hat man die bekannten Äußerungen schneidig-humoristischer Überlegenheit, die der preußische Militär liebt, sich nicht versagt: so hat man zwar die Forderung der alsbaldigen Räumung der besetzten Gebiete in Europa bis zum Frieden vertagt (da in diesem Falle Deutschland hätte räumen müssen), dafür aber zugestimmt, daß die deutschen Kolonien von den Ententetruppen unverzüglich zu räumen seien. Auch das ist witzig: man gesteht zwar die von den russischen Unterhändlern gewünschte zehntägige Unterbrechung der Verhandlungen über den *allgemeinen* Frieden zu, setzt aber die besonderen deutsch-russischen Erörterungen fort, um jeden Zeitverlust in der Regelung der russischen Lieferungen für Deutschland zu vermeiden. O, die deutschen Militärs sind zufrieden mit diesen braven Revolutionären! Schmunzelnd erzählt der General Hoffmann, der die ersten Verhandlungen über die Waffenruhe leitete, wie er auf die langen grundsätzlichen Erörterungen der Bolschewiki-Sendboten heiter geantwortet habe: aber, meine Herren, was gehen uns Ihre Grundsätze an! Wenn jetzt die Bolschewiki nicht nur ihre Grundsätze preisgeben, sondern – ganz wie ihr neuer Freund Scheidemann – diesen Verrat dadurch überbieten, daß sie sich stellen, als ob der preußisch-deutsche Militarismus sich unter ihrem Druck zu sozialdemokratisch-revolutionären Prinzipien bekehrt haben, so handeln sie, gleichgültig ob aus Absicht oder aus Narrheit, wie jene deutschen Auslandsagenten, für die ungezählte Millionen aufgewendet wurden, um in den Völkern der Entente und bei den Neutralen Friedenssehnsucht, Antimilitarismus, Antikapitalismus, Revolution zu verbreiten.

Die Bolschewiki bereiten mit dieser Politik weder für Rußland noch für die bedrängte Welt den Frieden vor, sondern lediglich den gewaltigsten Triumph des deutschen Militarismus, der wahrlich nicht daran denkt, sich selbst zum Bolschewikiertum zu bekehren.

Die deutsche Opposition ist zum Schweigen verurteilt. Die deutschen Massen erschöpfen sich draußen an der Front oder verzehren sich in Überarbeit und Unterernährung. Die feile Presse folgt den Diktaten des Kriegspresseamts oder der schweren Industrie. Den Reichstag hat man nach Hause geschickt, bevor die Verhandlungen mit Rußland begannen. Der deutsche Militarismus ist allmächtig und marschiert unangetastet vorwärts. In schimmernder Wehr halten vor seinen Feinden Wacht die treuen – Bolschewiki.

Deutschland, Weihnachten 1917.

Aufruf zum Streik

Flugblatt zum Munitionsarbeiterstreik vom 31. Januar 1918[4]

Wir müssen dem Wüten des Wahnsinns in letzter Stunde uns entgegenwerfen. Wir brauchen endlich Freiheit und Wahrheit. Darum fordern wir zunächst vollkommene Wiederherstellung und Sicherung der bürgerlichen Freiheit und Beseitigung der Militärdiktatur. Wir brauchen die Freiheit des Worts, der Schrift, der Versammlung, der Koalition.

Wir verlangen die Freilassung aller politischen Gefangenen.

Die deutschen Arbeiter wissen, daß die Herrschenden zwar einzelne maßregeln, strafen, verfolgen können, aber niemals die Masse, ohne deren Arbeit sie selbst keinen Tag zu leben vermögen. Hunderte kann man vielleicht opfern, bei Tausenden wird es schwierig und gefährlich, bei Zehntausenden unmöglich. Halten die Proletarier zusammen, beantworten sie jeden Versuch, die Masse durch Verfolgung einzelner einzuschüchtern und zu zersprengen, durch verstärkten Widerstand und verstärkten Kampf, üben sie endlich jene unüberwindliche Solidarität, welche die große und heilige Sittlichkeit der Arbeiterklasse ist, nur dann erzwingen wir den Frieden.

Im deutschen Proletariat liegt von Anfang an die Lösung des Weltkriegs. Das ist die europäische Aussicht: endloser Krieg, Zusammenbruch, Unterjochung durch die rohe Gewalt eines oder des anderen „Siegers" – oder Erlösung aller Völker durch die Internationale der Demokratie, voran das deutsche Proletariat: Durch deutsche Befreiung zum Weltfrieden. Das Mittel aber, die Macht für die deutsche Demokratie zu erobern, ist der Massenstreik, der in Deutschland siegreich – dann (nach dem Siege über unsere inneren Feinde, über dieses *odium generis humani*) den Arbeitern aller Länder automatisch die Kriegswaffen aus den Händen nimmt. Wird der Krieg fortgeführt, so unterliegt Deutschland, trotz des Größen-

---

[4] Textquelle | „Aufruf zum Streik – Flugblatt zum Munitionsarbeiterstreik vom 31. Januar 1918": Eisner-Nachlass, Stiftung Archiv der Parteien und Massenorganisationen der DDR im Bundesarchiv, NL 60/5. – Darbietung hier nach Kurt EISNER: *Zwischen Kapitalismus und Kommunismus.* Herausgegeben von Freya Eisner. Frankfurt a. M. 1996, S. 231-232.

wahns des Militärs und trotz aller vielleicht noch kommenden (aber höchst zweifelhaften) blutigen Erfolge schließlich doch der Übermacht. Dann aber kommt die Auflehnung gegen die Verantwortlichen des Weltkriegs zu spät. Ich weiß, nach der Katastrophe fällt alles über die Besiegten her; dann aber bleibt das deutsche Volk am Pranger der Weltgeschichte, weil es nicht wagte, dem Verderben und den Verderbern rechtzeitig sich entgegenzuwerfen. Es geht um Deutschlands Rettung und Ehre, wenn wir noch diese letzte und äußerste Stunde nutzen, um den Wahnsinnigen die wilde und rohe Macht zu entwinden.

Kundgebung (der Streikenden)
München, 31. Januar 1918[5]

Die streikenden Arbeiter Münchens, voran die der Kruppwerke, entbieten ihre brüderlichen Grüße den belgischen, französischen, englischen, russischen, italienischen, amerikanischen, serbischen Arbeitern. Wir fühlen uns mit Euch eins in dem feierlichen Entschluß, dem Krieg des Wahnsinns und der Wahnsinnigen sofort ein Ende zu bereiten. Wir wollen uns nicht mehr morden. Vereint Euch mit uns, den Völkerfrieden zu erzwingen, der im Aufbau einer neuen Welt allen Menschen Freiheit und Glück sichert. Wir deutschen Arbeiter werden unsere Herrschenden, die Verantwortlichen des Weltkriegs, zur Rechenschaft ziehen. Der Kampf um den Frieden hat begonnen.

Proletarier aller Länder vereinigt Euch!

Wir fordern von der bayerischen Regierung, sofort durch Vermittlung des neutralen Auslandes diese Kundgebung der Münchener Arbeiter ins gesamte feindliche Ausland telegraphisch zu übermitteln.

Donnerstag, den 31. Januar 1918.
Im Auftrag: Kurt Eisner

---

[5] Textquelle | Darbietung hier nach Kurt EISNER: *Zwischen Kapitalismus und Kommunismus*. Herausgegeben von Freya Eisner. Frankfurt a. M. 1996, S. 232.

An die Bevölkerung Münchens!

Aufruf aus der Nacht zum 8. November 1918[6]

Das furchtbare Schicksal, das über das deutsche Volk hereingebrochen, hat zu einer elementaren Bewegung der Münchener Arbeiter und Soldaten geführt. Ein provisorischer Arbeiter-, Soldaten- und Bauernrat hat sich in der Nacht zum 8. November im Landtag konstituiert.

Bayern ist fortan ein Freistaat.

Eine Volksregierung, die von dem Vertrauen der Massen getragen wird, soll unverzüglich eingesetzt werden. Eine konstituierende Nationalversammlung, zu der alle mündigen Männer und Frauen das Wahlrecht haben, wird so schnell wie möglich einberufen werden.

Eine neue Zeit hebt an!

Bayern will Deutschland für den Völkerbund rüsten.

Die demokratische und soziale Republik Bayern hat die moralische Kraft, für Deutschland einen Frieden zu erwirken, der es vor dem Schlimmsten bewahrt. Die jetzige Umwälzung war notwendig, um im letzten Augenblick durch die Selbstregierung des Volkes die Entwicklung der Zustände ohne allzuschwere Erschütterung zu ermöglichen, bevor die feindlichen Heere die Grenzen überfluten oder nach dem Waffenstillstand die demobilisierten deutschen Truppen das Chaos herbeiführen.

Der Arbeiter-, Soldaten- und Bauernrat wird strengste Ordnung sichern. Ausschreitungen werden rücksichtslos unterdrückt. Die Sicherheit der Person und des Eigentums wird verbürgt.

Die Soldaten in den Kasernen werden durch Soldatenräte sich selbst regieren und Disziplin aufrecht erhalten. Offiziere, die sich den Forderungen der veränderten Zeit nicht widersetzen, sollen unangetastet ihren Dienst versehen.

Wir rechnen auf die schaffende Mithilfe der gesamten Bevölkerung. Jeder Arbeiter an der neuen Freiheit ist willkommen! Alle

---

[6] Textquelle I Kurt EISNER: *Die neue Zeit. [Erste Folge]*. Herausgegeben von Benno Merkle. München: Georg Müller Verlag 1919, S. 5-7. [Alternative Textquelle: *Münchener Neueste Nachrichten*, 8.11.1918. Online-Darbietung: www.mlwerke.de/ke/ke_001.htm]

Beamte bleiben in ihren Stellungen. Grundlegende soziale und politische Reformen werden unverzüglich ins Werk gesetzt.

Die Bauern verbürgen sich für die Versorgung der Städte mit Lebensmitteln. Der alte Gegensatz zwischen Land und Stadt wird verschwinden. Der Austausch der Lebensmittel wird rationell organisiert werden.

Arbeiter, Bürger Münchens! Vertraut dem Großen und Gewaltigen, das in diesen schicksalsschweren Tagen sich vorbereitet!

Helft alle mit, daß sich die unvermeidliche Umwandlung rasch, leicht und friedlich vollzieht.

In dieser Zeit des sinnlos wilden Mordens verabscheuen wir alles Blutvergießen. Jedes Menschenleben soll heilig sein.

Bewahrt die Ruhe und wirkt mit an dem Aufbau der neuen Welt!

Der Bruderkrieg der Sozialisten ist für Bayern beendet. Auf der revolutionären Grundlage, die jetzt gegeben ist, werden die Arbeitermassen zur Einheit zurückgeführt.

Es lebe die bayerische Republik!

Es lebe der Frieden!

Es lebe die schaffende Arbeit aller Werktätigen!

München, Landtag, in der Nacht zum 8. November 1918,

Der Rat der Arbeiter, Soldaten und Bauern:

Der erste Vorsitzende: *Kurt Eisner*

Eröffnungsrede in der ersten öffentlichen Sitzung des provisorischen Nationalrates des Volksstaates Bayern vom 8. November 1918[7]

Vorsitzender Eisner: Ich eröffne die erste Sitzung des provisorischen Parlaments der Republik Bayern.

Ich bitte alle diejenigen, die weder dem Arbeiterrate noch dem Soldatenrat angehören, noch auch zu den Abgeordneten gehören, die auf Grund von Vereinbarungen mit dem Arbeiter- und Soldatenrat an diesen Verhandlungen teilnehmen, ich bitte alle diese Personen, den Saal zu verlassen. Im übrigen ist die Zusammensetzung der heutigen Veranstaltung auch nur ein loses Provisorium. Über die Teilnahme und über die Wahl des Arbeiter- und Soldatenrats werden erst in den nächsten Tagen nähere Bestimmungen ergehen.

Meine Herren! Wir haben in den letzten Tagen in wenig Stunden gezeigt, wie man Geschichte macht, wie man Tatsachen revolutionär für alle Zukunft schafft. Keiner von Ihnen wird heute, welche Anschauung er immer haben mag, des törichten Glaubens sein, daß der Strich, den wir in einer friedlichen Erhebung unter die gesamte Vergangenheit des bayerischen Staatslebens gemacht haben, jemals wieder ausgelöscht werden könnte. Und wenn Sie vielleicht den Eindruck gehabt haben, daß diese radikale Umgestaltung der bayerischen Verfassung und des gesamten Lebens einen etwas anarchistischen Charakter hätte, so ist das nur ein Mißverständnis des Augenblicks.

Selbstverständlich, in jeder Auflösung zeigen sich die Zuckungen der Vergangenheit, und wenn wir heute manche Vorgänge beklagen, die sich in den letzten Stunden und Tagen ereignet haben, sehr gegen unsere Meinung und unseren Willen, so sind es gerade diese betrüblichen Vorkommnisse, die scharfe Anklage erheben gegen die Erziehung, die in der Vergangenheit die bayerische Bevölkerung genossen hat. Denn nicht aus unserem *neuen* Geiste sind jene Ausschreitungen entstanden, sondern aus der Erziehung und Verbildung von gestern.

---

[7] Textquelle | Kurt EISNER: *Die neue Zeit.* [*Erste Folge*]. Herausgegeben von Benno Merkle. München: Georg Müller Verlag 1919, S. 8-16.

Und wenn, verehrte Anwesende, wir ohne Organisation diese gewaltige Umwälzung herbeigeführt haben, so ist es ganz selbstverständlich, daß heute noch nicht die Organisation des neuen Staates jene bureaukratische Glätte haben kann, in der sich nichts mehr reibt. Es war ein Stück Überraschungsstrategie, mit der wir das alte Bayern aus den Angeln gehoben haben. Niemand hat vor zwei Tagen noch dergleichen für möglich gehalten und niemand hielte es heute für möglich, daß Einrichtungen jenes uns jetzt als grauste Vergangenheit erscheinenden Gestern wieder auferstehen können. Bayern ist gestern ein Freistaat geworden und wird ein Freistaat bleiben.

Meine Herren! Bei denen, die mitgeholfen haben an dieser Umgestaltung von Grund auf, spielen zwei Erwägungen mit: Wir waren uns bewußt, daß es der letzte Augenblick war, um durch Schaffung einer Volksregierung, die von dem Vertrauen der breiten Massen der Bevölkerung getragen sei, zu verhüten, daß unser Land in den Abgrund unrettbarer Wirrnisse geschleudert würde. Denn, wenn wir gewartet hätten, bis entweder der Wahnsinn der nationalen Verteidigung eingesetzt hätte – worunter wir nicht verstehen einen selbstverständlichen und von unseren Soldaten mit entschlossener Energie zu betätigenden Schutz der Grenzen –, ich sage, wenn wir aufgerufen worden wären und so lange gewartet hätten, bis die nationale Verteidigung alle Bänder unseres Staatslebens gelöst hätte, oder wenn wir gewartet hätten, bis die Kapitulation und Demobilisierung in Bayern ein ähnliches Schauspiel hervorgerufen hätte wie in Österreich, dann wären diese katastrophalen Ereignisse geschehen unter einer völlig ohnmächtigen Regierung, der niemand Vertrauen gezollt hätte. Wenn es uns aber gelang, den tiefsten Willen und die heißeste Sehnsucht der Massen in einer neuen Regierung zusammenzufassen, dann konnten wir hoffen – und ich spreche dies zuversichtlich aus –, daß noch vor der Katastrophe, die uns bevorstehen kann, das bayerische Volk gelernt hat, durch Selbstregierung, durch Demokratie in Fassung und Ruhe die neuen furchtbaren Ereignisse zu überwinden.

Dann die zweite Erwägung: Der amerikanische Präsident hat in seiner vorletzten Note in deutlichen Worten kundgegeben, daß er nicht gesonnen sei, mit dem, was man heute in Berlin Volksregierung nennt, einen Verständigungsfrieden zu schließen, sondern daß es sich bei einer solchen Regierung nur um Kapitulation handeln könne. Wenn aber nun in Bayern eine revolutionäre Regierung ersteht, deren treibende Kräfte, von Anfang des Krieges an, in einsamer und gefährlicher Opposition die deutsche Kriegspolitik bekämpft haben, so können wir vertrauen, daß eine solche Regierung bei dem amerikanischen Präsidenten einen anderen Eindruck erwecken und mildere Stimmung auslösen kann, als wenn er es zu tun hat mit einer Regierung, die alle Verantwortlichkeiten der Vergangenheit mitübernommen hat. Es liegt mir fern, in unwürdiger, feiger Art um die Gunst unserer Gegner buhlen zu wollen. Aber ich weiß, daß man uns, den treibenden Kräften der neuen Umwälzung, wenigstens Vertrauen schenkt. Wir haben niemals die gemeinsame Sache der Internationale geschädigt, deshalb vertraue ich, daß diese uns einen milderen Frieden für Deutschland erwirken kann, als wenn hier noch jenes System herrschte, das mitschuldig war an dem Ausbruche des größten aller Verbrechen der Weltgeschichte.

Bayern ist ein freier Staat. Das bayerische Volk genießt die freieste Selbstbestimmung. Eine konstituierende Nationalversammlung wird in Zeiten ruhigerer Entwicklung die endgültige Verfassung Bayerns festlegen. Heute herrschen in diesem Parlament die elementaren Triebkräfte der breiten Volksmassen selbst. In dieser heutigen Nachmittagsitzung wird es uns obliegen, nun die neue Entwicklung zu ordnen. Wir werden Ihnen vorschlagen, eine Regierung zu bestätigen, einer Regierung Ihr Vertrauen zu schenken, die dann Ihnen verantwortlich, die Geschäfte Bayerns führen wird. Diese Regierung ist nach den Vorschlägen und den Verständigungen, die inzwischen stattgefunden haben, nicht einseitig gedacht. – Sie wissen, daß beinahe seit Kriegsbeginn die sozialistischen Arbeitermassen im heftigen Kampfe der Meinungen gegeneinander statt miteinander wirken. Dieser Kampf gehört, für Bayern wenigstens, der Vergangenheit an. (Stürmischer Beifall.) Denn die Massen haben Bayern befreit und auch die Richtung, die ich bekämpft habe, akzeptiert diese Befreiung als eine unabänderliche revolutionäre Tatsache. Damit sind wir nicht durch ein Kompromiß, sondern innerlich zusammengewachsen. Ich hoffe, daß unser bayerisches Beispiel über unsere Grenzen hinaus wirken wird.

Zum Schlusse möchte ich, um diese Betrachtungen nicht allzulang auszudehnen, Ihnen die Namen derer nennen, die nach einer

Verständigung die provisorische Regierung bilden sollen. Wir haben mit einer Ausnahme, obwohl manches dagegen sprach, die alte Teilung der Ministerien beibehalten; darin sind wir nicht revolutionär vorgegangen. Wir haben nur ein neues Ministerium geschaffen, das schon längst in der Luft lag, ein Ministerium für soziale Angelegenheiten. Der Grund, warum wir diese nicht ganz glückliche Teilung und nicht ganz logische Sonderung beibehalten haben, ist der, daß wir den Beamten, auf deren freudige, vielleicht erlöste Mitwirkung wir rechnen, deren Los in der Demokratie sicherlich ganz anders sein wird als bisher, es nicht erschweren wollten, sich in die neuen Zustände hineinzufinden. Darum ließen wir die bisherigen Ministerien bestehen. Die Namen, die wir Ihnen vorschlagen sind:

Das *Ministerium des Äußern* und damit das Präsidium übernimmt als Symbol des revolutionären Ursprungs dieser Regierung der, der jetzt vor Ihnen steht. (Starker Beifall.) Für das *Vizepräsidium* und für das *Kultusministerium* ist *Hoffmann* in Aussicht genommen. (Beifall.) Das Ministerium für militärische Angelegenheiten – wir werden kein Kriegsministerium haben, sondern ein Ministerium für militärische Angelegenheiten – soll *Roßhaupter* übernehmen; es ziemt sich für die demokratische Regierung, daß ein Zivilist die Leitung der militärischen Angelegenheiten übernimmt.

Das *Ministerium des Innern*, heute wegen der Lebensmittelversorgung eines der wichtigsten Ämter, wird, wenn Sie einverstanden sind, *Auer* übernehmen. (Beifall und Widerspruch.) Ich höre Widerspruch und „Nein"; aber wenn wir entschlossen sind, den Weg in der Sozialdemokratie und Arbeiterschaft hinfort gemeinsam zu gehen, so ist auch das ein Symbol, daß wir aus vollster Überzeugung Ihnen die Wahl des Herrn Auer empfehlen können. (Beifall.)

Den *Verkehr* soll ein Mann übernehmen, der in einer der lächerlichsten politischen Komödien, an denen die bayerische Vergangenheit so reich war, eines Tages versank, Heinrich *von Frauendorfer*.

Die *Justiz* ist dem bewährten Sozialpolitiker – das ist kein Widerspruch, denn wir betrachten die Justiz als eine Form der Sozialpolitik – Herrn *Timm* zugedacht.

Die undankbarste aller Aufgaben soll, und daran ist vielleicht meine Abneigung gegen Professoren mit schuld, Herrn Professor Jaffé zufallen, nämlich die *Finanzen*. (Bravo!)

Endlich wird – wieder als eine Fanfare des revolutionären Ursprungs dieser Regierung – ein an der Erhebung beteiligter Mann, ein einfacher Arbeiter ohne Amt und Würden das neue *Ministerium für soziale Angelegenheiten* übernehmen: Herr *Unterleitner*. (Lebhafter Beifall.)

Eine Stellung, bei der es sich um kein Ministerium handelt, die aber in dieser gärenden Zeit sehr wichtig ist, die *Polizeiobrigkeit der Hauptstadt* der neuen Republik, soll in den Händen wieder eines Arbeiters und Soldaten liegen, des Herrn *Staimer*, der schon seit gestern eine segensreiche Tätigkeit als Aufsicht im Polizeipräsidium versieht. Herr Staimer gehört zu den tüchtigsten und charaktervollsten Persönlichkeiten unserer revolutionären Erhebung.

Sie sehen, wir sind nicht einseitig, wir haben weder Richtungen bevorzugt, noch haben wir bürgerliche Fachmänner ausgeschlossen. Ich möchte glauben, daß dieses Ministerium sich zu einer Körperschaft entwickeln wird, in der alles tätig ist, gleich, welche Vorbildung oder Herkunft die Männer haben, in der alles tätig sein kann, was uns nach Charakter, Wissen, Energie, Gesinnung, fruchtbare Arbeit leisten kann. Ich bitte Sie, zu uns, die wir in stürmischer Zeit dieses Opfer bringen in vollem Bewußtsein aller Gefahren, die uns umdrängen, Vertrauen zu haben, in einer Zeit, in der wir Ihnen kein Paradies versprechen können, sondern wohl wissen, daß wir die Geschäfte in einem Augenblick übernehmen, wo alle Verhältnisse verzweifelt erscheinen. Ich sage also: Schenken Sie uns und unserm vergänglichen und provisorischen Ministerium das Vertrauen, das wir um der Sache willen verdienen, daß wir uns bereit gefunden haben, an diese Stelle zu treten, sofern Sie damit einverstanden sind.

Wir gehen dunklen Tagen entgegen, vielleicht den furchtbarsten Tagen, die seit Jahrhunderten uns beschieden gewesen sind. Aber ich bin der festesten Überzeugung, daß aus diesem Meere von Blut und aus dieser Zerrüttung aller Verhältnisse dennoch eine neue Welt, eine hellere, reichere und freiere Welt erstehen wird, und die politische Umwälzung, die wir hier erlebt haben und die wir verteidigen werden – wir haben einen Soldatenrat, der diese neue Freiheit verteidigen wird –, ist ein Vorklang jener sozialen Umgestaltung, die nach dem Frieden die heiligste und unaufschiebbarste Angelegenheit internationaler Arbeit sein wird.

Damit begrüße ich das erste Parlament der bayerischen Republik und bitte Sie, Vorschläge zu machen für die Konstituierung des Präsidiums, des Präsidenten, ersten und zweiten Vizepräsidenten und von vier Schriftführern. Damit hätte sich dann unser revolutionäres Parlament konstituiert.

Kurt Eisner | 1867-1919
(Graphik von Wolfram W. Kastner: Kurt Eisner Kulturstiftung)

An die ländliche Bevölkerung Bayerns !

Aufruf vom 8. November 1918[8]

Die schweren Schicksalsschläge, die unser Vaterland seit Kriegsausbruch getroffen, haben zu gewaltigen Umwälzungen in der Hauptstadt des Vaterlandes geführt. Unter dem Drucke der drohenden Invasion habt Ihr selbst nach dem Zustandekommen eines baldigen Friedens unter allen Umständen und mit allen Mitteln verlangt. Diesem Verlangen haben wir Rechnung getragen.

In der Nacht zum 8. November hat sich ein provisorischer Arbeiter-, Soldaten- und Bauernrat im Landtage konstituiert. Eine Volksregierung, die das Vertrauen der Massen besitzt, soll unverzüglich eingesetzt werden.

Eine konstituierende Nationalversammlung, zu der alle mündigen Männer und Frauen das Wahlrecht haben, wird so rasch wie möglich einberufen werden.

Der Arbeiter-, Bauern- und Soldatenrat betrachtet es als die erste und größte Aufgabe, dem Volke den heißersehnten Frieden zu bringen und ist zum Zwecke der Einleitung von Friedensverhandlungen mit den Ententemächten in Verhandlungen getreten.

Noch ist aber die Gefahr nicht vorüber. Der Arbeiter-, Soldaten- und Bauernrat lehnt es zwar ab, die nationale Verteidigung durchzuführen, er wird aber unter allen Umständen den Grenzschutz aufrecht erhalten, damit Leben und Eigentum der bayerischen Bevölkerung geschützt und erhalten bleibt.

Zu diesem Zwecke werden alle notwendigen militärischen Maßnahmen durchgeführt werden und ihr könnt mit Ruhe und Sicherheit der weiteren Entwicklung der Dinge entgegensehen.

Der Rat der Arbeiter, Soldaten und Bauern wird alles tun, die Selbstauflösung der Heeresverbände zu verhindern, damit Zustände wie in Österreich und Tirol, wo heimkehrende Soldaten plündern und Kulturwerte zerstören, unmöglich werden.

Bauern! Die Lebensmittel in den Städten sind durch verkehrte Maßnahmen der bisherigen Militär- und Zivilverwaltung knapp.

---

[8] Textquelle | Kurt EISNER: *Die neue Zeit*. [*Erste Folge*]. Herausgegeben von Benno Merkle. München: Georg Müller Verlag 1919, S. 17-19.

Wir fordern euch auf, die neue Regierung sofort durch rege Lebensmittellieferungen in die Städte zu unterstützen, denn nur dadurch ist diese in der Lage, die Massen zu beherrschen und Hungerkrawalls mit unausbleiblichen, unseligen Folgen für das flache Land hintanzuhalten.

Beamte, Bürgermeister und Gendarmen!

An euch ergeht die Aufforderung, für Ruhe, Ordnung und Sicherheit im Lande zu sorgen und die Amtsgeschäfte in der bisherigen Form auszuführen.

Nicht zerstören wollen wir, sondern wieder aufbauen und wir wollen allen Volksgenossen ohne Unterschied des Standes eine sichere Existenz schaffen, eine Existenz, die es jedem möglich macht, ein menschenwürdiges Dasein zu führen.

Es lebe die soziale Republik !

Der Arbeiter-, Soldaten- und Bauernrat:
Kurt Eisner
Ludwig Gandorfer.

Eine Kundgebung der
bayerischen Regierung an die Ententevölker
10. November 1918[9]

Das bayerische Ministerium des Äußeren hat in der vergangenen Nacht an den Schweizerischen Bundesrat in Bern folgende Draht-Kundgebung gerichtet:

„Ich bitte Sie die nachfolgende Kundgebung an den Präsidenten Wilson, die Regierungen Frankreichs, Englands und Italiens zu übermitteln und sie zugleich in der Schweizer Presse zu verbreiten:

An die Regierungen und Völker Amerikas, Frankreichs, Englands, Italiens!
An die Proletarier aller Länder!

Das bayerische Volk hat zuerst in Deutschland unter Führung von Männern, die seit Beginn des Krieges den leidenschaftlichen Kampf gegen die frevelhafte Politik der deutschen Regierungen und Fürsten geführt haben, in einer stürmischen und von endgültigem Erfolg gekrönten revolutionären Erhebung Alle und Alles beseitigt, was schuldig und mitschuldig an dem Weltkrieg war. Bayern hat sich als Volksstaat proklamiert. Das ganze Volk begrüßt jubelnd seine Erlösung. Die anderen Staaten Deutschlands folgen in unaufhaltsamem Drange unserem Beispiel und begründen damit zum ersten Mal eine wirkliche innere Einheit Deutschlands.

In diesem Augenblick stürzt auf die junge Republik Bayerns die Veröffentlichung der Waffenstillstandsbedingungen der alliierten Mächte herein. Alle Hoffnungen, die wir durch den Erfolg der Revolution hegen durften, sind damit zerstört. Die neue Republik wird, wenn diese entsetzlichen Bedingungen unabänderlich sein sollten, in kurzer Zeit Wüste und Chaos sein.

Wie verstünden wir die Empfindungen, die die alliierten Mächte veranlaßten, solche Bedingungen zu stellen, wenn sie damit die *Schuldigen* treffen würden. Die deutschen Autokraten und Militaristen verdienen keine Schonung. Jetzt aber hat das *Volk* sich befreit

---

[9] Textquelle | Faksimile (*Druck: Knorr & Hirth, München*) auf: https://www.histo risches-lexikon-bayerns.de/Lexikon/Kriegsschuldfrage,_1918/1919

und die Bedingungen, die ihm auferlegt werden, bedeuten *seine* Vernichtung. Werden die Forderungen aufrechterhalten, so gehen wir Zuständen entgegen, die keine menschliche Phantasie sich vorstellen kann. Eine anarchistische Auflösung aller Verhältnisse, die gerade die bayerische Revolution durch die Schaffung eines in sich gefestigten Volksstaates verhindern wollte, würde die notwendige Folge sein und die Herrschaft zuchtlos sich auflösender Millionenheere würde eine geistige und sittliche Verwilderung, eine politischsoziale Besessenheit herbeiführen, die auch in das Gebiet der Sieger verheerend übergreifen würde.

Das darf nicht geschehen. Die demokratischen Völker dürfen nicht wollen, daß die revolutionäre Schöpfung der deutschen Demokratie durch die Schonungslosigkeit der Sieger vernichtet wird. Jetzt ist die Stunde gekommen, wo durch einen Akt weitausblickender Großmut die *Versöhnung der Völker* herbeigeführt werden kann. Vergeßt in der Schöpfung der neuen Welt den Haß, der in der alten erzeugt worden ist. Der Völkerbund, der das gemeinsame Ideal der Menschheit geworden ist, kann niemals werden, wenn er beginnt mit der Ausrottung des jüngsten Gliedes demokratischer Kultur. Wie beschwören Euch, die Regierungen wie die Völker, in einer Tat erhabener Selbstüberwindung die für alle verhängnisvolle Liquidierung des Weltkrieges in *gemeinsamer* Arbeit der Sieger und Besiegten zu unternehmen. Dieses schwere Werk würde die erste Handlung des neuen Völkerbundes sein und ihn damit begründen.

Die alliierten Demokratien dürfen nicht vergessen, wieviel stumm ertragene Opfer unzähliger namenlose Deutscher seit Beginn dieses Krieges in klarer Erkenntnis der Schuld gebracht worden sind, und die Regierungen der alliierten Mächte dürfen nicht die Verantwortung vor den proletarischen Massen übernehmen, die Internationale in dem Augenblick wieder zu zerstören, wo sie sich innerlich zusammengefunden hat. Das Schicksal der Menschheit liegt in der Händen der Männer, die jetzt verantwortlich sind für die Herbeiführung des Friedens und die Neugestaltung der zerrütteten Völker.

Das Ministerium des bayerischen Volksstaates
Kurt Eisner
München, den 10. November 1918.["]

[…]

Das Regierungsprogramm
An das bayerische Volk
(15. November 1918)[10]

Bayern ist befreit. Ungeahnte Kräfte regen sich, um an dem Werk des Aufbaues des neuen Volksstaates mitzuhelfen. Alles, was an verkümmerter Kraft, hoffnungsloser Sehnsucht in dumpfem Groll schlummerte, sieht jetzt, daß fortan für jeden Raum ist, an der Arbeit der Gemeinschaft sich zu betätigen. Das Leben gewinnt endlich Sinn und Zweck.

Kaum eine Woche ist seit der stürmischen Erhebung vergangen, und schon ist Ruhe und Ordnung überall hergestellt, und nur eine kaum mehr zu bändigende Ungeduld erfüllt alle Seelen, an der Neuorganisation zu wirken und zu schaffen.

Die revolutionäre Regierung des Volksstaates Bayern ist zu dem großen Versuch entschlossen, die Umwandlung des alten Elends in die neue Zeit in vollkommener verbürgter Freiheit und in sittlicher Achtung vor den menschlichen Empfindungen durchzuführen und damit ein Vorbild zu geben für die Möglichkeiten einer Politik, die auf dem Vertrauen zu dem Geist der Massen, auf der festen und klaren Einsicht in die Notwendigkeiten und Mittel der Entwicklung, auf der freimütigen Offenheit und Wahrhaftigkeit beruht. Ferdinand Lasalles Mahnung, daß man in der Politik aussprechen müsse, was ist, beherrscht unser Tun. Wir wollen in unbeirrbarer Entschlossenheit diesen gänzlich ungewohnten Weg gehen, obwohl wir uns bewußt sind, daß noch niemals eine Regierung in schwierigeren Zeiten ihr Amt übernommen hat, daß wir verhängnisvoll belastet sind mit einem fluchwürdigen Erbe, das mit dem Zusammenbruch des verfallenen Systems nicht zugleich ausgetilgt ist.

Die revolutionäre Regierung des Volksstaates Bayern buhlt nicht um die Gunst des Volkes. Sie unterstellt sich der freiesten Kritik.

Sie will nur nach ihren Handlungen beurteilt sein. Schon beginnt nach der ersten Überraschung ein Teil der Presse, die mehr Schuld an der Katastrophe Deutschlands hat als irgendeine andere Institution, zu beweisen, daß sie von dem Geiste der jungen Zeit noch un-

---

[10] Textquelle | Kurt EISNER: *Die neue Zeit.* [*Erste Folge*]. Herausgegeben von Benno Merkle. München: Georg Müller Verlag 1919, S. 20-29.

berührt ist. Wir werden auch diesem Treiben, diesem läppischen Unsinn, die uneingeschränkte Freiheit gewähren, in dem ruhigen und festen, verachtenden Gefühl von Männern, die sich klar darüber sind, daß sie vor der Geschichte ihre Handlungen zu verantworten haben und verantworten können. Wir beabsichtigen nicht, die Presse unmittelbar oder mittelbar geheim zu beeinflussen. Wir werden kein Regierungsblatt haben. Was wir der Öffentlichkeit mitzuteilen haben, wird mit deutlicher Kennzeichnung der Herkunft veröffentlicht werden. Aber auch auf diesem Gebiete haben wir die Zuversicht, daß sich eine innere Reinigung und Erneuerung des Pressewesens vollziehen wird und damit die Presse ihrem heiligen Berufe wiedergegeben wird, dem sie sich so schmählich entfremdet hat. Dann erst wird sie das Vertrauen des Volkes gewinnen und ein Werkzeug schöpferischer Arbeit werden.

Die ersten Handlungen der revolutionären Regierung haben bedeutsame Erfolge gezeigt. Die leitenden Männer der Entente sprechen nach der Umwälzung anders als zuvor. Unser Appell an das Weltgewissen blieb nicht ungehört. Die Waffenstillstandsbedingungen wurden erheblich gemildert. Der Geist des Patrioten, der die französische Republik leitet, spricht heute mit menschlichem Verständnis und Vertrauen. Amerika verheißt dem besiegten Feind, durch Versorgung mit Lebensmitteln den furchtbaren Übergang zu erleichtern. Wir hoffen, daß es uns auch gelingen wird, die Zufuhr von Rohstoffen zu gewinnen. Wir haben heute die Zuversicht, daß dank unserer ebenso revolutionären wie besonnenen Politik unser in jener Note an die Entente ausgesprochener Gedanke der Erfüllung entgegenreift, daß der Völkerbund in der gemeinsamen Arbeit der Feinde an der Überwindung der Kriegszerstörungen sich bilden müsse.

Wenn wir auf das Vertrauen der feindlichen Mächte rechnen, so betrachten wir es um so mehr als unsers Aufgabe, auch innerhalb der deutschen Stämme eine innige Gemeinschaft vorzubereiten. Wir glauben und wollen, daß eine Vereinigung des Deutschen Reiches mit der deutsch-österreichischen Republik unaufschiebbar ist. Wir sind ferner der Meinung und entschlossen, diese nationale Politik mit fester Hand durchzuführen, daß die Selbstbestimmung Bayerns innerhalb des Ganzen erhalten und gesichert werden muß. Wenn wir das Ziel erreichen wollen, daß die Vereinigten Staaten von

Deutschland, die Österreich einschließen, die einzige mögliche Lösung des nationalen Problems sind, so werden wir in nächster Zukunft eine zweckmäßigere Gliederung der deutschen Staaten durchzuführen haben, die ohne jede Vorherrschaft eines einzelnen Staates und ohne Antastung der Freiheit und Selbständigkeit Bayerns auch die notwendigen Maßnahmen vernünftiger Einheit trifft. So wird für das deutsche Volk auch in nationaler Hinsicht eine glücklichere Zukunft beginnen.

In der inneren Politik Bayerns streben wir die rascheste Durchführung einer nicht nur formellen, sondern lebendig tätigen Demokratie an. Bevor noch die konstituierende Nationalversammlung, die so schnell wie möglich nach Erledigung der notwendigen Vorarbeiten einberufen werden soll, zusammentritt, muß diese Demokratisierung des öffentlichen Geistes wie der öffentlichen Einrichtung erreicht werden können. Wir suchen auch hier auf neuen Wegen vorwärts zu kommen. Neben dem provisorischen Zentralparlament und dem in der Regierung verkörperten revolutionären Vollzugsausschuß sollen alle einzelnen Verbände und Berufe der Bevölkerung ihre eigenen Angelegenheiten in voller Öffentlichkeit erörtern können. Wir wollen die bisherigen Organisationen parlamentarisieren. Neben den beratenden Arbeiter-, Soldaten- und Bauernräten, die die Richtung des neuen Staates sowohl im Volk wie im Parlament, wie in der Regierung anzeigen müssen, wollen wir der Gesamtheit der Bevölkerung die Möglichkeit und die Gewähr geben, ihre Interessen, soweit sie nicht dem Nutzen der Gesamtheit entgegen sind, durchzusetzen. Das Deutsche Theater zu München soll der Sitz dieses Nebenparlaments sein. Beamten-, Lehrer und Privatangestelltenorganisationen, die freien Berufe, das Handwerk, der Handel und die Industrie, alle sollen sich zu Räten zusammenfinden und in diesen freien Parlamenten ihre Angelegenheiten unabhängig und selbständig erörtern, ihre Wünsche und Anregungen sowohl im Zentralparlament wie in der Regierung zur Geltung bringen. Vertreter dieser Organisationen werden in einer durch die unüberwindliche Raumnot des Landtags notwendig begrenzten Zahl auch in der provisorischen Nationalversammlung Wort und Stimme haben.

Die auf diese Weise verbürgte tätige Demokratisierung des ganzen Volkes muß in den wirtschaftlichen, sozialen und kulturellen Reformen ihr praktisches Ergebnis finden. Wir halten es für notwendig, hinsichtlich unserer unveränderten sozialistischen Ziele keine Zweifel zu lassen. Wir sprechen aber in vollkommener Offenheit aus, daß es uns unmöglich scheint, in einer Zeit, da die Produktionskräfte des Landes nahezu erschöpft sind, die Industrie in den Besitz der Gesellschaft sofort überzuführen. Man kann nicht sozialisieren, wenn kaum etwas da ist, was zu sozialisieren ist. Es ist die Auffassung von Karl Marx, daß die Wirtschaft dann in den Besitz der Gesellschaft übergeführt werden muß, wenn die Produktivkräfte sich so gewaltig entwickelt haben, daß sie die zu enge Hülle der kapitalistischen Ordnung sprengen.

Ferner scheint es uns unmöglich, in einem einzelnen nationalen Gebiete der Weltwirtschaft die sozialistische Organisation durchzuführen. Wir glauben also, daß erst nach dem Frieden, wenn der einige Völkerbund der Weltdemokratien sich gebildet hat, durch den entscheidenden Einfluß der in neuer Macht auferstandenen proletarischen Internationale, in gemeinsamer Arbeit der Völker der Erde die unerläßliche Sozialisierung durchgeführt werden kann. Aber wir sind ebenso überzeugt, daß schon jetzt bei der Überführung der Kriegs- in die Friedenswirtschaft, bei der Aufrichtung des heillos zerrütteten Finanz- und Steuerwesens der sozialistische Geist fruchtbar gemacht werden kann. Wir halten endlich drei große Probleme sozialer Erneuerung bereit zur schnellen Erledigung: den Großgrundbesitz, die städtische Bodenfrage, das Bildungs- und Erziehungswesen.

Ganz besondere Hoffnungen hegen wir für die Entwicklung des bayerischen Bauernstandes. Ein neues Geschlecht freier auf eigener Scholle arbeitender Bauern wird erstehen und in Gemeinschaft mit der werktätigen Bevölkerung der Städte an dem allgemeinen Besten mitarbeiten.

Schließlich seien aus dem Arbeitsplan der einzelnen Ressorts in kurzen Strichen die unmittelbar durchzuführenden Absichten der neuen Regierung angedeutet. Das Ministerium des Innern wird vor allem die Lebensmittelversorgung sichern und vervollkommnen. Vollständige Erfassung, unbedingt gerechte Verteilung der Lebensmittel, Förderung der Produktion, Unterbindung des Schleichhandels. Sofortige Verwendung der in den Militärdepots vorhandenen Gegenstände zum Gebrauch der Bevölkerung sowohl in den Städten wie auf dem Lande, rücksichtslose Bekämpfung des Wuchers für

Gebrauchsgegenstände, Abbau der Preise, Vereinfachung der Verwaltung, Umgestaltung der Gendarmerie in ein bürgerliches Institut.

Eine der wichtigsten Aufgaben der revolutionären Regierung ist die Organisation der Demobilisierung, für die sofort alle Vorbereitungen getroffen wurden, um die aus ihr erwachsenden schwersten Gefahren nach Möglichkeit zu unterbinden. Auf dem Gebiete der Industrieförderung ist die so lange verzögerte Elektrisierung der Wasserkräfte, deren Unterlassung für uns jetzt so ernste Folgen hat, sofort begonnen worden.

Die Regierung wird die volle Freiheit der Religionsgesellschaften und die Ausübung ihres Kultus gewährleisten. Die akademische Lehrfreiheit wird gesichert und durch Demokratisierung der Zustrom neuen Blutes ermöglicht werden. Das gesamte Schulwesen soll einheitlich als Bildungsanstalt für alle ohne Unterschied der sozialen Herkunft ausgestaltet werden. Wir fordern gleiche Freiheit für die Schule wie für die Kirche, Schaffung eines Volksschulgesetzes mit fachmännischer Schulaufsicht, Neuregelung der Gehalts- und Rechtsverhältnisse der Volksschullehrer, Übernahme der Volksschullasten auf den Staat, Reform der Lehrerbildung, Änderung im Schulbetrieb, Heranziehung der Schüler zur Mitarbeit in der Gestaltung und Praxis ihres Schullebens, Verbreitung der Wissenschaften durch das ganze Volk, Heranziehung der breiten Massen zur Kunst.

In der Justizverwaltung wird eine weitgehende Freilassung und Niederschlagung von Verfahren in allernächster Zeit durchgeführt werden. Schärfstes Vorgehen gegen gewinnsüchtige Ausnützung der Notlage des Volkes. Das Zivil- und Strafrecht soll nach sozialen Grundsätzen neu aufgebaut und durchgeführt werden.

Die Neuordnung des Finanzwesens ist von ausschlaggebender Bedeutung für die kommende Umgestaltung aller wirtschaftlichen Verhältnisse. Die ungeheuren Kosten des Krieges und des Wiederaufbaues der deutschen Volkswirtschaft erfordern derart große Mittel, daß demgegenüber das bisherige System versagen muß.

Wir werden deshalb sowohl im Reiche wie in den Bundesstaaten und den Gemeinden zu einem einheitlichen Steuersystem kommen müssen, das in weitestgehendem Maße nach sozialen Grundsätzen geregelt die leistungsfähigen Schultern belastet.

Die Demokratisierung der Armee, die Mitbestimmung der Soldaten, ist schon in den ersten Tagen des jungen Staates in Angriff genommen worden und wird unverzüglich zur Durchführung gelangen. Auch die Militärgerichtsbarkeit soll sofort demokratisiert werden. Eine umfassende Amnestie für alle militärischen Vergehen und Verbrechen steht bevor.

Im Verkehrswesen wird die Beseitigung des ungesunden Wettbewerbes im Eisenbahnverkehr angebahnt. Die Vereinfachung des Eisenbahnbetriebes durch die Verringerung der Wagenklassen soll möglichst bald durchgeführt werden. Die Aufhebung der Portofreiheiten im Postverkehr und der Gebührenfreiheiten im Telegraphen- und Telephonverkehr ist eingeleitet; zum Teil steht sie unmittelbar bevor. Die Eisenbahn-, Post-, Telegraphen- und Telephontarife sollen im Sinne weitgehender Vereinfachung umgestaltet, die großstädtischen Wohnungsverhältnisse durch weitere Ausgestaltung des Vorortsverkehrs gefördert werden.

In dem neugeschaffenen Ministerium für soziale Fürsorge wird ein Plan umfassender Arbeitsbeschaffung für die entlassenen Kriegsteilnehmer ausgearbeitet. Straffste staatliche Zentralisation der Arbeitsvermittlung zur Beherrschung des Arbeitsmarktes, umfassende Arbeitslosenunterstützung, Achtstundentag, Ausbau des Arbeiterschutzes, großzügige Organisation des Wohnungswesens, Ausschaltung privater Bodenspekulation, umfassende Bereitstellung von Notstandswohnungen während der Übergangszeit.

Ein reiches Feld der Betätigung wird endlich das Gebiet des Handwerks, des Kunsthandwerks, der Kunst bilden. Die bäuerlichen landwirtschaftlichen Angelegenheiten, die in dem neuen Bauernrat ihre Vertretung finden, werden zur Bildung eines landwirtschaftlichen Ministeriums führen, in dem die Bauern vertreten sein müssen.

Die lebendige Teilnahme aller Volksglieder, insbesondere auch Frauen, Arbeiterinnen, Bürgerinnen und Bäuerinnen, soll nicht nur durch die erwähnten Nebenparlamente erreicht werden, sondern auch durch die ständige persönliche Verbindung der Organisationen mit der revolutionären Regierung.

So fordern wir das bayerische Volk auf, in rüstiger und fruchtbarer Arbeit trotz aller Ungunst der Verhältnisse, Bayern zu einem Lande umzugestalten, in dem jeder frei atmen kann und jeder, der arbeitet, schaffend beglücktes Leben gewinnt.

München, den 15. November 1918.
Regierung des Volksstaates Bayern:
Kurt Eisner.

(Zeichnung: *Welt werde froh*! Kurt Eisner-Buch, 1929)

Ansprache anläßlich der
Revolutionsfeier im Nationaltheater
am 17. November 1918[11]

Die neue Ära wurde am Sonntag, 17. November, im Großen Haus des Münchner Nationaltheaters durch eine *Revolutionsfeier* eingeleitet, zu welcher der Soldaten-, Arbeiter- und Bauernrat die Eintrittskarten vergeben hatte. Keine festliche Auffahrt, keine rauschenden Toiletten, keine blinkenden Ordenssterne und Diademe. Die Karten waren durch das Los verteilt worden, so daß das äußerliche Bild ganz anders war wie bei den Festaufführungen der Vergangenheit. Die Minister saßen nicht wie sonst nebeneinander, sondern das Los hatte sie im Hause verteilt. So sah man den Finanzminister im Parkett, den Minister des Innern in einem der Ränge, und wieder andere bekannte Persönlichkeiten der Revolutionsbewegung waren „noch höher hinauf" nur mit [mit] Operngläsern bewaffneten Augen zu erkennen. Der Soldaten-, Arbeiter- und Bauernrat hatte so ziemlich alle Schichten und Kreise mit Einladungen bedacht, so daß auch das geistige München zahlreich vertreten war. An Stelle der Orden und Diademe vergangener Festaufführungen sah man diesmal als einzige Auszeichnung rote Armbinden oder rote Schleifen.

Die Leonoren-Ouvertüre in schlechthin vollendeter Wiedergabe (dirigiert von Bruno Walter) leitete die Revolutionsfeier ein. Der Vorhang teilte sich und vor geschlossener Bühne stand *Kurt Eisner*, von Beifall umrauscht. Er verneigte sich leicht und hielt folgende

A n s p r a c h e :

„Freunde! Die Klänge, die eben an Ihre Seelen! gedrungen, malen die Ungeheuerlichkeit eines tyrannischen Wahnsinns: Die Welt scheint im Abgrund versunken, zerschmettert. Plötzlich tönen aus Dunkel und Verzweiflung die Trompetensignale, die eine neue Erde, eine neue Menschheit, eine neue Freiheit ankündigen. So sah Beethoven das Schicksal der Welt. So trug er sein Herz, schwer von Sehnsucht, durch die Zeiten seines gedrückten Lebens.

---

[11] Textquelle | Kurt EISNER: *Die neue Zeit.* [*Erste Folge*]. Herausgegeben von Benno Merkle. München: Georg Müller Verlag 1919, S. 30-35.

Das Kunstwerk, das wir eben gehört, schafft in prophetischer Voraussicht die Wirklichkeit, die wir eben erlebt. In dem Augenblicke, da der Wahnsinn der Welt den Gipfel des Entsetzens erreicht zu haben schien, verkünden aus der Ferne Trompetensignale neue Hoffnung, neue Zuversicht.

Freunde! Was wir in diesen Tagen erlebt, ist ein Märchen, das Wirklichkeit geworden. Das Schicksal hat wenige Menschen zur Bestimmung ausersehen, das Fürchterliche, das wir seit 4 ½ Jahren erdulden mußten, mit einem Streich hinter uns zu werfen. Wir brauchen nicht mehr zurückzuschauen. Wir dürfen heute vorwärts sehen und sind gewiß, daß eine Zeit fruchtbarsten Schaffens uns bevorsteht.

Verehrte Anwesende! Es ziemt sich für mich, heute, wo ich zum ersten Male Gelegenheit habe, vor Ihnen zu reden, vor den breiten Massen zu sprechen, die mit am Werke der Revolution gearbeitet haben, des Mannes zu gedenken, der durch einen unsinnigen Zufall ein Opfer der Revolution geworden ist. Durch die Zeiten wird einst wie eine Legendengestalt die Person des blinden Bauen aus Niederbayern schreiten, in dessen Kopfe dieses Werk seherisch vorbereitet wurde. Wir, denen es vergönnt war, in diesen Tagen mitzuhelfen, haben bisher kein Wort in die Öffentlichkeit getragen, wie sich diese gewaltige Umwälzung vorbereitet, wie sie sich vollendet. Aber des einen Mannes wollen wir gedenken, des Bauern, des blinden Bauern aus Niederbayern, *Ludwig Gandorfer*, mit dem ich Arm in Arm an jenem wilden Nachmittag und Abend durch die Straßen Münchens gestürmt bin, an jenem Tage, der die neue Freiheit schuf. Sein Herz war voll der Ahnungen einer neuen Zeit. Und es ist ein grauenvolles Schicksal, daß er den Sieg seines Gedankens nicht überleben durfte. Aber dieses Zusammenarbeiten eines einfachen Schriftstellers, eines geistigen Arbeiters aus der Stadt, mit einem begabten, tapferen, heldenmütigen Bauern vom Lande: das ist ein Anzeichen, ein Symbol der neuen Demokratie, die hier in Bayern, in Deutschland, auf der Welt werden soll.

Was wollten wir? Was wollen wir?

Wir wollten in dem Augenblicke, da Deutschland, da Bayern vom Zusammensturz bedroht war, aus den Massen des Volkes die schaffende Armee der Rettung bilden, das war der Sinn dieser Umwälzung.

Aber Freunde, wir wollen noch etwas anderes. Wir wollen der Welt das Beispiel geben, daß endlich einmal eine Revolution, vielleicht die erste Revolution der Weltgeschichte, die Idee, das *Ideal und die Wirklichkeit vereint.* Und je mehr uns der Abscheu erfüllte von dem, was die Herrschenden der Vergangenheit über die Welt an Elend, Verwilderung, Grausamkeit gebracht haben, desto mehr waren wir bedacht, menschlich zu sein, nur an die Vernunft der Menschen uns zu wenden.

Wir haben heute die Zuversicht, daß es uns gelingen wird, ohne Rückschlag, ohne Hemmung, *ohne Gewalt* den Weg zur neuen Freiheit zu finden. Wir sind Demokraten und Sozialisten. Wir verstehen unter Demokratie nicht, daß alle paar Jahre alle Bürger das Wahlrecht ausüben und die Welt regieren mit neuen Ministern und neuem Parlament. Wir, die wir eine neue Form der Revolution gefunden haben, wir versuchen auch eine *neue Form der Demokratie* zu entwickeln. Wir wollen die ständige Mitarbeit aller Schaffenden in Stadt und Land. (Stürmisches Bravo.)

Und, liebe Freunde! Wer, wie ich, Gelegenheit gehabt hat, nun in den letzten Tagen diese Tausende von Briefen zu lesen, diese zahllosen Menschen zu sehen, die, von der überraschenden Wendung der Dinge getrieben, an uns sich wenden, für den ist es eine Erschütterung tiefster Art, zu sehen, wie überall draußen ein *neuer Enthusiasmus des Schaffens* sich regt. Als ob die Millionen nur darauf gewartet hätten, um, befreit von dem Druck, nun mitzuhelfen. Von den Arbeitern, Bauern, von den Schülern, von den Gymnasiasten, in allen Klassen und Ständen hinauf und hinab: von überall kommen die Geängstigten und die Bedrückten und versichern uns: jetzt endlich können wir arbeiten, jetzt endlich sehen wir ein Ziel.

Das ist Demokratie! Und diese Demokratie ist heute schon Wahrheit. Die Vergangenheit ist tot und (mit erhobener Stimme) *wehe denen, die versuchen sollten, diese fluchbeladene Vergangenheit neu zu beleben.* (Stürmisches Bravo.)

Wir sind *Sozialisten*, d. h. wir wollen die Hemmungen der wirtschaftlichen Ordnung beseitigen, die auf die Massen wie auf die einzelnen drücken, und erreichen, daß jeder Mensch, der geboren ist, seine Gaben entfalten kann, und in verbürgter Sicherheit des Daseins, die kärglichen Jahre irdischen Lebens, erfüllt von Idealen, beglückt von Arbeit, erschöpfen kann. Gerade heute, wo wir so verbrecherisch mit Menschenleben gespielt haben, ist jedes Menschenleben uns heilig. Wir rufen über unser Land hinaus zu den Völkern, die gestern noch uns Feinde waren: Wir bekennen unsere Schuld! Und bahnen damit den Weg zu innerer Verständigung und Versöhnung.

Das war der *letzte Krieg*! Indem wir die Schuldigen an diesem Weltverbrechen beseitigten, so menschlich beiseite schoben, wie noch niemals, mit einer Rücksicht, die jene nicht verdient haben, (Bravo! und Sehr richtig!) aber in fester Entschlossenheit, gerade auch in der Beiseiteräumung des Alten zu zeigen, daß wir Menschen sind, so werden wir weitergehen und bitten Sie um Ihre Hilfe. Wir grüßen, die uns Feinde waren. Wir senden unsere Grüße zu den Völkern Frankreichs, Italiens, Englands und Amerikas. Wir wollen mit ihnen gemeinsam die neue Zeit aufbauen.

Alle, die reinen Herzens, klaren Geistes und festen Willens sind, sind berufen, am neuen Werke mitzuarbeiten. Vergessen wir, was war, und vertrauen wir dem, was wird. Eine neue Zeitrechnung beginnt, und wir, die wir mitgeholfen haben, bekennen in demütiger Ehrfurcht vor dem dunklen Schicksal, das die Menschheit geleitet: Wir danken diesen geheimnisvollen Mächten, daß wir mithelfen dürfen, die Welt zu befreien. Die Freiheit erhebt ihr Haupt, folgt ihrem Rufe!" (Stürmischer Beifall.)

Gesang der Völker
von Kurt Eisner[12]

*Der Text nachstehenden Liedes wurde zur ersten bayerischen Revolutionsfeier verfaßt.

Melodie: Niederländisches Dankgebet.

Wir werben im Sterben
Um ferne Gestirne.
Sie blinken im Sinken
Und stürzen in Nacht.
Es wollen die Massen
Nicht das Leben hassen.
Die Freiheit ruft empor.
Von den Sternen bekränzt.

Die Zeiten entgleiten.
Die Erde erbebte.
Es krallte das Alte
Ins Herz junger Zeit.
Da mußten die Bleichen
Den Schreitenden weichen.
Du Volk wurdest erweckt,
Der Tod war besiegt.

Wir schwören zu hören
Den Rufern der Freiheit.
Wir schirmen in Stürmen
Die heiligen Höhn.
Die Menschheit gesunde
In schaffendem Bunde,
Das neue Reich ersteht.
Oh Welt werde froh !
Welt werde froh !

---

[12] Textquelle | Kurt EISNER: *Die neue Zeit.* [*Erste Folge*]. Herausgegeben von Benno Merkle. München: Georg Müller Verlag 1919, S. 36-37.

Zur Kenntnisnahme

München,
26. November 1918.[13]

Man bemüht sich von allen Seiten mich aufmerksam zu machen auf die albernen Artikel, die eine gewisse Presse gegen meine Person richtet. Ich erfahre daraus allerlei interessante Bereicherungen meiner Biographie. Man erweist mir darin auch die Ehre, mich mit einem Familien- und Erwerbssinn zu begaben, der mir nur in geringstem Maße bisher beschieden war. Schon habe ich meinen gesamten Familienanhang in gut bezahlten Stellungen untergebracht. Besorgte Leute verlangen von mir, daß ich gegen solche Äußerungen, die doch nur eine Fäulniserscheinung des zusammengebrochenen Systems sind, einschreite. Ich wiederhole, daß die Presse in voller Freiheit soviel Dummes und Kluges, soviel Anständiges und Schmutziges produzieren soll, wie es ihrem geistigen und moralischen Vermögen entspricht. Ich habe in den viereinhalb Kriegsjahren soviel Verachtung gegen diese Presse aufgehäuft, daß sie genügt, um mich für den Rest meines Lebens gegen jede Neigung zu festigen, auch nur polemisch mich mit ihr zu befassen.

Ministerpräsident des Volksstaates Bayern
Kurt Eisner

---

13 Textquelle | Kurt EISNER: *Zur Kenntnisnahme.* München, 26. November 1918. In: Aschaffenburger Zeitung, Nr. 328 vom 27.11.1918. [= Antwort auf eine verleumderische Presse; Text hier nach Band 5 der „Kurt Eisner-Studien", S. 18]. [Zugleich: Online-Ausgabe eines Blattes mit abweichendem Datum ‚29.11.1918': MDZ München | digitale-sammlungen.de].

Rede vor dem Münchner
Arbeiter-, Soldaten- und Bauernrat
am 28. November 1918
(unveröffentlicht)[14]

Ministerpräsident Eisner: Meine Herren! Ich habe Sie gebeten, heute zu einer zwanglosen Berichterstattung hier anwesend zu sein, weil es mir notwendig erscheint, in größerem Kreise die politische Lage, wie sie gegenwärtig in Deutschland herrscht, zu zeichnen. Ich werde von besorgten Leuten von allen Seiten bedrängt, daß ich mich doch irgendwie mit der Presse auseinandersetzen möchte. Ich lege keinen Wert darauf. Ein Teil der Presse wird zweifellos gegenwärtig in Attel redigiert, dem schönen Ort am Inn, wenn ich nicht irre, wo sich die größte Kretinenanstalt von Bayern befindet. (Heiterkeit!) Damit kann man nicht polemisieren. Ob ich Salomon Kuschinski geheißen habe oder sonstwie, die Herren können ja meine Polizeiakten einfordern, wenn sie sich interessieren, oder ob ich im Salonwagen des Kaisers oder Königs mit meiner Tochter nach Berlin gefahren bin, soll ich darüber eine Polemik anfangen? An und für sich wäre eine solche Fahrgelegenheit von Vorteil gewesen. Wenn man gesagt hat, daß der alte König darauf verzichtet hat, so hätte er auch gut in einem Personenzug fahren können, da ihm Zeit genug zur Verfügung gestanden hat, während für mich jede Minute kostbar ist. Also, auf diese Art von Preßäußerungen gehe ich nicht ein. Etwas anderes sind die politischen Kundgebungen, die wir jetzt in der Presse erleben. Wer ein alter, hart gesottener Journalist ist wie ich, der kennt das Getriebe und der lacht darüber. Wenn drei gestürzte Abgeordnete durchaus wieder ein Mandat haben wollen, dann schreien sie wie 3000 und das ist der Schrei nach der Nationalversammlung. (Sehr gut!) Die Dinge liegen in Deutschland so ernst, ich möchte beinahe sagen, so verzweifelt, daß man dieses Preßgetriebe nur gewissenlos, verbrecherisch nennen kann. (Sehr richtig!) Denn es muß im Ausland aus diesen Preßmeinungen die Meinung entstehen, als ob wir hier uns auf eine blutrünstige Säbeldiktatur stützten und die

---

[14] Textquelle | Kurt EISNER: *Die neue Zeit*. [*Erste Folge*]. Herausgegeben von Benno Merkle. München: Georg Müller Verlag 1919, S. 38-60.

großen Massen der Bevölkerung nur darauf warten, uns wieder zu stürzen. (Sehr richtig!) Und Sie können sich wohl vorstellen, welchen Eindruck das draußen bei der Entente machen muß, die Frieden mit uns schließen soll, wenn sie die Überzeugung gewinnt, daß bei uns alles noch in Unordnung und Unruhe ist, daß das gegenwärtige System fallen wird. Die Herren von der Presse, die 4 ½ Jahre lang das deutsche Volk angelogen haben (Sehr richtig!), haben nach einer kurzen Pause sich zu ihrem alten Berufe wieder gefunden und lügen weiter. (Beifall und Händeklatschen!) Heute stehen in Bayern 95 % des Volkes hinter uns. (Sehr richtig!) Sie wissen, das Volk weiß, daß wir eine Demokratie hier schaffen wollen, die fester wurzelt und breiter ausgedehnt ist als irgend eine Demokratie der Welt. Wir wollen das gesamte schaffende Volk unmittelbar zur Mitarbeit heranziehen, und das ist mehr, als wenn später, sobald die Vorarbeiten geleistet sind, durch den Wahlzettel wieder das übliche Parlament eingeführt ist. (Sehr richtig!) Heute *haben* wir die Demokratie, und wenn unsere Organisationen heute weiter ausgebaut werden, dann wird die Demokratie auch in das neue Parlament, in die Nationalversammlung einziehen. Wenn hingegen heute, wo wir noch nicht einmal Frieden haben, wo die Lebensmittelnot so furchtbar ist, daß, wenn nicht unmittelbar Hilfe eintritt, wir alle verhungern, wo wir keine Rohstoffe haben, die Herren glauben, die Gestürzten, die Schwarzen und die Blauen, die Gelben und die Grünen, daß wir Zeit dazu haben, jetzt Wahlagitationen zu treiben, so irren sie sich. (Sehr richtig!) Wir müssen arbeiten, und deswegen spreche ich nicht zur Presse, sondern zu Ihnen, und ich werde es auch ferner so halten. Wenn ich etwas auf dem Herzen habe, komme ich zu Ihnen. (Beifall!) Ich verhandle lieber mit Ihnen, ich gehe lieber wie gestern in eine Versammlung von Hausangestellten und von Leuten, die noch nie in einer Versammlung waren, und spreche zu ihnen, als mich mit jenen abgebrühten Elementen des alten Systems auseinanderzusetzen. (Bravo!)

Meine Herren! Ich spreche zu Ihnen, zu den Arbeiter-, Soldaten- und Bauernräten. Aber ich bin nicht im mindesten im Zweifel, daß es bereits heute weite Kreise gibt, die nur darauf warten, diese aus der Revolution geschaffenen Körperschaften des Volkes wieder zu beseitigen. (Sehr wahr!) Der Ruf nach der Nationalversammlung im Reiche wie in den Einzelstaaten ist nur dadurch diktiert, daß man hofft, durch die Nationalversammlung die unmittelbare lebendige Teilnahme der Massen wieder auszuschalten. (Sehr richtig!) Statt der Massen sollen wieder die Führer ihr angesehenes Dasein führen.

Meine Herren! Der alte Parlamentarismus hat wesentlich dazu beigetragen, uns in diese Lage zu bringen, in der wir uns jetzt befinden (Sehr richtig!), und ich glaube, die Revolution wäre umsonst geschehen, wenn wir darauf eingehen wollten, diese aus der Revolution entstandenen Körperschaften wieder ganz zu beseitigen oder – das will man wohl nicht – innerlich zu lähmen, innerlich zu entnerven. Meine Herren! Die Arbeiter-, Soldaten- und Bauernräte müssen sich jetzt konsolidieren, sie müssen die Grundlage aller zukünftigen parlamentarischen Tätigkeit bilden; die Nationalversammlung kann nicht der Anfang sein, sie kann nur das Ende, das letzte Ergebnis der Tätigkeit der Arbeiter-, Soldaten- und Bauernräte bilden. (Sehr wahr!) Man hat ja gegenwärtig vor allem Angst, man fürchtet sich, nachdem man 4 ½ Jahre so ungeheuren Mut aufgebracht hat und wir von einem Monat zum andern Monat, von einem Jahre zum andern Jahre vertröstet wurden mit der kühnen Heldenformel „wir schaffen's" – obwohl die Welt gegen uns stand, „wir schaffen's" – und jetzt auf einmal wird das Gegenteil gepredigt, jetzt sollen wir es nicht mehr schaffen können; jetzt, wo die neue Zeit anhebt und das Volk in Freiheit zu arbeiten beginnt, jetzt kommen die Furchtmeier, die Angstbläser und machen aus dem deutschen Volk eine Horde von Feiglingen, die sich vor links fürchtet, vor rechts fürchtet, vor oben fürchtet und vor unten fürchtet. Meine Herren! Fürchten wir uns vor gar nichts außer vor unserer eigenen Angst! (Sehr richtig!) Es geht gewiß in diesen neuen Körperschaften manchmal etwas ungebärdig zu, ganz gewiß; das ist aber selbstverständlich. Wie soll in der Freiheit eine neue Organisation geschaffen werden, ohne daß sie ihre Kräfte regt und auch einmal eine Dummheit begeht? Das schadet gar nichts. Nur im Schaffen, nur im Vorwärtsdrängen reift die Freiheit. Ich will einmal bei anderer Gelegenheit, nicht in dieser Plenarsitzung der versammelten Räte, sondern, das scheint mir notwendig zu sein, in einer Versammlung der Arbeiterräte über deren Aufgaben im besonderen sprechen. Die Besorgnis, daß die Arbeiterräte es an idealistischem Schwunge fehlen lassen und von materiellen Interessen diktiert werden, – auch das wird schon behauptet – teile ich nicht. Als wir kleines Häuflein der sogenannten Unabhängigen, die wir jetzt gemeinsam arbeiten, arbeiten müssen mit den andern, unsere Organisation schufen, da war der erste, der leitende Gedanke, daß jeder, der in dieser Organisation wirke, es um der Sache selbst willen, ohne jeden persönlichen Vorteil tun müsse, und es scheint mir auch, daß das der Geist der neuen Arbeiter-, Soldaten- und Bauernräte sein soll. (Sehr richtig!) Selbstverständlich müssen diejenigen, die ihre Arbeit versäumen, die aus der Arbeit gehen müssen, ihre angemessene Entschädigung erhalten. Aber die großen Körperschaften müssen, wenn jetzt einmal diese revolutionären Zeiten vorüber sind, wenn alle Kräfte angespannt werden, aus Idealismus, um der Sache willen tätig sein, diese Körperschaften zur Mitarbeit an der Gesamtheit fähig zu machen. Ich will bei der Gelegenheit noch, bevor ich – weswegen ich Sie hierhergerufen habe – meine Berliner Eindrücke schildere, noch eines erwähnen. Wir haben, glaube ich, aus Nürnberg einen Protest erhalten, weil wir, die gegenwärtige Regierung, darin einwilligen, daß auch andere Berufskreise eine Vertretung in der provisorischen Nationalversammlung erhalten. Meine Herren! Das ist unerläßlich. Wir müssen allen Kreisen der Bevölkerung, sofern sie im weitesten Sinn den arbeitenden Kreisen und Klassen angehören, hier in der Provisorischen Nationalversammlung Vertreter lassen. Dieser Protest, der von Nürnberg gekommen ist, scheint aus der Befürchtung hervorzugehen, daß nun der Schwerpunkt der politischen Macht in diesem Parlament auf jene Vertreter der anderen Organisationen hinübergehen könnte. Die Gefahr besteht nicht. Die Grundlage der politischen Macht besteht bis zur endgültigen Nationalversammlung außer in der Regierung in den Arbeiter-, Soldaten- und Bauernräten (Sehr gut!), und was wir sonst zur politischen Arbeit heranziehen, das soll eben nur arbeiten, diese Elemente sollen sich daran gewöhnen und sollen sich bereit zeigen, mit uns mitzuarbeiten, nach unseren sozialistischen und demokratischen Gedanken. Schließen wir diese anderen Kreise der Bevölkerung aus, dann werden wir einen große Teil nützlicher Arbeit einbüßen. (Sehr richtig!) Wir brauchen sie, wir brauchen ihre fachmännische sachliche Tätigkeit, aber die politische Bestimmung, politische Macht räumen wir ihnen nicht ein (Sehr richtig!), so lange wir überhaupt in der Regierung sind, so lange die Arbeiter-, Soldaten- und Bauernräte kräftig sind und wachsen können.

Meine Herren! Ich sage, alle die Vertreter dieser Organisation bis zum katholischen Lehrerinnenverein, der auch gebeten hat, eine Vertretung zu finden, sollen zu ihrem Rechte kommen. Jeder soll seine Gedanken, seine Anregungen in vollständiger Freiheit zum Ausdruck bringen. Ich gestehe Ihnen ganz offen, mir ist eine katholische Lehrerin, die in ihrer alten Überzeugung bleibt, und auch unter dem neuen Regime versucht, für ihre alte Überzeugung geistig einzutreten, viel lieber (Sehr richtig!), als der Haufen von Menschen, deren wir uns gar nicht erwehren können, jener Revolutionsgewinner, die nun über Nacht alle Revolutionäre, Republikaner, Demokraten, Sozialisten geworden sind. (Sehr richtig! Bravo!) Auch das bestimmt uns, gerade auch solche Vertreter hier zu Wort kommen zu lassen. Wir wollen einmal versuchen, wie weit demokratische und sozialistische Ideen unmittelbar in der Praxis der Politik umgestaltend und umwälzend für die Gesamtheit wirken können.

Nun, Sie haben in den letzten Tagen allerlei Kundgebungen, die mit meinem Namen gezeichnet sind, gelesen. Ich kann heute mit einer gewissen Genugtuung die Tatsache verzeichnen, daß ich mich gegenwärtig der allergrößten Unbeliebtheit in der öffentlichen Meinung erfreue. Ein paar Tage lang war ich sehr beunruhigt, wir hatten eine so ausgezeichnete Presse für uns (Heiterkeit!); auf einmal geht es von allen Seiten wieder los, und nun bin ich ganz sicher, daß wir auf dem richtigen Wege sind (Beifall und Händeklatschen!).

Ich habe dieses Blatt nicht bei mir, ich habe es heute Mittag gelesen. Wir treiben ja Fastnachtsspiele, Hanswursstereien, in überschäumender Phantastik versuche ich Bayern zu regieren und von dort aus das Deutsche Reich. Ich bin ein alter 48er mit wallenden Locken – ich wünschte, ich hätte sie noch! – Meine Herren! Was bedeutet das alles! Die Ratten sind wieder aus ihren Löchern gekrochen (Sehr richtig!), und nachdem sie kurze Zeit versucht haben, sich anzupassen, und sich durch sanfte und süße Redensarten mit den neuen Verhältnissen abzufinden, so fangen sie jetzt, nachdem sie erkannt haben, daß wir nicht so unglaublich dumm sind, um dieses Spiel nicht zu durchschauen, wieder an zu schimpfen, von allen Seiten, und zu höhnen. Wodurch ist diese Umwandlung veranlaßt?

Ich kam nach Berlin als Vertreter Bayerns und sah da zu meiner großen Überraschung, daß in Berlin die Konter-Revolution nicht droht, sondern daß sie ruhig regiert. Die Konter-Revolution regiert in Berlin (Hört! Hört!) ganz gemütlich, als ob gar nichts geschehen wäre, und als ich das sah, da holte ich aus meiner Aktenmappe jenes Schriftstück, durch das nun der letzte Schleier von den Geheimnissen dieses Weltkriegs gerissen wird, jenen Bericht des Vertreters des Grafen Lerchenfeld, des Herrn v. Schön, an den Grafen Hertling, in dem nun in aller Behaglichkeit auseinandergesetzt wird, wie man beabsichtigte, den Weltkrieg zu entfesseln. (Hört! Hört ! und Pfui !- Rufe.) Damit wollte ich die Konter-Revolution, die regierende Konter-Revolution in die Luft sprengen! (Ruf: Bravo!) Ich habe dann diese Arbeit fortgesetzt in der Versammlung der Vertreter der deutschen Republiken und ich hatte das Glück, unmittelbar neben dem Herrn Erzberger und Herrn Solf zu sitzen (Heiterkeit!). Ich habe mit aller Höflichkeit, die ich in solchen Fällen zu entwickeln pflege, ihnen die Wahrheit gesagt (Bravo!), so sehr die Wahrheit gesagt, daß ich erwartete, daß sie verschwinden würden. Als das auch noch nicht half, habe ich erklärt, daß ich mit Herrn Solf und den Seinen überhaupt nicht mehr verhandle. (Lebhaftes Bravo! Beifall!) Das ist mir bitter ernst. Die Dinge liegen doch so: der Haß gegen Berlin wächst, nicht gegen die Berliner Arbeiter, nicht gegen das Berliner Volk (Sehr richtig!), sondern gegen das Hauptquartier des Weltkrieges. (Sehr richtig!) In Berlin ist das Verbrechen ausgekocht worden, und deshalb der Haß gegen Berlin, und ich, der ich dringend wünsche, daß diese Zersetzung Deutschlands nicht zu einer endgültigen Auflösung Deutschlands führe (Bravo!), sondern daß wir beisammen bleiben (Sehr gut!), ich bin der festen Überzeugung, daß zunächst einmal die Einzelstaaten sich ihrer eigenen Haut wehren müssen (Ganz richtig!), so lange, bis wir wieder zusammen aktionsfähig werden. (Sehr gut! Bravo!) Wir können nicht mit dem alten System weiterarbeiten. Wir wissen, unser Freund Karl Kautsky sitzt im Auswärtigen Amte, aber Herr Solf treibt Politik auf eigene Faust (Hört!) und Karl Kautsky erfährt nicht einmal davon, was im Auswärtigen Amte geschieht. (Unerhört!) Ich habe den Eindruck, daß in Berlin unter dem Drucke des langen Krieges in dem Erschöpfungszustande der elenden Ernährungsverhältnisse beinahe die gesamte Bevölkerung so sehr zerrüttet und geschwächt ist, daß dort sich keine Entschlußkraft mehr findet! (Ruf: Sehr richtig!) Man hat den Eindruck, daß in Berlin geträumt und nicht gehandelt wird, und deshalb war es meine Absicht, von hier aus, wo wir vielleicht unter dem Einflüsse der Höhenluft noch etwas frischer und kräftiger sind

(Heiterkeit!), von hier aus, auch etwas frische Luft nach Berlin zu importieren. Meine Herren, Sie können diese Lage als gar nicht ernst genug betrachten. Was im Auswärtigen Amte sitzt, ob es nun all-deutsch ist oder ob es seit mehr oder minder kurzer oder langer Zeit für den Verständigungsfrieden gewirkt hat, das ist ganz gleich, diese Herren sind Vertreter des alten Systems (Sehr richtig!), und in ihren Händen ist noch der gesamte Apparat der öffentlichen Meinung, der Presse des In- und Auslandes. Der funktioniert noch genau so wie während des Krieges. (Sehr richtig!) Überall sitzen die Agenten, in Bern, im Haag, in Kopenhagen, in allen Zeitungen Deutschlands und des neutralen Auslandes und versuchen ihre Unentbehrlichkeit zu beweisen, alles durcheinander zu bringen, vor allem, um sich selber zu retten. Sie finden jetzt die Presse angefüllt von Mitteilungen über die Absichten der Entente. Bald marschiert die Entente in Berlin ein, bald in München, bald verwüsten schwarze Horden die Pfalz (Ruf: im Winter!). Ja, im Winter, es sind tatsächlich afrikanische Regimenter in der Pfalz, aber es sind weiße, – eine Farbenverwechslung. (Heiterkeit!) Es wird sich noch sehr viel Unheil aus diesen Winkeln über die Welt ergießen, weil Herr Erzberger und Herr Solf als kompromittierte Persönlichkeiten weder Waffenstillstandsbedingungen günstiger Art erreichen, noch einen günstigen Frieden schließen können. (Sehr richtig!) Und weil sie von ihrem Platze nicht weg wollen. (Aha!) Vielleicht nicht weg können (Hört! Hört!), weil sie das fürchten, was kommt, wenn sie nicht mehr auf dem Presseapparat spielen und man hinter ihre Geheimnisse kommt. Darum wird jetzt die deutsche Öffentlichkeit in diese Unruhe gestürzt. (Sehr richtig!) Darum werden auch die Völker der Entente gegen uns jeden Tag aufgehetzt. (Sehr richtig!) Das Spiel, das gegenwärtig im November 1918 getrieben wird, ist nicht minder ruchlos, als das Spiel, das im Juli und August 1914 getrieben wurde. (Sehr richtig! Bravo! Lebhafter Beifall!) Die bankerotten Politiker, die die neuen revolutionären Organisationen beseitigen wollen, scharen sich um das Banner der Nationalversammlung, und die verbrecherischen Politiker, die den Weltkrieg gemacht und fortgesetzt haben, und die uns in den Abgrund gestürzt haben, die versuchen heute nochmals, den Haß und den Zorn des deutschen Volkes gegen die Entente zu schüren, damit man sie selbst und ihre Armseligkeit vergißt.

Ich habe mir das Mißfallen zugezogen dadurch, daß ich neulich eine Note gegen Hindenburg erlassen habe; das hat sehr viele sanfte Gemüter verletzt. Ich wußte aber genau, was ich tat, heute bin ich aus dem Hauptquartier antelephoniert worden, und man hat mir mitgeteilt, daß der alte Generalissimus Hindenburg sehr verletzt wäre durch diesen gänzlich unerwarteten Angriff. Bei dieser Gelegenheit habe ich dann erreicht, was ich erreichen wollte. Es ist telephonisch festgestellt, daß auch diese Kundgebung, die den Namen Hindenburgs trägt, auch im Auswärtigen Amte, in Berlin, wenn nicht geschrieben, so veranlaßt ist. (Lebhafte Hört! Hört-Rufe!) Ich habe dem Generalissimus Hindenburg telephonieren lassen, er sei ein Opfer der Berliner Politik geworden (Ruft: Sehr richtig!), und man hat mir versprochen, daß man künftig im Hauptquartier in politischen Dingen noch vorsichtiger sein werde, als schon bisher. Meine Herren! Sie sehen hier an dieser einen Tatsache ein Beispiel der neuen Politik, die keine Geheimdiplomatie mehr kennt, sondern nur mit der Wahrheit arbeitet. (Lebhafter Beifall!) Sie sehen daraus, wie schnell es möglich ist, durch einen etwas kühnen Vorstoß den Feind aus seinen Schlupfwinkeln herauszuholen. (Beifall!)

Meine Herren! Wenn ich als Minister des Äußern erklärt habe, daß ich mit dem Auswärtigen Amte in Berlin nicht mehr verkehre, so habe ich es im Bewußtsein getan, daß dort das Nest ist, das ausgeräuchert werden muß (Lebhafte Rufe: Sehr richtig! und Händeklatschen), wenn wir zum Frieden kommen wollen. Ich habe heute aus Bern von der Bayerischen Gesandtschaft, und zwar nicht von unserem Gesandten, der gegenwärtig hier in München ist, sondern von seinem Vertreter, also einem von dem alten Personal, die Mitteilung erhalten, daß ihm authentisch versichert worden sei, daß keine Rede davon sein könne, daß die Entente daran denke, was ja in den letzten Tagen in der deutschen Presse zu lesen war, wieder einen Krieg mit uns anzufangen. (Beifall!) Glauben Sie denn, daß die französischen, englischen und amerikanischen Soldaten anders geartet sind wie die deutschen? (Rufe: Sehr richtig!) Wir haben in Puchheim das große Gefangenenlager; ich weiß nicht, etwa 45.000 französische und russische Gefangene werden bewacht von 4.000 bayerischen Soldaten, und die Gefangenen wie die Wächter sind vollständig solidarisch in dem einen Gefühle, möglichst schnell nach Hause zu kommen, und dieses Gefühl haben die französischen, die englischen und amerikanischen Soldaten, namentlich die französischen, die am längsten geblutet haben. (Zuruf: Siegestaumel!) Glauben Sie, daß der Siegestaumel dahin führt, daß die französischen Soldaten nicht nach Hause wollen? Ich glaube das nicht; ich weiß das Gegenteil. Alle Völker brauchen auch außer den Soldaten den Frieden, genau wie wir. Sie müssen auch aufbauen und neu schaffen, überall ist der finanzielle Zusammenbruch, überall ist die Notwendigkeit, die Wirtschaft wieder so rasch als möglich herzustellen, in Europa wenigstens. Nein, meine Herren, ich verbürge mich dafür: In dem Augenblicke, wo in Deutschland eine aktionsfähige Regierung ist, die das Vertrauen genießt, daß sowohl die Massen hinter ihr stehen, als daß sie nun ehrlich und offen Frieden schließen will, im selben Augenblick haben wir den Frieden. Und gleichgültig, wie man über diese Frage denken mag: Wir müssen in Deutschland den Frieden haben. (Sehr richtig!) Wir müssen jeden Weg gehen, um den Frieden zu haben. (Zustimmung!)

Meine Herren! Ich Möchte Ihnen noch ein Beispiel geben von der Verruchtheit jener Treibereien, die aus dem Auswärtigen Amte stammen. Vor ein paar Tagen lief durch die Presse die Mitteilung, daß die Mitteilungen unseres Freundes Haase über die Lebensmittelnot nicht richtig seien; in Berlin, im Lebensmittelministerium des Genossen Wurm, sei man nicht so pessimistischer Anschauung. Solche Mitteilungen müssen also in den ehemals feindlichen Ländern den Verdacht erwecken, daß es in Deutschland noch nicht so schlimm steht, wie es in Wirklichkeit steht. Wenn es die Presse selber sagt, so, schlimm steht es noch nicht, wie soll man draußen das nicht glauben? Und die Folge von solchen Ausstreuungen ist, daß man in Frankreich, in England, in Amerika, in Italien glaubt, daß nun wieder überhaupt alles bei uns Schwindel ist. Die ganze Revolution wird für einen Schwindel gehalten, nur für eine Maskerade des alten Systems. Englische Blätter, englische Hetzblätter bringen die Mitteilung, der Deutsche Kaiser sei noch gar nicht entthront, er sei nur vorübergehend ins Ausland gegangen mit Zustimmung seines treuen Volkes, um eine Komödie der Entente vorzuspielen, und er denke nur daran, sofort wiederzukommen, dann wieder den neuen Militärstaat aufzurichten und dann nach einigen Jahrzehnten wieder den Krieg anzufangen, er oder sein Sohn. So wirken diese Dinge im Auslande. Nun, meine Herren, wir wissen, daß wir eine

Revolution gehabt haben und wir wissen auch, daß die Herren, die gestern regierten, nicht wieder kommen werden. (Sehr richtig!) Wir in Bayern haben Vertrauen, und wie es uns bereits gelungen ist, mit der tschechischen Republik in Verbindung zu treten, wie wir von dort aus Kohlen bekommen (Beifall!), damit die bayerischen Industrien nicht vollständig stillstehen, in bescheidenem Maße, aber wir bekommen doch bereits Kohlen, wodurch haben wir das erreicht? Nur dadurch, daß wir in vollkommener Offenheit mit ihnen verhandelt haben, so kommen wir auch nur zum Frieden. Aber in Berlin ist keine Regierung, die Frieden schließen kann. Auch eine Nationalversammlung, die einberufen würde, würde keine Regierung schaffen, die fähig wäre, den Frieden zu schließen. Was notwendig ist in Berlin, ist, daß die Massen sich rühren und ihrerseits eine aktionsfähige Regierung einsetzen. (Sehr richtig!) (Zuruf!) Bis dahin wird München allerdings der Vorort von Deutschland sein müssen. (Stürmischer Beifall und Händeklatschen!) Ich sprach eben von den Gerüchten, daß die Lebensmittelnot bei uns nicht so groß ist. Meine Herren! Die amtlichen Berichte, die uns in Berlin vorgetragen worden sind, lassen keinen Zweifel darüber, daß, wenn wir nicht sofort von der Entente Lebensmittel bekommen, wir untergehen, wir verhungern. Die Lebensmittel reichen überhaupt höchstens bis Ende März (Hört! Hört!) Und was an Lebensmitteln noch vorhanden ist, reicht nur aus, um auch während dieser Zeit bis Ende März im Durchschnitte des Reiches einen langsamen Hungertod vorzubereiten. Liegen die Dinge so, so können Sie ermessen, welcher verbrecherische Wahnsinn dazu gehört, heute noch diese Treibereien gegen die Entente fortzusetzen (Lebhaftes: Sehr richtig!), mit Protestkundgebungen wegen Verletzung der Waffenstillstandsbedingungen wie Herr Erzberger zu arbeiten, und alles nur von einer kleinen Horde von Menschen (Zuruf!), die für ihre Existenz fürchten und die am Leben bleiben wollen und deshalb heute noch die ganze Welt in Unordnung bringen. (Lebhaftes: Sehr richtig!) Das, meine Herren, wollte ich Ihnen heute sagen, und das ist der Sinn meiner Aktion gegen Berlin, nicht der Zweck, Bayern loszulösen vom Reiche, sondern die Erkenntnis, daß, wenn die Massen in Berlin nicht aufwachen und eine neue Regierung, nämlich eine neue Regierung schaffen, die die auswärtigen Angelegenheiten behandelt, wir nicht zur Ruhe und nicht zum Frieden kommen. Deshalb, meine Herren, versuche ich von hier aus, jetzt das Notwendige, das Notwendigste zu tun. Ob es gelingt, das weiß ich nicht. Aber wir haben keinen anderen Weg, wir müssen zum Frieden kommen und ich appelliere an dieser Stelle an die Völker der Entente. Wir wollen nicht als Bittsteller kommen, nicht als Bettler kommen (Beifall!), das tun wir nicht. Wir kommen als Menschen (Lebhafter Beifall!), die das Bewußtsein haben, daß wir aufgeräumt haben, hier in Bayern, mit den Verantwortlichen des alten Systems. (Stürmischer Beifall und Händeklatschen!) Wir kommen mit reinen Händen. Wir, die wir die Regierung hier leiten, haben von Anfang dieses Krieges an gegen die Kriegspolitik gekämpft unter persönlichen Opfern mit Hintansetzung aller Interessen, im Kampfe gegen die eigene Regierung, bis zum Tode entschlossen, und deshalb dürfen wir so zur Entente reden. Wir sind Menschen, wir sind Vertreter von 70 Millionen Menschen, die leben wollen, und Eure Pflicht drüben, unsere Feinde, ist jetzt, zu vergessen und mit uns gemeinsam zu arbeiten und die Welt aufzubauen. (Stürmischer Beifall und Händeklatschen!)

Meine Herren! Zum Schlusse, und das will ich auch, ich weiß nicht, ob es gehört wird, über die Grenze hinüberrufen: Man fürchtet sich drüben vor dem Bolschewismus, wie man sich auch bei uns fürchtet vor dem Bolschewismus. Meine Herren! Diese Furcht ist entstanden dadurch, daß wir Arbeiter-, Soldaten- und Bauernräte gebildet haben, also das russische Beispiel in dieser Hinsicht nachgeahmt haben. Aber, meine Herren, wir, die wir ja Arbeiter-, Soldaten- und Bauernräte bilden, wir wissen ganz genau, daß wir die russischen Methoden weder angewandt haben, noch die russischen Ziele verfolgen. Russischen Bolschewismus gibt es nicht in Deutschland mit vielleicht der Ausnahme einiger Phantasten. Wir glauben nicht, daß auf russischem Wege das Ziel erreicht werden kann, das uns vorschwebt, die Demokratie und die sozialistische Gesellschaft. Wir glauben nicht, daß es uns möglich ist, die Produktion in dem Augenblicke zu vergesellschaften, wo die Produktion vollständig zerrüttet ist. (Sehr richtig!) Ich habe im Berliner Arbeiter- und Soldatenrat, in dem ich sprach, diese Gedanken auch entwickelt, und sie fanden die einmütige widerspruchslose Zustimmung des Vollzugsausschusses des Berliner Arbeiter- und Soldatenrates, also jener Körperschaft, die in dem Verdachte steht, an Bolschewismus das Äußerste zu leisten. Nein, meine Herren, ich habe den Eindruck, wir sind hier viel radikaler, als in Berlin, nur reden sie manchmal dort radikaler als wir. Wir wollen hier die neue Gesellschaft aufbauen. Wir wollen nicht morden. Wir errichten keine Diktatur des Säbels, ich habe keinen Säbel, und die mit mir sind, haben auch keinen. Wir wollen durch Arbeit, unmittelbare schöpferische Tätigkeit den Wiederaufbau Deutschlands so rasch wie möglich im Interesse der Gesamtheit zu Ende bringen. (Bravo!) Und zu dieser Arbeit müssen uns die Völker drüben helfen. Ich habe den festen Glauben, wenn erst jene Elemente ausgetilgt sind, die noch von gestern übrig geblieben sind, dann kommen wir zu diesem Ziele. Ich bitte Sie, zu arbeiten und wachsam zu sein, aufzupassen, daß nicht die Kontre-Revolution wieder erstarkt, nicht die Kontre-Revolution, die mit Maschinengewehren, Kanonen und Flinten arbeitet, nein, die Kontre-Revolution, die schlau und listig sich einschleicht Und eines Tages wieder da sitzt, feist und fett und erklärt, jetzt regieren wir, jetzt sind wir wieder da, wenn die Gefahr vorüber ist. Diese Gefahr besteht. Deshalb zunächst der Kampf mit allen Konsequenzen gegen die Berliner Regierung, so weit sie vertreten ist im Auswärtigen Amt. Zweite Aufgabe: Sofortigen Frieden. Das wird die Aufgabe der bayerischen Regierung sein, ob das *ihr* möglich ist, wenn Berlin versagt. Kein Separatfrieden, sondern der Versuch, für ganz Deutschland den Frieden zu bewirken. (Lebhafter Beifall.) Meine Herren! Ich bitte Sie um Ihre Mitarbeit. Der Vollzugsausschuß des Arbeiter- und Soldatenrats hat gestern nach Berlin ein Telegramm gerichtet, in dem er die Wegjagung jener Herren im Auswärtigen Amt verlangt. (Bravo!) Ich hoffe, daß unbeeinflußt durch uns aus ganz Bayern ähnliche Kundgebungen kommen und, meine Herren, zum Schlusse: Wenn wir durchaus nicht mit Berlin zusammenarbeiten können, dann sind wir gezwungen, einstweilen auf eigene Faust zu handeln. (Stürmischer Beifall.)

(Folgt Vorsitzender; darauf)

Ministerpräsident Eisner: Meine Herren! Es ist ein Antrag eingegangen, der folgendermaßen lautet: Das Haus ist sich einig mit den Ausführungen des Ministerpräsidenten Kurt Eisner: Einverstanden sind wir, indem wir feierlich erklären, ihn in seinem Wirken künftig stark und geschlossen zu unterstützen. Darum weg mit den Friedensstörern, weg mit solcher verbrecherischer Regierung.

Ich glaube, wir nehmen diesen Antrag zur Kenntnis, ohne daß wir ihn formell annehmen wollen, und zwar bitte ich Sie deshalb, ihn nicht formell anzunehmen, weil so eine Art Vertrauensvotum für mich dann enthalten ist. Meine Herren! Das Verhältnis von Ihnen zu mir ist viel einfacher, als daß es durch ein Vertrauensvotum charakterisiert werden kann. Ich arbeite für Sie so lange, wie Sie meine Arbeit wünschen, und wenn Sie meine Arbeit nicht mehr wünschen, dann gehe ich stillvergnügt beiseite; da brauchen wir gar keine feierliche Kundgebung des Vertrauens. (Zurufe: Sehr richtig!) Auch diesen parlamentarischen Zopf können wir vielleicht abschneiden. Dagegen würde ich Sie bitten, den gestern vom Vollzugsausschuß des Arbeiter- und Soldatenrats (Zurufe: und Bauernrats!) angenommenen Beschluß Ihrerseits zu bestätigen:

Der Vollzugsausschuß des Arbeiter- und Soldatenrates München (Zurufe: und Bauernrats!) ja, meine Herren, ich lege ganz besonderen Wert auf den Bauernrat; der ist ja wichtig, ist meine Lieblingsschöpfung und die Revolution wäre ohne Bauern hier in München nicht zustande gekommen. (Sehr richtig!) Der Vollzugsausschuß des Arbeiter-, Soldaten- und Bauernrates in München entnimmt aus den Verhandlungen der Konferenz der Vertreter der deutschen Republiken mit Entrüstung die unerhörte Tatsache, daß noch immer die kompromittiertesten Vertreter des bisherigen Systems, die Herren Erzberger, Solf, David und Scheidemann, den entscheidenden Einfluß besonders in der Auswärtigen Politik ausüben. Wir verlangen die sofortige Beseitigung dieser kontre-revolutionären Elemente und fordern den Arbeiter- und Soldatenrat in Berlin auf, mit allen Mitteln den Sturz einer Regierung herbeizuführen, die weiterhin solchen Personen eine entscheidende Stellung einräumt.

Meine Herren! Da sind auch zwei sozialistische Herren genannt. (Zurufe!) Das widerspricht ja nun – (Zurufe!) Darf ich ein Wort sagen? – unserer versöhnlichen Stimmung. Ich glaube, auch diesen Satz so deuten zu müssen, daß wir diese Herren gerade an dieser Stelle im Auswärtigen Amte nicht wünschen. (Sehr richtig!) Dr. David kann zum Beispiel ein sehr guter preußischer Kultusminister sein, er ist eine sehr brauchbare Kraft (Zuruf: Als Pfarrer eignet er sich!), als Lehrer auch und Herr Scheidemann hat sicher auch seine bedeutenden Qualitäten; nur dürfen sie nicht gerade an der Stelle stehen, – das ist ganz ausgeschlossen – wo die Auswärtige Politik bestimmt wird.

Dieser Antrag ist nach Berlin gerichtet, und ich möchte weiter nichts zu Ihnen sagen, als daß ich die Berliner Vertreter dringend bitte, uns in dem Bemühen zu unterstützen, im Sinne dieser Resolution zu wirken. Schaffen Sie in Berlin eine aktionsfähige Regierung, dann gibt es keinen Gegensatz zwischen Nord und Süd. (Zurufe: Sehr richtig!) Ich fürchte mich gar nicht davor, daß sie uns vergewaltigen, daß sie uns zentralisieren wollen, schon aus dem einfachen Grunde fürchte ich mich nicht davor, wie ich mich vor nichts fürchte, weil es ihnen gar nicht gelingen würde, uns zu zentralisieren. Wir haben hier unsere eigenen Köpfe und ich ganz besonders habe noch ganz persönlich meinen eigenen Kopf. Zentralisieren lasse ich mich von niemand. (Heiterkeit und Bravo!) Gewiß, ich bin sterblich und bin jedem Irrtum unterworfen; aber wenn ich mich irre, habe ich wenigstens das eine gute Gewissen: Ich irre mich aus meinem eigenen Kopf, und nicht, indem ich nach links und rechts höre, was wohl gemeint werden könnte zu meiner Politik.

Ich bitte die Berliner Vertreter in allem Ernste und mit allem Nachdrucke, die entscheidende Bedeutung dieser Stunden und Wochen zu erkennen und uns mitzuhelfen, reinen Tisch in Berlin zu machen. (Sehr gut!) Dann wird uns Berlin als Bruder und Freund und Mitkämpfer ohne jedes Mißtrauen willkommen sein. (Bravo! Sehr richtig!) Die Glieder der Einzelstaaten sollen jetzt lebendig arbeiten, jeder für sich und in diesem Wettkampfe fruchtbarer Arbeit bildet sich neu die demokratische und sozialistische Einheit der Vereinigten Staaten von Deutschland. (Stürmischer, anhaltender Beifall!)

Rede vor den bayerischen Soldatenräten

am 30. November 1918[15]

morgens 10 Uhr.

Ministerpräsident Eisner: Meine Herren! Wenn wir heute einen Zusammenbruch erlebt haben, wie ihn kaum jemals ein Volk bestehen muß, und wenn wir heute nicht am Ende dieses Zusammenbruches stehen, sondern vor Gefahren, die im Einzelnen darzustellen nicht notwendig ist, so fragen wir uns: Wer trägt die Schuld? Meine Herren! Die Schuld trägt letzten Endes der Mangel an politischem Sinn, der Mangel an politischer Durchdringung und Bildung der Nation. (Sehr richtig!) Das ist der letzte und wesentliche Grund. Wenn das deutsche Volk eine Demokratie gewesen wäre, wenn der deutsche Bürger den Mut besessen hätte, den draußen der Soldat gehabt hat, dann wäre der Krieg nicht über den September 1914 hinaus verlängert worden. Aber, meine Herren, man kann nicht über Nacht den politischen Sinn des Volkes aus dem Nichts hervorrufen, und so sehen wir denn heute, daß die bürgerliche verbrecherische Presse die Schuld hat an dem Kriege und der Verlängerung des Krieges, und daß auch heute noch in demselben Geiste der Verhetzung und des Verderbens gearbeitet wird. (Sehr richtig!) Meine Herren! Hinter dieser Schandpresse steht nichts als der Wahnsinn der Gestürzten und das schlechte Gewissen der Schuldigen. (Sehr gut!) Wir, die wir mit Aufopferung unserer Persönlichkeit, mit Hingabe des Lebens im letzten Augenblick die Rettung des deutschen und hier des bayerischen Volkes versucht haben, nachdem uns dieses mit Hilfe der Soldaten und Arbeiter in so wunderbarer Weise gelungen war, wir erleben heute das Schicksal, daß die Kontre-Revolutionären, die am Boden lagen, heute sich wieder einzuschleichen suchen. Diejenigen, die nichts gewagt und nichts geopfert haben, versuchen heute als Revolutionsgewinnler wieder die alten Zustände herzustellen. (Sehr wahr!)

Ich werde nachher vor Ihnen die politische Lage darstellen. Zunächst aber möchte ich zu Ihnen, die Sie heute als Vertreter der Sol-

---

[15] Textquelle | Kurt EISNER: *Die neue Zeit. [Erste Folge]*. Herausgegeben von Benno Merkle. München: Georg Müller Verlag 1919, S. 61-124.

datenräte ganz Bayerns erschienen sind, ein Wort sagen über die innere Grundlage der neuen Demokratie. Sie wissen, daß diese Grundlage der neuen Demokratie nach unserer Auffassung die Arbeiter-, Soldaten- und Bauernräte sein sollen und bleiben sollen. Die ganzen Treibereien und Hetzereien der letzten Tage haben weiter keinen Zweck, als diese Grundlage zu zerstören (Sehr richtig!); als die Vollmachten der Herrschaft der Arbeiter-, Soldaten- und Bauernräte zu zerstören. Das geschieht in zweierlei Weise, von außen und von innen. Von außen: der Kampf gegen die aus den Volksmassen selbst herausgewachsene revolutionäre Organisation. Dieser Kampf von außen manifestiert sich in dem Schrei nach der Nationalversammlung. In den letzten 3 Wochen sind durch mein Sprechzimmer in München die Vertreter aller wirtschaftlichen und beruflichen Organisationen gegangen. Wir haben mit allen verhandelt, wir haben ihnen die Grundsätze der neuen Demokratie entwickelt, die im übrigen darin gipfeln, daß wir nicht eine formale Wahldemokratie schaffen wollen, eine Demokratie, die darin besteht, daß alle 3 oder 5 Jahre ein Zettel in die Urne geworfen und dann alles den Führern und Vertretern überlassen wird. Diese Demokratie ist ja das Gegenteil einer Demokratie. Die neue Demokratie soll darin bestehen, daß die Massen selbst unmittelbar ständig mitarbeiten an den Angelegenheiten der Gesamtheit. (Sehr gut!) Wir haben das diesen Vertretern auseinandergesetzt und von den unzähligen Herren und Frauen, die bei mir waren, die ungefähr 99 % dieser Organisationen hinter sich haben, hat nicht eine einzige Person den Schrei nach der Nationalversammlung ausgestoßen, der so außerordentlich schrill und laut von der Presse erhoben wird. (Hört!) Ich bewundere den Mut der Presse, den Mut ihrer Nichtsnutzigkeit. Meine Herren! Sie hätten keinen Journalisten als Ministerpräsidenten hereinsetzen sollen, der kennt den Schwindel (Bravo!) und weiß, wer dahinter steht und was bezweckt wird. (Zuruf!) Nein, das schlechte Gewissen der Schuldigen steckt dahinter. (Sehr richtig!) Diejenigen, die in der Revolutionsnacht und am Revolutionsabend mit uns Arm in Arm marschiert sind, die fürchten sich jetzt vor mir, weil ich dieses Verbrechernest in Berlin ausräuchern will, und von diesem Verbrecherneste gehen diese ganzen Treibereien aus. (Hört!) Ich bewundere den Mut der Presse, daß sie es heute noch wagt, jenes elende Geschäft fortzusetzen, das sie 4 ½ Jahre getrieben hat, aber ich bewundere noch mehr die Massen, das Publikum, das nun doch bis in das letzte Dorf hinein weiß, daß es 4 ½ Jahre von derselben Presse angeführt wurde und heute wieder gläubig auf dieselbe Schandwirtschaft hineinfällt, die sie bisher 4 ½ Jahre getragen hat. (Sehr richtig!) Ich weiß wohl, was ich zu erwarten habe, wenn ich gegen diese Pest von Presse losgehe. Ich habe keinen Pardon zu erwarten, denn dieses Gesindel wehrt sich seiner eigenen Haut. Ich bin schon im September 1914 in Berlin gewesen, ich habe an den Pressekonferenzen teilgenommen und weiß, wie die öffentliche Meinung gemacht wird. Dort sitzen die Herrschaften zusammen und irgend ein Vertreter des Auswärtigen Amtes – so war es im Kriege – oder des Generalstabes sagt den Herren Journalisten, meine Herren, ich denke, wir werden morgen oder heute folgendes schreiben, und dann wird in der gesamten deutschen Presse dasselbe geschrieben. (Hört! Hört!) Das ist die öffentliche Meinung. So wird öffentliche Meinung gemacht, und so lange ich hier stehe, bekämpfe ich diese Gesellschaften. (Lebhafter Beifall!) Die Presse kann in einer gewissen Hinsicht froh sein, daß ich durch die gegenwärtig aufreibende Tätigkeit verhindert bin, das große Buch fertig zu stellen über die Schandtaten der Presse, das ich im Gefängnis zur Vollendung bringen wollte, aber nicht konnte, weil man mich vorzeitig entlassen hat. (Heiterkeit!) Heute habe ich keine Zeit dazu. Heute halte ich meinen Kopf hin gegen die Presse. Trotzdem bin ich ein Mensch, der nach Grundsätzen handelt. Ich will die Freiheit der Presse nicht antasten. Mögen sie auf mich schimpfen, soviel sie wollen, das rührt mich nicht. Mein ganzes Leben liegt offen vor aller Welt. (Sehr richtig!) Ich habe nichts zu verbergen und nichts zu verheimlichen und ich rühme mich nicht einmal der Wunden, die ich im Kampfe um die Freiheit und die Erlösung der Massen davongetragen habe. Ich tue nur meine Pflicht und weiche niemandem, niemandem, keinem offenen Feind und noch weniger den Intriganten und Schleichern, die heute wieder aus der Tiefe auftauchen, diejenigen, die uns verhindert haben, schon im Januar dieses Jahres die Erhebung des Volkes vorzubereiten. (Sehr richtig!) Wir waren aber weitsichtiger, dieses kleine Häuflein, die wir gearbeitet haben um jene verbrecherische Gesellschaft zu erledigen und im Februar dieses Jahres den Weltfrieden herbeizuführen. Damals aber wurden wir daran verhindert. Wir wurden in den Kerker eingesperrt, damals standen uns 6, 8, 10 Jahre

Zuchthaus bevor, das heißt der geistige Tod. Als wir dann aus dem Gefängnis herauskamen, wir alle, die wir eingesperrt waren, was haben wir getan? Wir haben am selben Tage den Kampf dort aufgenommen, wo wir ihn verlassen mußten, weil wir von einer Gesellschaft gewaltsam gehindert wurden, von Leuten, von denen man heute nicht weiß, in welchem Schlupfwinkel sie sich geflüchtet haben. (Zuruf: Sehr richtig!) Meine Herren! Ich werde nachher Ihnen die politische Lage darstellen, wie sie sich in Wahrheit darbietet. Ich bitte Sie nur um Eins, glauben Sie der Presse kein einziges Wort! (Zurufe: Bravo!) Nicht ein einziges!

Ich will für die Herren der Presse Eins hinzufügen: Es hieß gestern – heute las ich es wieder – daß meine Stellung erschüttert ist. Das kostet nichts weiter als die geringe geistige Anstrengung des Herrn, der diesen Satz ausspricht oder niederschreibt oder diktiert. Das ist die ganze Wahrheit, die dahinter steckt. Ich sprach gestern mit einem Vertreter der *Münchner Neuesten Nachrichten* am Abend. Ich schilderte ihm die Stimmung des Volkes und die Gefahr, die der Presse droht, wenn die Volksleidenschaften entfesselt werden. (Sehr gut!) Und kaum sagte ich dies, so bekam ich aus einem oberpfälzischen Ort ein Telegramm, das ich dem Herrn zeigte, ein Telegramm, das vollauf bestätigte, was ich gesagt habe. Dort hat der Arbeiter- und Soldatenrat, ergrimmt durch die Pressetreibereien, kurzen Prozeß gemacht und das dortige Blatt auf 3 Tage eingestellt. (Zurufe: Sehr gut!) Meine Herren! Sie rufen: Bravo! Ich muß sagen, daß es mir im Innersten widerstrebt, diese Leute so zu behandeln. Aber eine Grenze hat auch meine Geduld und meine Überzeugung, daß nur in vollkommener Freiheit die neue Freiheit reift, nämlich die Grenze, daß man uns nicht verhindern soll, zum Frieden zu kommen. (Rufe: Sehr richtig!) Meine Herren! Gestern hat der Ministerrat einstimmig beschlossen, daß die Presse dringend gewarnt wird vor jeden Schwindelnachrichten, die jetzt noch gegen die Entente aufreizen, vor jenen Tartarennachrichten von Truppenverschiebungen an die deutsche Grenze und dergleichen. Es ist der Wunsch ausgesprochen worden, daß die Presse – ein einstimmiger Beschluß des Ministerrats – künftig bei solchen Meldungen, die gemeingefährlich sind, wenigstens den Anstand besitzt, die Quelle anzugeben (Zurufe: Bravo!), woher sie diese Nachrichten bezieht. Meine Herren, ich weiß nicht, ob ich mich irre. Ich bin in einer glücklicheren Lage als Sie. Ich lese seit 3 Wochen keine Blätter mehr. Sie werden mir ab und zu gezeigt. Ich habe keine Zeit dazu. Dieser Preßalkoholismus, der benebelt nur die Leute, die unglücklichen Menschen, die diese Presse lesen und ich bin in der glücklichen Lage, keine Zeitung zu halten; aber, wenn ich recht unterrichtet bin, soll dieser einstimmige Beschluß des Ministerrates in keinem Blatte mitgeteilt worden sein. Hoffentlich steht das in den Abendblättern, die glauben, daß ich im Ministerrat isoliert bin und auf eigene Faust Politik treibe, [sie] haben ja da die beste Gelegenheit zu erkennen (Zuruf!), ob der Ministerrat mich desavouiert. Meine Herren! Wir sind in allen Dingen bisher einig gewesen, nur ist es ganz klar, daß diejenigen Herren im Ministerrate, die Gegner der Revolution waren, die während des Krieges eine andere Kriegs-Politik getrieben haben als wir, sich noch heute nicht recht in den neuen Geist hineinfinden können. Aber trotzdem, ich erhebe keinen Vorwurf. Meine Herren! Ich halte unter den heutigen Umständen die Wahrheit für das einzige Mittel der Besserung und deswegen habe ich gar keine Geheimnisse zu verbergen. Ich sage das, wie es ist und ich sage das, wie ich mir die Dinge denke.

Meine Herren! Ich habe mich während des Krieges nicht geirrt und ich weiß, der ich ein Spezialstudium aus dem Kriege gemacht habe, daß ich mich auch heute nicht irre. Diese Gefahr ist die eine, die den Arbeiter-, Soldaten- und Bauernräten droht, daß sie innerlich verwirrt werden, daß der Versuch gemacht wird, zu der Herstellung des bisher üblichen Parlamentarismus, an dem das Volk keinen weiteren Anteil hat, als daß es Zuschauer bleibt, ohnmächtiger Zuschauer. Diese Wiederherstellung des Parlamentarismus im alten Stile bedeutet die Ausschaltung der Organisationen der Arbeiter-, Soldaten- und Bauernräte. Das versuche ich zu verhindern, soweit ich die Kraft dazu habe und solange ich sie habe.

Dann aber, meine Herren, droht den Arbeiter-, Soldaten- und Bauernräten auch eine Gefahr von innen, aus ihren eigenen Körperschaften heraus. Nachdem gewisse Elemente, unlautere und kontrerevolutionäre Elemente gesehen haben, daß diese neuen Organisationen lebendig sind und wachsen, versuchen sie selbst, sich dieser Organisationen zu bemächtigen. (Rufe: Sehr richtig!) Seien Sie vorsichtig, schauen Sie sich die Leute an, mit denen Sie zusammenarbeiten. Es kommen allerlei merkwürdige neue Gesichter. Als ich neulich im Vollzugsausschüsse des Arbeiter- und Soldatenrats in Berlin sprach, war ich ganz erstaunt, daß in diesem ausführenden Organ einer 3 Millionen-Stadt Leute das Wort führten, die vor kurzer Zeit noch in einem ganz anderen Lager standen. (Hört! Hört!) Ich habe selbst erlebt, daß an der Spitze von Arbeiterräten Unternehmer erschienen (Lachen!), Unternehmer schlechtesten Rufes. (Hört! Hört!) Das ist die andere Gefahr, die den … (Zuruf!) Namen kann ich gleich sagen. Es erschien aus der Pfalz neulich der bekannte ehemalige Landtagsabgeordnete Abresch (Hört! Hört!), einer der interessantesten … der Pfalz. Mit diesem Herrn und dem von ihm geführten Arbeiterrat haben wir in der Regierung 2 Tage lang uns unterhalten zugunsten der Pfalz und gerade ich war es, der durchgesetzt hat, daß zugunsten der Pfalz die weitestgehende Hilfeleistung organisiert wurde. Dieser Herr Abresch schied mit Dankesworten von uns. Unmittelbar darauf hat er durch seine Presse in der Pfalz mitteilen lassen, – auch so ein interessantes Sittenbild aus der gegenwärtigen Preßmache – daß er von uns in München – nicht nur von mir, er war auch bei anderen Ministern – unter dem Eindrucke geschieden wäre, daß wir im rechtsrheinischen Bayern bereits die Pfalz aufgäben. (Hört! Hört!) Ja, meine Herren, warum denn das! Weil die Bourgeoisie in der Pfalz bereits sich anschickt, zu Frankreich überzugehen. (Sehr richtig!) (Widerspruch) Es wird gesagt: Es ist nicht wahr! Ich habe die amtlichen Berichte über diese Tätigkeit der Pfälzer Kreise, die bezirksamtlichen Berichte. (Zuruf!) Ich weiß nicht, ob Sie zu der Bourgeoisie in der Pfalz gehören. Ich denke, Sie sind Soldat! (Zuruf!) Ich berufe mich da auf amtliche Berichte, nicht der revolutionären Regierung, sondern der bisherigen Regierung, auf persönliche Rücksprache mit Vertretern der Pfalz. Die Herren der kapitalistischen Bourgeoisie in der Pfalz sagen: ‚Deutschland ist wirtschaftlich ein niedergehendes Land, dort drüben bei der Entente werden wir einen wirtschaftlichen Aufschwung erleben; also richten wir uns nach dem Geschäfte. Und wir, die wir gestern noch alldeutsch und annexionistisch begeistert waren, fangen heute an, uns auf die neuen Verhältnisse einzurichten.' Nicht die Franzosen wollen die Pfalz haben, aber gewisse Pfälzer Kreise wollen Frankreich haben (Rufe: Pfui!); und weil man das nicht direkt sagen will, deswegen lügen die Herren, daß sie von München mit dem Eindrucke weggegangen sind, daß wir auf die Pfalz bereits verzichten. (Zuruf!)

Wir verzichten nicht auf die Pfalz, unter keinen Umständen, weil gerade die Pfälzer geistig, seelisch und im Temperament den Wein in der bayerischen Bevölkerung darstellen. (Beifall!) Wir verzichten auf die Bourgeoisie, aber wir verzichten nicht auf die Pfalz. (Rufe: Sehr richtig!) Meine Herren! An diesem einzigen Beispiel habe ich Ihnen gezeigt, wie gefährlich Ihre eigene Lage ist. Herr Abresch war der Führer des Arbeiterrates in der Pfalz. Wir müssen das tiefste Mißtrauen haben, namentlich gegen diejenigen, die gestern noch gegen die Revolution waren, die gestern noch entweder in einem Lager standen, das uns vielleicht nahe ist, aber in dem doch eine ganz andere Politik betrieben wurde, als von uns, der Opposition, und vor allen Dingen müssen wir uns vor denen hüten, die die Konjunktur ausnützen und sich der Arbeiter- und Soldatenräte bemächtigen wollen. Wir hören ja auch schon, daß auch Zentrumsleute an der Spitze solcher Organisationen in Altbayern stehen. (Hört! Hört!) Die Gefahr ist deswegen sehr groß, weil eben die politische Schulung des deutschen Volkes so außerordentlich gering ist und die Gefahr ist weit größer, weil alle die gestürzten Elemente von gestern im wahrsten Sinne des Wortes um ihre Existenz zittern. (Rufe: Sehr richtig!) Und in dieser Existenzangst suchen sie sich auf alle Weise wieder aus dem Abgrund hervor, ich möchte sagen, herauszuschleichen, hervorzudrängen, an den neuen Organisationen emporzuklettern. Diese neuen revolutionären Organisationen sollen die Leiter sein. Die sollen Leitern sein, an denen die Gestürzten wieder zum Lichte der Sonne emporsteigen.

Und, dann die Gerüchte. Die Gerüchte, die von Mund zu Mund gehen und geglaubt werden. Eine Wahrheit erfordert heute vielleicht 10 Jahre, um sich durchzusetzen (Sehr richtig!), ein Schwindel geht in 5 Minuten durch die ganze Welt und wird geglaubt. (Sehr gut!) Das ist eine Form der Geisteskrankheit, die durch die Erschöpfung des Krieges heute auf den Massen ruht. Ich will Ihnen ein Experiment vorschlagen. Ich selbst will jeden Tag 10 blödsinnige Gerüchte in die Welt setzen und ich bin überzeugt, daß diese 10 blödsinnigen Gerüchte, die ich selbst fabriziere, mehr Glauben in den Massen finden, als das Vernünftigste, was ich tue. (Sehr richtig!) Wir können vielleicht das Experiment sehr bald machen. (Heiterkeit!) Mir wird eben eine Telephonnachricht zugestellt: In Illingen und Donauwörth werden Gerüchte verbreitet, daß das Leibregiment in

München die Regierung gestürzt hätte. (Heiterkeit!) Seitdem ich das sehr zweifelhafte Vergnügen habe, durch das Schicksal auf den Sessel des Ministerpräsidenten geschickt worden zu sein, werde ich Tag für Tag ermordet (Heiterkeit!) und derjenige, der hier vor Ihnen steht, ist schon längst ein zwanzigfacher Leichnam. (Heiterkeit!) Das Auswärtige Amt wird jeden Tag gestürmt, Versammlungen werden abgehalten, in denen die Kontre-Revolution von links oder rechts mobilisiert wird. Ich habe schon des öfteren gedacht, für einen armen einzelnen Menschen ist es wirklich ein Trost, daß er nur einmal gemordet werden kann. (Heiterkeit!) Sein Leichnam wird dann, wenn er noch Gefühl haben sollte, froh sein, daß er seine Ruhe hat. Aber solange ich lebendig bin, lasse ich an dem Werke, an dem ich all die Jahre gearbeitet, mitgeholfen habe, nicht tasten, weder durch den Wahnsinn von heute noch durch das Verbrechen von gestern. (Stürmischer Beifall.) Wir haben gestern im Ministerrat beschlossen, allen diesen Gerüchten nachzugehen, all den Nachrichten in der Presse nachzuforschen. (Bravo!)

Ich sage schon, ich persönlich bin entschlossen, was den Nachrichtendienst betrifft, dann auch zuzugreifen, wenn diese Treibereien weiter um sich greifen sollten.

Meine Herren! Warum nun das alles? In den ersten acht, zehn Tagen hatte die neue Regierung und namentlich meine Person eine sehr günstige Presse. Das war mir sehr unangenehm und ich hätte mich nicht gewundert, wenn die Massen mißtrauend geworden wären. Na, da ist wieder einer in die Regierung gekommen, und der macht's genau so wie die anderen, vergißt seine Vergangenheit, seine revolutionäre Überzeugung und versucht, sich dort nur in Behaglichkeit und Ruhe seines Lebens zu erfreuen. Ich glaube, solche Stimmung war in den Massen vorhanden. (Sehr richtig!)

Zum Glück schimpft die Presse wieder und nun bin ich ganz ruhig. Jetzt weiß ich, daß mich diese Presse nicht stört in dem Vertrauen der Massen. Ich bin bereit, jeden Tag an die Massen zu appellieren und ich zweifle nicht im geringsten, ob sie dem Vertrauen schenkt, der all die Jahre lang die Friedenspolitik richtig beurteilt hat, jeden Punkt richtig beurteilt hat, der, als er in dem Augenblick, da er das Verhängnis dieser deutschen Kriegspolitik durchschaute, entschlossen war, unter den ungeheuer schwierigen Zuständen der Sklaverei der letzten Jahre, der Diktatur der Generalkommandos, trotzdem sich durchzusetzen. Ich zweifle nicht im geringsten daran, wem das Vertrauen zufallen wird. Wer hetzt, wer offen hetzt – offen wird ja gar nicht gehetzt – sondern wer hinter den Kulissen intrigiert, den werden wir hervorziehen, der soll dann Aug in Aug sagen, was er will. Diese ganz erbärmliche Politik der Intrigen, der Lügen, der Treibereien im Dunklen, die wollen wir beseitigen. Wer immer Anklagen erhebt, der soll den Mut haben, offen es zu tun. (Bravo! Sehr richtig!) Wer Organisationen zu beeinflussen sucht, der soll das im vollsten Lichte der Wahrheit, der Sonne tun, aber er soll nicht nach aller Methode jene Politik treiben, die Deutschland ins Verderben gestürzt hat.

So, wie man im Juli 1914 den Krieg zusammenbraute, so denkt man auch heute daran, die Kontrerevolution zu organisieren, nicht mit Soldaten- und Maschinengewehren, sondern durch innere Aushöhlung, durch die Aussaat von Mißtrauen. Diejenigen, die feige im Hintergrund standen, die nichts erwartet haben, die vorsichtig und schleichend ihrem eigenen Vorteile nachgingen, die sind heute wieder daran, hinter den Kulissen die alten Zustände wieder einzuführen. (Sehr richtig!) Und nun will ich versuchen. Ihnen die Hintergründe der gegenwärtigen Politik in kurzen Umrissen darzustellen.

Meine Politik und die Politik meiner Kollegen in der gegenwärtigen Regierung hat sich bis zu dem Augenblick allgemeiner Zustimmung mit Ausnahme des Zentrums erfreut, bis den Herren klar wurde, daß wir nicht daran denken, im bisherigen Gleise fortzufahren. In dem Augenblick, als man erkannte, daß wir uns nicht täuschen lassen, daß wir uns nicht düpieren lassen, da schlug der Wind um. Ich ging in der vorigen Woche als Vertreter der Regierung nach Berlin, Sie wissen ja, mit meiner Tochter, im königlichen Salonwagen. (Zuruf.) Oh, ich habe noch viel mehr auf dem Gewissen. Es ist mir heute von unserem Vorsitzenden mitgeteilt worden, – wie viele Millionen habe ich unterschlagen? (Vorsitzender: Zwei Millionen.) Zwei Millionen, soviel Zahlungsmittel gibt es in München gegenwärtig gar nicht. Ich bin auch auf die Bank gegangen in der Revolutionsnacht, und mit einem Rucksack bewaffnet, habe ich die Schätze dieser Bank geleert. Ich freue mich darüber, daß die Herrschaften so wenig Phantasie haben und alle ihre eigenen Sünden und ihre eigene Politik nun auf mich übertragen. (Sehr gut!)

In Berlin bot sich mir ein überraschendes Schauspiel, etwas, was ich nicht für möglich gehalten habe, daß nun der ganze alte Regierungsapparat noch funktioniert (Hört! Hört!), vollständig unangetastet. Dieser Regierungsapparat wird dargestellt durch die Herren des Auswärtigen Amtes. Ich bin gewöhnt, schnelle Entschlüsse zu fassen, wenn es mir notwendig erscheint. Zu diesem Zwecke veröffentlichte ich aus den Geheimakten der bayerischen Gesandtschaft jenes Dokument, das nun dem Blödesten beweist, wem wir den Krieg verdanken. Zu dem Unsinn, der da durch die Presse läuft, gehört ja auch, daß wir damit der Entente irgend etwas Neues gesagt haben. Die Entente weiß das seit dem Juli 1914. (Sehr richtig!)

Denen brauchen wir keine Enthüllungen zu machen. Wir werden nächstens – die Grenzen sind ja jetzt geöffnet – dieses gesamte Anklagematerial, das in den neutralen Ländern seit 1914 in Hunderttausenden und Millionen von Exemplaren verbreitet ist, jene urkundlichen Nachweise über die deutsche Schuld in Deutschland haben. Das ist ja alles verboten worden, wie mir zum Beispiel meine Schriftstellerei verboten wurde, von einzelnen Generalkommandos, nicht diejenige, die bloß schon da war, sondern auch alles das, was ich schreiben würde, ist mir ja verboten worden. So viel Vertrauen hatte man zur Macht der Wahrheit. Die Entente braucht nicht aufgeklärt zu werden, aber das deutsche Volk muß endlich wissen, wem es diese 4 ½ Jahre, wem es diesen Zusammenbruch verdankt. Im Auswärtigen Amte herrschte bleicher Schrecken wegen dieser Veröffentlichungen. (Zuruf: Bei wem?) Bei allen. Im Auswärtigen Amte sitzen eben noch alle alten Herren des alten Regimes. (Zuruf: Und in München!) Sie haben die Verbindung mit der gesamten Presse in Deutschland und im neutralen Auslande. Die Pressekonferenzen, jene Herde der Korruption und der Verblödung Deutschlands, blühen noch munter weiter. (Hört! Hört!) Dort wird noch öffentliche Meinung gemacht.

In dieser Sitzung der Vertreter der deutschen Republik forderte ich unter allgemeiner Zustimmung ohne Widerspruch, daß die durch jene Veröffentlichung nun bloßgestellten Männer, wie Zimmermann und Herr von Jagow, sofort verhaftet würden. (Bravo!)

Seitdem gehen die Pressetreibereien gegen mich los. Ich nehme es ihnen gar nicht übel, die Leute wünschen lieber, daß ich untergehe als sie, das ist Selbsterhaltungstrieb. Aber ich bin ganz sicher, es handelt sich nur noch um eine Gnadenfrist für jene Elemente.

Wenn das Berliner Volk erwacht, dann weh ihnen! Nun liegen die Dinge in Berlin so: Dieses arme Berliner Volk ist durch die Arbeit der Kriegsjahre, durch die Lebensmittelnot und die schlechte Ernährung so erschöpft, von den breiten Massen bis zu den Führern hinauf, daß ihnen jene Entschlußkraft fehlt, die hier noch in Bayern lebt, weil hier die Verhältnisse nicht ganz so ungünstig sind. Es ist im besten Sinne des Wortes eine physische Erschöpfung dort im Norden eingetreten und alles, was wir bedauern, daß es dort so ist, ist wesentlich auf diese körperliche Entkräftung zurückzuführen.

Das Auswärtige Amt in Berlin unterhält noch die Beziehungen zu seinen Agenten im Haag, in der Schweiz, in Kopenhagen. Von dort aus werden noch die Fäden der deutschen Presse gesponnen. Sie, die keine Berufspolitiker sind, wissen, daß immer eine der grauenhaftesten Erscheinungen in der Bearbeitung der öffentlichen Meinung schon vor dem Kriege in Deutschland war, daß in der auswärtigen Politik überhaupt keine Selbständigkeit der Presse existierte, sondern daß die gesamte Presse das schrieb, was von Berlin aus diktiert wurde. Nur so wurde die Überraschung vom 1. und 4. August möglich. Dieser ganze Apparat funktioniert heute noch. Die „Münchner Post" brachte neulich aus der Feder eines Schweizers die Mitteilung, daß in Bern, in der dortigen deutschen Gesandtschaft noch 1200 Presseagenten ihre Tätigkeit ausüben (Hört!), Presseagenten des alten Systems. Auch diese Herren fürchten sich, brotlos zu werden und machen sich heute noch nützlich, indem sie all die Tartarennachrichten fabrizieren, die heute durch die Presse laufen.

Ich habe den Herren des alten Systems gesagt, Ihr seid ohnmächtig, Frieden zu schließen, Waffenstillstandsverhandlungen zu führen. Herr Erzberger, derselbe Herr Erzberger, der vor dem Kriege aufgefordert hat, unmittelbar in den kriegerischen Tagen, daß sozialistische Protestler gegen den Krieg, ich weiß nicht, erschossen oder lebenslänglich in das Zuchthaus eingesperrt werden sollen (Hört!), der dann alldeutsch war, der dann, als er merkte, daß das alldeutsche Geschäft brüchig wird, mit großer Behendigkeit seinen Übergang in jenes Lager vollzog, wo der sogenannte Verständigungsfriede gepredigt wurde, Herr Erzberger regiert heute noch die öffentliche Meinung in Deutschland. Ich habe ihm gesagt – ich hatte das Glück, so nahe am Tische Herrn Erzberger gegenüber zu sitzen, wie ich heute meinem Kollegen Roßhaupter gegenübersitze – Aug in Auge: Herr Erzberger – er beklagte sich darüber, daß General Foch nicht mit ihm verhandle –, wie können Sie, der die ganze Weltkorruption organisiert hat, der mit ungezählten Millionen sich die Journalisten des In- und Auslandes gegen die Entente gekauft hat, den Mut haben, verhandeln zu wollen (Hört!), über Waffenstillstand und Frieden verhandeln zu wollen. Darauf versuchte er, abzuleugnen. Ich habe auch im Jahre 1912 bei der Wahlbewegung im Aufträge des damaligen Landessekretärs der Partei, des Herrn Auer, eine Broschüre geschrieben, die hieß: *Der Erzlügenberger*. Das war damals schon Herr Erzberger und das ist er geblieben und als er versuchte, sich herauszuschwindeln, da machte ich die Bemerkung: Herr Erzberger! Ich besitze die bayerischen Akten und in diesen Akten finden sich auch einige interessante Mitteilungen über Sie. Da senkte er seinen Kopf, wurde rot und schwieg. (Hört!)

Ich appelliere an Sie: Können wir erwarten, daß solche Männer bei der Entente Vertrauen finden? Es ist ja eine Verwegenheit, ein Irrsinn, solche Leute in das feindliche Lager zu schicken. Stellen Sie sich nur vor, es wäre umgekehrt, würden wir mit solchen Leuten verhandeln? Nun haben wir ja allerdings in Berlin auch eine revolutionäre Regierung, aber diese hat nichts zu sagen. Im Auswärtigen Amt sitzt Karl Kautsky, ein Mann, der in der Internationale, in der ganzen Welt, in den Arbeitermassen das größte Vertrauen genießt. Aber Herr Solf, der Chef des Auswärtigen Amtes, erläßt seine Entschließungen, seine Proteste und Kundgebungen ohne Karl Kautsky, den Beauftragten der Revolution, dem Vertrauensmanne der Sozialdemokratie, davon Mitteilung zu machen. (Hört!)

Karl Kautsky hat sich öffentlich darüber beschwert, aber die Beschwerde nützt nichts. Es nützt nur Beseitigung, Ausräucherung des Auswärtigen Amtes. (Sehr richtig!)

Solange dieses Auswärtige Amt noch nicht ausgeräuchert ist, solange werden die Pressetreibereien weitergehen. Die Herren kämpfen nicht nur um ihr Amt, sondern sie fürchten jetzt für ihre Freiheit und ihr Leben. Wehe, an dem Tage, an dem in Deutschland ein Staatsgerichtshof eingesetzt wird, der über die Schuldigen das Urteil spricht. Dann werden wir manche Überraschungen erleben.

Ich sage, die Herren, die um ihr nacktes Leben kämpfen, die gehen nicht freiwillig und so müssen sie gezwungen werden. Ich habe Ihnen ein Sittenbild aus der gegenwärtigen Politik gezeichnet. Sie selbst werden, auch wenn Sie nicht politisch geschult sind, sagen: Das ist doch wirklich unmöglich, daß die Herren, die die ganze bisherige Kriegspolitik geführt haben, und verantwortlich sind für ihren Zusammenbruch, gegenwärtig noch die Politik leiten. (Gandorfer: Sehr richtig!)

Das ist doch ein unmöglicher Zustand, und wenn sie nicht ein so schlechtes Gewissen hätten, wenn sie nicht fürchten müßten, daß an dem Tage, an dem im Auswärtigen Amt in Berlin ein neuer Geist einzieht, die Schuldigen massenhaft entlarvt werden (Sehr richtig!), wenn die Korruptionsmillionen des Auswärtigen Amts nicht mehr zur Verfügung stehen (Zuruf: Krupps Millionen!), dann beginnt die neue Zeit, dann sinken in dieser neuen Zeit die Gespenster der Vergangenheit in nichts zusammen.

Meine Herren! Es ist sehr schwer, solch einen Kampf als Einzelner zu führen; aber haben Sie noch Geduld, ein paar Wochen vielleicht, dann haben wir gesiegt, dann ist die Revolution nicht nur gesichert, sondern dann haben wir auch Frieden. (Gandorfer: Bravo!) Schenken Sie in diesem Fall meinen Worten Vertrauen. (Zuruf: Beweise!) Das werde ich Ihnen noch, soweit das möglich ist, sagen. Es wird „Beweise" gerufen, was ist das für eine Forderung? Ich kann nicht beweisen, was die Zukunft bringt, ich kann nur beweisen, was die Vergangenheit gebracht hat. (Sehr richtig!) Die Beweise zu führen, bin ich vor jedem Gerichtshofe, vor jeder Instanz der Welt bereit. (Sehr gut!) Zwei Tage vor der Revolution, als die Massen aus einer Wahlversammlung in München nächtlich auf die Theresienwiese geströmt waren und diese tausend Ungeduldigen nach einer Tat verlangten und darauf drängten, noch in jener Nacht nach München zu ziehen und dort die Revolution zu entfesseln, rief ich Ihnen zu: Wartet noch! Ich verbürge meinen Kopf, daß in 48 Stunden München aufsteht. Dieses Versprechen habe ich auf die Stunde genau eingelöst (Bravo!), mit der Uhr in der Hand beinahe. Wenn man am selben Vormittage, an dem nur ein paar Arbeiter und Soldaten ins Vertrauen gezogen waren, wenn ich da den Leuten das gesagt hätte, daß in wenig Stunden die achthundertjährige Wittelsbacher Herrschaft für immer erledigt sei, eine bayerische Republik ausgerufen werde, sie hätten mich sofort ins Irrenhaus sperren lassen. (Sehr gut!) Aber diese selben Herren, die an nichts geglaubt hatten, die wir während des ganzen Krieges im Kampf um die Freiheit und die

Ideale im Rücken hatten, dieselben Herren beanspruchen noch heute, nachdem wir gesiegt haben, daß ihr Wort nun gilt, daß ihre Interessen nach wie vor vertreten werden. (Sehr richtig!) (Zuruf: Bischof von Eichstätt!) Meine Herren! Nun frage ich, – das geben Sie mir zu, ohne jede Ausnahme, das weiß ich: Nach der Revolution dürfen nicht die Männer des alten Systems mehr regieren, sonst werden wir die Revolution wieder rückgängig machen –: Wollen wir Wilhelm II., Rupprecht und Ludwig III. wieder herrufen? Was ist nun der einzige Grund, den man anführt, warum die Herren des Auswärtigen Amts noch weiter im Amte sind und weiter ihre unheilvolle Tätigkeit ausüben? Der Grund, den die Mehrheitssozialisten in der Regierung angeben, ist, daß man auf ihre Tätigkeit nicht verzichten kann, weil sie die fachmännischen Kenntnisse haben, die den neuen Herren abgehen. (Heiterkeit.) Ich kenne nun auch jetzt die Diplomaten, nicht von außen wie früher, sondern ich kenne sie von innen. Meine Herren! Ich bin bereit, aus jedem von Ihnen einen Staatssekretär des Auswärtigen Amtes zu machen und in 24 Stunden erledigt er diese Geschäfte, die rein technischen Geschäfte besser als die Vorgänger. (Zustimmung und Widerspruch.) Es scheinen einige der Herren, die hier sind, noch sehr abergläubische und sehr mystische Vorstellungen (Zuruf: Rückständige!) zu haben, von den Leistungen, die dort vollbracht worden sind. (Sehr richtig!) Die Diplomaten, die uns den Weltkrieg herbeigeführt haben, die können wir alle Tage haben; dazu gehört gar nichts; aber aus dem Weltkriege herauszukommen, das erfordert Mut, Geist, Wissen, ist Entschlossenheit. (Bravo!) Die Diplomatie ist in Deutschland eine Sinekure[16] für Leute gewesen, die möglichst wenig arbeiten wollten. (Sehr richtig!) Und wenn nichts herauskommt aus dieser revolutionären Ära, durch die wir gehen, das haben wir nun schon gesehen, das haben wir gelernt und das können wir beweisen. Ein einziges Beispiel: Dieser Herr Solf, der gewissen Leuten unentbehrlich scheint, um die Auswärtige Politik zu leiten, weil er ein Fachmann ist, dieser Herr Solf will günstigere Bedingungen von der Entente erhalten und er richtet sich mit seinem Gesuche nicht an die Völker, nicht an die Regierungen der Entente, sondern nur an den Präsidenten Wilson, das

---

[16] [lat. *sine cura animarum*: „ohne Sorge für die Seelen" = Amt, das mit Einkünften, aber nicht mit Amtspflichten verbunden ist.]

heißt, in dem Augenblicke, wo er auf die Freundschaft, auf das Entgegenkommen der bisher feindlichen Mächte angewiesen ist, beleidigt er alle Mächte, indem er sein Vertrauen nur auf einen Mann setzt. (Sehr wahr!) Ich habe ihm auch Aug in Aug das gesagt, und er wußte nicht einmal die schüchternste Entgegnung auf diesen Vorhalt von mir zu antworten. (Hört! Hört!) Ich sagte: Ich bin kein Diplomat, ich werde nie einer sein und ich will nie einer sein, aber so unfähig bin ich doch nicht, daß ich in einer solchen Situation die Empfindlichkeiten meiner Gegner in dieser stumpfsinnigen Weise reizen will. (Bravo!) Das ist der Mann, auf dessen Fähigkeiten wir nicht verzichten können. Als Herr Solf sein Referat erstattete, da herrschte allgemeines Erstaunen im Kongreßsaal des Reichskanzlerpalais in Berlin. Das hätte er vor vier Jahren auch erstatten können. Ein zusammengelesenes Zeitungsstimmungsbild bildete den Inhalt der Schilderung über die Lage. Die Herren haben den Krieg gemacht. Die Herren sind schuldig an der Weiterführung des Krieges. Die Herren haben sich die ganze Zeit den Diktaten des größenwahnsinnigen Militarismus gefügt. Auf diesen Herren lastet die Blutschuld der ganzen Jahre (Sehr richtig!), gleichgültig, ob es sich um Annexionisten handelt oder um sogenannte Verständigungspolitiker, denn sie saßen alle auf demselben Boden. Sie haben alle die gleiche Politik getrieben, nur über das Maß ihrer Ansprüche herrschte Zweifel und Meinungsverschiedenheit, und nun befindet sich Deutschland in der Lage, daß, wenn wir nicht zum Frieden kommen, wir zugrunde gehen müssen. (Sehr richtig!) Nun appelliere ich an Ihren gesunden Menschenverstand, wie immer Sie denken mögen über die Politik und über den Charakter der feindlichen Regierungen. Eines werden Sie mir zugeben müssen, wir haben nur noch einen Weg der Rettung, daß wir uns mit ihnen so rasch wie möglich verständigen. (Sehr richtig!) Das Weitere werden Sie mir zugeben müssen – ich rede noch gar nicht von meiner persönlichen Auffassung über die Entente und ihre Politik – sie mag so schlimm sein, so verdächtig sein wie irgend möglich, aber darüber müssen wir uns klar sein, daß rein menschliche Führer der Entente und die Völker nicht verhandeln wollen mit den Männern, die mit der Vergangenheit belastet sind. Das ist ausgeschlossen. Das sind die Forderungen, die die Entente erhebt. (Zuruf: Was sind das alles für Männer?) Alle Leute, die im Auswärtigen Amt gegenwärtig sitzen, mit Ausnahme der Vertreter der Sozialdemokratie, alle Diplomaten, die gesamten Unterhändler dieser Herren, ob sie in der Waffenstillstandskommission sitzen oder wo anders. (Zuruf: Wie hängt das mit Scheidemann und David zusammen?) Ja, Scheidemann, ich habe schon gesagt, ich habe vorgestern schon gesagt, Herr Scheidemann hat seine größten Vorzüge und er ist an jedem anderen Platz der geeignete Mann. Er darf aber nicht an der hervorragenden Stelle sitzen, die berufen ist, die Friedensverhandlungen zu führen. (Sehr richtig!) Und Dr. David, der jetzt im Auswärtigen Amt sitzt, wäre ein ausgezeichneter Kultusminister in Preußen, und ich bin der letzte, seine persönlichen Fähigkeiten zu vermindern, ich will auch nicht seinen Charakter verdächtigen, aber er ist geradezu der schwarze Mann bei der Entente. (Sehr richtig!) Von ihm stammen alle diese Publikationen, diese Regierungspublikationen, die die Unschuld Deutschlands bewiesen haben, und das ist es, was die Entente aufs Blut erbittert. Stellen Sie sich doch einmal vor, in welcher Lage namentlich Frankreich ist. (Sehr richtig!) Das Land verwüstet durch die Methoden der deutschen Kriegsführung, die bis in die letzten Augenblicke nach meinen Nachrichten weitergeführt worden sind, im Innersten erregt. Ja, meine Herren, und da sollen Sie verhandeln mit Männern, die das überfallene Volk noch verdächtigen, daß es der Schuldige gewesen ist. (Sehr gut!) Ich glaube, man braucht nur 5 Gramm Hirn zu haben, um zu erkennen, welch frevelhaftes Spiel mit der Zukunft des deutschen Volkes getrieben wird, wenn deutsche Männer weiter an der Stelle sitzen, wo sie das größte Unheil anrichten können. (Zuruf!) Ja, die an der Front waren und in den Kasernen, die können natürlich das nicht wissen, das begreife ich vollkommen. Aber das kleine Häuflein, das während des Krieges sich mit aller Todesverachtung gegen diesen allgemeinen deutschen Wahnsinn stellte, wir wissen es. Das gesamte neutrale Ausland weiß es, alle Welt weiß es, alles ist gefälscht. (Zuruf!) Ja, wir haben keinen Einfluß auf das Ausland, aber wir haben Einfluß auf das Inland. (Lebhafter Beifall!) Wenn einmal das gesamte Aktenmaterial veröffentlicht wird, und die Publikationen im neutralen Ausland erschienen sind, dann glaube ich, überlebt diesen Tag keiner. Dann werden alle Journalisten, alle Professoren und alle Agenten von Krupp-Bohlen, der für diese Aussaat der Lüge Millionen ausgegeben hat, zur Verantwortung gezogen werden. (Lebhafter Beifall!) Ich nehme es keinem übel, der viereinhalb Jahre hindurch die *Kölner Volkszeitung*, die *Münchner Neuesten Nachrichten*, die *Münchner Zeitung* oder selbst das *Berliner Tagblatt* gelesen hat, wenn ihm wirr im Kopfe ist. (Sehr richtig!) Aber die Tatsache steht fest, daß unter der Zensur meine Schriften – sie werden demnächst im Buchhandel erscheinen –, die ich während des Krieges geschrieben habe, seit dem Herbst 1914 nicht erscheinen konnten. Doch ich will nicht immer Polemik treiben. Sie mögen über die Entente denken, was Sie wollen. Sie mögen sie für mitschuldig halten, genau so wie ich sie für nicht schuldig halte, nicht einmal für mitschuldig. Wie gesagt, Sie mögen denken, wie Sie wollen, jedenfalls müssen Sie zugeben, ohne die Entente können wir jetzt nicht weiterleben. (Sehr richtig!) Darum müssen wir neue Wege suchen, das ist meine auswärtige Politik, die ich mit aller Kraft und Rücksichtslosigkeit durchsetzen werde und die ich erst dann aufgeben werde, wenn sie gescheitert ist, was ich aber nicht annehme oder erwarte. Was wir brauchen, ist folgendes: Wir brauchen eine revolutionäre Regierung in Berlin, eine tatkräftige Regierung. Das ist das eine, aber wenn wir diese tatkräftigen Männer in Berlin hätten, dann lebte Solf und von dem Busche und wie sie alle heißen im Auswärtigen Amt, heute nicht mehr, sie wären alle verschwunden. Nur weil die Männer *nicht da* sind, die so stark die Zügel in der Hand halten, ist es möglich, daß die Herrschaften noch leben. Damit ich es nicht vergesse, wir haben Telegraphen, Telephone und Funkenstationen. In allen diesen, auch in den Einzelstaaten, sitzen noch Männer des alten Systems. Sie sind nicht überall so ausgeschaltet wie im Auswärtigen Amt am Promenadeplatz. Die Leute korrespondieren miteinander, und so wird gegenseitig der Ball zugeworfen, und aus dieser Quelle stammen alle diese beunruhigenden Nachrichten, die uns gegenwärtig verwirren. Ich habe vorgestern – weil es sehr wichtig ist, will ich es wiederholen, einige von Ihnen werden es ja gehört haben – gesagt, daß ich vor einigen Tagen eine Note gegen die Kundgebung Hindenburgs veröffentlicht habe. Diese Note war nicht gegen die Person und gegen den Militär Hindenburg gerichtet, sondern gegen die Politik, die unter seinem Namen getrieben wird. Vorgestern wurde ich aus dem Hauptquartier antelephoniert. Unter dem Namen Hindenburgs sprach mir der bayerische Bevollmächtigte – ich glaube, es war General Köberle – sein Bedauern aus, – ich spreche das wieder ganz öffentlich, weil es für mich gegenwärtig kein Geheimnis gibt –, daß durch meine Veröffentlichung der alte Herr im Hauptquartier außerordentlich gekränkt worden sei, und die Kränkung sei unverdient, weil dieser Erlaß von Hindenburg, der erbitternd auf die Entente wirken mußte, weil er sich mit allen möglichen Protesten gegen die Entente wendet, im Einverständnisse mit der Regierung ergangen sei. (Rufe: Hört! Hört!) Ich wußte natürlich sofort, woran ich war, und das war auch der Zweck meiner Note, wieder einmal die Ratten aus den Löchern herauszulocken. Ich sagte: Wer ist die Reichsregierung? Reichsregierung kenne ich gar nicht. Mit wem haben Sie Einverständnis gehabt? Natürlich wurde telephoniert: Es war das Auswärtige Amt in Berlin. Die Herren, die ich bekämpfe! Ich sagte: Also, das Auswärtige Amt hat Ihnen das diktiert? Man wollte das nicht zugeben, aber man gab zu, daß es auf Veranlassung des Auswärtigen Amtes geschehen ist. (Rufe: Hört! Hört!) Darauf bat ich den General, dem Generalfeldmarschall in meinem Namen zu erklären: Ich bedaure sehr, wenn ich ihn gekränkt habe, aber ich bedaure noch mehr, daß sich der Militär Hindenburg abermals zum Opfer politischer Intrigen aus Berlin hergegeben hat. (Beifall!) (Rufe: Sehr gut!) Und General Köberle schloß die telephonische Unterhaltung mit dem Versprechen, man werde im Hauptquartier, das, glaube ich, vorgestern noch in Kassel war, noch vorsichtiger als bisher in allen politischen Fragen verfahren. (Rufe: Hört! Hört!) Hier war einmal die Quelle einer solchen beunruhigenden Nachricht aufgedeckt, und der Vertreter des Hauptquartiers hat mir sofort durch das Gelöbnis für die Zukunft indirekt zugestanden, daß man ohne politischen Vorbedacht diese Nachricht veröffentlicht hat.

Meine Herren! Ich will Ihnen jetzt die anderen Nachrichten, die alle aus irgendwelchen Quellen stammen, die irgendwie nach Berlin zurückführen oder von Agenten ausgehen, mitteilen. Gestern wurde mir von den *Münchner Neuesten Nachrichten* gemeldet, daß Herr Clemenceau beabsichtige, bayerisches Gebiet der tschechischen Republik einzuverleiben. Die Folge war natürlich, daß in ganz Niederbayern und der Oberpfalz eine große Beunruhigung entstanden ist. Ich habe auch so hier wieder kein Geheimnis zu bewahren oder für mich zu behalten. Ich habe gestern mit einem Vertreter der *Münchner Neuesten Nachrichten* gesprochen und ihn gefragt: Woher haben Sie die Nachricht? Er berief sich auf das Redaktionsgeheimnis. (Zuruf!) Das Redaktionsgeheimnis hat seine Grenzen in dem Augenblicke, wo das Schicksal Deutschlands auf dem Spiele steht. (Lebhafter Beifall und Händeklatschen!)

Meine Herren! Wir stehen mit der tschechischen Republik seit Beginn der Revolution in freundschaftlicher Beziehung. (Zurufe: Bravo!) Wir haben einen Vertreter in Prag. Alle militärischen Nachrichten über die Wirtschaft im Egerlande sind erlogen. Ich weiß nicht, ob ich das Ergebnis unseres Gespräches hier mitteilen soll. Es wurde mir zuerst gesagt, diese Nachricht stammt aus Bern oder aus Basel, jedenfalls aus der Schweiz. Daher stammen nämlich alle diese Nachrichten. Bern und Basel sind mir ein anderer Name für Berlin. Außerdem: Auch wenn sie aus Bern kommen – (Zuruf: Sehr richtig!) ja. Sie wissen nichts vom Presseleben! Wissen Sie, wie die öffentliche Meinung draußen zustande kommt? Das kann ich Ihnen sagen, auch vor dem Kriege. Wenn ein Reichskanzler im Reichstag eine Rede hält, so wird aus Berlin von dem Vertreter des Reichskanzleramts nach Wien mitgeteilt, was Wien denkt über diese Reichskanzlerrede, und dann wird aus Wien das wieder zurückgemeldet nach Berlin als Stimmung des Auslands. (Zurufe: Hört!) So war es schon *vor* dem Kriege, und Sie können sich denken, wie es während des Krieges war. Es wurde mir dann versichert, daß der Herr, der Gewährsmann, der mir näherstände als den Alldeutschen – ungefähr so etwas wurde behauptet –, diese Nachricht von einem ausgezeichnet eingeweihten Mann aus der Schweiz bekommen hätte, und schließlich nach langem Gespräche stellte sich folgendes heraus: Diese Nachricht stammt nicht aus der Schweiz, sondern sie stammt aus München (Zurufe: Hört!), und dieser Gewährsmann hat es nur aus der Schweiz gehört. (Hört! Hört!) Dann stand in der Presse: „Wir fordern hier die Regierung, das Auswärtige Amt, auf, sich über diese Frage zu äußern." Die Herren Journalisten haben früher während des Krieges es nicht gewagt, nur ein Wort dieser Art zu veröffentlichen, ohne die Zensur zu befragen. Warum fragen sie uns nicht vorher, ehe sie einen solchen Unsinn veröffentlichen, wie wir dazu denken? (Sehr gut! Bravo!) Warum fragen sie uns öffentlich? Weil sie eben mitspielen in dieser besinnungslosen Treiberei. (Bravo!) Nun zum Schlusse, ich komme nochmals darauf zurück: Sie müssen mir eines zugeben. Wir brauchen das Vertrauen der Entente. Wir haben noch wenige Monate Lebensmittel. Diese Lebensmittel hören ganz auf, vielleicht Ende März, und bis dahin sind wir auf Rationen angewiesen, die einen langsamen Hungertod bedeuten. Es ist uns in Berlin amtliches Material mitgeteilt worden. Daraus geht hervor, daß die frühere Regierung ohne jegliche Unterlage die Brotration erhöht hat, nur um Stimmung im Lande zu machen. So wurde bis zur Revolution regiert, ganz ins Blaue hinein, abenteuerliche Bankerottpolitik im Innern, wie im Äußern, wie im Militärischen. (Sehr richtig!) Wir haben keine Rohstoffe, wir haben keine Kohlen, wir haben keine Baumwolle. Wir können doch unmöglich die wenigen Rohprodukte, die wir haben, jetzt noch für die Herstellung von Munition vergeuden. Wir sind in einer Gefahr der Arbeitslosigkeit.

Und nun bitte ich Sie wirklich und beschwöre Sie: helfen Sie uns doch, daß wir wenigstens den Versuch machen, zu irgendeinem Ergebnis mit der Entente zu kommen! (Bravo!) Ich bin weit davon entfernt, die Entente anzuwinseln, anzubetteln. Ich würde bis aufs Äußerste jeder Forderung widerstreben, die uns demütigt und uns zugrunde richtet. Aber auch in der Entente wollen die Völker Frieden, auch dort wollen die Soldaten nach der Heimat, auch dort will man zu neuen Zuständen kommen, wie bei uns. Und das ist das gemeinsame Interesse der Völker. Darin besteht kein Gegensatz und diese Erkenntnis muß die Grundlage sein für den Aufbau der neuen Welt, der beginnen muß mit der wirklichen, ehrlichen, aufrichtigen Verständigung, mit der Entente. Und wenn nun die Presse diese Versuche fortsetzt, die bereits unternommen sind und von denen ich erwarte, daß sie zum Ziele führen; wenn nun die Presse solche Schwindelnachrichten verbreitet, solche Hetzereien gegen die Entente verbreitet, so geschieht das nur zu dem Zwecke, damit die öffentliche Meinung von den Schuldigen in Deutschland abgeleitet, scharf gemacht wird auf den Feind. Geschieht das aus diesem ganz durchsichtigen Grunde, dann soll man uns nicht verhindern, diesen einzigen Weg der Rettung noch zu beschreiben. Denn die Presse, die genau so politisch unerzogen ist wie das Publikum in Deutschland, die – und das ist ja der Erfolg der Presse, daß sie genau auf dem Niveau des Publikums steht – führt in politischer Hinsicht nicht, sondern wird geführt, namentlich in Fragen der Auswärtigen Politik. Wie viele Fachmänner gibt es denn in Deutschland, die bisher mit auswärtiger Politik sich beschäftigten? Ich gehöre zu den wenigen, die seit jeher sie sich zu ihrem Studium erwählten. Ich sage, wenn nun diese Vertreter der öffentlichen Meinung ein bißchen Verstand hätten und ein bißchen guten Willen hätten, dann müssen sie doch eins zu vermeiden suchen, den Eindruck nämlich, als ob hier in Bayern auch alles durcheinander wäre, als ob man auch hier nur darauf wartete, eine neue Regierung einzusetzen, eine Nationalversammlung zu wählen und alles, was bisher geschaffen ist, wieder aufzulösen. Dann muß doch in der Entente der Eindruck entstehen, es ist überhaupt in Deutschland niemand mehr verhandlungsfähig. Auch nicht die Männer, die das Vertrauen der Entente genießen in moralischer Hinsicht. Meine Herren! Ich möchte wirklich, nachdem meine Pläne sehr heftig durch die Vertreter der öffentlichen Meinung geschädigt wurden, an Sie den Appell richten: Ich stehe Ihnen auch jetzt noch trotz meiner Verachtung der bisherigen Preßtreibereien in vollständiger Aufrichtigkeit zur Verfügung, wenn Sie mit mir gemeinsam arbeiten wollen, die neuen Wege zu finden. (Bravo!) Ich eile zum Schlusse. Ich möchte hernach noch eine militärische Angelegenheit mit Ihnen erörtern, weil sie mir sehr wichtig erscheint für die zukünftige Entwicklung der Dinge. Meine Herren! Das ist mein Wunsch, den ich an die Presse habe. Sie soll zur Einsicht kommen, daß mit Protesten, mit Schwindelnachrichten, mit solchen Tartarenmeldungen das Gegenteil von dem erreicht wird, was sie ja doch auch selbst erreichen wollen. Sie wissen selbst nicht, was sie tun. (Zuruf!) Man verbreitet Nachrichten, alles geht durcheinander, einmal wird behauptet, auch ich wäre für die sofortige Einberufung der Nationalversammlung eingetreten. Damit wollte man meinen Namen mißbrauchen, um gegen die angebliche Diktatur der Arbeiter-, Soldaten- und Bauernräte Sturm zu laufen. Nachdem ich das widerlegt habe, daß das nicht wahr ist, behauptet man nun, ich sei überhaupt Gegner der Nationalversammlung. So gehts von einem Tag zum andern. Man ruft mich auf, die Selbständigkeit Bayerns zu wahren gegenüber Berlin. Ich tue es und am nächsten Tage beschimpft man mich, weil ich Bayern loslösen möchte vom Reiche. Alles aus den Fingern gesogen! Meine Haltung hinsichtlich des Verhältnisses von Bayern zum Reiche ist ganz klar, nie geändert. Ich bin gegen den Zentralismus in der auswärtigen Politik, in der inneren Politik, in der Parteipolitik, so lange ich lebe. Ich will die innere Kraft der Glieder, ob es sich nun um ein Parteiwesen handelt, ob es sich um einen Staat handelt – das ist dasselbe. Ich bin in der Sozialdemokratie stets ein Gegner der Berliner Diktatur gewesen. Obwohl ich in Berlin als leitender Redakteur des „Vorwärts" sieben Jahre gearbeitet habe, bin ich auch dort immer ein Gegner dieses Zentralismus gewesen. So bin ich es auch hier, ich sehe die Erneuerung Deutschlands in der Kraftentfaltung der Glieder, aber nicht in der Lostrennung der Glieder. (Bravo!) Das ist so deutlich gesprochen, daß es auch der Dümmste versteht und ich habe weiter hinzugefügt, wenn Berlin weder wirtschaftlich, noch militärisch gegenwärtig aktionsfähig ist, – fragen Sie einmal hier in den Kreisen der Industrie und des Handels, wie diese über die wirtschaftliche Aktionsfähigkeit Berlins denken, fragen Sie die Herren, die sich mit dem Austausch der Produkte zwischen den einzelnen Staaten und Berlin beschäftigt haben, in welcher Weise während des Krieges Süddeutschland benachteiligt worden ist zugunsten der Herren, die unmittelbar in Berlin an der Krippe saßen (Sehr richtig!) – so will ich dagegen ankämpfen und ich will die Kraft und Selbständigkeit der einzelnen Staaten sichern. Ich fügte hinzu, wenn Berlin nicht genau so wie Bayern – Bayern ist ein kraftvolles Land – trotz der Presse und trotz der einzelnen Manöver und der Gerüchte – (ich habe ja nicht einmal mehr einen Namen, man hat, oder irgend ein Irrsinniger hat ja aufgebracht, ich weiß nicht wer, daß ich einen viel schöneren Vornamen habe, nicht den kurzen Kurt, ich soll Salomon heißen. (Heiterkeit!) Sie zwingen mich, demnächst meine Biographie zu veröffentlichen und Sie werden ihre blauen Wunder erleben, was der Salomon Koschnowsky oder wie er heißt, eigentlich ist.) (Heiterkeit!) Ich sage, wenn Berlin seine Aktionsfähigkeit nicht bald wieder gewinnt, wenn dort die Kraft des alten Systems noch mit dem neuen tobt, und der Kampf nicht zu einem Ergebnis führt, was sollen wir dann in Bayern machen? Dann müssen wir doch zunächst versuchen, uns selbst zu helfen (Bravo!) und nicht uns loslösen, sondern im Interesse des Ganzen zu handeln. (Bravo!) Darum bitte ich Sie, folgen Sie uns auf diesem Wege. Es ist ja ein Unglück, aber es ist nicht zu ändern. Ich selbst bin ein Preuße – nicht zu ändern – aber weil ich ein Preuße bin, und weil ich ein Historiker des Preußentums bin, und weil ich ein alter Hasser dieses alten Systems des Preußentums bin, führe ich diesen Kampf. Ich kenne Berliner Politik besser als das allzu gutmütige Süddeutschland. Aber ich kann auch die Herren beruhigen, die mich noch immer für einen Preußen halten, ich bin seit mehr als einem Jahrzehnt ein Bayer, ein naturalisierter Bayer. (Hört! Hört! Bravo!) Das ist meine Auffassung von den Dingen, daß der deutsche Süden, besonders Bayern, seine wirtschaftliche und politische Kraft regeln muß, um dafür einzutreten, daß nicht ganz Deutschland zerfällt und zersetzt wird. (Bravo!) Das verstehe ich unter nationaler Politik gegenwärtig und trotz der Pressetreibereien hat die bayerische Politik der revolutionären Regierung seit kurzer Zeit Ansehen gewonnen. Gestern ist mir durch einen Funkspruch aus Lyon bestätigt worden, daß meine Veröffentlichung und Kundgebung gegen Berlin genau die Wirkung gehabt hat, die ich vorausgesehen habe. (Bravo! Lebhafter Beifall! Ruf: Wer war das in Lyon?) Das ist die „Agence Havas", das offizielle Organ der gegenwärtigen Regierung in Frankreich, genau wie das Wolffbureau. Ich wollte nur wünschen, daß die Presse diesen Funkspruch in aller Ausführlichkeit mitteilt, damit die deutsche öffentliche Meinung erkennt, daß das, was ich damit erreichen wollte, Vertrauen zu finden, daß das, was wir wollen, ehrlich gemeint ist und nicht in dem alten Unheil der Tücke, Lüge, des hinterlistigen Hintergehens gearbeitet wird, sondern daß wir ganz offen und ehrlich sagen, was wir wollen, in welcher Notlage wir sind, daß wir uns aber trotzdem nicht beugen, – und das habe ich auch den Vertretern der Auswärtigen Politik gesagt, – und den Wert und die Würde hat, gleichberechtigt bei den Verhandlungen ein beratender Faktor zu sein. (Stürmischer Beifall!) Ich war es, der vor wenigen Tagen dem Vertreter des größten Pariser Blattes, des Temps, der bei mir war, folgendes gesagt hat: Ihr habt eine falsche Meinung vom deutschen Volke, wir sind nicht die Sklaven, die Ihr glaubt. In keinem Lande der Welt haben die Massen sich so mit persönlicher Aufopferung gestemmt gegen die ganze Politik der verbrecherischen Regierung als bei uns. Ihr wißt ja gar nicht, wie die Arreste und Gefängnisse in ganz Deutschland voll sind von solchen, die gegen die Regierung handelten. (Lebhafter Beifall.) Ich habe dem französischen Korrespondenten gesagt, das soll er seinem Lande mitteilen in dem Augenblicke, wo die Erkenntnis in Deutschland erwachte, waren es Tausende von Männern, die gegen diese sogenannte Säbeldiktatur ihre bloße Brust opferten und sich ihr entgegenwarfen. Sie wissen ja, wie das Reichsgericht gewütet hat. Verbreitung von Flugblättern gegen den Krieg und gegen die Kriegspolitik der Regierung hat ja genügt, damit das Reichsgericht in Berlin einen jungen Mann von 22 oder 24 Jahren auf 8 Jahre ins Zuchthaus gesperrt hat. (Hört! Hört!) Das sind die Helden der inneren Front in Deutschland und von denen weiß das Ausland gar nichts, weil die Zensur es verhindert hat, daß die deutschen Opfer bekannt wurden, nicht einmal das Inland hat es gewußt. Alle diese Verhandlungen haben unter dem Ausschluß der Öffentlichkeit stattgefunden. Dieses Vertrauen muß wieder hergestellt werden. Wir müssen mit der Entente so verhandeln, als ob nie Krieg gewesen wäre, als ob wir Menschen sind, die Sehnsucht haben, nun endlich wieder in Frieden zu arbeiten. (Lebhafter Beifall!) Wenn uns das nicht gelingt, dann gehen wir zugrunde, und es ist dann besser, daß wir zugrunde gehen. Versuchen wir noch einmal, ob uns das im letzten Augenblicke gelingt, kehren wir die Männer des alten Systems aus und versuchen wir auf diesem Wege weiterzukommen. Gelingt uns auch das nicht, dann ist alles verloren. Aber es wird gelingen, weil es gelingen muß. Nach diesen Auseinandersetzungen möchte ich mit Ihnen als Soldaten ganz kurz noch am Schlusse, damit diese etwas lebhaften Auseinandersetzungen einen ruhigen Abschluß finden, eine sehr wichtige Frage erörtern und würde Sie bitten, wenn Sie dann in die Diskussion eingreifen, auch dazu das Wort zu nehmen. Wie auch immer die Dinge sich entwickeln mögen, ich persönlich, der ich immer ein Optimist war, bin der Überzeugung, daß nach den schweren Monaten, vielleicht Jahren, die uns beschieden sind, wir dann wirklich in einer neuen und glücklicheren Welt leben werden. Das ist meine feste Überzeugung und hätte ich sie nicht, so würde ich diese Arbeit und diese Verantwortung nicht auf mich nehmen. Dieser Glaube an die Zukunft, der mich zum Sozialdemokraten gemacht hat, ist heute die ganze Grundlage meiner seelischen Existenz und ich würde keinen Augenblick die Marter und die Erschöpfung meines Amtes weiter behalten, wenn ich diesen Glauben nicht besitzen würde. Und das möchte ich am Schlusse noch mit Ihnen erörtern:

Der Militarismus, der seine kräftigste Wurzel in Preußen-Deutschland hatte, ist zusammengebrochen. Die Millionen, die er gekostet hat, an Toten, Krüppeln und Kranken, die sind der Abgrund, in den der Militarismus auf alle Zeiten versinkt. (Zuruf: Hoffentlich!) Hoffentlich? Nein, das weiß ich.

Nun fragt es sich, wie wir den Militarismus liquidieren. Sie wissen ja, daß eine sozialdemokratische Forderung ist, daß an die Stelle des stehenden Heeres die Volkswehr gesetzt wird. Ich möchte glauben, daß auch die Volkswehr eine Forderung von gestern ist, (sehr gut!) daß sie durch die Ereignisse überholt ist. Die Volkswehr beruht ihrer Herkunft nach auf dem demokratischen, dem revolutionären Gedanken, daß jeder Bürger seine Flinte im Hause haben muß, um die Freiheit zu schützen. Schon rein technisch haben sich die Verhältnisse wesentlich umgestaltet. Es würde heute mit der Flinte nichts mehr getan sein, Sie müßten mindestens noch, um die Freiheit zu schützen, Ihr Maschinengewehr und Ihre Blaugasbomben haben. Wir haben in der Schweiz gesehen, daß auch die Miliz den Weg zum Militarismus findet. Und deswegen möchte ich – und das wird für die kommenden Friedensverhandlungen vielleicht wichtiger sein als Länderverteilung und Grenzenziehen – an Sie die Frage richten, ob wir in Bayern nicht die Frage stellen wollen, daß überhaupt die Armee beseitigt wird, nicht nur bei uns in Deutschland, sondern in der ganzen Welt, und daß nur noch Polizeitruppen die Sicherheit im Lande gewährleisten. (Lebhafter Beifall!) Dann, und erst dann ist im Lande und in der Stadt alle Arbeit der fruchtbaren Schöpfung des Lebens geweiht, dann arbeiten wir für die Verbesserung und Erlösung der Menschen und niemand denkt daran, in ödem Drill und stumpfen Kadavergehorsam die schönsten und besten Jahre des Lebens zu vergeuden. (Sehr richtig!) Dann gibt es keinen Krieg mehr (Sehr richtig!), dann ist die Menschheit eine Gemeinschaft von Arbeitern, schaffenden, schöpferischen Arbeitern. Deshalb würde ich Sie bitten, über diese wichtigste Frage, die uns in den Friedensverhandlungen bewegen wird, heute schon in diesem Kreise Ihre Meinung in irgendeiner Weise zum Beschluß zu bringen. Das ist wichtig, damit die Welt erkenne, welch neuer Geist in Deutschland herrscht. (Sehr richtig!) und wenn ich mit den Gespenstern der Vergangenheit abgerechnet habe, so wollte ich am Schlusse Ihnen diesen neuen Gedanken geben, der ein Erlösungsgedanke ist. (Beifall!) Helfen Sie mir schaffen. Sie werden in kurzer Zeit erkennen, daß ich nicht Worte mache, sondern daß ich versuche, wirklich etwas zu erreichen. (Stürmischer Beifall und Händeklatschen!)

Ministerpräsident Eisner: Meine Herren! Ich bitte um Entschuldigung, daß ich erst jetzt an Ihren Verhandlungen wieder teilnehmen kann. Ich habe, nachdem ich Sie heute verlassen habe, eine lange Konferenz mit 45 Vertretern des bayerischen Oberlandes gehabt, und bin unmittelbar darauf in das Nationaltheater gegangen, wo ich eine Ansprache an die Münchner Jugend gehalten habe. Es waren auch einige da, die gepfiffen haben.

Meine Herren! Aus den Ausführungen des letzten Redners entnehme ich, daß es hier in den letzten Stunden eine Auseinandersetzung zwischen München und der sogenannten Provinz gegeben hat. Es ist doch ganz selbstverständlich, daß ganz Bayern zusammenarbeiten muß. (Rufe: Sehr gut!) Wenn in den ersten Tagen München eine gewisse Alleinherrschaft ausgeübt hat, war das doch durch die Umstände bedingt. Die Zustände mußten erst hier konsolidiert werden, bis es möglich war, die Beziehungen zu den anderen Zentren der Arbeiter- und Soldatenräte zu festigen. Die Hauptstädte sind nicht die Zentren der Intelligenz, ich will auch nicht das Gegenteil behaupten. Aber wir haben nun einmal das Unglück, hier Sitz der Regierung zu sein, das Zentrum zu sein und deshalb wird in gewisser Beziehung immer eine Art scheinbarer Bevorzugung von München erfolgen. Es kommt noch etwas anderes hinzu. Wir wissen ja nicht, wie bei uns die Verkehrsverhältnisse sein werden. Schon vor zwei Wochen wurde verkündet, daß die Tage des Eisenbahnverkehrs gezählt seien. Was sollten wir in einem solchen Falle hier tun? Da müssen wir wieder mit München zusammenarbeiten, weil Sie nicht in der Lage sind, zu uns zu kommen.

Ich bitte Sie nun, wirklich zu berücksichtigen: drei Wochen trennen uns erst von dem Umschwung. Ich bin gar nicht Pessimist, ich glaube, daß überhaupt noch niemals in der Weltgeschichte in drei Wochen unter solchen Umständen so viel geleistet worden ist. Wenn ich einen Ehrgeiz habe, so den, daß wenigstens wir in Bayern einmal zeigen, daß eine Revolution möglich ist, die ohne Rückschritte und ohne Hemmungen, ohne Rückschläge und ohne Katastrophen ruhig und besonnen ihren Weg geht. (Rufe: Bravo!) Ich habe heute vormittag von einem Kampfe gegen die Diktatur gehört. Ich weiß nicht, gegen wen sich dies richtet. Hier in Bayern kenne ich keine Diktatur. Im Gegenteil, bisher ist in keinem deutschen Lande, bisher ist überhaupt nicht in der Vergangenheit irgend einmal so durchgreifend der Versuch gemacht worden, eine Regierung unmittelbar auf die breiten Massen zu stützen. Das ist überhaupt noch niemals dagewesen. Und am 1. Dezember beginnen diese breiten Massen bereits hier in die Erscheinung zu treten, unmittelbar mitarbeitend, unmittelbar schaffend. Ich weiß nicht, vielleicht hat man eine Berliner Diktatur gemeint. Ich habe Anfang dieser Woche im Vollzugsausschüsse des Arbeiter- und Soldatenrats den Verhandlungen beigewohnt. Auch dort hat man mir versichert, man denke nicht an Diktatur, man wolle nur mitarbeiten, nichts weiter.

Meine Herren! Sie haben hier die große Aufgabe und die ungeheure Arbeit, das Heer aus dem Kriegszustand in den Friedenszustand zu überführen. Das ist eine ungeheure Aufgabe, weit größer als, will ich einmal sagen, die Eifersüchteleien über Kompetenzen. Wenn jeder von Ihnen in ganz Bayern mitarbeitet und seine Schuldigkeit tut, gibt es keine Konkurrenzstreitigkeit zwischen Hauptstadt und Provinz. Meine Herren! Es gibt keine Diktatur, aber es gibt gewisse Treibereien, die versuchen wollen, die Diktatur zu schaffen, und ich habe den Eindruck, daß das gerade von den Stellen ausgeht, die sich gegen die Diktatur, gegen eine nicht vorhandene Diktatur wenden, die selbst bereit sein würden, die Diktatur zu verkünden. Es ist ein Unsinn, eine Demokratie aufzurichten, die in irgendeinem einzelnen Kopfe verkörpert ist. Nur die Mitarbeit aller verkörpert den Fortbestand der Revolution, aber, meine Herren, den Fortbestand der Revolution, nicht die Wiederkehr der Kontre-Revolution. Darum handelt es sich, und deswegen müssen wir wachsam sein.

Ich möchte nur noch ein Wort zur Revolution sprechen. Ich bin im allgemeinen mit dieser Revolution einverstanden. Aber sie könnte vielleicht draußen mißverstanden werden, und deshalb wäre es gut, eine andere Form zu finden. Wir müssen jetzt sehr vorsichtig sein, und müssen alles vermeiden, was den Eindruck der Uneinigkeit und Zerklüftung in den Schutztruppen der neuen revolutionären Ordnung hervorrufen könnte. Wir müssen einig sein. Meine Herren! Die Nationalversammlung, das Problem, ist gar kein Problem. Die Nationalversammlung kommt in dem Augenblick, wo die Vorbereitungen, die notwendigen Vorbereitungen getroffen sind. Sie kommt als Krönung der Revolution, als Krönung des revolutionären Werkes (Bravo!), darüber ist gar kein Zweifel. Aber inzwischen, damit nicht das neue Parlament die Diktatur ausübt, inzwischen muß die Demokratie lebendig geworden sein (Beifall!), da müssen ihre Organisationen angefangen haben zu arbeiten, nicht bloß die Arbeiter- und Bauernräte, sondern auch die anderen Räte. (Beifall!) Wir wollen kein Parlament mehr haben, in welchem nur

Vertreter des Volkes sind, nur Leute, die alle fünf Jahre mal wieder das sogenannte Vertrauen des Volkes erproben, sondern wir wollen ein Parlament haben, hinter dem das ganze Volk steht und mitarbeitet, wenn auch außerhalb des Saales; das vorwärts drängt, vorwärts treibt und in dem nicht wieder die leere Mühle des bürgerlichen Parlamentarismus klappert.

Meine Herren! Hier in diesem Arbeiter- und Soldatenrat hat man beschlossen – und dagegen wendet sich in einem Absatze die Resolution –, daß auch verlangt wurde, daß Scheidemann und Ebert aus der Regierung ausscheiden. (Zuruf: Scheidemann und David!) Ich habe jetzt den Namen „Ebert" genannt, weil ich in dem nächsten Satze „Ebert" nennen wollte. Meine Herren! Ich weiß nicht, welche Auffassung dem Beschlusse von gestern zugrunde lag, ich habe selbst dazu Stellung genommen. Aber daß nun diese beiden Namen genannt sind, beweist Ihnen doch schon, was gemeint ist, und ich möchte Sie bitten, vielleicht diesem Satz der Resolution eine andere Form zu geben. Der Name, Ebert steht nicht darin, der Name Landsberg steht auch nicht darin, sondern es stehen nur diese beiden Namen Scheidemann und David darin, und der Sinn des gestern erfolgten Beschlusses ist, daß man nicht gerade an diese beiden exponierten Stellen der auswärtigen Politik gerade diese Männer stellt, die, ich will mich ganz mild ausdrücken – ich war derjenige, der zuerst in Deutschland, der zuallererst – und vielleicht macht mir wieder jemand den Vorwurf, daß ich dem Volke voraus bin. – Nein, meine Herren, ich bin gar nicht dem Volke voraus, ich unterscheide mich nur dadurch von manchen anderen, daß ich den unerschütterlichen Glauben an das Volk habe. Meine Herren, das ist es, worum es sich handelt, daß diese beiden Herren – ich sage, ich war der erste hier, der zuerst in Deutschland den Zusammenschluß der Bruderparteien wieder gefordert hat, eine geschichtliche Tatsache. Ich war es, der der erste, vielgenannte Führer war. Ich hasse das Wort wie den Begriff „Führer". Wir sind Mitarbeiter, aber nicht Führer. Ich sage, ich war der erste, der für den Zusammenschluß der bürgerlichen Parteien, der hadernden Sozialdemokratie gewirkt hat. Ich selbst habe in der denkwürdigen Revolutionssitzung am Tage nach der Revolution, als der revolutionäre Arbeiterrat gemurrt hat, als der Name meines Kollegen Auer erwähnt wurde, erklärt, daß ich aus vollster Überzeugung mit diesem meinem Gegner, von dem mich auch heute noch manche Anschauung trennt, nämlich hinsichtlich der Ausbreitung der Tätigkeit der Arbeiter-, Soldaten- und Bauernräte, wo ich weiter gehe als mein Kollege Auer – ich sage, ich war der erste, der gesagt, Herr Auer muß in der neuen Regierung sitzen, er muß mit uns zusammenarbeiten, wie ich an der Spitze stehe als Symbol der Revolution, so er als Symbol der neuen Einheit der Sozialdemokratie. Das ist eine geschichtliche Tatsache, und deswegen fällt es mir gar nicht ein, irgendwelche Personen, irgendwelche Führer der Mehrheitssozialisten wegtreiben zu wollen, zu verjagen. Ob auf der umgekehrten Seite auch dieses Bestreben herrscht, unter allen Umständen mit uns oppositionell zusammenzugehen, das weiß ich nicht. Von mir aus bin ich entschlossen, die Einheit im Ministerrate zu wahren, und bisher sind überhaupt noch keine Differenzen, es sind über manche Dinge selbstverständlich verschiedene Anschauungen zur Geltung gekommen, aber, soviel ich weiß – mein Kollege wird es mir vielleicht bezeugen – ist in keinem einzigen Falle auch nur eine Beschlußfassung notwendig geworden, weil wir uns schließlich immer verständigt haben, auf die uns notwendig erscheinende Politik. Ich will darüber gar nicht urteilen, wer und wessen Wort da mehr gegolten hat und wessen Anschauung gesiegt hat. Das ist eine Frage, die Sie ja selber entscheiden können, wenn Sie sehen, was wir getan haben, und deshalb liegt es mir auch bei dieser Forderung fern, die ich aus rein sachlichen Gründen erhebe, daß diese beiden Parteigenossen nicht gerade an dieser Stelle stehen, etwas zu unternehmen, was gegen die neue Einheit der Partei gerichtet ist. Es ist nur notwendig –, und ich bitte Sie deswegen, diese Resolution in diesem Sinne abzuändern –, daß nicht gerade in der auswärtigen Politik die Männer stehen, die in der Vergangenheit in der auswärtigen Politik eine unglückliche Hand gehabt haben. Das ist es, worum es sich handelt, und nichts weiter und, meine Herren, in der heiklen Lage, in der wir uns befinden, in der Situation, in der wir auf das Vertrauen der Entente angewiesen sind, sollen wir auf die Empfindlichkeiten Rücksicht nehmen. Es ist nicht möglich, daß gerade der Mann die Leitung in der auswärtigen Politik hat, der seit Jahr und Tag immer die Unschuld Deutschlands am Kriege nachzuweisen gesucht hat. Das muß verbittern, und das muß drüben aufs neue aufreizend wirken, das ist sachlich begründet und deswegen, meine Herren in Nürnberg und Fürth, würde ich Sie bitten, wenn Sie den Satz nicht überhaupt streichen wollen, ihn in irgendeiner Art zu ändern. Es handelt sich nicht darum, sie auszutilgen, ihre Namen auszutilgen aus irgendeinem Verdacht, sondern es handelt sich nur darum, daß nach unserer und nach meiner Anschauung gerade diese Herren in der auswärtigen Politik eine so unglückliche Rolle gespielt haben, daß man sie nicht zu Repräsentanten der Auswärtigen Politik in der heutigen Zeit wählen soll.

Das wollte ich Ihnen nur noch sagen und zum Schlusse: Unterlassen wir wirklich die Streitigkeiten über die Kompetenz, wer vorangeht, wetteifern wir in der Arbeit, in der nützlichen und fruchtbaren Arbeit, und dann kommen wir überhaupt gar nicht zur Besinnung, gar nicht zur Überlegung, wer mehr Recht hat. Meine Herren! Es handelt sich gar nicht bei uns um mehr Recht, sondern es handelt sich um mehr Arbeit, und wenn wir anfangen zu arbeiten – und ich hoffe, daß das von nun an geschieht –, dann streiten wir uns nicht mehr um papierne Reglemente, um papierne Abgrenzung der Befugnisse, dann arbeiten wir, dann regen wir unsere neue Kraft und schaffen. (Beifall!) (Folgt Vorsitzender.)

Ministerpräsident Eisner: Ich bitte um Ihre Geduld, daß ich noch einmal reden werde. Wir sind in dieser Diskussion in einer höchst eigentümlichen Lage. Die einen haben die Revolution gemacht, haben ihre Person geopfert, nicht seit gestern, sondern seit Jahr und Tag (Sehr richtig!) und ich müßte von jedem verlangen, der hier redet, daß er uns zeigt, welche Tätigkeit er während des Krieges bis jetzt in politischer Hinsicht ausgeübt hat. (Sehr richtig!) Wir müssen die Sicherung haben, wer hier redet. (Sehr richtig!) (Lebhafte Zurufe!) Es ist doch sehr einfach. (Zuruf!) Ich unterstelle niemand etwas. (Zuruf und lebhafte Gegenrufe.) (Glocke des Vorsitzenden.) Ich bedaure sehr diese Debatte.

Das werden Sie wohl begreifen, daß die Gegner der Revolution heute nicht berechtigt sind, die Schöpfer der Revolution vor Gericht zu stellen. (Lebhaftes Bravo!) Sie können nicht von mir verlangen, zuzugeben, daß diejenigen, die bewiesen haben, 4 ½ Jahre, um mit dem Herrn Vorredner zu sprechen, Ideologen gewesen zu sein, sich in allem getäuscht haben. Ich will nicht sagen, daß sie andere getäuscht haben, daß sie aber sich getäuscht haben. Sie können nicht verlangen von mir, der vom ersten Tage des Krieges an, soweit es überhaupt möglich war, in der Öffentlichkeit tätig war, – diese

Tätigkeit wird von mir publiziert werden – daß ich vor allen gemeinen Redensarten zurückweiche, ich, der ich 4 ½ Jahre lang die drohende Gefahr, in der Deutschland steht, mit Hintansetzung aller persönlichen Interessen und zäher geduldiger Arbeit verkündete, der ich alles getan habe, um das deutsche Volk aufzuklären und der leider, leider in jedem Punkte recht behalten hat (Sehr richtig!). Sie können von mir nicht verlangen, daß ich mich nun der Kritik mir unbekannter Personen – kritisieren können Sie mich – hier unterwerfe, da ich gar nicht weiß, welche Parteirichtung Sie gestern vertreten haben. Ich habe im Berliner Arbeiter und Soldatenrat zu meinem großen Staunen auch die Überraschung erlebt, daß dort einer das große Wort führte, der gestern, wenn er nicht Alldeutscher war, doch sicher nicht Revolutionär war. Meine Herren! Wir wollen vorsichtig sein. Es ist sehr bequem, heute von den revolutionären Errungenschaften zu sprechen; aber erst muß man nachweisen, daß man Anteil an der Erarbeitung dieser revolutionären Errungenschaften gehabt hat; erst muß man das nachweisen. (Sehr richtig!) Wenn Herr Abresch als Vorsitzender des Arbeiterrats von Neustadt a. d. H. nach München kommt, so werde ich keinen Respekt haben vor diesem Arbeiterrat, der einen Abenteurer, einen Gründer, eine der kompromittiertesten Persönlichkeiten der Bourgeoisie an die Spitze stellt. Dazu haben wir nicht die Revolution gemacht. Die Revolution kann nur fortgeführt werden von den revolutionären Elementen (Sehr richtig!) (*Zuruf*: Sonst erleben wir eine zweite Revolutionsnacht!), zerstört kann sie nur innerlich werden.

Der Herr Vorredner hat einen glänzenden Beweis geführt für die Ideologie, die in seinem Bewußtsein sonderbare Blüten treibt. Ich weiß nicht, wie er früher über die Politik geurteilt hat, ich weiß nicht, ob er, wie ich, ein Fachmann auf dem Gebiete der auswärtigen Politik ist. (Zuruf: Das maße ich mir nicht an!) Aber Sie reden darüber. (Zuruf: Andere auch!) Ich habe während des Weltkrieges in wöchentlich siebentägiger Arbeit mich mit nichts weiter beschäftigt als mit den Fragen der auswärtigen Politik und die treibe ich nicht seit gestern, sondern schon seit mindestens zehn Jahren und seit mindestens 10 Jahren warne ich das deutsche Volk vor seinen Militaristen, die uns in den Weltkrieg trieben – die Tätigkeit liegt offen zu Tage. Aber der Herr Vorredner hat einen Beweis gegeben, wie wenig er fähig ist, Tatsachen, die sich eben erst gegeben haben, richtig aufzufassen, und Sie können sich ungefähr vorstellen, wie er über die Entente und über das Ausland urteilt. Er hat mir unterschoben, daß ich die Meinung habe, daß ich etwa als Friedensunterhändler tätig sein will, als willfähriges Werkzeug der Entente, als Sklave der Entente. (Zuruf: Nicht Ihre Person!) Ich oder wir, das ist ganz egal; er hat es irgend jemand in Deutschland unterschoben. Wenn er niemand gemeint hat, ist seine Auffassung illusorisch; aber er hat, so viel ich mich erinnere, von mir gesprochen. Das Stenogramm meiner heutigen Vormittagsrede liegt da. Ich habe wie gestern in aller Offenheit erklärt: Wir demütigen uns nicht, wir betteln nicht, wir vertreten Volksrechte, die Interessen Deutschlands. Und nun stellen Sie sich einmal vor, wenn die Äußerung in die Öffentlichkeit kommt, daß der Ministerpräsident von Bayern direkt oder indirekt eine solche jämmerliche elende Politik treibt, als willfähriges Werkzeug der Entente – es fehlt nur noch, daß ich ein bezahlter Ententeagent bin –, als Sklave der Entente, da muß allerdings die Entente ein Ekel nicht nur vor Berlin ergreifen, sondern auch ein Ekel vor der Verächtlichkeit des bayerischen Ministerpräsidenten, der winselnd und bettelnd nach dem militärischen Zusammenbruch sich der Entente an den Hals wirft. So muß das wirken. (Sehr richtig!) Sie sehen aus diesem einzigen Beispiel, wie falsch es ist und wie unmöglich, daß Personen, die weder an der Revolution beteiligt sind, noch 4 ½ Jahre lang sich gegen die Kriegspolitik gestemmt haben (Woher wissen Sie das?). Ich kenne Sie nicht, ich kenne aber alles, was an der Revolution mitgewirkt hat. (Zuruf: Wir waren im Felde!) Dann haben Sie eben nicht an der Revolution mitgewirkt! (Zuruf: Aktiv freilich nicht!) (Zuruf: Die Revolution ist gewachsen!) Ach, die Revolution ist nicht gewachsen, die ist gemacht worden. (Lebhafter Beifall.) Aber an dem Tage, wo die Revolution hier gemacht wurde, war die bisherige Mehrheit gegen die Revolution (Sehr richtig!) Deshalb ganz unpersönlich: Nur wer ehrlich und aufrichtig die Revolution verteidigt, hat ein Recht, in den Soldatenräten zu arbeiten. (Bravo!) Ich habe eben den Beweis gegeben, wie man mir hier an Ort und Stelle, wo ich eben erst gesprochen habe, das Wort im Munde verdreht, wo man mich als einen elenden Sklaven der Entente, als willfähriges Werkzeug bezeichnet, wo ich noch niemals jemand ein Wort gesagt oder einen Gedanken gedacht habe, der in dieser Hinsicht mir vorgeworfen werden kann. Feig bin ich nicht und feig bin ich auch nicht vor der Entente. (Zuruf.) Ich gehöre nicht zu den zahllosen Führern, zu den vielen andern, die beim ersten Zusammenbruch ihr Heil in der Flucht versucht und die andern dem Schicksal überlassen haben. (Sehr richtig!) Nun, meine Herren, Sie können ja denken, wenn ich so verflochten bin mit der Revolution, daß ich mir das Werk der Revolution nicht stören lasse und von den Konterrevolutionären, auch wenn sie sich heute maskieren als Anhänger der Revolution (Stürmisches Bravo und Händeklatschen!) und als Anhänger der Revolution die republikanischen Errungenschaften feiern.

Ich habe mich eigentlich nur zum Worte gemeldet und bin am Ende meiner Kraft angelangt: Bolschewicki! Das ist der Popanz, das ist die große Gefahr, die uns bedroht. Die *Kreuzzeitung* hat einmal früher geschrieben, es wäre das Charakteristikum der deutschen Liberalen, daß sie immer vor irgend etwas Angst haben. Revolutionäre haben vor nichts Angst (Sehr richtig!), und wenn mir heute einer das Schreckgespenst des Bolschewismus vor die Augen stellt, so sage ich, du magst ein sehr guter Kerl sein, aber revolutionäres Blut ist in dir nicht. (Sehr gut!) Ich fürchte mich nicht vor dem Bolschewismus (Zurufe!), wie ich gestern sagte, ich fürchte mich nur vor einem, ich fürchte mich nur vor unserer Angst; das ist die Gefahr. Es gibt in Deutschland keinen Bolschewismus; nun höre ich allerdings, daß Herr Sontheimer eine große Gefahr ist. Mein Freund Sontheimer hat sich ganz tapfer in den letzten Jahren verhalten (Sehr richtig!) und ich danke ihm das; aber jeder, der an den Diskussionsabenden der letzten Jahre teilgenommen hat, weiß, daß wir oder ich kaum etwas mit ihm gemein haben. Als die erste Versammlung der Münchner Bolschewiki plakatiert wurde, da kamen die Leute zu mir: Diese Plakate müssen doch verboten werden. Wir haben vom Vorredner gehört, daß wir eine Schreckensherrschaft, einen Terrorismus üben, und die Leute verhaften. Mag sein, daß einmal einer verhaftet worden ist. Aber seit dem zweiten Tage der Revolution ist die Freiheit in München niemandem angetastet worden. Ich bedaure nur, daß dieselben Leute, die sich 4 ½ Jahre die brutale Diktatur und den ungeheuersten Terrorismus gefallen ließen, heute so schlecht Gebrauch von der unbeschränkten Freiheit machen, die ihnen zusteht. (Lebhafter Beifall!)

Meine Herren! Bolschewismus! Ich will Ihnen sagen, worin der

Gegensatz der äußersten Linken mit mir besteht. Wenn einmal die Not groß ist, und wenn Hunger ist und Arbeitslosigkeit, dann nimmt sich eben jeder seinen Unterhalt, wo er glaubt, ihn zu finden. Der Verhungernde plündert die Bäckerläden. Das ist aber kein Bolschewismus, weder theoretisch noch praktisch, das ist die Verzweiflung vor dem Untergang. Der theoretische Unterschied zwischen mir und den Bolschewisten besteht darin, daß ich gar kein Hehl daraus mache, daß es mir utopisch erscheint, wenn wir im gegenwärtigen Augenblicke des Zusammenbruches der Produktion die Industrie und die Produktionsmittel zu vergesellschaften anfangen. Das ist kein Abtrünnigwerden vom Sozialismus, sondern nüchterne, ruhige Praxis. (Sehr gut!) Die Industriellen kommen heute zu uns und wollen vergesellschaftet werden. Wir müssen das ablehnen, weil der wissenschaftliche Sozialismus von der Überzeugung ausgeht – ich bedaure einmal eine theoretische Untersuchung vor Ihnen in aller Kürze anstellen zu müssen, weil darüber eine solche Unklarheit in bürgerlichen Köpfen herrscht, daß die Vergesellschaftung der Produktionsmittel in dem Augenblicke vollzogen werden muß, wenn die Produktion sich so riesenhaft entfaltet hat, daß unter dem Kapitalismus diese Riesenkraft der Produktion sich nicht mehr entfalten kann, so daß auf dieser Höhe kapitalistischer Produktion die Produktion selbst den Kapitalismus sprengt. Von dieser Marxistischen Anschauung aus behaupte ich, wir können nicht das Experiment der Sozialisierung in einem Augenblicke machen, wo die Produktion zusammengebrochen ist. Wir können nicht sozialisieren, wo nichts zu sozialisieren ist. (Sehr richtig!) Feinde des Sozialismus könnten uns raten, jetzt ein Experiment zu machen, das notwendig scheitern muß, es könnten verkappte Feinde, Lockspitzel unserer Gegner sein. (Sehr richtig!) Das russische Beispiel lockt uns nicht, auch nicht die Methoden. Ich bin der Meinung, daß wir genug Blutvergießen gehabt haben, und es scheint mir noch scheußlicher als der Kampf vor dem bewaffneten Feinde, die Abwürgung von Gegnern, die nicht bewaffnet sind, durch Bewaffnete. Dann schon lieber Krieg, da sind wenigstens beide Teile wehrhaft, als der Kampf von Bewaffneten gegen Wehrlose. Und das ist der Bürgerkrieg. In unserer Münchner Revolution ist, glaube ich, kaum ein Tropfen Blut vergossen worden. Nur diejenigen, die die Revolution gemacht haben, haben, bevor sie den Sturmmarsch durch die Straßen Münchens unternommen haben, ihr Testament gemacht. (Sehr richtig!) Das ist der Unterschied zwischen den Bolschewisten und mir. Ich habe diese Auffassung vertreten in Berlin und auf dem Vertretertage der deutschen Republiken, es hat sich kein Widerspruch dagegen erhoben, im Gegenteil, von allen Seiten wurde die Richtigkeit, die Argumentation anerkannt. Ich habe dieselbe Anschauung hier vertreten, solange wir hier überhaupt diskutieren. Ich habe mich nicht geändert, als ich in das Ministerpräsidium einziehen mußte. Ich habe dieselbe Auffassung im Vollzugsausschuß des Arbeiter- und Soldaten-Rats vertreten. Sie sehen aus dem Bericht, daß auch dort einmütig dieser Auffassung beigepflichtet wurde. Und nun in München gibt es Bolschewisten. Ich gestehe Ihnen offen – sicher trennen mich von den Auffassungen unseres Vorsitzenden hier manche Differenzen –, aber lieber nach links einig gehen, als nach rechts. (Sehr richtig!) Ich habe ja diese schöne Geschichte von der Sontheimer-Versammlung erwähnt. Da kamen die Bürger sehr geängstigt gelaufen und verlangten, wir sollten die Plakate und die Versammlung verbieten. Da waren alle wieder Terroristen. Wir haben gesagt, fällt uns gar nicht ein. Soweit ich über die Versammlung unterrichtet bin, hat man zwar uns bekämpft – das ist ihr gutes Recht –, und man hat versucht, uns vorwärts zu treiben. Aber ich bin jedem dankbar, der uns vorwärts treibt, ich bekämpfe aber jeden, der uns rückwärts stoßen will. (Bravo!) Jene Versammlung sollte mit dem Sturze meiner armen Person schließen. In den Ministerrat kam ein aufgeregter Herr, ein Akademiker, herein, der uns mitteilte, 400 bolschewistische Pioniere seien bereit, uns zu stürzen. Diese fürchterliche Kundgebung aber, die zwar sagte, wir wären anderer Meinung, die aber auch das Vertrauen aussprach zu unserer Ehrlichkeit und zu unserer Revolutionsgesinnung, das war der erste Stoß. Deswegen nehme ich diese Gefahr von links nicht ernst. Die Gefahr kommt von rechts. (Sehr richtig!) und, wie ich heute vormittag sagte, ich bin wachsam und lasse mich nicht düpieren. Wenn Sie das als Diktatur bezeichnen, so mögen Sie es als Diktatur bezeichnen. Aber es ist meist so, daß jene, die im Dunkeln schleichen und hintenherum Politik treiben, sich beklagen, daß man gar so bös mit ihnen umgeht. Wir kämpfen in voller Freiheit, im vollsten Lichte der Wahrheit. Ich bin, obwohl Sie es in der Presse gelesen haben, gar kein Ideologe. Ich habe Ihnen gezeigt, wie man sehr praktisch ganz nach den Mitteln moderner Technik mit geringstem Kraftaufwand die höchste Leistung erzielt, wie man Revolution macht. Ängstigen Sie sich doch wirklich nicht vor dem Bolschewismus.

Den Bolschewismus als Elementarerscheinung der tiefsten Not und Verzweiflung kann keine Macht der Erde überwinden. Auch keine Theoretisiererei. Wenn es nichts mehr zu essen gibt, dann stürmt man einfach die Bäckerläden. Was wir jetzt tun müssen, ist, zum Frieden zu kommen. Ich habe sehr genau aufgepaßt, was der Herr Vorredner in seinen übrigens sonst sachlich gehaltenen Ausführungen für einen Rat gibt, um zu dem Frieden zu kommen. Wir sollen kein Vertrauen zur Entente haben. Wir sollen uns fürchten vor der Besetzung. Die Entente denke nur daran, uns zu überfallen und zu zerfleischen, ganz wie man es im August 1914 hörte. So kann man denken, aber dann frage ich die Herren, die so denken, welches Mittel empfehlen sie denn eigentlich, daß wir zum Frieden kommen? (Sehr richtig!) Sollen wir hingehen und den Frieden in der Weise schließen, daß wir anfangen: § 1: Déroulède, der übrigens, glaube ich, schon tot ist, muß vor den Staatsgerichtshof kommen. Die anderen Bezeichneten sollen auch vor den Staatsgerichtshof kommen. Ja, da werden uns die Herren doch zur Begutachtung unseres Geisteszustandes in eine geschlossene Anstalt schicken. So gehen die Dinge doch nicht. Die Renommisterei sollen wir uns abgewöhnen. (Beifall!) So kommen wir nicht weiter. Wenn Sie mir hier an dieser Stelle einen anderen Weg zeigen, gleichgültig, welcher es ist, dann gehe ich ihn. Zum Schluß noch eine Bemerkung über die vorige Sitzung, über welche alle möglichen Legenden entstanden sind und doch ist die Sache furchtbar einfach. Wir Terroristen und Diktatoren haben die Eigentümlichkeit, daß wir nicht einmal eine Presse haben, kein lumpiges Wochenblatt und keine Zensur. Also, ich habe das vorhin ausgeführt, benutzen die Herren der Presse die Freiheit, die wir ihnen verschafft haben. (Beifall.) Benutzen sie die Freiheit, um im alten Stile ihre Politik fortzusetzen. Wir haben keine Presse, kein Blatt. Das einzige Organ, das uns zur Verfügung steht, ist das Telegraphenbureau, das Süddeutsche Korrespondenzbureau. Es kommt keine Zeile in die Presse, die nicht mit dem Namen ihrer Herkunft gezeichnet wäre. Eine solche Regierung war noch nicht in der Welt da, die so auf die Machtmittel der Presse verzichtet. Aber genau so, wie man mich bedrängt, ich soll mich vor dem Bol-

schewismus und vor der Gegenrevolution mit den Maschinengewehren fürchten, genau so werde ich jeden Tag gedrängt, ich soll
auf den Schwindel, der durch die Presse geschwemmt wird, antworten. Ja, wenn wir anfangen wollten, darauf zu antworten!, dann hätten wir keine Zeit mehr für eine praktische Arbeit. Darum entschloß
ich mich in letzter Stunde, die Herren vom Arbeiter- und Soldatenrat zu bitten, sich hier zu versammeln, nicht um zu diskutieren, und
nicht um die Diskussion abzubrechen, sondern weil mir nur ganz
kurze Zeit zur Verfügung stand, ich unmittelbar nachher zum Ministerrat gehen mußte, um nichts weiter, als daß wir statt durch die
Presse, die uns nicht zur Verfügung steht, durch das mündliche
Wort unsere Ansicht zum Ausdruck zu bringen. Von der gestrigen
Sitzung soll, wie ich in Erfahrung gebracht habe, die Münchener
Presse ausgeschlossen gewesen sein. Ich weiß nichts davon. Die Sitzung sollte ja nicht öffentlich sein, sondern sollte nur zwischen den
Mitgliedern des Arbeiter- und Soldatenrates stattfinden. Es waren
gerade, als ich fortging, drei Vertreter der Presse bei mir und wollten
mit mir eine Unterhaltung pflegen. Es war ein Münchener, ein Hol-
länder und ein Franzose, und da ich nicht doppelt reden wollte,
sagte ich zu den Herren: Kommen Sie mit, was ich Ihnen sagen kann,
worüber Sie sich zu unterhalten wünschen, das können die Herren
hören. So entstehen Legenden. Das ist wieder Diktatur und Terrorismus. Ich habe gehört, daß die Münchener Presse ausgeschlossen
sein soll, aber wenn die Münchener Presse zu mir kommt, dann bin
ich jederzeit bereit, jedem Auskunft zu gebe, so sehr ich auch Mißtrauen gegen die Presse habe und zwar berechtigtes Mißtrauen,
denn die Sachlichkeit geht mir über die persönliche Stimmung. Aber
die Herren sind nicht zu mir gekommen, wie man mich auch nicht
gefragt hat, ob von der Nachricht, daß die Tschechen Bayern annek-
tieren wollen, irgend ein Wort wahr ist. Vor der neuen Freiheit hat
man immer den Weg zum Ministerium gefunden. (Rufe: Sehr richtig!) Jetzt meidet man es. Warum wohl, weil eine einzige Unterredung die Herren zwingen würde, auch ohne Gewalt eine andere Politik zu treiben, die Presse soll sich nicht einreden, weil wir keine
Presse haben. – Vielleicht werden wir morgen schon eine haben, gezwungen durch das jetzige Treiben, wenn wir das Bedürfnis haben,
die Politik des Ministerrates zu vertreten. Wir sind einig in allen unseren Entschlüssen, Differenzen haben wir, es sitzen auch in unse-

rem Ministerium Leute, die die Revolution gemacht haben, und solche, die sie bekämpft haben. So innig können wir nicht zusammenhalten, aber wir sind in allen praktischen Entscheidungen einig gewesen und einstimmig ist gestern auch die Pressenotiz beschlossen worden, welche die Presse dringend davor warnt, mit diesen falschen Nachrichten die Friedensverhandlungen zu stören. Ich weiß nicht, welche Verhältnisse uns noch bevorstehen, welches Martyrium dem deutschen Volke noch auferlegt ist, aber gerade weil ich das nicht weiß, bitte ich Sie ganz dringend und vom Herzen, tun Sie nichts, was unsere Lage noch verschlechtert, erwecken Sie vor allen Dingen nicht den Eindruck, und das möchte ich auch an die Vertreter der Presse [richten], ohne an das, was ich heute Vormittag gesagt habe, noch einmal zu erinnern, tun Sie nichts, was den Eindruck erwecken könnte, als ob in Bayern das Chaos herrsche, als ob niemand in Bayern Vertrauen genieße, als ob hinter keiner Regierung die Macht und der Wille der Masse steht. Denn dann haben wir in Bayern niemand, der verhandlungsfähig ist, und dann müssen die Dinge ihren Gang gehen, ins dunkle Treiben. Das ist der Untergang. (Sehr richtig!) So viel politischen Sinn sollten Sie alle in der neuen Freiheit gelernt haben; kritisieren Sie, so viel Sie wollen, beschimpfen Sie mich, ich lache darüber. Aber, was die internationale Politik anbelangt, so möchte ich zum Schluß ein Wort Bismarcks zitieren, welches heißt: Das Volk muß die Fensterscheiben bezahlen, die seine Presse eingeschlagen hat, damit nicht wieder Unregelmäßigkeiten entstehen. Ich ersuche, eine kurze Erklärung des Genossen Sauber anzuhören und dann werden wir die heutige Sitzung vertagen.

Anmerkung. Die vorstehenden Ausführungen des Ministerpräsidenten über die Nationalversammlung dürfen nicht mißverstanden werden. So wahr es ist, daß der Schrei nach der Nationalversammlung ursprünglich konterrevolutionär ist, so wenig hat der Ministerpräsident jemals daran gedacht, sein in der Revolutionsnacht gegebenes Versprechen einer Nationalversammlung mit dem Wahlrecht für Männer und Frauen nicht einzulösen.

Rede im Nationaltheater,
vor den bayerischen Soldatenräten
[November 1918][17]

Verehrte Anwesende! Aus dem Mittelalter bis in unsere Zeit ist ein alter Spruch übrig geblieben, und manchen, der diese Verse einmal gehört hat, den begleiten sie für alle Zeit durch die dunkelsten und verwirrtesten Stunden. Diese Verse, die man wohl heute noch über Häusern und alten Haustoren findet, lauten:

Ich leb' und weiß nit wie lang,
Ich sterb' und weiß nit wann,
Ich fahr' und weiß nit wohin,
Mich wundert's, daß ich so fröhlich bin.

Alles ist dunkel, wir wissen nicht, woher wir kommen, wir wissen nicht, wie lang wir sind, wir wissen nicht, wohin wir gehen, und doch mitten in der Dunkelheit diese innerste Fröhlichkeit des Herzens, die Fröhlichkeit des reinen und ruhigen Herzens. Der Weg der Menschheit ist ein Leidensweg. Was für den einzelnen gilt, gilt für die Menschheit. Auch sie weiß nicht, woher sie kommt, auch sie weiß nicht, wie lange sie auf diesem Sterne lebt, auch sie weiß nicht, wohin sie entschwinden wird. Doch blüht in ihr und pocht in ihr ein fröhliches Herz nicht im Sinne des Leichtsinns, aber im Sinne eines tiefen Glaubens, einer festen Zuversicht, und je hoffnungsloser der Wahn uns umkreist, um so gewaltiger hebt sich im letzten Augenblick jenes fröhliche Herz und verheißt Erfüllung, Erlösung. Wir haben vielleicht in den letzten viereinhalb Jahren die furchtbarsten Stunden erlebt, die der Menschheit beschieden waren. Diese heute zivilisierte Menschheit, die ehedem noch glaubte, auf den Höhen des Geistes an der Fülle der schaffenden Arbeit aufwärts zu schreiten, dieselbe stolz vorwärts drängende Menschheit wird wie von einem Dämon über Nacht in die unmenschlichsten Greuel gestürzt. Sie watet durch Blut und Schrecken, durch Lüge und Schande Tag für Tag, Monat für Monat. Jahre verschwinden, und was man vor

---

[17] Textquelle | Kurt EISNER: *Die neue Zeit. Zweite Folge.* München/Wien/Zürich: Georg Müller Verlag 1919, S. 7-11.

dem August 1914 nicht für möglich gehalten hätte, daß solch eine Wiederkehr tiefster Barbarei einfach 8 Tage, 8 Wochen dauern würde, das will nicht mehr von uns weichen. Endlich sinkt alles in Trümmer. Die Lüge bricht wie ein Geschwür auf, niemand weiß mehr Rat. Der Ton der Fanfaren einer neuen Freiheit, das fröhliche Herz will sich wieder betätigen. Wie der Krieg hereinbrach, so bricht die Befreiung herein. Aber auf einem Trümmerhaufen erhebt sich der neue Gedanke. Eine Idee, ein Gedanke, ein Geist will neu schaffen in dem Augenblick des Zusammensturzes aller Dinge. Wie mag jemand so vermessen sein, solche Gedanken in seinem Kopf zu hegen, wie wollen die Massen so vermessen sein, zu glauben, daß über Nacht eine neue Welt sich erheben könne. Das ist, was uns frei macht, was uns im Innersten fröhlichen Herzens sein läßt, der Gedanke, der Glaube, daß wir dennoch vorwärts schreiten und daß jener Abgrund der Greuel sich nur aufgetan hat, um alles das herauszuziehen, was niederträchtig und faul war. Wollen wir hoffen, daß nun endlich das neue Leben Wahrheit werde!

Sie, die noch gestern im Felde waren, die an der Zerstörung mithalfen, sie haben sich heute zusammengeschlossen, Soldaten des Friedensaufbaues zu sein. Ist das nicht ein Wunder, daß dieselbe Armee, die gestern noch zerstörte, Unglück schaffen mußte, Wunden riß, Tränen über die Erde fließen ließ, daß dieselbe Armee heute am Werke steht, um zu schaffen an der Zukunft der Menschheit. Der Glaube hat nicht betrogen. Ich weiß, der Abgrund war tief, noch haben wir zu ringen mit den Gespenstern von gestern, und manchen von uns mag wohl ein Verzagen beschleichen, ob aus all der ehrlichen Arbeit, all der Hingabe, aus all dem Glauben wirklich die Freiheit erblühen könnte. Noch herrscht der Geist von gestern, noch wissen die Zungen nicht, was sie reden, noch wissen die Hirne nicht, was sie denken, die Willen nicht, was sie tun sollen. Aber all das ist offenbar die Verwirrung des Augenblicks, der Nachhall der Vergangenheit. Wer gestern in der Sitzung des bayerischen Soldatenrates gewesen ist, der vergißt diese Stunde nicht; niemals sind in dem Parlament so viele neue Gedanken aufgetaucht, noch niemals wurde solcher Fülle der Anregungen so andächtig gelauscht und verständnisvoll begrüßt wie gestern in der plötzlich zusammengekommenen Soldatenratssitzung. Das war neue Zeit. In dieser unscheinbaren Versammlung pochte das Herz der neuen Zeit, und, verehrte Anwesende, auch ich, der gewohnt ist, mitten hindurchzugehen, nicht nach links noch rechts zu hören, auch mich drücken heute bange Sorgen und tiefes Verzagen. Werden wir fertig werden mit all den Geistern, die die Vergangenheit hineingeschleudert hat in die neue Zeit? Wird es uns gelingen, mit der Torheit, mit der Gemeinheit fertig zu werden? Wird es uns gelingen, den kühnen Gedanken, dem wir unser Leben geweiht haben, auch in die Tat umzusetzen? Nur reinen Herzens müssen wir sein. Gestern wußte ich, es wird gelingen, der Weg führt aufwärts. Mögen sie schwatzen, mögen sie verwirrten Geistes stammeln: das ist die Krankheit von 4 ½ Jahren.

In demselben Augenblicke, wo wir wirklich zu arbeiten beginnen, fallen alle giftigen Nebel zu Boden. Das Wort ist nichts, wenn hinter dem Wort nicht ein reiner Wille steht, der das Wort betätigt. Das Wort, das aus der tiefsten Überzeugung dringt, das Wort ist Tat. Deshalb tragt hinaus den neuen Geist, glaubt an ihn. Es kommt nicht darauf an, wer hier steht und wer dort, ihr müßt es tun. Ihr müßt euch frei machen von dem Druck der Vergangenheit, entschlossen sein, in fröhlicher Zuversicht der neuen Idee euch zu widmen. Euch zu opfern für das Gute, für die menschliche Vernunft, und wenn euch dann Erschöpfung und Verzagung beschleicht, dann denkt an den alten Spruch:

Ich leb' und weiß nit wie lang,
Ich sterb' und. weiß nit wann,
Ich fahr' und weiß nit wohin,
Mich wundert's, daß ich so fröhlich bin.

Aufgaben der Räte

Rede auf der ersten Sitzung des Münchner Arbeiterrats
am 5.12.1918

(Nach: Münchener Neueste Nachrichten
Nr. 620 vom 8.12.1918)[18]

In der modernen Demokratie vollzieht sich die Demokratie so, daß
die Massen ihre Wahlzettel abgeben und sich durch Parlamentarier
und durch ein souveränes Parlament regieren lassen. Jeder hat die
Möglichkeit, seinen Einfluß auf das Schicksal der Gesamtheit auszuüben, alle drei oder fünf Jahre. Dann gibt es noch Parteien, Vereine,
Berufsorganisationen. Überall suchen sich Organe der Massen zu
gestalten. Die neue Form, die aus der Revolution in Deutschland
hervorgegangen ist, sind die Arbeiter-, Soldaten- und Bauernräte,
die den Namen von der russischen Organisation übernommen haben, aber in ihrem Wesen sehr verschieden sind von den östlichen
Gebilden. In diesen Räten soll nun versucht werden, die unmittelbare Politisierung der Massen durchzuführen. Die Arbeiterräte sollen das Proletariat unmittelbar politisieren und zur Mitarbeit an der
Gesamtheit heranziehen. Sie wissen, daß in wenigen Wochen die
Nationalversammlung, der neue Landtag in Bayern, gewählt werden soll. Dieses Parlament wird genauso gestaltet sein wie alle Parlamente. Der Unterschied gegenüber anderen Parlamenten wird nur
sein, daß es auf dem freiesten, weitesten und gerechtesten Wahlrecht der Welt beruht. Ich bin überzeugt, wenn wir verhindern wollen, daß auch die neue Demokratie sich in einem leeren unfruchtba-
ren Parlamentarismus verliert, die Berufsparlamente, die Räte, daneben lebendig bleiben müssen. Sie werden die Organisationen der
Wähler sein, nicht so, als ob nun über dem Landtag eine neue Ober-
aufsicht wäre und eine höhere Gewalt eingerichtet würde. Die Nationalversammlung oder der Landtag muß souverän sein; aber die
Arbeiter bilden ihr eigenes Parlament, sie verhandeln ihre eigenen
Angelegenheiten. Gerade für die Übergangszeit gibt es eine so unermeßliche Fülle neuer Arbeit, neuer Gedanken, neuer Probleme,

---

[18] Textquelle | *Sozialismus als Aktion*; Online-Ausgabe: www.kurt-eisner-werke.
org/IV078.html [abgerufen am 12.01.2025].

daß, wenn erst einmal die Arbeiterräte zu arbeiten angefangen haben werden, sie sich kaum vor der Fülle der Arbeit zu retten wissen werden. Sie sollen eben nicht alle paar Jahre einmal wählen, sondern unmittelbar mitarbeiten müssen. Sie können die gesetzgeberischen Vorschläge machen, nicht hinter den Türen der Fraktionszimmer, auch nicht durch die Führer und durch die Regierung, sondern sie sollen selbst unmittelbar ihre gesetzgeberischen Vorschläge, ihre Anregungen und Beschwerden unterbreiten.

Aber die Arbeiterräte sollen noch mehr sein. Sie sollen Aufsichtsorgane des gesamten öffentlichen Lebens des Bezirkes, in dem sie eingesetzt sind, sein. Sie sollen das öffentliche Leben kontrollieren, sie sollen sich mit der Tätigkeit der Regierung und auch der Selbstverwaltung beschäftigen, nicht als Exekutivorgane, aber als Kontrollorgane, als kritische Organe, kurz, das gesamte öffentliche, politische und soziale Leben soll in seiner ganzen Öffentlichkeit erörtert und kritisiert werden. Bisher leistete einen Teil dieser Arbeit die Presse. Die Arbeiterräte sollen eine Art lebendige Presse sein. Sie sollen ein Zentralorgan sein, von dem das gesamte öffentliche Leben unseres Bezirkes zur Rechenschaft und zur Verantwortung gezogen wird. Von hier aus soll Kritik, Anregung und schöpferische Mitarbeit ausgehen.

Nur eine solche Demokratie, in der die breitesten Massen jeden Tag mitarbeiten an den öffentlichen Angelegenheiten, leistet jene erzieherische Arbeit, ohne die wir zu unseren sozialistischen Zielen nicht gelangen können. Die bisherige Bürokratie ist ganz unbrauchbar gewesen. Wer Gelegenheit hatte, ins Innere dieser Bürokratie hineinzublicken, der verzweifelt fast daran, wenn man sieht, daß diese – gewiß fleißigen – Arbeiter nichts zu leisten imstande sind. Wir wissen es, und dies erklärt auch einen großen Teil unserer Schwierigkeiten, wie wir sie in Berlin haben. Es fehlt uns an energischen Persönlichkeiten, die Weitblick und Mut haben und entschlossen sind, etwas zu wagen, und die sich durchzusetzen vermögen.

Der Gegensatz zwischen Führern und Massen, der bisher uns beherrscht hat, soll verschwinden. Jeder soll lernen, selbst ein Führer zu sein. Das ist die große Erziehungsarbeit, die diese Räte leisten müssen. Und wenn jeder dann ein Glied der Gesellschaft geworden ist, das fähig ist, mitzuarbeiten an den Aufgaben der Gesamtheit, dann ist jene Vorbedingung erfüllt, die den Sozialismus ermöglicht.

Die Übernahme der Produktion durch die Gesamtheit setzt zweierlei voraus: einmal die Reife der Wirtschaft, die vollkommene Entfaltung der produktiven Kräfte. Die andere Vorbedingung ist, daß, wenn die Gesellschaft selbst die Produktion übernimmt, sie auch in allen ihren Gliedern fähig ist, diese Produktion zu leiten. Dann brauchen wir keine Unternehmerintelligenzen mehr, wenn jeder selbst eine Unternehmerintelligenz geworden ist. So können diese unscheinbaren Gebilde der Arbeiter- und Bauernräte Pflanzschulen zur Erziehung der Männer sein, die einst berufen sein werden, an der Vergesellschaftung der Produktion mitzuarbeiten.

Holzschnitt von Fritz Schaeffler (Süddeutsche Freiheit, 13.01.1919)

Wahlrede „Vor den Unabhängigen"

12. Dezember 1918
(abends)[19]

Ministerpräsident Kurt Eisner: Parteigenossen! Dieser Saal wird in der Geschichte einmal genannt werden. In diesem Saal waren die denkwürdigen Versammlungen des 31. Januar 1918, wo wir unabhängigen Sozialisten die Massen der Arbeiter zu gewinnen suchten, daß sie in den Streik eintraten. Damals in jenen stürmischen Versammlungen kämpften wir Brust an Brust um die Seelen der Arbeiter. Und dann, dreiviertel Jahre später, nach dem kleinen Zwischenfall, der Neudeck und Stadelheim heißt, nach diesem Zwischenfall vereinigten sich hier zum erstenmal die Arbeiter- und Soldatenräte in diesem Saal und dem unteren: hier begann die Geschichte der Republik Bayern. Hier in diesen Räumen, wo sonst nur die Spießbürger ihren Tag leben, von hier aus loderte die Revolutionsflamme hinüber in den bayerischen Landtag, von hier aus wurde das Signal gegeben für Deutschland. Das Telegramm, das von München am 8. November ausging: „Bayern ist zur Republik erklärt", dieses Telegramm wirkte Wunder in ganz Deutschland. Nun brach es überall los. Aber, Parteigenossen, die revolutionärste Revolution, das war doch die vom 31. Januar. Damals stand Deutschland scheinbar auf dem Gipfel seiner militärischen Macht, und wenn es uns damals gelungen wäre, die Massen aufzuregen und aufzurütteln zu jener Volksbewegung, wie sie uns damals schon vorschwebte, dann hätten wir noch einen Frieden haben können, in dem wir nicht auf Gnade und Ungnade dem Gegner ausgeliefert waren. (Sehr richtig!) Parteigenossen, die Streiktage des Januar, das ist das ewige Ruhmeszeugnis der unabhängigen Sozialisten. (Bravo!) Damals wußten wir genau, wie auch später im November, daß wir mit unseren Köpfen spielten. Wir erinnern uns jener Nacht, da man uns verhaftete, jener Monate, da über uns das Schicksal schwebte – das endgültige Schicksal war klar, nur über die Ziffer der Zuchthausjahre konnten wir im Zweifel sein, 4 Jahre – 6 Jahre – 8 Jahre, mehr als 10 Jahre brauchten wir nicht zu befürchten, denn das Gesetz erlaubt nicht mehr als 10 Jahre. (Heiter-

---

[19] Textquelle | Kurt EISNER: *Die neue Zeit. Zweite Folge.* München / Wien / Zürich: Georg Müller Verlag 1919, S. 12-46.

keit!) Aber wir waren uns ganz klar darüber, wenn wir vor das Reichsgericht geschleift wurden, dann waren wir für absehbare Zeit verurteilt, zu vermodern im Zuchthaus als ehrlose Landesverräter. Parteigenossen, wir wollen auf nichts stolz sein, aber der Titel eines ehrlosen Landesverräters vom Januar 1918 ist viel ruhmreicher als der Titel eines Ministerpräsidenten vom November 1918. (Beifall! Heiterkeit!) Parteigenossen, alle großen Bewegungen sind von kleinen Häuflein Menschen ausgegangen. Wir waren nur wenige im Januar und wir waren nicht viel mehr im November; denn inzwischen hatte man die Kämpfer vom Januar an die Front geschickt. Mancher war auch schwachmütig geworden, und von Mund zu Mund wurde das Gerücht verbreitet: Da sieht mans wieder, was der Eisner·und die anderen Leute anstellen, welche Phantasten sie sind, da sieht mans, was er mit dem Streik angerichtet hat, da sieht mans, alles verlorene und unnütze Opfer: man muß hübsch klug und gescheit sein, dann macht man solche Dummheiten nicht.

So ähnlich lese ich es auch heute in den Zeitungen, wenn sie mir einmal vorgelegt werden. Wir sind die Phantasten, die Ideologen, die Dichter, – und die anderen, das sind die klugen Rechner … Meine Herren, wir Ideologen, wir Phantasten, wir haben uns 4 ½ Jahre lang nicht geirrt und die anderen, die nüchtern die Tatsachen beurteilen, die bekennen heute, daß sie sich 4 ½ Jahre lang getäuscht haben. (Beifall!) Und nun frage ich Sie, Parteigenossen, wer ist Ihnen lieber, derjenige, der sich nicht geirrt hat, der im Januar den revolutionären Streik gemacht hat, oder diejenigen, die gesagt haben, das sind Dichter, das sind Phantasten, das sind Ideologen. Parteigenossen, ich glaube, es gibt nur eine Realpolitik in der Welt und das ist die Realpolitik des Idealismus! (Bravo! Beifall!) Nur diejenigen, die an die Macht der Wahrheit glauben, nur diejenigen, die den Idealen der Menschheit vertrauen, die siegen auf die Dauer. Sie mögen schlechte Geschäfte machen im Augenblick, es mögen auch viele zugrunde gehen, aber es war seit jeher der stolzeste Gedanke des Sozialismus: es gibt nur *eine* Wirklichkeit, unser Ideal, und wenn dieses Ideal zugrunde geht, dann ist das Leben nicht wert gelebt zu werden, dann geht alles zugrunde. (Beifall!) Parteigenossen, lachen Sie über die nüchternen Rechner der Tatsachen, über die Narren der Tatsachen, denn diese Tatsachen brauchen sich nur als Lügen zu erweisen und die ganze Rechnung dieser klugen Geschäftspolitiker stürzt in nichts zusammen. Die Herrschenden Deutschlands haben 4 ½ Jahre lang Realpolitik getrieben, und als die 4 ½ Jahre Realpolitik vorüber waren, haben ein Häuflein Menschen diese realpolitische Welt zertrümmert und begonnen, eine neue Welt auf den Trümmern aufzubauen. Es gibt in der Geschichte kein zweites Beispiel, wo in so kurzer Zeit so unwiderstehlich und so menschlich eine verrottete Welt in Trümmer geschlagen wurde. Der Weltkrieg brach militärisch zusammen und auf den Trümmern des Weltkrieges begann in Deutschland, Bayern zuerst – und daran wird Bayern einmal stolz sein dürfen – die Herrschaft der Demokratie und des Sozialismus.

Wie stehen wir heute? Was haben wir erreicht? Wenn heute irgend ein Schuster kein Leder hat, dann sagt er, daran ist die neue Regierung schuld. (Heiterkeit!) Wenn die Isar heute merkwürdigerweise weniger Wasser hat als sonst und deswegen der Straßenbahnverkehr eingeschränkt werden muß, dann heißt es: Schuld ist die bayerische Regierung, die so etwas duldet und kein Mittel dagegen weiß. Parteigenossen, ich bin sehr erfreut über diese Ungeduld und hätte nur gewünscht, diese Ungeduld wäre etwas früher gekommen. (Heiterkeit!) Das ist der Fluch der deutschen Geschichte, des deutschen Volkes gewesen, diese ewige Geduld. (Bravo! Heiterkeit!) Und wenn wir etwas erreicht haben, so ist es das, daß heute alle Welt, selbst der faulste und dümmste Spießer ungeduldig geworden ist (Bravo!) und von uns erwartet, daß wir über Nacht alles gut machen, was in Jahrhunderten gesündigt worden ist. Ich begrüße das und hoffe, daß diese Ungeduld bleibt. Immerhin haben wir eines erreicht: Ich bin in keine bayerische Volksschule gegangen und weiß deshalb nicht, wieviel Jahrhunderte die Wittelsbacher regiert haben, ich glaube 800 Jahre (Heiterkeit!) oder – um kein Fremdwort zu gebrauchen – sie sind 800 Jahre lang da gewesen. Aber sicher ist, weil ich es selbst miterlebt habe, in 8 Stunden wurden diese 800 Jahre Regierung erledigt. Meine Herren, als Deutschland gar keine Wirtschaft mehr hatte, als wir nichts mehr exportieren konnten oder sehr wenig, waren wir immer noch in der Lage, das Land der Welt zu sein, das die meisten Monarchen hätte exportieren können – und sie sind jetzt exportiert (Heiterkeit!). Und ich hätte gewünscht, daß man uns einige Gegenleistungen dafür in nahrhafteren Gegenständen gemacht hätte. Noch niemals in der Weltgeschichte ist erlebt worden, daß ein Regierungssystem so schimpflich zusammengebrochen ist. Wo sind die Herren, die den Mut hatten, eine ganze Welt in den Krieg zu stürzen? Wo sind die Leute, die gezeigt haben, daß sie bereit sind, ihre Schuld mit ihrem Leben zu zahlen? Niemand hat sein Leben geopfert. Sie sind alle noch in der Welt, glücklicherweise nicht mehr in ihren Schlössern und auf ihren Thronen. Meine Herren, und etwas anderes ist darüber verschwunden: Wo ist das monarchische Gefühl des Deutschen geblieben? Wo heißt es: Kehre zurück, es ist Dir alles verziehen? Wo sind die Leute, die erklären, auch heute noch, sie halten den Monarchismus für die wertvollste Betätigung des deutschen Geistes? Das haben wir doch in allen Schulen gelernt: Der Deutsche ist monarchisch bis in die Knochen. Wo sind die Knochen heute? Und wo ist das monarchische Mark in diesen Knochen? Parteigenossen, die Lüge hat ihre Zeit. Aber Lüge bleibt Lüge und wenn sie die ungeheuerste Macht zu haben scheint. Kommt ihr Tag, dann bricht sie zusammen und es ist, als ob sie nie da gewesen wäre. Wer solche Erscheinungen beobachtet, dessen Zuversicht wird bestärkt. Es gibt nur eine Politik, die menschenwürdig ist, die der Wahrheit und des Ideals. Parteigenossen, die Menschen von heute sind verkümmert und verkrüppelt durch das System von gestern. Aber tief in jedem Herzen schlummert die Sehnsucht nach seiner neuen Welt, nach einer neuen Menschheit, und Politik treiben heißt nichts anderes, als mit dieser Sehnsucht zu arbeiten, diese Sehnsucht in politische Werke umzusetzen. Das ist unser Glaube gewesen. Für diesen Glauben haben wir kleines Häuflein gearbeitet und wir haben recht behalten. Zwei Taten haben die unabhängigen Sozialisten, zu denen ich gehöre, – und ich freue mich, daß ich heute als Parteigenosse zu den Freunden sprechen kann, mit denen ich die gemeinsamen Leiden und die wenigen Freuden geteilt habe, – auf den Blättern der Geschichte zu verzeichnen: den Kampf gegen die Kriegspolitik der verbrecherischen deutschen Regierung, zweitens die Revolution. Nur sie haben die Revolution gemacht, von ihnen ging sie aus. Sie haben für diese Revolution sich geopfert. Darauf können wir stolz sein. Aber, Parteigenossen, der Stolz allein genügt nicht. Verdienste sind keine lebenslängliche Rente (Bravo!), Verdienste sind nicht eine Pension, die man verzehrt. Was war, ist geschehen und niemand darf sich darauf berufen, als ob er nun berechtigt wäre, auf den Lorbeeren auszuruhen. Jedes Verdienst verpflichtet zu neuer

Arbeit und wenn es mancher vergißt, was wir gestern getan haben, so hat er recht, wenn wir heute und morgen nicht mehr Neues schaffen und neue Werke verrichten.

Parteigenossen, ich fragte, wo stehen wir heute. Wolken, schwarze Wolken, hängen tief herab. Wir wissen nicht, wie das Schicksal Deutschlands sich gestaltet. Niemand mehr hat ein klares Bild davon, wie wir morgen und übermorgen leben werden; woher wir die Rohstoffe für unsere Arbeit nehmen, woher die Lebensmittel. So scheint es, als ob wir allen Anlaß haben, sehr ernst gestimmt zu sein. Und doch, Parteigenossen, ich habe in allen meinen Kundgebungen seit der Revolutionsnacht und auch in der Revolutionsnacht darauf hingewiesen, unter welch ungeheuer schwierigen Umständen die neue Regierung ihr Amt angetreten hat und jeder neue Tag hat die Schwierigkeiten dieses Amtes vergrößert. Und doch, Parteigenossen, bin ich durchaus optimistisch. Ich glaube, daß wir noch schwere Monate vor uns haben, vielleicht Jahre, aber eins weiß ich: Was war, kommt nie wieder. Und zum erstenmal in der deutschen Geschichte ist eine Regierung, die von bestimmten zielweisenden Gedanken geleitet gradlinig vorwärtsschreiten will. (Bravo!) Und wehe der Regierung, die nach uns kommt und einen andern Weg wählt, Seitenwege, Schleichwege gehen will. Parteigenossen, ohne Unterschied der Richtung kann ich das sagen, die heutige Regierung will Bayern und damit auch Deutschland bis in die letzten Gründe des Volkslebens demokratisieren, und die heutige Regierung weiß, daß es überhaupt nur *einen* Zukunftgedanken gibt, einen aufbauenden Gedanken, den Sozialismus! (Bravo! Sehr richtig! Beifall!) Parteigenossen, wie war's bisher, wie waren die Regierungen früher? Die Regierungen waren früher die Ausschüsse der herrschenden Klassen. In den herrschenden Klassen selbst gab es Gegensätze, Gegensätze der Interessen. Und so war die ganze Politik der früheren Regierungen Deutschlands, auch der früheren Parlamente, darauf gerichtet, Ausgleich zu schaffen zwischen den verschiedenen Interessengegensätzen der herrschenden Klassen. Da war die schwere Industrie, da war die Exportindustrie, der Handel, der Militarismus, der Großgrundbesitz – jeder dachte nur daran, jede Klasse, jede Gruppe dachte nur daran, ihre Interessen durchzusetzen, dazu waren die Regierungen da. Dazu waren die Parlamente da. Und so, wenn wir den Gedankengehalt der letzten Jahrzehnte prüfen, wenn wir die Ideen der Re-

gierungen, Parlamente, der Verwaltungen sieben und fragen, was
bleibt übrig an fruchtbarer Arbeit, so sagen wir: Für die Zukunft des
Volkes und der Völker nichts, weniger als nichts. Parteigenossen,
worin bestand die Tätigkeit unserer Partei, der Sozialisten aller
Richtungen, wie sie noch organisatorisch vereint waren? Die Tätigkeit unserer Partei bestand darin, daß wir organisierten, daß wir
Mitglieder warben, daß wir die Arbeiter in ihren politischen Interessen sammelten in der Partei und gewerkschaftlich in den wirtschaftlichen Interessen. Die Gewerkschaften haben, ich wäre der letzte,
der es verkennt, wichtigste positive Arbeit geleistet. Wenn überhaupt ein Fortschritt zustande gekommen ist, so haben das die Gewerkschaften durch ihre tüchtige Arbeit geleistet. Darüber ist gar
kein Zweifel. Aber nun, die Politik, worin bestand sie? Unsere Politik bestand in der Anhäufung von Agitationsmaterial. Jedes Jahr
kämpften wir gegen alles. Wir kämpften gegen Militärvorlagen, wir
kämpften gegen Steuervorlagen, wir kämpften gegen Verschlechte-
rung des Koalitionsrechts. Jeden Tag waren unsere Zeitungen voll
Anklagen gegen das herrschende System. Wir hatten unsere Partei-
tage, wir arbeiteten für unser Programm, aber, Parteigenossen, wir
standen außerhalb der Wirklichkeit, wir waren ganz ohnmächtig.
Die Gewerkschaften sorgten wenigstens für die Notdurft des Arbeiters, für ihr Menschentum, für ihre wirtschaftliche Entwicklung,
aber die politische Partei, die blieb mit all ihren großen Ideen, mit
all ihrem Opfermut, mit all ihrer ungeheuren Arbeit, die sie leistete,
eine bloße Agitationspartei (Sehr richtig!), die nicht fähig war, oder
vielleicht noch nicht stark genug war, wirklich praktische Arbeit zu
leisten. Parteigenossen, Sie werden erstaunt sein, daß ich mich als
Anhänger der praktischen Arbeit bekenne, und Sie werden vielleicht noch mehr überrascht sein, wenn ich Ihnen bekenne, daß ich
niemals etwas anderes gewesen bin als ein Anhänger der praktischen Arbeit. Diese Art revolutionärer Politik ist in Deutschland
nicht sonderlich verständlich. Mich verdroß, mich ekelte schließlich
dieser nutzlose Agitationskampf und ich habe oft zu Freunden gesagt: Da habt Ihr das Erfurter Programm. Im ersten Teil wird eine
herrliche Zukunftswelt aufgebaut und im zweiten Teil werden die
praktischen Gegenwartsforderungen aufgestellt und bis zum 7. – 8.
November 1918, in der ganzen Zeit ist auch nicht ein einziger Punkt
dieses Programms durchgeführt worden. (Sehr richtig!)

Parteigenossen, daher die Ohnmacht gegenüber dem Kriege. Und nun will ich Ihnen kurz andeuten, worin der Unterschied von Parteigenossen wie ich bin und der Parteigenossen, wie sie üblich waren, bestand, gleichgültig, ob sie sich Radikale oder Gemäßigte nannten. Parteigenossen, ich sagte, wir waren eine bloße *Agitationspartei*. Ich dagegen bin seit dem Augenblick, seitdem ich in der Partei an leitender Stelle tätig war, also seit 1898, nachdem ich zehn Jahre zuvor schon in der Stille für die Sozialdemokratie gewirkt hatte, ein unbedingter Anhänger der revolutionären *Aktion* gewesen. Worin bestand der Unterschied, der schließlich zur Trennung der Partei führte? Ich bin der Meinung, die Massen haben die Pflicht, das, was sie wollen, sie mögen diese Ziele hoch oder niedrig stellen, *durchzusetzen*. Sie müssen das, was sie wollen, auch verwirklichen. Deshalb bin ich seit jeher ein Anhänger der revolutionären Aktion gewesen. (Beifall.) Ein Beispiel: Das preußische Wahlrecht, Dreiklassen-Wahlrecht. Es ist gewiß nicht ein letztes Ziel – man kann darüber sehr verschiedener Meinung sein, ob dieses Ziel etwas Großes ist –, aber ich war der Meinung, wenn die Massen des Proletariats in Deutschland ein solches Ziel aufstellen, dann müssen sie es durchsetzen, so oder so. Und da sagte man uns immer: Arbeiter, laßt euch nicht provozieren. Wir sind all die Jahrzehnte lang Tag für Tag provoziert worden (Sehr richtig!), und wir haben uns das gefallen lassen. So war's. Und, Parteigenossen, nun haben wir gezeigt, daß die revolutionäre Aktion möglich ist. Das Beispiel haben wir gegeben.

Parteigenossen, eine revolutionäre Aktion ist namentlich so lange notwendig, als keine Demokratie herrscht. Wie anders soll man denn ohne bestehende Demokratie eine herrschende Klasse stürzen außer durch die revolutionäre Aktion? Wir haben jetzt die politische Revolution gemacht und nun prüfen Sie, was geleistet worden ist. Denken Sie wenige Tage zurück vor die Revolution, denken Sie an die Verhandlungen mit den herrschenden Klassen, zum Beispiel an die Verhandlungen im bayerischen Landtag. Wie hat man da gefeilscht um das Wahlrecht, an Frauenstimmrecht wagte man kaum zu denken. Als ich die Meinung aussprach, es gebe Aktionen, die man nicht organisiert, sondern macht, da wurde mir klipp und klar von den Realpolitikern bewiesen, das sei nicht möglich, man könne nichts ohne Organisation machen. Und, Parteigenossen, merkwürdigerweise ist die Revolution doch gemacht worden. So müssen wir fortfahren. Wir wollen besonnene und nüchterne praktische Arbeit leisten, aber wenn wir überzeugt sind, daß eine Aufgabe zu lösen notwendig ist, dann *müssen* wir sie auch lösen. Das ist Politik! (Beifall.) Parteigenossen, ich – las in dem französischen Blatt *Le Temps*, dem größten Pariser Blatt, eine Betrachtung über die Leitung der bayerischen Politik, also über meine Person. Da wurde mein Entwicklungsgang geschildert und gesagt, ich hätte scheinbar zeitweilig in der Sozialdemokratie auf der Rechten gestanden. Merkwürdigerweise hat dieses bürgerliche Blatt, das in Paris erscheint, viel mehr Verständnis für meine Politik als irgend ein deutsches Blatt. Dieses scheinbare Auf-der-rechten-Seite-stehen wurde nämlich so erklärt: ich sei so angewidert worden von der Unfruchtbarkeit der scheinradikalen Sozialdemokraten, ich sei so sehr ein Anhänger der revolutionären Aktion, daß, als ich gesehen hätte, daß hinter den „Radikalen" nichts stecke, ich lieber mit der Rechten der Partei gearbeitet hätte, um wenigstens irgend etwas zu tun. Parteigenossen, besser ist, irgend etwas zu schaffen, als in leeren Reden und öden Schimpfereien sich Jahrzehnte lang zu ergehen und sich darin zu befriedigen. Es gibt nur einen Radikalismus und dieser Radikalismus besteht darin, durchzusetzen, was notwendig ist und was wir wollen. (Bravo! Beifall)

Parteigenossen, wir haben jetzt den 8 Stundentag, ja, das nehmen wir heute hin, als etwas, das beinahe schon selbstverständlich ist, und doch war Deutschland das einzige Land der Welt, glaube ich, von den Kulturländern, das bis zur Revolution überhaupt noch nicht den Maximal-Arbeitstag für Männer gehabt hat und alle Arbeitszeitverkürzung, die wir erreicht haben, ist nicht durch den Staat, nicht durch die Sozialisten gewonnen worden, sondern rein durch die Gewerkschaft. Jetzt haben wir auf einmal den 8 Stundentag, wir sind auf dem Wege zum 44stündigen Wochentag und werden noch weiter kommen. Wir haben heute das freieste Wahlrecht der Welt. Wir brauchen nicht mehr in Versammlungen über diese Frage Beschlüsse zu fassen und zu berechnen, wie weit wir wohl gehen dürften, nein, alle Männer und Frauen dürfen heute wählen. Ist das gar nichts? Vier Wochen nach der Revolution? Und das sind Dinge, die nicht mehr zu beseitigen sind. Noch einmal: so müssen wir fortfahren. Wir stellen unsere Forderungen auf und setzen sie durch. (Bravo! Beifall.)

Noch ein weiteres Beispiel: Wir haben eine militärische Strafprozeßordnung geschaffen. Das hätte unter normalen Umständen in der früheren Zeit vielleicht ein Jahr gekostet. Und dann wäre ein kümmerliches Flickwerk zustande gekommen, da hätte man gefeilscht, hätte kompromisselt. All diese Arbeit war Arbeitsvergeudung, weil sie durch keine richtunggebende Idee geregelt war. Parteigenossen, wir, die in die heutige Regierung berufen sind, die Massen aufzuklären, wir kennen nur zwei leitende Gedanken: Demokratie und Sozialismus. Wir wissen nichts anderes. Wir sind „intolerant", denn wir haben erfahren, alle Ideen von gestern haben nichts weiter erreicht, wie den Weltkrieg und den Zusammenbruch Deutschlands. (Beifall.)

Demokratie, was ist das? Demokratie ist das gleiche Recht für alle, aber es heißt auch die gleiche Pflicht für alle Parteigenossen, wir wollen die Kräfte des gesamten Volkes lebendig machen, des gesamten Volkes, soweit es mit der Hand oder mit dem Kopf Arbeit, wirkliche Arbeit leistet. Diese Kräfte wollen wir in den Dienst der Gesamtheit stellen. Parteigenossen, das war der Kniff der Regierung des alten Systems: Wenn wir ein Jahrtausend zurückgehen, sehen wir, daß es durch das Gesetz verboten war, Politik zu treiben. Das alte preußische Landrecht war noch bis ins 19. Jahrhundert in Kraft, das den Untertanen mit strengen Zuchthausstrafen verbot, sich mit Politik zu beschäftigen. Die Aufgabe des Bürgers war es, für den Unterhalt der Familie zu sorgen; jeder gehe seinem Geschäfte nach und mische sich nicht in die Angelegenheiten der Obrigkeit. Parteigenossen, wir sind uns gar nicht bewußt, wie sehr diese alte Anschauung noch allen in den Gliedern steckt! Da hörten wir schon als Kinder die einzige Lehre: wir müssen arbeiten, damit wir uns durchschlagen, nicht daß wir nützliche Glieder der Gesamtheit werden, sondern daß wir für uns das tägliche Brot erwerben. Ein deutscher Professor – es gibt ja auch einmal einen deutschen Professor, der etwas Vernünftiges sagt (Heiterkeit!) – hat vor dem Kriege gesagt, der deutsche Wahlspruch laute: Treu, deutsch und pensionsberechtigt. Darin steckt eine bittere Wahrheit. Diese Angst vor dem Leben, diese Sorge, daß wir ja für alle Zeiten gesichert seien, das verdirbt uns das Leben. Nun kam der Weltkrieg und plötzlich wurde auf Befehl eines einzelnen Menschen nicht nur die gesicherte Existenz der Menschen aufgelöst, sondern auch das Leben selbst der Menschen ward etwas Wertloses, über das man willkürlich verfügen konnte. Die Besten des Volkes wurden gemordet, das verstand sich ganz von selbst. Mit oder ohne Pension, sie wurden gemordet. Die List der herrschenden Klassen, die Massen an ihre niedrigen persönlichen und familiären Interessen zu ketten, diese List führte zur Aufrechterhaltung ihrer Herrschaft. Diese List wurde durch die Revolution überwunden. Zwar sollen die Massen arbeiten für sich selbst, für ihre Familie, aber über diesem Interesse muß die Arbeit für die unterdrückten Klassen, für die Gesamtheit, für die Zukunft sich erheben. Es soll auch nicht mehr so sein, daß die Söhne der begüterten Klassen mühsam auf den Schulbänken die Hosen durchscheuern und dann allmählich durch die Examina zur Bürokratie emporsteigen, Richter, Staatsanwälte, Regierungsräte und auch schließlich Minister werden. In der künftigen Welt der Demokratie soll jede Fähigkeit zu ihrem Rechte kommen. An dem ersten Tag, ich weiß nicht, ob ich es Ihnen erzählt habe, als ich, ohne Kragen, noch schmutzig von der Revolutionsnacht, nach schlaflosen Nächten, eindrang in das vornehme Palais am Promenadeplatz und mich in ein fast zweistündiges Gespräch einließ mit den Herren, die bisher die Geschäfte geführt hatten, ich kam direkt von der Straße, ohne Frack und weiße Weste, ohne Kragen – ein Lump – (Heiterkeit!) unter diese Herren – da unterhielten wir uns über unsere künftige gegenseitige Arbeit. Wir hatten von vornherein beschlossen, wir wollten jede menschliche Rücksicht nehmen. Wir können auch nicht die ganze bürokratische Staatsmaschine still legen, sonst würde alles zusammenbrechen. Ich sagte also den Herren: Ich bin bereit, mit Ihnen zu arbeiten, sofern Sie uns offen und ehrlich zur Verfügung stehen, aber ich sagte ihnen auch: Es würde mich mehr das Experiment locken, die Arbeit zu leisten mit Leuten von der Straße. Ich meinte: Fähige Köpfe, die bisher nicht ans Licht gekommen waren, mit denen würde ich vielleicht fruchtbarere Arbeit leisten können, als mit denen, die auf dem üblichen Wege in ihre Ämter gelangt waren. In dieser Bemerkung steckte nicht eine Verhöhnung der Herren, die ja auch Opfer ihres Systems sind, in dem sie tätig waren, sondern das ist ein sehr ernster Gedanke. Denn Demokratie heißt nichts weiter, als alle Kräfte entbinden, frei machen, jedem den Weg seiner inneren Fähigkeiten öffnen. Nichts Lebendiges soll verkümmern. (Beifall.) Mein Freund, der mit mir in der Revolutionsnacht Seite an Seite gekämpft hat, von dem haben Sie, glaube ich, gelesen, daß er ein arbeitsscheuer Schlossergeselle mit ausgefransten Hosen sei. Nun, er ist heute Minister und er macht jedenfalls seine Sache so gut wie irgend ein Minister vor ihm. (Beifall.)

Deshalb, Parteigenossen, hängt mein Herz an den Gebilden, die wir hier geschaffen haben, den Arbeiter-, Bauern- und Soldatenräten, die ihre offenen und versteckten Gegner haben. Die Räte sollen die Schulen der Demokratie werden, daraus dann sollen die Persönlichkeiten emporsteigen zu politischer und wirtschaftlicher Arbeit. Das ist der tiefste Sinn des Sozialismus: Selbsttätigkeit der Gesamtheit. Die „Vertreter" der „Masse" – sie mögen noch so tüchtig sein, noch so nützliche Arbeit leisten, aber das sind schon die Leute, die emporgekommen sind. In den Arbeiter-, Soldaten- und Bauernräten, in der Stadt und auf dem Lande, da kann jeder lernen, politisch und wirtschaftlich tätig zu sein. Darum, Parteigenossen, stehe und falle ich mit diesem Gedanken, daß die demokratische Organisation unmittelbar der Massen selbst künftig die Grundlage aller Entwicklung sein muß. (Beifall!) Dort wirkt Idealismus, dort ist freie öffentliche Tätigkeit möglich. Dort gibt es keine Führer und keine Angeführten, sondern dort lebt die Masse selbst. Das ist wieder eine revolutionäre Errungenschaft, eine ungeheure Errungenschaft, und wenn es auch bisher manchmal ungebärdig hergeht, wenn der alte Geist der Kleinlichkeit, auch des Eigennutzes noch nicht ganz ausgerottet ist – ich habe keinen Zweifel mehr daran, daß auch im deutschen Volk die politische Fähigkeit lebt, für die Gesamtheit zu schaffen und für die Interessen der Gesamtheit sich zu opfern. Die Räte sind die Grundmauer der Demokratie, die Nationalversammlung, der Landtag ist die Krönung des Gebäudes. Aber diese Krone würde genau so zusammenstürzen wie die monarchischen Kronen, wenn sie sich nicht stützen auf die Kraft und den Willens jener Arbeiterräte oder Arbeiterkammern oder wie man sie sonst nennen mag. (Beifall!) Darum fürchte ich mich auch nicht vor der Nationalversammlung, mag sie werden wie sie will, aber ich bitte um Ihre Hilfe, daß dieses Parlament völlig rein werde von der Vergangenheit, daß der neue Geist dort einziehe. Wie auch das Wahlglück in dem noch nicht völlig aufgeklärten Volke entscheiden mag, die Grundlage ist nicht mehr anzutasten. Die Tatsachen der Revolution sind unzerstörbar. Damit meine ich nun nicht, daß man, wenn diesen Räten irgend etwas nicht paßt, mit Maschinengewehren und Granaten gegen das Parlament losgeht. Haben wir einmal den revolutionären Geist durchgesetzt, haben wir diese freien Einrichtungen, die Körperschaften der Räte, dann haben wir bessere Waffen als Granaten und Maschinengewehre (Beifall!) und die Giftgase der Vergangenheit zerstieben und verwehen vor dem reinigenden Wehen des neuen Geistes. Das ist die Arbeit für die Zukunft, das ist Revolutionspolitik: jetzt durch geistige Durchdringung der Massen, durch die Erziehung der Massen jedes reaktionäre Regiment künftig unmöglich zu machen. Aber wenn es jemanden gelüsten sollte, die Revolutionserrungenschaften anzutasten, dann steht Gewalt wider Gewalt! (Sehr richtig! Bravo! Beifall!)

Demokratie setzt vor allem voraus auch eine vollständige Umgestaltung unseres ganzen Schul- und Erziehungswesens. (Sehr richtig!) Wir werden noch vor der Nationalversammlung, wie ich erwarte, wenigstens die Schule befreien von der Aufsicht der Kirche (Beifall!) Die Schule soll sich selbst gehören. Der Schüler, der Lehrer, die Eltern, die Arbeiter- und Bauernräte, die sollen wachen über die Erziehung und über die Bildung der Massen. Wir lassen der Kirche jede Freiheit. Sie mag die religiösen Bedürfnisse der Massen, soweit sie vorhanden sind, befriedigen wie bisher. Aber wir dulden keinen Gewissenszwang (Beifall!), wir dulden keinen Gewissenszwang weder gegen die religiös Gesinnten, noch gegen die, deren Ideale losgelöst sind von den überlieferten religiösen Ideen der Geschichte. Diese Freiheit für beide Teile wollen wir schaffen. Und wenn das erreicht ist, ist wieder ein gewaltiges Werk getan. Sie werden mich fragen, was haben wir denn geleistet auf dem Gebiet, für das ich besonders bestellt bin, auf dem Gebiet der äußeren Politik. Wie stehen wir da? Was ist es mit dem Frieden, mit der Neugestaltung Deutschlands? Auch hier war meine Politik ganz einfach, die einzig mögliche Politik, die einzige, die unser Vertrauen gewinnen konnte. Wir erstreben eine Politik der Offenheit und der Wahrheit, nichts weiter. Deutschland wurde von der ganzen Welt isoliert und gehaßt, da die bisher herrschende Sippe nur zwei Mittel kannte: Kanonen zum Totschießen und Geld, um die Seelen zu kaufen und zu verderben! (Sehr richtig, Beifall!): O, unsere alte Regierung war auch sehr revolutionär gesinnt, sie hat ungezählte Millionen vergeudet, um Revolutionen anzustiften – im *Ausland*! Wenn ich mich heute dagegen wende, daß die Revolution von uns in das Ausland getragen wird, und das Gesindel bekämpfe, das für solche Agentendienste sich bezahlen läßt, so tue ich das, weil das die Mittel des alten Systems waren. Jedes Volk mache seine Revolution gefälligst selber. Wir brauchen nicht bei uns die revolutionäre Hilfe der „Bolschewiki" – wir machen unsere eigene Revolution. Und wenn die Franzosen einer Revolution bedürfen, so sollen sie das ohne deutsches Gold, auch ohne deutsche Revolutionssöldner tun. Dazu haben wir kein Geld, keine Staatsmittel. Von den 150 Milliarden und mehr, die der Krieg gekostet hat, ist ein erheblicher Teil nicht für die Giftgase der Granaten und Bomben ausgegeben worden, sondern für die Giftgase der Erzberger-„Revolutionen" im Auslande. Von solcher verworfener Politik wollen wir nichts mehr wissen.

Das war die auffälligste Erscheinung, die ich beobachtete, als ich nach Berlin kam: Das ganze alte System der auswärtigen Politik bestand noch, unter der Firma einer revolutionären Regierung. Damals erhob ich meinen Kampfruf gegen das Auswärtige Amt, gegen Solf und Erzberger, ich brach schließlich mit diesen Leuten die persönlichen Beziehungen ab, ich erklärte: ich verhandle nicht mehr mit Solf, Erzberger und den Seinen. Seit der Zeit habe ich die Presse gegen mich, weil die ganze Presse ihren Geist vom Auswärtigen Amt in Berlin bezogen hat, auch nach der Revolution weiter bezog. Deshalb wurde die Losung ausgegeben: Feste druff auf diesen Ideologen, auf diesen Phantasten, auf diesen Dichter. Ich teile dieses Unglück mit dem französischen Minister Clemenceau, der auch ein Dichter ist. Nur bei uns herrscht noch die Meinung, daß jemand, der gutes Deutsch schreibt, wenn nicht ein Narr, so mindestens ein schlechter Politiker ist. Ich bin zufrieden mit dem Erfolg meiner phantastischen Attacke: Das Auswärtige Amt ist gründlich ausgeräumt. (Beifall!) Ich würde das Schicksal Deutschlands preisen, wenn wirklich die Entente auf den gescheiten Einfall gekommen wäre, die ganze Waffenstillstandskommission, an der Spitze den Herrn Erzberger, zu internieren. Hoffentlich lassen sie den Herrn niemals wieder los auf Deutschland. Das ist mehr wert als jeder Waffenstillstand. Das war eine schlaue Rechnung; die Herren von gestern stellten sich der Revolutionsregierung zur Verfügung, um ihre Reaktionspolitik darin weitertreiben zu können. Das war der Zweck meines Angriffes und ich habe ins Schwarze getroffen, ins

Schwarze, in Herrn Erzberger – (Heiterkeit!) Dieser Herr Erzberger, es ist unglaublich, dieser Herr Erzberger, der all die Jahre die Vergiftung der gesamten Weltpresse mit deutschen Millionen organisiert hat, – dies deutsche Gold, das wir, das die Dummen zur Reichsbank tragen mußten, das floß ins Ausland für die Agitation des Herrn Erzberger, um das neutrale Ausland für die deutsche Politik zu gewinnen. – Dieser Herr Erzberger, der vor ein paar Jahren in einem Berliner Blatt den frommen Wunsch geäußert hat: Wenn es möglich wäre, daß Schwefel vom Himmel regnete, um England zu vernichten, dann müßten wir diesen Schwefelregen selbst herstellen. (Zuruf: Christ!) Diesen Mann läßt man nach dem 8. November Waffenstillstandsverhandlungen leiten. (Hört! Hört!) Ich verstand Berlin nicht. Aber wie mein Angriff, mein phantastischer, ideologischer, dichterischer Angriff gewirkt hat – Parteigenossen, ich mußte mich beeilen wegzugehen aus Berlin, sonst hätte man mich am Ende da behalten. (Heiterkeit!) Was ist nun in der Friedenssache erreicht? Über meine Friedenspolitik sind viel falsche und dumme Nachrichten in der Presse verbreitet gewesen. Ich habe niemals gesagt, daß ich mit Clemenceau auf Du und Du stehe. Ich habe niemals von diesem Mann, der 1870 nie vergessen hat und der mit einer Kühnheit und Entschlossenheit, die ich den deutschen Staatsmännern wünschte, im Augenblick der größten Gefahr für sein Land den Widerstand befeuert und aufrecht erhalten hat, ich habe nie gesagt, daß dieser Mann mein Freund, mein Verbündeter ist, aber ich habe gesagt: wir müssen in Deutschland eine Politik des Vertrauens, gegenseitigen Vertrauens pflegen, wir müssen als Menschen zueinander reden, ein anderes Mittel gibt es nicht. (Sehr richtig!) Parteigenossen, das können wir nicht so machen, daß wir sagen, alle Regierungen seien miteinander schuldig. Auch das geht nicht, daß wir unsere blutbefleckten Hände über die Grenze hinüberreichen und rufen: Darum keine Feindschaft nicht, es sei alles vergeben und vergessen. Töricht, die glauben, es genüge, wenn wir jetzt nach dieser furchtbaren Vernichtung Nordfrankreichs, nach diesen Greueln der deutschen Kriegführung und nachdem das deutsche Volk scheinbar 4 ½ Jahre lang keinen Widerstand geleistet hat gegen diesen Krieg und die Methoden dieser Kriegführung, beteuern: Wir haben genug vom Krieg, jetzt reichen wir uns die Hände. Anderes muß geschehen. Das war der Sinn meiner Enthüllungen aus der Vorgeschichte des Krieges. Ich habe damit jedem, der lesen kann, jedem, der ehrlich ist, bewiesen, wie eine verbrecherische Horde von Menschen diesen Weltkrieg inszeniert hat, wie man ein Theaterstück inszeniert. Denn dieser Krieg ist nicht *entstanden*, er ist *gemacht* worden. (Beifall! Sehr richtig!) Ich könnte diese Enthüllungen über die Vorgeschichte des Krieges noch durch andere Dokumente verschärfen, auch durch militärische Zeugnisse. Das Bekenntnis der Wahrheit ist die Voraussetzung, zu einem ehrlichen Frieden zu kommen. Es war neulich ein englischer Korrespondent bei mir, der Vertreter eines imperialistischen Blattes, der *Daily Mail*, eines Blattes, das wir nicht lieben können. Dieser Herr, von dem ich wußte, daß er ein Gegner Deutschlands ist, vielleicht sogar ein erbitterter Hasser Deutschlands, sprach mit mir über unsere Politik, wie wir sie in Bayern treiben wollen, jener Politik der Freiheit, der Wahrheit, gegenseitigen Vertrauens. Und dieser Mann versicherte, er hätte an sein Blatt geschrieben: Er wäre nach Deutschland gekommen in dem Glauben, daß die Revolution entstanden wäre aus Lebensmittelnot und wegen der Enttäuschung über den militärischen Zusammenbruch. (Eine Revolution, die bloß aus solchen Motiven entsteht, ist nicht viel wert. Hunger und Niederlage als Motive einer Revolution stehen moralisch sehr tief. Deswegen sage ich immer, daß der Streik vom 31. Januar eine noch viel würdigere Revolution geworden wäre, als die vom November!) Der Engländer erkannte, daß die Auffassung, wie er sie gehabt habe, falsch sei. Die Revolution sei, wenigstens in Bayern, nach den Motiven und Absichten der Urheber nicht durch Lebensmittelnot, nicht durch den Zusammenbruch bewirkt worden, denn sie war ja schon geplant im Januar. Die Revolution sei eine *moralische* Revolution, eine Auflehnung gegen das alte System. (Beifall!) So sprach ein Feind Deutschlands aus tiefster und ernstester Überzeugung. Er sagte mir weiter: Die deutsche Presse hat ganz unrecht, wenn sie behauptet, daß die Enthüllungen über den Ursprung des Krieges im Auslande aufreizend wirken. Das Gegenteil sei der Fall. Denn nun sieht man im Auslande ein, daß das deutsche Volk wirklich nichts mehr gemein haben will mit den Verantwortlichen des Weltkrieges. (Sehr richtig!) Das ist der Geist meiner auswärtigen Politik und ich werde sie fortsetzen, solange ich an dieser Stelle stehe. (Beifall!) Nach der Politik der Verschwörung, der Lüge die Politik der Wahrheit und des Vertrauens. Und, Parteigenossen, wer jetzt die Stellung der andern Völker gegenüber den eigenen Regierungen verfolgt, der weiß, sie beginnen Deutschland zu vertrauen.

Viele von Ihnen werden mit eigenen Augen gesehen haben, wie es mit Nordfrankreich und Belgien steht, welch ungeheurer, niemals wieder gut zu machender Schaden dort von uns Deutschen angerichtet worden ist. Niemals darf vergessen werden, wie Zehntausende von Belgiern und Franzosen, Männer, Frauen und Kinder deportiert und zur Zwangsarbeit gezwungen wurden. (Sehr richtig! Hört!) Niemand wird diese Methoden der deutschen Offiziere, des deutschen Militarismus vergessen, an dem gewiß das deutsche Volk keinen Teil gehabt hat, gewiß nicht, aber den das deutsche Volk doch geduldig 4 ½ Jahre lang ertragen hat. Es war doch auch bei uns in den letzten Jahren bekannt geworden, wie man von Deutschland aus in dem neutralen Ausland arbeitete; da arbeitete man nicht nur mit Geld-, sondern mit Roßbazillen, um die Viehbestände zu zerstören (Hört!), so trieben die Leiter des bisherigen Regierungssystems auswärtige Politik! All dieses Unheil, das die Herren von gestern über die Welt gebracht haben, müssen Sie ermessen, müssen Sie bedenken, um zu begreifen, daß der Haß gegen uns nicht in einem Tage erlöschen kann. Jene Politik wird sogar auch heute noch fortgesetzt. Wir bekamen aus dem Waffenstillstandsnest Spaa wiederholt die Aufforderung, Meldungen in die Presse zu bringen – ich weiß nicht, ob die Zeitungen das inzwischen getan haben, wir sind jedenfalls unschuldig daran –, daß der Abschaum der Schwarzen in die Pfalz eingebrochen wäre, alles plündere und die Frauen notzüchtige, keine Frau wage sich mehr auf die Straße, kein Kind – das kam aus Spaa, aus der Erzbergerei. Nun stellen Sie sich vor, wie das wirken muß auf die Entente, jetzt noch von dem Abschaum der schwarzen Truppen zu sprechen. Es war kein Wort davon wahr! (Hört!) Es kamen einige Ausschreitungen vor, wie sie in München auch täglich vorkommen. Bisweilen gab es auch Attentate: dunkelhäutige Männer konnten sich bisweilen nicht erwehren der Angriffe von deutschen Frauen, der *zärtlichen* Angriffe! … (Hört!) Ein neues Beispiel dieses fortgesetzten Lügensystems: Die Blätter drucken, aus dem Hauptquartier in Kassel sei amtlich gemeldet worden, daß die Franzosen die Auflösung der Arbeiter- und Soldatenräte verlangen binnen drei oder vier Wochen, widrigenfalls deren Mitglieder verhaftet würden. Nun war mir durch direkte Berichte aus der Pfalz bekannt, daß Volksräte in der Pfalz bestehen. Ich habe deshalb das Hauptquartier in Kassel telephonisch aufgefordert zu sagen, was eigentlich daran wahr wäre. Aus der telegraphischen Antwort geht folgender Sachverhalt hervor: Nach der Äußerung eines französischen Offiziers in Spaa hätte General Foch erklärt, er erkenne die Arbeiter- und Soldatenräte nicht als Behörden an. Nun, als *Behörden* werden ja die Räte auch bei uns nicht anerkannt.

Warum schreiten wir gegen die Presse nicht ein, wenn sie solche Lügen verbreitet? Ich will heute nicht über die Presse reden. Ich bin wohl der erste Ministerpräsident, seit Adam und Eva aus dem Paradiese vertrieben sind, der seine Regierung im Kampf gegen die Presse begonnen hat. Ich wußte, was ich tat, als ich die Presse angriff. Seit der Zeit liebt man mich nicht in der Welt der Druckerpresse, aber es beruht auf Gegenseitigkeit (Heiterkeit!), ich liebe die Presse nicht nur nicht, ich verachte sie. Diese Behandlung ist vielleicht mein größter Fehler gewesen, aber ein Fehler, auf den ich stolz bin. Ich habe den Herren gesagt, 4 ½ Jahre habt Ihr die Zensur geduldet, habt Euch anlügen lassen und jetzt, wo Ihr die Freiheit habt, da unterstützt Ihr sie nicht, sondern mißbraucht sie. Trotzdem, Parteigenossen, lassen wir sie ruhig abwirtschaften, lassen wir sie alle Torheiten und Gemeinheiten begehen, sie können ja nicht anders, denn sie sind durch die 4 ½ Jahre des Krieges so verwahrlost worden, daß sie sich nicht mehr bessern können. (Beifall!) Sie wissen gar nicht, wie wurst mir das ist, was die Presse schreibt. Sie mag mich als Idioten darstellen, das ist mir ebenso gleichgültig, als wenn ich Salomon Kuszinski oder Isidor Itzig heiße. Aber, Parteigenossen, Sie sollten aufhören, Zeitungen zu lesen. (Beifall!) Ich habe während des Krieges oft zu meinen engeren Parteigenossen gesagt: Vielleicht macht nur ein Volk Revolution, das nicht lesen und nicht schreiben, dafür aber denken und handeln kann. (Beifall!) Denn die Druckerpresse, die ist gefährlich und vergiftender als Alkohol.

Dennoch: Gegen die Macht der Lüge, die Macht der Wahrheit, gegen die Politik der Täuschung, der gegenseitigen Überlistung die Politik der Wahrheit und des gegenseitigen Vertrauens. Nur diese Politik führt zum Ziel und wenn wir heute mit dieser Politik nicht siegen, so siegen wir in kurzer Zeit, so gewinnen wir die anderen Völker, so vergißt man unsere deutsche Schuld. Es hilft uns gar nichts, wenn wir sagen, auch die andern seien schuld, gar nichts hilft es uns. Allerdings auch drüben gibt es Kriegshetzer und Chauvinisten, aber die Schuld an diesem Kriege liegt bei Deutschland. Das ist die geschichtliche Wahrheit, und diese Wahrheit müssen wir bekennen, um uns von der Vergangenheit loslösen zu können. Die Gewalt der Revolution vom 7./8. November muß ergänzt und fortgeführt werden durch die moralische Revolution der Wahrheit! (Beifall!)

Ich sprach von auswärtiger Politik – von demokratischer Politik, von *sozialistischer* Politik sprach ich noch nicht. Jeder Sozialdemokrat steht auf dem Boden des Klassenkampfes, aber Klassenkampf ist für uns niemals Herrschaft einer Klasse gewesen, sondern Beseitigung jeder Klassenherrschaft. Damit, Parteigenossen, komme ich zu dem Vorwurf, der gegen mich am heftigsten und häufigsten erhoben wird, daß ich nachdrücklich und ohne jede Konzession sozialistische Politik treiben will; daß ich das Proletariat als die Machtgrundlage aller künftigen Politik anerkenne, und daß ferner nur sozialistische Ideen die politischen Maßnahmen der Regierung und wie ich hoffe des Parlaments leiten sollen. Damit, sagt man uns, schalte ich also alle anderen Klassen aus. Das ist nicht wahr. Wir schalten niemand aus, der mitarbeiten will an der Sozialisierung der Gesellschaft, wir schalten niemand aus, der mitarbeiten will an der Demokratisierung der Gesellschaft. Man umdrängt uns von allen Seiten; der festeste Bourgeois stellt sich heute uns „zur Verfügung" – sie sollen sich nicht der *Regierung* zur Verfügung stellen, sondern sie sollen sich den sozialistischen und demokratischen Ideen zur Verfügung stellen. (Beifall!) Wer mit uns sozialistische und demokratische Politik treiben will, – und 96 % der Bevölkerung haben das Interesse an demokratischer und sozialistischer Politik – ist uns willkommen. Aber es gibt da keine Kompromisse. Sie kennen den Professoren-Witz: Die Einen sagen, die Seele ist sterblich, die Andern sagen, die Seele ist unsterblich, die Wahrheit liegt wie gewöhnlich in der Mitte. Die Wahrheit liegt niemals in der Mitte. Die Seele ist entweder sterblich oder unsterblich Man ist entweder Sozialist oder man ist es nicht. Eines von beiden ist nur möglich. Wir müssen das sozialdemokratische Ziel stets vor Augen haben, das ist das Ziel, auf das wir losmarschieren. Wir dürfen natürlich nicht blind drauflos experimentieren. Aber wir müssen wissen, wohin wir gehen werden. Wer sein Haus bauen, eine Brücke schlagen will, muß einen Plan haben, nach dem er bauen will. … Wir dürfen uns nicht auf jene

Halbheiten einlassen und jene Mischerei, die aus dem Alten und aus dem Neuen einen schmutzigen Brei zusammenrühren möchte. Wir wollen ganz neu sein, wir wollen von vorn anfangen, wir wollen zum erstenmal nur unseren sozialistischen Ideen leben und zu großen Zielen geraden Wegs vorwärts gehen. Also keine Klassenherrschaft in dem engen Sinne, daß wir diejenigen aussperren wollen von der Teilnahme an der Politik, die sich so weit loslösen können von ihrem Klasseninteresse, daß sie unsere Politik fördern können.

Sozialismus ist nur ein Wort und Sozialismus, das Wort, erfüllt man mit Leben, indem man es verwirklicht; wie auch Demokratie nicht dekretiert werden kann von·oben,·wie die Freiheit nur in sich selbst und aus sich selbst reift. Ein Volk, das nicht frei ist, kann niemals die Freiheit gebrauchen lernen; erst wenn es frei ist, lernt es, frei zu sein. Nur so können wir sozialistische Politik treiben. Der Sozialismus wirkt, indem er sich verwirklicht. Er birgt eines Fülle schwerster Probleme. Aber das Ziel ist klar: wir müssen die menschliche Knechtschaft beseitigen. Wir müssen die Güter der Erde allen zuteil werden lassen. Es darf nicht mehr sozial Unterdrückte in der künftigen Gesellschaft geben. Wie immer die Gliederung und der Aufbau in der zukünftigen Gesellschaft sich vollziehen wird, welche wirtschaftlichen Formen wir finden werden, der Mensch darf nicht das Opfer seiner Verhältnisse werden, sondern der Mensch muß der *Herr* über seine Verhältnisse werden. Der Mensch darf nicht mehr Sklave der Maschinen werden, sondern Herr über die Technik. Der Mensch darf nicht mehr Objekt des Profits werden, sondern jeder, der arbeitet, muß mitbestimmen können an der Gestaltung dieser Arbeit. (Beifall!) Wir haben es immer abgelehnt, einen Zukunftsstaat auszumalen. Einen Zukunftsstaat prophezeit man nicht, sondern man schafft ihn, indem man ihn baut. Heute ist es schwer, sich zu entscheiden, ob es zweckmäßig wäre, daß wir sofort die zusammengebrochene Industrie vergesellschaften; ich wage das nicht zu bejahen. Ich glaube, daß wir in der gegenwärtigen Lage selbst die Mitarbeit und die Initiative der herrschenden Klassen brauchen, um die Industrie wieder aufzurichten. Aber ich lasse nicht den mindesten Zweifel darüber, daß das nur eine Übergangszeit ist. Ein tragikomisches Erlebnis, das ich in jener Nacht hatte, als ich meine Freunde, die Journalisten, von der Militärdiktatur befreite. Es war gerade das allerchristlichste Blatt, wo die Buchdrucker am radikalsten waren.

Wir hatten zwar Herrn Mühsam und die Seinen schon veranlaßt, daß sie ihre Diktatur wieder einstellen. Aber unten in der Druckerei da wollten die Setzer und Drucker durchaus das Spartacus-Blatt herausgeben, nicht weil sie Spartacus-Leute waren, sondern weil ihnen Herr Mühsam das ganze Geschäft geschenkt hatte. Ich sagte den Herren, zum großen Teil sehr alte Herren, sie sollen sich erst über Nacht überlegen, ob gerade der Bayerische Kurier ein so glänzendes Geschäft wäre, daß sie es unter sich aufteilen sollten. Es war rührend, wie die christlichen Setzer am christlichsten Blatt plötzlich radikale Kommunisten geworden waren. Sie konnten sich gar nicht von dem Gedanken des plötzlichen Gemeineigentums trennen (Heiterkeit!). Das·war der beste Witz, den Herr Mühsam jemals gemacht hatte. Aber diese „Sozialisierung" hat eben nur eins paar Stunden gedauert, dann traten die Tatsachen wieder in ihre Rechte.

Es ist gar kein Zweifel, vor dem Weltkrieg war die Produktion reif, sozialisiert zu werden; jetzt ist sie es augenblicklich nicht. Wir können keinen Trümmerhausen sozialisieren, sonst können wir schließlich auch die Kriegsanleihe vergesellschaften. Die Schwerindustrie, die Privatbanken, die Hypothekenbanken (Zwischenruf: Privatversicherung!) alle diese Dinge sind reif. Aber, Parteigenossen, die „Sozialisierung" dieser Betriebe, die Übernahme auf den Staat ist ja noch keine Beseitigung des Lohnsystems. Die sozialistische Gesellschaft kann nicht Bayern allein einführen, nicht Deutschland,·das kann nur weltwirtschaftlich international geschehen. Der Weltkrieg muß unbedingt zur Folge haben die Weltarbeit. Die Welt muß ein gemeinsames Gebiet der Wirtschaft werden und die Proletarier aller Länder müssen die Führer dieser Wirtschaft werden. Das ist die Weltrevolution. So verstehe ich sie. In keinem Lande ist es möglich, in der bisherigen Weise fortzuwirtschaften. Wir Deutschen haben erlebt, was das bedeutet: national isolierte Wirtschaft. Selbst der Verkehr ist bei uns aufgelöst. Die Hamsterreisen – was bedeuten sie anders, als Rückkehr zu Urzuständen! Wir sind ja ein Jahrtausend in der wirtschaftlichen Verfassung zurückgesunken. Alles das müssen wir wieder aufbauen. Und wir müssen mit denselben ungeheuren Mitteln, mit denen wir eine Welt verwüstet haben, mit denen wir die Zerstörung gefristet haben, müssen wir jetzt das Leben ausstatten.

Alles gaben wir her für Vernichtung von Menschenleben und

blühenden Landes. Wenn wir früher zu einem nützlichen Werk 25.000 Mark gefordert haben, dann hatten wir in Bayern kein Geld dafür; unmittelbar darauf gab es überhaupt den Begriff Geld nicht mehr. Da zählte man nicht nach Millionen, sondern nach Milliarden und wenn der Krieg weiter gedauert hätte, würde man sicherlich mit Billionen gerechnet haben.

Das wird anders werden in der Welt der Zukunft: die produktive Arbeit hat sich nicht mehr nach der „Finanzlage" zu richten, sondern die Finanzen müssen geschaffen werden für die Herstellung produktiver Arbeit. Was notwendig ist, was an produktiver Arbeit geleistet werden muß, dafür muß Geld da sein, und wenn Geld nicht da sein sollte, so muß das ganze System von Grund aus geändert werden. Wenn wir nur diesen einen Gedanken der Sozialisierung vorläufig in uns aufnehmen: Alles was zum Aufbau der Gesellschaft jetzt notwendig ist, muß geleistet werden, es darf keine Wohnungsnot mehr geben, keine Arbeitslosigkeit, keine Obdachlosigkeit. Kein Mensch, der krank ist, darf ohne Pflege sein. Es darf kein Elend in den Schulen mehr geben. Jeder hat das Recht auf Gesundheit, Bildung, Nahrung, Wohnung, gute Wohnung. So kommen wir zur Sozialisierung der Gesellschaft. Wenn wir die 150 Milliarden, die wir für den Krieg vergeudet haben, für das Leben ausgegeben hätten, dann wäre Deutschland heute ein Paradies. (Sehr richtig! Beifall!) Zum Glück hat die gegenwärtige Regierung einen sozialistischen Finanzminister. So werden wir uns mehr auf die „Finanzlage" berufen, wenn es heißt, lebendige Werte zu schaffen. Wir wollen keine Geduld mehr haben, wir haben genug gewartet, jetzt gehen wir vorwärts, durch die Freiheit zur Selbstbestimmung jedes einzelnen Menschen in der sozialen Republik! (Anhaltender Beifall!)

Der Künstler und die Kunst im sozialen Staate

(Rede vor dem provisorischen Nationalrat, 3. Januar 1919)[20]

„Es wäre doch unsinnig, wenn ich behaupten würde, daß die Kunst so ungefähr ausgeübt werden sollte wie die Sonntagsjagd oder die Sonntagsreiterei. Kunst er-fordert ein ganzes Leben, große Kunst erfordert sogar Verzicht auf das Leben. Der große Künstler ist besessen, er ist der Märtyrer seiner Kunst. Ich habe gesagt, der bildende Künstler sollte nur in den Feierstunden seiner Inspiration schaffen, er sollte nicht die Kunst zur Ware machen unter dem Zwange wirtschaftlicher Existenznotwendigkeit. Er sollte zum Beispiel nicht die Notwendigkeit haben, sich ewig zu wiederholen, nur um auf den Markt Ware zu werfen. Ich habe in diesem Zusammenhange gesagt, daß vielleicht ein Schriftsteller, der mehr als sechs Bücher in seinem Leben schreibt, sich schon wiederholt und daß große Kunstwerke immer nur aus innerstem Zwange in höchst beschränkter Anzahl produziert werden. Deshalb habe ich den Gedanken aufgegriffen, ob gerade der bildende Künstler nicht von seinem eigenen Handwerk ausgehen soll, ob er nicht seine wirtschaftliche Existenz auf sein Handwerk gründen soll – der Bildhauer zum Beispiel als Steinmetzmeister – und nur in den Feierstunden seiner Inspiration am Kunstwerke schaffen soll, das er dann nicht in der Hast, um leben zu können, in 24 Wochen machen, sondern an dem er oft jahrelang arbeiten könnte. Ich glaube, daß dieser Gedanke gar nicht utopisch ist, sondern daß er eine Rückkehr zu früheren gesunden Kunstzuständen ist. Der Vorschlag ist ein Versuch der Lösung des Problems,

---

[20] Textquelle I Deutscher Revolutionsalmanach für das Jahr 1919. Herausgegeben von Ernst Drahn. Hamburg 1919, S. 111-113 [archive.org]; dieser *Auszug* auch in: K. EISNER, Die halbe Macht den Räten. Ausgewählte Aufsätze und Reden. Köln 1969, S. 284-286. – Der *ungekürzte Text* ist zugänglich in: Kurt EISNER: *Sozialismus als Aktion*. Ausgewählte Aufsätze und Reden, hg. v. Freya Eisner. Frankfurt a. M.: suhrkamp 1975, S. 113-123. – Redezitate auf https://kurt-eisner-kulturstiftung.de: *„Ich bin mir darüber nicht im mindesten im Zweifel, ein deutscher Staatsmann, der im Verdacht steht, ein Gedicht machen zu können, ist hinreichend verdächtig, von Politik keine Ahnung zu haben. Aber das ist ein deutsches Reservatrecht, das daraus entstand, daß, ich glaube, seit den Zeiten des seligen Humboldt überhaupt in Deutschland keine Künstlernatur jemals in der Regierung gewesen ist, …“. – „Die Kunst kann nur gedeihen in vollkommener Freiheit. […] Der Künstler muß als Künstler Anarchist sein …“.*

wie der bildende Künstler heute überhaupt leben kann, ohne von der Kunst zu leben. Für die Kunst soll er leben.

Was wir tun können, ist, die Kunst zu fördern dadurch, daß der Staat selbst aus Künstlern besteht, daß er Freiheit läßt, und ich sehe auch nicht ein, warum nicht der Staat Künstlern auf den verschiedensten Gebieten durch wirtschaftliche Unterstützung die Freiheit ihrer Betätigung geben soll, ebenso wie etwa ein Literaturhistoriker, der an der Universität sitzt und dessen ganze Tätigkeit auf der Ausschlachtung verhungerter Künstler beruht, ein reicher und hochgeehrter Mann wird.

Es ist ja auch in dieser Hinsicht eine Umkehrung aller vernünftigen Begriffe. Der Produzent, der ist der Verachtete, der ist der Paria, der irgendwo in der Tiefe leben kann, der Dichter, der Schriftsteller, der Musiker. Wenn aber ein Professor über diese Leute kommt und sie exzerpiert und einige Bemerkungen dazu macht, ist er eine Leuchte der Wissenschaft, die geschützt werden muß. Ich glaube, daß der zukünftige sozialistische und demokratische Staat darin Wandel schaffen soll. Warum soll ein solcher Staat einem Künstler von dem Range eines Arno Holz, den ich einmal hier an dieser Stelle erwähnen möchte, der seit Jahren mit ungeheurer Energie, ohne irgendeine Konzession zu machen, für seine künstlerischen Ideale lebt, nicht ebenso die Existenz ermöglichen, als Künstler, wie dem Mann, der Vorträge an der Universität über diesen Arno Holz hält? Das ist ein Problem, das der Staat lösen kann. Ob das nun nach französischem Muster durch eine Akademie geschehen soll, will ich nicht entscheiden; denn auch die Akademie hat sich nicht bewährt. Daß aber der Staat anerkannten Künstlern die Existenzsicherheit geben kann, daß er ihnen genauso Gehalt zahlen kann wie irgendeinem Untersuchungsrichter, das scheint mir durchaus möglich zu sein.

Der Staat kann noch Weiteres für die Kunst tun. Er kann z. B., um von der Literatur zu reden, aus den Schulbüchern den Kitsch beseitigen und kann die heutige künstlerische Produktion durch Schulbücher fördern. Das dient dann nicht nur zur Erziehung der jungen Generation, sondern es nützt auch dem Künstler, sowohl dem bildenden, Zeichner wie dem Schriftsteller. Das sind so einige Dinge, wie ich mir sie denke, wo der Staat fördernd eingreifen könnte."

„Genossen der Mehrheitssozialisten haben mitgeholfen, Deutschland in den Abgrund zu hetzen"

Rede auf der Arbeiter- und Sozialistenkonferenz in Bern, 3. bis 10. Februar 1919

Dienstag, 4.2.1919, vormittags[21]

Die Worte, die unsere französischen Freunde hier gesprochen, mögen vielleicht manchem streng geklungen haben, aber ich glaube,
diejenigen, die feinere Ohren haben, die haben aus ihren Anklagen
mehr Klagen gehört, und vor allen Dingen klang aus ihnen, darin
glaube ich mich nicht zu täuschen, das tiefste Bedürfnis, daß aus dieser ersten Zusammenkunft der Internationale der Anfang des neuen
Völkerbundes hervorgehen möchte. Ich habe die feste Zuversicht,
daß diese erste Aussprache der bisher Getrennten nicht ohne Erfolg
sein wird. Niemand von uns, glaube ich, hat einen so festen und sicheren Drang, daß wir uns verständigen, als diejenigen, die zuerst
verlangten, daß Klarheit und Wahrheit sein müßten.

Ich stimme meinem Freunde Thomas zu, daß die Internationale
ein wesenloses Werkzeug, ein neuer Trug wäre, wenn sie nicht beruhte auf dem sicheren gegenseitigen Vertrauen. Deshalb können
und wollen wir Deutschen dieser Aussprache nicht ausweichen. Wir
brauchen die neue Internationale, denn der Sozialismus pocht an die
Türe, nicht mehr als Programm einer ferneren Zukunft, sondern als
unmittelbare Aktion. In diesem weltgeschichtlichen Augenblick
müssen die Sozialisten einig sein. Sie müssen sich klar sein über das,
was wir wollen, wohin wir gehen, mit welchen Mitteln wir zu dem
Ziele kommen wollen. Wenn diese Einigkeit nicht möglich ist – ich
lege weniger Gewicht auf die formale Einigkeit, als auf die sachliche
Einheit der Gedanken und des Willens – dann ist unsere Interna-

---

[21] Textquelle | II. Internationale 1918/1919; Online-Ausgabe: www.kurt-eisner-
werke.org/III230.html [abgerufen am 12.01.2025]. – Hauptüberschrift hier nur re-
daktionell, pb. Eine nur leicht abweichende Textedition ist nachzulesen in Kurt
EISNER: *Schuld und Sühne*. Mit einer Einleitung von Heinrich Ströbel. (=Flugschrif-
ten des Bundes „Neues Vaterland", Nr. 12). Berlin: E. Berger & Co 1919.

tionale verloren, dann diktiert man uns vielleicht den Völkerbund, aber nicht wir sind es, die ihn schaffen.

Die Aussprache, die wir hier als Eingang unserer Verhandlungen pflegen, sie sollte vor allem eines erreichen. Wir müssen uns herausdenken, wir müssen uns herausheben aus dem Wahnsinn und aus der Lüge dieser Zeit. Nur wenn wir uns so ganz herausgedacht und herausgehoben haben, ist es für uns möglich, zum neuen Aufbau zu schreiten.

Parteigenossen, es wird nicht leicht sein, heute zu sprechen. Ich gehöre einem besiegten Volke an, und so sehr ich vor einem Jahr bereit gewesen wäre, die schärfsten Anklagen zu erheben, so sehr widerstrebt es mir, heute nach dem Zusammenbruch die billige Arbeit zu leisten, Steine zu werfen auf das, was bereits tot ist. Aber noch aus einem andern Grunde widerstrebt es mir und wird es mir schwer, heute über diese Dinge zu sprechen. Ich bin im Innersten überzeugt, daß das deutsche Volk eine einheitliche Sozialdemokratie braucht. Es war mein erstes Wort, das ich in der Revolutionsnacht vom 7. auf den 8. November sprach, daß nun, nachdem das alte System gestürzt, es Aufgabe der Massen in Deutschland sei, einig zu sein. Wie ich vorhin als die Vorbedingung unserer neuen Internationale die Einigkeit der Völker untereinander forderte, so ist eine Voraussetzung für uns in Deutschland – wenn wir nicht in Zukunft den Entbehrungen dieser Jahre erliegen sollen, wenn wir unsern Beitrag zum Aufbau des Sozialismus geben können und sollen –, daß wir einig sind. Wieder lege ich keinen Wert auf die Einigkeit in der Organisation, da mag [sic] Hirn und Herz auseinanderstreben, aber wir brauchen die innere geistige Einheit. Und wenn ich einen Ehrgeiz hatte, so den, daß wir Deutschen unsere schwere Schuld, die wir alle mitzutragen haben, dadurch sühnen, daß wir auf dem Wege zum Sozialismus voranschreiten, klar, besonnen, sicher unserer Ziele und sicher unseres Wegs. Das können wir nur gewinnen, wenn wir diese innere sachliche Einigkeit erringen.

Und nun (soll) ich Anklage erheben gegen diejenigen, mit denen wir vor dem Kriege Schulter an Schulter kämpften? Ich glaube, Parteigenossen, Sie im Auslande haben die große Umwälzung, die in Deutschland stattgefunden, nicht recht erfaßt.

Die Kapitalisten und Imperialisten der Entente haben unsere Revolution gar nur eine neue ekelhafte Form von Camouflage genannt.

Das ist nicht wahr. Wer heute in Deutschland lebt, der weiß, daß die Massen im tiefsten umgewühlt sind, daß nirgends der Drang nach Demokratie so stark und lebendig ist wie bei uns, und nirgends der Wille und die Sehnsucht, die neue Volksherrschaft im sozialistischen Geiste zu realisieren. Wir sind neu geworden, und ich lege keinen Wert darauf zu behaupten, daß wir die Alten geblieben sind, denn dann wäre ja die Frage zu untersuchen, was wir Alten gewesen seien. Dieser Auffassung der Dinge in Deutschland widerspricht auch nicht die vielleicht überraschende Erscheinung, daß den größten Erfolg bei den letzten Wahlen für die einzelnen Landtage wie für (die Nationalversammlung) die Richtung der Sozialdemokratie gehabt hat, die die Kriegspolitik der gestürzten Regierungen wenn nicht gefördert, so doch, um ganz zurückhaltend zu sprechen, mindestens nicht gebrochen hat. Die 10–12 Millionen deutscher Wähler, die für die Mehrheit der Partei gestimmt haben, sind die Schwurzeugen dafür, daß der Sozialismus in Deutschland seine Pflicht getan hat während des Krieges. Haben sie die Politik der Mehrheitspartei bestätigt? Wenn dem so wäre, dann würden die recht haben, die behaupten, es habe sich in Deutschland nichts geändert. Aber wer wie ich in die Wahlagitation gegangen ist und gerade in jenen Gegenden gesprochen hat, in denen bisher von Sozialismus keine Rede war, der weiß, daß die Massen aus ganz andern Motiven so gewählt haben, wie sie es taten. Sie haben nicht Führer gewählt, sie haben Sozialdemokraten gewählt, sie haben die Einheit der Partei gewählt, und weil es ihnen schien, als ob die dem Namen nach unveränderte Sozialdemokratie die Einheit darstellte, haben sie die Mehrheit gewählt, aber in diesen Mehrheitswählern verwirklicht sich die schärfste und schroffste Opposition gegen die Kriegspolitik, denn der Erfolg der Sozialdemokratie bestand darin oder wurde danach erzielt, daß die Agitatoren der Sozialdemokratie in den Wahlkampf gingen mit Anklagen gegen das alte gestürzte System.

So, Parteigenossen, erklärt sich die nicht ganz leicht zu verstehende Erscheinung. Draußen auf dem Lande bekümmerte man sich nicht um den Streit der Richtung, aber man wollte die Stimme erheben, gegen das, was geschehen war, gegen die Regierungen und Fürsten, gegen die Kriegspolitik, gegen die Kriegsschuldigen, und deshalb wählte man, ohne viel darüber nachzudenken, welche Richtung der Sozialdemokratie, sozialdemokratisch. Für die Richtigkeit meiner Behauptungen kann ich Ihnen einen Beweis geben. Mir selbst ist es begegnet, daß in einem bisher klerikalen Wahlbezirk die Parteigenossen, die auf der äußersten Linken standen und geneigt waren, sich Spartakisten zu nennen, bei den Landtagswahlen in Bayern die Mehrheit wählten und bei den Wahlen für die Nationalversammlung die Minderheit, die Unabhängigen, weil sie sagten, wir sind alle einer Meinung in Deutschland, und wir wollen alle die Einheit einer Partei, und deswegen kümmern wir uns nicht um die Zerreißung der Organisation und wählen binnen acht Tagen heute die eine Richtung und nach acht Tagen die andere, um gerecht zu sein. Aber, Parteigenossen, Sie haben die Rede von Wels gehört und nun werden Sie mich einen Optimisten nennen, denn die Rede des Parteigenossen Wels schien allerdings völlig alten Geistes. Ich weiß nicht, ob Wels mit dieser Rede in die Wahlagitation gegangen ist. Bei uns in Bayern hätte er damit sicher keinen Erfolg gehabt. Ich muß bekennen, daß die Ausführungen von Wels ihren Zweck nicht enthüllt haben. Was wollte er uns mitteilen? Welche Absichten verfolgte er? Wollte er uns erklären, warum die deutschen Parteigenossen sich im August 1914 geirrt haben? Das würde ich verstehen. Es haben sich viele geirrt, (vielleicht alle), aber guten Glaubens. Wollte er nur das sagen, oder wollte er sagen, daß – die Beweisführung schien beinah darauf hinzudeuten – im Grunde die Politik der Mehrheit richtig war, daß die deutsche Regierung nicht besonders verantwortlich war? Was hatten alle seine Zitate und Beweise für einen Zweck, wenn er das nicht zeigen wollte? Aber Parteigenossen, wenn er diesen Beweis heute führen wollte, welches moralische Recht hatte dann die revolutionäre Erhebung gegen das alte System? Dann sähe es ja beinah aus, als ob die Revolution nichts anders gewesen wäre, als eine neue Form des Krieges. Als die Herrschenden in Deutschland die Starken waren und als die kommenden Sieger erschienen, da ging man im Kriege mit ihnen zusammen, und als sie die Schwächeren waren, als sie zusammenbrachen, da versetzte man ihnen den Todesstoß, da verließ man sie. Das wäre doch die logische Konsequenz, daß man nicht aus moralischer Empörung das herrschende System in Deutschland gestürzt hätte, sondern nur die gute Gelegenheit benutzt hätte, als die Herrschenden ohnmächtig und schwach sich erwiesen. Was wollte also Genosse Wels? Wollte er Ihnen nur erklären, warum wir in Deutschland diesem Irrtum unserer Politik verfallen waren? Dieser Kampf gegen den Zarismus, der uns am Anfang des August 1914 gepredigt wurde, hat viele von uns verwirrt. Die deutsche Regierung von damals hatte ihre Netze listig genug ausgespannt. Bei uns in Bayern verkündete uns die Regierung in vertraulichen Besprechungen seit dem November 1912 den drohenden Überfall durch Rußland. Und als im Sommer 1914 die Ereignisse sich zusammenballten, als ich am Anfang der Woche, an deren Ende die Mobilmachung erfolgte, in München in einer Protestversammlung sprach, da war auch ich ganz von dem Gedanken erfüllt, daß uns ein Überfall durch den zaristischen Imperialismus drohe. Damals rief ich unsere französischen Freunde – acht Tage vor dem Kriege – auf, in der Annahme, daß uns unsere Regierung diesmal nicht angelogen habe, uns zu helfen gegen den Einbruch der Barbarei vom Osten. Sie sehen also, das konnte man begründen. Das wäre nicht unsere Schuld, und ich teile ganz die Auffassung, die gestern Freund Renaudel ausgesprochen hat, daß es die Aufgabe der Sozialdemokratie jeden Landes sei, sich gegen den Angriff zu wehren und die Regierung zu stürzen, die den Angriff vorbereitet. Darüber waren wir bisher auf allen internationalen Kongressen einig.

Ich erinnere mich an Jaurès' Ausführungen in Stuttgart. Jaurès hat damals auch das Kriterium angegeben, nach dem man sofort und sogleich entscheiden konnte, wer der Angegriffene sei und wer der Angreifer. Er sagte, wer in der Vorbereitung eines Krieges während der katastrophalen Zeiten vor der Katastrophe das Angebot eines Schiedsgerichtes ablehnt, der steht vor der Geschichte als schuldig und als Angreifer da.

Parteigenossen, ich sagte Ihnen, um Ihnen zu erklären, und damit Sie auch dem deutschen Volke Gerechtigkeit widerfahren lassen, damals im August, da konnten viele, vielleicht alle, im Irrtum sein, und wenn trotzdem schon damals in der sozialdemokratischen Fraktion eine Anzahl Mitglieder gegen die Bewilligung (der Kriegskredite) stimmten, so nicht aus der Beurteilung der Kriegsschuld, sondern aus rein grundsätzlichen Erwägungen. Sie wollten unter allen Umständen, gleichgültig, wie der Krieg gelagert war, gegen die Kriegskredite stimmen.

Parteigenossen! Ich war nicht in Berlin beim Ausbruch des Krieges, aber als ich das erste deutsche Weißbuch las, da war es mir schon beinah klar, daß wir getäuscht worden waren, und nach wenigen Wochen war ich über die Ursache, Schuld und Verantwortlichkeit dieses Krieges nicht mehr im Zweifel. Ich glaube, es gibt keinen Krieg der Weltgeschichte wie diesen letzten und furchtbarsten, in dem schon während der Kriegshandlungen die volle geschichtliche Klarheit über den Krieg jeder erkennen konnte, der sie erkennen wollte. Aber Genosse Wels scheint heute noch anzunehmen: Nun ja (überall) herrscht Kapitalismus; darin berühren sich unsere Mehrheitler mit den Deutungen der Bolschewisten, daß der Kapitalismus diesen Krieg gemacht habe, daß hüben wie drüben Schuldige und Verantwortliche und Mitschuldige seien, (daß wir eigentlich alle zusammen Sünder seien), also reichen wir uns die blutbefleckten Hände, als wäre gar nichts geschehen. Mit dieser Auffassung habe ich nichts gemein. Ich halte es für unmöglich, daß wir ohne klare Erkenntnis dessen, was war, ohne noch einmal in das Entsetzen zurückzublicken, ohne mit den Wimpern zu zucken, vorwärts kommen.

Parteigenossen! Jene merkwürdigen Ausführungen von Wels, die darauf hindeuteten, als ob wir alle schuldig seien, Franzosen, Engländer, Amerikaner und Italiener, weil überall der Kapitalismus herrscht und daß wir vielleicht, bedroht durch den Zarismus, noch die Unschuldigsten seien von allen – ich glaube, daß diese Auffassung von Wels noch weit zurück ist hinter der Auffassung unserer Bürgerlichen in Deutschland. Ich habe oft während der letzten Monate mit Bürgerlichen über die Schuldfrage gestritten, seit ich aus dem Gefängnis beurlaubt war, und was antworteten sie mir immer? Sie leugneten nicht mehr die deutsche Kriegsschuld, aber sie erklärten, ja was können wir denn dafür, daß wir viereinhalb Jahre angelogen worden sind? Das sagten selbst die Bürgerlichen in allen Schichten, und niemand war mehr unklar darüber, wie dieser Krieg über uns kam. Die Bürgerlichen wollten lieber als Einfaltspinsel und Schwachsinnige erscheinen als vor den Wählern die Verantwortung übernehmen, daß sie sehenden Auges die Kriegspolitik in vollem Bewußtsein ihres Wesens unterstützt hätten.

Ich glaube, unsere Parteigenossen von der Mehrheit waren nicht gut beraten, als sie sich entschlossen, jene alten Reden zu wiederholen, die wir in zwei oder drei Kriegsjahren gehört haben, als sie ihre Kriegspolitik verteidigten. Daß sie zwölf Millionen Wähler hinter sich haben, das beweist nichts für ihre Politik. Die Wahrheit ist kein

Multiplikationsexempel. Ich glaube, daß unsere Parteigenossen von der Mehrheit wegen des Zwanges der Verhältnisse, unter dem Drucke der Niederlage, unter den Forderungen dieser Stunde sich nicht widerwillig zu einem Zugeständnis bewegen lassen sollen. Das wünsche ich nicht. Die Sache ist zu ernst und zu heilig, als daß sich in diesem Augenblicke jemand widerwillig einem Zwange füge. Sie sollen nicht als Büßer hier erscheinen, das wünschen wir nicht, denn das wäre keine Reinigung unserer Sache, aber sie sollten sich, und darum bitte ich sie, überlegen, ob sie nicht wirklich viereinhalb Jahre in einem Taumel der Irrungen gefangen gewesen seien. Denn so, glaube ich, war es, und das erklärt vielleicht ihre Haltung. Nachdem die ersten falschen Schritte getan, da konnten sie nicht mehr los, und sie fürchteten sich, wenn sie doch umkehren würden, wenn sie in dieser schwierigen Lage Deutschlands in die Opposition gingen, dann würde das deutsche Volk, irre geworden an seiner guten Sache, zusammenbrechen. Vielleicht erklärt diese wohlwollende Deutung ihren Irrtum. Aber nun haben doch auch sie erkannt, daß man keine Welteroberungspolitik auf einer Lüge, auf einer Täuschung aufbauen kann. Sie haben erkannt, daß sie, wenn sie nicht getäuscht worden sind über das Wesen dieses Krieges, so doch sicher betrogen worden sind über seine Aussichten. Das Opfer ihrer internationalen Gesinnung, das sie gebracht haben und das sie vielleicht in guter Absicht gebracht haben, das war ja umsonst. Ja noch mehr! Sie haben durch ihre Haltung im Zusammenbruch Deutschlands noch zu Ungunsten des deutschen Volkes gewirkt. Sie haben den moralischen Kredit des Deutschen Volkes untergraben. Ich sagte schon im Herbst 1914, als ich in Berlin eine allgemeine Kriegsbesessenheit vorfand, wir wollen heute nicht entscheiden über das Wesen dieses Krieges, aber die Aufgabe der deutschen Sozialdemokratie ist, wie immer die Lose des Krieges fallen mögen, im Augenblick der Entscheidung fähig zu sein – wenn Deutschland stürzt – moralisch zugunsten Deutschlands zu wirken, und diese stärkste Rüstung Deutschlands und des deutschen Volkes, die haben sie uns genommen. Ich mag nicht eingehen auf die Einzelheiten der Vergangenheit. Es steht heute fest, daß dieser Krieg von einer kleinen Horde (preußisch-)wahnsinniger Militärs in Deutschland, die verbündet waren mit Schwerindustriellen und Weltpolitikern, Kapitalisten und Fürsten, gemacht worden ist, und zwar ohne jede politische

Voraussicht und ohne jede militärische Einsicht. Das Rätsel dieses Weltkrieges löst sich, wenn man die Seelen und die Gehirne unserer leitenden deutschen Militärs kennt.

Warum taumelten sie denn in den Krieg wie in ein Abenteuer? Weil sie so fest überzeugt waren von dem raschen Siege Deutschlands, daß sie es gar nicht für nötig hielten, politische und militärische Voraussicht zu bewahren.

Parteigenossen! Woher kam es denn, daß ich als einer der ersten dieses Verbrechen erkannte, das mit dem deutschen Volke, an dem deutschen Volke und an der Welt begangen ward! Weil ich die deutsche Militärliteratur studiert hatte. Sie verstehen diesen Krieg nicht, wenn Sie nicht die ungeheure Gewissenlosigkeit militärischer Besessenheit kennen. Lesen Sie heute jene wissenschaftlichen Leistungen unserer deutschen Militärs, die vor dem Kriege erschienen, damals als der Krieg als Stahlbad, als Jungbrunnen für die versinkende Menschheit gepriesen wurde und als einziges Mittel, um der aufsteigenden Flut der Sozialdemokratie Herr zu werden. Das haben sie alle offen ausgesprochen. Wenn eines der geistigen Oberhäupter der deutschen Soldateska, einer der schriftstellernden Generäle, kurze Zeit vor dem Kriege in einem dicken Buche mit mathematischer Sicherheit nachgewiesen hat, daß ein deutscher Weltkrieg von Österreich und Deutschland auf der einen und England, Frankreich und Italien auf der andern Seite – Italien war schon damals in den Berechnungen unserer Generäle auf der andern Seite – in dreizehn Tagen entschieden sein würde, so daß nach dieser Zeit kein englisches Schiff mehr auf dem Weltmeere und keine französische Armee vorhanden wäre, die nicht gefangen wäre, dann begreifen Sie, warum wir besinnungslos in dieses Weltabenteuer, das gräßlichste der Weltgeschichte, getaumelt waren. Wir waren im Irrtum am Anfang des Krieges, wir durften es nach vierzehn Tagen nicht mehr sein. Was wäre unsere Aufgabe gewesen? Wir wußten, daß, wenn der Krieg einmal da ist, jedes Volk zu seinem Lande stehen muß, und außerdem hat der einzelne Soldat keine Wahl, aber die Aufgabe der Sozialdemokratie lag auf politischem Gebiete. Sie mußte die deutsche Regierung stürzen, die politische Macht erobern und Frieden schließen. Das wäre die Aufgabe der deutschen Sozialdemokratie gewesen. Dann hätten wir die Hände hinüberreichen können über die Grenze. Es war der sonderbarste Irrtum unserer Freunde von der [SPD-]Mehrheit und verrät einen solchen Mangel an Psychologie, an Kenntnis derer, die gestern unsere Freunde waren, zu glauben, daß man erst Krieg führen, erst durch Blut waten, erst alle Schrecken der deutschen terroristischen Kriegsführung mitmachen dürfe, um sich dann die Hände freundschaftlich zu reichen mit den Worten: Nun ist es genug, nun wollen wir Frieden machen. Nein, die Voraussetzung aller Friedensarbeit während des Krieges in Deutschland war der Sturz des schuldigen Systems. Unsere Revolution ist nicht, wie man gesagt hat, zu früh gekommen, sondern sie kam viereinhalb Jahre zu spät. Wäre sie damals, im Herbste 1914, gekommen, dann wäre es heute um Deutschland besser bestellt, und die Welt würde die deutsche Sozialdemokratie segnen, während sie heute in der deutschen Revolution nur den Ausbruch der Verzweiflung erkennt, nicht aber das kühne Aufbäumen eines tapferen Volkes, das sich die Freiheit erkämpft, sondern nur, möchte ich fast sagen, Fäulniserscheinungen des Zusammenbruches.

Wir Deutschen sind in einer traurigen Lage. Wir waren das Volk ohne Revolution und jetzt, wo wir das revolutionärste Volk geworden sind, da glaubt man uns diese Revolution nicht. Man glaubt sie uns nicht durch unsere eigene Schuld. Man hat mir vorgeworfen – und ich möchte die Gelegenheit nicht versäumen, darauf zu antworten – daß wir, die wir darauf beharren, die Schuld Deutschlands festzustellen und zu beweisen, unser Volk verraten, daß wir die Gelüste der Imperialisten drüben verschärfen.

Als ich am Anfang meiner Regierung, wahrhaftig nicht auf eine Anregung Clemenceaus hin, sondern um das Auswärtige Amt in Berlin zu sprengen, aus meiner Aktenmappe jenes Dokument veröffentlichte, das nun für jeden, der nicht ganz verhärtet ist in Lüge und Verblendung, die direkte Schuld der deutschen Regierung nachwies, da war es der ehemalige Staatssekretär Solf, der sagte: Diese Veröffentlichung Eisners kostet Deutschland hundert Milliarden mehr! Genossen, Wahrheit muß sein, und wenn wir zugrunde gehen. Aber diese Wahrheit ist nicht einmal schädlich. Ich glaube mich nicht zu irren. Die Imperialisten drüben verwenden heute die angebliche Unbelehrbarkeit des deutschen Volkes genauso als Vorwand für ihre kapitalistischen Begierden wie das Schreckgespenst des Bolschewismus. Sie fürchten die Wahrheit ebensosehr wie wir. Wir wollen aber nicht zu den Imperialisten von drüben reden, sondern zu unseren dortigen Freunden, und wir wollen vor allem zu unserem eigenen Volke sprechen; sie sollen die Wahrheit kennenlernen! Viereinhalb Jahre hat man sich Tag für Tag, Nacht für Nacht anlügen lassen. So brach über das arme deutsche Volk das Unheil herein, noch ehe das Volk zur Besinnung kam.

Niemals ist ein so frevelhaftes Spiel mit einem Volke betrieben worden wie mit dem deutschen, diesem unpolitischen Volke, von dem ich nur hoffen möchte, daß jetzt – leider erst unter dem Druck seines eigenen Schicksals – seine freiere und reinere Geschichte beginnt.

Wenn nun aber die Dinge so liegen, warum dann heute noch die Legende aufrechthalten? Parteigenossen von der Mehrheit! Sind Sie revolutionär, oder sind Sie es nicht? Wenn Sie es [ ] sind, dann gibt es für Sie keine heiligere Pflicht, als die Verbrechen des alten Systems zu züchtigen. Warum stemmen Sie sich dagegen? (WELS: Wir stemmen uns nicht dagegen!) Sie verweisen darauf, daß die Fürsten und Regierungen ja davon gejagt seien. Gewiß, aber begründet haben Sie dieses Davonjagen merkwürdigerweise damit, Sie hätten eine richtige Politik betrieben, indem Sie viereinhalb Jahre lang dieses verwerfliche System unterstützten. Darin liegt ein unlösbarer Widerspruch. (WELS: Keineswegs!)

Ich bitte Sie! Es ist keine Schande, sich zu irren und dies einzugestehen. Der Augenblick. wo man vom Irrtum erwacht, kommt nie zu spät. Ich bitte Sie wirklich, helfen Sie mit, die neue Internationale zu begründen, indem Sie nun endlich loskommen von Ihrer Befangenheit im alten System.

Es ist ja gar nicht wahr, und das wissen Sie selbst so gut wie ich, daß Sie während der ganzen Zeit des Krieges diese Kriegspolitik der Regierung bekämpft hätten! Sie sind mit gegangen bis zuletzt! Je nach der Kriegslage schwankte Ihre Gesinnung. Es gab Zeiten. wo Sie selbst hart in die Nachbarschaft der Annexionisten gerieten. Herr Wels sieht mich erstaunt an. Der Parteigenosse Wels wird von mir hiermit gebeten, jenes Protokoll zu lesen, das Mitte August 1915 angefertigt ist und das die Verhandlungen des Parteivorstandes und des Parteiausschusses wiedergibt. Ich ersuche den Genossen Wels, dieses Material vorzulegen, Sie haben es vielleicht mitgebracht. Es wäre wirklich sehr wünschenswert, wenn Sie nach dem vielen Unnützen, das die Mehrheitspartei verbreitet hat, einmal das Reinigungswerk vollbrächten, indem Sie dieses verstaubte Geheimprotokoll in die Öffentlichkeit bringen würden. Sie waren ganz und ganz verblendet, und ich glaube, die französischen Parteigenossen erweisen Ihnen und uns einen Dienst, wenn Sie von Ihnen verlangen, eine solche Erklärung über ihre Gesinnung zu hören. Niemand will Sie demütigen, aber wir brauchen freie Hand und reines Gewissen, um unsere Revolution weiter vorwärts zu treiben. So wenig man einen Krieg mit Lügen führen kann, so wenig läßt sich auch eine Revolution durch Lügen aufbauen.

Es ist eine Eigentümlichkeit der ganzen viereinhalb Jahre, daß wir unser Gedächtnis verloren haben. Das Abendblatt wußte ja nie, was im Morgenblatt gestanden hatte. (WELS: Das war nun früher so.) Herr Wels leugnete gestern in einem Zwischenruf, daß Scheidemann vom Durchhalten bis zum Siege gesprochen habe.

Sollte er heute inzwischen sein Gedächtnis aufgefrischt haben, daß sich jene Wendung im Neujahrsgruß 1915 findet, den Scheidemann an seine Solinger Wähler gerichtet hat?

Aber solche Auffrischung ist nicht nötig. Es steht auf jedem Blatte der viereinhalb Jahre geschrieben, und ich erinnere mich gut, wie ich noch im Frühjahr des vorigen Jahres, als die Kriegslage für Deutschland wieder günstiger erschien, jene brüske Ablehnung des Londoner Manifestes las, und die deutliche Anspielung darauf, wie stark wir seien, und wie damals die Friedensbedingungen, die man in London aussprach und die für jeden Sozialdemokraten selbstverständlich waren, als phantastische Utopie verhöhnt wurden. So stand es im Vorwärts. Ich saß damals in der Gefängniszelle und schäumte vor Wut, nicht etwa über die Unmoral, sondern über die Dummheit dieser Politik. Denn damals *mußte* man schon klar sein darüber, wohin wir steuerten. Sie, Genossen der Mehrheitssozialisten, haben mitgeholfen, Deutschland in den Abgrund zu hetzen. (Sehr richtig!) Sie sind keine Patrioten, wenigstens keine hellsehenden Patrioten. Und wenn wir heute ganz allein stehen, wenn selbst das ganze deutsche Volk gegen uns wäre, so bekennten *wir* trotzdem offen diese Schuld. Soll ich Sie erinnern an jene Resolution Graf Westarp-Scheidemann über den U-Boot-Krieg, Sie daran erinnern, wie ohnmächtig Sie gegen Brest-Litowsk sich verhielten, während man ringsum die Welt erobern wollte? Das alles scheint man vergessen zu haben! Sogar für ein einfaches „Nein" für Brest-Litowsk waren Sie ohnmächtig, aber bei Bukarest waren Sie dann stark genug, ein kräftiges „Ja" auszusprechen. (WELS: „So?") Gewiß. Genosse Wels! Und nun protestieren Sie. Sie entrollen sentimentale Bilder vom deutschen Elend. Wir leiden schwer, das ist wahr. Aber haben Sie einen Grund, eine moralische Berechtigung heute zu irgendeinem Protest? Alle die Jahre verhallten die Proteste der feindlichen Länder. Mein international fühlendes Herz war durch diese Verblendung zerrissen, wenn Sie riefen, wir könnten uns glücklich preisen, daß der Krieg von unsern Grenzen fern gehalten worden sei. Ja, ist es denn für einen internationalen Sozialisten nicht noch viel schlimmer, einen Krieg in fremdes Land zu tragen, als ihn selbst zu erleiden? Sie waren es, die immer England der Hungerblockade anklagten. Ganz gewiß. Wir litten schwer und leiden heute unsäglich. Aber haben wir ein Recht zu protestieren? Daß im Kriege ein Land abgesperrt wird, ist ein in der Weltgeschichte anerkanntes – fast hätte ich gesagt – geheiligtes Kriegsrecht. Und schließlich waren es doch wir Deutsche, die im Jahre 1870 die Stadt Paris wirklich aushungerten. Eine Millionenstadt, in der nichts wächst, läßt sich wirklich aushungern, ein ganzes Land nicht. Wer war es denn, der diese Hungerblockade völkerrechtlich forderte? Im Jahre 1907, Parteigenosse Wels, im Haag. Damals überraschten die englischen Delegierten die Welt mit dem Antrag, die ganze Contrebande-Politik sei aufzuheben, und sie forderten Freiheit der Meere, auch im Kriege. Wer war es, der gegen diesen Antrag stimmte? Deutschland! (Sehr richtig!) Und warum? Das haben die deutschen Delegierten damals nicht gesagt. Aber lesen Sie nur die militärischen Fachblätter. Dann wissen Sie's: weil bei einem Krieg zwischen England und Deutschland zwar England ausgehungert werden könnte, aber nicht Deutschland. Deswegen haben wir schon 1907 im Haag, verblendet, gegen den englischen Antrag gestimmt.

Dürfen wir nun heute protestieren? Nein! Belgien und Nordfrankreich zeugen wider uns! Wir durften protestieren gegen *uns*, wir durften es im Jahre 1914, 1915, 1916, 1917 und 1918 bis Mitte September. Aber *wir* durften nach dem Zusammenbruch nicht anfangen, gegen die andern zu protestieren. So haben wir es in der Sozialdemokratie bisher gehalten: daß wir abrechnen mit *unsern eigenen* schuldigen Persönlichkeiten, *unsern* Kriegspolitikern. Auf diese haben wir einen Einfluß, auf die andern nicht. Ich bekenne die

Schuld Deutschlands am Krieg und in der Kriegsführung. Deutschlands! Aber auch des deutschen Volkes? Des deutschen Volkes – nein! Das ist nicht verantwortlich für deutsche Kriegsführung. Das deutsche Volk ist nicht brutal. Alles, was die anderen Völker durch uns erlitten, war der Ausdruck jener deutschen Militärwissenschaft, die ein *System* aus dem Terror gemacht hatte, war eine Folge der Entwicklung der militärischen Theorie in Deutschland und Österreich, die auf dem psychologischen Rechenfehler begründet war, daß man die feindlichen Völker so sehr mißhandeln müßte, daß sie mit erhobenen Händen um den Frieden flehen. Dieses *System* wurde angewendet, nicht aber kam die Brutalität der Menschen zum Ausdruck.

Ich habe in den letzten Monaten oft gehört, wenn ich in Versammlungen sprach: Weh uns, daß man uns zwang zu solchem Tun! Wir sind ein Opfer der berühmten deutschen Organisation geworden. Wir haben uns selbst zu Tode organisiert, wir sind das Opfer unserer „wissenschaftlichen Gründlichkeit", unseres Systems geworden (Heiterkeit), jenes Systems, das im Grunde nur zwei Werkzeuge hatte: Kanonen und Geld. Was man nicht niederschlug, das sollte gekauft werden. Aber Parteigenossen! Das arme deutsche Volk hat mit alledem gar nichts zu tun. Wir wurden in der Tat angelogen, und es gehörte schon ein eigentliches Studium dazu, um jeden Tag die Lügen, die uns vorgetäuscht wurden, zu entlarven. Aber haben wir jetzt nicht doch ein moralisches Recht? Heute, nachdem wir unsere Könige und Kaiser davongejagt und ihre Regierungen gestürzt, die Demokratie aufgerichtet haben, um das Reich des Sozialismus zu begründen, hat da das Volk – nicht die Führer! – das Recht, an die gesamte Welt zu appellieren, daß der Völkermord beendigt werden soll, auf daß wir, alle Völker, gemeinsam am Aufbau der neuen Welt helfen? Haben wir nicht das Recht zu fordern, daß man uns heute zu leben ermöglicht und das Recht auf Freiheit gewährt und daß man uns nicht zum Schuldsklaven fremder Kapitalisten erniedrige. Ich sprach davon, wie man *uns* angelogen hat. Man hat aber auch Sie, Genossen der andern Länder, angelogen! Von dem, was im deutschen Volke gärte seit dem Augenblick, wo in immer weiteren Kreisen klar wurde, welches Spiel man mit uns getrieben hat, erfuhren auch Sie nichts. Wir standen uns, Mehrheit und Minderheit, einander im Parlament gegenüber, aber in diesen Debatten erfuhren Sie nicht die Wahrheit. Was dort geredet wurde, verbitterte Sie eher. Aber, Genossen, das deutsche Volk hat in seiner Masse der Namenlosen in den Jahren des Krieges mehr geopfert in Auflehnung gegen den Krieg als vielleicht irgendein anderes Volk. Die Gefängnisse und Zuchthäuser waren voll von tapferen jungen Leuten, die sich gegen diese Kriegspolitik der deutschen Regierung auflehnten.

Nichts aber von alledem drang ins Ausland! Sie verbluteten alle stumm. Ein Fetzen Papier, beschrieben mit einem Protest gegen den Krieg, kostete acht Jahre Zuchthaus. So wurde alles schließlich hingemäht, was sich dem Krieg widersetzte. Und doch war diese Auflehnung unser bestes moralisches Recht! Sie begann schon im Herbst 1914, also verhältnismäßig sehr früh, trotz Zensur und Diktatur. Und schon damals war die Zahl derer groß, die bereit waren, sich für diesen Kampf zu opfern. Im Verlauf der folgenden Kriegsjahre herrschte bei uns sogar eine seltsame Unruhe, die sich nicht eher legte, als bis diese Menschen sich wirklich geopfert hatten. Es gab für uns alle in den letzten Jahren überhaupt keinen ruhigen Augenblick mehr. Wir waren verstreut, hier und dort, und konnten nicht zusammenkommen, aber es gab doch Tausende und Abertausende, die entschlossen waren, lieber zu sterben als mitschuldig zu werden an der Fortsetzung des Krieges, an der verhängnisvollen Politik des deutschen Systems. *Diese* Leute vielleicht hätten das Recht zu protestieren. Ich wünschte mir, daß meine Freunde von der Mehrheit dieses Recht auch hätten! Sie haben nun hier, heute und morgen und in dieser ganzen Woche noch die Möglichkeit, dieses Recht sich zu erringen. Lassen Sie mich nur noch ein einziges Beispiel anführen. Sie kannten vor einem Jahre nicht den Sinn und die Tragweite unserer damaligen Streikbewegung in Deutschland. Wir wenigstens in München wollten schon im Januar vor einem Jahre die Revolution entfesseln, das alte System stürzen. Damals war die Revolution eine höhere Ehre als nachher. Denn damals stand Deutschland scheinbar auf der Höhe der Macht, damals war Frankreich bedroht durch das gleiche Schicksal, das im Herbst 1914 ihm erspart geblieben war. Damals erhoben sich bei uns die Arbeitermassen (Zuruf: in Berlin auch!) ja, auch in Berlin zum Streik, nicht aus Hunger, nicht um des Brotes willen, nicht weil die Niederlage drohte, sondern weil wir die Märzoffensive und Brest-Litowsk verhindern wollten. Die Arbeiter, die an diesem Streike teilnahmen, wurden an die Front geschickt, zum Tode verurteilt, ihre Führer in Gefängnisse und Zuchthäuser gesperrt. Leider taten diejenigen, es muß gesagt werden, die uns *scheinbar* bei diesem Streike unterstützten, im Gegenteil alles, um diese Bewegung zum Scheitern zu bringen. (Sehr richtig!) Ich habe es erlebt an meinem eigenen Leibe.

Parteigenossen! Ich wollte Ihnen das erzählen, um Ihnen zu sagen: Die revolutionäre Gesinnung in Deutschland ist nicht das feige Werk des Zusammenbruchs, sondern das Ergebnis einer im Stillen und Dunkeln unermüdlich vorwärts drängenden Arbeit, die gerade dann einsetzte, als Deutschland militärisch scheinbar das Übergewicht hatte. Für *unsere* Revolution in Bayern verbürge ich mich dafür, daß es eine *wirkliche* Revolution war, eine die Massen im tiefsten erschütternde Revolution, geistig vorbereitet seit Jahr und Tag und dann zur Tat gebracht im rechten Augenblick.

Wir leben noch und wollen weiterleben, aber nicht als die Alten, sondern als die von Grund auf Neuen. Wir wollen nicht mehr paktieren mit den Leichnamen der Vergangenheit. Wenn unsere Revolution trotz ihres großen Erfolges so menschlich verlief, so geschah das aus der Erwägung heraus, daß wir die fluchwürdigen Methoden der alten Zeit nicht hineinschleppen wollen in unsere neue befreiende Zeit. Das Verbrechen, das die alten Machthaber begangen haben, war so über alles menschliche Maß groß, daß nicht einmal der Schrei der Vergeltung, der Rache sie erreicht. Das möchte ich auch Ihnen raten. Denken Sie, französische und englische Genossen, nicht an Rache, an Vergewaltigung, sondern lassen wir unsere eigenen Schuldigen irgendwo im Verborgenen weiterleben! Das ist eine viel schwerere Strafe für sie als irgendeine andere. Wir wollen uns gar nicht beflecken dadurch, daß wir diese Sünder richten. Wir sind zu stolz, selbst um ihre Richter zu sein. Selbst das muten wir uns nicht zu. Vielleicht ist gerade das neue Denkart. Und nun helfen Sie uns! Wir sind heute das radikalste Reich der Welt. Wir sind eine Demokratie, die nicht nur formal besteht, sondern danach trachtet, daß ganze Volk mittätig heranzuziehen: denn wir stehen an der Schwelle des sozialistischen Reiches.

Parteigenossen! Darin sind wir alle einig: Wir wollen unsere Schuld sühnen, indem wir auf dem Wege zum Sozialismus vorwärtsschreiten. Und nun reichen Sie uns die Hand! Verbünden wir uns gegen *Ihre* Feinde, die auch die unsern sind!

Parteigenossen, ich stehe nicht als reuiger Sünder vor Ihnen. Ich würde mich auch nach der Niederlage nicht beugen vor der Gewalt der andern. Wenn man uns Unwürdiges zumutet, dann sage ich: Lieber untergehen, als sich auf unabsehbare Zeit fremden Kapitalisten auszuliefern. Das ist mein Patriotismus, aber ich denke an das Wort Jaurès, das er ausgesprochen hat: Wilhelm Liebknecht, der glückliche Vater des in der Revolution gemordeten Sohnes, sei so sehr ein Internationaler gewesen, daß er sich als Patriot aller Länder empfand. Das soll auch für uns Grundlage des neuen Völkerbundes sein: das Bestreben, Patrioten aller Länder zu sein.

Parteigenossen! Noch ein Wort von Jaurès, des Unsterblichen, der tief in meinem Bewußtsein weiterlebt, bin ich doch lange Jahre in Deutschland wohl der einzige gewesen, der sich Jaurèsist nannte. Ich erinnere Sie an die Ansprache Jaurès im herrlichen Rathaussaal zu Kopenhagen, beim letzten Kongreß der Internationalen, wie plötzlich sein Antlitz visionär aufglühte, wie er das Blutmeer verkündete, durch das die Menschheit noch werde hindurchschreiten müssen, aus dem dann die Erlösung der Menschheit emporsteigen würde. Jaurès war wie alle wahren Politiker ein Prophet. Das Blutmeer, das er vorausschaute, ist gekommen, aber es liegt hinter uns. Und nun helfen Sie uns, helfen wir einander, die Erlösung zu schaffen und die neue Welt aufzubauen. Gehen wir nicht auseinander, ehe wir uns gelobt haben: Bis zum Tode getreu der Sache der Freiheit, Menschlichkeit, des Sozialismus.

Wir haben keine Geduld mehr, unsere Träume vom Sozialismus in ferne Zeiten zu stellen; *heute* leben wir und heute wollen wir handeln. Handeln wir!! (Anhaltender brausender Beifall)

Stellung der Sozialisten zum Völkerbund, zu Fragen des Friedensschlusses, der Volksheere und der Wehrpflicht

Rede auf der Arbeiter- und Sozialistenkonferenz in Bern, 3. bis 10. Februar 1919

Donnerstag, 6.2.1919, vormittags[22]

Gestern hat sich der Völkerbund verwirklicht, ganz scheu, bang, als ob er sich noch nicht recht getraute, als ob er seiner Sache noch nicht recht sicher wäre, und ohne stürmische Kundgebung, ganz bescheiden. Vielleicht war das der rechte Anfang eines lebendigen Völkerbundes, so im Stillen geboren zu werden, ganz unscheinbar, und doch der Stern von Bethlehem am Himmel.

Parteigenossen! Ich glaube, wir sollten den gestrigen Tag nicht vergessen. Wir sollten nicht warten, bis die Vorbereitungen für einen normalen internationalen Kongreß getroffen werden, sondern wir sollten sofort in allen Ländern anfangen zu arbeiten, um diesen Völkerbund des Proletariates auch lebendig zu machen. (Beifall)

Es kann nicht so sein, daß der Friede diktiert werde von irgendeinem Forum, es kann auch nicht so sein, daß der Friede vor dem Völkerbund kommt, sondern der Friede kann nur sein das Werk eines neuen proletarischen Völkerbundes. Nur dann wird Friede auf Erden.

Parteigenossen! Ich glaube, wir sollten mit dieser Arbeit sofort beginnen, ein jeder in seinem Lande, mit dem allerschärfsten Kampf und der größten Rücksichtslosigkeit gegen die Gewalten, die diesen Völkerbund hemmen wollen.

Wenn wir anfangen mit dieser Arbeit, wenn wir der Meinung sind, daß nur der vorausgehende Völkerbund zum Frieden führt, müssen wir ein Wort über jene Macht sagen, von der die uns vorgeschlagene Resolution nichts sagt. Wenn es uns gelingen möchte, daß wir aus jener weltzerstörenden politischen Theorie des Gleichge-

---

[22] Textquelle | II. Internationale 1918/1919; Online-Ausgabe: www.kurt-eisner-werke.org/III327.html [abgerufen am 12.01.2025]. – Haupüberschrift hier nur redaktionell, pb.

wichtes der Weltmächte herauskommen und diese Theorie ersetzen durch die lebendige Schöpfung des Völkerbundes, dann sollten wir Sorge tragen, daß nicht eine letzte zerstörende Weltmacht in ihrer bisherigen Wirksamkeit bestehen bleibt, jene Macht, die die Wälder der Erde abholzt, um die Seelen der Menschen zu vergiften. Ich finde in der Resolution kein Wort über das, was man „öffentlichen Geist", „öffentliche Meinung" nennt. Ich finde in ihr kein Wort über die Bedeutung der Presse. Ich bitte die hier anwesenden Herren der Presse um Entschuldigung; ich meine nicht Sie (Heiterkeit). Aber ich bin ja einer der merkwürdigsten Menschen insofern, als ich meine Revolutionsregierung begonnen habe mit dem schärfsten und erbarmungslosesten Kampfe gegen die Presse, und wenn wir anfangen wollen, für den wirklichen Völkerbund zu wirken, so müssen wir ein Organ haben, das überall in der ganzen Welt die öffentliche Meinung wirklich beherrscht und entgiftet. Ich möchte an die Herren der Presse den Appell richten, daß sie sich ihrer Verantwortung nun doch endlich einmal bewußt werden und aufhören, durch Lüge und Verhetzung die Völker zu zerreißen, denn wenn irgendeine Macht mitschuldig am Kriege ist, so ist es die Presse. (Beifall). Wenn wir daher die Verantwortlichen vor Gericht ziehen wollen – ich gestehe offen, daß ich deshalb ein Gegner solcher Kraftverfolgungen bin und bleibe – dann gehören diejenigen zuoberst, die die Macht des Geistes so schändlich mißbraucht haben. (Sehr richtig! Beifall).

Nun noch einige Bemerkungen und Ergänzungen zur Resolution, die uns vorgelegt wurde. Man greift den Völkerbund von zwei Seiten an. Die Gegner bilden zwei Reihen. Die einen, die Kleinmütigen, meinen: Solange die kapitalistische Gesellschaft besteht, ist überhaupt kein Völkerbund möglich. Die anderen sagen: Wenn schon ein Völkerbund käme, so wäre er machtlos. Denn Recht wird durch Macht gebrochen. Allerdings ist es das Wesen alles Rechtes, daß es gebrochen werden kann, aber das Recht des Völkerbundes steht nicht anders da als irgendein nationales Recht, z. B. ein Strafrecht. Jedes Recht kann gebrochen werden. Aber ich glaube, wir können noch andere Sicherungen für den künftigen Völkerbund finden außer in dem, was hier in der Resolution vorgeschlagen wird, durch wirtschaftlichen Zwang. Demgegenüber möchte ich auf eine andere sichernde Maßnahme hinweisen.

Gerade jetzt, da die Völker, namentlich die Zentralmächte, in der

Umwandlung begriffen sind und sich neue Verfassungen und Gesetze geben, wäre es höchst wichtig, daß die Grundsätze des Völkerbundes in das nationale Gesetz aufgenommen werden. Wenn es zu den Satzungen des Völkerbundes gehört, daß kein Krieg erklärt werden darf, bevor nicht wenigstens ein Schiedsgericht angerufen wird, so müßte in jede Nationalverfassung und in jedes Strafgesetzbuch und Militärrecht der Nationalstaaten die Bestimmung aufgenommen werden, daß niemand verpflichtet ist, in den Krieg zu ziehen, wenn die Voraussetzung der völkerrechtlichen Satzung nicht gegeben ist, und daß jeder Staatsmann sich strafbar macht, der einen derartigen Aufruf erläßt; und ich glaube, nachdem der Begriff Hochverrat in der Welt zu *Ehren* gekommen ist, daß wir einen neuen Begriff in die Weltgeschichte einführen müssen: Als schwerstes und nicht sühnbares Verbrechen ist der *Weltverrat* aufzustellen in allen nationalen Strafgesetzbüchern der Welt.

Die englischen Freunde haben an uns die Frage gerichtet, wie wir uns zum Militarismus stellen. Die Frage ist schon von meinen Parteigenossen der deutschen Mehrheit klar und unzweideutig beantwortet worden. Ich möchte aber noch weiter gehen. Wenn ich die Stimmung in Deutschland richtig erkenne, so sind wir militaristisches Volk durch die Erfahrungen des Krieges so antimilitaristisch geworden, daß wir – wenigstens im Süden – nicht einmal mehr wünschen, daß unsere sozialdemokratische Forderung durchgeführt werde: Die Forderung nach Volksheeren. Bei uns im Süden ist keine Forderung volkstümlicher als die der *vollständigen* Beseitigung der allgemeinen Wehrpflicht unter der Voraussetzung, daß sie überall erfolgt. (Zustimmung) Klarste und einzig mögliche Lösung scheint mir nur die völlige Beseitigung der Armeen zu sein (Bravo), auf daß unsere Jugend nicht mehr in ihren besten Jahren, statt zu schöpferischer Arbeit verpflichtet zu werden, dem öden Drill in den Kasernen sich widmen muß. (Bravo!)

Es sind die ungeheuersten sozialen, selbst hygienischen Forderungen, die diese letzte und äußerste Forderung in sich schließt. Die völlige Abstinenz vom Militarismus ist das einzige Mittel gegen ihn. Der alte Gedanke der Volksheere beruhte doch nicht nur auf der Meinung, daß man sich gegen den äußeren Feind wehren müsse, sondern auch auf dem Grundsatz, daß jeder freie Mann fähig sein müsse, mit seiner Flinte die Freiheit seines eigenen Ichs zu schützen gegen die reaktionären Mächte im Innern. Deshalb ist gerade die freie Schweiz zum Musterland des Volksheeres geworden. Aber in der Zeit der Handgranaten, Giftgase, der 42-cm-Geschütze, und Maschinengewehre ist die Flinte ohnmächtig geworden. Aus diesen technischen Gründen ist die ursprüngliche Idee der Volksheere mit dem Zweck, die Freiheit zu schützen, nach außen und innen, eine Illusion geworden, und jedes Volksheer würde heute doch wieder zum Militarismus auch in demokratischen Ländern führen müssen.

Kommt der Völkerbund und mit ihm der neue Geist über die Menschheit, dann beneide ich unsere Jugend, die in einer neuen Luft aufwachsen wird. Man hat sehr viel Böses und Schlimmes von Deutschland gesprochen. Aber schon vor dem Kriege waren gerade bei uns in Deutschland die ersten verheißungsvollen Anzeichen einer neuen Jugend lebendig. Der Blutstrom des Krieges hat die alte Jugend nun hinweggeschwemmt, getötet. Eine neue Jugend wird überall in der Welt im neuen Geiste des Völkerbundes aufwachsen. Wir haben in Deutschland unter der Zensur schon in den ersten Kriegsjahren die Jugend gesammelt, und als nicht von Politik geredet werden durfte, da haben wir in München die Internationale wiederhergestellt, den Völkerbund der Geister, indem wir vor der Jugend sprachen über die Weltliteratur der Gegenwart und dabei alle jene Männer verherrlichten, die von der führenden deutschen Presse beschimpft und geschmäht wurden.

So gehen Sie hinaus, Genossen, rüsten Sie sich für den Völkerbund, bereiten Sie ihn geistig vor, realisieren Sie ihn schon jetzt, sonst diktiert Paris ihn. *Unser* Werk aber soll diesen Völkerbund erst schaffen, und dann kommt auch der Friede! (Beifall.)

Zur Frage der Kriegsgefangenen

Rede auf der Arbeiter- und Sozialistenkonferenz
in Bern, 3. bis 10 Februar 1919

Sonntag, 9.2.1919, vormittags[23]

Parteigenossen! Die Resolution, die ich Ihnen zur Annahme empfehle, trägt den Namen eines Franzosen und eines Deutschen gemeinsam, und ich glaube, daß in dieser symbolischen Verbindung
sich wieder ein Anfang der neuen Zeit zeigt. Aber ich erwarte auch,
daß in dieser gemeinsamen Resolution die Kraft steckt, daß das, was
wir wünschen, nun auch unmittelbar ausgeführt wird.

In Deutschland regt sich gegenwärtig eine Protestbewegung zugunsten der Kriegsgefangenen. Ich protestiere nicht, um keinen
Preis, und ich bedaure, daß die Revolution, die unser Volk in den
Tiefen aufgewühlt und umgestaltet hat, so wenig umgestaltet hat
den Geist derer, die solche Protestbewegungen organisieren. Es bildet sich wohl mancher ein, daß der Potsdamer Geist verschwunden
ist, wenn er sich in die Eisenbahn setzt und von Berlin nach Weimar
fährt, in jene Stadt, in der Goethe gewirkt hat, für den die innerste
Wahrhaftigkeit der Inbegriff, der Weltbegriff der Menschheit gewesen. Sollen wir protestieren, dürfen wir protestieren? Ich sage nein,
das ist zu spät, viel zu spät. Dürfen wir uns entrüsten über Zwangsarbeit, wo wir es geschehen ließen, daß Zehntausende, ja vielleicht
Hunderttausende in Zwangsarbeit verschleppt wurden, daß wir Sitten wieder einführten in den Krieg, die nicht einmal das Mittelalter
gekannt hat und die vielleicht seit dem Altertum niemals wieder angewendet worden sind?

Ich denke daran, wie man schonungslos in Frankreich und Belgien junge Mädchen davongeschleppt hat, fernab von ihren Familien, und wie man die Einwohner gezwungen hat, sogar die eigenen
Fabriken zu zerstören, damit die Industrie des Landes für alle Zeiten
vernichtet würde:

---

[23] Textquelle | II. Internationale 1918/1919; Online-Ausgabe: www.kurt-eisner-
werke.org/III487.html [abgerufen am 12.01.2025]. – Hauptüberschrift hier nur re-
daktionell, pb.

Ich erinnere mich, daß in Nordfrankreich 4200 km Eisenbahnen zerstört sind, 400 Brücken, 220 Schleusen, und ich stelle mir das Bild vor, wie die Tausende von Franzosen, die jetzt in ihre Heimat zurückströmen, auf wüsten Trümmern hausen, hungern, und daß es an Arbeitskräften fehlen mag, um so rasch wie möglich diese Trümmerhaufen wieder in Heimstätten für Menschen zu verwandeln.

Das sind alles Gründe, die mich bewegen, nicht zu protestieren und uns das Recht zu versagen, zu protestieren. Aber dennoch, Parteigenossen, und gerade deshalb habe ich das Vertrauen, daß das Los der Gefangenen zu mildern die erste Aufgabe der neuen Zeit ist.

Ich erwarte, daß das Martyrium der Gefangenen, das jetzt viel schlimmer ist als je zuvor, weil das Ungewisse, das Fehlen der Hoffnung auf das Ende, die Qual unendlich vermehrt, bald einmal zu Ende gehe.

Jeder Parteigenosse, der einmal im Gefängnis gesessen hat, weiß, wie furchtbar die letzten Tage sind, und dieses Schicksal haben jetzt unsere Gefangenen.

Es war kurz nach der bayerischen Revolution, da war es unsere erste Tat, daß wir einen erbärmlichen Gefangenenschinder, irgendeinen höheren Offizier, unschädlich machten, und es ist für mich ein Erlebnis, das ich niemals vergessen werde, als ich gemeinsam mit französischen Offizieren in ein München benachbartes Gefangenenlager ging. Man hat alle Abtransporte der französischen und zum Teil auch der russischen Gefangenen, die sich in diesem Lager befanden, von Berlin aus organisiert. Aber man vertröstete die Gefangenen mit Versprechungen, sprach ihnen von der großen Not in den Verkehrsverhältnissen, von der Kohlennot, dem Lokomotivenmangel. Zum Teil allerdings hatte man uns die Lokomotiven weggenommen und so bestand darin ein Mangel.

Von Berlin gab es nur Versprechungen, aber nicht Taten, und da entschlossen wir uns, von München aus sofort zu handeln. Die französischen Gefangenen und auch ein Teil Russen wurde sofort abtransportiert, obschon wir dazu nicht berechtigt waren.

Ich erinnere mich an die unmenschlichen Szenen, die ich in dem Gefangenenlager sah, wohl 12.000 Menschen schwärmten unruhig hin und her. Ich habe eine Revolution mitgemacht, ich habe Stürme auf Kasernen und Gefängnisse erlebt, aber nichts reichte heran an die furchtbare Unruhe und Qual dieser hin- und hergetriebenen

Menschen, die hofften, die erwarteten, nun könnten sie hinaus, nun würden sie frei, und es war erschütternd zu erfahren, daß dieser armen Gefangenen, im Augenblick als sie hörten, in München sei die Revolution ausgebrochen, erster Gedanke war, nun werden auch wir frei. Das kam aber nicht sofort, und da kam die Verzweiflung.

Ich danke noch heute dem französischen Offizier, der zu den Gefangenen sprach, um sie zu beruhigen, denn es bestand die Gefahr, daß die Tausende, die in diesem Lager waren, ausbrechen, denn nicht nur die Gefangenen wollten nach Hause, sondern auch die deutschen Bewachungsmannschaften waren es müde und wollten nach Hause.

Ich danke noch heute dem französischen Offizier, der zu den Gefangenen sprach, sie sollten sich noch ein wenig gedulden, und daß ich mich dafür verbürgte, dafür, daß sie bald nach Hause können. Die Gefangenen überzeugten sich, daß, wenn ich es ihnen verspreche, ich es auch halte.

Aber, Parteigenossen, in welcher Stimmung waren diese Menschen! Sie wollten nicht mehr arbeiten, sie blieben am liebsten liegen. Die Zustände in diesem Gefangenenlager waren derart, daß wir wohl kein Recht haben, uns über Mißstände in fremden Gefangenenlagern zu entrüsten, obwohl es ganz zweifellos ist, daß auch in den Ländern der Entente arme Gefangene mißhandelt worden sind. Aber wer gesehen hat, wie in diesen dunklen Holzbaracken, in denen die Seuche herrschte, eine furchtbare Seuche, die man Grippe nannte, aber die wohl nicht viel anders war als die Pest, wer gesehen hat, wie diese sterbenden Menschen neben gesunden dicht beieinander gedrängt lagen, Tote, Leichname und Särge, der hat wohl ein Gefühl dafür bekommen, daß unter allen Schrecken dieses Krieges das Los der Gefangenen die fürchterlichste und schwerste Anklage gegen die Menschheit gewesen ist, und nur aus dieser Erwägung heraus stelle ich die Forderung, daß man die Gefühle des Hasses und der Vergeltung nicht aufkommen lasse, sondern anfange, neu zu denken, neu zu fühlen, und unverzüglich die Gefangenen freigebe.

Denn das ist richtig, was mein Freund von der Mehrheit gesagt hat, die Gefangenen leiden nicht nur, sondern auch ihre Angehörigen, auch die zittern heute angstvoll um das Leben ihrer Väter, Brüder und Söhne. Sie wissen nichts von ihnen, und es ist wahr, nichts regt diese Angehörigen so auf wie die Nachricht, daß sie zu Zwangs-arbeiten verurteilt wurden.

Ich wiederhole, es wäre nur eine schwache Vergeltung für das, was wir selbst getan haben, es wäre weniger, als wir selbst getan haben, denn wenn man die Gefangenen jetzt benutzt zum Aufbau, so ist das ein schöpferisches Werk und vorzuziehen jenen Deporta-tionen und jener Zwangsarbeit, jener Sklavenarbeit, die dazu be-nutzt wurde, um zu zerstören.

Aber, Parteigenossen, ich möchte doch meinen, auch Frankreich sollte eines einsehen. Ich rede nicht von den Schwierigkeiten der wirtschaftlichen Konkurrenz der Arbeiter, die entsteht, aber ich möchte doch meinen, daß der Aufbau eines durch den Krieg zer-störten Gebietes nicht in Schande durch die Zwangsarbeit vollzo-gen, werden soll. Wenn dort in Nordfrankreich Arbeitskräfte fehlen, so möchte ich meinen, daß es die ehrenvollste Aufgabe unserer deutschen Aussöhnung wäre, wenn wir unsere Arbeiter aufforder-ten, freiwillig mitzuhelfen an dem Aufbau des Landes, zu dessen Zerstörung sie gezwungen waren. Wie der Krieg begonnen wurde mit dem Aufruf an Freiwillige, mit dem Aufruf zum Töten, Morden und Verwüsten, sollten wir jetzt beginnen mit dem Aufruf: „Geht hinaus und baut auf!" Freiwillige, und nicht nur Arbeiter, sollten wir haben, sondern es wäre auch eine Aufgabe für unsere studie-rende Jugend, mitzuhelfen am Bau der neuen Zeit im eigentlichen Sinne des Wortes.

Das wollte ich noch an dieser Stelle hier sagen; und ich für mei-nen Teil, wenn meine Worte in Deutschland gehört werden und wenn die Franzosen es wünschen, will diesen Aufruf an die deut-schen Arbeiter richten, freiwillig zu kommen und mitzuarbeiten. Aber auch unsere Künstler und Architekten sollten bereit sein, den Grundstein zu dem neuen Völkerbund dadurch zu legen, daß sie die von uns angerichtete Zerstörung wieder durch schaffende Arbeit in die neue Zeit hinein aufheben.

Wir wünschen also, und ich möchte da mit meinem Freunde Renaudel einig sein, daß nun sofort die Vorbereitungen getroffen werden, damit so rasch als möglich unsere Gefangenen uns wieder-gegeben werden, vor allen Dingen aber die Kranken und Verwun-deten. Man hat mir vorgeworfen: Du sorgst so sehr für die französi-schen und englischen Gefangenen, hast aber noch kein Wort des

Mitleids für die deutschen Gefangenen gefunden. Ich erwiderte: Indem ich für die französischen Gefangenen gesorgt habe, habe ich vielleicht am meisten für die deutschen Gefangenen gesorgt.

Es wäre auch zu wünschen, daß der von Renaudel und mir gestellte Antrag, eine Kommission des Roten Kreuzes möchte die Gefangenenlager in Frankreich und England besuchen, dahin ergänzt wird, daß sich dieser Kommission auch deutsche Delegierte anschließen könnten.

Zum Schlusse möchte ich noch einen ganz dringenden Appell an die Entente richten und dieser Appell betrifft die Zustände in den Gefangenenlagern von Sibirien. Es sind in Sibirien noch ungezählte deutsche und deutsch-österreichische Gefangene. Ich habe von Augenzeugen, von Frauen, die dort als Schwestern tätig waren, Schilderungen von den entsetzlichen Qualen, die diese versprengten, der Kälte und dem Hunger ausgelieferter Gefangenen dort leiden, gehört. Es handelt sich da anscheinend noch um viele Zehntausende Gefangene, und ich glaube, es ist ein Anfang dafür, daß die Menschheit wieder zusammenwachse, daß wir hier jener armen Kreaturen gedenken, die abgeschlossen sind von aller Menschlichkeit, und ich bitte Sie, durch die Annahme unserer Resolution denen in Sibirien auch den Glauben beizubringen: irgendwo sind immer Menschen, die des Menschen menschlich gedenken.

Werte Parteigenossen! Diese paar Worte, die ich hier gesprochen habe, sind auch eine Liquidation des Krieges und ein Anfang der neuen Zeit. Ich bitte Sie, uns in Deutschland zu glauben, daß unser Volk ernstlich entschlossen ist, im neuen Geist zu leben und zu sühnen die Verbrechen, an denen wir keine Schuld tragen, oder wenn wir Mitschuld tragen, doch nur daran, daß wir zu geduldig waren in der Vergangenheit und die schwere dunkle Geschichte des deutschen Volkes noch in unserm Blute trugen. Heute sind wir frei! Und weil wir frei sind, können wir die Wahrheit sprechen, und weil wir die Wahrheit sprechen darum können wir fordern, daß man Menschlichkeit auch gegen uns übe. (Starker Beifall)

Resolutionsantrag Eisner / Renaudel
über die Kriegsgefangenenfrage
(Arbeiter- und Sozialistenkonferenz in Bern, 3. bis 10 Februar 1919)[24]

Die Internationale Konferenz ist tief bewegt durch die materiellen und moralischen Leiden, die die Kriegsgefangenen im Laufe dieses Krieges zu erdulden hatten, und wofür die repatriierten Gefangenen der Alliierten lebendiges Zeugnis ablegten. Sie ist überzeugt, daß man die traurige Lage derjenigen, die noch immer leiden, sowie ihrer Angehörigen, abkürzen kann und muß. Sie ist der Ansicht, daß die über den Krieg hinaus verlängerte Zwangsarbeit, selbst abgesehen vom moralischen Gesichtspunkt, das ökonomische Gleichgewicht der Arbeit in jedem Lande zu gefährden droht.

Die Konferenz appelliert an das Menschlichkeitsgefühl der alliierten Regierungen und erwartet,

1. daß die kranken und verwundeten Gefangenen sofort heimtransportiert werden;
2. daß Maßnahmen getroffen werden, um die möglichst rasche Repatriierung vorzunehmen, sobald die allgemeine Diskussion über die Friedenspräliminarien einsetzt;
3. daß die Gefangenen in Frankreich und England durch eine Kommission des internationalen Rotkreuzes, an der auch eine deutsche Delegation teilnimmt, besucht werden;
4. daß eine Hilfskommission, die sich in Omsk befindet, die Erlaubnis erhält, sich neuerdings nach Sibirien zu begeben, um den deutschen und österreichisch-ungarischen Gefangenen Hilfe zu bringen.

Kurt Eisner – Pierre Renaudel

---

[24] Textquelle | II. Internationale 1918/1919; Online-Ausgabe: www.kurt-eisner-werke.org/III490.html [abgerufen am 12.01.2025].

Demokratie und Diktatur – Erklärung

Resolutionsentwurf an die Arbeiter- und Sozialistenkonferenz,
Bern 3.-10. Februar 1919[25]

Die Konferenz von Bern ist tief von der Überzeugung durchdrungen, daß der Sozialismus als Aktion seiner Verwirklichung überall die beherrschende Frage der nächsten Zukunft ist. Damit die Entwicklung zur sozialistischen Gesellschaft sich ohne Hemmung durchsetze, muß das Proletariat jeden Landes sich *einig* sein über das Wesen des Sozialismus, über die Mittel des Kampfes und die Formen der Verwirklichung. Die Konferenz fordert darum die Proletarier aller Länder auf, sich organisatorisch und sachlich in Theorie und Praxis *einheitlich* zusammen zu schließen. Wenn die sozialistische Bewegung nicht sich selbst zerstören soll, so müssen sich die sozialistischen Parteien klar sein über die Probleme von Demokratie und Diktatur, von Nationalisierung und Sozialisierung. Zu diesem Zwecke ist es auch notwendig, daß die Versuche einer sozialen Revolution, die in Rußland unternommen worden sind, von Grund auf studiert werden. Darum ist es geboten, daß die Konferenz eine internationale Abordnung nach Rußland entsendet, um eine sachliche Grundlage zu schaffen für die Erörterung und Entscheidung der Probleme auf dem nächsten internationalen Kongreß. Indem die Berner Konferenz dermaßen die Fragen des Bolschewismus auf die Tagesordnung des nächsten internationalen Kongresses gesetzt zu sehen wünscht, warnt sie die bürgerlichen Regierungen, die jetzt den Völkerbund gründen wollen, den Bolschewismus als Schreckgespenst zu verwenden, um die Friedensverhandlungen reaktionär – imperialistisch – zu beeinflussen und zu entscheiden. Die Welt ist auf dem Wege zum Sozialismus, und es würde nur eine Zerrüttung aller Verhältnisse bewirken, wenn die kapitalistischen Regierungen versuchen würden, die notwendige und unaufhaltsame Entwicklung zum Sozialismus contrarevolutionär zu verhindern.

Kurt Eisner

---

[25] Textquelle I II. Internationale 1918/1919; Online-Ausgabe: www.kurt-eisner-werke.org/III505.html [abgerufen am 12.01.2025].

Der Sozialismus und die Jugend
Vortrag, gehalten zu Basel auf
Einladung der Baseler Studentenschaft
im Grossen Musiksaal am 10. Februar 1919[26]

Die vorliegende Rede hat Herr Kurt Eisner, derzeitiger Ministerpräsident des Volksstaates Bayern, auf Einladung der Basler Studentenschaft gehalten. / Im Sommersemester 1918 hat sich die Basler Studentenschaft auf demokratischer Grundlage neu organisiert: Die Studierenden jeder Fakultät wählen ihren Ausschuss, in ihrer Gesamtheit bilden diese Fakultätsausschüsse das Parlament der Gesamtstudentenschaft.

Dieser Zusammenschluss will das Gemeinschaftsgefühl der Studenten wecken und erhalten. Als Ziel steht der Bewegung eine neue *„civitas academica"* vor Augen, ein lebendiger „Hochschulstaat". Nicht Abschließung des akademischen Standes ist ihre Folgerung, sondern Einordnung der Hochschulbürger ins Volksganze zu fruchtbringender Mitarbeit am Neuaufbau der Gesellschaft.

Im Aufgabenkreis einer solchen studentischen Gemeinschaft liegt es, wenn wir in unserer geschehnisreichen Zeit eine Reihe bekannter Vertreter verschiedener politischer Richtungen einladen, in Basel zu sprechen.

Eine besondere Freude war es uns, die Reihe unserer Vorträge mit einer Rede Kurt Eisners eröffnen zu dürfen. Wir möchten auch an dieser Stelle Herrn Kurt Eisner für die liebenswürdige Bereitwilligkeit, mit der er unserer Einladung gefolgt ist, unseren herzlichen Dank aussprechen.

Basel, im Februar 1919.
Der Vortragsausschuss der Basler Studentenschaft.

―――

---

[26] Textquelle | Kurt EISNER: *Der Sozialismus und die Jugend*. Vortrag, gehalten zu Basel auf Einladung der Baseler Studentenschaft im Grossen Musiksaal am 10. Februar 1919. Basel: Verlag National-Zeitung 1919. [21 Seiten]

Verehrte Anwesende! In Zeiten, wo eine alte Welt zusammenbricht und der Beruf der politisch tätigen Menschen ist, mit der Generation, die behaftet ist mit aller Blindheit und allen Lastern der Vergangenheit, das Neue aufzubauen, entsteht für diese Baumeister immer das tragische Problem: wie können wir den neuen Geist schaffen, wenn nirgends neuer Geist lebt, ein Problem, das man, wenn man in boshaftem Witz es zuspitzen wollte, so ausdrücken könnte: wie kann Menschheit werden ohne Menschen? Vor hundert und etlichen Jahren war schon einmal über das deutsche Reich eine Katastrophe hereingebrochen, ähnlich der, unter der wir heute leiden. Damals flüchtete sich einer der tragischen Denker unserer Nation – und alle geistigen Führer Deutschlands haben immer wie im Exil gelebt –, damals flüchtete sich *Fichte* aus der Welt der Völker, aus der unnationalen Welt der allgemeinen Menschheit, hoffend, ohne Trost, in die Enge seiner eigenen besiegten Nation. Er hielt damals jene Rede an die deutsche Nation, in der er den Beruf der Deutschen in einer Zeit, da die Welt zerrissen war von Krieg und Gewalt und Eroberung, darin sah, daß sie, die in ihrer Enge leben, den deutschen Geist über die Welt ausstrahlen lassen möchten, fern von Gewalt, fern von Krieg, keiner Eroberung zugetan, außer der großen erhabenen Eroberung des Gedankens, des Geistes. Es ist nicht allzubekannt, daß jene Rede an die deutsche Nation, die im Zusammenbruch gehalten wurde, ein Kapitel aus einem sozialistischen System war, das Erziehungskapitel. Fichte war von jenen tragischen Gedanken erfüllt, daß das Geschlecht in dem er lebte, ohne jede Hoffnung sei, an der neuen Welt bauen zu können. Er sah eine verrohte, verdorbene, verworfene Welt, Menschen stumpf und gemein, feig klebend am Erwerb, jedem Schimpf untertan, nachdem sie in ihrem Übermut der Gewalt gedemütigt waren. Damit entwarf er jene pädagogische Utopie, daß nur dann das Heil über die Welt kommen könnte, wenn die Jugend, fernab von den Erwachsenen in irgend einer Einsamkeit aufwachsen würde, ohne Einfluß von der Vergangenheit, ganz neu aus sich selbst werdend, und daß dann die Menschen, die entstehen könnten, fähig sein würden, die Träger der neuen Ordnung der Welt zu sein.

Politik ist Erziehung, und jeder, der an dieser oder jener Stelle die

Aufgabe hat, politischen Einfluß auszuüben, der steht wieder vor dem Fichteschen Gedanken: wie kannst du die Ideen, die in deinem Geist leben, verwirklichen, wenn die Menschen im ältesten haften, wenn du versuchen willst mit Menschen der Vergangenheit hineinzugehen, in die Welt einer neuen Zukunft? Und so wird für jeden, der in solchen Zeiten versucht, politische Wirklichkeit zu schaffen, immer wieder der Gedanke lebendig: du kannst nur eines erreichen, versuchen mitzuhelfen, ein neues Geschlecht heranzubilden, fern ab von dem alten Geschlecht, und dann wird die Welt neu. Mir, verehrte Anwesende, liegt , dieser Gedanke ganz besonders nahe, denn wir in Deutschland, die wir in den letzten Jahren des Krieges, wie in der Verbannung gelebt haben, ganz vereinsamt, Tag und Nacht zermartert von dem einen Gedanken, wie man diesem Wahnsinn zu steuern vermöchte, wir ganz Vereinsamte und Vereinzelte, die neben der Macht, der Gewalt noch als schlimmere tö[d]tlichere Gewalt die Macht der Lüge erkennen mußten, wir ganz Verzweifelte, die mitten unter unserem deutschen Volke eine andere Sprache sprachen, fast taubstumm gegeneinander, auch wir hatten schließlich *nur eine Zuflucht, die Jugend.* Die neue Jugend wollten wir zu Menschen bilden, und wenn eines Tages, verehrte Anwesende, wie ein Märchen, wie etwas ganz unerwartetes, aus der Hauptstadt des deutschen Südens die Kunde über die Welt kam: Bayern ist Republik, Bayern hat sich revolutionär erhoben, um dem Weltkrieg ein Ende zu machen, so erklärt sich dieses Wunder, dieses Märchen daraus, daß mitten in den Jahren des Weltkrieges, geduldig, in steter Arbeit die jungen Gemüter, die unverdorbenen sehnsüchtigen Herzen aufgeklärt wurden, für neue Ideen begeistert wurden, und vor allem für die eine größte Idee, die die Menschheit kennt: *daß zwischen Gedanken und Tat kein Widerspruch und kein Zeitraum stehen dürfe.* (Großer Beifall).

Diese Lehre, die wir einzeln in jedem fruchtbar zu machen suchten, daß man entschlossen sein müsse, das, was man im Geiste trüge, auch wirklich zu machen, die ganze Person einzusetzen, ist der geistige Ursprung unserer deutschen Revolution gewesen, und es war die Jugend, die uns Alten half, jenes Wunder einer deutschen Revolution zu vollbringen: mitten im Krieg auf der Höhe des Entsetzens plötzlich ein Rausch neuer Gedanken, einer Freiheit, von der wir nie ahnten, dass sie so rasch über uns kommen könnte, ein Traum von neuem Menschenglück, mitten in Tod und Not. Und dann jene späteren Wochen, in denen man zaghaft bedachte, ob jenes Herrliche, Gewaltige nicht wieder zerrinnen möchte, in der Ohnmacht des Menschengeistes, ob jener Jugendgedanke nicht wieder untergehen möchte in dem Alltag, in all dem Niedrigen und Widrigen, in all der Lüge unserer Zeit.

War es nicht die ewig und immer wiederholte Frage, die an uns in Bern während der letzten Woche gerichtet wurde: Seid ihr denn wirklich neu geworden und seid ihr nicht immer noch die alten, war euere Revolution nicht nur vielleicht ein neuer Betrug, hinter dem sich die alte Gewalt rüstet, um das verlorene Spiel im letzten Augenblick noch zu retten? Ich habe immer erwidert: Wir sind in den Massen neu geworden in Deutschland, der Einzelne freilich vermag sich nicht über Nacht zu ändern, und wessen politische Anschauung nicht aus der tiefsten Tiefe seines Lebens empordringt, der mag sich vielleicht an neue Zeiten anzupassen, aber er selbst bleibt der alte.

Verehrte Anwesende, und ihr, die ihr noch das Glück habt, jung zu sein, eins macht nur das Leben wert: ohne Lebensangst zu sein, an das Leben zu glauben und *dem Leben zu leben.* Vor lauter Angst, daß wir dieses bischen Leben verlieren könnten, daß wir in unserer sozialen Existenz bedroht werden könnten, vor lauter Angst vor dem morgen und vor dem heute verlieren wir unsere Zukunft. Wenn je in den Menschen der Heldenmut der *schöpferische* Arbeiter gewesen wäre, der in den letzten Jahren millionenfältig aufgewendet wurde, um zu zerstören, zu verwüsten, zu morden, zu verstümmeln, wenn je die Menschen so viel Heldenmut, so viel Freiheit aufgebracht hätten, wenn je die Jugend, die in ungezählten Scharen hinausgeströmt ist, um die Länder zu verwüsten, ihr junges Leben zu opfern, jenen Heroismus besessen hätte, um *Menschheit* zu erkämpfen, dann wären wir heute eine andere Gesellschaft (Großer Beifall).

Höre ich nicht, oder sehe ich doch klar, daß tief in unserem Leben jene Sehnsucht lebt und nach Leben drängt, die erkennt, daß unser Leben, wie wirs heute leben müssen, doch nur die deutliche Erfindung irgend eines bösen Geistes ist. Stellen Sie sich vor, verehrte Anwesende, einen großen Denker, der nichts von unserer Zeit wüßte und der ungefähr vor zweitausend Jahren gelebt und geträumt hätte, wie etwa in zweitausend Jahren die Welt aussehen würde, er hätte nicht mit blühendster Fantasie wohl eine Welt sich ausdenken können wie die, in der wir zu leben verurteilt sind. Das Bestehende ist doch in Wahrheit die einzige Utopie in der Welt, und das was wir wollen, was als Sehnsucht in unserem Geiste lebt, ist die tiefste und letzte Wirklichkeit und alles andere ist schauderbar. (Großer Beifall.)

Wir verwechseln nur Traum und Wachen. Diesen alten Traum unseres heutigen sozialen Daseins abzuschütteln, ist unsere Aufgabe. Ein Blick in den Krieg. Läßt sich eine menschliche Vernunft denken, die dergleichen ersinnen könnte? Wenn dieser Krieg nicht das gewesen ist, was man *wirklich* nennt, so haben wir vielleicht geträumt und wir wachen nun. Wir sind eine Gesellschaft, in der die Menschen trotz Eisenbahn und trotz Dampf und elektrischen Funken doch nur einen kleinen Teil dieses Sternes erblicken, auf dem wir geboren sind. Die große Masse der Menschen lebt nur dort, wo sie geboren ist, vielleicht von Arbeitsstätte zu Arbeitsstätte ein wenig weiter geschleppt, aber wer kennt auch nur den Stern, auf dem wir wohnen? Zum erstenmal haben die Millionen von Proletariern, die immer noch an die Scholle gebannt sind, ein Stück Welt gesehen – um sie zu zerstören. Diejenigen, die in der Arbeitsstätte festgebannt waren, kamen nun hinauf ans schwarze Meer, nach Kleinasien, nach Nordfrankreichs Städten, die sie sonst nie gesehen hätten. Jetzt endlich wurden sie frei, jetzt endlich kamen sie hinauf und genossen auch das Glück, das nur die Besitzenden haben – oder die Vagabunden – frei in der Welt zu sein. Und diese erste Gelegenheit, etwas kennen zu lernen, diese erste Gelegenheit, wo die Massen der Völker zusammen kamen, wird dazu benützt, daß diese Menschen gezwungen werden, nicht sich kennen zu lernen, nicht sich zu helfen, sondern sich zu morden. Man könnte diesen Gedanken ausspinnen. Dieser Krieg war die größte Revolution. Alle geheiligten Rechte waren zerstört, sogar das allerheiligste Gesetz: das Eigentum. Es gab kein Eigentum, und wenn heute die Welt von einer Panik ergriffen ist, vor dem was man Bolschewismus nennt, ist diese Panik nicht etwa nur ein schlechtes Gewissen der Besitzenden (großer Beifall), das eben als heiligste Pflicht die Menschen gelehrt hat, weder persönliche Sicherheit, noch Leben, noch auch Eigentum zu schonen? Man hat gründlich Eigentum zerstört. Nichts wurde von den historischen Rechten aufbewahrt, alles wurde aufgehoben und angetastet. Die Militäranarchie, der Militärterror herrschten über die Welt.

Es ist moralisch in den letzten Jahren nichts übrig geblieben, kein Gesetz, das nicht zu Boden getreten war, und man soll heute nicht jammern, nicht klagen, wenn wir nun alle anfangen, das Recht des Rechtes zu studieren. Der Bolschewismus, wie man ihn nun deuten mag, ist die letzte Konsequenz des Weltkrieges. Das Ende des Weltkrieges war gar nicht möglich ohne ihn: Und wer die Menschheit gelehrt hat, daß der Krieg ein Jungbrunnen ist, wer diesen Krieg so geführt hat, wie er geführt worden ist, wer nichts mehr achtete außer Gewalt und Zerstörung, der darf sich wahrhaftig nicht wundern, daß die an allem irre gewordene Menschheit heute versucht, vielleicht mit denselben Methoden, die man uns gelehrt hat, der Welt die Erlösung zu bringen.

Man hat, verehrte Anwesende, in Deutschland die Jugend vieler Generationen gelehrt, daß der Krieg erhaben, ein Jungbrunnen, ein Stahlbad sei, und man hat uns gelehrt, daß wenn man den Krieg führe, man ihn erbarmungslos führen müsse. Der deutsche Generalstab nennt so etwas Vernichtungsstrategie. (Heiterkeit) Ist es nicht wirklich so, daß wenn der soziale Kampf, der soziale Krieg entbrennt, die Lehre auftaucht, daß nun auch im sozialen Kampf die „Vernichtungsstrategie" geübt werden müsse. Ich weiß, daß in der Schweiz unter den Massen der Arbeiter diese Gedanken wohl erwogen werden, und ich bin der letzte, der nicht dafür Verständnis hätte, denn das ist ja genau genommen das Schlimmere noch: wie wir die Völker gegeneinander hetzen, daß sie sich sinnlos morden, wie dürfen wir uns wundern und das nicht verstehen, daß ebenso sinnlos der Krieg im eigenen Volke ist, *nicht gemacht von denen da unten*, niemals gemacht von denen da unten. Der Krieg ist da, wir haben ihn nur nicht gesehen, die oberen wollten ihn nicht sehen. Sie hatten sich natürlich daran gewöhnt, daß, wie Krieg zwischen den Völkern sein müsse, es auch ewiges Gesetz ist, daß arm und reich nebeneinander bestehen, daß dieser in Palästen wohnt, und jener in Höhlen hausen muß, daß jener aller Güter der Kultur teilhaftig werden kann und die andern, die großen Massen von allen Gütern ausgeschlossen sind. Dieser Krieg ist da, und die Frage ist jetzt, ob wir in dem Augenblick, wo wir jeden Krieg abschaffen wollen, nicht auch diesen letzten und ärgsten Krieg austilgen müssen. (Großer Beifall.)

Das, verehrte Anwesende, ist der tiefe und eigene Sinn jener Bewegung, die man Bolschewismus nennt. Man ist heute entschlossen, in den Massen, daß alle zu ihrem Rechte kommen. Man hat alle historischen Rechte in diesem Krieg zertreten und jetzt stellt man die letzte Frage: *warum bin ich von Geburt an verurteilt im Krieg der Klassen der ewig Unterliegende zu sein?* Der Krieg der Völker ist noch sinnvoll gegenüber diesem letzten Krieg. Dort stehen wenigstens Bewaffnete gegen Bewaffnete und das Los des Krieges ist noch unsicher, es kann auch die Gerechtigkeit siegen; aber im sozialen Krieg ist bisher das Urteil schon mit der Geburt gesprochen gewesen. Da haben wir Siegende von Geburt und Untergehende von Geburt. Das ist der furchtbare Krieg, und wenn die Massen jetzt sich anschicken, zu denken, ob nicht auch im sozialen Krieg die Vernichtungsstrategie Erfolg haben könnte, dann sind die Gedankenlosigkeit und das schlechte Gewissen der Herrschenden daran schuld.

Dies, verehrte Anwesende, sollten die jungen Leute tief in ihrer Brust hegen, und wenn sie dereinst berufen sind, in der Öffentlichkeit zu wirken, wenn sie Gelegenheit haben zu höherer geistiger Ausbildung, die sie nicht verdient haben, sondern die ihnen irgend ein günstiger Zufall beschert hat, wenn die jungen Leute dieses unermeßliche Glück, geistig tätig zu sein, nicht für die Beendigung jenes letzten Krieges ausnützen, dann sollen sie sich auch nicht beklagen, wenn die Sintflut dann über sie hereinbricht.

Ich glaube, wir leben in der ernstesten Zeit, die jemals die Menschheit durchlebt hat. Es gibt keine ruhigen Städtchen und Städte mehr. Der junge Freund, der hier zuerst sprach, schilderte Basel als ein Eiland der Stille; es ist möglich; aber wenn jetzt in Bern die Männer aller Völker, die Vertreter der Arbeiter der meisten Länder in diesen Tagen das Problem des Bolschewismus mit einer Art von Angst erörtert haben, so geschah es nur deshalb, weil sie erkannt haben, daß dieser Weltkrieg den wahren Sozialismus unmittelbar in der ganzen Welt wiederhergestellt hat. Wir gehen entweder zu Grunde, oder wir gewöhnen uns an den Gedanken einer neuen Weltordnung. Diejenigen, die das Glück haben, komplizierte Gedanken durchzudenken, deren Geist geschult ist, schwierige Probleme zu lösen, sollten keinen heiligeren Beruf kennen, als sozialistisch zu denken, ernst im tiefsten durchdrungen von ihrer Überzeugung. Es gibt heute nur zwei Wege: Massen brechen herein und versuchen den ewigen Krieg zwischen Besitzenden und Besitzlosen auf ihre Weise kraft der überlegenen physischen Gewalt zu lösen, weil man sie nicht gelehrt und ihnen keine Gelegenheit gegeben hat, schwierige Gedanken, komplizierte Probleme zu lösen, weil man ihnen ja ihr Leben so furchtbar einfach gemacht hat: Arbeiter, hungere und verzichte. Kein Wunder, daß sie die Schwierigkeiten einer neuen Weltordnung nicht sehen und ebenso einfach denken, wie man sie gelehrt hat, einfach zu leben. (Beifall.)

Für uns in Deutschland, verehrte Anwesende – vielleicht brennt bei Ihnen das Feuer noch nicht so – ist Sozialismus kein Programm mehr, sondern Aktion, in die Erscheinung tretend, so oder so. Und ich sagte schon, die Freunde aus Frankreich, aus England, aus Schweden berichten uns auch, daß es in den Massen gähre.

Liebe Freunde, ich bin hier berufen, die Wahrheit zu sagen oder das, was ich für Wahrheit halte. Ich sage, diese Vertreter des Proletariats waren fest davon überzeugt, daß heute Sozialismus nicht mehr ein Programm ist, sondern daß die zukünftige Neuordnung der Wirtschaft notwendig wird, und das ist das Ergebnis des Krieges, daß selbst in den Ländern, die keinen Krieg hatten, dieses Problem unmittelbar jetzt auch gestellt wird. Der englische Soldat, der aus dem Schützengraben kommt, der verkrüppelt worden ist, der die Leiden des Krieges mitgemacht hat, selbst wenn er gerettet ist und jetzt nach Hause kommt, fragt sich: Habe ich dazu mein Leben je der Gefahr geopfert, damit ich dann, wenn ich wieder nach Hause komme, wieder als Parias aller Menschheit leben muß? Das Erlebnis des Schützengrabens ist das tiefste Erlebnis geworden für den Soldaten überall. *Wenn man uns alle mit dem Recht begnadet, zu sterben und getötet zu werden, ja haben wir nicht auch das gleiche Recht zu leben?* Haben wir uns nicht gewehrt, haben wir uns nicht auch zur Verfügung gestellt? Die Ehre für das Vaterland zu sterben, wurde ziemlich gleich ausgeteilt, – es gab wohl auch Patrioten, die die Möglichkeit hatten, ihr kostbares Blut künftigen Zeiten zu überlassen, – aber der große Gleichmacher des Krieges ist auch der soziale Gleichmacher geworden.

Das scheint mir das Wichtigste zu sein, das heute der akademischen Jugend als Aufgabe gestellt wird. Die Jugend soll nicht unmittelbar politisch tätig sein. Sie soll erst in der Stille reifen, und ich finde es nicht gut, wenn junge Leute, die vielleicht seit drei Wochen sprechen können, sich schon als Führer aufspielen.

Liebe Freunde, ich beneide euch um eure Jugend, aber ich muß sagen, wer es ernst meint mit den Aufgaben der Politik, der muß eine gewisse Ehrfurcht haben vor den Schwierigkeiten seines Berufs. Wir konnten noch warten. Ich habe einmal in München, wo auch die jungen Soldatenbünde „gefährlich" sind, ihnen das autobiographische Geständnis gemacht, daß ich mit dem vierzigsten Jahre meine erste Volksrede gehalten habe, und Sie sehen, ich habe es doch noch gelernt, obschon ich erst in diesem Alter angefangen habe. Aber anders ist der Beruf der Jugend, die merkwürdige und tröstende Eigenschaft des Menschen zu bewahren, jene Sehnsucht nach reiner und heller Betätigung, jener Drang ins Weite und Hohe. Das wolle sich die Jugend bewahren und dafür sollte sie kämpfen. Und wenn man die Jugend ruft, dann soll sie kommen.

Verehrte Anwesende, Sozialismus ist die Aufgabe, die uns gestellt ist. Die Massen wissen heute, daß sie physisch die Stärkeren sind, und keine Überlegenheit wird sie mehr daran hindern, ihr Recht zu fordern. Ihr jungen Leute, die ihr in den großen Gedanken der menschlichen Kultur das Denken gewöhnt seid, lernt von denen, die nicht dieses Glück haben, die unheimlichste Praxis des Lebens, glaubet, es ist an der Zeit, daß die Jugend des Kopfes sich der Jugend der Handarbeit nähert, nicht um sich gegenseitig zu betrüben, nicht damit sie ihnen die revolutionären Gedanken der sozialen Umwälzung austreibe, denn da würde sie schön ankommen, und mit Schimpf und Schande heimgeschickt werden, sondern dazu, damit sie gemeinsam denken lernen, und gemeinsam sich in sozialen Problemen bemühen. Nur darin steckt der Fehler jener bolschewistischen Strömung, daß sie sich die Umwandlung der Gesellschaft zu einfach, zu leicht vorstellt, und nur der ehrliche, aufrichtige Sozialist, der nicht wie die Bolschewisten entschlossen ist, so rasch als möglich diese Welt umzugestalten, mag Einfluß gewinnen, in sozialen Fragen, damit nicht diese heutige Welt zusammenbricht wie im Krieg.

Verehrte Anwesende! Wir in der deutschen Revolution müssen Sozialisten sein, ob wir es wollen oder nicht. Ich selbst bin Sozialist, so lange ich denken kann, aber ich glaube, daß in Deutschland heute *keine Regierung mehr möglich ist, die nicht sozialistisch ist. Es gibt nur einen einzigen kontinuierlichen Gedanken der Welt, und das ist der Sozialismus.*

Verehrte Anwesende! Ich möchte vielleicht diesen Gedanken noch in einer andern Form aussprechen. Eigentlich wollen wir gar nicht den Sozialismus, sondern etwas ganz anderes. Wir wollen *wirkliche Demokratie*. Wir wollen, daß wirklich die Menschheit, das Volk, jeder im Volke entscheide über sein Schicksal, und fähig werde, dieses Schicksal zu bestimmen, für sich und für alle. Das ist Demokratie. Wir wollen heute unter Sozialisten jene Neuordnung der Gesellschaft, die das kapitalistische System ausschaltet, jenen Versuch, die Produktion zu ordnen ohne Dazwischenkunft der Kapitalisten, die Schätze der Welt ohne Unterschied denen zugute kommen zu lassen, die arbeiten. Diese sozialistische Wirtschaftsordnung ist ja nichts weiter als ein Mittel, um jene Demokratie zu schaffen, jene Freiheit für alle, jenes Recht auf Persönlichkeit. Unser Sozialismus ist kein Zuchthausstaat; das lohnte sich gerade, daß wir nun alle ins Zuchthaus sperren! Nein, was wir wollen ist die Demokratie, nicht das Zerrbild der Demokratie, was wir heute so nennen, jene Demokratie die mit dem Wahlzettel und den Parteien läuft, sondern jene Demokratie, die auf dem Volkswillen beruht, wo der einzelne demokratisch ist, demokratisch denkt, demokratisch handelt. *Die Selbsttätigkeit des ganzen Volkes im Denken, im Handeln, in der Arbeit, in der Politik, das ist Demokratie*, und *Sozialismus* ist nichts weiter, möchte ich sagen, als *produktive Demokratie*, schöpferische Demokratie.

Ich sagte, daß wir in Deutschland heute mit dem Problem ringen: Wenn wir heute in unserer Verfassung in Bayern jene gefürchteten Arbeiter- und Bauernräte aufnehmen wollen (der Name stammt aus Rußland), so wollen wir nichts weiter, als aus einem losen Gefüge von Wählern wirklich politisch tätige und politisch denkende Massen erziehen. Wir wollen die Massen zu *Herren ihres Schicksals* machen, und erst, wenn sie die ganze Macht haben, und erst, wenn sie mitverantwortlich werden, dann sehen sie auch ein, daß die Welterlösung nicht so kommen kann, wie sich mancher einbildet: daß die soziale Frage z. B. gelöst sei, wenn tausend Arbeiter, die in einem Bergwerk arbeiten, eines Tages dieses Bergwerk übernehmen. Das ist nicht Bolschewismus, die bolschewistische Theorie ist ja nicht so unsinnig, aber es ist ein Traum, der heute viele Arbeiter ergriffen hat, daß sie glauben, daß es Sozialismus sei, wenn sie selbst anfangen, Kapitalisten zu werden. Ganz gewiß: die Unterdrückten, die

Besitzlosen müssen die politische Macht erobern, aber wenn sie diese politische Macht erobert haben, dann beginnt erst die große Aufgabe. Wer vor dieser Aufgabe steht, wie wir in Deutschland, der weiß, wie schwierig all diese Aufgaben zu lösen sind. Gewiß, wir in Deutschland können nicht mehr leben ohne irgend eine Form des Sozialismus. Nicht nur, weil die Arbeiter uns drängen, und mit Recht drängen (was liegt ihnen an der politischen Freiheit, wenn sie hungern müssen). O nein, die Frage ist, wie können wir unsere sozialistischen Ideale verwirklichen. Man denkt an die soziale Revolution. Politische Revolutionen sind möglich: man kann z. B. Könige wegjagen, man kann alles durchführen mit Gewalt, aber man kann mit Gewalt keine Produktion aufbauen. Es wächst kein Kohl mit Gewalt, man webt kein Hemd mit Maschinengewehren, man baut kein Haus mit Giftgasen. Das ist die Aufgabe: daß das Proletariat die politische Macht erobert, dann aber, wenn es dies gemacht hat, versucht, die Produktion zu gestalten. Nicht Gewalt, sondern Arbeit, das ist die sozialistische Gesellschaftsordnung. Wenn man politische Mächte zerstört, dann ist dagegen nichts zu sagen, aber eine Produktion, die man zerstört, wird nicht wieder lebendig; Produktion, Wirtschaft läßt sich nur umgestalten, niemals mit Gewalt zertrümmern, um dann auf dem Nichts etwas aufzubauen, was gar nicht mehr da ist. Man kann nicht sozialisieren, wenn alles vernichtet ist. Das sind die Fragen, verehrte Anwesende, die uns heute in Deutschland am Herzen liegen, und die auch ihnen hier in diesem stillen Lande die nächste Zukunft wohl stellen wird. *Sozialismus oder Chaos – ein Drittes gibt es nicht.*

Wie sollten wir heute in Deutschland, um wieder dieses Beispiel zu wählen, mit den alten kapitalistischen Methoden vorwärts kommen? Will man etwa dem Arbeiter einreden, daß die ungeheure Unternehmerintelligenz dem Unternehmer ein besonderes Recht aus [sic] Dividenden, Tantièmen, Gewinnanteilen, Provisionen usw. gebe? Unsere Arbeiter haben während des Krieges gelernt, wie Kapitalismus und Kapitalisten entstehen. Wir haben diese Schiebermillionen gezüchtet, die auf dem Blut der Millionen Menschen ihren eigenen Reichtum aufgebaut haben. Soll etwa dieses Gesindel der neuen Kapitalisten über unser Schicksal in den nächsten Jahren herrschen, weil sie das Talent hatten, die Kriegskonjunktur auszubeuten? Unsere Künstler, unsere Gelehrten beklagen sich schon. Wer

sitzt im Theater bei uns, oder wer saß im Theater ? Diejenigen, die
Kriegslieferanten waren. Die Schieber. Jene Leute, die so vorsichtig
waren, Heimatdienst zu leisten. Sie können sich kaum vorstellen,
welche Qual es für den gebildeten Menschen in Berlin war, in ein
Theater zu gehen. Was da saß! Wenn der Kapitalismus ein heiliges
Recht ist, ein Hort der Kultur, ein Quell aller Kultur, dann haben
diese Herren recht, diese Herren Kriegsgewinner, wenn sie nun
nach ihrem Geist die Welt einrichten. Wir haben die erbauliche Erscheinung bei uns gehabt, daß die Milliarden, die aus dem Krieg gezogen wurden, jene Verwandlung von Blut in Papier, die Kaufkraft
jener Massen so erhöhte, daß schließlich nichts mehr übrig blieb,
was zu kaufen war. Alles, Häuser, Rittergüter, sogar Porzellan, Bilder, Kleider und Stiefel kauften sie, von Lebensmitteln gar nicht zu
reden. Alles wurde aufgekauft, sogar Theater wurden gegründet,
nur damit diese Leute ihr Geld in irgend etwas wertvollerem anle-
gen konnten, als in diesen bedruckten Papieren. Schließlich, vor lauter Verzweiflung, fingen sie an, Bilder zu kaufen; dann taten die
Kriegsgewinner ein letztes und bestürmten in heller Verzweiflung
die Buchläden und kauften Bücher. Diese haben sie dann alle in Leder eingebunden, so daß es in Deutschland heute keinen Lederband
mehr gibt. Wir haben also die Entstehung eines neuen Kapitalismus
an der Quelle studiert und vor diesem haben wir keine Ehrfurcht
mehr. Aber kann unser Staat denn existieren? Die Finanzen sind zerstört, die Wirtschaft ist verwüstet. Unsere Fabriken stehen still, wir
haben keine Kohlen, keine Rohstoffe, auf den Straßen ist die Arbeitslosigkeit. Wie kann der Staat existieren, dessen Finanzen vollständig
zerrüttet sind? Er kann es nur, wenn man ihm wirklich zumutet, sich
den Kriegsgewinnern zu unterwerfen und ihnen geduldig jahraus
jahrein in alle Ewigkeit aus der Arbeit der Massen ihren Zins zu zahlen. Kann er das, darf er das? Wäre ein solcher Staat nicht ein Irrenhaus? Der Kapitalismus hat sich in sich selbst aufgelöst, er hat sich
selbst zum Besten gehalten, seit er seine blutigen Raubzüge antrat
Man hat es uns immer gelehrt, daß der nächste Krieg ein Weltkrieg
sei und hinter diesem Krieg die soziale Revolution lauere. Wir können in Deutschland nicht mehr leben, wenn der Staat nicht sozialistisch ist, wir können nicht mehr paktieren mit dem Recht auf kapi-
talistischem Boden, und heute reden selbst unsere denkenden Unternehmer so und fangen zu grübeln an, ob das alte System denn

wirklich noch zurecht bestehen könnte, ob die Welt dazu da ist, um einigen Wenigen Brot zu geben.

Und, verehrte Anwesende, die *geistige* Arbeit! Welchen Wert hat für sie das kapitalistische System, wenn sie um des Erwerbswillens geschaffen wird? Ist das für das kapitalistische System ein Vorteil, ist es nicht etwas Schändliches, etwas Schmutziges, eine Art Prostitution des Geistes, um des Erwerbswillen Kunst zu schaffen, Geist zu treiben? Ich glaube, daß die Studenten von heute doch ähnlich sind wie wir einst waren. Wir haben uns geschämt (ich weiß nicht, ob man heute noch so viel Schamgefühl hat), wenn wir unsere Gedanken zu Papier brachten, und dann jemand zu uns sagte: „Ja, das mußt du auch verwerten und dafür mußt du ein Honorar erhalten." Ich glaube, es steckt in jedem Geist jenes Schamgefühl, das man bekommt, wenn die Wissenschaft mit Rücksicht auf den Erwerb gepflegt wird. Es ist eine geistige Tretmühle, denn einerseits geht man zu Grunde, wenn die geistige Tätigkeit keinen Marktwert hat, dagegen der schmutzigste Roman ein Vermögen abwerfen kann. Sie können die erste Streichmusik komponieren, aber wenn Sie so vorsichtig sind, aus den Melodien eines verhungerten Komponisten eine schöne Operette zusammenzukleben, dann sind Sie des Erfolges bei den Kapitalisten sicher.

Strindberg, der größte Genius am Ausgange des neunzehnten Jahrhunderts hat uns in einer seiner fantastischen Tragödien das Elend des elenden Wiederholens geschildert. Der geistige Arbeiter will jeden Augenblick etwas Neues schaffen, aber er muß sich immer wiederholen. Er muß Tag für Tag geistig produzieren. Ich möchte also meinen, was dem Beruf der geistigen Arbeiter am nächsten ist, daß auch sie verstehen, was Sozialismus ist, denn auch der geistige Arbeiter wird erst frei, wenn es keinen Kapitalismus gibt.

Um noch einmal auf Deutschland zurückzukommen, so ist zu sagen, daß heute unsere ganze geistige Welt, all unsere Intelligenz vom sozialen Untergang bedroht ist. Im Zusammenbruch unserer Gesellschaft leidet zunächst das, was man Luxus nennt, Kunst und Wissenschaft; eine Rache, eine gerechte Rache für das, was unsere Intelligenz befriedigt hat. Wir waren die Herolde des Schreckens, und wenn sie jetzt nach dem Untergang selbst zu Grunde gehen, dann haben sie sich selbst auf diesen Untergang gerüstet. Ich weiß nicht, wo unsere bürgerliche Intelligenz in Deutschland endigen wird: vielleicht versucht auch sie jetzt Revolutionsgewinner zu werden, wie sie früher geistige Kriegsgewinner gewesen war, aber ich möchte glauben, daß diese fürchterliche Erfahrung, die nun auf unserer ganzen bürgerlichen Jugend liegt, sie lehrt, sozialistisch zu denken. Unsere bürgerliche Jugend, verehrte Anwesende, in Deutschland kommt aus der Höhe. Wer bei uns studiert, der studiert nicht wegen seines Berufes, seiner Fähigkeit, seines Dranges (vielleicht wird es auch hier so sein), sondern unsere bürgerliche Jugend, wenn sie studienhalber die Universität besucht, tut das, damit sie sich ein paar Jahre austoben darf. Wenn man einem Handwerksgesellen, oder einem Arbeiterlehrling diese Lehre predigen würde: „Benutzt euere Zeit vom 19. bis 22. Jahre, oder noch länger, um euch ein paar Jahre auszutoben!", so möchte ich wissen, wie man über diese „Verwahrlosung der Jugend" sprechen würde.

Verehrte Anwesende! Unsere neue Demokratie in Deutschland, von der ich hoffe und wünsche, daß sie Wirklichkeit wird, nicht nur eine Episode, entfesselt einen neuen Wettbewerb der geistigen Berufe. Es soll künftig niemand von Geburt aus schon bestimmt sein, dem Staate zu dienen, Lehrer und Richter zu sein, wie es bei uns in dem undemokratischsten Land der Welt bisher war. Einen Tag nach der Revolution, als ich mit einem jungen Freund, der als Zeichen seiner neuen Würde in einem gelben Lederetui einen großmächtigen Revolver hatte, der aber nicht geladen war, was die andern zum Glück nicht wußten, durch die Straßen Münchens ging, hatte ich mit diesen Herren, die von Geburt aus im Staat ein Amt bekleiden, eine ernste Auseinandersetzung. Ich habe ihnen gesagt: Meine Herren, Ihnen wird kein Haar gekrümmt werden, Sie sollen weiter Ihre Existenz haben, aber mich würde wohl der Versuch reizen, mit Leuten von der Straße auswärtige Politik zu treiben. Diese Leute von der Straße sind die verdrängten Intelligenzen. In der Masse schlummert doch jene Kraft, jenes neue Blut, jene Fähigkeit zum Großen.

So, verehrte Anwesende, wird der Sozialismus auch gerade das Problem der eigenen Existenz der Bürgerlichen werden. Von der Masse werden sie dazu gedrängt. Es muß der Kampf gegenüber den von Geburt aus Privilegierten geführt werden. Wenn es nach meiner Meinung ginge, so würde ich alle Berechtigungen aufheben. Wer tüchtig ist, der soll im Staate tätig sein, der soll im Staate leitend und führend sein, und wenn ein 25- oder 26-jähriger Schlossergeselle heute noch Minister werden kann, so kann er vielleicht auch Professor werden, auch wenn er nicht neun Gymnasialjahre durchgemacht hat. Es kann auch ein 20- bis 25-Jähriger ein Gelehrter werden. Diese fruchtbare Ordnung aller Kraft der Menschen, das ist unsere Aufgabe, das ist Sozialismus. Wir wollen alle arbeiten, die notwendigen Güter schaffen, alle ohne Unterschied, aber wir wollen auch alle Muße haben, teilzunehmen an den geistigen Gütern der Menschheit, und wenn man über mangelnde Vernunft der Massen klagte, so ist die Sache so, daß sie, die in Dunkelheit gelebt haben, nachdem nun die erste Helle in ihren Köpfen auftaucht, nun stürmen und gewaltsam sich regen. Und der erste Keim der Vernunft glaubt sich übermächtig und fähig alle Wunder zu verrichten.

Verehrte Anwesende! So fasse ich den Sozialismus auf und so scheint mir der Beruf der Jugend zu sein: Geist zu nähren und zu bereiten. Es darf nicht mehr so sein, daß die große Masse der Bevölkerung ausgeschlossen ist vom Mitgenießen, vom Mitdenken, vom Mitfühlen. Wir sprechen heute alle eine andere Sprache, wir haben keine Volksliteratur mehr, die Klassen sind geschieden in Gelehrte und Ungelehrte. Wir müssen anfangen, wieder dieselbe Sprache zu reden. Wir müssen eine *Volksgemeinschaft* werden, eine Völkergemeinschaft, alle; alle ohne Unterschied, von Geburt an gesichert, unsere Kräfte zu regen, den Genius, der in jedem Kind, das geboren wird, lebt, den Genius seine Schwingen entfalten zu lassen. Jeder Mensch ist ein Genius von Geburt, man soll nur dafür sorgen, daß er nicht schon im dritten Jahr verkümmert und erstickt. (Großer Beifall.)

Wir stehen an der Wende aller Zeiten. Die Völker die gegeneinander gehetzt waren, die Klassen, die erbarmungslos miteinander ringen, das war gestern. *Die neue Jugend muß berufen sein, an der neuen Welt zu bauen, sie muß aber wirklich sich loslösen von allem Vergangenen, sie muß hinaus, sich denken in die Zukunft, denn das ist der größte Stolz der Jugend, Ehrfurcht zu haben vor ihrer Zukunft, vor unserer Zukunft, und das Gewissen der Menschheit in sich lebendig zu machen.* (Langanhaltender, großer Beifall.)

Votum
für eine sozialistische Opposition
Aus der letzten öffentlichen Rede
am 20. Februar 1919

„Ich sehne mich danach, daß die Sozialisten ohne Unterschied der Richtung endlich aufhören zu regieren und wieder Opposition werden ... Morgen beginnt der Landtag, morgen soll auch die Tätigkeit der Räte aufs neue beginnen, und dann werden wir sehen, wo Lebenskraft und wo Zuckungen einer dem Tode geweihten Gesellschaft zu finden sind."[27]

Eisner auf der Fahrt zur Reichskanzlei in Berlin anlässlich einer Konferenz der Reichsregierung (zu der Zeit „Rat der Volksbeauftragten"), 22. November 1918 (Fotografie: Robert Sennecke | commons.wikimedia.org).

---

[27] Zitiert nach Kurt EISNER: *Die halbe Macht den Räten.* Ausgewählte Aufsätze und Reden. Köln 1969, S. 35. – Dort angegebene Quelle für den Text der am Vortag seines Todes von Eisner gehaltenen Rede: *Münchener Post*, 21.02.1919.

IV.
Zeitgenossen über Kurt Eisner

Texte 1919 – 1929

Kurt Eisner
(Die Weltbühne | Januar 1919)[1]

Von Johannes Fischart
[Erich Franz O. Dombrowski]

Vier Treppen hoch kletterte er allemal froh, wenn die Königliche Kapelle unter Weingartner im berliner Opernhause ihre Sinfonie-Konzerte gab und auf dem Stehplatz des obersten Ranges lauschte das kaum mittelgroße Männchen den Klängen der Musik. So war er, ein bescheidener, bedürfnisloser Mensch, ein stiller, in sich gekehrter Politiker und Publizist, dem sich alles in Aesthetik auflösen mußte. Ein Sozialdemokrat; zu einer Zeit schon, da es gesellschaftlich noch nicht fein war, sich zum Sozialismus zu bekennen. Ein Bekenner; aber nicht einer, der mit rhetorischer Geste in rauchgeschwärzten Versammlungen politische Bierreden hielt. Sein Feingefühl wahrte die Distanz. Volksredner, Volkspolitiker war er nicht. Er schrieb stilistisch glänzend, geistvoll und satirisch und doch nicht für die namenlose Menge. Damals um die Wende des Jahrhunderts, als er dem Rufe-Wilhelm Liebknechts an die Spitze des ‚Vorwärts' folgte, ward er bald derjenige Leitartikler Berlins, der am meisten blendete, ohne ein Blender zu sein.

Angefangen hat er, einem sehr einfachen berliner Hause entstammend, bürgerlich, freisinnig, oder richtiger: demokratisch. Er

---

[1] Textquelle | Johannes Fischart [= Erich Franz O. DOMBROWSKI]: *Kurt Eisner* (Politiker und Publizisten, 45). In: Die Weltbühne Jg. 15/I, Nr. 2 vom 09.01.1919, S. 29-34.

hatte Philosophie und Germanistik studiert, acht Semester lang, und sah sich nun nach einem raschen Broterwerb um. Mit der Buchschriftstellerei wollte es nicht gehen. Seine ersten Bücher ‚Psychopathia spiritualis‘ und ‚Friedrich Nietzsche‘ brachten ihm weder Ruhm noch Geld. Darum wandte er sich 1892, fünfundzwanzig Jahre alt, der Tagespresse zu und fand in der Frankfurter Zeitung ein schützendes Obdach. Von dort ging er an die demokratische Landeszeitung in Marburg; hier geriet er, der Jude, mit dem Antisemitismus hart aneinander. In den stürmischen Wahlkämpfen jener Zeit wurde ein Flugblatt von ihm berühmt. „Wie", schrieb er, um dem Antisemitenführer Böckel eins auszuwischen, „wie, Bauern Hessens, wißt Ihr nicht, daß euer Kandidat, euer Böckel sechzehn uneheliche Kinder hat, und so Einem wollt Ihr eure Stimme geben?" Aber Kurt Eisner kannte die hessischen Bauern, diese derbgesunden Menschen, schlecht. Nie hat Böckel von ihnen so viele Stimmen bekommen wie damals. Die sechzehn unehelichen Kinder hatten ihn der Bevölkerung mit einem Schlage unendlich sympathisch gemacht.

Von Marburg, wo er im Hause Hermann Cohens, des Neukantianers, verkehrte, wirkte er schriftstellerisch auch in die Weite. Der Artikel ‚Ein politischer Neujahrsempfang‘ brachte ihm eine Gefängnisstrafe von neun Monaten ein, da der hohe Gerichtshof den dolus eventualis der Majestätsbeleidigung für vorliegend erachtet hatte. Als er, im August 1898, die Strafe verbüßt hatte, nahm ihn der ‚Vorwärts‘ auf. Seine publizistische Glanzperiode begann. Mit ganzer Seele ergab er sich dem politischen Leben. Seine Schärfe kannte keine Schranken. Mit prachtvoller Bravour führte er journalistisch den Kampf um die neuen Hochschutzzölle. Ich entsinne mich noch seines ätzenden Aufsatzes, der mit dem einen beißenden Wort: „Zolltoll" überschrieben war. Oder mir fällt, da ich diese bewegte Zeit an mir vorüberziehen lasse, jenes köstlich sarkastische Stimmungsbild ein, das er der langen Zollnacht im Reichstage widmete. Damals trieb die Linke, ausgenommen die Schar Eugen Richters, Obstruktion durch endlose Reden. Antrick, der Sozialdemokrat, sprach allein acht Stunden. Es wurde Spätnachmittag, es wurde Abend, es wurde Nacht, es wurde über Mitternacht hinaus, und Antrick redete immer noch. Sonnabend wars, und die schwarzen Langröcke des Zentrums wollten, mußten nach Hause, in ihre Heimat, um die Schäflein am Sonntag nicht ohne den Hirten zu lassen. Und so standen sie nun da, in den Wandelgängen des Reichstags, unruhig mit den Füßen stampfend, die Köfferchen hin und her schaukelnd, und konnten doch nicht weg, solange nicht die alles entscheidende Abstimmung vorüber war. „Heute geht Herrendienst vor Gottesdienst", schrieb Eisner trocken resümierend. Die Obstruktion wurde schließlich gebrochen, und die Krautjunker und Schlotbarone der Rechten, des Zentrums und der Nationalliberalen hattens geschafft. Oder ich denke an die Wahlschlachten kurz danach: wie er in einem Artikel einmal den Spieß umdrehte, sich des konservativen, sozialistenfresserischen Sprachschatzes bediente und in diesem Jargon unter anderm der Rechten vorhielt: „Dieser Sorte von Menschen ist nichts heilig, nicht einmal die Majestät des Volkes."

Das war Kurt Eisner. Unerschöpflich in seinen Einfällen und nie verlegen in seiner Dialektik. Spiel, Kunst war ihm das Leben. Ohne Uebermut ließ er alles auf sich einwirken, und klar und ruhig strahlte er dann seine politischen und feuilletonistischen Reflexionen aus. Ein Mensch, der, in sich gekehrt, sich selbst vollständig genügte. Ein Genießer im kalten, teppichlosen Zimmer. Ein Radikaler, der sich nicht an Worten berauschte, sondern ein Mensch, dem alles, tief durchdacht, wie selbstverständlich aus dem Innern quoll Er war schüchtern, zurückhaltend, bescheiden wie ein junges Mädchen, das errötet, wenn es angesprochen wird. Uebrigens war er ein Radikaler damals eigentlich doch noch nicht. In jenen Jahren war er Revisionist wie Eduard Bernstein, dem er in vielem ähnelt. Als auf dem dresdner Parteitag von 1903 die Mohrenwäsche der Partei gleich gründlich gewaschen wurde, als Stank und wieder Stank dabei herauskam, als Bebel die Seuche des Revisionismus mit Feuer und Schwert auszutilgen trachtete, wurde auch das Verdikt über den ‚Vorwärts' gesprochen. Die „edlen Sechs" wurden an die Luft gesetzt. Kurt Eisner hatte sich mit den Verfemten solidarisch erklärt, und so flog die ganze Redaktion. Däumig und Genossen, Stadthagen und Adolf Hoffmann zogen unter Triumphgeschrei ein und steuerten das flinke Vorwärts-Schifflein in kühner Fahrt aufs stürmisch hohe Meer des alles niederschreienden Radikalismus.

Kurt Eisner saß nun draußen. Mußte er wieder von vorne anfangen? Einst, bei dem immer leeren Geldbeutel, war er froh gewesen, wenn ihm bürgerliche Blätter Artikel oder Feuilletons abnahmen, oder wenn er ständig für eine Korrespondenz zeilenschindende

Kongreßberichte fertigen durfte. Sollte dieses vertrackte Von-Tag-zu-Tag-leben wieder beginnen? Die Schriften, die er inzwischen veröffentlicht hatte: die ‚Junkerrevolte', ‚Wilhelm Liebknecht', die Artikelsammlung ‚Taggeist', ‚Der Zukunftsstaat von heute', und ‚Königsberg, der Geheimbund des Zaren', eine Frucht seiner politisch-psychologischen Studien während des königsberger Hochverratsprozesses – all das brachte ihm keine Rente ein. Beileibe nicht. Er mußte sich einige Jahre schriftstellernd durchschlagen. 1907 schließlich engagierte sich ihn die sozialistische Fränkische Tagespost in Nürnberg als Chefredakteur. Der Preuße ließ sich in Bayern naturalisieren, um politisch eindringlicher zu wirken. Bald machte er durch seine Publikationen weit über die Grenzen der alten Dürer-Stadt wieder von sich reden. Nicht als Abgeordneter, nicht als Parteidelegierter. Das ist er zeitlebens nie gewesen. Er sprach, damals, schlecht, leise, stockend, suchend, denkend, schwerfällig, kurz: er war alles andre als ein Volksredner, und so konnte ihn die Partei im Reichs- oder Landtage oder auch nur auf den Parteitagen als ihren Vertreter niemals, sondern immer nur als Berichterstatter auf der Pressetribüne gebrauchen.

Aber ein Gutes hatte die ‚freie' Zeit nach dem Auszug aus dem ‚Vorwärts' gehabt. Er hatte sich aufs Spezialstudium der auswärtigen Politik verlegt, und die erste Frucht dieser Bemühungen war die Marokko-Broschüre: ‚Der Sultan des Weltkriegs', worin die kommende Katastrophe zuerst angekündigt wurde.

Drei Jahre hielts ihn in Nürnberg. Dann siedelte er nach München über. Er gab eine Korrespondenz: ‚Das Arbeiter-Feuilleton' heraus, das fast von der gesamten sozialdemokratischen Presse verwendet wurde, bearbeitete im Auftrag des Landesvorstands der bayerischen Sozialdemokratie die parlamentarische Politik Bayerns in der Presse und wurde Mitarbeiter an der ‚Münchner Post'. An vielen Diskussionsabenden versuchte er die Arbeitermassen aufzuklären. So lernte er allmählich auch reden.

Und dann brach der Krieg aus. Als Korrespondent der ‚Chemnitzer Volksstimme', des Organs von Noske, brachte er die ersten Mitteilungen über die völlig unvermeidliche Katastrophe – infolge der russischen Kriegspolitik, wie sogar er damals glaubte. Der Revisionist wandelte sich (wie Bernstein) allmählich in einen Radikalen. Alles, was er politisch schrieb, verfiel der Zensur, und so beschränkte er sich bald auf Theaterkritiken in der ‚Münchner Post' (die ersten Ranges waren). Er sah das Unglück kommen, näher und näher, und versuchte, es aufzuhalten, es abzuwenden. Die Arbeiter sollten, meinte er, sich erheben und mit Gewalt dem Völkermorden ein Ende bereiten: Alle Räder stehen still, wenn dein starker Arm es will. Längst hatte er sich den Unabhängigen angeschlossen. Im Januar 1918 schien es ihm so weit zu sein. Die allgemeine Streikbewegung wußte er auch in München heftig zu entfachen. Da wurde er, mit der Frau Eugen Lerchs, als Haupträdelsführer verhaftet, wurde in der Nacht zum ersten Februar ins Untersuchungsgefängnis gesteckt und mußte hier achteinhalb Monate schmachten. Von aller Welt abgeschlossen, ohne jede Möglichkeit, handelnd einzugreifen und die glimmende revolutionäre Entwicklung zu beschleunigen, schrieb er und schrieb und schloß eine neue Schriftensammlung ab: ‚Die Träume des Propheten'.

An einem Septembertage öffnete sich endlich das Gefängnis. Die Partei hatte ihn in München als Reichstagskandidaten für Georg von Vollmar aufgestellt, der sich, müde und krank, aus dem politischen Leben zurückziehen wollte, und so stürzte er sich in die Wahlbewegung.

Nur wenige Wochen, und von Kiel ging die revolutionäre Welle aus. Eisners großer Augenblick war gekommen.

Riesenversammlungen und Demonstrationsumzüge überall. Auch in München. In Berlin wars noch totenstill. Da merkte man nichts von dem kommenden Brand. Ganz leise nur knisterte es im Gebälk. Aber in München rumortes es schon gewaltig. In der Nacht zum sechsten November ging die Geschichte los. Aber lassen wir Eisner selbst sprechen: „Zwei Tage vor der Revolution, als die Massen aus einer Wahlversammlung in München nächtlich auf die Theresienwiese geströmt waren und diese tausend Ungeduldigen nach einer Tat verlangten und darauf drängten, noch in jener Nacht nach München zu ziehen und dort die Revolution zu entfesseln, rief ich ihnen zu: Ich verbürge meinen Kopf, daß in achtundvierzig Stunden München aufsteht. Dieses Versprechen habe ich auf die Stunde genau eingelöst, mit der Uhr in der Hand beinahe. Wenn man am selben Vormittage, an dem nur ein paar Arbeiter und Soldaten ins Vertrauen gezogen waren, wenn ich den Leuten da gesagt hätte, daß in wenigen Stunden die achthundertjährige wittelsbacher Herrschaft für immer erledigt sei, daß eine bayerische Republik ausgerufen werde – sie hätten mich sofort ins Irrenhaus sperren lassen."

Statt ins Irrenhaus zog er an der Spitze einer ungeheuern Menschenmenge von Arbeitern, Soldaten und Intellektuellen ins Ministerpalais ein, stürzte die alten Mächte, den Hof, die Hofschranzen, die Bureaukratie, das ganze überfällige System, konstituierte den Rat der Arbeiter, Soldaten und Bauern, übernahm den Vorsitz und erließ in der Nacht zum achten November den ersten programmatischen Aufruf an die Bevölkerung: „Der Bruderkrieg der Sozialisten ist für Bayern beendet. Auf der revolutionären Grundlage, die jetzt gegeben ist, werden die Arbeitermassen zur Einheit zurückgeführt. Es lebe die bayerische Republik! Es lebe der Frieden! Es lebe die schaffende Arbeit alles Werktätigen!" Andre Aufrufe folgen, Reden, Revolutionsgedichte, festliche Ansprachen, politische Darlegungen – alles aesthetische Genüsse.

Kurt Eisner, der sein Leben in Arbeit und wieder Arbeit verbracht hat, ist früher als Andre alt geworden. Ein grauer, zottiger Bart umrahmt sein Antlitz. Auf der unruhigen Stirn haben sich tiefe Furchen eingegraben. Diese – mächtig gewölbte – Stirn geht in eine Glatze über, auf der sich nur einige Haarbüschel tummeln. Vom Hinterkopf wallt das Haar dagegen patriarchisch auf den wenig gepflegten Rock herab. Die Gestalt ist bereits etwas gebeugt. Ein in Nickel·gefaßter, schwerfälliger Kneifer sitzt auf der breit auslaufenden Nase. Die Augen haben rote übermüdete Lider. Aber der Geist ist frisch. Ein aktives Temperament, wie man es nie bei ihm vermutet hätte, drängt jetzt, wo er frei aller geistigen und materiellen Fesseln ist, an die Oberfläche, und Kurt Eisner, der bayerische Ministerpräsident, macht plötzlich in aller Welt von sich reden.

Er geht aufs Ganze. Die alte Demokratie, sagt er, der alte Parlamentarismus ist überwunden. Neue Formen müssen gefunden werden, und er will sie finden. Die Arbeiter-, Soldaten-, Bauern- und andern Räte sollen den Grundstock abgeben. Er scheint zum mittelalterlichen, berufsständischen System in revolutionärer Erneuerung zurückkehren zu wollen, stockt aber und hält an seinem Versprechen einer Nationalversammlung fest. Die Presse, deren Wesen er in- und auswendig kennt, wird ihm unbequem, und er sinnt auf Mittel, sie zu „entgiften", schreckt aber vor einer Knebelung der öffentlichen Meinung zurück. Die Kriegsschuldigen will er in Acht und

Bann tun und auch Alle ächten, die nur je während des Krieges für den Krieg hervorgetreten sind, die Scheidemann, David, Solf und Erzberger. Lieber will er einen Sonderfrieden mit der Entente schließen, lieber Bayern seine eigenen Wege gehen als die „kompromittierten" Politiker an den Friedenstisch lassen. Als man in Berlin darauf nicht reagiert, stellt er ein Ultimatum und droht, jeden Verkehr mit dem Auswärtigen Amt abzubrechen. Berlin lacht, schilt ihn einen Hanswurst, einen Charlatan, einen lebendig gewordenen Faschingsscherz, und sagt, daß er schön schreibe, geistreich aesthetisiere, daß er aber unmöglich politisch real denken und handeln könne.

Haben Die in Berlin recht? Eisner sieht Deutschland als den einzigen Kriegsschuldigen an, und wie ein Sadist wühlt er in der schmerzenden Wunde herum, der Entente sagend: Seht, wie wir allein an allem Schuld und wieder Schuld hatten!

Ob die Machtpolitiker jenseits des Rheins ihn als Ideologen im Stillen verlachen? Ob sein mutiges Bekennertum uns das Heil bringen kann?

Die Zukunft muß es, wird es erweisen.

Gedächtnisrede auf Kurt Eisner

(Gehalten bei der Trauerfeier im Münchener Ostfriedhof am 26.2.1919)[2]

Von Gustav Landauer

Anverwandte und Freunde Kurt Eisners! In Trauer vereinte Genossen!

Kurt Eisner soll heute noch einmal zu uns sprechen. Zuvor aber nenne ich den Spruch aus Goethes heiliger Schrift, der uns heute geleiten soll:

„Die wenigen, die was davon erkannt,
Die töricht genug ihr volles Herz nicht wahrten,
Dem Pöbel ihr Gefühl, ihr Schauen offenbarten,
Hat man von je gekreuzigt und verbrannt."

Ganz ähnlich hat diese Empfindung der Jüngling Kurt Eisner ausgedrückt in Versen, die er „Martyrium" überschrieb:

„Das ist der Jammer dieser Welt,
Dass all die Dummheit der Millionen
Den wenigen, deren Geist erhellt,
Den Weisen wird zu Dornenkronen;
Dass sich der Massen Unverstand
Frech an des Genius Schwingen heftet,
Ihr zerrt aus seinem hohen Land,
Bis er zu Boden sinkt entkräftet."

Er ist aber nicht entkräftet zu Boden gesunken. Er war einer wie Jesus, wie Hus – o sancta Simplicitas! –, die von der Dummheit und dem Eigennutz hingerichtet wurden: er, der nun von der Kugel

---

[2] Textquelle | Bayerischer Staatsanzeiger (München), Nr. 54 vom 28.02.1919; Texterfassung hier nach Gustav LANDAUER: Nation, Krieg und Revolution – Ausgewählte Schriften. Band 4. Herausgegeben von Siegbert Wolf. Lich: Verlag Edition AV 2011, S. 302-308 (editorische Anmerkungen fortgelassen).

eines Meuchelmörders aus dem Hinterhalt umgebracht worden ist, war ein Streiter, ein Wachsender, ein Kraftvoller bis zuletzt, getreu seinem Leitspruch, den er auch in früher Jugend gedichtet hat:

„Mit Schurken streiten,
Die Dummen leiten,
Sein Hirn stets weiten,
Das ist das Leben
Der Gebenedeiten."

Der Gebenedeiten! Dieser ernste, spröde, strenge Mann, der von sich wie von anderen so viel forderte, dem das Lachen so fast körperlich schwer fiel, kannte eine andere Glückseligkeit als behaglichen Genuss. Er war nicht froh; er wusste von der Freude; aber er kannte Freude nur in der frohen Gemeinschaft:

„O Welt werde froh!
Welt werde froh!"

Dieser Mann des Geistes, der für sich und sein inneres Leben die Einsamkeit brauchte, verlangte um seines Seelenfriedens willen nach der schönen Verbindung mit den Menschenbrüdern. So hat er schon als Achtzehnjähriger den Spruch aufgeschrieben:

„Nur der lebt wahr, der lebt in andern,
Und sterben ist's, allein zu wandern."

Er wollte mit den Menschen gehen, er wollte auf die Menschen wirken, aber nichts lag ihm ferner als Herrschaft oder unterdrückende Überlegenheit. Früh hat er seine Wahl getroffen, und hat es ausgesprochen in den denkwürdigen Worten, die er *„Wahl"* überschrieben [hat]:

„Spinnen oder Fliegen
Das ist die Wahl.
Giftgeschwollen siegen,
Schuldlos unterliegen,
Mord oder Qual.
Das ist die Wahl."

Der Gedanke, nicht nur an den Tod, das Totsein im Leben, das mit anderem Namen Tapferkeit, Dienst an der Idee und am Ganzen heißt, hat ihn sein Leben lang geleitet: Heute kann es uns zwischen Rührung und Lächeln ergreifen, wenn wir im Tagebuch des Neunzehnjährigen die Worte lesen:

„… Es wäre mir freilich lieber, wenn ich überhaupt nicht mehr aufzuwachen brauchte, sondern still des Nachts verschiede. Mag man mich immerhin tadeln, ich habe jederzeit, selbst in meiner frühesten Jugend, gern sterben wollen. Der Tod erschien mir nie als etwas Furchtbares. Stets dachte ich mir ihn als einen Heiland, der die armen, mühgepeitschten Menschen bettet im ewigen Frieden." Ihm könnte der Spruch auf dem Grabstein stehen:

„Die Tränen tun nicht Not, ihr braucht hier nicht zu klagen;
Wer schon im Leben tot, der kann es alles tragen.
Mensch, stirb dem Leben ab, bevor du weiter streitest,
Dass du gar sanft ins Grab, wie in dein Bette gleitest."

Viele, die meisten, die hier sind, haben den stillen, sanften, in Milde und verklärter Hoheit leuchtenden Toten Kurt Eisner gesehen. – O, hätten die Menschen doch hinter der stachelnden Strenge, die gegen Menschen so nötig ist wie die Peitsche Jesu Christi, als er die Wechsler aus dem Tempel jagte, hätten sie doch als er lebte, die Güte, die Kindlichkeit, die Sehnsucht, kindfroh sein zu dürfen, gesehen!

An einem erschütternden Erlebnis, das ich in diesen Tagen hatte, Erleichterung, nach Heil, nach Trost – nicht in den Worten, nicht für künftig, sondern für jetzt, fürs wirkliche Leben. Und da brach einer stammelnd, schluchzend, überstürzt, heiser, mit einer zuinnerst aus gequälter Seele strudelnden Wahrheit in die Worte aus: Als ich unseren Kurt Eisner da tot liegen sah, hätte ich wahrhaftig mich lieber selbst hingelegt, damit nur dieser Mann der Menschheit weiterleben könnte.

O, wenn die Menschen nur auch im Leben füreinander wären – wie einer den anderen im Tode erkennt! Da gewahren sie den Meister in seinem ganzen Umfang, wie er gewesen ist, und seiner ganzen Innerlichkeit, die sich nun nicht mehr ergießen kann, wenn er tot ist.

Froh war Kurt Eisner, als ein lebendig Toter, ein in Tod und Ewigkeit Lebender, gemäß seinem Lieblingsspruch, den er uns so oft mit seiner sanften, musikalischen Stimme vorgesagt hat, den Spruch aus dem Mittelalter, den auch Martin Luther geliebt hat:

„Ich leb' und weiß nit wie lang,
Ich sterb' und weiß nit wann,
Ich fahr' und weiß nit wohin,
Mich wundert, dass ich so fröhlich bin."

Gedeutet hat er uns diesen Spruch in seiner Rede im Nationaltheater vor den bayerischen Soldatenräten:

„Der Weg der Menschheit ist ein Leidensweg. Was für den Einzelnen gilt, gilt für die Menschheit. Auch sie weiß nicht, woher sie kommt, auch sie weiß nicht, wie lange sie auf diesem Sterne lebt, auch sie weiß nicht, wohin sie entschwinden wird. Doch blüht in ihr und pocht in ihr ein fröhliches Herz, nicht im Sinne des Leichtsinns, aber im Sinne eines tiefen Glaubens, einer festen Zuversicht, und je hoffnungsvoller der Wahn uns umkreist, um so gewaltiger hebt sich im letzten Augenblick jenes fröhliche Herz und verheißt Erfüllung, Erlösung."

Das sprach er in einer der vielen, starken Reden, die er in dieser Revolutionszeit, am liebsten zu Arbeitern und Soldaten, gehalten hat. Ein Redner war er, ist es spät erst geworden, weil er ein Schweigender war. Und wer ihn öffentlich reden gehört hat, der weiß, dass er jeden seiner Sätze aus dem Schweigen, aus der Einkehr und auch aus dem tiefen Widerwillen, das, was sich ihm von selbst verstand, erst sagen zu müssen, geholt hat.

Kurt Eisner, der Jude, war ein Prophet, der unbarmherzig mit den kleinmütigen, erbärmlichen Menschen gerungen hat, weil er die Menschheit liebte und an sie glaubte und sie wollte. Er war ein Prophet, weil er mit den Armen und Getretenen fühlte und die Möglichkeit, die Notwendigkeit schaute, der Not und Knechtung ein Ende zu machen. Er war ein Prophet, weil er ein Erkennender war, dieser Dichter, der zugleich von der Schönheit, die kommen sollte, träumte und den harten, bösen Tatsachen unerschrocken ins Gesicht sah. Er war ein Prophet, und wurde so zum Satiriker und zum Geißler der Verlogenheit und Verkleisterung, wie er sie zumal bei seinen Kollegen von der Presse fand; er war ein Schwärmer und zugleich ein unermüdlicher, trockener Erforscher der Wirklichkeit. So war er, der Schauend-Gestaltend-Erkennende, auch ein Prophet in dem Sinne, dass er die Zukunft voraussah. Wir lesen in der Vorrede seines wichtigen Buches „*Das Ende des Reiches*", das von Deutschland im Zeitalter der Revolution und Napoleons handelt und das 1907 erschien:

„Die Zerrissenheit Europas ist noch eine Tatsache der Gegenwart und der Zukunft; sie birgt die dringendste Gefahr, dass der letzte Klassenkampf der Geschichte, der zwischen den Monopolisten des Besitzes und den Enteigneten der Lohnarbeit, in seiner reinen Entwicklung durch nationale Kriege und dynastisch-feudale Überfälle gestört, gehemmt und durchkreuzt wird."

Ist es aber nicht so in dieser düsteren Welt, in der Tod und Leben ineinander gewoben sind, dass unsere größte Furcht zugleich unsere größte Hoffnung sein muss? Ist es nicht auch heute so, dass wir grauenvolles Entsetzen fürchten müssen und doch dabei hoffen dürfen, wenn die Menschheit am Rande des Untergangs, vor dem Abgrund des Äußersten steht, werde sie zu Vernunft und zu religiöser Schwungkraft kommen?

Kurt Eisner hat früh gesehen, und sich darum – unter dem Hohn vieler Genossen – dem Studium der auswärtigen Politik zugewandt, dass der drohende europäische Krieg nicht nur störend, sondern auch fördernd in den ‚letzten Klassenkampf' eingreifen, dass er die Revolution herbeiführen könne. Und so hat er sich in die Entwicklung, die er prophetisch und wissend sah, eingestellt und wurde ein Führer zu unserer, zur Weltrevolution, der Führer in dieser Revolution, in der wir nun sind. Er hat gewusst und hat gesagt – in einem klassischen Dokument der Publizistik, das er am 14. Februar 1917 an das Generalkommando des 1. Armeekorps richtete:

„Ein Staat, ein Volk, ein System, in dem die Wahrheit unterdrückt wird oder sich nicht hervorwagt, ist wert, so rasch und so endgültig wie möglich zugrunde zu gehen … Wo ein solches Vertuschen, Vehehlen und Verdunkeln um sich greift, ist – das habe ich als Historiker immer wieder bestätigt gefunden – die nationale Katastrophe nahe."

Das war Anfang 1917 – in der Ära der Siege!

Im Januar 1918 – erst recht wieder auf dem Gipfel der Siege – sah er dann den Augenblick zur Tat gekommen, das deutsche Volk zu retten, der Menschheit Blutvergießen zu ersparen und aus der –

trotz aller Tod- und Mordsiege – unausweichlich nationalen Katastrophe das Heil der Welt, die große Revolution zum Sozialismus hin zu machen. Er bereitete den Generalstreik vor, der scheiterte, der ihn für 8 ½ Monate ins Gefängnis brachte, das er dann im entscheidenden Augenblick verließ, um sofort die Revolution vorzubereiten, auf die er in all der Zeit der Einkerkerung gesonnen hatte, die Revolution, die er nun siegreich durchführte, die sein Vermächtnis an die Menschheit ist, die wir in seinem Geiste, fest und human, weiterzuführen haben!"

Damals aber, Januar 1918, als man ihn nach Berlin gerufen hatte, damit er auch dort half, das Werk vorzubereiten, das den Krieg beenden sollte, schrieb er einen Brief nach Hause, den Sie, Freunde Kurt Eisners, den die Welt vernehmen soll, die dumme verhetzte Welt der Halbheit, Feigheit, Unehrlichkeit, die Welt der Gier, die sich an Leben, an Besitz, an Unrecht und Gewalttat klammert! Noch einmal, für heute zum letzten Mal, spreche Kurt Eisners Geist zu uns. So schrieb er am 10. Januar 1918 an seine Frau:

„Als ich gestern Nacht einsam durch die Stadt zum Hotel wanderte – am Landwehrkanal entlang –, überfielen mich schwermütige Gedanken. Da beschloss ich, mich von ihnen zu befreien, indem ich sie Dir anvertraute. Es bedrängte mich eine trübe Ahnung, als ob sich mein Schicksal bald vollenden könnte. Ich weiß, dass ich durch Gefahren wandere, die ich deutlich sehe, und gegen die ich doch blind sein will. Aber ich kann nicht anders. Ich könnte niemals mehr frei atmen, wenn ich nicht jetzt das täte, was ich für meine Pflicht halte. Dieser persönlichen Verantwortung und Verpflichtung kann ich nicht mehr ausweichen – um meiner Seele willen. Aber ich gestehe: Ich bringe damit ein sehr schweres Opfer. Niemals war ich so innig und freudig ins Leben verflochten wie in diesen Jahren: Ich hänge an Dir, an den Kindern, an der vielen Arbeit, die noch nicht getan, an den Gedanken, die in mir noch keimen, an dem Häuschen in der Stille, an den Büchern. Dennoch muss ich mit all dem spielen. Ich sehe klar das Licht in der Finsternis, zu dem ich wandern muss. Ich kann nicht los davon. Aber dieser Weg wird mir nicht leicht, gerade jetzt nicht, wo ich mich in der Blüte der Kraft unvollendet fühle … Das wollte ich Dir einmal sagen! Diese Zeilen sollen Dich nicht ängstigen, es liegt ja nichts Greifbares vor, nur jene nächtliche Ahnung von Wesenlosem. Aber es soll mich nicht überraschen, bevor

ich Dir nicht einmal gebeichtet. Sei fröhlich und voll Zuversicht –
wie ich auch – trotz alledem."

Und nun sagen wir nichts mehr. Der Held, der sich hingab zum
Opfer, hat gesprochen:

„Giftgeschwollen siegen,
Schuldlos unterliegen,
Mord oder Qual,
Das ist die Wahl."

Er hat gewählt, er ist vollendet. Möge den Leib die Flamme verzehren; die Flamme seines Geistes lebt in Ewigkeit.

Kurt Eisner

(Gedenkrede gehalten am 16. März 1919)[3]

Von Heinrich Mann

Aus der epochalen Essai-Sammlung Heinrich Manns: ‚Macht und Mensch' (die bei Kurt Wolff in München erschienen ist) sei der Nachruf auf Kurt Eisner zu dessen Todestage wiedergegeben. Damit man eines reinen Menschen gedenke. Und damit man begierig werde auf ein literarisches Werk dessen Inhalt unübersehbar reich ist. Einen wichtigen Teil bildet die Naturgeschichte des Preußentums, die Vivisektion des deutschen Manns ohne Hinterkopf und mit der schwarz-weiß-roten Fahne, des Kerls, der gleichzeitig Masochist und Sadist, nämlich beglückt ist, getreten zu werden und zu treten. Zwei Jahre nach Eisners Ermordung, die der Kerl auf dem robusten Gewissen hat, ist Bayern wieder in schwarz-blaue Finsternis gehüllt, und diesmal in eine, die auch Heinrich Manns blitzender Geist nicht mehr durchdringt. Wann wird der Retter kommen diesem Lande ?

Der verewigte Kurt Eisner wird weiter beispielhaft in unsrer Mitte weilen, seinen Tod überdauernd gewiß durch seine Taten, aber mehr noch durch das, was er war. Wir danken ihm nicht einfach den Sturz eines verworfenen Regimentes, sondern daß dieses Regiment, das selbst in seinen weniger schändlichen Zeiten nichts andres gewesen war als geistlose Gewalt, unvermittelt und in sinnbildlicher Art abgelöst wurde von der Menschenart, die Geist will und Geist schafft. Die hundert Tage der Regierung Eisners haben mehr Ideen, mehr Freuden der Vernunft, mehr Belebung der Geister gebracht als die fünfzig Jahre vorher. Sein Glaube an die Kraft des Gedankens, sich in Wirklichkeit zu verwandeln, ergriff selbst Ungläubige. „So einfach ist es, Geschichte zu machen!" sagte er an dem hellen Mor-

---

[3] Textquelle | Heinrich MANN: *Kurt Eisner,* in: Die Weltbühne Jg. 17/I, Nr. 7 vom 17.02.1921, S. 191-194 (dort nach Heinrich MANN: *Kurt Eisner*. Gedenkrede gehalten am 16. März 1919. In: Heinrich Mann: Macht und Mensch. München: Kurt Wolf Verlag 1919, S. 107 ff).

gen, der über seinem vollbrachten Staatsstreich aufging – und man staunte und glaubte.

Geist ist Wahrheit. Seine Erfolge waren das Werk seiner Wahrheitsliebe. Denn sie macht schöpferisch, und dem schöpferischen Menschen vertrauen die Mitmenschen. Er wollte vor allem, daß eine in den Tatsachen enthaltene Wahrheit vollzogen werde, wenn er einer proletarischen Revolution ihre selbstgeborene Vertretung außerhalb des Parlaments, die Räte, zuerkannte. In jeder Handlung sah er, neben ihrer praktischen Wirkung, ihr geistiges – Gepräge. Achtstundentag, Demokratisierung des Heeres, eine befreite Schule, die wirtschaftliche Erfüllung der politischen Revolution: durch solche Taten dachte er, gleichwie in seinen Reden, die bis dahin verfemten Wahrheiten zu bezeugen. In seinen Reden kannte er nichts Dringlicheres, als den Urhebern all unsres Unheils ihr schändliches Bild entgegenzuhalten, den Lügen jeden Schein und Halt zu nehmen, Deutschland geistig zu reinigen und zu erneuern. Zuerst eine Luft, in der es für Menschen der Vernunft und Wahrheit sich atmen läßt – dann bildet sich schon das neue Leben.

Er war der Mann der Wahrheit, daher der Haß Derer, die sie fürchten. Daher auch die Achtung der Ehrlichen unter den Andersdenkenden, und sogar unsrer bisherigen Feinde. Sie, die unsre ganze Revolution für eine Maskerade hielten, ihm glaubten sie. Eine reine Leidenschaft des Geistes ist unverkennbar. Man kann zweifeln an gewaltsamen Veränderungen des politischen Personals, und auch wirtschaftliche Tatsachen und Programme können so oder so verstanden werden. Unausweichlich, unwiderlegbar ist allein der Mensch, der Wahrheit spricht, dessen Blick und Atem Wahrheit sind. Der Völkerbund war, längst bevor er Weltgeltung bekam, lebendig in Geistern wie der seine, in literarischen Geistern. Jetzt werden Vorhersagen Victor Hugos verbreitet, die viel früher hätten wirksam gemacht werden sollen; und jene ‚Friedensnovelle‘ Strindbergs berührt jetzt Viele mit solchem Schauder, als seien Geister der Zukunft zwischen ihnen umgegangen, und erst nachträglich erführen sie es.

Auch Eisner hatte die Idee des Völkerbundes wirklich erlebt. Er griff sie nicht erst auf, als unser Land in seiner Not sie brauchte. Dies war es, was Alle sahen, als er nach Bern kam. In Bern, auf der Sozialistentagung, hatte, solange er sprach, Deutschland keinen Feind mehr. Wohl war er sehr klug, als er den ersten praktischen Vorschlag machte, der unsern Gefangenen nützen und versöhnliche Beziehungen zu unsern bisherigen Feinden einleiten konnte; denn der Gedanke, das verwüstete Nordfrankreich durch freiwillige deutsche Arbeiter wieder aufbauen zu helfen, war sein. Aber die Unterschrift eines Franzosen und den einmütigen Beifall der gesamten sozialistischen Welt gewann er nicht durch eine einzelne Klugheit, sondern durch sein ganz von Wahrheitsliebe erfülltes Menschentum.

Wie anders wäre das Schicksal Deutschlands entschieden worden, hätte der geistige Mensch es mitgestalten können! Aber der geistige Mensch, durch Anschauung und Erkenntnis bewußt erst Mensch geworden und allem verwandt, was Menschenantlitz trägt, grade er, den kein Staatswesen ungestraft von sich ausschließt, hatte länger als ein halbes Jahrhundert fremd und verhaßt beiseite gestanden. Der tiefste Grund, weshalb das alte Regiment fallen mußte, war seine immer furchtbarere menschliche Verödung, seine Zusammenhanglosigkeit mit der Menschenwelt, wie sie heute wirklich da ist. Alle sittlichen Tatsachen von heute waren ihm unbekannt, es glaubte die Welt vom Willen zur Gerechtigkeit noch grade so weit entfernt wie 1870. Schon bevor er auszog, sich mit der wirklichen Menschenwelt zu messen, war er verurteilt [–] der Staat, der einzig vom Machtwahn lebte, von einer wurzellosen Ideologie der Macht.

Wen mußte der Sturz der entlarvten Machtschwindler sofort hinauftragen? Den Menschentyp, der ihnen entgegengesetzt war, der auf sittliche Tatsachen baute und die Kenntnis der Menschen für die erste Voraussetzung der Politik hielt. So erscheint in der Revolution, überall mitwirkend, zuweilen bestimmend, der Literat. Er erscheint mit seinen Tugenden und mit seinen Gefahren. Die größte Gefahr des Literaten, der in die Politik eingreift, wird eben dadurch bedingt, daß er lange unterdrückt war. Er wird versucht sein, sich zu rächen. Er wird vielleicht in Uebereilung nachholen wollen. Die Welt soll ohne längern Verzug auf die Höhe seiner Idee gebracht werden – weniger um ihretwillen als zur Ehre der Idee. Die Welt hat nicht zu wollen noch zu widerstehen, sie ist nur Gegenstand, und auch die Menschen sind nichts weiter.

Eine Geistesart aber, die Menschen den Ideen aufopfert, gedeiht nicht mehr auf den höhern Stufen der gereiften Vernunft. Dort ist man gewohnt und verpflichtet, geduldig daran zu arbeiten, daß die Einsicht der Mehrzahl sich erweitere, und daß die vorwärtsdrängende Minderzahl nicht weniger Weisheit betätige als Kraft. Ein hierauf gerichteter Geist bleibt zeitlebens ein bescheidener Schüler der Menschheit, der er dienen will. Sie selbst weist ihm die Wege, auf denen er sie seinem nie verlorenen Ziele entgegenführen möge. Anstatt ihr zu befehlen, erforscht er ihre Seele.

Wer so unwandelbar in der Leidenschaft der Wahrheit und, eben darum, so mild im Menschlichen ist, verdient den ehrenvollen Namen eines Zivilisationsliteraten. Dies war Kurt Eisner. Er ging aus einer Zeit des Wahnsinns und Verfalles mit ungebrochener Vernunft hervor. Er liebte die Menschen, traute ihnen die Kraft zur Wahrhaftigkeit zu und erwartete daher noch so viel von ihnen, daß er sich hütete, alles auf ein Mal zu verlangen. Er sah, wie furchtbar grade dieses Volk von seinen alten Machthabern überanstrengt worden war im Blutdienst eines Staats- und Machtwahnes, dem Menschen nichts galten. Fortan sollte Schonung walten, Versöhnung, Brüderlichkeit. Die Revolution sei eine Gemeinschaft aller Freunde der Wahrheit, die der Weg des Menschen ist – und kein Krieg nach dem Kriege, kein Bürgerkrieg! In der Rede, mit deren Entwurf er am einundzwanzigsten Februar in den Landtag ging, gedenkt er seiner Bemühungen, durch vernünftige Beratung, anstatt durch brutale Gewalt, die infolge der langen Kriegszeit, der harten Entbehrungen krankhaft aufgeregten Massen vor den Schrecken des Bürgerkrieges zu bewahren. Er hat uns bewahrt; kein Blut war mehr geflossen; aber bevor er dies aussprechen konnte, floß, ach, das seine.

Es ward vergossen für die Wahrheit. Ihr hatte er es gleich anfangs dargebracht; er wußte: sie war zu sehr verhaßt; wer sie laut behauptete und sichtbar vertrat, mußte sterben. Er hatte Gegner von einer Art, daß sie nicht einmal die Enteignung so schwer ertragen haben würden wie die Wahrheit. Zu seinen Todfeinden hat er sie nicht durch Maßnahmen gemacht, sondern durch Bekenntnisse. Er ist ein Blutzeuge des Geistes. Der erste wahrhaft geistige Mensch an der Spitze eines deutschen Staates erschien Jenen, die über die zusammengebrochene Macht nicht hinwegkamen, als Fremdling und als schlecht. Daß er am Quell der Macht doch lauter blieb, widerstrebte ihren Begriffen. Seine Güte, die um keinen Preis, nicht einmal um den seines eignen Lebens, Blut vergießen wollte, ihnen war sie

Schwäche. Er hatte keine breiten Schultern und nicht die herkömmliche Regierermiene. Der Gemeinheit machte er keine Furcht, sie konnte auf ihn hetzen, bis Einer schoß. Ja, wirklich Einer schoß in das reiche Hirn, in den Kopf eines Apostels mit weltklugen, weltguten Augen – und schoß noch einmal, in die schmale Gestalt, die auf zarten Schultern Hoffnungen so Vieler und so viel Menschenzukunft trug.

Bewahren wir sein unversehrtes Bild! Solange er da war, hatte die Revolution einen Sammelpunkt, in dem sie einig und ihrer frohen Zukunft gewiß war. Der Ministerpräsident: erhob sich zum Sprechen, da verstummten Alle, denn er war ihnen gemeinsam, war zu Aufgang der Revolution. Noch immer hing über seinem Haupt die Röte jenes ersten Morgens nach dem Siege. Ihr fürchtet noch kaum die Wiederkehr der Bruderfeindschaften und Irrungen, all das Harte, Bittere, Allzubekannte, das doch unausbleiblich ist, wo Menschen aus ihrer ersten Begeisterung in den Alltag, sei es auch der Alltag der Revolution, hinabtreiben. Er war der Aufgang. Möge die Revolution in seinem Bilde, das sie zum Höchsten verpflichtet, für immer das Andenken ihrer Jugend bewahren.

Eisner
(1919)[4]

Von Kurt Tucholsky

Da war ein Mann, der noch an Ideale glaubte
und tatenkräftig war.
In Deutschland ist das tödlich. Denn wir haben
entweder rohe Kraft, die wir mißbrauchen,
die Gattung nennt man Patrioten – oder aber
wir haben feine Sinne und ein zart Gewissen
und richten gar nichts aus. Der aber, tatenfroh beflügelt,
hieb fest dazwischen – und daneben, freilich!
Jedoch er hieb, daß faule Späne flogen.
Welch eine Wohltat war das, zu erleben,
daß einer überhaupt den Degen zog,
ein Tapferer war und doch kein General.

Ein Lümmel, irgendeiner von den Schwarz-Weiß-Roten
(der letzte Zulukaffer steht uns andern näher),
schoß ihn von hinten übern Haufen.
Kurt Eisner starb – und lebt in unser aller Herzen!

Was aber Trauer bitter macht und schmerzlicher den Schmerz,
was über einer Gruft die Fäuste fester ballen läßt,
ist dies:
    Die Bürger nicken.
Es starb Jaurès, Karl Liebknecht, Luxemburg,
Kurt Eisner –.
Wir wissen wohl, wie jener groß war, dieser kleiner –
wer feilscht hier um Formate!
Eine Reinheit
ging von den vieren aus,
die leuchtete auf ihren Stirnen und den Händen.

---

[4] Textquelle | [Kurt TUCHOLSKY:] *„Eisner"*. In: [Ders.,] Fromme Gesänge von Theobald Tiger. Mit einer Vorrede von Ignaz Wrobel. Charlottenburg: Felix Lehmann Verlag 1919, S. 51-53.

Und ihre Stimme sprach: Ihr sollt nicht leiden!
Vier Schüsse und vier Särge und vier Gräber.
Wir strecken unsre Arme in die Runde
und klagen: „Welt! schlägst du noch immer an die Kreuze
Die, die dich lieben?"
    Und die Bürger nicken.
Behaglich nicken sie, zufrieden, daß sie leben,
und froh, die Störenfriede los zu sein,
die Störenfriede ihrer Kontokasse.
Wo braust Empörung auf? Wo lodern Flammen,
die Unrat zehren, und die heilsam brennen?
Die Bürger nicken. Schlecht verhohlne Freude.
Sie wollen Ordnung – das heißt: Unterordnung.
Sie wollen Ruhe – das heißt: Kirchhofsstille.
Sie wollen Brot – das karge Brot der andern.
Und satt und schleimig-fett und vollgesogen
hockt über diesem Lande eine Spinne:
gelähmtes Leid, gelähmte deutsche Seelen.

Und doch: nach allem, was bergab gegangen,
nach dem, was uns enttäuscht und auch betrogen,
nach Kompromiß und braven Leisetretern – –
wir wissen ihre Werke, daß sie weder kalt noch warm
gewesen sind. Ach, wärt ihr kalt! Ach, wärt ihr warm!
Doch sie sind lau –
    Und dennoch, dennoch:
Wir glauben weiter unter grauem Himmel!
Wir warten deiner unter grauem Himmel!
Wir wissen, daß du kommst –
    Du sollst nicht rächen.
Doch du sollst flammen, schüren, leuchten, brennen.
Luft! Gib uns Luft, darin wir atmen können!
Wühl unsre Seelen auf, pflüg um die Herzen
und löse uns von unserm deutschen Elend
und nimm von uns das niederste der Leiden.
Die beiden mach gesund vor allen Dingen:
gelähmtes Land und die gelähmten Schwingen!

Kurt Eisner

(Fragment, 1919)[5]

Von Theodor Lessing

Durch lange Gassen, Trauerflor umweinten
Schwankte der Sarg, den hunderttausend trugen,
Zum Nordfeld, wo die Flamme harrend loht …
Sie griff das Holz, da scholl von Unsrer Fraun
Die Glocke:

„Blut! Auf allen Mauern Blut!
Die Dächer quellen Blut! Das tropft vom Stein
Und klebt an Euern Häusern nun und je."
– So war es schon die tausend Jahr zuvor
Er schritt gen Golgatha und schleppt das Kreuz.
Er fiel. Sie stachen ihn. Er hing am Pfahl,
Gehöhnt „der Juden König"; sprach: „Mich dürstet"
Dann gings zu Ende und mit langem Blick
Umspannte er sie alle, betete
„Vater vergib, sie kennen nicht ihr Tun."
Geschichte sagt, daß ihn die Kugel traf
Von irregelenkter Jugend Hand. Die tat es nicht.
Die Guten und Gerechten taten dies.
Die Schriftgelehrten schlachten solche Opfer
Der Händler wache Angst, der Söldner Macht
Versteckt im Kleid der Weisheit für den Staat,
Die damals schon ihn für das Glück verriet
Und dann bewies, wie er notwendig starb.
Blüht edler Leben auf, sie machen's kurz,
Wächst hohes Werk, sie wissen es zu tod,
Denn alles können leisten sagen sie
Gelehrig tätig tüchtig allerprobt
Und greifen nie der Dinge Herz. Der Gott

---

[5] Textquelle | Theodor LESSING: *Kurt Eisner* [Fragment]. In: Die Aktion (Wochenschrift für Politik, Literatur und Kunst) Nr. 19 vom 17. Mai 1919, Spalten 291-292.

Stirbt ungeahnt. Gesunknen Werdetraum
Beweinen nur die Blumen und die Sterne.
Doch tröstend singt ein altes Osterlied
Mit tausend Fingern aus den Gräbern bricht
Die Schönheit. Alles Edle kehrt
Bis sich erfüllt des Sehers Freudentag.

Fritz Schaeffler: „Kurt Eisner", Holzschnitt 1919
(Original: Kurt Eisner Kulturstiftung).

„Kurt Eisner"
(Die Weltbühne, Oktober 1919)[6]

Otto Graf

Wenn man in seinen gesammelten Aufsätzen (erschienen bei Paul Cassirer) blättert, dann verschärft sich der alte Eindruck: ein kluger Kritiker und ein gütiger Mensch. Immer wieder rufen diese Schriften den Leidenszug aus seinem Gesicht in Erinnerung, die überlegenen, leise lächelnden Augen und die harten Linien an seinem Mund. Man meint ihn sprechen, ihn erzählen zu hören mit seiner etwas spröden gläsernen Stimme. Man glaubt ihn vor sich zu sehen auf der rotausgeschlagenen Tribüne des münchner Theaters, wo er die Feierabende eingerichtet hatte für Arbeiter: ein großer, müder Kopf mit langem, ausgebleichtem Haar hockt auf schiefer Schulter, knabenhaftem Körper; dünn klirrende Stimme spricht hastige Worte voll kalter Glut. Gnomenhaft, hutzelig, verzwergt steht er oben.

Wir haben ihm alles zu verdanken, wir in München. Wir haben seiner Ueberlegung, seiner Entschlossenheit und seinem Opfermut zu verdanken, daß die entfesselten Kräfte gleich in die richtige Bahn geleitet wurden. Wir haben ihm auch zu verdanken, wie wir heute dastehen. Hätte damals nicht in Kurt Eisner der Pazifist gesiegt, hätte er sich des militärischen Machtapparates wirklich versichert – was ihm leicht gelungen wäre –: wir stünden heute anders da und nicht als sozialer Scheinstaat.

Sein persönlicher Einfluß war stark. Ohne Pathos, ohne Geste bezwang er die Menschen. Er war gerne lehrhaft. So beteiligte er sich lebhaft an der Bildungsarbeit der Partei, gab Unterricht, hielt Werbevorträge und begründete schließlich 1917 seine Diskussionsabende, die der Regierung solchen Schreck einjagten, daß sie Eisner des Hochverrats anklagte. Seine Erregtheit setzte sich meistens in ätzenden Spott um, und seine gründlichen historischen Kenntnisse unterstützten ihn da. Er bewährte sich inmitten aufgebrachter Soldaten und unter wütenden Demonstranten.

---

[6] Textquelle | Otto Graf: *Kurt Eisner*. In: Die Weltbühne, Jg. 15/II, Nr. 45 vom 30. Oktober 1919, S. 550-551. [Der Verfasser gehörte ab 1919 der KPD an.]

Ich habe von Eisners Persönlichkeit gesprochen und damit auch von seinen Aufsätzen, denn für Das, was er schrieb, setzte er sich ein. Was schrieb er? Impressionen, Skizzen, Glossen, Essays; teils mit einem guten Schuß Satire, teils voll tiefer, schlichter Menschlichkeit. Erlebnisse aus Strafanstalten, Reiseeindrücke, Ergebnisse sozialer Wanderungen. Die Sprache ist klar, eindringlich, vollendet. Vor einem Jahrzehnt und noch länger gehörte Eisner zu jener kritischen Gruppe, die sich in den Sozialistischen Monatsheften zusammengefunden hatte: Bernstein, Conrad Schmidt, Heine, Kampffmeyer, David, Schippel.

Er war kein Volksredner. Nur Anständigkeit, nur Mitleid und Wahrheitsdrang trieben ihn zur Politik. Das Schicksal hatte ihm ein Gran zuviel an sozialem Gefühl geschenkt, aber zur Aktivität zu wenig Härte und Nüchternheit. Er war Gelehrter. In seinen Dichterstudien, in den gelegentlichen Impressionen, in den kleinen famosen Theaterreferaten steckt der wahre Kurt Eisner. Seine Neigung gehörte den Büchern, der Dichtung.

Die Niederträchtigkeit bürgerlicher Kampfesweise lieferte gegen ihn ein Musterbeispiel. Es bleibt schmachvoll für Bayern, wie er – Rufer in der Wüste –, wie er, immer drängender, immer verzweifelter in seinen Aufsätzen der letzten Kriegsjahre, wie er von jener verkommenen Schmeichelpresse beschmutzt werden durfte. Der gleiche Bürger, der nach dem Blut der „Roten" lechzte, gedenkt mit keinem Wort des ungesühnten Mordes an Eisner. Doch sicherlich wird in fünfzig Jahren die bürgerliche Presse sich erschöpfen in Hymnen auf Kurt Eisner. Und ein geheimer Staatsrat wird voll verhaltener Rührung die Worte sprechen: Denn er war unser! (Vorausgesetzt, daß diese Kaste auch dann noch nicht ausgerottet ist.)

Unser Weg

Dem Andenken Kurt Eisners
(1920)[7]

Von Ernst Toller

Die Kloster sind verdorrt und haben ihren Sinn verloren,
Sirenen der Fabriken überschrillten Vesperklang,
Und der Millionen trotziger Befreiungssang
Verstummt nicht mehr vor klösterlichen Toren.

Wo sind die Mönche, die den Pochenden zur Antwort geben.
„Erlösung ist Askese weltenferner Stille …"?
Ein Hungerschrei, Ein diamantner Wille
Wird an die Tore branden: „Gebt uns Leben!"

Wir foltern nicht die Leiber auf gezähnten Schragen,
Wir haben andern Weg zu Gott gefunden,
Uns sind nicht stammelndes Gebet die Stunden,

Das Reich des Friedens wollen wir zur Erde tragen,
Den Unterdrückten aller Länder Freiheit bringen –
Wir müssen um das Sakrament der Erde ringen.

---

[7] Textquelle | Ernst TOLLER: *Unser Weg.* Dem Andenken Kurt Eisners. In: Die Weltbühne Jg. 16/II, Nr. 51 vom 16.12.1920, S. 709.

Kurt Eisner

(Unter Benützung von persönlichen Erinnerungen)[1]
1929

Von Robert Michels | Rom

[Der deutsch-italienische Soziologe ROBERT MICHELS (1876-1936) gehörte ehedem der SPD an und vertrat zu Beginn des 20. Jahrhunderts noch linkssozialistische Positionen. Zum Zeitpunkt der Erstveröffentlichung des nachfolgenden Textes hatte er sich jedoch bereits in Italien der *Partito Nazionale Fascista* (PNF) von Benito Mussolini angeschlossen. Wir dokumentieren seinen Aufsatz *„Kurt Eisner"* hier wegen der in ihm enthaltenen Erinnerungen eines Zeitzeugen. | pb]

Am 21. Februar 1919 fiel KURT EISNER auf einer Münchener Straße, durch Revolverschüsse hinterrücks ermordet. Der Mörder, der jugendliche bayerische Kavallerieleutnant Graf Arco, aus einem ursprünglich italienischen (trentinischen) Geschlecht und von einer jüdischen Mutter (einer Baronesse OPPENHEIM aus Köln a. Rh.), handelte aus jener politischen Verblendung heraus, die da glaubt, einen angeblichen Vaterlandsfeind zu töten sei ein gottgewolltes Werk. Die Kunde des von dem Fanatiker an dem Präsidenten der Republik Bayern begangenen Mordes verbreitete sich wie ein Lauffeuer durch die Welt. Alles, was nach dem Weltkrieg noch fähig war, europäisch zu denken und zu fühlen, legte um den guten homo europaeus, der soeben vom Schauplatz seiner Taten abberufen worden war, Trauer an.

KURT EISNER ist am 14. Mai 1867 als Sohn jüdischer Einwanderer in Berlin geboren worden. Die Mutter HEDWIG geb. LEVENSTEIN stammte aus Rastenburg bei Königsberg. Der Vater EMANUEL EISNER wurde geboren als Sohn des Gutspächters EISNER in Hussinecz in Böhmen, kam aber schon als Kind nach Berlin. KURT EISNER besuch-

---

[1] Textquelle | Robert MICHELS (Rom): *Kurt Eisner.* (Unter Benützung von persönlichen Erinnerungen). In: Grünberg (Hg.), Archiv für die Geschichte des Sozialismus und der Arbeiterbewegung 14. Band (1929), S. 364-391.

te das Askanische Gymnasium, machte 1886 das Abiturientenexamen und bezog die Universität, um philosophischen und philologischen Studien obzuliegen. Der Journalismus und die Schriftstellerei, denen er sich schon als blutjunger Student mit einer der ersten über FRIEDRICH NIETZSCHE verfaßten Schriften ergab, brachten ihn auf Wege, die ihn am Doktorexamen vorbeiführten. Von 1892-1896 finden wir ihn am belletristischen Teil der Frankfurter Zeitung tätig. Dann schlägt er seine Zelte in einer der kleinen deutschen Universitätsstädte, dem nahen Marburg auf, in einem ruhigen Milieu, ganz wie zur Sammlung geschaffen. Dort beschäftigte er sich mit philosophischen und politisch-historischen Studien und trug sich anscheinend bereits mit eigenen politischen Plänen. Dort war es auch, wo er sich den Neukantianern anschloß, welche in HERMANN COHEN ein redegewandtes und anziehendes Oberhaupt gefunden hatten, das eine große Anzahl dem modernen Kapitalismus meist mehr oder weniger abgewandte, bis zum Fanatismus begeisterte Jünger um sich versammelte. In Marburg kam EISNER zum ersten Male mit einem Politiker großen Stils, FRIEDRICH NAUMANN, dem vermeintlichen Apostel für ein soziales Kaisertum und eine mitteleuropäische und weltkoloniale Wirtschaftspolitik, in Berührung. NAUMANN war zu jener Zeit noch protestantischer Pfarrer in Frankfurt und suchte in Hessen unter dem Stichwort „nationalsozial" ein neues Parteigebilde ins Leben zu rufen. EISNER, damals bereits Gegner des Monarchismus und der militärischen Ausdehnungspolitik, trug kein Bedenken, gegen NAUMANN, dessen Gedanken in den Herzen der jungen Intellektuellen zu zünden begannen, im Namen der „politischen Hygiene" zu Felde zu ziehen. Ihm wollte es nicht in den Sinn, daß Imperialismus und Arbeiterpolitik sich zu verträglicher Synthese vereinen lassen sollten[2].

Von nun an wurden die Artikel EISNERS immer zahlreicher und kritischer. Einerlei ob sie literarische, politische, philosophische oder historische Gegenstände behandelten, immer waren sie bissig, scharf, aber auf gründlichem Wissen aufgebaut und von einem starken idealistischen Unterton durchzogen, von bester „Tradition" und nur zum geringsten Teil journalistisch im Sinne des leichten, wenn auch gefälligen Eintagsfliegentums. Einer derselben, mehr BÖRNE-

---

[2] Kurt EISNER, Taggeist. Berlin 1901. Edelheim S. 210.

schen Charakters, zog EISNER das vollendete Übelwollen eines ge-
strengen Staatsanwalts zu und brachte ihm eine neunmonatliche
Gefängnisstrafe ein (1898). Bis dahin hatte EISNER, obgleich Gegner
der bestehenden Zustände in Preußen-Deutschland, sich doch eine
gewisse politische Grenze auferlegt und war, vielleicht auch, um
sich seine Unabhängigkeit zu wahren, der gefürchteten und ver-
fehmten Sozialdemokratie nicht beigetreten. Jetzt, gebrandmarkt,
wie er war, und längst für den Anschluß reif, tat er den großen
Schritt und trat offiziell in die Partei ein. Von WILHELM LIEBKNECHT,
dem seine journalistische Gewandtheit und seine internationale, jedem Chauvinismus abgekehrte, westeuropäisch gerichtete Geistesart gefiel, aufgefordert, in den „Vorwärts", das Zentralorgan, einzutreten, nahm EISNER ohne Zaudern an und griff zu. Eben aus dem
Gefängnis entlassen, zog er nach der Reichshauptstadt.

In Berlin gab er sich einer wahrhaft fieberhaften Tätigkeit hin.
Unter seiner Leitung, die nach LIEBKNECHTS Tode effektiv wurde,
erhielt der „Vorwärts" in mehr als einer Hinsicht den Stempel seines
durchbildeten, reichschillernden Geistes. Unter ihm wurde das Blatt
auf ein hohes literarisches und historisches Niveau gehoben. Indes
auf die Dauer erwies sich EISNERS Stellung am „Vorwärts" doch als
unhaltbar. Seine Vorzüge und seine Schwächen waren ihm gleich
im Wege. Die große geistige Beweglichkeit, über die er verfügte,
paßte schlecht zu der dogmatischen Erstarrung, der sich die Mehrzahl der marxistischen Epigonen – KAUTSKY, der viel geschmähte,
war unter ihnen noch einer der elastischsten – hingegeben hatte. Der
reine unfruchtbare Verbalrevolutionarismus, in welchem sich die
glorreiche Taktik der die Partei beherrschenden sogenannten Radikalen erschöpfte, entlockte dem an Zurückhaltung nicht immer Gewöhnten mehr wie einmal ein Wörtlein mangelnder Ehrerbietung.
Sein Literatentum, das sich in ununterdrückbarer Vorliebe für
schöne Geste und hochfliegende Worte äußerte, entfremdete ihm
die Sympathien der „Ernsten" und oft auch der „Nüchternen". Seine
Vergangenheit als philosophierender Privatgelehrter ließ ihn dem
Parteibonzentum, das von der Pieke auf gedient hatte und allen
outsiders von vornherein unhold war, als eine Art von Einbrecher in
das Parteiheiligtum der Vorwärtsdirektion erscheinen. Endlich muß
zugegeben werden, daß ihm eine Qualität fehlte, welche zur Leitung
des Zentralblattes einer gewaltigen Wirtschaftspartei freilich nötig

gewesen wäre: EISNER besaß nur sehr geringfügige national-ökonomische Kenntnisse und gab sich somit häufig peinlichste Blößen. So geriet er denn mehr und mehr bei allen denen in Verruf, welche die Reliquien des Heiligen von Trier durch die eleganten Redewendungen dieses aus seinem transzendentalen Himmel in den klaren marxistischen See hineingeschneiten Übermenschen profaniert und schlecht gehütet wähnten. Es folgte ein langer und peinlicher Konflikt, welcher in der Geschichte der deutschen Sozialdemokratie als Kampf zwischen den Ethisch-Ästhetischen, wie der Spottname für EISNER und seine Freunde lautete, und den Historisch-Ökonomischen, als welche sich die Marxisten bezeichneten, bekannt ist. EISNER wurde vor allem von der revisionistischen Strömung EDUARD BERNSTEINS und seiner Anhänger gehalten, mit denen ihn aber eigentlich nur das Bedürfnis nach freier Kritik aller Lehrmeinungen, die sozialistischen nicht ausgenommen, und unbändige Lust an literarischem Witz verbanden. Für BEBEL hingegen war EISNER parteipolitisch für den innegehabten Posten nicht zuständig genug, und er schlug sich deshalb zu dessen Gegnern. Der Zwist wurde zuletzt so akut, daß es zu einer Krisis kam, welche mit einer jener Palastrevolutionen endigte, wie sie in den Balkanländern in Königsschlössern und in west- und mitteleuropäischen Ländern auf Redaktionen demokratischer und sozialistischer Blätter keine Seltenheit darstellen. EISNER mußte, mehr unfreiwillig als freiwillig, auf die Weiterführung des „Vorwärts" Verzicht leisten und verschwand zunächst, von den Verwünschungen seiner zahlreichen Gegner in der Partei verfolgt, von der, Bildfläche.

In der Ruhe nach dem Sturm empfand EISNER ein starkes Bedürfnis danach, sich wieder auf sich selbst zu besinnen. Die Parteipolitik ekelte ihn nunmehr an. In der Absicht, wieder den Musen gerecht zu werden, aber in die Notwendigkeit versetzt, sich und seiner Familie den Unterhalt zu verdienen, wandte er sich von neuem der freien Schriftstellerei zu. Schon im Jahre 1899 hatte EISNER unter dem Titel „Eine Junkerrevolte" eine Broschüre gegen den preußischen Adel veröffentlicht, in welcher er mit feinen Sarkasmen aus der Tagesgeschichte den Nachweis zu bringen sich bemühte, daß die Königstreue der Junker letztendlich nur in der Vertretung ihrer Interessen, welche sie vom Thron erwarteten und nach der gegebenen historischen Lage in Preußen auch erwarten konnten, verankert sei, daß sie ihnen aber deshalb jedesmal dann verloren ging, wenn die Monarchie einmal durch das allgemeine Staatsinteresse ihren direkten Wünschen zuwiderzuhandeln gezwungen war. Im Jahre 1900 schrieb EISNER eine wertvolle kurze Biographie seines Wohltäters und Freundes WILHELM LIEBKNECHT (2. Aufl. 1906), in welcher er seine historischen Talente darzulegen Gelegenheit fand. Im Jahre 1901 gab EISNER dann einen starken Sammelband „Taggeist" heraus, in welchem er die wertvollsten seiner philosophischen, literarischen und politischen Essais veröffentlichte, die z. T. noch aus seiner Marburger Zeit stammten und die zum Verständnis der deutschen Kultur in der Epoche der gewaltigen Expansionspolitik heute noch unentbehrlich erscheinen[3].

Nachdem ihm seine Niederlage in der führenden Journalistik seine freie Zeit wiedergegeben hatte, kehrte EISNER wie gesagt zu der ökonomisch mageren, aber geistig reichen Kost seines alten Kochtopfes zurück. Zunächst (1906) gab er eine kuriose, halb künstlerische, halb politische, zumeist bereits im Unterhaltungsblatt des „Vorwärts" erschienene Serie von Artikeln in Bandform heraus. Dieser Band, *„Feste der Festlosen"*, teils mit poetischem Schwung, teils mit beißender Ironie geschrieben, enthält abwechselnd eine Verteidigung der Rechte der Armen auf die üppige und herrliche Güterwelt der Kultur und Verhöhnungen des Snobismus, der inneren Unwahrheit und Nichtigkeit der besitzenden Klassen. Die Sammlung, welcher EISNER mit seiner ihm eigenen leisen Selbstironie den Untertitel „Bibel heiterer und profaner Predigten" gab, weist manche Seite wirklich denkwürdiger, klassischer Gesellschaftskritik besten Stils auf[4].

---

[3] Das Buch enthält eine große Anzahl von Zeitungsartikeln, die er in den ersten Jahren des neuen Kurses geschrieben hatte. Man kann wohl sagen, daß das Buch wie kein anderes geeignet erscheint, Menschen und Ereignisse der entscheidenden Jahre dem Leser wieder ins Gedächtnis zurückzurufen, und zwar in einer Weise, daß ihm viele Dinge klar werden, die er vorher wie ein Rätsel empfunden hat. KURT EISNER besaß einen prickelnden Geist und war dennoch zugleich ein scharfer Denker. Der Sozialpsychologe und der Historiker waren in ihm gleichmäßig entwickelt. Besonders hervorgehoben zu werden verdienen die geradezu köstlichen, unter der Rubrik *„Märchenspiel"* zusammengestellten Märchen mit politischer Spitze.

[4] In den in seinem Band *„Feste der Festlosen"* (Dresden 1906) veröffentlichten Skizzen offenbart sich EISNER zumal als der Gegner des Obskurantismus und Freund

Ein Jahr später sandte KURT EISNER wiederum ein großes Werk, das er als *„Das Ende eines Reiches"*, mit dem Untertitel „Deutschland und Preußen im Zeitalter der französischen Revolution", betitelte, in die Welt hinaus. Dieses Buch wurde zu seinem ausgesprochenen Lieblingswerk, an dem er mehr als an allen seinen anderen Schriften hing. Einmal, weil er es für sein gelungenstes erachtete, dann aber auch wegen des behandelten Stoffes. EISNER sollte später freilich den gleichen Stoff noch einmal bearbeiten, aber praktisch, nicht mehr als Beschreiber, sondern als Mitwirkender, als Schöpfer, oder, wenn man will, als Zerstörer.

KURT EISNER behandelt in diesem Bande, übrigens im Lichte eines durchaus nicht prononcierten historischen Materialismus, die Geschichte des Zusammenbruchs im alten Preußen um 1806. An der Hand einer ausreichenden Anzahl authentischer Dokumente zeichnete er insbesondere die kulturelle Seite der historischen Zustände und ihre Veränderungen im Preußen des ersten Jahrzehntes des 19. Jahrhunderts; zumal die letzthin mangelhafte Rückwirkung resp. teilweise Wirkungslosigkeit der großen französischen Revolution auf Ostdeutschland findet im Verfasser einen scharfen und unerbittlichen Beurteiler. Die Schrift will – so heißt es ausgesprochenermaßen in ihr – einmal den deutschen Arbeitern das dokumentarische Quellenmaterial, an dem jeder Versuch einer patriotischen Legende zerschellen müsse, unmittelbar zugänglich machen und versucht fernerhin, einen Beitrag zu dem geschichtlichen Problem zu geben, wie sich der politisch-soziale Aufstieg rückständiger nationaler

---

der sinnlich-heiteren Lebensfreude. Es weht – *mutatis proportionibus* – ein HEINEscher Hauch durch manche Blätter, geistvoll, spitz, ausgelassen, lebenslustig – man hat die deutliche Empfindung, daß nur die Strenge der reichsdeutschen Pressegesetze gegenüber der umstürzlerischen Presse den Verfasser verhindert, sich auch in HEINEschem Erotismus zu versuchen –. Heinisch ist leider auch das vielfach Abfallende zum Schluß, das Unvermögen, einen Gedanken zu Ende zu denken, ohne, plötzlich und unvermittelt, vom Sublimen ins Triviale zu fallen. Was soll man z. B. dazu sagen, wenn EISNER einen ungemein poetischen und originellen Hymnus auf die „Hellen Kleider", von denen er allerdings schon zwischendurch einmal erklärt hat, er liebe sie alle mit Ausnahme derer, die er bezahlen müsse, mit einer Aufforderung zu einem fröhlichen Zug zum Pfingstfest im Staate der Zukunft schließt, die in die Worte ausklingt: „Ihr hellen Kleider seid durch Euch selbst Erkennungszeichen. Ich aber werde, damit Ihr nicht einen anderen Mann als Führer erwischt, einen Tintenfleck auf die Glatze zeigen" (S. 98).

Verbände zur Höhe der allgemeinen Kulturentwicklung vollzieht. Wobei der große wirtschaftliche Weltkampf zwischen der französischen Kontinentalpolitik und der englischen Weltpolitik dem Bilde den Rahmen gibt. Ohne auf Einzelheiten des starken Bandes eingehen zu können, halten wir die Aufgabe, die sich Eisner gestellt hat, für glücklich und ihre Ausführung für im ganzen wohlgelungen. Das Buch kann nicht als grundlegendes Geschichtswerk, das Wort grundlegend sowohl bezüglich des geschichtsphilosophischen Inhalts als auch bezüglich einer etwaigen Benutzung neuen wertvollen Urkundenmaterials verstanden, gelten. Eisner selbst bezeichnet sein Werk in der Einleitung sogar nur als einen „ganz bescheidenen Beitrag". Dennoch ist der Band als nützlich zu bezeichnen. In anschaulichem Stile geschrieben, unter Vermeidung ermüdend wirkender Längen, dabei mit vielen treffenden und das Allgemeinverständnis des historischen Stoffes erleichternden und belebenden Bemerkungen verbrämt, bietet die Schrift – die auf jeder Seite den vielseitig und gründlich gebildeten Journalisten verrät – einen guten und klaren Einblick in die von ihr behandelte Geschichtsperiode. Freilich ist sie dabei kein Niederschlag der angeblich vorhandenen Voraussetzungslosigkeit der Wissenschaft. Sie ist ganz Tendenz, antidynastisch, antimilitärisch und, als Folge davon, antipreußisch. Dadurch wird sie an vielen Stellen auch dem einseitig erscheinen, der im ganzen die Tendenzen des Verfassers teilt, aber nicht an die bodenlose Schlechtigkeit und Niedrigkeit der die entgegengesetzten Tendenzen verkörpernden Elemente zu glauben vermag. So wird die siegreiche französische Herrschaft in Deutschland, insbesondere Napoleon selbst, den Eisner völlig im Licht der großen französischen Revolution erblickte, unseres Erachtens in allzu rosigen Farben geschildert, wenn auch zugegeben werden mag, daß sich ihr wahres Bild immer noch mehr der Eisnerschen Zeichnung als der der preußisch-patriotischen Historikerschule nähert. Immerhin, wer seine Kenntnis der Geschichte des Zusammenbruchs des alten Preußens nur aus Eisner schöpfen wollte, würde ein ebenso einseitiges und schiefes Bild erhalten als der, welcher die Erhebung Preußens nur aus Ranke kennt. Wir bemerkten 1902: „Da aber zu letzterem größere Gefahr vorliegt, als zu ersterem, vermögen wir in der Tendenz des Eisnerschen Geschichtswerkes *rebus sic stantibus* in praktischer Hinsicht keinen Schädling zu erblicken, um so weniger als

EISNER, wenngleich er häufig verschweigt, niemals fälscht."

Indes die Politik ist eine Göttin (eine grausame), die jedwedem, der einmal an ihrem Altare geopfert, eine ewige Sehnsucht nach ihr einflößt, welche keine Trennung mehr kennt. Sie zu verlassen, um sich anderen, ruhigeren Göttern zuzuwenden, ist deshalb zumeist ein nutzloses Bemühen, das den Abtrünnigen nur desto nachdrücklicher zu ihr zurückführt. Daher war auch EISNER, seitdem er an der Politik erst einmal „Blut geleckt" hatte, für die Führung eines ruhigen Lebens verdorben. Er nahm deshalb schon 1907 die ihm angebotene Chefredaktion des wichtigen Nürnberger sozialdemokratischen Blattes „Fränkische Tagespost" an, wo er auch den Elsäßer GEORGES WEILL aus Paris antraf, der später Abgeordneter von Metz werden sollte und 1914 offen für Frankreich optierte.

Drei Jahre darauf indes zog sich EISNER zum zweiten Male ins Privatleben zurück. Er wandte sich nun von Nürnberg nach München, wo er die bayerische Staatsangehörigkeit erwarb, die ihm später für die Übernahme seiner Präsidentenschaft von so großem Nutzen werden sollte. Er schrieb nun keine Bücher mehr, leitete auch keine Zeitungen mehr, sondern gründete eine Presse-Agentur und beschäftigte sich mit Vorliebe mit Theaterkritik.

Der Weltkrieg traf EISNER geistig vorbereitet und gerüstet. Einige Jahre vorher, während der Marokkokrise, hatte er voll Erwartung und Kampfesfreudigkeit eine Gelegenheitsbroschüre veröffentlicht, in welcher er vorausgesagt hatte, daß der deutsch-französisch-englische Gegensatz in Nordafrika über kurz oder lang zum Weltkrieg führen würde. EISNER bezeichnet auf dem Titel der Broschüre den Sultan von Marokko sogar geradezu als *„Sultan des Weltkriegs"*. In den ersten Tagen der Weltkrise im August 1914, als es den unklaren Geistern in Deutschland – und diese waren gerade in den Reihen der äußersten Linken stark vertreten – schien, als werde sich der Krieg auf Deutschland und Rußland beschränken, war auch EISNER für einen Augenblick dem Krieg günstig gesinnt gewesen. Diese Einstellung zeigt die Schranken des Historikers und des Politikers in EISNER, entsprach aber der traditionellen Auffassung der deutschen Sozialdemokratie seit MARX und ENGELS, welche in Rußland den Erbfeind des internationalen Sozialismus erblickte und dessen Erlegung als besondere Mission des deutschen Proletariats betrachtete. „Welch' herrliche Fügung durch Gottes Willen", daß sich nun das deutsche Kaisertum selbst dazu hergab, sich vor den Wagen der revolutionären Mission der Marxisten zu spannen und das russische Zarentum, seinen nahen Geistesverwandten, zu Fall zu bringen! Indes die Nebel spalteten sich schnell. KURT EISNER gehörte zu den ganz wenigen Persönlichkeiten in seiner Partei, welche durch den Eintritt Frankreichs und Englands in den Weltkrieg anderer Meinung wurden. EISNER bildet sich nunmehr die durch seine früheren Studien und Beobachtungen erhärtete Überzeugung, daß der Weltkrieg letzten Endes aus einem Kampfe zwischen zwei Weltanschauungen und zwei Typen von Staatseinrichtungen bestehe. Von nun an richtet er seine Waffen gegen die deutsche Kriegspolitik und zumal die Berliner Regierung. Im Januar 1918 entdeckte die Münchener Polizei einen von EISNER ausgehenden Plan, einen Munitionsarbeiterstreik hervorzurufen – Eisner hatte kurz vorher schon in Berlin einen Streik organisiert –, um auf diese Weise das Reich zum Frieden zu zwingen. EISNER wurde am 31. Januar verhaftet und blieb bis zum 14. Oktober 1918 in Untersuchungshaft; es kam zu keinem Urteil, da das Reichsgericht ihn wegen seiner Reichstagskandidatur unter dem Eindruck der schlechten Kriegslage frei geben mußte.

Im Oktober 1918 wurde EISNER aus der Haft entlassen. Man glaubte damals in Deutschland in jenen Tagen der Niederlage und des Waffenstillstandes noch die „brennenden Geister" durch Gnadenakte beruhigen zu können. Kaum befreit, organisierte EISNER in der Nacht des 8. November mit einer Handvoll Getreuer in München jene seltsame, abenteuerliche Revolution, von der man sagen kann, daß die historische Wahrheit oft viel an Wahrscheinlichkeit zu wünschen übrig läßt[5], die aber hinreichte, die alte und im Volke

---

[5] „Ich hör das ‚Volksgemurmel' noch heute, das wie ein plötzlicher Sturmwind durch die Abendstille der Straße pfiff. Ich seh' noch wie heute, die Massen – junge Leute und Frauen mit Kindern auf dem Arm, EISNER an der Spitze – schreiend und gröhlend um die Ecke biegen, dem Militärgefängnis zu. Dick und dünn sind sie herausgequollen. – Ich hör' sie heute noch pfeifen, die beiden Kugeln, die der Posten vor dem Militärgefängnis warnend über die Menge pfeifen ließ. Die beiden einzigen Kugeln, die in München gegen die Revolution protestierten. Ich sah die Menge stutzen und die Hintersten fliehen wie die Besessenen. Sah, wie die flüchtende Masse sich selbst an der Flucht hinderte. Zwei Schüsse noch, und – wir hätten *keine* Revolution bekommen! Aber – der Posten bringt seine eigene Haut in Sicherheit – es fällt kein Schuß mehr. Sie hat gesiegt, die Revolution! In München. Und mit München im Reich!" (E. HEROLD: Als sie in München die

beliebte Wittelsbacher Monarchie über den Haufen zu werfen, in Bayern die Republik zu erklären und den Auftakt zum baldigen Ende der Hohenzollern in Preußen zu geben. Hiermit wurde EISNER zum Herren Bayerns, und wenige Tage darauf zum Präsidenten des Volksstaates.

Was nun folgt, läßt sich schwer beschreiben. Einiger besonders wichtiger Ereignisse und Grundtendenzen des EISNERschen Regimes werden wir an Ort und Stelle Erwähnung tun. Vorausbemerkt werde nur, daß die Zeit, in welche die Regierung EISNERS fiel, überhaupt einem Hexensabbath glich. Hoher Idealismus, prächtigste Hoffnungsfreudigkeit berührte sich im engsten Raume mit Theater und Illusion. Ein feindliches Preußen, eine feindliche sozialistische Parteibürokratie außen, im Innern ein nur scheinbar republikanisch gesinntes Bayern. An den deutschen Grenzen ein blutrünstiges dräuendes Rußland, ein sich *fataliter* immer mehr von den Ideologien JAURÈS befreiendes, sich auf POINCARÉ vorbereitendes Frankreich, ein Khaki-England, das den Kopf WILHELMS II. forderte (den ihm EISNER ja herzlich gern gegeben hätte), ein müdes Italien, neue Nationalstaaten, denen alles gleichgültig sein mußte, was über den Horizont ihrer noch dürftigen *pendaison de la crémaillière* ging. Das war das Charivari, in dessen Rahmen EISNER seine Politik machen mußte.

EISNERS wesentliches Bestreben ging auf die Schaffung einer soliden deutsch-französischen Freundschaft. Neben dem deutschen Volk lag ihm das französische am meisten am Herzen.

Italien gegenüber war EISNER wohl freundlich gesinnt, ohne je nähere Fühlung mit ihm zu bekommen und ohne politisch große Stücke von ihm zu halten. Er kannte und schätzte die italienische Kunst. Aber seine Liebe und sein Verständnis gingen doch nicht weit über die historische Periode heraus, welche in JAKOB BURCK-HARDT ihren Herold gefunden hatte. Zu mir sagte er einmal ganz unverblümt, mit dem heutigen Italien hoffe er später bessere Bekanntschaft zu machen. Bis dahin müsse es bei der Sympathie in der Entfernung bleiben. Übrigens hatte er den ersten Journalisten der

Revolution machten. Ein paar Bilder zum Revolutions-Jubiläum, in den Basler Nachrichten, 1. Beil. zu Nr. 628, 6. Nov. 1923.) – Ob ein paar Schüsse mehr oder weniger den politischen Willen einer Masse an seiner Zielsetzung zu verhindern vermögen oder nicht, ist ein Problem, das wir hier nur stellen, nicht erörtern.

Entente, der nach dem Waffenstillstand nach München gekommen war, DAVIDE GIUDICE, sehr liebenswürdig aufgenommen und mit ihm sehr warmherzig über Italien gesprochen. EISNER machte ihn dabei darauf aufmerksam, daß der erste Akt seiner Regierung darin bestanden habe, die bayerischen Truppen, welche zur Verteidigung Tirols gegen die anrückenden Italiener die österreichische Grenze überschritten hatten, zurückzubeordern. Habe er doch sicher weniger von den in Österreich einrückenden italienischen, als von den aus Österreich ausrückenden preußischen Truppen zu befürchten, da letztere ihre Marschroute heimwärts ja auch über München nehmen könnten. Diese Befürchtung traf zwar nicht ein. Die preußischen Soldaten, welche München berührten, sind gleich am nächsten Tage wieder weitergefahren. Sie kamen sich dort, wie EISNER später spöttisch bemerkte, ohnehin fast wie im Ausland vor[6].

Wenige Monate nur nach seinem Regierungsantritt, Anfang Februar 1919, begab sich EISNER von München nach der Schweiz, um an dem in Bern stattfindenden Internationalen Sozialistenkongreß teilzunehmen. Die Wichtigkeit der Tagung rechtfertigte die Abwesenheit des Staatsoberhaupts von München. Es war der erste Bundeskongreß der feindlichen Brüder nach dem Weltkrieg. Der Kongreß hatte sozialpatriotischen Charakter. Diejenigen sozialistischen Parteien, die während des Krieges in absoluter Kriegsfeindlichkeit verharrt hatten, die kommunistischen Minoritäten, die siegreichen russischen Bolschewisten, aber auch die italienischen und selbst die Schweizer Sozialdemokraten, hatten keine Vertreter zu ihm entsandt. Dafür war aber so gut wie alles vertreten, was in den einzelnen Regierungen gesessen und Kriegskredite bewilligt hatte: MACDONALD, HENDERSON aus England; RENAUDEL aus Frankreich; von den Neutralen der Schwede HJALMAR BRANTING. Aber auch die kriegsfeindlichen Minderheiten der auf dem Kongreß vertretenen Landesparteien waren erschienen: FRITZ ADLER aus Wien; der Elsäßer GRUMBACH, EDUARD BERNSTEIN und KARL KAUTSKY. In diese, in gewissem Sinne schon erlaucht zu nennende Gesellschaft platzte nun KURT EISNER wie eine Bombe hinein. Freilich wie eine erwartete, und von vielen ersehnte. Die Eindrücke, die EISNERS Erscheinen und

---

[6] EISNER, Unterdrücktes aus dem Weltkrieg, München 1919, S. 67, vgl. auch *Bulletin Officiel de la Conference Internationale Ouvrière Socialiste à Berne*, N 7.

Auftreten in Bern auf vorurteilslose Neutrale hervorrief, mögen aus der Feder eines derselben folgendermaßen wiedergegeben werden: „Es mag nicht leicht gewesen sein für diesen kleinen sozialistischen Schriftsteller, der plötzlich mitten in die große Politik hineingeworfen wurde, den rechten Ton zu finden. Wenn er z. B. sagte: ‚Meine Regierung', so klang das eigentlich grotesk und, wie seine Gegner meinten, auch anmaßend. Als er von den deutschen Gefangenen sprach, erzählte er vorerst, was er bei den französischen Kriegsgefangenen in der Nähe von München erlebt hatte, wie diese 12.000 Menschen bei Beginn der Revolution halb wahnsinnig durcheinander liefen, weil ihr Schicksal nun erst recht der Entwicklung nahe und doch unsicher schien, Und da sagte er etwas, was vielfach mit einem leisen Lächeln die ernste Materie erhellte: „Wer von Ihnen, meinen Gesinnungsgenossen, im Gefängnis gesessen ist, versteht die Empfindung dieser Männer." Der hohe Intellekt im Aufbau seiner Rede zeigte sich darin, daß er immer wieder voll Verständnis für die Psyche der Mehrheit stets zuerst deren Empfindung zu gewinnen suchte. Hatte er die alten Regierungen in Grund und Boden verurteilt, den Mehrheitssozialisten den entsprechenden Hieb versetzt, dann verriet er seine tiefsitzende, unverlöschbare Liebe zum deutschen Volke. Er hatte den Saal fest in der Hand, führte den Widerstrebendsten in seine Gesinnungswelt und endete jede Rede, ob sie nun der Schuldfrage galt oder den Kriegsgefangenen, mit einem vollen und unbestreitbaren Sieg … Trotzdem jeder Hörer die Empfindung hatte, daß ihm hier etwas Unvollkommenes, ja Mangelhaftes geboten wurde, hatte doch EISNER nicht nur den größten Erfolg unter den Deutschen, sondern auch einen der größten Erfolge des ganzen Arbeiterkongresses. Es war der Erfolg der Intelligenz und der tiefen, fast naiv wirkenden Überzeugung. Er sprach einige Male, und im Aufbau stets nach derselben Methode. Er verurteilte scharf die alten deutschen Regierungen, den Militarismus und zumeist auch die sozialistische Mehrheitspartei. Damit hatte er die Mehrheit der Zuhörer für sich gewonnen. Diese furchtbaren Anklagen wurden nicht etwa pathetisch vorgetragen, vielmehr ruhig und sicher als historische Feststellungen. Dicht vor ihm in der ersten Bankreihe saßen die deutschen Mehrheitssozialisten. Wenn sie bei seinen Anklagen zusammenzuckten, dann mäßigte er Stimme und Ausdrucksweise. Man merkte, er wollte nicht demagogisch wirken. Eine seiner Reden begann er wie folgt: ‚Ich gehöre einem geschlagenen Volke an'. – Und dieser eine Satz schon hatte ihm viele Herzen gewonnen[7]."

Am 10. Februar reiste EISNER von Bern nach Basel weiter. Der internationale Sozialistenkongreß hatte zwar seine Tagungen noch nicht beendet. Aber EISNER wartete das Ende nicht ab. Sorgen und bange Befürchtungen hielten ihn umfangen. Die ersten Sitzungen der Nationalversammlung in Weimar, von denen er in den Zeitungen las, drückten ihn tief nieder. Sie waren weit davon entfernt, jene internationale Beruhigung der Gemüter, auf die er gerechnet hatte, einzuleiten. In Bern hatte er auch anderes erfahren, das nicht dazu geeignet war, ihm für die Zukunft Hoffnungen zu geben. Er merkte, daß er auf eine politische Unterstützung durch die Öffentliche Meinung in Frankreich oder gar auf diejenige der französischen Regierung, wie er sie für die Durchsetzung seines pazifistischen Programmes in Deutschland gebraucht hätte, nicht werde rechnen können. Dafür gab es mehrere Ursachen. Einmal eine pessimistische, die in einigen Blättern der Rechten zum Ausdruck kam, die vermeinten, der „neue Geist", den EISNER repräsentierte, und seine absolute Verurteilung der alten deutschen Regierungen seien nur ein schlaues Mittel zum Zweck, das „neue Deutschland" von der Last der Folgen des Krieges und der Übernahme der Verantwortung zu befreien; das vermeintliche *Renouveau* sei nichts als eine *Camouflage*, klüglich angelegt, die schwebende Kriegsentschädigung Deutschlands zu eskamotieren. Ausschlaggebend für die kühle, fast ablehnend zu nennende Haltung Frankreichs EISNER gegenüber waren aber zwei weitere Gründe. Die eminent bürgerliche Gesinnung, welche im unmittelbaren Nachkriegs-Frankreich unter CLÉMENCEAU die Oberhand bekommen hatte und welcher der Sozialismus EISNER als schier gefährlicher erschien als der Nationalismus der Alldeutschen und welche folglich immer noch lieber den deutschen Revanche-Geist groß werden ließ, als daß sie den antipreußischen, aber sozialistischen Pazifismus EISNER unterstützt hätte. Endlich aber: die auf diplomatischem Wege gewonnene Einsicht, die den Quai d' Orsay beherrschte, daß nämlich der Volksstaat EISNERS in Bayern eine Attrappe sei,

---

[7] HEINRICH YORK-STEINER, Kurt Eisner als Redner, in der „Menschheit", Nr. 255 (27. März 1919).

ohne solide Basis und ohne Haltbarkeit. Das alles wußte EISNER teils, teils ahnte er es. Und so eilte er denn von dannen, auch um in München, von dem er nun schon fast zwei Wochen abwesend war und aus dem es ihm an genügend genauen Nachrichten fehlte, nach dem Rechten zu sehen.

Fernerhin aber hatte EISNER den Studenten der Universität Basel, an der Spitze deren Vereinigung damals der später durch eine wissenschaftlich gründliche Abhandlung über das Wesen der Maifeier bekanntgewordene FRITZ GIOVANOLI stand, einen Vortrag versprochen. Ich kannte EISNER seit 1904, habe ihn aber vor 1919 nicht häufig, vielleicht viermal, gesehen. Was ihn mir achtbar machte, war sein kritischer Verstand, gepaart mit einem hohen Flug der Gedanken. Nicht umsonst hatte EISNER, wie erwähnt, in Marburg zu den Füßen HERMANN COHEN gesessen, schon als reiferer Mann, aber mit Eifer und inniger Bewunderung. Ein Zufall, sein Kommen zum sozialistischen Kongreß in Bern und mein Interesse an den Problemen der Zeit, gab mir Gelegenheit, ihn, der inzwischen Präsident geworden war, wieder zu sehen und mit ihm einige Tage hoher geistiger Spannung zu verleben. So trug ich denn, als damaliger Basler Professor, kein Bedenken, das Begehren der Basler Studenten bei EISNER in Bern zu unterstützen.

EISNER erschien in Basel in Begleitung zweier Sekretäre, von denen der eine FECHENBACH war. Dort traf er mit GIULIO CASALINI aus Turin, Arzt, sozialistischer Abgeordneter, damals Vizepräsident der italienischen Kammer, zusammen, der den Abend, gleich nach EISNER, in italienischer Sprache das Wort ergreifen sollte, um die Internationalität der Veranstaltung zum Ausdruck zu bringen. Der große Saal des Kasino, in dem der Doppelvortrag stattfand, war bis auf den letzten Platz besetzt. Das skeptische, kalte Basel war wie umgewandelt. Man stand unter dem trügerischen Eindruck eines neuen Weltenanfangs. Studenten, Bürger, Professoren aller Fakultäten, füllten den großen Raum; sogar von außen waren Gäste gekommen, wie der italienische Gesandte RANIERO PAULUCCI DE' CALBOLI aus Bern, um den Worten des Bahnbrechers zu lauschen. Es lohnte sich schon der Mühe. Der Vortrag EISNER *De Societate Noya* war aufs äußerste markig, und wenn auch nicht widerspruchslos, so doch in seiner Weise glänzend und von einem hohen idealistischen Zug getragen. Wie in Bern und mehr noch als dort konnte man von ihm sagen:

„Die Neugierde aller flog ihm entgegen, man war begierig, daß seine Wesenheit sich enthüllt, man nahm ihm das Wort vom Munde und mühte sich, es zu verstehen oder zu verdrehen. Er stand hinter einem Sessel, dessen Lehne er festhielt, wodurch die Geste karg blieb. Der lange schwarze Salonrock hüllte ihn vollständig ein, so daß er auf der nach vorne geneigten Bühne weit höher erschien, als er in Wirklichkeit war. Der lange rötliche Bart, die kahle Stirne, die langen Haare des Hinterhauptes, das alles täuschte über das tief eingefallene magere Gesicht, EISNER sprach mit schlechter Mechanik. Der Ton saß tief hinten, die Zischlaute kamen nicht sauber heraus und, was für den Kenner überraschend und peinlich war, er betonte nicht nach der Bedeutung der Satzteile, sondern nach seinem eigenen Wollen oder richtiger nach seiner Willkür. Er verstärkte und schwächte, erhöhte und senkte den Ton in vollständig gesetzloser Weise, als wüßte er nicht, daß es dafür feststehende Normen gibt." Und doch war die Rede, in welcher die Worte in großen Zwischenpausen und mit harter, alles andere als bajuvarischer Aussprache herausgestoßen wurden, von großer rednerischer Wirkung. Als der Vortragende sich gegen die deutschen Professoren wandte und sie anklagte, ihre Mission der sittlichen Erziehung der Jugend verfehlt zu haben, durchbrauste den Saal schmerzvoller Beifall. Und als er schloß, die einzige Rettung der Welt bestehe in der geistigen Unabhängigkeit der Jugend und ihrem Verzicht auf alle Vorurteile, schwoll der Beifall zu einem wahren Sturm an.

*

EISNER war außerordentlich unvorsichtig. Er war auch als Ministerpräsident des Volksstaates Bayern seinen ehemaligen Gewohnheiten treu geblieben. Das Café vor allem war ihm sehr ans Herz gewachsen. Man erzählte sich von ihm, daß er in München in der Portierloge des Ministeriums schlief, von welcher aus er sich dann morgens spät, halb angekleidet und ungewaschen in sein Büro begab, während ihn die königlichen Beamten, die er teils aus Güte, teils aus Nachlässigkeit, teils aus der Unmöglichkeit sofortigen Ersatzes in ihren alten Stellungen gelassen hatte, sich nicht einmal die Mühe gaben, ihn zu grüßen oder selbst auf seinen Gruß zu antworten. *Se non è vero, e ben trovato*[8]. Sicher aber ist folgendes: In der Tabagie des Café du Théâtre in Bern saß der Gewaltige stundenlang, umgeben von einem Schwarm Bekannter und Unbekannter, und verteilte ohne Ansehen der Person, Gerechten und Ungerechten, seine prächtigen, skeptischen, gepfefferten, schonungslosen, ja gerade sich selbst gegenüber schonungslosen Bonmots, völlig unbekümmert um die Ohren seiner Umgebung. Der Gedanke, daß der verantwortliche Regent belauscht werden könnte, kam ihm gar nicht. Daß er bekrittelt und benörgelt werden könnte, fand er nur in der Ordnung. Nicht nur aus Demokratismus, sondern aus dem göttlichen, aktiven wie passiven Recht jedes Menschen auf Kritik, einem ebenso göttlichen Recht, wie es ihm zufolge, wie er scherzend sagte, das Recht aufs Café war.

EISNERS Leben war in Gefahr, seitdem es ihm geglückt war, das Preußen eng befreundete Bayernreich in einen von Preußen unabhängigen und ihm fast feindlich gesinnten Volksstaat umzuwandeln. In seiner berühmt gewordenen Rede vor dem Soldatenrat vom 30. November 1918 hat EISNER halb ernst, halb scherzhaft erzählt, daß, seitdem er das übrigens zweifelhafte Vergnügen habe, die Geschicke der Republik zu leiten, kaum ein Tag vergangen sei, an welchem sich nicht das Gerücht verbreitet habe, er sei ermordet worden. Wenn alle diese Gerüchte auf Wahrheit beruht hätten, wäre er, der Redner, mindestens schon zwanzig Mal eine Leiche. Jeden Tag auch entstünden Gerüchte, daß das bayerische Außenministerium im Sturm genommen worden sei, und würden Versammlungen der Rechten wie der (äußersten) Linken abgehalten, die Gegenrevolution zu organisieren. Er habe oft darüber nachgedacht, wie gut es in der Welt eingerichtet sei, daß der Mensch nur einmal den Tod erleiden könne. Der Tote müsse, wenn er noch Gefühl habe, wirklich

---

[8] Von EISNER sehr nahe stehender Seite wird den Druckbogen dieses Artikels gegenüber bemerkt – wovon wir gerne Notiz nehmen –: „EISNER war immer häuslich gewesen. War er jemals in einem Café, so las er ununterbrochen Zeitungen. Er schlief nie in der Portierloge des Ministeriums und zu der bescheidenen Zweizimmerwohnung im Ministerium wurde sofort ein Badezimmer eingerichtet. Seine Stimmung in Bern habe ich nicht miterlebt. Aber er war so erfüllt von seiner dortigen Mission, daß er wohl wenig Lust zu Spässen hatte. Ich weiß wenigstens von einer einzigen Reise mit ihm von Lindau nach München, während der er kein Wort sprach."

froh sein, daß man ihn nun nicht mehr zu töten vermöge. Solange er, KURT EISNER, aber noch am Leben sei, werde er nicht gestatten, daß an dem Werke, an welches er so viele Jahre harter Arbeit gesetzt habe, gerüttelt werde, und sei er entschlossen, es sowohl gegen das „Recht" der Leute von gestern als auch gegen den Wahnsinn der Leute von morgen zu verteidigen[9].

Daß man EISNER tatsächlich nach dem Leben trachtete, war auch mir schon lange klar. Ich kannte den Berserkerhaß aller jener unter den Deutschen, die da meinen, ein offenes Zugeben des deutschen Unrechtes am Weltkrieg sei eine nationale Schmach, gegen einen Mann, der seine Politik der Versöhnung mit den Gegnern Deutschlands eben gerade auf dieser Grundlage aufzubauen gedachte. Als EISNER zu seinem Vortrage in Basel weilte und es bekannt wurde, daß er eine Einladung zum Abendbrot in meinem Hause angenommen hatte, erhielt ich eine ganze Anzahl von telephonischen Anfragen mir gänzlich unbekannter Leute, von denen einer nicht einmal dazu zu bringen war, seinen Namen anzugeben, die sich aber alle als Freunde EISNERS aufspielten und bei mir anfrugen, wann und wo „Seine Exzellenz" zu sprechen sei. Mich ergriff dabei das unangenehme Gefühl, es mit unbekannten, inkommensurablen Größen zu tun zu haben, und ich trug diesem Gefühl Rechnung, indem ich den Anfragern rundweg erklärte, nichts über den Stundenplan EISNER zu wissen. Handelte es sich hierbei nur um Neugierige, Autographensammler, Exporteure und Bewunderer? Oder auch um Schlimmeres? Ich weiß es nicht. Jedenfalls hielt ich es für meine Pflicht, EISNER, als er kam, zu warnen und ihm von den seltsamen Anrufen zu berichten. Indes, der Präsident des Volksstaats Bayern nahm die Sache nicht schwer und meinte nur mit einer Stimme, bei der sich Ironie und leise Schwermut mischten, er gehe unbekümmert seinem Schicksal entgegen, es werde ihn schon entweder zum Rektorat einer großen Bauernhochschule, die er zu gründen gedenke, oder zu irgendeinem andern „ehrsamen Handwerk" führen. Und er sprach mit Vorliebe von der schönen Zeit, in der er wieder Musik machen und sich nach vollbrachtem Werk zu ruhiger geistiger Arbeit zurückziehen könnte. Nun hat ihn sein Schicksal doch anderswohin geführt.

---

[9] EISNER, *Die neue Zeit*. München 1918, S. 72, 73.

Der Haß, als dessen Zielscheibe EISNER diente und dem er nur wenige Tage nach seinem Aufenthalt in Basel zum Opfer fallen sollte, hat seine Wurzeln in dem tragischen Unvermögen des deutschen Volkes, zu erkennen, daß zur Umgestaltung seines Schicksals und zur Reinigung von der furchtbaren Schuld der Vergangenheit mehr gehört als eine formelle Verwandlungskunst in puncto Staatsverfassung und ein Déménagement von Potsdam nach Weimar, und daß mit verbrauchten Menschen und verbrauchten Mitteln kein neues Leben geschaffen zu werden vermag. In diesem Chaos neuer Formen und alter Inhalte war Kurt Eisner ein Wegweiser der Zukunft. Es lag in seiner spielerischen Art, die Dinge zu sagen, einer Art, von der man hätte behaupten können, sie wäre gute solide Pariser Blague, wenn EISNERS starker Berliner Akzent nicht auf eine andere Herkunft hätte schließen lassen, doch letzten Endes viel innerlich Tüchtiges. Wir wollen gewiß dem Toten, der gegen sich selbst streng sein konnte, nicht in dem Sinne huldigen, daß wir seine Schwächen verschweigen. Bei aller Häuslichkeit und bürgerlichen Biederkeit der Lebensführung im Äußern und in der Art, sich zu geben, war er doch in allzu beträchtlichem Grade Bohémien[10]. Ohne jegliche Vorbereitung vom Gefängnis zur obersten Regierung eines Reiches von der Größe Bayerns gelangt, fehlte ihm zum Staatsmann nicht nur der ganze äußere Apparat, sondern auch, im Guten wie im Bösen, die ganze innere Struktur. Seiner Offenherzigkeit, seiner zügellosen Spottsucht, seiner Vorliebe für den Schwung des Ethisch-Ästhetischen waren keine Grenzen gezogen.

So blieb sein Ton und sein Tun beständig Mißverständnissen und boshaften Interpretationen ausgesetzt. Überdies verriet er, wie bereits angedeutet, selbst, vielleicht auch in der Annahme, mit der alten Geheimdiplomatie brechen zu müssen, den Gegnern seine Ansichten und Absichten, mit der Miene eines Regiedirektors, in dessen Hand nur die Ausführung längst fester Richtlinien liegt, während er, EISNER, selbst von seinen Feinden nicht sehr viel mehr wußte, als daß sie eben Feinde waren. Bei aller analytischen Feinheit, die seine Werke auszeichnet, war er doch in der angewandten

---

[10] Um das Wort nicht mißzuverstehen, vgl. die treffliche Abhandlung von FERNAND BALDERSPERGER: *Bohême et Bohème, un doublet linguistique et sa fortune littéraire*. Revue des Littératures Comparées. Paris 1927.

Politik des Alltags außerstande, seine Gegner psychologisch zu durchschauen. Er war wohl das, was man einen Ideologen nennt. Aber andererseits wollte es doch damals vielen gerade der besten Europäer so scheinen, als ob Deutschland von jener Sorte beschränkter Realpolitiker, die sein Schicksal bisher geleitet hatten und die in ungezählten Duodezausgaben auch weiterhin noch das Wort führten, zunächst einmal genug haben müßte. Deutschland, das geschlagene, von der Welt getrennte und verfluchte Deutschland brauchte einen Ideologen. Es brauchte vielleicht einen Mann, der wie EISNER bereit war, die Verantwortung der Fürsten und der Massen seines Volkes am Kriege zuzugeben[11], einen Mann, der wie EISNER so viel himmelstürmenden Idealismus besaß, um den erstaunten Belgiern und Franzosen zu versprechen, wenn sie davon Abstand nehmen wollten, zu dem Werke des Wiederaufbaus der zerstörten Gegenden ihrer Länder die Scharen der deutschen Kriegsgefangenen wider deren Willen zu beordern, selbst dafür Sorge zu tragen, daß dieses Werk von ebenso zahlreichen Scharen freiwillig herbeiströmender deutscher Arbeiter ausgeführt werde. Dabei leitete EISNER eine richtige Vision: Die Notwendigkeit für Deutschland, selbst auf Kosten schwerer Opfer, mit der Zeit wieder mit Frankreich zu einem erträglichen Verhältnis zu kommen. Wir glauben nicht fehl zu gehen, wenn wir erklären, das Endziel der EISNERschen Außenpolitik war die *entente cordiale* mit Frankreich, jenem Frankreich, das er, der als echter Ideologe kaum ein Wort Französisch zu sprechen imstande war, doch im Grunde verstand, und das er in seinem Werke *„Das Ende des Reiches"* mit seelenverwandtschaftlichem Geist und getragen von der echten Begeisterung BÖRNEschen Demokratentums besungen hatte. EISNER wußte, was der großen Mehrheit der Deutschen verschlossen war, daß der Friede der Welt mehr noch als eine rein äußerliche Applikation WILSONscher Prinzipien eine innerliche Verständigung zwischen Frankreich und Deutschland und eine Verständigung der Seelen zur Voraussetzung haben mußte. Und daraufhin war sein Streben gerichtet. Nicht neuer Firniß, sondern innere Erneuerung, Regeneration.

In der Abschätzung der zu diesem Ideal führenden Zeitspanne mag sich EISNER optimistisch getäuscht haben. Indes es war schon

---

[11] Worunter natürlich keine hundertprozentige Schuld zu verstehen ist.

viel wert, daß er es aufzeigte, mehr noch, daß es ihm, hierin wirklich Politiker, nicht fremd war, daß das Ziel dieser Außenpolitik eine innerpolitische Vorbedingung hatte. Wenn EISNER in einer unvergeßlichen freundschaftlichen Abendsitzung im Hotel Bellevue in Bern, bei der neben sozialistischen Politikern auch einige „bürgerliche" Berufsdiplomaten anwesend waren und in welcher er mit Feuer und Ironie zugleich den Hergang der Münchner-Revolution erzählte und das anekdotische und individualistische Element derselben in das richtige Licht setzte, auf die geäußerte Befürchtung, der gegenwärtig im Absterben begriffene Krieg werde binnen kurzem einen neuen Krieg gebären, mit erhobener Stimme sagte, er für seine Person hoffe sogar auf einen neuen Krieg, aber dieser neue Krieg werde ein Krieg zwischen Bayern und Preußen sein, so hat er bei diesem Ausspruch wohl kaum an eine kriegerische Auseinandersetzung zwischen den deutschen Stämmen, sondern an eine, freilich energische Auseinandersetzung zweier deutscher Geistesrichtungen gedacht. EISNER war überzeugt von der Unverträglichkeit des Preußentums mit dem Europäertum. Daher seine gewaltige Trauer ob der Beobachtung von der Persistenz vorwiegend preußischer Gesinnung in Deutschland, seine Überzeugung von der Notwendigkeit, es nicht bei dieser Revolution bewenden zu lassen, sondern eine neue Revolution an sie anzuknüpfen, eine Revolution der Geister. Daß dabei die Mehrheitssozialisten, die das alte Regime mitgetragen und die neue Welt immer noch nicht verstanden hatten, politisch gesprochen, über die Klinge springen müßten, bevor das Neue sich in Deutschland Bahn brechen könne, war EISNER klar. Er war überzeugt davon, daß Männer wie SCHEIDEMANN und DAVID, welche, trotzdem sie doch die Kriegspolitik von Anfang bis Ende mitgemacht hatten, damals noch amtierten, politisch zu unwiderruflich kompromittiert seien, um mit Würde und Erfolg die Friedensverhandlungen leiten zu können. Er sprach es jedem, der es hören wollte, gegenüber frei aus, daß es zu diesem Behufe Männer von ganz anderem Stoffe und anderem Kaliber bedürfe, die wirklich vom neuen Gedanken beseelt und himmelweit vom besiegten und von der Welt verabscheuten alten Deutschland entfernt seien. Nur neue Männer würden fähig sein zu handeln und zu verhandeln. In Konsequenz dieser Auffassung war EISNER noch kurz vor Bern nach Berlin gegangen, um seinen ministeriellen Parteigenossen ins Gesicht zu sagen, daß ihre Rolle ausgespielt sei. Sie möchten sich trollen. Sie seien Gespenster, Figuren eines alten, für immer begrabenen Regimes …[12] Aber die neuen Männer aus dem alten Regime hörten ihm zwar zu, hörten ihn indes nicht an. Gerade in den scheinrevolutionären Blättern entstand gegen ihn heftiger Widerspruch, bis zur Verleumdung gehende Hatz. Bisweilen behandelten sie ihn als leidigen Dillettanten, der besser daran täte, seine Hand von der auswärtigen Politik zu lassen; bisweilen bliesen sie sogar in das gleiche Horn der Rechtsblätter, welche ihn als Feind seines Volkes, der mit der Ehre Deutschlands Schindluder trieb, brandmarkten, als einen Mann, der sich leichtfertig daran ergötzte, wie sich CLEMENCEAU und LLOYD GEORGE, die bitter-bösesten Feinde Deutschlands, über das Vergnügen an dem von ihm produzierten hypothetischen Schuldbeweise BETHMANN-HOLLWEGS und der deutschen Militärpartei von 1914 den Bauch vor Lachen hielten; als einen noch dazu komischen Vaterlandsverräter.

Aber nicht nur das bürgerliche und das sozialdemokratische Berlin versuchten es, EISNER unmöglich zu machen. Auch die Mehrheitssozialdemokraten in Bayern begannen alsbald selbst innerhalb seiner eigenen Regierung gegen ihn zu intrigieren. So wenigstens vermeinte er und hielt gerade sie für seine schlimmsten Feinde. Das sozialdemokratische Organ in München, die „Münchener Post" verlegte sich ganz darauf, ihn zu sabotieren. EISNER rächte sich nicht als herrschender Politiker, sondern bezeichnenderweise nur als Literat: er sprach von diesem Blatt nicht mehr anders als von der „Münchener Pest".

Als EISNER in die Schweiz kam, war er sich der voraussichtlichen Kürze seiner Volksherrschaft und der Unmöglichkeit einer sozialistischen Massenherrschaft unter den gegenwärtigen Umständen in Deutschland wohl schon völlig bewußt. Er sprach das mit der ihm eigentümlichen Pointierung sehr offen aus. Das erste, was er dem Schreiber dieses gleich bei der Begrüßung in Bern sagte, war: „Wenn wir nicht den verfluchten Parlamentarismus hätten, könnten wir aus Bayern einen ganz anständigen Volksstaat machen[13]!" Noch skepti-

---

[12] EISNER, *Die neue Zeit*, S. 79 ff.

[13] KURT EISNER war alles andere als Sozialdemokrat im geläufigen Sinne dieses Wortes. Unsere Beziehungen, die vorher kühl gewesen waren, wurden erst wärmer, als meine Soziologie des Parteiwesens erschien (1911). Damals schrieb er

scher als über die Demokratie äußerte Eisner sich über seine eigenen Aussichten. Im großen Saal des Hotel Bernerhof sagte er laut zu mir, der ich ihn verzweifelt nach Zeitungen suchend fand, mit unnachahmlichem Lächeln: „Ich muß doch einmal nachsehen, ob ich nicht abgesetzt worden bin", und ein andermal: „Ich weiß nicht, ob ich überhaupt noch Präsident bin"! Als Motivierung seiner baldigen Abreise hieß es: „Ja, ich muß doch einmal nach meinen Untertanen sehen", und auf die Frage, ob er nicht über das Badische zurückkehren wollte, meinte er in der Befürchtung, daß seine zahlreichen Feinde seine Abwesenheit in der Schweiz zu bösen Streichen gegen ihn benützen möchten, ironisch: „Nein, dort laufe ich am Ende noch Gefahr, arretiert zu werden ..."

Die Stellung Eisner war, auch von der allgemeinen politischen Lage und seinen angedeuteten Charaktereigenschaften abgesehen, von Anfang an schwierig gewesen. Zunächst hielt schon Eisners Bayerntum weder einer Nachprüfung seiner Rasse, noch seiner Geburt, noch seiner Lebensart, noch vielleicht seiner Überzeugung stand, denn er war von wahrhaft internationaler Gesinnung, wenn er auch eben wie die meisten großen Internationalisten nicht fähig war, in irgendeiner ausländischen Sprache zu konversieren, was seinen Kontakt mit den Entente-Diplomaten nicht gerade erleichterte. Der Mann, welcher als erster nach 1866 ernstlich bemüht war, Bayern dem Einfluß Preußens zu entziehen und die ihm gebührende Stellung im Reich wiederzugeben, ja, von ihm aus Deutschland zu regenerieren, war von mährischer Abstammung, von Berliner Geburt, von jüdischer Rasse, von norddeutscher Mundart, mithin in

mir sehr anerkennend, doch mit liebenswürdigem Spott, er habe mir, dem „Marxisten", eine so tiefe Einsicht in das Wesen der Organisation, Masse und Führertum, „gar nicht zugetraut". Eisner gehörte mithin nicht zu den Wenigen, die wie Georg Lukacs in seiner, um sein eigenes stereotypes Lieblingswort zu gebrauchen, „wertlosen" Besprechung die 2. deutsche Auflage meines genannten Werkes nur deshalb als „Historiographie des Opportunismus" bezeichnen zu dürfen glaubte, weil es versucht, zeitlose Wesenheiten aus dem Gang der parteihistorischen Ereignisse herauszuheben, was seltsamerweise als unhistorisch erscheint (vgl. dieses Archiv Jg. XIII, S. 310). Er, Lukacs, beweist freilich dadurch nur (neben allem anderen, worauf hier nicht eingegangen werden soll), daß er unfähig ist zu begreifen, daß es einen psychologischen Unterbau gibt, an welchem aller wirtschaftliche Überbau begreiflicherweise nichts Wesentliches zu ändern vermag.

Bayern ein Fremder. Kein Wunder deshalb, vom psychologischen Standpunkt aus, daß die Bayern zu diesem vier- bis fünfmal Heterogenen kein echtes Vertrauen zu fassen vermochten.

Einer der ausschlaggebenden Faktoren der eigenartigen Position EISNERS in Bayern bestand in seiner Stellung zum revolutionären Rußland und den diesem entsprechenden und von diesem getragenen Strömungen in Deutschland selbst.

EISNER stand dem Bolschewismus, dessen schwache Seiten ihm nicht verborgen geblieben waren und dem gegenüber der unerschöpflich Witzige mit Spott und Hohn keineswegs sparte, fern. Gewiß brachte er ihm andrerseits historisches Verständnis entgegen: er betrachtete ihn als eine natürliche logisch-historische Frucht des Weltkriegs. Dennoch bekämpfte er ihn. EISNER pflegte zu sagen, daß der Sozialismus zu seiner Verwirklichung einer blühenden Ökonomie und nicht einer zerstörten bedürfe und daß zur Inangriffnahme der grundlegenden volkswirtschaftlichen Veränderungen, welche der Sozialismus bedingt, die vom Weltkrieg geschaffenen wirtschaftlichen und gesellschaftlichen Bedingungen die wenigst geeigneten seien[14]. In seiner großen Rede vor den Basler Studenten meinte er, viele heutigen Arbeiter glaubten in ihrer Naivität, der Sozialismus bestehe darin, den Nächsten zu expropriieren, um selbst kleine Kapitalisten werden zu können[15]. Vom Bolschewismus war EISNER außerdem, man möchte beinahe sagen, psychologisch getrennt. Sein Innerstes selbst sträubte sich gegen ihn. EISNER war tiefer und echter Humanist, tiefer und echter Humanitärer. Er besaß weder die Kälte noch die Härte eines LENIN.

Indes, wenn EISNER auch gegenüber dem, was er als die Gefahren des Bolschewismus bezeichnete, nicht blind war, noch stumm blieb, so brachte es seine Mentalität wie seine Stellung als Haupt eines revolutionsgeborenen „Volksstaates" doch mit sich, daß er bestrebt sein mußte, alles, was an revolutionärem Idealismus und an Haß gegen das alte Regime in Bayern vorhanden war, in den Dienst der neuen Sache zu stellen und vor seinen Wagen zu spannen. Gegenüber dem Wiederaufkommen der Reaktion erschien ihm der Bolschewismus fraglos als das geringere Übel. So trieb er in Mün-

---

[14] EISNER, *Die neue Zeit*, S. 24 ff.
[15] EISNER, *Sozialismus und Jugend*. Basel 1919. Nat.Ztg. S. 11.

chen doch in letzter Stunde eine Politik der Sammlung, die in der Schonung der Strömung bestand, die sich auch dort in Anlehnung an die russische Bewegung geltend zu machen begann. EISNER war viel zu schwach, um eine Zweifrontenpolitik betreiben zu können, wenn er auch auf deren Möglichkeit bisweilen anspielte.

Dazu kam noch ein Weiteres: es war ein selbstverständliches Gebot nicht nur der Dankbarkeit, sondern auch der Selbsterhaltung, daß sich die junge Republik auf die Klasse stützte, welche ihr zum Siege verholfen hatte. EISNER mußte sich aber im klaren darüber sein, daß bei der von ihm inszenierten Revolution der Adel, aber auch das Bürgertum und die Beamtenschaft abseits gestanden hatten. Die Studenten, die in anderen Ländern und in anderen Zeiten so häufig Träger politischer Revolutionen gewesen waren, fehlten, von wenigen Ausnahmen meist fremden Geblüts abgesehen, ebenfalls fast ganz. Auch die Professoren der Hochschulen verhielten sich überwiegend feindlich; nur EDGAR JAFFÉ, der verdienstvolle langjährige Herausgeber des „Archivs für Sozialwissenschaft und Sozialpolitik" (in Heidelberg und Tübingen), trat plötzlich der Partei der sozialistischen „Unabhängigen" bei und wurde EISNERS Finanzminister. EISNER hatte auch einen Großbauern, LUDWIG GANGDORFFER aus Pfaffenburg in Niederbayern, gefunden, der seine Revolution mitgemacht hatte und ihm nun treu zur Seite blieb. In seltsamem Optimismus schmeichelte er sich damit, in der Person dieses einzelnen, nur von einer kleinen Gruppe zentrumsfeindlicher Bauernbündler Getragenen, die Landwirtschaft hinter sich zu haben. In Wirklichkeit war die optische Täuschung grenzenlos. Die Bauern aller Schattierungen verhielten sich auch in Bayern, wie sie sich in der Mehrzahl der Revolutionen verhielten. Bewegungslos, anscheinend teilnahmslos, ließen sie die Städter Politik machen, blieben aber in ihrem Herzen den alten Göttern treu. So hatte EISNER nur das mehr oder weniger industrialisierte Großstadtproletariat auf seiner Seite, das nicht nur einer politischen, sondern auch einer wirtschaftlichen Neuordnung der Dinge ergeben war. Zur Durchführung seiner „westlichen", antipreußischen, pazifistischen Politik bedurfte EISNER überdies gerade dieser Klasse, welche ihm allein jene frischen Kräfte stellen zu können schien, die durch die Vergangenheit nicht wurmstichig geworden waren. Eisners Verbindung mit dem Proletariat mußte mithin unter allen Umständen aufrecht erhalten bleiben. Auch wenn dessen Stürmen und Drängen, das zudem noch durch – in doppeltem Wortsinn – zugezogene Literaten aus dem Osten und dem Nordosten aufgepeitscht wurde, weiter ging, als er selbst zu gehen beabsichtigte. Daß EISNER, der den Bolschewismus theoretisch und praktisch in seinem Wesen erkannt hatte, wie kaum einer, sich in gewisser Hinsicht doch extremen Elementen anvertrauen mußte, war sein Verhängnis. Dieses Bündnis war in einem Staatswesen absolut bäuerlicher und kleinbäuerlicher Präponderanz natürlich politisch doppelt ungenügend und gefährlich.

So war EISNER Stellung in den letzten Wochen völlig unhaltbar geworden. Er stand nunmehr an der Spitze eines Volksstaats, dem nur noch eine Minderheit zugetan war; eine Minderheit überdies, welche in Wirtschaftsfragen andere Ansichten hegte als ihr Oberhaupt. EISNER war sich selbst der falschen Position, in welche er hineingeraten war, halb und halb bewußt. Er versuchte, sie zu bessern, indem er eine große wirtschaftlich starke, mit idealistischem Geiste erfüllte und dem erfolgten Umschwung der Dinge ehrlich zugetane Bauernbewegung zu schaffen strebte, die bereit gewesen wäre, dem neuen Mann, welcher den Staatsbürgern sowohl die freie Ausübung der erworbenen politischen Rechte als auch ihren ökonomischen Besitzstand garantiert hätte und sie zu einer Ära dauernder Versöhnung und dauernden Friedens geführt haben würde, in die neue Zeit zu folgen. Das ist ihm nicht gelungen.

Noch zwei weitere Wege hätte es gegeben, die Schwierigkeiten, die ihn umgaben, zu überwinden: erstens eine nur auf dem Wege über eine Diktatur machbare Eisenkur gegen die Mächte der Reaktion und des unheilbaren Unverständnisses, die ihn bedrängten, oder aber zweitens die Einordnung in das gemachte Bett eines, wie die Dinge lagen, freilich praktisch unerfreulichen Parlamentarismus. Zu ersterem Entschluß fehlte es ihm, dem Humanisten, an Brutalität, zu letzterem an Lust zur Vollbringung eines politischen Selbstmordes, zumal er seine Tätigkeit noch als fruchtbringend für das Land erhoffte. EISNER befand sich in einem furchtbaren Gewissenskonflikt. Zum Diktator gebrach es ihm an Begabung und an Willen. Als er in Basel war, hat er in den Alben meiner Töchter gutmütig gegen den ihm gemachten Vorwurf protestiert, ein Diktator zu sein, und sie dazu beglückwünscht, Bürgerinnen einer reineren

Zeit zu werden. Der Parlamentarismus aber, auf den er sich hätte stützen müssen, schon um seine außergewöhnliche Stellung zu legalisieren, schreckte ihn; er wußte, daß er ihm alle seine Lieblingsgedanken durchkreuzt hätte. Auch war EISNER, wie er nunmehr zugab, längst von seiner Vorliebe für „beratende Massen" geheilt. Was die Räte anbelangt, so scheint er weniger am System selbst, als an den dieses repräsentierenden, unheilbaren Gernegrößen Anstoß genommen zu haben.

So suchte EISNER unentschlossen Zeit zu gewinnen, wo keine mehr zu gewinnen war und die Gefahr täglich wuchs. In den letzten paar Wochen vor dem Attentat, dem er zum Opfer fallen sollte, hing die Regierung EISNERS wirklich in der Luft, ohne auch nur noch eine Spanne Bodens zu berühren. Seine einzige Stütze fand er noch in einer Handvoll junger Leute in München[16] und in der menschlichen Achtung der wenigen Einsichtigen in den Ententestaaten. Überall sonst war seine Autorität auf Null gesunken. Erst sein grausiger Tod vermochte es, ihm die Liebe und Anerkennung breiter Schichten des bayerischen Volkes, das sich von ihm abgewandt hatte, wieder zu gewinnen, sei es auch nur für eine knapp bemessene Spanne Zeit. Gleich nach seiner Ermordung nahm die Verehrung für das Opfer schier religiöse Form an. An der Stelle, wo der Mord geschehen, wagte tagelang niemand die Blutflecken zu beseitigen, die wie zum Andenken an das Martyrium intakt blieben. Rotgardisten mit gezogenen Bajonetten achteten darauf, daß die Vorübergehenden das Haupt entblößten, wie vor dem Allerheiligsten in der Kirche. Vor der aufgebahrten Leiche zog die halbe Stadt vorüber. Die Beerdigung glich einem Triumph.

---

[16] Hierzu bemerkt die Witwe EISNERS in einer schriftlichen Bemerkung: „Die Zähigkeit, mit der EISNER gegen Feinde von allen Seiten ankämpfte, ohne im Kampfe gegen die Übermacht der Feinde zu ermatten, hatte die Wirkung, daß schließlich die Parteien doch seine Regierung unterstützen wollten. Von AUER wurde dieser Entschluß der Parteien verheimlicht, um EISNER von seinem Vorhaben, zurückzutreten, nicht abzubringen. Vier Tage vor seinem Tode fand eine Demonstration statt, in der die Massen, mit Ausnahme der extremen Linken, unvermindert EISNER zujubelten." Die Basis dieses Verhältnisses zu den schwankenden, immer mehr von Berlin abhängigen Parteien war aber äußerst ephemär und zweifelhaft und nimmt den im Text angeführten Schwächemomenten der Position EISNERS nichts von ihrer Bedeutung.

Als uns seinerzeit die Kunde des Todes von KURT EISNER erreichte, schrieben wir im ersten Zorn und Schmerz die Worte nieder: „KURT EISNER liegt heute, ein Opfer schrecklichen Parteihasses und einer falschen Auffassung vom nationalen Gedanken, am Boden. Die Geschichte dieses Weltkrieges, den mitzuerleben das Herz so manchen naiven Romantikers schwellen gemacht hat, ist um eine Untat reicher. Die Welt ist um einen Aufrechten, einen selbständig Denkenden, an denen in diesen Zeiten der Massenpsychose sicher kein Überfluß ist, ärmer geworden … Sein Tod wird den Bürgerkrieg in Deutschland verbittern und bei den nichtdeutschen Völkern das Bewußtsein vertiefen, daß das neue Deutschland keine neuen Menschen vertragen kann und dort die Mächte der Dunkelheit fortfahren, das politische Leben zu beherrschen. Deutschland wird, darüber wird kein Zweifel herrschen, die Ermordung Eisners bei den Friedensbedingungen zu begleichen haben[17]."

Wir brauchen nicht jedes damals geschriebene einzelne Wort auf die Waagschale zu legen. Im großen und ganzen teilen wir auch heute noch die damals ausgesprochene Auffassung[18].

---

[17] *Nuova Antologia* (Rom), September 1919; Basler Nachrichten, 1. Beilage zu Nr. 91 (1919).

[18] Von modernen biographischen Skizzen, welche eine wenn auch nur summarische Charakteristik EISNER enthalten, ist vorläufig wenig zu berichten. Wir heben davon nur zwei hervor, von denen wir erst nach der Niederschrift unserer Abhandlung Kenntnis erhielten: HEINRICH MANN, *Macht und Mensch*. München 1920. Wolff; AMBROISE GOT, *La terreur en Bavière*. Paris 1922. Perrin. – Vgl. auch die Worte von OTTO GRAF, *Kurt Eisner*, in „Die Weltbühne, der Schaubühne XV. Jahr", Nr. 45, vom 30. Oktober 1919.

Gedenkblatt für
Karl Liebknecht, Kurt Eisner und Rosa Luxemburg
(Quelle: Kurt Eisner zum Gedächtnis!
München 1919-1921: www. bavarikon.de)

ANHANG

Über Felix Fechenbach I 1894-1933

Leben, Werke und Sekundärliteratur
(Westfälisches Literaturlexikon)[1]

BIOGRAPHIE I Geboren am 28. Januar 1894 in Mergentheim als Sohn eines Bäckers. Ab etwa 1900 Besuch der jüdischen Elementar- und Realschule. Im selben Jahr Umzug der Familie nach Würzburg. Er musste schon früh, parallel zum Schulbesuch, im Geschäft des Vaters mitarbeiten, wodurch seine Schulausbildung vernachlässigt wurde. Seit 1904 Besuch der Werktagsschule im benachbarten, heute eingemeindeten Heidingsfeld. 1907 Beginn einer kaufmännischen Lehre in einer Würzburger Schuhwarengroßhandlung. 1910, nach Abschluss der Lehre, wurde er Handlungsgehilfe in der Firma. *Nun trat er, auf Anregung seines gewerkschaftlich aktiven älteren Bruders, dem „Zentralverband der Handlungsgehilfen und -gehilfinnen Deutschlands" bei. Erstmals wird hier der politisch denkende Felix Fechenbach sichtbar. Der Verband war eine sozialdemokratisch orientierte Angestelltenorganisation, die den SPD-nahen Freien Gewerkschaften angehörte. Auch in der sozialdemokratischen Jugendbewegung in Würzburg engagierte er sich.* (R. Flade: Leben und Tod Fechenbachs, in: F. Fechenbach, Der Puppenspieler. Ein Roman aus dem alten Würzburg. Würzburg: Königshausen und Neumann 1988). 1911 ging er, weil ihm Würzburg zu beengt erschien, nach Frankfurt/M., wo er Handlungsgehilfe in einer Schuhwarengroßhandlung wurde. *Als der Chef die Arbeitszeit ohne gleichzeitige Lohnerhöhung verlängern wollte, organisierte der 17jährige den geschlossenen Widerstand des Personals und wurde entlassen.* (Flade 1988) Einige Monate Gelegenheitsarbeit. 1912 ließ er sich in München nieder, wo er eine Stelle in einem Schuhwarengeschäft annahm. Nach kurzer Zeit trat er in ein *Arbeitersekretariat* ein und wurde Funktionär der Arbeiterbewegung. *Der 18jährige kümmerte sich im Auftrag der*

[1] Textquelle (leicht bearbeitet & gekürzt) I *Lexikon Westfälischer Autorinnen und Autoren* – Online-Portal: www.lexikon-westfaelischer-autorinnen-und-autoren. de/autoren/fechenbach-felix (zuletzt aufgerufen am 25.01.2025). – Darbietung an dieser Stelle mit freundlicher Genehmigung von Prof. Walter Gödden (9.1.2025).

Münchner Gewerkschaftsorganisation um die Angestellten und ihre Probleme. Tagsüber arbeitete er im Büro, abends hielt er Versammlungen ab, besuchte wieder die Fortbildungsschule, um seine lückenhafte Bildung zu vervollständigen und betätigte sich in der SPD-Jugendsektion. Gleichzeitig erschienen in der Gewerkschafts- und SPD-Presse die ersten Artikel aus seiner Feder. (Flade 1988) Er musste sich aber auch Anfeindungen als „dreckiger Judenbub" gefallen lassen. Im Ersten Weltkrieg war er Soldat an der Westfront. Er zeichnete sich als Patrouillenführer aus und erhielt das Eiserne Kreuz II. Klasse. Im Februar 1915 schwere Verwundung, die einen mehrmonatigen Lazarettaufenthalt notwendig machte und zu einer bleibenden Frontuntauglichkeit führte. Er wurde im militärischen Büro in München eingesetzt. In München nahm er die Arbeit in der Jugendsektion der SPD wieder auf und schloss sich dem politischen Journalisten Kurt Eisner an, der sich von der SPD lossagte und separate Treffen durchführte, die Fechenbach organisierte und bei denen er u. a. mit Oskar Maria Graf zusammentraf. Nach Spaltung der SPD Eintritt in die USPD. In München hörte er daneben an der Universität volkskundliche Vorlesungen. Im Oktober 1918 legte er eine Prüfung ab, die ihm den Zugang zur Handelshochschule in München ermöglichte. *Es gelang Kurt Eisner in München, Teile der Arbeiterschaft in Massenversammlungen für Streiks zu mobilisieren; Fechenbach verfaßte und verteilte illegale Flugblätter, was den Militärbehörden nicht verborgen blieb.* (Flade 1988) Er musste sich vor dem Militärgericht verantworten, bekam aber ein mildes Urteil. Er blieb in München, wohnte bei Kurt Eisner und arbeitete zielstrebig auf die Revolution hin, an deren Durchführung er maßgeblich agitatorisch beteiligt war. Nachdem Bayern am 7./8. November 1918 zur ersten Republik im Deutschen Reich erklärt worden war, wurde er persönlicher Sekretär und Referent des damaligen Ministerpräsidenten Kurt Eisner. Auf Drängen seiner Verlobten besuchte er daneben an der Münchener Universität juristische, volkswirtschaftliche und historische Vorlesungen, um sich auf die Promotion in Nationalökonomie vorzubereiten. Nachdem der Einfluss der USPD gesunken und Eisner im Februar bei einem Attentat ermordet worden war, verließ er München im April 1919. Am Tag darauf wurde er wegen *politischer Umtriebe gegen die Regierung Hoffmann* verhaftet und in Schutzhaft genommen, jedoch kurz darauf wieder freigelassen. Am 12. August 1919 Heirat mit der Medizinstudentin Martha Czernichowski. Zu den Gratulanten gehörte u. a. Albert Einstein. Aufgrund seiner unsicheren finanziellen Lage nahm Fechenbach einen kaufmännischen Beruf an. Er wurde Reisender für eine Chemnitzer Textilfabrik und wohnte bei einem seiner Brüder in Chemnitz. Im Januar 1920 bezog er gemeinsam mit seiner Frau eine Wohnung in Leipzig. Für zwei Monate Redaktionsleitung einer Zeitung der sudetendeutschen Sozialdemokraten in Aussig, bevor ihn die tschechoslowakische Regierung wegen unerwünschter politischer Aktivitäten auswies. Er blieb weiterhin im Journalismus tätig – bereits früher hatte er für die *Münchener Tagebuchblätter* und die Basler *Nationalzeitung* gearbeitet – und ein Pressebüro gegründet, von dem aus er die gesamten USPD-Zeitungen in Deutschland mit regionaler Berichterstattung aus Bayern belieferte. Unter anderem setzte er sich kritisch mit rechtsradikalen Umtrieben auseinander. 1922 wurde ein politischer Schauprozess wegen Landesverrats gegen ihn geführt. *Für die „nationalen" Kreise Bayerns war er eine der zentralen Symbolfiguren des Umsturzes vom November 1918, für den er nun büßen sollte.* (Flade 1988) Seine Frau, von der er inzwischen geschieden war, lieferte in einer neunseitigen Denunziationsschrift weiteres Material gegen ihn. Am 10. August 1922 Festnahme, am 3. Oktober Prozessbeginn. Er wurde zu elf Jahren Gefängnis verurteilt. Das Urteil stieß in der Öffentlichkeit und Presse auf schärfste Ablehnung und wurde im Reichstagsplenum diskutiert. *Der Fall aber hatte nun überregionale Bekanntheit erreicht und wurde, beispielsweise von Kurt Tucholsky in der „Weltbühne", von Thomas Dehler und von der Deutschen Liga für Menschenrechte immer wieder aufgegriffen. In mehreren Städten kam es zu Protestkundgebungen. 1924 sprachen sich 30.000 Bürger mit ihrer Unterschrift für die Freilassung Fechenbachs aus.* Aufgrund dieses öffentlichen Drucks wurde die Strafe gegen Fechenbach, der seit dem 28. Oktober 1922 in Erbach einsaß, auf drei Jahre und sechs Monate verringert, von denen zwei Jahre und vier Monate als verbüßt galten. Die Aberkennung der bürgerlichen Ehrenrechte auf zehn Jahre blieb bestehen. (Im Dezember 1926 beschloss das Reichsgericht ohne neue Verhandlung, das Urteil einschließlich des Ehrverlusts aufzuheben.) Am 20. Dezember 1924 erfolgte Fechenbachs Haftentlassung. Umzug nach Berlin, wo er Redakteur verschiedener sozialdemokratischer Zeitungen war. Daneben engagierte er sich in der Deutschen Liga für Menschenrechte und der Sozialistischen Arbeiterjugend. Freundschaft u. a. mit Brecht, Einstein und Tucholsky. Am 26. September 1925 Heirat mit der Krankenschwester Irma Eppstein, mit der er später drei Kinder hatte. Besonders beschäftigte er sich in seinen Berliner Jahren *mit dem Handpuppenspiel, dessen anarchistisch-kritisches Potential er mit der Figur des „Genossen Kasperl" auch für Erwachsene aktivieren will.* (M. Vogt: Felix Fechenbach, in: Literatur von nebenan. Bielefeld 1995, S. 96-101). Ab 1929 wurde er in Detmold für die SPD-Zeitung *Volksblatt* tätig. *Der neue Redakteur modernisierte Erscheinungsbild und Inhalt des Blattes, nahm den publizistischen Kampf mit der erstarkenden NSDAP auf und sprach auf zahlreichen Parteiversammlungen. Zeitgenossen berichten, er habe „eine unerhörte rednerische Begabung" gehabt und sei der beste sozialdemokratische Redner in Lippe gewesen.* (Flade 1988) Nach der Machtergreifung durch die Nationalsozialisten wurde er als Redakteur aus der Pressekonferenz der Landesregierung ausgeschlossen und verfolgt. Seine Frau brachte sich mit ihren Kindern in Augsburg in Sicherheit. Am 11. März 1933 wurde Fechenbach in Detmold für mehrere Monate in sog. Schutzhaft genommen. Während dieser Zeit verfasste er kleinere Erzählungen für seine Kinder und arbeitete an dem Roman *Der Puppenspieler,* der Erinnerungen seiner Kindheit aufgriff. Auf Veranlassung Himmlers sollte er ins KZ Dachau überführt werden. *Auch Reinhard Heydrich schaltete sich ein und gab womöglich den Rat, mit dem politischen Todfeind kurzen Prozeß zu machen.* (Flade 1988). Fechenbach wurde am 7. August 1933 auf dem Weg ins KZ Dachau im Kleinenberger Wald nahe Scherfelde (im Lippischen) durch mehrere Schüsse ermordet. Seine Frau Irma Fechenbach-Fey hatte er bereits zuvor in die Schweiz gebracht. Von dort flüchtete sie mit Hilfe Albert Einsteins in die USA. – *Felix Fechenbach verdient sicherlich weniger Aufmerksamkeit als Dichter denn als bemerkenswerter politischer Journalist. Seine im engeren Sinn literarischen Texte dienen demzufolge allesamt nicht zuletzt der politischen Aufklärung, ihre Botschaft besteht in der Wer-*

bung für radikal demokratische Werte, wobei Fechenbach mitunter auch in Opposition zur eigenen Partei gerät. Bereits mit der Wahl der literarischen Gattungen wendet er sich nicht an bildungsbürgerliche Kreise, sondern vor allem an ein literarisch weniger routiniertes Publikum: mit Fabeln und ihrer unübersehbar didaktischen Funktion mitsamt einer klaren, aufklärenden Aussage, mit kürzeren Erzählungen, die er vor allem für seine Kinder schreibt, und mit Puppenspiel-Stücken um den „Genossen Kasperl" für Kinder und Erwachsene, die mit Walter Benjamins Hörspiel „Radau um Kasperl" (1932) zumindest die zentrale – subliterarische und derb-volkstümliche – Jahrmarktfigur gemeinsam haben. (Vogt 1995).

SELBSTSTÄNDIGE VERÖFFENTLICHUNGEN FECHENBACHS | *Im Haus der Freudlosen. Bilder aus dem Zuchthaus.* Berlin: Dietz 1925. 131S.; Neuauflage mit dem Untertitel: *Als Justizopfer im Zuchthaus – Ebrach.* Hg. von R. Flade. Würzburg: Königshausen und Neumann 1993. 167S. – *Der Revolutionär Kurt Eisner. Aus persönlichen Erlebnissen.* Berlin: Dietz 1929. 64S.– *Mein Herz schlägt weiter. Briefe aus der Schutzhaft.* Vorwort von H. Mann. St. Gallen: Kultur-Verlag 1936. 63S.; Nachdruck Passau: Andreas-Haller-Verlag 1987 [Beitrag: R.M.W. Kempner: Felix Fechenbach, ein Märtyrer der Justizgeschichte.] – *Das Felix-Fechenbach-Buch.* Anonym hg. von W. Victor. Arbon/Thurgau: Eichen-Verlag 1936. 435S. – *Der Puppenspieler.* Zürich: Scheuch 1937. 303S.; Neuauflage mit dem Untertitel: *Ein Roman aus dem alten Würzburg.* Hg. von R. Flade und B. Rott. Würzburg: Königshausen und Neumann 1988. 218S. – *Kasperl als Lehrbub. Puppenspiel.* Leipzig: Lipinski o.J. (=Proletarisches Kasperle-Theater) – *Kasperl als Nachtwächter.* Leipzig: Lipinski o.J. (=Proletarisches Kasperle-Theater) – *Kasperl in Afrika.* Leipzig: Lipinski o.J. (= Proletarisches Kasperle-Theater 10) – *Kasperl und der Polizist.* Leipzig: Lipinski 1926 (=Proletarisches Kasperle-Theater 11) – p o s t u m: *Im Haus der Freudlosen: als Justizopfer im Zuchthaus Ebrach.* Nachdruck der Ausgabe Berlin, Dietz, 1925. Hg. von R. Flade. Würzburg: Königshausen & Neumann, 1993. 167S.; Hamburg: tradition 2011, 2012 [online]; Paderborn: Salzwasser 2012 – *Felix Fechenbach Lesebuch. Zusammengestellt und mit einem Nachwort von Frank Meier.* Bielefeld: Aisthesis 2009. [Es folgt im Westfälischen Literaturnachschlagewerk noch eine Zusammenstellung von ermittelten unselbstständigen Veröffentlichungen Fechenbachs, die wir hier fortlassen; Pseudonym bei einigen Texten Fechenbachs: „Rudolf Franke".]

SELBSTSTÄNDIGE VERÖFFENTLICHUNGEN ÜBER FECHENBACH | Der Landesverrat des Sekretärs Kurt Eisner's vor dem Volksgericht für den Landgerichtsbezirk München I. Strafsache gegen den Kaufmann Felix Fechenbach in Halle und Genossen wegen Landesverrats. München: Volksgericht für den Landgerichtsbezirk München I 1922. – M. Hirschberg: Der Fall Fechenbach vor dem Münchener Volksgericht. Eine Darstellung nach den Akten. Berlin 1922. – A. Freymuth: Das Fechenbach-Urteil. Eine Untersuchung im Auftrag des Republikanischen Richterbundes. Mit einem Vorwort von F. Thimme. Berlin 1923. – Das Fechenbach-Urteil vor dem deutschen Reichstage. Nach dem amtlichen Stenogramm der Reichstags-Sitzungen vom 2. und 3. Juli 1923. München: Birk und Co 1923. – M. Hirschberg, F. Thimme (Hg.): Der Fall Fechenbach. Juristisches Gutachten. Tübingen 1924. – G. Pohl: Deutscher Justizmord. Das juristische und politische Material zum Fall Fechenbach zugleich eine Antwort der deutschen Intellektuellen an die deutsche Republik. Mit einem Beitrag von J. R. Becher. Leipzig 1924. – K. Hiller: „Es werde Recht". Rettet Fechenbach! Ein positiver Vorschlag. Berlin: Müller 1924. – P. Dreyfus, P. Mayer: Recht und Politik im Fall Fechenbach. Berlin 1925. – R.M.W. Kempner: Felix Fechenbach, ein Märtyrer der Justizgeschichte. o.O. 1969. – O. Gritschneider: Elf Jahre Zuchthaus für Felix Fechenbach, Okt. 1922. Ein rechtsradikales Terrorurteil des Volksgerichts München. München: Bayerischer Rundfunk 1979. – Felix Fechenbach. Geb. 28. Febr. 1894, ermordet 7. August 1933. Hg. von den Jungsozialisten, Unterbezirk Lippe. Zusammengestellt von R. Kagelmacher u. a. Detmold 1980. – H. Schueler: Felix Fechenbach 1894-1933. Die Entwicklung eines republikanischen Journalisten. Bonn 1980 [Dissertation]; H. Schueler: Auf der Flucht erschossen. Felix Fechenbach 1894-1933. Eine Biographie. Köln 1981. – P. Steinbach: „Das Schicksal hat bestimmt, dass ich hierbleibe." Zur Erinnerung an Felix Fechenbach (1894-1933). Mit einer Zusammenstellung der Artikel von „Nazi-Jüsken". Hg. im Auftrag des Landesverbandes Lippe. Berlin 1983. – H. Schueler: Auf der Flucht erschossen. Felix Fechenbach 1894-1933. Eine Biographie. Frankfurt/M., Berlin, Wien 1984. – U. Calow: Felix Fechenbach im lippischen Wahlkampf 1932/33. Paderborn 1984. – D. Heistermann (Hg.): Felix Fechenbach. Ein Leben für die Freiheit. Warburg 1993. – Felix Fechenbach, 1894-1933, Journalist, Schriftsteller, Pazifist. Symposion zum 100. Geburtstag, 28. und 29. Januar in Detmold. Hg. vom Landesverband Lippe, Institut für Lippische Landeskunde, und dem Kreis Lippe. Vorwort von L. Fechenbach mit Beiträgen von I. Geiss u. a. Bearb. S. Klocke-Daffa. Detmold 1994. – K. Müller und F. Dieckbreder: Im Wald bei Kleinenberg: Die Ermordung des Journalisten Felix Fechenbach. Emsdetten 2002 [Belletristische Darstellung]. – O. Beckmeier: Gedenken zum 70. Jahrestag der Ermordung von Felix Fechenbach. Eine Dokumentation der Stadt Detmold. Stadt Detmold, Büro für Öffentlichkeitsarbeit Detmold 2004. – Genosse Larifari. Felix Fechenbach und sein rotes Kasperltheater. München: Bayerischer Rundfunk 2008 [Hörbild und Feature Land und Leute]. – Kurt Eisners Sekretär. Der Autor und Revolutionär Felix Fechenbach [Hörbild und Feature Land und Leute]. München: Bayerischer Rundfunk 2009. – Felix Fechenbach (1894-1933). Rosenland. Zeitschrift für lippische Geschichte 15, 2013.

UNSELBSTSTÄNDIGE VERÖFFENTLICHUNGEN ÜBER FECHENBACH | F. Kitzinger: Der Fall Fechenbach, in: Zeitschrift für die gesamte Strafrechtswissenschaft 44, 1924, S. 136-144. – R. Payot: Der Fall Fechenbach, in: G. Pohl: Deutscher Justizmord. Leipzig 1924, S. 68. – E. J. Gumbel: Fechenbachs Zuchthausbuch, in: Die Weltbühne, Berlin, 1925, 21, 2. Halbjahr, S. 307 f. – A. Rosenberg: Felix Fechenbach, in: A. Rosenberg: Novemberköpfe. 2. Aufl. München 1939, S. 133-140. – W. Kluge: Erinnerungen an Felix Fechenbach, in: Aufbau, Berlin, 4, 1948. – W. Victor: „Auf der Flucht erschossen". Zum Andenken an Felix Fechenbach, in: Aufbau, Berlin, 4, 1948, S. 705-707. – W. Victor: Felix Fechenbach, in: W. Victor: Köpfe und Herzen. Weimar 1949. – W. Mellies: Vor zwanzig Jahren, in: Freie Presse 8, Nr. 183

vom 8.9.1953. – Es sind jetzt genau 25 Jahre her ... Aber Felix Fechenbach ist un-
vergessen, in: Freie Presse 13, Nr. 183 vom 9.8.1958. – W. Victor: Felix Fechenbach, in: W. Victor: Es kommt darauf an, sie zu verändern. Weimar 1962. – W.
Liedtke: Heute vor 30 Jahren wurde Felix Fechenbach erschossen, in: Freie Presse
18, Nr. 180 vom 7.8.1963. – Vor rund 30 Jahren von den Nationalsozialisten ermordet. Aber sein Herz schlägt weiter! Zur 70. Wiederkehr des Geburtstags von
Felix Fechenbach am 28. Jan. 1964, in: Freie Presse 19, Nr. 23. vom 28.1.1964. – K.
Linnenbrügger: Wieder ein neues Kapitel im Mordfall Fechenbach. Ende des
Versteckspiels nach 22 Jahren. LAG-Antrag war Grüttemeyers Verhängnis, in:
Freie Presse 22, Nr. 71 vom 25.3.1967. – A. Berlin: Felix Fechenbach ist unverges-
sen, in: Lippe heute, Detmold, 2, 1968, Nr. 11, S. 7. – C. Habbe: Vier Jahre Zuchthaus für Friedrich Grüttemeyer. Der Beihilfe am Mord an Felix Fechenbach
schuldig, in: Die Welt, Nr. 35 vom 11.2.1965, S. 2. – So starben sie ... Die Ermordung von Felix Fechenbach vor dem Schwurgericht in Paderborn. Sühne nach 35
Jahren, in: Sozialdemokratischer Pressedienst, Heft 10 vom 15.01.1969, S. 3. – K.
Linnenbrügger: Mordprozeß Fechenbach in Paderborn, in: Lippische Landeszeitung, Detmold, 203, Nr. 23 vom 28.1.1969; Nr. 25 vom 30.1.1969 bis Nr. 27 vom
1.2.1969; Nr. 30 vom 5.2. 1969 bis Nr. 32 vom 7.2.1969, Nr. 35 vom 11.2.1969. – H.
Schueler: Fall Fechenbach. Nach dem Justizskandal ein Mord, in: Die Welt, Nr.
22 vom 27.1.1969. – Der Fall Fechenbach. Vor 35 Jahren „auf der Flucht erschos-
sen". Mordanklage gegen mutmaßlichen Mittäter, in: FAZ, Nr. 23 vom 28.1.1969.
– Ehemaliger StA-Standartenführer unter Mordanklage, in: Lippische Rund-
schau 24, Nr. 23 vom 28.1.1969 bis Nr. 27 vom 1.2.1969; Nr. 29 vom 4.2.1969 bis
Nr. 32 vom 7.2.1969, Nr. 35 vom 11.2.1969. – A. Berlin: Das Gebot unserer Zeit.
Eine Würdigung des ermordeten Sozialdemokraten Felix Fechenbach, in: Frei-
heit und Recht, Düsseldorf, 19, 1973, Nr. 10, S. 8-10. – H. Schueler: Vor vierzig
Jahren wurde Felix Fechenbach erschossen. Ein Pazifist, der gut zuschlug, in:
Vorwärts, Nr. 34 vom 23.8.1973. – F. Winter: „So wird mein letzter Ruf noch sein,
Freiheit!", in: Lippische Landeszeitung, Detmold, Nr. 196 vom 25.8.1973. – M.
Bodenstein: Mit Herzblut für die Dinge des Gewissens. Gedenkstein für Felix Fe-
chenbach enthüllt, in: Lipp. Landeszeitung, Detmold, Nr. 197 vom 27.9.1973. –
Felix Fechenbach, in: Lage-Bericht 1982, Nr. 50, S. 24-26. – H. Schueler: Felix Fe-
chenbach, sozialer Demokrat und politischer Journalist, in: K.-H. Hellfaier (Hg.):
Ausgewählte Kapitel deutscher Zeitgeschichte. Detmold 1982, S. 53-77. – [I. Mül-
ler: ‚Felix Fechenbach'. In: Helmut Donat / Karl Holl (Bearb.): Die Friedensbewegung: Organisierter Pazifismus in Deutschland, Österreich und der Schweiz.
Hermes Handlexikon. Düsseldorf: Econ Taschenbuch Verlag 1983, S. 110-111.] –
O. Jung: Felix Fechenbach als „politischer Testamentsvollstrecker" Kurt Eisners?
Um die Bekanntmachung der bayrischen Kriegsschuld-Dokumente im Jahre
1919, in: Internationale wissenschaftliche Korrespondenz zur Geschichte der
deutschen Arbeiterbewegung 22, 1986, 4, S. 451-470. – H. Schueler: Ein Denkstein
im Kleinenberger Wald. Nazis ermordeten Felix Fechenbach, in: Die Warte 72,
1991, S. 11-13. – P. Steinbach: Weimarer Profile. Felix Fechenbach, in: Die neue
Gesellschaft/Frankfurter Hefte, Jg. 38, 1991, 4, S. 371-374. – R. Flade: Würzburg
erinnert an seinen ‚großen Bürger' Felix Fechenbach, in: Der Landesverband der

Israelitischen Kultusgemeinde in Bayern, Jg. 8, 1993, 59, S. 24-25. – P. Christ: Revolutionärer Kämpfer. Veranstaltungsreihe zum Gedächtnis an Felix Fechenbach, in: Trend. Magazin für Würzburg, Jg. 18, 1993, 9, S. 11. – H. Lichtenstein: 1933 „auf der Flucht" erschossen, vor 100 Jahren geboren. Felix Fechenbach, Jude, Journalist und Naziopfer, in: Tribüne 32, 1993, 128, S. 148-152. – A. von Papp: „Erinnern bietet die Möglichkeit der Einsicht". Gedächtnis-Ausstellung für Felix Fechenbach (1894-1933), in: Würzburg heute, 1994, 57, S. 67. – S. Maurer: Ein frühes Opfer der Nazis, in: Geschichte quer. Zeitschrift der bayerischen Geschichtswerkstätten 3, 1994, S. 38-39. – S. Klocke-Daffa: Gedenkveranstaltung Felix Fechenbach. Wissenschaftliches Kolloquium und Ausstellung zum 100. Geburtstag des jüdischen Journalisten und Schriftstellers Felix Fechenbach vom 28.-29.1.1994 in Detmold, in: Heimatland Lippe 87, 1994, S. 24-31. – M. Vogt: Felix Fechenbach, in: Literatur von nebenan. Bielfeld 1995, S. 96-101. – M. Vogt: „Genosse Kasperle". Felix Fechenbachs Figurentheater als Medium demokratischer Erziehung, in: Jüdische Literatur in Westfalen. Hg. von H. Steinecke, Bielefeld 2002, S. 89-99. – D. Pöppmann: Der Mord an Felix Fechenbach im Spiegel seiner juristischen Aufarbeitung, in: A. Löw (Hg.): Deutsche, Juden, Polen. Geschichte einer wechselvollen Beziehung im 20. Jahrhundert. Festschrift für Hubert Schneider. Frankfurt: Campus-Verlag 2004. – J. Hartmann: Die Erinnerung an Felix Fechenbach in deutschen Exilzeitungen 1933-1945, in: Rosenland. Zeitschrift für Lippische Geschichte 2, 2005, S. 38-45. – O. Gleiser: Der Wind der Freiheit. Das Puppenspiel, Kasperl und die Revolution, in: Würzburg spezial. Kostenloses Magazin für Würzburg und Umgebung. Höchberg: Mediaberatung Grün 2007, S. 10f. – M. Karl: Felix Fechenbach (1894-1933). „Zwischen Gedanke und Tat darf kein Widerspruch stehen.", in: M. Karl: „Es lebe die Weltrevolution!" Deutsche Lebensläufe. Grafenau: Morsak 2007, S. 13-34. – M. Lehr: Der Fall des Felix Fechenbach, in: M. Lehr: Probleme der Bestandskraft und der Aufhebung politisch motivierter Strafurteile aus der Zeit der Weimarer Republik und des Nationalsozialismus. Tübingen: Köhler 2007, S. 10-11. – R. Weber: Rechtsanwalt Dr. Max Hirschberg und der Fechenbach-Prozess, in: S. Hajak: München und der Nationalsozialismus. Menschen, Orte, Strukturen. Berlin: Metropol 2008, S. 67-71. – W. Müller: Nie ganz vergessen. Die Erinnerung an Felix Fechenbach in Lippe, in: W. Müller: Juden in Detmold. Gesammelte Beiträge zur jüdischen Geschichte in Detmold und ihrer Aufarbeitung in Archiv und Schule. Lage: Lippe-Verlag 2008, S. 88-114. – J. Hartmann: Felix Fechenbach. Ein sozialistischer Zionist?, in: Rosenland. Zeitschrift für Lippische Geschichte 6, 2008, S. 25-28. – F. Meier: Felix Fechenbach und die vierstufige Agonie der Weimarer Republik, in: Literatur in Westfalen 11, 2010, S. 347-374. – S. Michel von Dungern: Der rote Kasper. Felix Fechenbach, in: S. Michel von Dungern: Tri Tra Trullala. „… oder von der Bedeutung einer ganz unbedeutenden Sache". Eine Ausstellung mit Handpuppen aus der Sammlung Schulz-Wahle. Marktbreit: 2011. – J. Hartmann: „Herr Schnurzel und Herr Putzke". Felix Fechenbachs frühe Glossenreihe im Volkblatt 1929-1930, in: Rosenland. Zeitschrift für Lippische Geschichte 12, 2011, S. 2-34. – A. Ruppert: Felix Fechenbach als Soldat. Feldpostbriefe 1914-1918, in: Rosenland. Zeitschrift für Lippische Geschichte 15, 2013, S. 4-24. – J. Hartmann: Felix Fechenbach, der Sozialdemokratische Pressedienst und die Endphase der Weimarer Republik in Lippe, in: Rosenland. Zeitschrift für Lippische Geschichte 15, 2013, S. 25-45. – L. Lüking: Chronologie des 7. August 1933. Eine Darstellung auf Grundlage der Strafprozesse im Mordfall Felix Fechenbach, in: Rosenland. Zeitschrift für Lippische Geschichte 15, 2013, S. 46-50. – J. Hartmann: Hass als Antrieb, Gewalt als Mittel, Mord als Lösung. Zu den Biographien der an der Ermordung Felix Fechenbachs beteiligten Männer, in: Rosenland. Zeitschrift für Lippische Geschichte 15, 2013, S. 51-58. – S. Girod: Erinnern, Gedenken, Engagieren. Schulausstellung zum 80. Todestag von Felix Fechenbach, in: Rosenland. Zeitschrift für Lippische Geschichte 15, 2013, S. 75-76. – R. Flade: Felix Fechenbach (1894-1933). Politiker, Publizist (Würzburg, München, Detmold), in: R. Flade: Jüdische Familiengeschichten aus Unterfranken. Würzburg: Main-Post 2015, S. 53-61.

———

Eisners Sekretär 1918/19: Felix Fechenbach (1894-1933, von den deutschen Faschisten ermordet) mit seiner zweiten Ehefrau Irma Epstein (1895–1973) und den drei Kindern (Kurt, geb. 1927; Lotti, geb. 1928; Hanni, geb. 1931).

Selbständige Veröffentlichungen von Schriften Kurt Eisners

EISNER 1892 = Kurt Eisner: *Psychopathia spiritualis*. Friedrich Nietzsche und die Apostel der Zukunft. [Erstveröffentlichung in: „Die Gesellschaft" 1891]. Leipzig: Verlag von Wilhelm Friedrich 1892. [99 Seiten] [Online-Ausgabe: www.kurt-eisner-werke.org/VI.html]

EISNER 1899 = Kurt Eisner: *Eine Junkerrevolte*. Drei Wochen preußischer Politik. Berlin: Buchhandlung „Vorwärts" 1899. [32 Seiten] [www.digi-hub.de]

EISNER 1900 = [Kurt Eisner:] *Wilhelm Liebknecht*. Sein Leben und Wirken. Unter Benutzung ungedruckter Briefe und Aufzeichnungen herausgegeben von Kurt Eisner. Berlin: Buchhandlung „Vorwärts" 1900. [104 Seiten; die Zweite Auflage erschien 1906, s. u.]

EISNER 1901 = Kurt Eisner: *Taggeist. Culturglossen*. Berlin: Dr. John Edelheim Verlag 1901. [392 Seiten; Online-Ausgabe: archive.org]

EISNER 1903a = Kurt Eisner: *Eugen Richters' Sozialistenspiegel*. Die Wahlfälschungen der Aktiengesellschaft Fortschritt. Berlin: Buchhandlung „Vorwärts" 1903. [64 Seiten]

EISNER 1903b = Kurt Eisner: *Christliche Arbeiterpflichten*. Jesuitische Fragen und sozialdemokratische Antworten. Zur Wahlagitation. Berlin: Buchhandlung „Vorwärts" 1903. [24 Seiten]

EISNER 1904a = Kurt Eisner: *Der Zukunftsstaat der Junker*. Manteuffeleien gegen die Sozialdemokratie im preußischen Herrenhaus am 11. und 13. Mai 1904. (= Sozialdemokratische Agitationsbibliothek, Zeitbilder aus dem Klassenstaat, 2). Berlin: Buchhandlung „Vorwärts" 1904. [48 Seiten] [Online-Auszug für Seite 3-10: www.mlwerke.de/ke/ke_003.htm]

EISNER 1904b = Kurt Eisner: *Der Geheimbund des Zaren*. Der Königsberger Prozeß wegen Geheimbündelei, Hochverrat gegen Rußland und Zarenbeleidigung vom 12. bis 25. Juli 1904. Berlin: Verlag der Expedition der Buchhandlung Vorwärts 1904. [48 Seiten; Online-Ausgabe: archive.org]

EISNER 1906a = [Kurt Eisner:] *Wilhelm Liebknecht*. Sein Leben und Wirken. Unter Benutzung ungedruckter Briefe und Aufzeichnungen herausgegeben von Kurt Eisner. Zweite, erweiterte Auflage. Berlin: Buchhandlung „Vorwärts" 1906. [104 Seiten] [Online-Ausgabe: archive.org]

EISNER 1906b = Kurt Eisner: *Der Sultan des Weltkrieges*. Ein marokkanisches Sittenbild deutscher Diplomaten-Politik. Dresden: Kaden 1906.

EISNER 1906c = Kurt Eisner u. a.: *Der Vorwärts-Konflikt*. Gesammelte Aktenstücke. München: Birk [1906]. [142 Seiten; Online-Ausgabe: SLUB Dresden]

EISNER 1906d = Kurt Eisner: *Feste der Festlosen*. Hausbuch weltlicher Predigtschwänke. Dresden: Kaden & Comp. 1906. [296 Seiten; Online-Ausgabe unter: archive.org]

EISNER 1907 = Kurt Eisner: *Das Ende des Reiches*. Deutschland und Preußen im Zeitalter der großen Revolution. Zweite Auflage. Berlin: Buchhandlung „Vorwärts" 1907. [384 Seiten, Online-Ausgabe: archive.org]

EISNER 1909a = Kurt Eisner: *Goethe*. Faust I. (Reihe: Die Volksbühne – Eine Sammlung von Einführungen in Dramen und Opern). Herausgegeben vom Bildungsausschuß der Sozialdemokratischen Partei Deutschlands. Berlin: Buchhandlung „Vorwärts" 1909. [7 Seiten (?)]

EISNER 1909b = [Kurt Eisner:] *Der dumme Teufel*. Die Katastrophe der Zentrumspolitik. Dritte Auflage. Nürnberg: Fränkische Verlagsanstalt 1909. [32 Seiten]

EISNER 1914 = Kurt Eisner: *Fichte*. Zum Gedächtnis des 100. Todestages. Berlin: Verlag „Vorwärts" 1914. [8 Seiten]

EISNER 1915 = Kurt Eisner: *Treibende Kräfte*. (=Flugschriften des Bundes „Neues Vaterland", Nr. 4). Zweite, unveränderte Auflage. Berlin: Verlag „Neues Vaterland" 1915. [16 Seiten; Online-Ausgabe: archive.org]

EISNER 1918 = Kurt Eisner: *Kleine Schriften aus der Kriegszeit*. München 1918. [Nicht eingesehen; bibliographisch unklare, vermutlich irreführende Buchnennung l urn:nbn:de:bvb:12-bsb00013248-9] [Kontext ist die digitale Darbietung ‚Kurt Eisner: *Zur Kenntnisnahme*. München, 29.11.1918': MDZ München l digitale-sammlungen.de].

EISNER 1919a = Kurt Eisner: *Unterdrücktes aus dem Weltkriege*. München/Wien/Zürich: Georg Müller Verlag 1919. [85 Seiten; Online-Ausgabe: archive.org]

EISNER 1919b = Kurt Eisner: *Schuld und Sühne*. Mit einer Einleitung von Heinrich Ströbel. (=Flugschriften des Bundes „Neues Vaterland", Nr. 12). Berlin: E. Berger & Co 1919. [32 Seiten; Online-Ausgabe: MDZ München l digitale-sammlungen.de]

EISNER 1919c = Kurt Eisner: *Die neue Zeit* [Erste Folge]. Herausgegeben von Benno Merkle. München: Georg Müller Verlag 1919. [125 Seiten; mit Vorwort des Herausgebers vom November 1918 (Reden und Aufrufe aus der Regierungszeit); Online-Ausgabe: archive.org]

EISNER 1919d = Kurt Eisner: *Die neue Zeit*. Zweite Folge. München/Wien/Zürich: Georg Müller Verlag 1919. [55 Seiten]

EISNER 1919e = Kurt Eisner: *I nuovi tempi*. Con prefazione di Mario Mariani. Milano 1919.

EISNER 1919f = Kurt Eisner: *La Révolution en Bavière* (Novembre 1918). Préface de Jean Longuet. Paris 1919.

EISNER 1919g = Kurt Eisner: *Der Sozialismus und die Jugend*. Vortrag, gehalten zu Basel auf Einladung der Baseler Studentenschaft im Grossen Musiksaal am 10. Februar 1919. Basel: Verlag National-Zeitung 1919. [21 Seiten] [Online-Ausgabe: MDZ München l digitale-sammlungen.de]

EISNER 1919h = Kurt Eisner: *Gesammelte Schriften. Erster Band*. Berlin: Paul Cassirer 1919. [527 Seiten; Online-Ausgabe: archive.org]

EISNER 1919i = Kurt Eisner: *Gesammelte Schriften. Zweiter Band*. Berlin: Paul Cassirer 1919. [366 Seiten; Online-Ausgabe: archive.org]

EISNER 1920 = Kurt Eisner: *Die Götterprüfung*. Eine weltpolitische Posse in fünf Akten und einer Zwischenaktspantomine. Berlin: Paul Cassirer 1920. [123 Seiten; Online-Ausgabe: ds.ub.uni-bielefeld.de]

EISNER 1926 = Kurt Eisner: *Wachsen und Werden*. Aphorismen / Gedichte / Tagebuchblätter / Dramatische Bruchstücke / Prosa / usw. Leipzig: Roter Türmer Verlag 1926. [79 Seiten]

EISNER 1929 = Kurt Eisner: *Welt werde froh!* Ein Kurt-Eisner-Buch. Zum 10. Jahrestag der Ermordung, herausgegeben von Erich Knauf. Berlin: Büchergilde Gutenberg 1929. [215 Seiten]

EISNER 1969 = Kurt Eisner: *Die halbe Macht den Räten*. Ausgewählte Aufsätze und Reden, herausgegeben von Renate und Gerhard Schmolze. Köln: Verlag Jakob Hegner 1969. [292 Seiten]

EISNER 1975 = Kurt Eisner: *Sozialismus als Aktion*. Ausgewählte Aufsätze und Reden, herausgegeben von Freya Eisner. Frankfurt a. M.: suhrkamp 1975. [152 Seiten]

EISNER 1988 = Kurt Eisner: *Der Geheimbund des Zaren*. Der Königsberger Prozeß wegen Geheimbündelei, Hochverrat gegen Rußland und Zarenbeleidigung vom 12. bis 25. Juli 1914. [Neuausgabe]. Berlin: Dietz 1988. [469 Seiten]

EISNER 1996 = Kurt Eisner: *Zwischen Kapitalismus und Kommunismus*. Herausgegeben und mit einer biographischen Einführung [Seite 9-123] versehen von Freya Eisner. Frankfurt a. M.: suhrkamp 1996. [311 Seiten]

EISNER 2016 = Kurt Eisner: *Gefängnistagebuch*. Ediert, eingeleitet und herausgegeben von Frank Jacob, Cornelia Baddack, Sophia Ebert und Doreen Pöschl. (= Kurt Eisner-Studien, 1). Berlin: Metropol-Verlag 2016. [224 Seiten]

EISNER 2018a = Kurt Eisner: *Arbeiter-Feuilleton. Band 1: 1909–1911*. Ediert, eingeleitet und herausgegeben von Swen Steinberg, Frank Jacob, Cornelia Baddack, Sophia Ebert und Doreen Pöschl. (= Kurt Eisner-Studien, 2). Berlin: Metropol-Verlag 2018. [188 Seiten]

EISNER 2018b = Kurt Eisner: *Arbeiter-Feuilleton. Band 2: 1912–1913*. Ediert, eingeleitet und herausgegeben von Cornelia Baddack, Swen Steinberg, Frank Jacob, Sophia Ebert und Doreen Pöschl. (= Kurt Eisner-Studien, 3). Berlin: Metropol-Verlag 2018. [162 Seiten]

EISNER 2018c = Kurt Eisner: *Arbeiter-Feuilleton. Band 3: 1914–1917*. Ediert, eingeleitet und herausgegeben von Doreen Pöschl, Swen Steinberg, Frank Jacob, Cornelia Baddack und Sophia Ebert. (= Kurt Eisner-Studien, 4). Berlin: Metropol-Verlag 2018. [172 Seiten]

EISNER 2019a = Kurt Eisner: *Mors Immortalis*. Stimmungen, Szenen und Phantasien aus dem großen Kriege. Herausgeben von Sophia Ebert, Frank Jacob, Cornelia Baddack und Doreen Pöschl. (= Kurt Eisner-Studien, 5). Berlin: Metropol-Verlag 2019. [172 Seiten]

EISNER 2019b = Kurt Eisner: *Reden und Schriften*. Ediert, eingeleitet und herausgegeben von Riccardo Altieri, Sophia Ebert, Swen Steinberg, Cornelia Baddack und Frank Jacob. (= Kurt Eisner-Studien, 7). Berlin: Metropol-Verlag 2019. [242 Seiten]

Literatur über Kurt Eisner
(Auswahl)

ALTIERI 2015a = Riccardo Altieri: *Der Pazifist Kurt Eisner*. (= Studien zur Zeitgeschichte, Bd. 95). Hamburg: Dr. Kovač 2015. [194 Seiten]

ALTIERI 2015b = Riccardo Altieri: *„Die deutsche ‚Linke' und die Russische Revolution"*. In: Riccardo Altieri/Frank Jacob (Hg.): Die Geschichte der Russischen Revolutionen – Erhoffte Veränderung, erfahrene Enttäuschung, gewaltsame Anpassung. Bonn 2015, S. 314-345.

ARETIN 1994 = Karl Otmar von Aretin: *„Kurt Eisner – Gründer des Freistaates und sein erster Ministerpräsident"*. In: Friedrich Weckerlein (Hg.): Freistaat! Die Anfänge des demokratischen Bayern 1918/19. München 1994, S. 82-98.

ATTENHOFER 1919 = Adolf Attenhofer [1879-1950; Schweizer Schriftsteller, Pädagoge, Philosoph]: *„Kurt Eisner"* [Nachruf]. In: Süddeutsche Freiheit. Zeitschrift für das neue Deutschland, Nr. 15/16 vom 3. März 1919 [Titelblatt]. [Als Online-Ressource auf: www.historisches-lexikon-bayerns.de].

AY 1968 = Karl-Ludwig Ay: *Appelle einer Revolution. Dokumente aus Bayern zum Jahr 1918/1919*. Das Ende der Monarchie, das revolutionäre Interregnum, die Rätezeit. München 1968, S. 15-23.

BARON/BAYER 1983 = Bernhard M. Baron / Karl Bayer: *Eisner in Weiden*. In. Oberpfälzer Heimat, Band 27 (1983), S. 96-101.

BAUER u. a. 1987 = *Die Regierung Eisner 1918/19* [neunzehnhundertachtzehn neunzehn]. Ministerratsprotokolle und Dokumente. Eingeleitet und bearbeitet von Franz J. Bauer, unter Verwendung der Vorarbeiten von Dieter Albrecht. Düsseldorf: Droste 1987. [486 Seiten] [Online-Ausgabe: kgparl.de/publikationen/die-regierung-eisner-1918-19-ministerratsprotokolle-und-dokumente/]

BEYER 1988 = Hans Beyer: *Die Revolution in Bayern 1918/19*. Berlin (Ost) [2]1988.

BLESSING 1992 = Werner Blessing: *„Kirchenglocken für Eisner? Zum Weltanschauungskampf in der Revolution von 1918/19 in Bayern"*. In: Jahrbuch für fränkische Landesforschung (JfL) 53 (1992), S. 403-420.

BOSL 1983 = Erika Bosl: *‚Eisner, Kurt.'* In: Karl Bosl (Hg.): Bosls bayerische Biographie. Regensburg: Pustet 1983, S. 172.

BOSL 2002 = Karl Bosl: *„Kurt Eisner: die Münchner Revolution von 1918 und die bayerische Geschichte seit 1890"*. In: K. Bosl (Hg.): Vorträge zur Geschichte Europas, Deutschlands und Bayerns. Stuttgart 2002, S. 277-288.

BRAUNS 2005 = Nikolaus Brauns: *„Kurt Eisners Ermordung. Am 21. Februar 1919 beendete ein Attentat die ‚hundert Tage der Regierung Eisner'"*. In: Nikolaus Brauns (Hg.): Revolution und Konterrevolution – Ausgewählte Beiträge zur Geschichte der Arbeiterbewegung. Bonn 2005, S. 38-40.

BRONNER 2002 = Stephen Eric Bronner: *„Persistent memories: Jewish activists and the German revolution of 1919"*. In: Stephen Eric Bronner (Hg.): Imagining the possible. New York 2002, S. 25-38.

DIRR 1922 = Pius Dirr: *Auswärtige Politik Kurt Eisners und der Bayerischen Revolution, nach unveröffentlichten Geheimakten.* Leipzig / München: Süddeutsche Monatshefte G.m.b.H 1922.

DOMBROWSKI 1919 = Johannes Fischart [= Erich Franz O. Dombrowski]: *Kurt Eisner* (Politiker und Publizisten, T. 45). In: Die Weltbühne Jg. 15/I, Nr. 2 vom 09.01.1919, S. 29-34.

EFFENBERGER 2013 = Wolfgang Effenberger: *Deutsche und Juden vor 1939. Stationen und Zeugnisse einer schwierigen Beziehung.* Ingelheim a. Rhein 2013, S. 261-268.

EISNER 1919 = Else Eisner: *Brief über Kurt Eisner.* In: Die Weltbühne Jg. 15/I, Nr. 16 vom 10.04.1919, S. 403.

EISNER 1979 = Freya Eisner: *Kurt Eisner. Die Politik des libertären Sozialismus.* Frankfurt a. M.: Suhrkamp 1979.

EISNER 1991 = Freya Eisner: *Kurt Eisner, der Publizist und Politiker.* Seine Einschätzung durch Zeitgenossen und in jüngerer Literatur. Bremen 1991.

EISNER 1994 = Freya Eisner: *„Eisners dritter Weg zwischen Kapitalismus und Kommunismus".* In: Friedrich Weckerlein (Hg.): Freistaat! Die Anfänge des demokratischen Bayern 1918/19. München u. a. 1994, S. 99-108.

EISNER 1995 = Freya Eisner: *„Kurt Eisners Ort in der sozialistischen Bewegung".* In: Vierteljahrshefte für Zeitgeschichte (VfZ) 43 (1995), S. 407-435.

EISNER 1998 = Freya Eisner: *„Kurt Eisner und der Begriff ‚Freistaat' ".* In: Vierteljahrshefte für Zeitgeschichte (VfZ) 46 (1998), S. 487-496.

FECHENBACH 1919= Felix Fechenbach: *Von Eisner.* In: Die Weltbühne Jg. 15/II, Nr. 49 vom 27.11.1919, S. 677.

FECHENBACH 1929 = Felix Fechenbach: *Der Revolutionär Kurt Eisner. Aus persönlichen Erlebnissen.* Berlin: J. H. W. Dietz Nachf. G.m.b.H. 1929.

GERSTENBERG/NAUMANN 2017 = Günther Gerstenberg/Cornelia Naumann: *Steckbriefe gegen Eisner, Kurt und Genossen wegen Landesverrates.* Ein Lesebuch über Münchner Revolutionärinnen und Revolutionäre im Januar 1918. Lich: Edition AV 2017.

GÖRL 2008 = Wolfgang Görl: *„„Die Revolution hat gesiegt – doch Kurt Eisner wird ermordet …".* In: Joachim Käppner: München. Die Geschichte der Stadt. München 2008, S. 268-271.

GRAF 1919 = Otto Graf: *‚Kurt Eisner'.* In: Die Weltbühne, Jg. 15/II, Nr. 45 vom 30. Oktober 1919, S. 550-551.

GRAF 1927 = Oskar Maria Graf: *Wir sind Gefangene. Ein Bekenntnis aus diesem Jahrzehnt.* München. Drei Masken Verlag 1927. [Zeitzeugnis Grafs zur Beteiligung am Kampf für die Münchener Räterepublik.]

GRASBERGER 2014 = Thomas Grasberger: *„Die Revolution in München".* In: Oliver Braun (Hg.): Revolution in München: 1800 – 1848 – 1918 – 1933 – 1968. Regensburg 2014, S. 67-95.

GRAU 1989 = Bernhard Grau: *Studien zur Entstehung der Linken. Die Münchner USPD zwischen 1917 und 1920.* München 1989. [Nach: bayern.rosalux.de]

GRAU 1992 = Bernhard Grau: *„Parteiopposition: Kurt Eisner und die Unabhängige Sozialdemokratische Partei".* In: Hartmut Mehringer (Hg.): Von der Klassenbewegung zur Volkspartei. München u. a. 1992, S. 126-137.

GRAU 1999 = Bernhard Grau: *„Kurt Eisner und die Weimarer Republik“*. In: Stefan Neuhaus (Hg.): Ernst Toller und die Weimarer Republik. Würzburg 1999, S. 47-58.

GRAU 2001/2017 = Bernhard Grau: *Kurt Eisner: 1867-1919. Eine Biografie*. München: C. H. Beck 2001. [Neuauflage: Paperback 2017; 651 Seiten] [Mit sehr umfangreicher Bibliographie zu zeitgenössischen Quellen und zur Sekundärliteratur, Eisner betreffend.]

GRAU 2006 = Bernhard Grau: *„Und plötzlich war Revolution. – Nach einer Friedensdemonstration auf der Münchner Theresienwiese rief Kurt Eisner die Republik aus“*. In: Ernst Fischer/Hans Kratzer (Hg.): Unter der Krone. 1806 bis 1918 – Das Königreich Bayern und sein Erbe. München 2006, S. 144-149.

GRAU 2014 = Bernhard Grau: *„Revolution in Bayern. Kurt Eisner und das Ende der bayerischen Monarchie“*. In: Ulrike Leutheusser/Hermann Rumschöttel (Hg.): König Ludwig III. und das Ende der Monarchie in Bayern. München 2014, S. 189-206.

GURGANUS 2018 = Albert E. Gurganus: *Kurt Eisner. A Modern Life*. Rochester, New York: Camden House 2018. [Englisch]

HANKO 1988 = Helmut Hanko: *„Kurt Eisner: (1867-1919). Bayerischer Ministerpräsident“*. In: Manfred Treml/Wolf Weigand (Hg.): Geschichte und Kultur der Juden in Bayern. Lebensläufe. München 1988, S. 251-255.

HARTMANN 2012 = Peter-Claus Hartmann: *Bayerns Weg in die Gegenwart: Vom Stammesherzogtum zum Freistaat heute*. Regensburg 2012, S. 466-474.

HITZER 1988 = Friedrich Hitzer: *Anton Graf Arco. Das Attentat auf Kurt Eisner und die Schüsse im Landtag*. München: Knesebeck & Schulter 1988.

HÖLLER 1999 = Ralf Höller: *Der Anfang, der ein Ende war*. Die Revolution in Bayern 1918/19. Berlin: Aufbau-Taschenbuch-Verlag 1999. [298 Seiten]

JACOB 2019 = Frank Jacob: *Der Kultursozialismus Kurt Eisners (1867-1919)*. Das „Arbeiter-Feuilleton“ und die Aufklärung der deutschen Arbeiterschaft. In: Arbeit – Bewegung – Geschichte, Heft I/2019, S. 9-26.

JACOB 2021 = Frank Jacob: *Kurt Eisner. Ein unvollendetes Leben*. (= Jüdische Miniaturen, Bd. 274). Leipzig: Hentrich & Hentrich 2021.

JACOB 2022 = Frank Jacob: *Der Kampf um das Erbe der Revolution*. Berlin: Technische Universität Berlin 2022.

JACOB/BADDACK 2019 = *100 Schmäh- und Drohbriefe an Kurt Eisner, 1918/19*. Ediert, eingeleitet und herausgegeben von Frank Jacob und Cornelia Baddack. (= Kurt Eisner-Studien, 6). Berlin: Metropol-Verlag 2019.

JUNG 1986 = Otmar Jung: *„Felix Fechenbach als ‚politischer Testamentsvollstrecker‘ Kurt Eisners? Um die Bekanntmachung der bayerischen Kriegsschuld-Dokumente im Jahre 1919“*. In: Internationale wissenschaftliche Korrespondenz zur Geschichte der deutschen Arbeiterbewegung (IWK) 22 (1986), S. 451-470.

KARL 2008 = Michaela Karl: *Die Münchener Räterepublik*. Porträts einer Revolution. Düsseldorf: Patmos 2008. [276 Seiten]

KENT 1919 = Hans Natonek [= O. Kent]: *‚Kurt Eisner‘*. In: Die Weltbühne Jg. 15/I, Nr. 11 vom 06.03.1919, S. 243.

KROCHMALNIK 2002 = Daniel Krochmalnik: *„Jüdische Tradition und bayerische Revolution".* In: Jüdisches Leben in Bayern 17. Jg. (2002) Nr. 89, S. 42-44.

KÜHNL 1964 = Reinhard Kühnl: *„Die Regierung Eisner in Bayern 1918/1919".* In: Geschichte in Wissenschaft und Unterricht, 15. Jg. (1964) Nr. 7, S. 681-693.

LANDAUER 1919/2011 = Gustav Landauer: *Gedächtnisrede auf Kurt Eisner. Gehalten am 26.2.1919 bei der Totenfeier im Münchner Ostfriedhof.* In: Gustav Landauer: Nation, Krieg und Revolution – Ausgewählte Schriften. Band 4. Herausgegeben von Siegbert Wolf. Lich: Verlag Edition AV 2011, S. 302-308.

LANGER 2009 = Bernd Langer: *„Die bayerische Räterepublik".* In: B. Langer (Hg.): *Revolution und bewaffnete Aufstände in Deutschland.* Göttingen 2009, S. 252-263.

LASCHITZA 1967 = Anneliese Laschitza: *„Kurt Eisner – Kriegsgegner und Feind der deutschen Reaktion. Zu seinem 100. Geburtstag".* In: Beiträge zur Geschichte der deutschen Arbeiterbewegung 9 (1967), S. 454-489.

LESSING 1919 = Theodor Lessing: *Kurt Eisner* [Fragment]. In: Die Aktion (Wochenschrift für Politik, Literatur und Kunst) Nr. 19 vom 17. Mai 1919, Sp. 291 f.

LÖW 2008 = Konrad Löw: *Die Münchner und ihre jüdischen Mitbürger 1900-1950 im Urteil der NS-Opfer und -Gegner.* München 2008, S. 37-40.

MANN 1919 = Heinrich Mann: *Kurt Eisner. Gedenkrede gehalten am 16. März 1919.* In: Heinrich Mann: Macht und Mensch. München: Kurt Wolf 1919, S. 107 f.

MANN 1921 = Heinrich Mann: ,*Kurt Eisner'.* In: Die Weltbühne Jg. 17/I, Nr. 7 vom 17.02.1921, S. 191-194.

MICHELS 1929 = Robert Michels: *Kurt Eisner. (Unter Benützung von persönlichen Erinnerungen).* In: Archiv für die Geschichte des Sozialismus und der Arbeiterbewegung 14. Band (1929), S. 364-391.

MITCHELL 1967 = Allan Mitchell: *Revolution in Bayern 1918/1919. Die Eisner-Regierung und die Räterepublik.* [Zuerst: Princeton 1965]. München: Beck 1967.

MÜHSAM 1929 = Erich Mühsam: *Mein Gegner Kurt Eisner.* In: Die Weltbühne Jg. 25/I, Nr. 8 vom 19.02.1929, S. 290.

MÜHSAM 1929 = Erich Mühsam: *Von Eisner bis Leviné. Die Entstehung der bayerische Raeterepublik.* Persönlicher Rechenschaftsbericht über die Revolutionsereignisse in München vom 7. November 1918 bis zum 13. April 1919. Berlin-Britz 1929. [MDZ-Online-Ausgabe: urn:nbn:de:bvb:12-bsb00013261-2]

POHL 1994 = Karl Heinrich Pohl: *„Eisner, Fechenbach und die Revolution in Bayern. Zur Rolle der Persönlichkeit und zu den strukturellen Voraussetzungen von 1918/19".* In: Sabine Klocke-Daffa (Hg.): Felix Fechenbach. Detmold 1994, S. 42-59.

POHL 2015 = Karl Heinrich Pohl: *„Kurt Eisner (1867-1919): Vom Reformer zum Revolutionär".* In: Detlef Lehnert (Hg.): Vom Linksliberalismus zur Sozialdemokratie. Politische Lebenswege in historischen Richtungskonflikten 1890-1945. Köln u. a. 2015, S. 67-92.

RITTHALER 1959 = Anton Ritthaler: ,*Eisner, Kurt'.* In: Neue Deutsche Biographie, Band 4. Berlin: Duncker & Humblot 1959, S. 422 f. [Mit offensiv antipazifistischer Tendenz.]

ROTHENFELDER 1922 = Franz Rothenfelder: *Eisners Ermordung.* In: Die Weltbühne Jg. 18/II, Nr. 39 vom 28.09.1922, S. 330.

SCHADE 1961 = Franz Schade: *Kurt Eisner und die bayerische Sozialdemokratie*. Hannover 1961.

SCHEPPER 2004/2010 = Gerhard Schepper: *Hundert Tage Eisner*. Ein Stück über die Revolution von 1918/19. [Erste Auflage 2004.]. Münster: G. Schepper 2010.

SCHWEND 1954 = Karl Schwend: *Bayern zwischen Monarchie und Diktatur*. Beiträge zur bayerischen Frage in der Zeit von 1918 bis 1933. München 1954.

SEITZ 2000 = Norbert Seitz: „*Eisner – Auer: haarscharfe politische Distinktionen*". In: Die neue Gesellschaft 47 (2000) 1/2, S. 40-41.

SPERR 2013 = Franziska Sperr: „*Kurt Eisner: 1867-1919*". In: Norbert Lewandowski (Hg.): München. Eine Stadt in Biographien. München 2013, S. 66-73.

SPROLL 1982 = Heinz Sproll: „*Messianisches Denken und pazifistische Utopie im Werk Kurt Eisners*". In: Walter Grab (Hg.): Gegenseitige Einflüsse deutscher und jüdischer Kultur. Von der Epoche der Aufklärung bis zur Weimarer Republik. Tel-Aviv 1982, S. 281-332.

TOLLER 1920 = Ernst Toller: *Unser Weg*. Dem Andenken Kurt Eisners. In: Die Weltbühne Jg. 16/II, Nr. 51 vom 16.12.1920, S. 709.

TUCHER 2022 = Nanette von Tucher: *Der Mord an Kurt Eisner durch Anton Graf von Arco auf Valley*. (= Rechtswissenschaftliche Forschung und Entwicklung, Bd. 842). Dissertation. München: utz Verlag 2021.

TUCHOLSKY 1919a = Kaspar Hauser [= Kurt Tucholsky]: „*Eisner*". In: Die Weltbühne Jg. 15/I, Nr. 10 vom 27.02.1919, S. 224.

TUCHOLSKY 1919b = Kurt Tucholsky: „*Eisner*". In: Fromme Gesänge von Theobald Tiger. Mit einer Vorrede von Ignaz Wrobel. Charlottenburg: Felix Lehmann Verlag 1919, S. 51-53.

ULLRICH 2009 = Volker Ullrich: *Mord in München. Im Februar 1919 starb der bayerische Ministerpräsident Kurt Eisner durch die Kugeln eines Attentäters*. Die Folgen waren dramatisch. In: Die Zeit, Nr. 9/2009, S. 92.

WEIDERMANN 2017 = Volker Weidermann: *Träumer. Als die Dichter die Macht übernahmen*. Köln: Kiepenheuer & Witsch 2017.

WIELAND 1983 = Lothar Wieland: „*Kurt Eisner*". In: Helmut Donat / Karl Holl (Bearb.): Die Friedensbewegung: Organisierter Pazifismus in Deutschland, Österreich und der Schweiz. Hermes Handlexikon. Düsseldorf: Econ Taschenbuch Verlag 1983, S. 110-111.

WIESEMANN 1969 = Falk Wiesemann: „*Kurt Eisner. Studie zu seiner politischen Biographie*". In: K. Bosl (Hg.): Bayern im Umbruch. Die Revolution von 1918, ihre Voraussetzungen, ihr Verlauf und ihre Folgen. München 1969, S. 387-426.

WINTER 1928 = Albert Winter: *Der Rentenprozeß Eisner*. In: Die Weltbühne Jg. 24/I, Nr. 11 vom 13.03.1928, S. 397.

Online-Portale | www.kurt-eisner-werke.org | www.kurt-eisner-kulturstiftung.de
www.bayern.rosalux.de/kurt-eisner/material-zu-eisner
www.bavarikon.de/object/bav:BSB-CMS-0000000000003602
www.muenchner-stadtmuseum.de/revolutionaer-und-ministerpraesident-kurt-eisner-1867-1919

Ernst Toller
Nie wieder Friede

Eine bittere Komödie über Militarismus
und Antipazifismus aus dem Jahr 1936.

Norderstedt: BoD 2014. – ISBN: 978-3-7583-8246-8
(Paperback; 140 Seiten; 7,80 Euro)

Über Nacht haben Militarismus und Kriegsertüchtigung wieder die Kontrolle über das öffentliche Leben übernommen. Noch gestern hatte man den Ewigen Frieden in der Verfassung beurkundet und sich stolz gebrüstet, bei den ‚Lehren aus der Geschichte' alle anderen zu überflügeln. Doch jetzt bläst dieselbe Fraktion zur Hetze gegen die ‚Lumpenpazifisten', bringt Militainment zur besten Sendezeit und setzt eine gigantische Aufrüstung der Waffenarsenale ins Werk. Die angestrebte Weltmeisterschaft gilt nunmehr dem Sektor der Totmach-Industrien.

Ernst Tollers bittere Komödie „Nie wieder Friede" (1934/36) klärt uns auf, wie so etwas möglich ist. Das falsche Friedensplakat trug auf seiner Rückseite immer schon die Parole für neue Kriegsabenteuer: „Man muß es nur umdrehen." Ob Kosmopolitismus oder nationale Weltgeltung, ob Freiheitspredigt oder autoritäre Staatspolitik, ob Krieg oder Frieden – das entscheidet sich stets an der jeweiligen Lageeinschätzung der Besitzenden und Herrschenden. Zu folgen ist den Einflüsterungen der Kriegsprofiteure.

Wer wird beim Experiment zur Kriegstauglichkeit der Erdenbewohner gewinnen: Soldatenkaiser Napoleon oder Franziskus aus Assisi? Der Verfasser des hochaktuellen Bühnenstücks war linker Pazifist mit jüdischer Herkunft. Damit passte er gleich dreimal ins Feindbildvisier der Nazis. 1933 setzte NS-Deutschland Toller auf die allererste ‚Ausbürgerungsliste' und warf seine Werke ins Feuer. Nach neun Jahrzehnten sollten wir die „verbrannten Bücher" wieder unter die Leute bringen, denn der Militarismus scheint unausrottbar zu sein.

Zu den Beigaben dieser friedensbewegten Edition gehören acht Kapitel aus Tollers Autobiographie „Eine Jugend in Deutschland" (1933), die Schluß-Szene des Dramas „Hinkemann" (1923) und eine Warnung des Schriftstellers vor dem deutschen Faschismus aus der ‚Weltbühne' vom Oktober 1930.

Ein Band der *edition pace*,
herausgegeben von Peter Bürger

Johann von Bloch
Die wahrscheinlichen politischen und wirtschaftlichen Folgen eines Krieges zwischen Großmächten

Neuedition der Übersetzung von 1901 mit Begleittexten von
B. Friedberg, Manfred Sapper und Jürgen Scheffran.

(*Regal: Pazifisten & Antimilitaristen aus jüdischen Familien* 1)
Norderstedt: Bod 2024. – ISBN: 978-3-7597-2313-0
(edition pace – Paperback; 176 Seiten; 9,90 Euro)

Der russische Staatsangehörige und Eisenbahnmagnat Johann von Bloch (1836-1902), aufgewachsen in Polen als Sohn einer ärmlichen jüdischen Handwerkerfamilie, veröffentlichte 1898 in sechs Bänden sein in mehrere Sprachen übersetztes monumentales Werk über den modernen Krieg im Industriezeitalter – ein „Klassiker der Friedensforschung" (M. Sapper). Der vorliegende Band enthält eine erst nach der Jahrhundertwende erschienene kleine Arbeit „*Die … Folgen eines Krieges zwischen Großmächten*" (Übersetzung: Berlin 1901) sowie drei ausführliche Begleittexte zu Blochs pazifistischem Wirken.

Im Juli 1919 schrieb Dr. B. Friedberg in der jüdischen Monatsschrift ‚Ost und West' rückblickend: Die Anstifter des Weltkrieges „werden sie sich nicht damit entschuldigen können, sie wären nicht gewarnt worden; denn Gott wird zu ihnen sprechen: Habe ich nicht Propheten zu euch geschickt, die euch zur Umkehr und zum Frieden mahnten … Es war etwas ganz Neues, bis dahin Unerhörtes, als im Jahr 1899 aus den Reihen der *Wirklichkeitsmenschen*, der Führer und Organisatoren des europäischen Wirtschaftslebens dem Völkerfrieden ein mächtiger Fürsprecher, dem Kriege ein heftiger und unerbittlicher Gegner erstand, nämlich *Johann von Bloch*, der wirkliche Urheber der *Haager Friedenskonferenzen*."

In seinen Studien zum Krieg der Zukunft „wollte Bloch nicht nur beschreiben, er wollte den Gang der Geschichte auch beeinflussen. … Die Analysen Blochs wurden mit geradezu unerbittlicher Präzision im Ersten Weltkrieg bestätigt. Viele Überlegungen zum Krieg wie zum Frieden bleiben bis heute aktuell. Die Vernichtungswirkung der Waffentechnik wurde gegenüber dem Ersten Weltkrieg ins Unermessliche gesteigert und führte zum Totalen Krieg, der ganze Gesellschaften erfasste … Damit Krieg unmöglich wird, gilt es …, die zum Kriege drängenden Sachzwänge zu vermeiden und alternative Entscheidungsspielräume zu schaffen. Hierzu gehört, den Bedingungen für einen neuen großen Krieg entgegen zu wirken …" (*Jürgen Scheffran*).

Rudolf Goldscheid

Menschenökonomie, Weltkrieg und Weltfrieden

Ausgewählte Schriften 1912 – 1926.
Herausgegeben von Peter Bürger, in Kooperation
mit dem Lebenshaus Schwäbische Alb.

(*Regal: Pazifisten & Antimilitaristen aus jüdischen Familien* 2)
Norderstedt: Bod 2024. – ISBN: 978-3-7597-7885-7
(edition pace – Paperback; 268 Seiten; 11,90 Euro)

Der Österreicher Rudolf Goldscheid (1870-1931) zählte zu den Pionieren der Soziologie im deutschsprachigen Raum und votierte für einen demokratischen Sozialismus. Der vorliegende Band erschließt zentrale pazifistische Texte aus seiner Forschungswerkstatt. Für Goldscheid waren Vernunft und Menschlichkeit keine Gegensätze, sondern notwendige Entsprechungen. Nur unter dem Vorzeichen des Friedens und eines neuartigen Internationalismus lässt sich eine Zukunft des homo sapiens überhaupt denken:

„Nichts kurzsichtiger, als zu glauben, in dem Ringen um Vermeidung von Kriegen handle es sich nur um eine politische oder gar lediglich um eine parteipolitische Angelegenheit. Hier stehen wir vielmehr vor der alles Politische weitaus überragenden Grundfrage unserer Gattung überhaupt. Zu so gewaltiger Größe hat die Entwicklung des wissenschaftlichen und organisatorischen Genius die Kriegstechnik entfaltet, dass die Kulturmenschheit sich nur vor Selbstmord zu bewahren vermag, wenn sie dafür sorgt, die selbstgeschaffene Höllenmaschine nicht in Funktion geraten zu lassen. Das sicherste Mittel hierzu ist natürlich ihr systematischer Abbau. Zu diesem schreiten heißt aber, die Friedenstechnik in noch viel vollkommenerer Weise ausbauen wie bisher die Kriegstechnik, heißt also mit glühendstem Eifer die allgemeine pazifistische Wehrpflicht verfechten, sich mit Leib und Seele in den Dienst des allumfassenden Vaterlandes friedlicher Kultur stellen. – Nie wieder Krieg, nie wieder Völkermord, nie wieder planmäßige, bestialisch organisierte Massenschlächterei !" (R. Goldscheid: Friedenswarte, 1924)

Moritz Adler
Wenn du den Frieden willst, bereite Frieden vor

Texte wider den Krieg 1868 – 1899.
Herausgegeben von Peter Bürger, in Kooperation
mit dem Lebenshaus Schwäbische Alb.

(*Regal: Pazifisten & Antimilitaristen aus jüdischen Familien* 3)
Norderstedt: Bod 2024. – ISBN: 978-3-7597-9450-5
(edition pace – Paperback; 272 Seiten; 11,99 Euro)

Der vorliegende Quellenband zum „Regal: Pazifisten & Antimilitaristen aus jüdischen Familien" erschließt Schriften des Österreichers Moritz Adler (1831-1907). Schon im Alter von 20 Jahren verschrieb dieser Kritiker des preußischen Bellizismus sich der Friedensidee und veröffentlichte dann 1868 eine der Zeit weit vorauseilende Europa-Vision unter dem Titel „Der Krieg, die Kongressidee und die allgemeine Wehrpflicht". In einem Sendschreiben an den Chirurgen Professor Theodor Billroth verglich er 1892 systematische Maßnahmen für eine verbesserte Medizinversorgung des Kriegsapparates mit der Bereitstellung neuer Kanonen für den institutionalisierten Massenmord.

Im Rahmen seiner zahlreichen Beiträge für Bertha von Suttners Zeitschrift „Die Waffen nieder!" schrieb Adler im November 1898: „Ist es nicht beschämend unlogisch, dass jede Großmacht zwei mit hunderten Millionen ausgestattete Ministerien für den Krieg zu Lande und zur See besitzt, für den Krieg, den man in den Thronreden und Botschaften zu hassen behauptet; und nicht eine einzige Million für den Frieden aufwendet, den man doch liebt und um die Wette preist, und den man offenbar auf dem direkten Wege, durch ein verschwindendes Opfer für ihn, weit sicherer, dauerhafter und edler haben könnte, als auf dem indirekten Wege über Krieg, permanente Rüstung, Spionage und Diplomatie. Denn dass die Ministerien des Äußeren nichts anderes als Affiliierte der Kriegsministerien sind, die den letzteren hauptsächlich ihren Bedarf an Rüstungspressionen … beizustellen haben, das lehrt gerade die neueste Geschichte und Tagesgeschichte auf jedem ihrer Blätter. Ein Ministerium für Frieden und Fortschritt würde uns mit der Zeit vom Ministerium des Krieges erlösen …"

Eduard Loewenthal
Der Krieg ist abzuschaffen

Friedensbewegte Schriften für das Europa der Völker
und einen Weltstaatenbund, 1870 – 1912.
Herausgegeben von Peter Bürger, in Kooperation
mit dem Lebenshaus Schwäbische Alb.

(Regal: Pazifisten & Antimilitaristen aus jüdischen Familien 4)
Norderstedt: Bod 2024. – ISBN: 978-3-7583-5069-6
(edition pace – Paperback; 252 Seiten; 11,99 Euro)

Eduard Loewenthal (1836-1917) stammte aus einer jüdischen Familie in Württemberg und musste aufgrund seiner publizistischen Arbeit wiederholt staatliche Repressionen erleiden. Er ist im 19. Jahrhundert als scharfer Kritiker des Militarismus, Verfechter einer obligaten internationalen Friedensjustiz und Pionier der damals im deutschen Sprachraum noch kaum entwickelten Friedensbewegung hervorgetreten. Der vorliegende Band enthält seine Friedensschriften aus den Jahren 1870 – 1903 sowie die autobiographische Darstellung *„Mein Lebenswerk"* (1912).

„Krieg gegen den Krieg ..., dann werden wir Tausende von Millionen, die jetzt zur Beschaffung von Werkzeugen des Todes verwendet werden, für die Wohlfahrt des Volkes, für Zwecke des Lebens und echter Humanität verwenden können, dann wird Vereinigung der Völker und eine Friedenssicherheit eintreten" (E. Loewenthal, Dezember 1868).

„Das Ministerium des *Kriegs-* oder *Mord-Kultus* hat dem Untertanen den Glauben beizubringen, dass das *Kasernenleben* mit dem *Zuchthausleben* nicht zu vergleichen sei, dass der Untertan, sobald er des Königs Rock trägt, nicht mehr sich selbst, sondern mit Leib und Leben dem König gehöre, dass er *nicht mehr selbst denken und wollen,* sondern *nur gehorchen* darf *bzw. muß.* ‚Stramm wie ein Corporal und stumm wie ein Leichnam' ist das erste Gebot für den preußischen Gladiator. Dafür bekommt er auch seine schöne Uniform und ‚ein Gewehr, das er kann mit Pulver laden und mit einer Kugel schwer'. Überlebt er seine Soldatenzeit, so ist in ihm auch ein gehorsamer königstreu dressierter Pudel, wollte sagen Bürger erzogen, der ... im Sinne der Regierung spricht und stimmt" (E. Loewenthal, 1871).

Eduard Bernstein

Der Friede ist das kostbarste Gut

Schriften zum Ersten Weltkrieg –
Mit einem Essay von Helmut Donat.

Herausgegeben von Peter Bürger, in Kooperation
mit dem Lebenshaus Schwäbische Alb.

(Regal: Pazifisten & Antimilitaristen aus jüdischen Familien 5)
Norderstedt: Bod 2024. – ISBN: 978-3-7693-1268-3)
(edition pace – Paperback; 353 Seiten; 14,99 Euro)

Im einleitenden Essay zu dieser Sammlung von Schriften zum Ersten Weltkrieg schreibt Helmut Donat: „Eduard Bernstein scheute sich nie, unpopuläre Ansichten klar und deutlich zu vertreten oder Irrtümer öffentlich einzugestehen. Zunächst der allgemeinen Kriegsbegeisterung erlegen, bezeichnete er später den 4. August 1914 als den ‚schwärzesten Tag seines Lebens‘. Obwohl er sich mit dieser Haltung selbst in sozialdemokratischen Kreisen keine Freunde machte, war die Erkenntnis, dass die deutsche Regierung in hohem Maße für den Ersten Weltkrieg verantwortlich war, für sein weiteres Handeln von überragender Bedeutung. Er fühlte sich von dem Regierungspersonal hintergangen und betrogen, auch von der eigenen Partei, die sich auf die Seite der herrschenden Kreise geschlagen und mit dem ‚System‘, dem sie eigentlich keinen Groschen bewilligen wollte, einen ‚Burgfrieden‘ geschlossen hatte. ‚Fast seherisch‘, so der spätere Reichspräsident Paul Löbe, ‚muten die Reden Bernsteins an, in denen er auf die verhängnisvollen Wirkungen der deutschen Flottenpolitik hinwies – zuletzt noch im Mai 1914 –, in denen er die deutsche Regierung warnte, sich von der Habsburgischen Politik Österreichs ins Schlepptau nehmen zu lassen.‘ Die Zustimmung der Partei am 4. August 1914 im Reichstag zu den Kriegskrediten sei ‚ein Unheil für unser Volk, ein Unheil für die Kulturwelt‘ gewesen. Und bereits Anfang September 1914 erklärte er: ‚Die deutsche Regierung ist die Hauptschuldige am Kriege, wir sind eingeseift worden, die Bewilligung der [Kriegs-]Kredite war ein Fehler‘.“